Viola Harnach
Psychosoziale Diagnostik in der Jugendhilfe

Soziale Dienste und Verwaltung

Herausgegeben von Udo Maas

Viola Harnach

Psychosoziale Diagnostik in der Jugendhilfe

Grundlagen und Methoden
für Hilfeplan, Bericht und Stellungnahme

5., überarbeitete Auflage 2007

Juventa Verlag Weinheim und München

Die Autorin

Viola Harnach, Dr. phil., Diplom-Psychologin, lehrte als Professorin für Psychologie an der Fachhochschule für Sozialwesen Mannheim mit den Schwerpunkten Kinder- und Jugendpsychologie, Psychosoziale Diagnostik, Erziehungsberatung und Klinische Psychologie.

Sie forschte und publizierte zu den Themen Leistungsangst, psychische und soziale Situation ausländischer Schüler, Frauenhausarbeit sowie zur Informationsgewinnung und Berichterstellung in der Jugendhilfe. Die jüngsten Veröffentlichungen galten den Aufgabenstellungen des Jugendamtes in der Trennungs- und Scheidungsberatung, bei Gefährdung des Kindeswohls und bei der Planung von Eingliederungshilfen für seelisch behinderte Kinder und Jugendliche, die sie in einem Kommentar zum Kinder- und Jugendhilfegesetz ausführlich erläuterte.

Bibliografische Information der Deutschen Nationalbibliothek

Die Deutsche Nationalbibliothek verzeichnet diese Publikation in der Deutschen Nationalbibliografie; detaillierte bibliografische Daten sind im Internet über http://dnb.d-nb.de abrufbar.

1. Auflage 1995
2. Auflage 1997
3. Auflage 2000
4., überarbeitete und erweiterte Auflage 2003
5., überarbeitete Auflage 2007

Das Werk einschließlich aller seiner Teile ist urheberrechtlich geschützt. Jede Verwertung außerhalb der engen Grenzen des Urheberrechtsgesetzes ist ohne Zustimmung des Verlags unzulässig und strafbar. Das gilt insbesondere für Vervielfältigungen, Übersetzungen, Mikroverfilmungen und die Einspeicherung und Verarbeitung in elektronischen Systemen.

© 1995 Juventa Verlag Weinheim und München
Umschlaggestaltung: Atelier Warminski, 63654 Büdingen
Printed in Germany

ISBN 978-3-7799-1107-4

Vorwort des Herausgebers

Das Konzept der Fachbuchreihe „Soziale Dienste und Verwaltung", dessen Grundannahmen im ersten Band mit dem Titel „Soziale Arbeit als Verwaltungshandeln" dargelegt worden sind, versteht Soziale Arbeit als administrative Umsetzung ihres sozialstaatlichen Auftrags. Aus der Stellung der Sozialen Arbeit im System der öffentlichen Daseinsvorsorge ergibt sich ihre öffentlich-rechtliche Prägung, deren Besonderheit allerdings darin besteht, dass sie sozialwissenschaftliche, insbesondere verhaltenswissenschaftliche Theorien und Modelle einbezieht. Die Reihe wendet sich an Führungs- und Fachkräfte der Sozialen Arbeit, der Justiz und Verwaltung mit Aufgaben in den Bereichen des Familienrechts, des Jugendstrafrechts und des Sozial- und Jugendrechts, sowie an Studierende und Lehrende der Sozialen Arbeit, der Psychologie und der Rechts- und Verwaltungswissenschaften mit sozial- und jugendrechtlichem Schwerpunkt. Gegenstand dieses Werkes, das nun bereits in der 5. Auflage erscheint, sind die sozialwissenschaftlichen, speziell die psychologischen Anteile einer als Verwaltungshandeln verstandenen Sozialen Arbeit, exemplarisch untersucht für den Bereich der Jugendhilfe. Die Autorin hat sich in zahlreichen Forschungsprojekten, als Gerichtsgutachterin, in der Hochschullehre und der Fortbildung von Fachkräften mit den für die Soziale Arbeit relevanten Grenzüberschreitungen zwischen Rechts- und Verhaltenswissenschaften beschäftigt und schöpft daher aus einem reichen wissenschaftlichen und praktischen Fundus.

Mannheim, im Juni 2006
Udo Maas

Vorwort zur 5. Auflage

Eine genaue Diagnose ist die Voraussetzung jeder Therapie. Das vorliegende Buch soll zum einen zeigen, wie in der psychosozialen Diagnostik durch die Verbindung psychologischer und juristischer Gesichtspunkte jene Präzision zu erreichen ist, die für eine wirkungsvolle Kinder- und Jugendhilfe gebraucht wird. Dafür habe ich Fragen entwickelt und zu Gruppen zusammengestellt, die bei familiären Katastrophen wie Gewalt, Missbrauch, Scheidung, Jugendkriminalität, psychischen Störungen oder Weggabe eines Kindes die Problematik erhellen können. Zum anderen soll das Buch die Angst vor dem weißen Blatt nehmen: mit Gliederungs- und Formulierungsvorschlägen, Musterbeispielen von Berichten und Stellungnahmen und einem Hilfeplan.

Der Band erscheint nun in der 5. Auflage. Diese unterscheidet sich inzwischen erheblich von der ersten (1995), denn seither haben sich die gesetzlichen Bestimmungen und die Praxis der Sozialen Arbeit in mancherlei Aspekten geändert. In die 3. Auflage (2000) hatte ich vor allem die Auswirkungen der Reform des Kindschaftsrechts auf die Arbeit des Jugendamtes und Überlegungen zur Qualitätsentwicklung neu aufgenommen. Jetzt werden zusätzlich die Folgen von SGB IX und KICK für die Eingliederungshilfe nach § 35 a KJHG und für den Schutz vor Kindeswohlgefährdungen nach § 8 a KJHG dargestellt. Das Kapitel zur Sorgerechtsregelung bei Scheidung habe ich insbesondere um Darlegungen zur Trennungs- und Scheidungsberatung erweitert.

Mein Dank gilt Udo Maas, der mit der Initiierung der Fachbuchreihe „Soziale Dienste und Verwaltung" den Anstoß zu dieser Arbeit gab. Seine Publikationen und die kollegialen Diskussionen mit ihm brachten mir vielfältige Anregungen.

Berlin, im Juni 2006
Viola Harnach

Inhalt

1. **Aufgaben der Diagnostik bei jugendhilferechtlichen Entscheidungen** 13
   1.1 Die Notwendigkeit diagnostischer Arbeit in der Jugendhilfe 13
   1.2 Zu den Zielen und zum Aufbau dieses Buches 17
   1.3 Merkmale psychosozialer Diagnostik in der Sozialen Arbeit 19
   1.4 Zum Verhältnis von Diagnostik, „Neuer Steuerung" und Qualitätsmanagement in der Sozialen Arbeit 36
       1.4.1 Dimensionen des Begriffs „Qualität" 36
       1.4.2 Qualitätskriterien für psychosoziale Diagnostik 40
   1.5 Zur Konstruktion einer falschen Alternative: „Aushandeln" und Diagnostik 41

2. **Psychologische Ansätze und Konzepte als Orientierungspunkte der Diagnostik in der Sozialen Arbeit** 44
   2.1 Aufgaben und Zielsetzungen der Persönlichkeitsentwicklung im gesellschaftlichen Kontext 44
       2.1.1 Sozialisationsziele 44
       2.1.2 Bedürfnisse von Kindern und Jugendlichen 52
   2.2 Erziehungs- und Sozialisationsinstanzen 55
   2.3 Die Familie als Basis der Primärsozialisation 58
       2.3.1 Zum Wandel des Familienbegriffs 58
       2.3.2 Ist Erziehen schwieriger geworden? 61
   2.4 Entwicklungsfördernde und entwicklungsbeeinträchtigende Lebensbedingungen 72
       2.4.1 Zur Bedeutung moderierender Faktoren 72
       2.4.2 Fördernde und beeinträchtigende Bedingungen im Eltern-Kind-Subsystem 74
       2.4.3 Fördernde und beeinträchtigende Bedingungen im Ehe- bzw. Partnersubsystem 80
       2.4.4 Fördernde und beeinträchtigende Bedingungen im Gesamtsystem Familie 81
       2.4.5 Außerfamiliäre Systeme 87
       2.4.6 Umwelt 88
   2.5 Verhaltensauffälligkeiten von Kindern und Jugendlichen als Signale für die Jugendhilfe 89

3. **Hilfe zur Erziehung** 98
   3.1 Grundlagen, Anspruchsvoraussetzungen 98
   3.2 Die Phasen des Hilfeprozesses 104

3.3 Zur Funktion der sozialarbeiterischen Diagnostik
in den einzelnen Phasen des Hilfeprozesses 112
   3.3.1 Zielsetzungen und diagnostische Schritte in Phase 1:
Problemsichtung und Beratung 112
   3.3.2 Zielsetzungen und diagnostische Schritte in Phase 2:
Klärung der individuellen Situation und Entscheidung
über die Hilfe 115
   3.3.3 Fallbeispiel zum Hilfeplan 135
   3.3.4 Zielsetzung und diagnostische Schritte in Phase 3:
Durchführung der Hilfe und Rückmeldung
über den Verlauf 141
   3.3.5 Entscheidung über die Fortsetzung
oder Beendigung der Maßnahme 150
3.4 Kriterien für die Selbstevaluation der Fachkraft
des Jugendamtes 153

4. Eingliederungshilfe für seelisch behinderte Kinder und Jugendliche 155
4.1 Die Planung von Eingliederungshilfen –
eine komplexe Aufgabe für das Jugendamt 155
4.2 Was heißt „seelische Behinderung"? 157
4.3 Was heißt „von Behinderung bedroht"? 160
4.4 Hinweise zur Einschätzung eines individuellen
Behinderungsrisikos 160
4.5 Welche Störungen können einen Anspruch
auf Eingliederungshilfe bedingen? 161
4.6 Charakteristika relevanter Störungsgruppen 163
   4.6.1 Körperlich nicht begründbare Psychosen 163
   4.6.2 Seelische Störungen als Folge von Krankheiten
oder Verletzungen des Gehirns, von Anfallsleiden
oder von anderen Krankheiten oder körperlichen
Beeinträchtigungen 165
   4.6.3 Suchtkrankheiten 166
   4.6.4 Neurosen und Persönlichkeitsstörungen 166
   4.6.5 Entwicklungsstörungen 173
   4.6.6 Bedingungsfaktoren psychischer Störungen bei
Kindern und Jugendlichen 179
4.7 Zum Verhältnis von Eingliederungshilfe und
Hilfe zur Erziehung 179
4.8 Informationsgewinnung bei Eingliederungshilfe 180
4.9 Die Auswahl der Hilfe 183

5. Gefährdung des Wohls von Kindern und Jugendlichen 186
5.1 Grundlagen und Eingriffsvoraussetzungen 186
   5.1.1 Der Schutzauftrag der Jugendhilfe nach § 8 a KJHG 186

    5.1.2 „Kindeswohl" und „Gefährdung" als Maßgabe
         staatlichen Handelns 189
    5.1.3 Garantenstellung/strafrechtliche Verantwortlichkeit
         der Fachkraft des Jugendamtes 193
    5.1.4 Besonderheiten des diagnostischen Vorgehens 193
    5.1.5 Qualitätssicherung 195
  5.2 Gewalt in der Familie 197
    5.2.1 Körperliche Misshandlung von Kindern 197
    5.2.2 Psychische Misshandlung von Kindern 209
    5.2.3 Vernachlässigung von Kindern 211
    5.2.4 Diagnostik der Gefährdung von Kindern
         durch Misshandlung und Vernachlässigung 215
    5.2.5 Sexueller Missbrauch von Mädchen und Jungen 220
  5.3 Hilfen für gefährdete Kinder und ihre Familien 245
  5.4 Die Anrufung des Familiengerichts durch das Jugendamt 250
    5.4.1 Gesetzliche Grundlagen 250
    5.4.2 Inhalte der Mitteilung 252
    5.4.3 Aufbau der Mitteilung an das Familiengericht
         nach § 8 a i.V.m. § 50 KJHG (Anrufung) 255
    5.4.4 Beispiel einer Anrufung des Familiengerichts 255

6. Trennung und Scheidung 261
  6.1 Auswirkungen von Trennung und Scheidung
      auf die Entwicklung von Kindern 261
    6.1.1 Trennung als belastendes Lebensereignis 261
    6.1.2 Verlust eines Elternteils 264
    6.1.3 Die psychische Stabilität und die Erziehungsfähigkeit
         des betreuenden Elternteils 266
    6.1.4 Konflikte zwischen den Eltern 268
    6.1.5 Ökonomische Belastungen 270
    6.1.6 Alter der Kinder 271
    6.1.7 Hilfe und Unterstützung durch Soziale Arbeit 272
  6.2 Das Sorgerecht 276
    6.2.1 Gestaltungsmöglichkeiten 276
    6.2.2 Gemeinsame elterliche Sorge 279
    6.2.3 Alleinsorge bei Zustimmung des anderen Elternteils ... 280
    6.2.4 Streitige Sorgerechtsregelung 281
  6.3 Die Stellungnahme des Jugendamtes 282
    6.3.1 Rechtliche und fachliche Begründung
         der Notwendigkeit der Stellungnahme 282
    6.3.2 Vorgehen bei der Informationsgewinnung 289
    6.3.3 Kriterien für die Stellungnahme des Jugendamtes 294
    6.3.4 Aufbau der Stellungnahme 315
    6.3.5 Fallbeispiel zur Stellungnahme des Jugendamtes 317

7. Adoption 326
  7.1 Die „Annahme als Kind" als Maßnahme
      der Förderung des Kindeswohls 326
  7.2 Analyse und Erfassung der Persönlichkeit des Kindes
      und des prospektiven Lebensraumes 329
  7.3 Der Aufbau des Adoptionsberichts an das
      Vormundschaftsgericht 332

8. Mitwirkung im jugendgerichtlichen Verfahren 334
  8.1 Die Aufgabenstellung der Jugendgerichtshilfe (JGH) 334
  8.2 Delinquentes Verhalten Jugendlicher aus
      sozialwissenschaftlicher Sicht 339
      8.2.1 Definitionen 340
      8.2.2 Häufigkeiten von Delikten 341
      8.2.3 Erklärungsansätze und Forschungsbefunde zur
            Entstehung delinquenten Verhaltens im Jugendalter 342
      8.2.4 Maßnahmen bei delinquentem Verhalten Jugendlicher
            und junger Volljähriger 345
  8.3 Diagnostische Tätigkeiten der Jugendgerichtshilfe 348
  8.4 Der Bericht der Jugendgerichtshilfe: Inhalt und Aufbau 353
      8.4.1 Grundsätzliche Überlegungen zum Inhalt des
            Jugendgerichtshilfeberichts 353
      8.4.2 Aufbau des Jugendgerichtshilfeberichts 355

Nachwort 356

Literatur 359
Abkürzungsverzeichnis 395
Sachverzeichnis 397
Personenverzeichnis 401

1. Aufgaben der Diagnostik bei jugendhilferechtlichen Entscheidungen

1.1 Die Notwendigkeit diagnostischer Arbeit in der Jugendhilfe

Kinder und Jugendliche haben einen Anspruch darauf, in ihrem Entwicklungsprozess so unterstützt und geleitet zu werden, dass sie als Erwachsene in der Lage sind, ein selbstbestimmtes und zugleich in der sozialen Gemeinschaft verankertes und dieser verpflichtetes Leben zu führen (§ 1 KJHG). Garanten dieses Rechts sind vor allem die Eltern, aber auch die Schule. Eltern sind im allgemeinen in der Lage, ihrer Verantwortung ohne öffentliche Hilfe nachzukommen.[1] Sie können aber in Situationen geraten, in denen ihre Erziehungsaufgaben so schwierig werden, dass sie Hilfestellungen brauchen, um den Bedürfnissen ihrer Kinder gerecht werden zu können. Einige Eltern unterliegen Beeinträchtigungen, die sie für lange Zeit auf Hilfe angewiesen sein lassen. Ebenso brauchen einige Kinder und Jugendliche dauerhaft mehr Förderung, als Eltern üblicherweise zu bieten vermögen.

Der Jugendhilfe ist es aufgegeben, die Eltern in ihrem Erziehungsauftrag zu unterstützen und die elterlichen Erziehungsanstrengungen durch geeignete Angebote zu ergänzen. Sie soll Hilfen zur Verfügung stellen, die geeignet sind, die Sozialisationsprozesse junger Menschen zu fördern. Erziehungsberechtigte, Kinder und Jugendliche, die eine entsprechende Leistung benötigen und nutzen wollen, sollen diese erhalten.

Das Kinder- und Jugendhilfegesetz, das als Sozialgesetzbuch VIII das Jugendhilferecht in der Sozialgesetzgebung verankert, ist seiner Bestimmung nach ein „modernes Leistungsgesetz" (Reg.E.Begr. 1989) bzw. ein „Sozialleistungsgesetz" (Jans/Happe/Saurbier 2006), d. h. ein Gesetz, das insbesondere die Leistungsseite der Jugendhilfe verhältnismäßig detailliert festlegt und ihren Ausbau sicherstellen soll. Allerdings werden dort unter der Bezeichnung „andere Aufgaben" auch Tätigkeiten der Jugendhilfe gesetzlich geregelt, die nur indirekt etwas mit „Leistungen" zu tun haben, wie die Mitwirkung in den verschiedenartigen gerichtlichen Verfahren und die Vorbereitung von Eingriffen ins Elternrecht.

---

1 Dahingestellt sei, ob nicht eine generelle Begleitung und Unterstützung aller Familien, z. B. durch Kindergartenerziehung, die von den Eltern bewirkten Erziehungsergebnisse zusätzlich verbessern könnten.

Verglichen mit seinem rechtlichen Vorläufer, dem Jugendwohlfahrtsgesetz (JWG), verbessert das KJHG die Stellung des *Nutzers* gegenüber dem *Träger* von Jugendhilfe insbesondere hinsichtlich der folgenden Aspekte:

1. Der Nutzer ist von der Fachkraft Sozialer Arbeit als Partner anzuerkennen, mit dem zusammen eine Aufgabe in *gemeinsamem Bemühen* zu lösen ist.
2. Er hat das Recht auf *umfassende Beratung* und auf *Offenlegung aller sozialarbeiterischen Zielsetzungen und Handlungsvollzüge*, so dass er seine Entscheidungen als gut Informierter treffen kann (in der amerikanischen Sozialarbeit wird von „informed consent" gesprochen, was bedeutet, dass eine Zustimmung nur dann gültig ist, wenn der Zustimmende ausreichend informiert wurde).
3. Als Erziehungsberechtigter hat er, wenn er einer Hilfe bedarf, einen *Rechtsanspruch* auf die Hilfe, er ist nicht etwa Bittsteller.[2] Falls nötig, kann er eine Hilfsmaßnahme einklagen. Er darf, wenn er mit einer Verwaltungsentscheidung, die seinen Hilfebedarf betrifft, nicht einverstanden ist, diese verwaltungsgerichtlich überprüfen lassen, wobei nicht nur Verfahren, sondern auch Inhalte der Verwaltungsentscheidung der gerichtlichen Nachprüfung standhalten müssen. Wie Maas (1996 a) aus der Rechtsprechung des Bundesverfassungsgerichts herleitet, hat er damit gewisse Möglichkeiten, den ihn betreffenden Hilfeprozess zu *kontrollieren*.
4. Er ist *Verfügungsberechtigter* über seine Daten. Auch dann, wenn er die Dienste des Jugendamtes in Anspruch nehmen will oder muss, behält er sein Grundrecht auf informationelle Selbstbestimmung. Nur wenige Tatbestände erlauben eine behördliche Ermittlung in seiner Privatsphäre ohne seine Zustimmung oder gar gegen seinen Willen. Die Datenschutzregelungen des KJHG zielen darauf ab, die Wahrung dieses Grundrechtes sicherzustellen.

Diesem Partnerschaftskonzept – der Klient/die Klientin als Bürger/in mit unantastbaren Rechten und unabweisbaren Ansprüchen an die staatliche Daseinsvorsorge – fühlt sich die Soziale Arbeit schon seit langem verpflichtet. Seine Kodifizierung im Gesetz bedeutet jedoch nicht nur eine Festigung und Absicherung der Rechte und Ansprüche der Klienten, sondern auch eine Würdigung und Sicherung des fachlichen Selbstverständnisses Sozialer Arbeit. Die „Verrechtlichung", die manchmal als Mittel eines zu weitreichenden Eingreifens des Staates in die Autonomie des Menschen beargwöhnt wird, ist hier in der Tat als Instrument der Anspruchssicherung des Bürgers zu sehen.

---

2 Auch seelisch behinderten Kindern und Jugendlichen steht dieser Anspruch zu. Die Hilfe für junge Volljährige ist hingegen eine Soll-Leistung.

Es muss freilich konstatiert werden, dass die Bestimmungen des KJHG lediglich als ein Schritt in die richtige Richtung zu werten sind, nicht schon als Erreichen des anzustrebenden Ziels, denn sie bleiben doch in vieler Hinsicht den heute nicht mehr angemessenen, traditionellen Sichtweisen von Hilfebedürftigkeit und hergebrachten Formen institutioneller Reaktionen verbunden. Nach wie vor bestimmt nicht der Nutzer von Jugendhilfe den Inhalt seines Anspruchs, sondern die Verwaltung (vgl. insbes. § 27 KJHG). Persönliche „Mängellagen" (Reg.E.Begr. 1989) oder „Defizite" des einzelnen müssen zuvor als solche institutionell festgestellt werden. Weniger kränkend wäre es für den Bürger, wenn eine bestimmte soziale Infrastruktur nutzbar wäre, ohne dass er sich als in irgendeiner Weise „unfähig" betrachten müsste.[3]

Neben der Verbesserung der Stellung des Hilfesuchenden wird im KJHG die Neubestimmung der *Aufgaben des Jugendamtes* im Hilfeprozess vorgenommen. Dem Jugendamt als Fachbehörde obliegt allein die *Gewährung* individueller Hilfen, während in die *Erbringung* von Hilfen freie Träger soweit wie möglich einzubinden sind. Das Jugendamt steht in der Verantwortung für die Überprüfung der tatsächlichen und rechtlichen Voraussetzungen des Tätigwerdens der Jugendhilfe, für die Planung und Strukturierung des Hilfeprozesses sowie für die Evaluation der Hilfeleistung (vgl. Maas 1996a). Ihm sind mit der Neufassung des Jugendhilferechts bedeutsame Entscheidungsaufgaben zugewachsen, die in stärkerem Maße, als dies zuvor der Fall war, die Abklärung von Tatbeständen, die Ermittlung von Entstehungsbedingungen sowie die fachliche Beurteilung von Problemkonstellationen mit Blick auf eine zu entwerfende Änderungsstrategie notwendig machen. Auf diagnostisches Arbeiten kann die Fachkraft nun weniger denn je zuvor verzichten. Insbesondere die Ermittlung des Bedarfs für die individuellen Hilfen zur Erziehung (§§ 27 ff. KJHG) und die Überprüfung der Wirksamkeit der Hilfeerbringung machen das Erstellen einer sozialpäd-

---

3 So fordert in den USA die „Consumer movement" das Recht, sich sozialer Leistungen als „König Kunde" bedienen zu können: Mit leichterem Zugang zu allen Unterstützungsangeboten, die „auf dem Markt sind", und umfassendem „Verbraucherschutz". Die – zunächst vielleicht etwas befremdlich anmutende – „Philosophy of Consumerism" entwickelte sich in den USA aus den sozialen Bewegungen, die dort in den 60er und 70er Jahren aktiv wurden. Es waren insbesondere die Bürgerrechtsbewegung, die Formierung von Selbsthilfegruppen, die Anstrengungen zur Demedizinisierung und Selbstversorgung unheilbar Kranker und die Initiative für eine unabhängige Lebensführung körperlich behinderter, psychisch kranker oder gebrechlicher alter Menschen („Independent Living Movement"). Sie alle streben eine größere Selbstbestimmung für die Menschen an, die auf soziale Unterstützung angewiesen sind (Tower 1994). Deutsches und amerikanisches Sozialleistungsrecht weisen freilich deutliche Unterschiede auf (auf die hier nicht eingegangen werden kann). Die neuerdings in Deutschland häufiger verwendete Bezeichnung „Kunde" für die Klienten von Sozialer Arbeit beruht allerdings nicht auf der Idee der vermehrten Selbstbestimmung, sondern auf einem betriebswirtschaftlichen Konzept, gegen dessen Verwendung in der Sozialen Arbeit größte Bedenken anzumelden sind (vgl. Kap. 1.3).

agogischen/sozialarbeiterischen Gesamtbeurteilung (herkömmlich als „psychosoziale Diagnose" bezeichnet) erforderlich. Zur Erarbeitung und Fortschreibung des Hilfeplans benötigt die Sozialarbeiterin bzw. der Sozialpädagoge[4] gut entwickelte Fertigkeiten in der Formulierung diagnostischer Befunde und der schriftlichen Fixierung von Vereinbarungen, damit dessen Zweck, Klienten ebenso wie beteiligten Kollegen die erforderlichen Informationen an die Hand zu geben, erfüllt werden kann.

Aber auch die „anderen Aufgaben" nach dem KJHG, insbesondere die Mitwirkung in Verfahren vor den Vormundschafts- und den Familiengerichten (§ 50 KJHG) und die Mitwirkung in Verfahren nach dem Jugendgerichtsgesetz (§ 52 KJHG), sind ohne diagnostische Kompetenzen nicht befriedigend zu erfüllen. Diese sind ebenso wie das Vermögen, sich in Berichten und Stellungnahmen schriftlich klar und nachvollziehbar auszudrücken, unabdingbar.

Wie eine Befragung von Sozialarbeitern durch Peter (1996) ergab, macht das Anfertigen schriftlicher Aufzeichnungen einen nicht unerheblichen Teil (mindestens 30 %) ihres Berufsalltages aus. Die Fachkräfte messen dieser Tätigkeit zu einem hohen Prozentsatz eine große Bedeutung bei.[5] Schreiben wird von dem Autoren als „Schlüsselqualifikation" der Profession bezeichnet, die eindeutig mit über den Erfolg oder Misserfolg sozialer Dienste und Einrichtungen entscheide. Dieses Ergebnis bestätigt meine eben dargelegte Sichtweise.[6]

---

4 Die historisch gewachsene Unterscheidung zwischen „Sozialarbeit" und „Sozialpädagogik" lässt sich heute nicht mehr aufrechterhalten. – Auf die weiblichen Formen „Sozialarbeiterin"/„Sozialpädagogin" verzichte ich aus Gründen der Lesbarkeit meistens, wenn auch nicht durchgehend. Ich bin mir dabei bewusst, dass der größte Teil der im folgenden beschriebenen Arbeit von Frauen verrichtet wird, und dass auch die meisten derjenigen, die dieses Buch lesen, Frauen sein werden (mehr als 2/3 der Studierenden der Sozialen Arbeit sind weiblich). Sie mögen die männliche Form dieser Begriffe als *termini technici* im Sinne von Rollenbezeichnungen verstehen.
5 71 % der Befragten schätzen die Wichtigkeit des beruflichen Schreibens als hoch bis sehr hoch ein. 90 % der befragten Einrichtungen gaben an, dass sie bei Fachkräften Schwierigkeiten im Entwerfen, Formulieren, Gliedern oder Revidieren von Texten kennen. Der Autor berichtet, dass in den USA auf ähnliche Probleme mit einer „Schreiboffensive", also verstärkter Aus- oder Fortbildung, an Universitäten und in sozialen Einrichtungen reagiert wurde, während in Deutschland dem Schreiben bei Weiterbildungsangeboten noch so gut wie keine Aufmerksamkeit gewidmet werde.
6 Auch Brack (1996) und Geiser (1996) weisen auf die Notwendigkeit einer verbesserten fallbezogenen Dokumentation hin. Nach Geiser muss Aktenführung, wie Sozialarbeit überhaupt, reflektiert, systematisch, zielgerichtet, begründet, effektiv und effizient erfolgen, um den Anspruch der Professionalität erfüllen zu können. Möglichkeiten der Selbstkontrolle wie der Legitimation der eigenen Arbeit nach außen, Nutzung elektronischer Dokumentation und Auswertung sowie die Bereitstellung von Grundlagen für sozialwissenschaftliche Forschung bzw. Sozialpolitik würden auf dieser Grundlage erheblich erleichtert.

Diagnostik wird in der Jugendhilfe durchaus kontrovers diskutiert. Noch in den 80er Jahren (des letzten Jahrhunderts!) wurde sie von vielen in Frage gestellt oder, wie Hekele es ausdrückte, „entzaubert".[7] Man nannte sie überholt, der Hilfeplanung nicht mehr dienlich.[8] Im Jahr 1999 dagegen schreibt Peters im Vorwort zu einem Buch über Diagnostik: Diagnosen gelten innerhalb von 10 Jahren als „rehabilitiert". Sie sind zu einem „Fortschritts- und Trendthema" geworden, „über das sich ... die Qualität des Jugendhilfesystems insgesamt neu bestimmen soll" (S. 11). Wir wollen die Sache nicht übertreiben. „Gute" Jugendhilfe lässt sich nicht allein durch professionelle Informationsgewinnung gewährleisten – aber auch nicht ohne sie.

1.2 Zu den Zielen und zum Aufbau dieses Buches

Um die eigenständige diagnostische Aufgabe der Fachkraft Sozialer Arbeit im Jugendamt geht es in dem vorliegenden Band dieser Reihe. Ihre Besonderheit liegt namentlich darin, dass sie die Verbindung von Wissen über die Rechtsgrundlagen mit dem in der Sozialen Arbeit und in den Sozial- und Verhaltenswissenschaften entwickelten Erklärungs- und Handlungswissen erfordert. Sie soll an Beispielen von Arbeitsbereichen, die eine besonders sorgfältige Diagnostik und Dokumentation verlangen, dargestellt werden, nämlich: Hilfe zur Erziehung (bzw. Hilfe für junge Volljährige; Kap. 3), Eingliederungshilfe für seelisch behinderte Kinder und Jugendliche (Kap. 4), Gefährdung des Kindeswohls (Kap. 5), Regelung der elterlichen Sorge bei Trennung und Scheidung (Kap. 6), Adoptionsvermittlung (Kap. 7) und Jugendgerichtshilfe (Kap. 8). Um die Auswahl von Untersuchungskriterien zu begründen, stelle ich zu jeder dieser Fragestellungen die relevanten neueren Forschungsergebnisse zusammen, führe die zu beachtenden Rechtsgrundlagen an und erläutere dann die Einzelheiten des diagnostischen Vorgehens. Ein exemplarisch ausgearbeiteter Hilfeplan sowie Beispiele von Berichten an Familiengerichte[9] sollen die Umsetzung der Überlegungen in praktisches Handeln weiter verdeutlichen.

Zuvor gilt es, die Zielvorstellungen für einen gelingenden Erziehungs- und Sozialisationsprozess zu untersuchen, denn sie stellen den Richtpunkt, das „Leuchtfeuer" (Dörner 1997) für das Handeln der Jugendhilfe dar (Kap. 2.1). Dem schließt sich die Beschreibung von Erziehungs- und Sozialisationsinstanzen an (Kap. 2.2). Die Frage, ob die Erziehung von Kindern und Jugendlichen schwieriger geworden ist, wird in Kap. 2.3 gestellt, wobei nicht nur die Bedingungen der Familie, sondern auch die der Schule thema-

---

7 Vgl. Peters (1999).
8 Vgl. Merchel (1994): „Von der psychosozialen Diagnostik zur Hilfeplanung".
9 Es handelt sich um reale Fälle aus verschiedenen Jugendämtern, bei denen Namen und andere Angaben, die eine Identifizierung ermöglichen würden, verändert wurden. Teilweise wurden die Originalberichte der Jugendämter so umgeschrieben, wie es der hier beabsichtigte Darstellungszweck erfordert.

tisiert werden. Über Forschungsergebnisse zu Faktoren, die die Entwicklung junger Menschen fördern bzw. beeinträchtigen, berichte ich in Kap. 2.4. Diese Ausführungen sollen Hinweise auf Merkmale geben, die im Einzelfall relevant sein können für die Lösung der anstehenden Aufgaben. Demselben Zweck dienen Darlegungen zum Verständnis kindlicher Verhaltensauffälligkeiten (Kap. 2.5).

Mein Anliegen ist es, die Beantwortung der folgenden Fragen zu erleichtern:

- Welche Informationen sind im Einzelfall erforderlich?
- Welche Methoden der Informationserhebung sind im Einzelfall angemessen?
- Wie kann die schriftliche Dokumentation – im Hilfeplan, in der Stellungnahme oder im Bericht – so gestaltet werden, dass der Grundsatz der Erforderlichkeit der Datennutzung gewahrt bleibt, und dass die Information von allen Empfängern, für die sie gedacht ist, richtig verstanden wird?

Aus dem Verbot, nicht erforderliche Sozialdaten zu erheben und zu speichern (§§ 62 und 63 KJHG) folgt, dass die soziale Fachkraft begründen können muss, warum sie bestimmte Informationen einholt und dokumentiert. Sie kann dies um so besser, je klarer ihre Vorstellungen darüber sind, *auf welche Einzelheiten es ankommen könnte.* Dies setzt solide Fachkenntnisse über die vielfältigen Erscheinungsformen von Hilfebedarf und dessen Ursachen voraus, ebenso wie über Verlaufsformen und Beeinflussungsmöglichkeiten sozialer und psychischer Prozesse. Auf der Grundlage dieses Fachwissens kann der Mitarbeiter des Jugendamtes im individuellen Fall Hypothesen zu den Bedingungszusammenhängen und den Lösungsmöglichkeiten aufstellen und überprüfen.

Die grundlegenden Fachkenntnisse erwerben Sozialarbeiter und Sozialpädagogen in ihrem Studium und der anschließenden praktischen Arbeit und Weiterbildung. Dass sie vorhanden sind, wird hier vorausgesetzt. Wie dieses Basiswissen zur Bewältigung der genannten diagnostischen Aufgaben in der Jugendhilfe herangezogen werden kann, soll im folgenden aufgezeigt werden.

Bestandteil der Professionalität von Sozialarbeitern sind allerdings nicht nur Fachkenntnisse, sondern auch *professionsethische Überzeugungen*: Einsatz für die Wahrung der Rechte des Klienten, namentlich der Schutz der Nutzer vor ungerechtfertigtem Eindringen in ihre Privatsphäre und vor negativen Folgen von Diagnostik, Achtung der Kompetenzen aller anderen Fachkräfte, Bemühung um partnerschaftliche Kooperation und problemadäquate Koordination. Berufsmoralische Grundsätze in der diagnostischen Tätigkeit zu reflektieren und dem professionellen Handeln zugrunde zu legen – auch dazu soll die vorliegende Arbeit anregen.

1.3 Merkmale psychosozialer Diagnostik in der Sozialen Arbeit

> In der Jugendhilfe haben wir es nur selten mit einfachen, leicht erkennbaren Tatbeständen zu tun. Viel öfter müssen Entscheidungen in Situationen getroffen werden, die hoch komplex, undurchsichtig und zudem im schnellen Wandel begriffen sind. Um unter solchen Bedingungen die entscheidungsrelevanten Informationen zu erlangen, ist es empfehlenswert, gleich zu Beginn eines Vorhabens eine diagnostische Strategie zu entwickeln. Was bei einer solchen Planung zu bedenken ist, welche unterschiedlichen Funktionen psychosoziale Diagnostik erfüllen kann und auf welche Schwierigkeiten sie trifft, erläutere ich in diesem Abschnitt.

„Diagnostizieren" heißt, im Hinblick auf ein angestrebtes *Ziel regelgeleitet Informationen* zu gewinnen (vgl. Cronbach/Gleser 1965). Der Begriff lässt sich wörtlich mit „Durchschauen" oder „Auseinanderkennen" übersetzen. Ursprünglich wurde damit lediglich die hinter die Symptome blickende Tätigkeit des Arztes bezeichnet. Inzwischen hat der Terminus jedoch eine Ausweitung erfahren. Von „Psychodiagnostik" spricht man, wenn es speziell darum geht, auf professionelle Weise das Erleben und Verhalten von Menschen wahrzunehmen bzw. Verhaltenseffekte festzustellen (vgl. Kaminski 1982). Während dieser Begriff in erster Linie der „erkennenden" Tätigkeit von Psychologen zugeordnet wird, benennen Vertreter der Sozialen Arbeit das Ergebnis ihrer Erkenntnisgewinnung gern als „psychosoziale Diagnose". Damit soll klargestellt werden, dass das Augenmerk nicht nur auf die Persönlichkeit eines Menschen gerichtet wird, sondern auch auf deren soziales Umfeld. Bereits im Jahre 1917 sprach Mary Richmond von „sozialer Diagnose". Sie forderte Sozialarbeiter dazu auf, eine Problemkonstellation in ihren verschiedenen Komponenten zu untersuchen – die aufgetretene Schwierigkeit, die soziale Situation, die Persönlichkeit der Klienten und die Ressourcen des Hilfesystems – nicht mit dem Ziel einer Etikettierung, sondern mit dem Anliegen, das Problem in seinen Bezügen zur Lebenslage der Klienten zu erfassen, um so genau darauf abgestimmte Hilfen anbieten zu können.[10] Sie wies also schon damals den Weg zu einer systemischen und entscheidungsbezogenen Form der Diagnostik. Von Richmond angeregt, führte Alice Salomon (1926) den Begriff in die deutsche Fürsorge ein.[11]

---

10 Richmond (1917, 357) beschrieb als „soziale Diagnose" „das Bemühen, zu einer möglichst exakten Definition der sozialen Situation und der Persönlichkeit eines Menschen, der in einer sozialen Notlage ist, zu gelangen – in Beziehung zu anderen Menschen, von denen er in irgendeiner Weise abhängt oder die von ihm abhängen, und auch in Beziehung zu den sozialen Institutionen seiner Gemeinde." (zit. nach Kirk et al. 1989, 296).

11 Alice Salomon erweiterte Richmonds Konzept und passte es deutschen Verhältnissen an (vgl. Geisel/Leschmann 1985, Müller 1988).

Selbstverständlich hat sich seit den Zeiten von Mary Richmond und Alice Salomon das Grundverständnis über das Verhältnis zum Klienten und über methodisches Vorgehen insbesondere auch in der psychosozialen Diagnostik weiterentwickelt. Insbesondere die genannten sozialen Bewegungen der 70er und 80er Jahre haben die Soziale Arbeit gelehrt, ihre Klienten als Bürger mit berechtigten Ansprüchen an staatliche Daseinsvorsorge, mit eigenen Stärken und Lösungskompetenzen und als ernst zu nehmende Gesprächspartner zu sehen, denen gegenüber die Fachkraft ihre Tätigkeit zu legitimieren hat.

Die Beachtung der sozialen Umstände ist immer notwendig, wenn menschliches Erleben und Verhalten erkannt und verstanden werden sollen, gleichgültig, ob ein Arzt, ein Psychologe oder ein Sozialarbeiter sich darum bemüht. Insofern sehe ich keinen Unterschied zwischen den Begriffen „Diagnose", „soziale Diagnose" und „psychosoziale Diagnose" und verwende sie synonym. Damit wird natürlich keineswegs in Zweifel gezogen, dass sozialarbeiterische/sozialpädagogische diagnostische Tätigkeit eigenständig ist und sich von den diagnostischen Tätigkeiten der anderen Berufsgruppen unterscheidet. Im Gegenteil, mindestens fünf wichtige Aspekte geben ihr ein eigenes Profil, nämlich: 1. ihre Fundierung im gesetzlichen Auftrag, 2. ihre Aufgabenstellung, eine vorgefundene soziale und persönliche Situation unter Gesetzeskategorien zu subsumieren,[12] 3. die Bestimmung, unter den verfügbaren Hilfen diejenige herauszufinden, die sowohl geeignet als auch notwendig ist, 4. die spezifische Beachtung der Datenschutzregeln und 5.teilweise – allerdings eben nur teilweise – die Datenerhebungsmethoden. Die enge Verschränkung von Wissenssträngen unterschiedlicher Disziplinen, die eine solche Arbeit voraussetzt, stellt eine gedankliche Leistung dar, die nur Sozialarbeiterinnen bzw. Sozialpädagogen mit ihrer interdisziplinären Ausbildung erbringen können.

Als *„psychosoziale Diagnostik"* oder auch *„sozialarbeiterische"* oder *„sozialpädagogische Diagnostik"*[13] bezeichne ich *den durch Fachkräfte der Sozialen Arbeit gestalteten und verantworteten Prozess der regelgeleiteten Ermittlung der für eine Entscheidung erforderlichen Sozialdaten.*

Hilfe zur Erziehung, Regelung der elterlichen Sorge bei Trennung und Scheidung, Anrufung des Familiengerichts bei Gefährdung des Kindeswohls, Adoptionsvermittlung oder Jugendgerichtshilfe stellen die soziale Fachkraft im Jugendamt vor unterschiedliche diagnostische Anforderungen.

---

12 So müsste eine soziale Fachkraft des Jugendamtes selbst dann, wenn sie die gesamte Datenermittlung sagen wir von einer kommunalen Erziehungsberatungsstelle machen ließe, dennoch eine eigene Übersetzungsleistung erbringen, nämlich bestimmen, was den erzieherischen Bedarf oder den Bedarf nach Eingliederungshilfe gem. § 35 a KJHG ausmachte.
13 Mit „Diagnose" ist eher das Ergebnis eines dergestalt gerichteten Erkenntnisprozesses gemeint. „Diagnostik", „diagnostisches Handeln" oder „diagnostische Urteilsbildung" bezeichnen den Prozess der Erarbeitung dieser Erkenntnis.

Dennoch haben diese verschiedenen Aufgabenbereiche viele gemeinsame Merkmale. Wir werfen zunächst einen Blick auf die wichtigsten von ihnen, bevor wir uns anschließend – weiter unten in diesem Abschnitt – mit den bedeutsamen Unterschieden zwischen den Aufgabenbereichen befassen:

Jede der genannten Handlungssituationen ist sehr *komplex* (vgl. dazu auch die Ausführungen in Kap. 2.4). Ein Sozialarbeiter, der z. B. eine Anrufung des Familiengerichts wegen Gefährdung des Kindeswohls plant, muss viele verschiedene Aspekte berücksichtigen: Störungen beim Kind, um das es geht, Erziehungsverhalten der Eltern, Gründe für dieses Verhalten in der Person und der Lebenssituation der Eltern, Ressourcen und Erschwernisse im sozialen Umfeld, materielle Bedingungen wie Einkommen und Wohnung, mögliche andere Wege der Verbesserung der Situation des Kindes als durch den ins Auge gefassten Eingriff, zur Verfügung stehende Unterbringungsmöglichkeiten für das Kind, Unterstützungsmöglichkeiten für die aufnehmende Stelle usw. Nicht nur das Verhalten und Erleben einzelner Menschen müssen erfasst werden, sondern auch Beziehungen zwischen ihnen, Interaktionen und Systemstrukturen.

Auf ähnliche Weise sind auch die anderen genannten Handlungssituationen der Sozialen Arbeit durch das Zusammentreffen vieler Einzelmerkmale gekennzeichnet. Noch unübersichtlicher wird die Situation dadurch, dass die meisten der Merkmale mit mehreren anderen *vernetzt* sind und nicht unabhängig voneinander betrachtet werden sollten. Die Störung des Kindes ist durch das Elternverhalten mitbedingt, dieses ist aber auch zugleich eine Reaktion auf das Verhalten des Kindes. Das elterliche Erziehungsverhalten wird verbessert durch die Nutzung von Ressourcen im sozialen Umfeld, diese können aber abnehmen oder verloren gehen, wenn sie für die Unterstützung des Erziehungsverhaltens überbeansprucht werden. Erziehungsverhalten kann auch erleichtert werden durch ein ordentliches Einkommen und angenehme Wohnbedingungen, aber in der Regel sind diese nur durch engagierte und ausgedehnte Berufstätigkeit zu erwerben, was wiederum die Möglichkeiten der geduldigen, ausgiebigen erzieherischen Zuwendung zum Kind einschränkt. Ein Eingriff ins Sorgerecht kann zwar kurzfristig eine Entspannung der Lage bringen, langfristig aber möglicherweise die Fähigkeit der Mutter oder des Vaters zu erziehen noch nachhaltiger schwächen. Mit diesen wenigen Beispielen soll gesagt werden, dass, bei welchem Merkmal auch immer Soziale Arbeit verändernd ansetzt – Kindverhalten, Elternverhalten, äußeren Bedingungen – die anderen Merkmale stets mitberührt sein werden. Mögliche *Fern-* und *Nebenwirkungen* von Maßnahmen müssen also von Anfang an ebenfalls Gegenstand der diagnostischen Überlegungen sein (vgl. Dörner 1997).

Ein weiteres Merkmal der Handlungssituationen Sozialer Arbeit ist, dass mit Systemen gearbeitet werden muss, die eine hohe *Dynamik* aufweisen. Zum Beispiel verändern sich familiäre Beziehungen im Zeitablauf, u. a. in

Abhängigkeit von der Entwicklung der Kinder oder dem Wandel der ehelichen Beziehung. Die Dinge gehen also ihren Gang und warten nicht ab, was der Sozialarbeiter unternehmen wird. So kann es geschehen, dass der Jugendamtsmitarbeiter, der bei seinem ersten Hausbesuch ein von Drohungen und Beschimpfungen eingeschüchtertes Kind sah, beim nächsten Besuch das Kind mit blutunterlaufenen Augen antrifft. Die Situation kann – u. U. lebensgefährlich – eskaliert sein. Die Dynamik der Systeme, mit denen Soziale Arbeit zu tun hat, erzeugt nicht selten *Zeitdruck*. Wenn man zu lange wartet, kann es für die Hilfe zu spät sein oder – was natürlich der erfreulichere und gar nicht so seltene Fall ist – die Hilfe erübrigt sich, weil die Klienten eigene Wege aus der Krise gefunden haben. Zeitdruck bedeutet, dass die Sammlung von Informationen und die Planung von Eingriffshandlungen meistens nicht so ausführlich geschehen können, wie es dem Wunsch nach wissenschaftlich und rechtlich vollständig abgesichertem Arbeiten entspräche.

Die Eigendynamik von Systemen macht es außerdem erforderlich, dass man *Entwicklungstendenzen abschätzen, eine Prognose erstellen* muss: Werden diese Eltern ein weiteres Mal schlagen und wenn ja, wie bedrohlich ist das für das Kind? Wird jener die Scheidung anstrebende Vater sich weiterhin aus dem Erziehungsprozess heraushalten oder etwa eine ganz neue „Väterlichkeit" entwickeln? Wird dieser Jugendliche nach einem „Denkzettel", den ihm seine erste Gerichtsverhandlung gegeben hat, begriffen haben, dass er nach einem neuen Weg suchen muss?

Schließlich wird auch die Fachkraft im Jugendamt, die „ihre" Familie schon jahrzehntelang kennt, und erst recht der Neuling im Jugendamt einsehen müssen, dass man doch nicht alles erfährt. Die Klienten entscheiden nämlich aufgrund eigener Überlegungen, was sie mitteilen wollen, und dies deckt sich nicht immer mit dem, was der Sozialarbeiter wissen möchte. Dörner (1997) hat darauf hingewiesen, dass diese *Intransparenz* der Situation eine weitere Quelle der Unbestimmtheit von Planungs- und Entscheidungssituationen ist.

Sozialarbeiter haben also in der Regel mit Situationen zu tun, die schwer zu durchschauen („diagnostizieren") sind. Handeln in komplexen, vernetzten, dynamischen und intransparenten Situationen kann jedoch nur erfolgreich sein, wenn es nicht ad hoc erfolgt, sondern erst nach einer genügend genauen *Abklärung* seiner Voraussetzungen, seiner Ziele und der Mittel zur Zielerreichung, also nach eingehender diagnostischer Tätigkeit.

Der Prozess der Hilfeplanung sollte *systematisch* angegangen werden. Bevor man mit der diagnostischen Arbeit beginnt, sollte man ihr eine gedankliche Struktur geben, d. h. die erforderlichen Handlungsschritte vor dem Tätigwerden durchdenken und in eine angemessene Reihenfolge bringen. Die Fachkraft muss z. B. Überlegungen anstellen zu den folgenden Fragen:

1. Um was geht es den Hilfesuchenden? (Klärung der Fragestellung in der Ausgangssituation)
2. Fällt das Anliegen in den Aufgabenbereich der Fachkraft, oder muss sie den Hilfesuchenden eine andere Anlaufstelle vermitteln? (Klärung der Zuständigkeit)
3. Welche Rechtsgrundlagen sind für die weitere Tätigkeit zu beachten?
4. Wie sind die rechtlichen Bestimmungen zu konkretisieren? (z. B. Operationalisierung des rechtlichen Begriffs „erzieherischer Bedarf")
5. Welche psychologischen und soziologischen Aspekte könnten für die Problembearbeitung relevant sein? (Hypothesenbildung)
6. Welche Ziele sollen (vorläufig) angestrebt werden, zum einen aus der Sicht der Adressaten, zum anderen aus fachlicher Perspektive?
7. Welche Informationen könnten benötigt werden, und bei welchen Informanten könnten sie eingeholt werden? (Vorläufige Bestimmung des Datenbedarfs und der zu befragenden Personen unter strikter Beachtung der Datenschutzregeln des KJHG)
8. In welcher Reihenfolge sollen die Informationen eingeholt werden und mit welchem Genauigkeitsgrad?
9. Wer soll in die Erstellung des Hilfeplans einbezogen werden?
10. Wie soll die spätere Leistungserbringung evaluiert werden?

Die Fachkraft legt also vor Beginn einer diagnostischen Tätigkeit eine Art *Strategie* fest, der sie schrittweise folgen kann.[14] Diese gedankliche Vorstrukturierung kann naturgemäß nur zu vorläufigen Ergebnissen führen. Mit jeder neuen Information tritt möglicherweise das Erfordernis auf, die Planung zu modifizieren, um auf diese Weise zu immer besser passenden Arbeitsabläufen zu gelangen.

Gegen die Forderung nach planvollem Handeln wird gelegentlich eingewandt, dass unter den Bedingungen der Praxis, insbesondere des durch die hohen Fallzahlen erzeugten Zeitdrucks, ein solches Arbeiten ein unerschwinglicher Luxus sei. Dem ist entgegenzuhalten, dass das Handeln (auch) effizienter im Sinne von Zeitersparnis sein kann, wenn zuvor eine gewisse innere Ordnung herstellt wurde. Durchwursteln kostet Zeit! Dass diese Behauptung zutrifft, zeigte sich deutlich in den von uns (Gärtner-Harnach/Maas 1987)[15] analysierten Stellungnahmen und Entwicklungsbe-

---

14 Für bestimmte Fragestellungen der Psychologie sind hochformalisierte diagnostische Strategien entwickelt worden (vgl. z. B. Tack 1982; Hornke 1982), die sehr inhalts- und zeiteffektives Diagnostizieren ermöglichen. Für Zwecke der Sozialen Arbeit steckt die Entwicklung solcher Strategien allerdings noch in den Kinderschuhen (Mattaini/Kirk 1991; Sicoly 1989).

15 Wir untersuchten 58 Jugendamts- und Heimberichte zur FEH unter der Fragestellung: „Welche nicht erforderlichen Daten sind darin enthalten, welche erforderlichen fehlen?"

richten aus der Jugendhilfe: Akteneinträge, die kriteriengeleitet vorgenommen waren, fielen meist kürzer und dennoch gehaltvoller aus als solche, bei denen der Autor aus der Unsicherheit darüber, worauf es tatsächlich ankommt, möglichst viel eintrug, vielleicht um sich abzusichern nach dem Goetheschen Diktum: „Wer vieles bringt, wird manchem etwas bringen", oder nach der Vorstellung: „Irgendwie wird schon etwas Richtiges dabei sein."

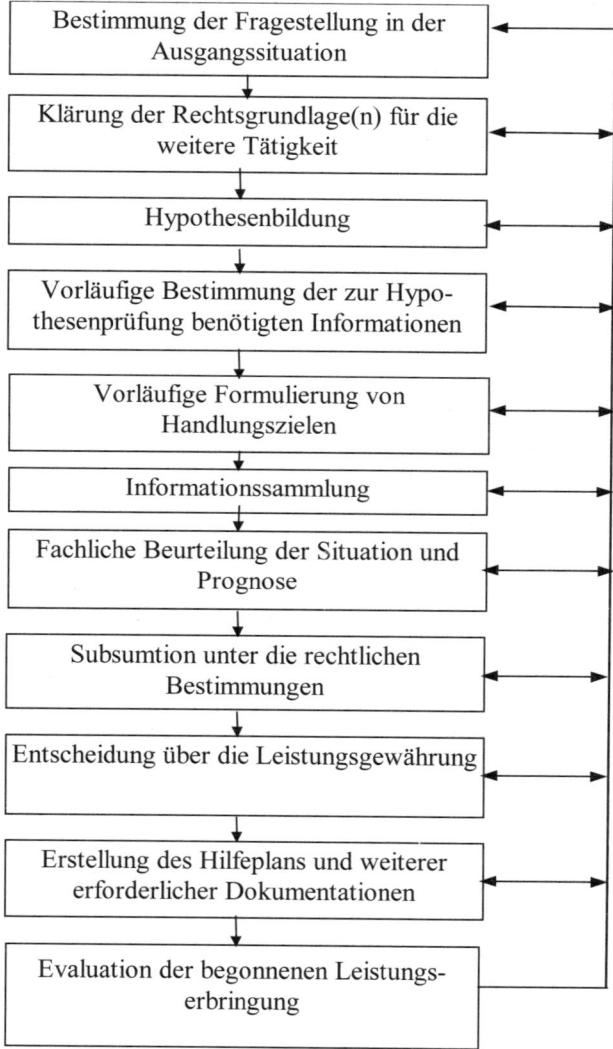

Abb. 1: Schritte eines Arbeitsprozesses in der Jugendhilfe am Beispiel der Planung und Durchführung einer Hilfe zur Erziehung

In Abbildung 1 werden die Schritte eines Arbeitsprozesses aufgelistet. Dabei zeigen die rückwärts deutenden Pfeile an, dass von jeder erreichten Stufe her die Rückkehr zu einer früheren Stufe notwendig werden kann. Es kann sich bei der Hypothesenbildung herausstellen, dass die Formulierung des Problems nicht klar genug war; eventuell bemerkt man dies aber auch erst bei der Informationssammlung oder in besonders ungünstigen Fällen sogar erst bei der Intervention. Ähnliches gilt, wenn sich erst am Beginn der Intervention herausstellt, dass die gesammelten Informationen lückenhaft sind oder die Diagnose nicht hinreichend genau gestellt worden ist.

Nicht nur der Schritt zurück kann jederzeit nötig sein. Auch der Blick nach vorn, der über die nächste Stufe hinausreicht, ist stets erforderlich. So lässt sich z. B. eine Zielformulierung, für die kaum Realisationschancen bestehen, weil die notwendigen Mittel fehlen, gleich zu Beginn modifizieren. Unnötige diagnostische Erhebungen sind zu vermeiden, wenn der Bereich überhaupt in Frage kommender Diagnosen so früh wie möglich eingegrenzt wird usw. Wie ein geübter Autofahrer permanent beobachtet, was auf der Straße weit voraus und unmittelbar vor ihm geschieht, was zugleich auf beiden Seiten und im Rückspiegel zu sehen ist, so muss sich der diagnostisch Tätige darauf einstellen, mit pendelnder Aufmerksamkeit vorzugehen.

Die schrittweise Informationssammlung mit wiederholter Überprüfung der Frage, ob die eingebrachten Daten für die Beantwortung der Fragestellung ausreichen, wird in der Psychologie als „sequentielles Vorgehen" bezeichnet und dem „einstufigen (single stage)" Vorgehen gegenübergestellt (Cronbach/Gleser 1965). Diese sequentielle Durchführung der Untersuchung empfiehlt sich eigentlich meistens, denn in der Regel bemerkt man bei der Auswertung der zunächst erhobenen Daten Unklarheiten, Lücken oder einseitige Informationen. Im zweiten Schritt ist man dann schon „klüger" und kann gezielter weiterfragen.

Da diagnostisches Vorgehen an einer *Zielsetzung* ausgerichtet ist, machen unterschiedliche Ziele auch unterschiedliche Formen der Diagnostik erforderlich. Um dies zu verdeutlichen, sollen zwei verschiedene Aufgabenstellungen eines Sozialarbeiters im Jugendamt betrachtet werden, nämlich die Erstellung eines Berichts zur Regelung der elterlichen Sorge in einem streitigen Fall nach dem Scheitern eines Beratungsangebotes einerseits und die Entscheidung über die Gewährung einer Hilfe zur Erziehung andererseits. Im *ersten Fall* geht es um eine Auswahl zwischen zwei Personen, im *zweiten* darum, einem Kind und seinen Eltern zu helfen, miteinander und mit dem weiteren Umfeld auf bessere Weise zu interagieren. Die Strategien, die zur Erfüllung der jeweiligen Aufgaben zu verfolgen sind, werden als *Selektionsstrategie* und als *Modifikationsstrategie* bezeichnet (Pawlik 1982). Unter Selektionsstrategie versteht man eine Vorgehensweise, die eine optimale Problemlösung durch die geeignete *Auswahl* von Personen und/oder Bedingungen sucht. Der Wert der Selektionsstrategie ist daran zu messen, inwieweit sie dazu beiträgt, für jede Person diejenige Bedingung zu finden, die ihr den größten Nutzen bringt (gemessen an einem Optimierungskriterium wie Schulerfolg, Arbeitsplatzzufriedenheit, körperliche Gesundheit, Freisein von psychischen Störungen o.Ä.).[16] Dabei kann sich die Auswahl auf Personen richten *(„Personenselektion")* oder auf Bedingungen *(„Bedingungsselektion")*. Personenselektion erfolgt z. B. bei der Auswahl eines geeigneten Bewerbers für einen Arbeitsplatz bzw. bei der Platzierung verschiedener Bewerber auf verschiedenen Arbeitsplätzen. In der Sozialen Arbeit wäre z. B. die Bestimmung „geeigneter", „bedürftiger", „anspruchsberechtigter" Kinder für ein bestimmtes Förderprogramm (z. B. Legasthenikertraining) oder eine bestimmte Kurmaßnahme (z. B. Gewichtsreduktion) der Fall einer Personenselektion. Die Suche nach dem „geeigneteren" Elternteil bei der Scheidung oder nach „passenden" Adoptiveltern für ein Kind macht eine Bedingungsselektion erforderlich. Die Selektionsstrategie ist im Falle der Scheidung i.d.R. dann beendet, wenn die Entscheidung über die elterliche Sorge vom Gericht getroffen worden ist. Solange nicht ein Elternteil einen Antrag auf Änderung der Sorgerechtsregelung stellt, geht man davon aus, die richtige Entscheidung getroffen zu haben. Ebenso ist nach vollzogener Adoption keine weitere Entscheidung des Vormundschaftsrichters mehr erforderlich und deshalb keine weitere diagnostische Tätigkeit des Jugendamtes (es sei denn aus einem anderen Grund).

Im *zweiten Beispielsfall*, der Suche nach einer möglichst erfolgreichen Hilfe zur Erziehung, reicht es dagegen nicht aus, sich auf eine Auswahl zu beschränken und dann den diagnostischen Prozess zu beenden. Da man Verhalten modifizieren will, braucht man weitere diagnostische Informationen zu den eingetretenen Veränderungen, die die ausgewählte und eingeleitete Maßnahme bewirkt hat, um nötigenfalls darüber entscheiden zu können, ob die Intervention abgewandelt, durch eine andere ersetzt oder beendet werden soll.

In der sozialen Praxis sind Mischstrategien von Selektion und Modifikation häufig, z. B. die Auswahl und laufende Beratung von Pflegeeltern. Nicht selten erweist sich eine reine Selektionsstrategie im Laufe der Zeit als unbefriedigend und wird dann durch eine Modifikationsstrategie ersetzt. Dafür ist die Aufnahme der Trennungs- und Scheidungsberatung in das KJHG ein

---

16 Dabei darf nicht übersehen werden, dass der „Nutzen" oder „Schaden" einer Entscheidung nur schwer zu bestimmen ist. Die Einschätzung wird u. U. anders ausfallen, wenn sie ein Jugendlicher oder aber seine Mutter vornimmt, bei Klienten anders als bei Sozialarbeitern. Der Nutzen ist auch nicht unabhängig von den „Kosten" seiner Herbeiführung zu bestimmen. Kosten für den Betroffenen können finanzieller Art (z. B. Verdienstausfall) sein. Schwerer als die finanziellen dürften oftmals die psychischen Kosten ins Gewicht fallen – die Kraft, die z. B. eine Psychotherapie erfordert, enttäuschte Hoffnungen oder geschwundenes Vertrauen, Verlusterlebnisse (z. B. bei Heimerziehung eines Kindes), Stigmatisierung u. Ä. „Um welchen Preis" eine Verbesserung zu erzielen ist, muss also mitbedacht werden.

Beispiel. Statt lediglich den „besseren" Elternteil herauszufinden, wie dies früher von ihm erwartet wurde, soll der Sozialarbeiter sich nun darum bemühen, den Eltern zu einer einvernehmlichen Lösung zu verhelfen, also ihr Verhalten zu verändern. (Gelingt ihm das nicht, muss er jedoch wieder zur Selektionsstrategie zurückkehren.)

Die beiden unterschiedlichen Strategien haben unterschiedliche Implikationen für die Psychodiagnostik, die Teil dieser Strategien ist (Pawlik 1982). Wird eine Selektion beabsichtigt, geht es darum, einen gegebenen Ist-Zustand festzustellen, meistens ergänzt durch eine Prognose. Dabei wird davon ausgegangen, dass das diagnostische Ergebnis, der *Befund*, selbst stabil ist (sich praktisch nicht in Abhängigkeit von situativen Faktoren und zeitlichen Abläufen verändert) bzw. dass späteres Verhalten durch Fortschreibung des gegenwärtigen Verhaltens vorausgesagt werden kann. Diese Art der Diagnostik, die das Erheben eines als relativ stabil betrachteten Ist-Zustandes bezweckt, wird als *Statusdiagnostik* bezeichnet.

Im Unterschied dazu hat *Prozessdiagnostik* das Ziel, Veränderungen festzustellen, die im Erleben und Verhalten von Menschen auftreten. Während für eine Selektionsstrategie in der Regel eine Statusdiagnose ausreicht, benötigt eine Modifikationsstrategie sowohl Verfahren der Statusdiagnostik als auch der Prozessdiagnostik. Am diagnostischen Vorgehen bei Hilfe zur Erziehung wird dies wiederum deutlich. Zunächst muss mittels statusdiagnostischer Methoden eine Indikation – der erzieherische Bedarf – festgestellt werden (z. B. das Ausmaß einer Verhaltensstörung, der Grad der elterlichen „Erziehungsunfähigkeit" o. Ä.). Sobald die Hilfe zur Erziehung eingesetzt hat, geht es darum, Veränderungen gegenüber dem ursprünglich festgestellten Zustand zu beobachten (Abnahme von Verhaltensstörungen, Erhöhung der elterlichen Erziehungsfähigkeit). Es müssen Maße für diese Veränderungen gefunden werden. Soweit es sich um psychologische Tests handelt, werden Veränderungsmaße anders konstruiert (auf einer anderen Art von Testtheorie basierend) als Statusmaße. Darauf soll aber hier nicht eingegangen werden, weil die Testkonstruktion nicht zu den Aufgaben von Sozialarbeitern gehört. Herkömmliche psychologische Tests (Intelligenztests, Persönlichkeitsfragebogen, projektive Verfahren usw.) dienen der Statusdiagnostik. Tests für Prozessdiagnostik sind in neuerer Zeit ebenfalls entwickelt worden (vgl. Tack 1986; Fisseni 1990).

Eine weitere Unterscheidung diagnostischer Möglichkeiten betrifft die Differenzierung in *normorientierte* und *kriteriumsorientierte* Diagnostik. Normorientierte Diagnostik – die „klassische" Form von Testdiagnostik – hat zum Ziel, ein Untersuchungsergebnis in Relation zu den Ergebnissen anderer Personen zu setzen. Dass ein Kind „durchschnittlich intelligent" ist, lässt sich nur beim Vergleich seiner Antworten mit denen anderer Kinder gleichen Alters (und eventuell gleicher Herkunft, Schulbildung u. dergl.) feststellen. Die Aussage, ein Kind sei in seiner motorischen Entwicklung verzögert, lässt sich nur mit Bezug auf eine Entwicklungsnorm treffen; die Feststellung einer besonderen Ängstlichkeit setzt die Kenntnis der Ängstlichkeit anderer Menschen voraus.

Kriteriumsorientierte Diagnostik dient dem Zweck herauszufinden, wie nahe eine einzelne Person einem vorgegebenen Verhaltens- oder Erlebensziel – dem sogenannten Kriterium – gekommen ist. Wird z. B. eine sozialpädagogische Intervention durchgeführt mit dem Ziel, die Konzentration eines hyperaktiven Kindes so zu steigern, dass es seine Hausaufgaben allein zufriedenstellend erledigen kann, so lässt sich zu einem bestimmten Messzeitpunkt feststellen, ob oder inwieweit dieses Kind diese Aufgabenstellung bewältigen kann. Kriteriumsorientierte Tests, die eine Stichprobe des Zielverhaltens repräsentieren, sind vor allem für die Schulpraxis entwickelt worden (Klauer 1987). Kriteriumsorientierte Diagnostik spielt bei jeder Modifikationsstrategie eine Rolle, wenn es darum geht, die Effektivität einer Maßnahme zu erfassen. Sie ist also auch für die Soziale Arbeit von Bedeutung.

Wenn man die einzelnen Komponenten diagnostischer Prozesse ins Auge fasst, lassen sich weitere Differenzierungen vornehmen. So nennt Kaminski (1982) als Unterscheidungsmerkmale:

– Charakteristika des Datenproduktionsprozesses (lange oder kurze Dauer, zeitlich dicht aufeinander folgend oder auseinandergezogen)
– Art der zugrunde gelegten Daten (kognitiv, physiologisch oder verhaltensbezogen; Verhalten im zeitlichen Verlauf oder Verhaltenseffekte)
– Charakteristika der Datenaufnahme (Experiment oder Auswahl aus einem natürlichen Ablauf)
– Art der Datenkategorisierung (objektiv, eventuell sogar computerisiert, oder subjektiv)
– Formale Charakteristika der Konstrukte, mit denen in der diagnostischen Interpretation gearbeitet wird (als stabil gedachte Merkmale, z. B. Intelligenz, oder als variabel vorgestellte, z. B. Stimmung; komplexe oder einfache)
– Formale Charakteristika der Konsequenzen für den Datengeber (Zielsetzungen relativ eindeutig oder nicht, Prognose erfahrungswissenschaftlich begründbar oder eher subjektiv, Behandlung am Datengeber oder Umfeld ansetzend)
– Charakteristika der Behandlungsauswirkungen (überwiegend im Interesse des Datengebers oder im Interesse anderer Personen oder Instanzen).

Für jede dieser Komponenten gibt es Merkmale, die eine exakte Diagnostik erleichtern, und solche, die sie erschweren. Diagnostische Aufgaben in der Sozialen Arbeit scheinen besonders schwierige, „riskante" Merkmale in sich zu vereinigen.

Bei Gesprächen z. B. fallen Daten während eines u. U. sehr *ausgedehnten Zeitabschnitts* an, so dass die Aufnahme- und Gedächtniskapazität des Untersuchers überfordert sein kann (anders z. B. als bei einer kurzen Testantwort). Meistens handelt es sich um *kognitive Daten*, die im Unterschied zu physiologischen Daten auf vielerlei Weise entstellt sein können. Die Datenaufnahme kann nur selten unter den Bedingungen eines kontrollierten Experiments (standardisierter Test) durchgeführt werden; meist muss der Sozialarbeiter aus dem, was sich ihm bietet, auswählen, d. h. er muss die (oft wenigen) *relevanten aus einer Vielzahl irrelevanter Informationen herausfiltern* können. Dies bringt notgedrungen Ungenauigkeiten in den Prozess hinein. Der *subjektive Ermessensspielraum* beim Kategorisieren ist groß, z. B. bei der Einschätzung des erzieherischen Bedarfs oder der Gefährdung des Kindeswohls. Je größer dieser Spielraum ist, desto fehleranfälliger ist der Prozess. Die *Konstrukte*, auf die die Diagnosen zielen können, sind in der Sozialen Arbeit oft sehr *komplex*: „Erziehungsfähigkeit", „altersentsprechende Entwicklung", „Familienklima" sind Konstrukte, in die viele gedachte Komponenten eingehen. Sie erfordern deshalb einen umfangreichen diagnostischen Aufwand und bergen ein hohes Fehlerrisiko in sich. Zu allem Überfluss können die *Zielsetzungen* oft nur *vage* angegeben werden („Verbesserung der Erziehungsbedingungen", „Nachreifen der sozialen Fähigkeiten des Jugendlichen", „Verantwortungsübernahme"), so dass häufig schwer auszumachen ist, auf welche Merkmale es bei der Diagnosestellung überhaupt ankommt. Kann schließlich der Untersuchte nicht erkennen, dass die *Behandlungswirkungen in seinem Interesse* liegen (z. B. ein Kind, das gegen seinen Willen in die Erziehungsberatungsstelle gebracht wird), so sind größere Fehler oder Lücken in der Information zu erwarten als bei gegebenem Interesse des Probanden. Das gleiche gilt, wenn ein Klient aus Gründen des Selbstschutzes Anlass hat, Einzelheiten vor dem Untersucher zu verbergen.

Weitere *Fehlerquellen* liegen in typischen Wahrnehmungsverzerrungen, die generell bei Beobachtungen auftreten können, wie z.B.:

— *„Hintergrundeffekt"*: Nicht ausschaltbare variable Einflüsse des Person-Umfeldes
— *„Interventionsfehler"*: Modifikation der „abgespeicherten" Wahrnehmungen, wenn zwischen Beobachtung und Urteilsabgabe Zeit verstreicht.
— *„Beobachtungsabfolgeeffekt"*: „Perseveranzeffekt" oder „primacy-recency-effect". Der erste Eindruck erweist sich als besonders stabil, weil hinzukommende Informationen selektiv wahrgenommen werden. Dieser Effekt gewinnt z. B. in Gerichtsverfahren insbesondere nach einstweiligen Anordnungen an Bedeutung, weil er sich auch noch im Hauptverfahren auswirkt.
— *„Generalisierungsfehler"*: Ein (für den Beobachter) „eindrucksvolles" Ereignis wird hinsichtlich seiner Bedeutsamkeit/Häufigkeit falsch „hochgerechnet" und beeinflusst so das Urteil mit falschem „Gewicht".

- *„Logikfehler"* („logical error"): Abgabe des Urteils aufgrund vermuteter (kausaler/funktionaler) Zusammenhänge zwischen beobachteten Ereignissen und (davon unterscheidbaren) zu beurteilenden Merkmalen
- *„Nachbarschaftseffekt"* („proximity error"): Beeinflussung durch räumliche/zeitliche Nähe von nicht unter den Beobachtungsaspekt fallenden, aber ebenfalls zu beobachtenden Ereignissen
- *„Vorwissensfehler"*: Beeinflussung der Wahrnehmung oder der Beurteilung durch Kenntnisse über die soziale Position/Rolle etc. der zu beurteilenden Person
- *„Kontrastfehler"* („contrast error"): Neigung des Beobachters, sich selbst als Vergleichsmaßstab einzubringen (Beachtung von eigenen/nicht eigenen Eigenschaften), eigene Wertvorstellungen für allgemein gültig zu erachten
- *„Laienfehler"*: Alltagstheorien, eigene sog. „Lebenserfahrungen", die ungeprüft verallgemeinert werden, mangelndes Fachwissen
- *„Sympathie-* oder *Antipathie-Effekte"*
- *„Nachsichtigkeitseffekt"* („leniency-effect"): Parteinahme für den/die Betroffenen, mit dem/denen bisher am meisten zusammen gearbeitet wurde oder zu nachsichtige Beurteilung dieses (dieser) Betroffenen
- *„Zentrale Tendenz"* („central tendency"): Tendenz, extreme Urteile zu vermeiden und damit eventuell Verhaltensweisen zu verharmlosen
- *„Hofeffekt"* („Halo-Effekt"): Neigung, von einer hervorstechenden Eigenschaft auf andere Eigenschaften zu schließen oder vom Gesamteindruck auf einzelne Merkmale
- *„Schulterschlusseffekt"*, interpersonelle Beeinflussung: Jemand verlässt sich ohne weitere Überprüfung auf das Urteil desjenigen, den er für sachkundig hält.
(S. auch v. Cranach/Frenz 1969; Oberloskamp, Balloff, Fabian 2001; Ollmann 1997.)

Diese Erschwernisse kommen zu den oben genannten Schwierigkeiten hinzu, die sich ohnehin aus der diagnostischen Arbeit mit komplexen, vernetzten, dynamischen und intransparenten Systemen ergeben. Demnach hat Soziale Arbeit in der Regel alles andere als günstige Voraussetzungen für eine gut abzusichernde Diagnostik. Das macht es notwendig, um so sorgfältiger und gewissenhafter vorzugehen, sich der Fehlermöglichkeiten bewusst zu werden und sehr vorsichtig bei diagnostischen Schlussfolgerungen zu sein. Soziale Arbeit kann aber nicht unter Berufung auf solche Unsicherheiten diagnostisches Vorgehen unterlassen, wie dies gelegentlich gefordert wird (vgl. z. B. Dimmig/Späth 1986, Merchel 1994), denn sie darf sich ihren Entscheidungsaufgaben nicht entziehen. Die Alternative wäre blindes Entscheiden oder das Auswürfeln von Lösungen.

Ernst zu nehmen sind gleichwohl Bedenken, die im Zusammenhang mit der Einordnung „auffälliger" Verhaltens- und Erlebensweisen in psychologische oder psychiatrische Kategorien, „Störungseinheiten" oder „Krankheitsbilder" geäußert worden sind, die sich also gegen psychiatrische Klassifikation richten (vgl. Dörner 1975; Mattaini/Kirk 1991). Insbesondere im Hinblick auf Kinder und Jugendliche, deren weitere Entwicklung durch ungünstige „Zuschreibungen" noch stark beeinflusst werden kann, verdienen diese Einwände Beachtung:

1. Durch die *Etikettierung* von Verhaltensweisen können soziale *Stigmatisierungsprozesse* in Gang gesetzt werden, die noch lange Zeit über die Dauer des problematischen Verhaltens hinaus bestehen bleiben (wer einmal als „Lügner" bezeichnet worden ist, „dem glaubt man nicht ...").

2. Diese Stigmatisierungen können ihrerseits erneut problematisches Verhalten erzeugen (wenn Philipp als „der Klassenstörenfried" eingeordnet ist, dann wird er oft die Erfahrung machen, dass seinen Bemühungen um angepasstes Verhalten vom Umfeld gar keine mehr Beachtung geschenkt wird. Also kann er diese Bemühungen auch genauso gut unterlassen und sich denken: „Ist der Ruf erst ruiniert ...").

3. Verhalten, das Teil einer *Interaktion* ist, wird nur einem der an der Interaktion Beteiligten allein zugeschrieben (z. B. verkennt die Aussage „Ina ist aggressiv", dass Inas gehäuften aggressiven Verhaltensweisen wahrscheinlich aggressive, frustrierende oder provozierende Verhaltensweisen anderer vorausgegangen sind, oder dass die auf Inas Verhalten folgenden Reaktionen anderer Menschen zur Verstärkung der Aggressionen beitragen).

4. Diagnosen *verkürzen* oftmals Sachverhalte; sie können (und sollen) die Vielfältigkeit der Wirklichkeit nicht wiedergeben. (Zehn Kinder mit der Diagnose „Störung mit Kontaktvermeidung in der Kindheit oder Adoleszenz" nach DSM-IV werden diesen Rückzug in zehnmal verschiedener Weise erleben). Wer sich mit Diagnosen auskennt, weiß allerdings, dass hinter einem Begriff ein ganzes Spektrum von Verhaltens- und Erlebensweisen steht, und wie dies aussehen kann.

5. Durch Einzeldiagnosen von Kindern können *gesellschaftliche* Probleme (z. B. Arbeitslosigkeit, Armut, Ausländerfeindlichkeit, Werteverlust, zu große Schulklassen, unwirtliche Schulbauten, Gewalt in den Medien) *pädagogisiert* und *psychiatrisiert,* also *individualisiert* werden (Tornow 1978).

6. Durch Vergleich mit Normen, die für eine bestimmte Population gelten mögen, werden Menschen, die diese Verhaltenserwartungen nicht erfüllen können oder wollen, *benachteiligt,* z. B. behinderte, arme oder einer sozialen Minderheit zugehörige Menschen.

7. Das Problem der *zu geringen Reliabilität* (Zuverlässigkeit) von Diagnosen ist nach wie vor nicht befriedigend gelöst.

8. Es ist auch eingewandt worden, dass zwischen diagnostischen Zuordnungen und anschließenden *therapeutischen bzw. pädagogischen Interventionen* nur geringe Zusammenhänge bestehen, weil für die Auswahl der Intervention eher die institutionellen Möglichkeiten und Kostengesichtspunkte den Ausschlag geben als die Art der Störungen.

Andererseits kann auf das Ordnen eines ansonsten unüberschaubaren Bereichs nicht verzichtet werden. Voraussetzung ist, dass genau und für alle (entsprechend ausgebildeten) Nutzer eines Klassifikationssystems nachvollziehbar beschrieben wird, welche Merkmale Verhaltens- und Erlebensformen aufweisen müssen, um einer bestimmten Kategorie zugeordnet werden zu können.

Als Argumente *für* die Erstellung von *Klassifikationssystemen* bzw. für die Verwendung von *Diagnoseleitfäden* sind ins Feld geführt worden:

1. Diagnosen können als „Leitideen" (Dörner/Plog 1996) für die genaue Wahrnehmung und richtige Einordnung von Gegebenheiten dienen. Zum Beispiel könnte die Leitidee „kindliche Depression" eine Sozialarbeiterin auf den Gedanken bringen, das Kind nach Rückzugsverhalten, trauriger Verstimmung und eventuell sogar Suizidgedanken zu fragen, Aspekte, die sonst vielleicht nicht zur Sprache kämen.
2. Ohne diagnostische Einschätzung fehlt Therapie- und Platzierungsentscheidungen die Grundlage.
3. Mit der Erstellung von Diagnoseschlüsseln wird eine Vereinheitlichung der Fachsprache erreicht (sofern sich verschiedene Fachleute auf denselben Schlüssel beziehen), so dass die Verständigung unter Kollegen erleichtert und beschleunigt wird.
4. Prognosen werden verbessert, wenn man typische Verlaufsformen eines eng umrissenen Störungsbildes kennt.
5. Für epidemiologische oder ätiologische Forschung und Gesundheitsplanung sind klassifikatorische Einheiten unverzichtbar (Häfner 1978). Die Verbesserung sozialarbeiterischer Forschung wäre also ein Argument für die Erstellung eines speziell auf die Fragestellungen der Jugendhilfe zugeschnittenen Klassifikationssystems.

Rutter (1981) nennt die folgenden Gesichtspunkte, die bei der Konstruktion eines Klassifikationssystems zu beachten seien:

– Klassifikation muss auf beobachtbaren Fakten beruhen, nicht lediglich auf theoretischen Annahmen.
– Das Ziel aller Klassifikationsbemühungen ist nicht die Klassifikation von Personen, sondern von Störungen bzw. Problemen.
– Bei Kindern und Jugendlichen muss der Entwicklungsaspekt berücksichtigt werden.

- Die Klassifikationen müssen zuverlässig sein, wozu ein Glossar unerlässlich ist.
- Diagnoseklassifikationen müssen auch valide sein, d. h. sie müssen an Außenkriterien so weitgehend orientiert sein, dass die verwendeten Kategorien mit hoher Wahrscheinlichkeit das erfassen, was intendiert ist.
- Die Klassifikation sollte therapeutische oder pädagogische Entscheidungen erleichtern.
- Schließlich muss die Klassifikation auch im Alltag der Institution praktikabel sein.

Die Folgerung, die für die alltägliche praktische Arbeit aus dieser Diskussion zu ziehen ist, kann lauten: Da die Art der zu lösenden Aufgaben die Einordnung von Problemen (nicht von Menschen!) erforderlich macht, diese also nicht zu umgehen ist, muss nach bestem Wissen möglichen schädlichen Folgen entgegengewirkt werden. Zur Vermeidung von Stigmatisierungen sollte die Fachkraft möglichst darauf verzichten, das „Ab-" oder „Andersartige" bestimmter Verhaltensweisen hervorzuheben. Dazu gehört neben dem „gerechten" Blick auf Stärken ebenso wie auf Schwächen besonders das Bemühen um eine Sprache, die auch Verhaltensformen, die dem eigenen Wertesystem oder der allgemeinen Norm nicht entsprechen, so abbildet, dass damit keine Abwertung erfolgt. Um der Gefahr der übermäßigen Reduzierung der Realität entgegenzutreten, sollte der (verkürzenden) Diagnose immer auch eine klar und verständlich formulierte (wenn auch nicht ausufernde) Beschreibung der Gesamtsituation in ihren relevanten Aspekten beigeordnet sein. Die soziale (Mit)Bedingtheit jeglichen Verhaltens darf bei seiner Beschreibung nicht außer acht gelassen werden. Gesellschaftliche Missstände dürfen nicht als Problem einzelner heruntergespielt werden. Besondere Hindernisse, die einer Person oder Gruppe in den Weg gelegt werden, sind als solche zu bezeichnen und nicht als persönliche Mängel eines dergestalt Behinderten zu definieren. Bei all diesem Bemühen muss sowohl der Fehler der Verharmlosung von Problemen („Unterdiagnostizierung" nach Mattaini/Kirk 1991) als auch derjenige der Übertreibung („Überdiagnostizierung"), etwa zur Maximierung der Hilfsmöglichkeiten, vermieden werden.

Schließlich muss noch einmal herausgestellt werden, dass psychosoziale Diagnostik in der Sozialen Arbeit nur dann sinnvoll und berechtigt ist, wenn sie dazu beiträgt, Entscheidungen zu verbessern, namentlich angemessene sozialpädagogische und therapeutische Hilfestellungen zu ermöglichen.

Zwar kann Diagnostik neben dieser handlungsanleitenden Bestimmung auch eine rein *deskriptive* Funktion haben. Ziel der deskriptiven Diagnostik ist die möglichst genaue Ermittlung der Ausprägung individueller Merkmale von Personen. Doch hat Diagnostik in rein beschreibender Funktion – etwa als detailliert ausgemaltes „allgemeines Persönlichkeitsbild" – in der

Sozialen Arbeit keinen Platz (obwohl sie dort immer noch häufig vorkommt; vgl. Gärtner-Harnach/Maas 1987).[17] Tack (1982) hat auf die Gefahren des Diagnostizierens aus reiner Neugier aufmerksam gemacht.[18] In der Jugendhilfe kann es niemals darum gehen, ein Wissens- oder Vollständigkeitsbedürfnis des Sozialarbeiters zu befriedigen, sondern es ist eine konkrete Aufgabe zu lösen.

Diagnostik – und zwar sowohl Status- als auch Prozessdiagnostik – dient nicht nur der Erkenntnisgewinnung, sondern sie kann auch *verändernde Wirkung* auf den Diagnostizierten haben. Die Gelegenheit, über Erlebnisse, Kognitionen und Empfindungen zu sprechen, klärt für den Klienten oftmals Gedanken und Gefühle (darauf beruhen ja auch viele psychotherapeutische Verfahren). Wird sein Blick durch Fragen auf Punkte gelenkt, die er bisher weniger beachtet hat, so kann sich seine Sichtweise von Vorgängen verändern und eine Neubewertung stattfinden. Rückmeldungen der Ergebnisse der Diagnostik können zum Anstoß für Verhaltens-, Denk- und Gefühlsänderungen werden. Besonders deutlich wird die modifizierende Wirkung von Diagnostik oftmals in Paar- und Familiensitzungen. Häufig hören Partner bzw. Familienmitglieder hier zum ersten Mal wirklich klar, wie sie von den anderen wahrgenommen werden, und welche Reaktionen sie bei ihnen hervorrufen. Ohne jegliche weitere Intervention kann bereits dieser Erkenntnisvorgang erhebliche Wandlungen in den Interaktionen, im Selbstbild und dem Bild von den anderen mit sich bringen.

Meistens führen wachsende Erkenntnisse auf Seiten der Klienten in die Richtung erwünschter Einsichten und Änderungen. Es kann aber auch einmal umgekehrt sein. Mitunter mag ein neugewonnenes Wissen für einen Klienten schwer zu ertragen sein. Kommt es im Zuge eines entsprechend geführten Familiengesprächs z. B. zu der unvorbereiteten Offenlegung einer bisher aus gutem Grund verborgenen Wahrheit, so könnte dies u. U. eine Überforderung der Bewältigungskompetenz der Betroffenen bedeuten, die nicht abgefangen werden kann. Der Sozialarbeiter muss also auch abschätzen, welches Maß an Offenbarung den Menschen, mit denen er arbeitet, zuträglich ist, und er muss darauf achten, dass sein diagnostisches Vorgehen oder die Rückmeldung über Diagnostiziertes nicht zerstörerisch wirken. Insbesondere sollte er daran denken, Kinder vor Enthüllungen zu schützen, die sie nicht oder noch nicht verkraften können.

Wenn wir hier vom „Diagnostiker" sprechen, kann leicht der Eindruck entstehen, als sei der *eine* der Handelnde, eben der Diagnostizierende, während der andere, der Diagnostizierte, lediglich als Objekt dieses Handelns in den Blick genommen werde. Tatsächlich ist aber der Diagnostizierte aktiv an diesem Prozess beteiligt, z. B. indem er Fragen stellt, über sich nachdenkt,

---

17 Auch in der Psychologie wird ihr Wert inzwischen in Frage gestellt.
18 Zum Beispiel könnten entsprechend disponierte Menschen die Fragen mancher Persönlichkeitstests als Fundgrube für neue Symptome benutzen.

sich erinnert, berichtet, also Informationen sammelt über sich selbst, über seine Umwelt und deren Reaktionen auf seine Person, und indem er Hypothesen über Zusammenhänge aufstellt (Kanfer et al. 1990).[19] Fachkraft und Klient unterstützen sich – wenn der Prozess angemessen verläuft – gegenseitig. Die Fragen des Sozialarbeiters geben dem Klienten Anstöße zu gezielter Introspektion, Beobachtung des eigenen Tuns, Nachdenken über dessen Gründe usw. Andererseits wird die Fachkraft durch das, was der Klient in den Prozess hereinträgt, zu Fragen und Beobachtungen angeregt. Während der Sozialarbeiter sein *Fachwissen* einbringen kann, hat der Klient einen *Wissensvorsprung* in den ihn speziell betreffenden Angelegenheiten. Der Klient ist sozusagen der Co-Diagnostiker. *Diagnostik ist in dieser Sicht ein interaktives Geschehen.* Das KJHG kodifiziert dieses Erfordernis eines Zusammenwirkens zwischen Klienten und Fachkraft zur Erstellung der Diagnose insbesondere in den Vorschriften zum Hilfeplan (§ 36). Das Jugendamt ist danach verpflichtet, in die Abklärung der Problematik ebenso wie in die Planung des weiteren Vorgehens die Erkenntniskompetenzen des Hilfeberechtigten einzubeziehen.

Bei allem Bemühen um partnerschaftliche Zusammenarbeit wird sich jedoch nicht die Tatsache aufheben lassen, dass die Beziehung zwischen Diagnostiker und Klient ihrer Natur nach *asymmetrisch* ist. Der Klient ist es, der sich selbst zu enthüllen hat, indem er persönliche Informationen über sich gibt, nicht hingegen der Sozialarbeiter. Er soll oftmals Lebensbereiche offen legen, die er als seiner Intimsphäre zugehörig betrachtet – familiäre Situation, biographische Daten, Gefühle und Verhaltensweisen gegenüber nahestehenden Menschen oder seine finanzielle Lage. Üblicherweise vertraut man etwas derart Persönliches nicht einem Fremden an, schon gar nicht nach erst kurzer Bekanntschaft, und erst recht nicht, wenn der Gesprächspartner seinerseits über sein Privatleben nichts verrät. Der Klient muss also Regeln seines sonstigen sozialen Umgangs außer Kraft setzen, wenn er sich psychosozialer Diagnostik unterzieht. Er kennt diese Asymmetrie der Kommunikationssituation im allgemeinen zwar aus der Arzt-Patienten-Beziehung. Sie auch auf die Interaktion mit dem Sozialarbeiter zu übertragen, ist aber womöglich für ihn nicht immer einfach. Unter Umständen empfindet er das Ansinnen, über sich selbst Auskunft zu geben, zunächst als Zumutung. Wenn z. B. ein Kind in der Schule Probleme „macht", warum sollte dann der befragte Vater wohl über seine eheliche Beziehung sprechen? Er sieht dies vielleicht erst dann ein, wenn ihm der Sozialarbeiter seinen systemischen Ansatz erläutert hat.

---

19 In der Feldpsychodiagnostik (Pawlik 1986; Fahrenberg/Pawlik 1990) wird der Klient sogar zu seinem eigenen Untersucher, zum Selbst-Diagnostiker sozusagen, indem er – in seinem normalen Alltagsleben – mit Hilfe elektronischer oder elektrischer Geräte selbst protokolliert, was er zu diesem Zeitpunkt empfindet, denkt oder tut.

Den Klienten zur Informationspreisgabe zu bewegen, ist allerdings nur in dem Maße erlaubt, wie dies als Grundlage für die Erbringung einer Leistung bzw. die Erfüllung einer „anderen Aufgabe" des Jugendamtes notwendig ist. In diesen Fällen ist die einseitige Selbstenthüllung des Klienten „funktional legitimiert" (Spitznagel 1983). Die Begrenzung der „professionellen Neugierde" auf das zur Aufgabenerfüllung Notwendige gehört schon lange zu den professionsethischen Vorschriften von Psychologie und Sozialer Arbeit. Hier steht die Achtung der Autonomie und der persönlichen Sphäre eines Klienten vornan. Mit den Datenschutzvorschriften des KJHG (§§ 61–68) ist diese Pflicht zur Legitimierung des Inhalts und des Umfangs der Dateneinholung im Bereich der Jugendhilfe auch gesetzlich verankert worden, denn danach dürfen Sozialdaten nur erhoben (und dokumentiert) werden, wenn und soweit dies zur Erfüllung der jeweiligen Aufgabe erforderlich ist. Schon zuvor geschah dies allgemein für die Soziale Arbeit mit der Feststellung des Rechts auf informationelle Selbstbestimmung durch das Bundesverfassungsgericht[20] und mit den Regelungen zum Grundsatz der Erforderlichkeit in SGB I und SGB X (§§ 31, 60, 66 SGB I, § 20 SGB X; ausführlich dazu Maas 1996 a, 1999).

1.4 Zum Verhältnis von Diagnostik, „Neuer Steuerung" und Qualitätsmanagement in der Sozialen Arbeit

1.4.1 Dimensionen des Begriffs „Qualität"

Im Zusammenhang mit der neueren Diskussion um Qualitätssicherung hat die Frage der Wirkungsforschung an Bedeutung gewonnen. Auch die Jugendhilfe wird vermehrt vor die Aufgabe gestellt, Erfolge ihrer Arbeit detailliert nachzuweisen. Anbieter von Leistungen sollen Standards dokumentieren und Arbeitsergebnisse evaluieren (lassen). Mit der Änderung des KJHG von 1998 wurde das Erfordernis von Qualitätsentwicklung in den §§ 78 a–g auch kodifiziert und damit diesbezüglich der Anschluss an SGB V (gesetzliche Krankenversicherung) und SGB XI (Pflegeversicherung) hergestellt, die derartige Vorschriften schon früher aufführten. Jedoch enthielt das KJHG schon von Anfang an – wenn auch ohne den Begriff „Qualitätsentwicklung" – eine Reihe von Qualitätsstandards. Seit seinem Inkrafttreten wurde deutlich, dass der Gesetzgeber Anforderungen an „gute" Jugendhilfe richtet, die denen an ärztliche Behandlung und Pflege in nichts nachstehen (ausführlich hierzu Harnach-Beck 1997 b und 1998 b). Auf der Verknüpfung dieser gesetzlichen Vorschriften mit weiteren fachlichen Erfordernissen basieren die folgenden Überlegungen.

„Qualität" wird nach ISO-Norm definiert als „Gesamtheit von Eigenschaften eines Produkts oder einer Dienstleistung, die sich auf deren Eignung zur

---

20 NJW 1984, 419 ff.

Erfüllung festgesetzter oder vorausgesetzter Erfordernisse bezieht". Es handelt sich hierbei um einen mehrdimensionalen Begriff, dessen Bedeutung von zeitlichen Faktoren und von Bedingungen des Umfeldes abhängig ist. Seine Dimensionen sind zu operationalisieren, indem adäquate Indikatoren benannt werden, denen messbare oder zumindest bestimmbare Eigenschaften zugrunde liegen. Hierin kann man eine derzeit besonders aktuelle Aufgabe für Theorie und Praxis sehen. In der gegenwärtig vorherrschenden „wertorientierten" Interpretation des Qualitätsbegriffes wird das ursprünglich als zentral betrachtete Merkmal der objektiven Gebrauchstauglichkeit ergänzt durch die Komponenten „Kundenorientierung", Finanzierbarkeit und politisch gewollte Wirkung („Outcome"; vgl. KGSt 1995, 11). *Demnach kommt Qualitätsentwicklung nicht ohne gewisse Regeln für ihre Arbeitsabläufe aus.* Die Nutzer einer Leistung müssen sich darauf verlassen können, dass sie in den Genuss einer dem jeweiligen Stand des Faches entsprechenden Güte des Ergebnisses wie des Verfahrens kommen.

Donabedian (1980) schlug die Unterscheidung dreier Dimensionen des Qualitätsbegriffs vor, nämlich die von Struktur-, Prozess- und Ergebnisqualität. Der Begriff der *„Strukturqualität"* bezieht sich auf die allgemeinen Rahmenbedingungen einer Institution, innerhalb derer eine Leistung zu erbringen ist (z. B. Organisation, Ressourcen, Konzepte). Unter *„Prozessqualität"* werden die Merkmale zielführender fachlicher Tätigkeit verstanden, in unserem Kontext also z. B. die Gestaltung beratender, ermittelnder, erziehender, therapierender Arbeitsverläufe. Der Begriff *„Ergebnisqualität"* bezieht sich auf den Erfolg einer Leistung (ihre Effektivität) sowie auf ihre Effizienz (das Verhältnis von Erfolg zu Ressourcenverbrauch). Prozessqualität steht im Dienste von Ergebnisqualität, ist also kein Selbstzweck. Sie ist eine notwendige, wenn auch nicht hinreichende Bedingung für ein gutes Ergebnis der Hilfeleistung.

Fragen der Qualitätssicherung stehen nicht notwendigerweise im Zusammenhang mit dem Modell der „outputorientierten Steuerung". Sie haben aber in diesem Zusammenhang große Beachtung gefunden. Organisieren Kommunen ihre Verwaltungen gemäß dem „Neuen Steuerungsmodell" um, wie es von der Kommunalen Gemeinschaftsstelle für Verwaltungsvereinfachung (KGSt, 1993; 1994; 1995) vorgeschlagen wurde, so werden Fragen nach der Effektivität („Tun wir die richtigen Dinge?") und Effizienz („Tun wir die Dinge richtig?") der Arbeit mit Nachdruck gestellt. Die KGSt-Empfehlungen verheißen den Kommunen mit der Einführung dieser Neuerungen mehr „Bürgernähe" bei verminderten Kosten, verbessertes „Stadtmarketing", Mess- und Steigerbarkeit von Qualität, Erhöhung der Eigenverantwortung, Nachweis („Verkauf") von Leistungsverbesserungen als Antwort auf oft gehörte Kritik, „Standortklärung" sowie Bestehen von Konkurrenzkampf.

Die Annäherung an das neue Leitbild „Dienstleistungsunternehmen Kommunalverwaltung" soll über eine Veränderung von Steuerungsvorgängen erfolgen. Unternehmensähnliche dezentrale Führungs- und Organisationsformen (mit zentralem Controlling), Kostenrechnung statt kameralistischer Haushaltsführung, primäre Orientierung an Leistungsergebnissen („Output"), Wettbewerbsanstoß (z. T. durch Wettbewerbssurrogate wie z. B. interkommunalen Leistungsvergleich) und Kontrolle der Verwaltungstätigkeit durch die politische Führung sind die Marksteine des Modells (KGSt 1993). Outputsteuerung erfolgt auf der Grundlage der Beschreibung von „Produkten", d. h. Angebots- oder Nachfrageeinheiten (z. B. das Produkt „Plätze für Heimerziehung"), durch Leistungsvorgaben und Zuteilung von Budgets, die zuvor zwischen politischer Führung und Verwaltung ausgehandelt worden sind. Eine Verwaltung erfüllt, so heißt es in einer KGSt-Empfehlung (1995, 13), die heute gültigen Anforderungen an das Qualitätsmanagement dann, wenn sie „ihre Dienstleistungen (Produkte) konsequent an den Bedürfnissen[21] der Bürger orientiert, Standards dokumentiert und im Rahmen von Controlling laufend überprüft."

Nun bedarf es in der Sozialen Arbeit sicherlich nicht erst einer u. a. auch imagebezogenen Aufforderung, sich „am Kunden" zu orientieren. Der Einsatz für die Belange der Klienten ist von jeher zentrales Merkmal des Auftrages Sozialer Arbeit, im Gesetz ebenso verankert wie im Berufsethos. Verantwortung für die eigene Tätigkeit zu tragen, den Wert von Arbeitsergebnissen an gesellschaftlichen Erwartungen und an der Akzeptanz durch die Adressaten zu messen sowie das Sparsamkeitsgebot ordnungsgemäßer Verwaltung zu beachten, sind Sozialarbeiterinnen und Sozialpädagogen aus langer Tradition vertraut (ihre Leistungen öffentlichkeitswirksam darzustellen hingegen weniger). Untersuchungen zur Prozess- und Ergebnisqualität (Donabedian 1980; vgl. auch Rehermann 1994; Cording 1995), gemessen am Stand des Fachwissens und den Standards der Professionsmoral, wurden bereits durchgeführt (vgl. z. B. die von Petermann & Schmidt 1995 als Herausgeber betreute Untersuchung zur Qualität von Hilfeplänen). Auch Methoden der internen Kontrolle sind in der Sozialen Arbeit unter der Bezeichnung „Selbstevaluation" bekannt (vgl. Heiner 1994; von Spiegel 1994). Freilich wäre es zu begrüßen, wenn die Praxisforschung, die nun unter dem Vorzeichen der Qualitätssicherung eingefordert wird, auch hier vermehrte Beachtung fände.

Vor diesem Hintergrund verwundert es nicht, dass das Neue Steuerungsmodell im Bereich der Sozialarbeit neben zustimmenden Reaktionen auch Verunsicherung („Innovationsschub oder Kahlschlag?" Stadtjugendamt Mannheim o. J.). und dezidierte Ablehnung erfahren hat. Maas (1996 a), der das Konzept als der Sozialen Arbeit abträglich einschätzt, befürchtet,

---

21 Hier wird von der KGSt allerdings übersehen, dass die Verwaltung bei der Gewährung individueller Leistungen streng genommen nicht nach (subjektivem) „Bedürfnis" entscheiden darf, sondern nur nach „Bedarf", also nach einem möglichst an objektiven Kriterien zu messenden Mangel.

dass mit der Ausrichtung der Hilfen an den zur Verfügung gestellten Mitteln („Budgetierung") selbst in den Fällen, in denen ein Leistungsstandard gesetzlich vorgeschrieben ist, die Wertmaßstäbe im System der Jugendhilfe („bedarfsgerechte Leistung") insgesamt auf unzulässige Weise verzerrt werden. Weitere Vorbehalte gegen eine „Ökonomisierung des Sozialen" (vgl. auch Hoefert 1990; Flösser & Otto 1992; Badelt 1994; Ortmann 1996; Künzel-Schön 1996) beziehen sich u. a.

– auf die Frage nach der Übertragbarkeit des ursprünglich für die Industrie entwickelten, marktorientierten Ansatzes in den Sozialbereich hinein, der grundsätzlich anderen Gesetzen folgt und gerade darauf angelegt ist, Belastungen, die das Marktgeschehen erzeugt oder verstärkt, zu kompensieren;
– auf das Problem, den volkswirtschaftlichen Nutzen (also die gesellschaftliche Rentabilität) Sozialer Arbeit den Bilanzen von Jugendämtern zu entnehmen;
– auf die Schwierigkeit, den „Output" dann genau festzustellen, wenn, wie hier, Produktion und „Verkauf" der personenbezogenen Dienstleistung einen einheitlichen Akt darstellen, d. h. der „Abnehmer" einen wesentlichen Anteil am Ergebnis der Leistung hat („uno-actu-Prinzip"; vgl. Gross 1983; Burger & Johne 1994);
– auf die Transferierbarkeit des „japanischen Weges" in einen anderen Kulturkreis, der sich von dem ursprünglichen Erprobungsfeld vor allem durch ausgeprägtes Konkurrenzdenken und Ausfechten von Eigeninteressen unter den Mitarbeitern unterscheide;
– auf die Unklarheit darüber, wer zur Beurteilung der Qualität kompetent sei;
– auf die Schwierigkeiten der Umsetzung der konzeptionellen Vorstellungen in die Praxis, u. a. bei der Verfolgung widersprüchlicher Ziele (z. B. „Kundenzufriedenheit" versus „Mitarbeiterzufriedenheit") verbunden mit einem Mangel an Hinweisen über Möglichkeiten des Konfliktausgleichs. Es handele sich insgesamt um ein willkürlich und für sachfremde Interessen einsetzbares Steuerungsmittel, mit dem unter dem Vorzeichen vieler an sich konsensfähiger Zielsetzungen Sparmaßnahmen verbrämt werden sollten.

Sicherlich gibt es keinen Dissens darüber, dass es auch für die Jugendhilfe, die im Dienste junger Menschen und ihrer Familien steht, unerlässlich ist, die Güte ihrer Arbeit ständig zu überprüfen und den sich wandelnden Lebens- und Problemlagen ihrer Klienten anzupassen sowie das sich kontinuierlich verbessernde Fachwissen zu verwerten. Ebenso steht außer Zweifel, dass die Gesellschaft ein Interesse daran hat, ihre knappen Ressourcen effizient verwendet und gerecht verteilt zu sehen, d. h. darauf vertrauen zu dürfen, dass sie in angemessenem Maße denjenigen zugute kommen, die sie benötigen. Von diesem Grundverständnis ist meines Erachtens auszugehen, wenn man bestimmen möchte, was die „Qualität der Datengewinnung" des Jugendamtes ausmacht. Jedoch kann hier nicht der betriebswirtschaftliche Ansatz den Bezugsrahmen abgeben, sondern es sind die rechtlichen Bestimmungen, verbunden mit den in der Sozialen Arbeit bzw. in den Sozialwissenschaften entwickelten Erkenntnissen. Auf diese Weise finden wir Hinweise auf Merkmale „guter Informationserhebung".

1.4.2 Qualitätskriterien für psychosoziale Diagnostik

Die Güte der Datengewinnung in der Jugendhilfe gehört nach der genannten Unterscheidung von Donabedian in den Bereich von „Prozessqualität". Aus den bisher beschriebenen Merkmalen fachgerechter Diagnostik lassen sich zusammenfassend die folgenden Qualitätskriterien herausarbeiten:[22]

Tab. 1: Qualitätskriterien für die Sachverhaltsaufklärung

		Kriterium
Materiell-rechtliche Ebene	1	Angemessene Operationalisierung der Rechtsgrundlage (hier des Begriffs „erzieherischer Bedarf")
	2	Ausreichende Kenntnis des erzieherischen Bedarfs
	3	Ausreichende Problemerklärung
	4	Erarbeitung eines geeigneten Hilfekonzepts
Verfahrens-rechtliche Ebene	5	Kriteriengeleitete, entscheidungsbezogene Datenerhebung
	6	Strukturiertes Vorgehen Der folgerichtige Ablauf der erforderlichen Handlungsschritte ist vor dem Tätigwerden zu planen, um durch effizientes Arbeiten Ressourcen sowohl auf Seiten der Adressaten als auch der Institution zu schonen.
	7	Angemessene Erhebungsmethoden Die Gewinnung valider und reliabler Daten muss angestrebt werden, auch wenn dies (gegenwärtig noch) mit erheblichen Schwierigkeiten verbunden ist
	8	Einbeziehung der Personensorgeberechtigten und des Kindes oder Jugendlichen in die Sachverhaltsaufklärung und die Bestimmung der Hilfe, soweit fachlich zu vertreten
	9	Flexible, situationsangemessene, zügige Gestaltung des Planungsprozesses (z. B. „schnelles und unbürokratisches" Reagieren auf Zuspitzungen und Krisen)
	10	Zielbezogene Koordination von personellen, informationellen und sachlichen Ressourcen (z. B. Nutzung des diagnostischen Knowhows der kommunalen Erziehungsberatungsstelle)
	11	Ausgewogenes Verhältnis von Ergebnis und Ressourcenverbrauch
	12	Mehrgleisige Anlage der Intervention, d. h. Kind-, Eltern- und Umfeldorientierung
	13	Bestimmung von Teilzielen für definierte Zeiträume
	14	Interdisziplinäres Angehen der Störungen (geeignete Kombination von Elementen aus Beratung, Pädagogik, Training, Psycho- und Somatotherapie)

---

22 Zur Unterscheidung der drei Ebenen vgl. Maas (1997).

	15 Möglichst weitgehende Erhaltung bisheriger Lebensumstände (Prinzip des geringst möglichen Eingriffs); aber auch
	16 Erkennung von Gefahren, die mit zu kurz greifenden, d. h. nicht ausreichenden Maßnahmen verbunden sind
	17 Berücksichtigung der (nicht: Beschränkung auf!) Hilfearten nach §§ 28–35 KJHG
	18 Überprüfbarkeit der Entscheidungen durch Offenlegung der entscheidungsleitenden Überlegungen
Datenschutzrechtliche Ebene	19 Erhebung der Daten bei den Betroffenen (also Eltern und Kind) 20 Beschränkung auf die erforderlichen Daten (§ 62 Abs. 1 KJHG) 21 Transparenz der Datenerhebung und -verwendung für die Klienten durch Offenlegung der Handlungsschritte
Hilfeplan	22 Dokumentation aller (und nur der) erforderlichen Informationen 23 Klare Gliederung, die das Lesen und Auffinden von Informationen unterstützt 24 Angemessener Detaillierungsgrad der Handlungsanweisungen 25 Verständliche sprachliche Formulierung

1.5 Zur Konstruktion einer falschen Alternative: „Aushandeln" und Diagnostik

Verschiedentlich wird gegen den Begriff der „psychosozialen Diagnostik" eingewandt, er sei gewissermaßen „altmodisch", weil er in den 70er Jahren als Element der Sozialarbeiterqualifizierung betrachtet wurde (Merchel/ Schrapper 1994, 23). Er sei aufzugeben, denn er stehe für ein Konzept der „expertenbestimmten" Bevormundung von Adressaten der Jugendhilfe oder für ein medizinisches oder psychologisches Grundverständnis (vgl. Merchel 1994, 45 ff.; 1996; 1998). Die Abkehr vom „Anamnese – Diagnose – Behandlungsmodell" stelle den „endgültigen Abschied von der obrigkeitsstaatlich-autoritären Besserwisserei" dar (Schrapper 1993, 9 ff.). Eine „moderne" Soziale Arbeit ersetze den Vorgang der Datengewinnung durch den des „Aushandelns" (Merchel 1994: „Aushandlung statt Diagnose").

Dieser groben Vereinfachung kann ich nicht zustimmen. Der Begriff „Aushandeln" klingt zwar zunächst verlockend, weil heute jedem vernünftigen Sozialarbeiter klar ist, dass er keinem Klienten seine Sichtweise aufoktroyieren kann. Um sinnvoll arbeiten zu können, ist er darauf angewiesen, sich mit den Vorstellungen der Klienten auseinander zu setzen und sich darauf einzulassen. Dies stellt aber nur einen Teil des diagnostischen Prozesses dar und kann nicht mit ihm gleichgesetzt werden. Um diesen Gedankengang zu verstehen, müssen wir uns zunächst anschauen, was mit dem Terminus gemeint ist.

„Aushandlung" wird in den „Empfehlungen des Deutschen Vereins zur Hilfeplanung nach § 36 KJHG" (1994, 20) definiert als „das Vermitteln und Zusammenführen unterschiedlicher Situationsdefinitionen und Handlungsvorstellungen sowie eine aus den unterschiedlichen Sichtweisen der Beteiligten erfolgende Bewertung des Hilfeverlaufs". Dieser Begriffsbestimmung ist durchaus zuzustimmen. Allerdings wird damit nicht gesagt, *wie* die Fachkraft zu *ihrer* Situationsdefinition und ihren Handlungsvorstellungen, mithin zur *kompetenten* Erfüllung ihres Aufklärungs- und Beratungsauftrags gelangen kann. Diese Lücke ist es, die mit dem im weiteren beschriebenen Vorgehen gefüllt werden soll. Es geht um das Herausarbeiten der Gegebenheiten, die einen Leistungsanspruch begründen, eine Gefährdung ausmachen, zwei Menschen als Adoptiveltern für ein Kind geeignet erscheinen lassen, den Entwicklungsstand eines jungen Straftäters erkennbar machen usw. Dazu muss die Sozialpädagogin oder der Sozialarbeiter wissen, welche Sachverhaltsmerkmale bei welcher Aufgabenstellung relevant sind. Und das bedeutet, dass sie/er die *Verantwortung* für das Zusammentragen der erforderlichen (und nur dieser) Tatsachen zu übernehmen hat. Hier liegt ein wesentlicher Unterschied zur bloßen „Moderation von Aushandlungsprozessen", wie sie Merchel (1996) vorschlägt. Die soziale Fachkraft kann sich nicht auf die neutrale Moderatorrolle zurückziehen, sondern sie hat ihr Fachwissen über die Auslegung von Gesetzesbegriffen, Bedingungsfaktoren erzieherischer Probleme ebenso wie über Wirkungsmöglichkeiten des ihr zur Verfügung stehenden Leistungsrepertoires, also Fakten-, Problem-, Erklärungs- und Handlungswissen beizusteuern, damit eine Hilfe, die professionell erbracht werden soll, auch entsprechend professionell geplant wird. Die Antragsteller haben einen Anspruch auf eine fachlich fundierte Orientierungshilfe. Ein ähnliches Verständnis der Rolle der Fachkraft ist bei Münder (1996, 13) zu finden, wenn er schreibt: „Das [Entwickeln gemeinsamer Vorstellungen; d. V.] bedeutet nicht den Verzicht auf die Entwicklung eigener, fachlich begründeter Positionen der Akteure der Jugendhilfe, sondern fordert geradezu heraus, für diese Vorstellungen zu 'werben', die Bürger dafür zu gewinnen."

So gesehen, ergibt es keinen Sinn, „Aushandeln" als Alternative zu „Diagnostik" zu konstruieren. Ein Teil kann nicht für das Ganze stehen. Wer fordern wollte, sich auf einen Teil der gesamten Sachverhaltsermittlung zu beschränken, würde verlangen, man sollte nur die halbe Arbeit tun. Und wer das bessere, weil fundiertere Wissen des Professionals mit Besserwisserei verwechselt, dem sollte die Frage gestellt werden, warum er an die Fachlichkeit von Sozialarbeitern/Sozialpädagogen geringere Anforderungen stellen will als an die von Rechtsanwälten, Architekten, Piloten oder Ärzten.

Auch Maas (1997, 74) bringt dem Aushandlungsbegriff die folgenden Vorbehalte entgegen: „Bedenklicher als [der] Gebrauch [des Begriffs Diagnose] ist die durch den Begriff der 'Aushandlung' geförderte Vorstellung, eine fachlich begründete und vom Jugendamt verantwortete Feststellung des konkreten erzieherischen Bedarfs erübrige sich. In einem Aushandlungsprozess, der nicht zugleich den Regeln der Rechtsanwendung und den materiellrechtlichen Voraussetzungen der Hilfe verpflichtet bleibt, sind die Betroffenen von Anfang an die Unterlegenen. Das gilt verstärkt in Zeiten rigider Kostenorientierung in der Jugendhilfe." Ebenso hält Werner (1997) die Polarisierung für überzogen. Happe/Saurbier (2006, § 27 Rn. 48) äußern sich lakonisch: „Mit diesem saloppen Terminus wird man dem oft für Kinderschicksale entscheidenden gemeinsamen Wirken von Eltern und Jugendamt nicht gerecht."[23]

Nicht vergessen werden darf schließlich, dass dem Vorgang des Aushandelns enge Grenzen gesetzt sind. Spätestens dann, wenn eine Anspruchsgrundlage für eine Leistung beim besten Willen nicht zu erkennen ist, oder wenn Antragsteller eine Leistung wünschen, die nach allen fachlichen Erfahrungen die Probleme verschärfen statt sie zu mildern, muss offengelegt werden, dass die Entscheidungsbefugnis über die Gewährung der Hilfe bei der Fachkraft liegt, d. h. dass bei Nichtzustandekommen einer Einigung die Leistung nicht gewährt werden kann. Besser als das (zu) späte Eingeständnis, das der Vorgabe, alles sei möglich, schließlich folgen muss, ist dann doch die rechtzeitige Aufklärung der Adressaten über Spannbreite und Begrenzungen ihrer Rechte und Pflichten. Und das gilt erst recht bei Vorliegen einer Gefährdung des Kindeswohls (vgl. Kap. 5).[24]

---

[23] Zu Grenzen der Verhandlungsmöglichkeiten vgl. auch Wiesner et al. (2000), § 36, Rn. 22 und 23.
[24] Ausführlich hierzu Harnach-Beck (1999 b). Zum Spannungsverhältnis zwischen ergebnisorientierten und kompetenzbasierten Praxisanforderungen auf der einen Seite und Prinzipien der Selbstbestimmung der Klienten auf der anderen vgl. auch Rothman et. al. (1996)

2. Psychologische Ansätze und Konzepte als Orientierungspunkte der Diagnostik in der Sozialen Arbeit

> Die Wahrung und Förderung des Wohls von Kindern und Jugendlichen ist für einen Sozialarbeiter in der Jugendhilfe die Maxime, an der er seine gesamte Tätigkeit auszurichten hat. Will er dieses Gebot beherzigen, so braucht er zunächst eine Vorstellung davon, was unter einem „gelingenden" Entwicklungsprozess zu verstehen ist. In diesem Kapitel werden dessen wichtigste Bestimmungsstücke, d. h. also die Begriffsdimensionen von „Kindeswohl", entfaltet. Die Darstellung orientiert sich an den folgenden Diskussionsschwerpunkten:
>
> Sozialisationsziele und kindliche Bedürfnisse (2.1)
> Sozialisationsinstanzen (2.2 und 2.3)
> Sozialisationsformen (2.4)
> Sozialisationsstörungen (2.5)

2.1 Aufgaben und Zielsetzungen der Persönlichkeitsentwicklung im gesellschaftlichen Kontext

2.1.1 Sozialisationsziele

> Sozialisationsziele geben die Richtung an, der die Erziehung folgen soll. Sie müssen sowohl die Bedürfnisse des Kindes in seinen verschiedenen Lebensphasen als auch die Erwartungen der Gesellschaft berücksichtigen.

Bis aus einem anrührend hilflosen und zur Pflege herausfordernden Neugeborenen eine erwachsene, autonome und sozial kompetente Persönlichkeit geworden ist, muss ein langer Weg zurückgelegt werden. Die Entwicklung zur gesellschaftlichen und zur Selbstverantwortung erfordert Reifungs- und Lernprozesse. Während Reifungsabläufe weitgehend genetisch gesteuert werden, sind Lernprozesse an Erfahrung gebunden. Lernerfahrungen werden dem Kind vor allem von seiner Umwelt vermittelt.

Die menschliche Gesellschaft hat ein Interesse daran, dass ein Kind „sozialisiert" oder, wie Hurrelmann (1976) es formuliert, dass „die menschliche Natur vergesellschaftet wird". Die Beantwortung der Frage, wie dieser Prozess des „Sozialmachens" oder des „Mitglied-*Werdens*" (Zigler/Lamb 1982) verläuft, auf welche Ziele er gerichtet ist, mit welchen Mitteln diese Ziele zu erreichen sind und wer an dem Prozess beteiligt ist, stellt eine wesentliche Aufgabenstellung für die Sozialisationsforschung bzw. die ökologische Entwicklungspsychologie (Oerter/Montada 1995) und für die Erziehungswissenschaft dar. Von ihnen erwarten wir Hinweise darauf, was Jugendhilfe tun kann, um ihren Auftrag zu erfüllen, nämlich „Eltern bei ihren Erziehungsaufgaben zu unterstützen und jungen Menschen das Hineinwachsen in die Gesellschaft zu erleichtern" (Reg.E.Begr. 1989, 1).

Die Begriffe „Sozialisation" und „Erziehung" werden häufig synonym verwendet, sind aber doch zu unterscheiden.[1] Der Begriff *„Erziehung"* ist der enger gefasste Begriff. Die Definition von Brezinka (1981, 95) macht dies deutlich: „Als Erziehung werden Handlungen bezeichnet, durch die Menschen versuchen, die Persönlichkeit anderer Menschen in irgendeiner Hinsicht zu fördern". Danach geschieht Erziehung nur *durch* Menschen *an* Menschen, wobei der eine (in der Regel der Erwachsene) Subjekt, der andere (in der Regel das Kind) Objekt ist. Die Absicht, die hinter der Handlung steht (nämlich der Wunsch nach Förderung eines anderen), wird zum Kriterium für die Anwendung des Erziehungsbegriffs erhoben, nicht die Wirkung der Handlung.[2]

Erziehung ist eine *zielgerichtete* Handlung. Sie verfolgt „ein Wunschbild von der leiblich-seelisch-geistigen Endbeschaffenheit eines Menschen" (Spranger 1955, nach Brezinka 1981, 10). Am Ende des Erziehungsprozesses soll ein erwünschtes Ergebnis stehen, ein „Erziehungsziel,", ein „Bildungsziel", „Bildungsideal", ein „Zweck der Erziehung" oder eine „Norm- und Zielvorstellung" (Klafki 1970).

Der Begriff *„Sozialisation"* ist breiter konzipiert als der Begriff „Erziehung". Er ist definiert worden als „derjenige Prozess, durch den ein Individuum – geboren mit Verhaltensmöglichkeiten größter Variationsbreite – zur Entwicklung solcher Verhaltensweisen geleitet wird, die sich im Rahmen des weit engeren Verhaltensspielraums befinden, wie er durch Gruppennormen festgelegt ist" (Child 1954). Darin steckt zwar auch – wie im Erziehungsbegriff – die Vorstellung von einem anzustrebenden Ziel. Jedoch kommt hinzu, dass auch *nicht beabsichtigte* Einflussnahmen von Menschen und weiteren „Instanzen" (wie z. B. den Medien oder der „Welt der Technik") einbegriffen werden. Auch Normvorstellungen einer Gruppe oder einer Gesellschaft können demnach verhaltensprägend und folglich sozialisierend wirken.[3]

---

1 Sowohl im Grundgesetz als auch im KJHG finden wir den Begriff „Erziehung" (und zusätzlich „Pflege" und „Förderung der Entwicklung"), nicht aber den Begriff „Sozialisation". Dennoch können wir davon ausgehen, dass auch an „Sozialisation" gedacht wurde, wie die oben zitierte Aufgabenstellung, die durch die Regelungen des KJHG neu bestimmte Jugendhilfe solle „jungen Menschen das Hineinwachsen in die Gesellschaft erleichtern", erkennen lässt (vgl. dazu die folgenden Erläuterungen im Text).

2 Klauer (1973) kritisiert die Brezinka'sche Definition als zu eng. Sein Verständnis von Erziehung ähnelt mehr der im folgenden noch darzustellenden Bedeutung des Sozialisationsbegriffs.

3 Hurrelmann/Ulich (1991) weisen darauf hin, dass Sozialisationsziele den Erziehenden selten vollkommen klar bewusst seien, und schlagen deshalb alternativ den Begriff

„Sozialisation" bedeutet aber nicht nur *passive* Eingliederung in die Gesellschaft, sondern auch die *aktive* Entwicklung einer individuellen, ganz unverwechselbaren Persönlichkeit mit autonomen Akzentsetzungen für das eigene Leben („Personalisation" oder „Individuation"). Ein junger Mensch kann, zumindest ab einem gewissen Alter, seine Sozialisation ein Stück weit selbst in die Hand nehmen, sich eigene Ziele setzen – ein Vorgang, der als „Selbstsozialisation" (oder eben auch: „Selbsterziehung") bezeichnet wird (Schneewind 1979; 1991).[4]

Die Möglichkeit zur zumindest partiellen „Selbstsozialisation" ist auch rechtlich verankert. Es gehört zu den Vorgaben unserer Verfassung, dass das Kind mit zunehmendem Entwicklungsfortschritt in wachsendem Maße als eigenständig denkender und handelnder Mensch geachtet wird und seine Grundrechte in eigener Verantwortung geltend machen kann (BVerfGE 59, 360 ff.). In der Reg.E.Begr. zu § 1 KJHG wird explizit darauf hingewiesen, dass das Kind oder der Jugendliche nicht als bloßes „Objekt" von Erziehung zu betrachten, sondern dass seine Subjektivität im Erziehungsprozess hervorzuheben sei. Erziehung solle nicht nur aus der Perspektive des Erziehenden, sondern auch aus der des Kindes gesehen werden.

Dieser Zielrichtung entsprechen Regelungen im KJHG, die Kindern und Jugendlichen je nach dem schon erreichten Niveau ihrer Einsichts- und Urteilsfähigkeit formale und materielle Rechte in bestimmten Handlungs- und Lebensbereichen einräumen. Dazu zählt z. B. die Verpflichtung, Kinder und Jugendliche entsprechend ihrem Alter und Entwicklungsstand an allen sie betreffenden Entscheidungen zu beteiligen (§ 8 Abs. 1 KJHG) oder „die wachsende Fähigkeit und das wachsende Bedürfnis des Kindes oder Jugendlichen zu selbständigem, verantwortungsbewusstem Handeln ... zu berücksichtigen" (§ 9 Abs. 2 KJHG; vgl. auch § 1626 Abs. 2 BGB).

Wenn durch Erziehung bestimmte Ziele erreicht werden sollen, so ist aus der Perspektive der Sozialarbeit zu fragen, *welche Erziehungsziele im KJHG* formuliert sind. Wir finden hier die Zielvorstellungen: „eigenverantwortliche und gemeinschaftsfähige Persönlichkeit" (§ 1), „Selbstbestimmung", „gesellschaftliche Mitverantwortung" und „soziales Engagement" (§ 11) und „Kritikfähigkeit, Entscheidungsfähigkeit ... sowie ... Verantwortung gegenüber [den] Mitmenschen" (§ 14). Es ist zu erkennen, dass diese Zielvorgaben sich auf psychische Dispositionen der zu Erziehenden richten, auf Handlungs- und

---

„Entwurf" vor. Da es sich um Vorstellungen von Merkmalen handle, die Menschen als Mitglieder einer Gruppe kenntlich machen, solle man von „Mitgliedschaftsentwürfen" sprechen. Nach meinem Sprachempfinden ist dies jedoch ein Wortmonstrum, das unklar ist, weil es sich nicht nur auf Ziele, sondern auch auf Wege dorthin („Organisationsformen") zu beziehen scheint.

4 So die Definition von Lüscher (1976): „Sozialisation ist der Prozess der Auseinandersetzung mit der ökologischen sowie der soziokulturellen Umwelt und mit sich selbst", oder die von Hurrelmann/Ulich (1991, 4): „Sozialisation ist aktive Auseinandersetzung mit der sozialen und dinglichen Umwelt."

Erlebnisbereitschaften, d. h. auf relativ überdauernde Fähigkeiten, Einstellungen und Werthaltungen, nicht aber auf konkrete Handlungen wie etwa „den täglichen Gang zur Arbeit", „die Unterlassung von Streit" oder „die gute Tat an der alten Nachbarin". Pädagogische Zielsetzungen betreffen, schon seit Platon und Aristoteles, die in ihren Erziehungslehren die „arete", d. h. die „Tüchtigkeit" oder die „Tugend" als Ziel der Erziehung gesehen haben, in der Regel solche psychischen Dispositionen.

Auf welchen Dispositionen die „Eigenverantwortung", die „Gemeinschaftsfähigkeit" oder die „gesellschaftliche Mitverantwortung" basieren, muss allerdings noch genauer bestimmt und ermittelt werden. Ganz offensichtlich handelt es sich bei ihnen nicht um einfache Persönlichkeitsmerkmale, sondern jeweils um ein ganzes Merkmalsbündel, einen Komplex von Dispositionen.

Das Setzen von Erziehungszielen hat zwar auch den Zweck, einem Kind eine Zukunftsvision davon zu geben, wie es sein soll, „wenn es einmal groß ist", aber es ist vor allem dazu geeignet, Erziehenden Richtlinien für ihr Handeln vor Augen zu führen. Beide Gesichtspunkte berücksichtigt Brezinka (1981, 155) in seiner Definition: „Unter einem Erziehungsziel wird eine Norm verstanden, die eine für Educanden als Ideal gesetzte psychische Disposition (oder ein Dispositionsgefüge) beschreibt und vom Erzieher fordert, er solle so handeln, dass der Educand befähigt wird, dieses Ideal so weit wie möglich zu verwirklichen."

Was ein Erziehender tun soll, lässt sich auf zweierlei Weise vorgeben. Es kann ihm, wie in § 1 Abs. 1 KJHG, ein „Zweck der Erziehung" (Herbart) genannt werden, eben die „eigenverantwortliche und gemeinschaftsfähige Persönlichkeit". Dies ist eine „Aufgabennorm" oder „teleologische Norm" (Weinberger 1970, nach Brezinka 1981, 142). Oder es wird ihm gesagt, wie er handeln bzw. nicht handeln soll, dann wird ihm eine „Verhaltensnorm" gegeben. Das KJHG stellt für die Mitarbeiter der Jugendhilfe eine Reihe solcher Verhaltensnormen auf, z. B. die Aufforderung, „dazu beizutragen, Benachteiligungen zu vermeiden oder abzubauen" (§ 1 Abs. 3 Satz 3), „die unterschiedlichen Lebenslagen von Mädchen und Jungen zu berücksichtigen" (§ 9 Abs. 3) oder ein Kind oder einen Jugendlichen auf dessen Bitte hin in Obhut zu nehmen (§ 42 Abs. 1). Eine an die Personensorgeberechtigten gerichtete Verhaltensnorm, die auf die Unterlassung einer Handlung abstellt, ist z. B. die Vorgabe in § 1631 Abs. 2 BGB: „Körperliche Bestrafungen, seelische Verletzungen und andere entwürdigende Maßnahmen sind unzulässig." Sanktionen bei Nichtbefolgen dieser Vorgaben treffen professionelle Erzieher schneller als Eltern, aber auch Eltern dürfen sie nicht beliebig ignorieren, wollen sie nicht riskieren, dass ihnen die Erziehungsverantwortung entzogen wird (vgl. §§ 1666 und 1666 a BGB).

Neben den beiden genannten Zwecken haben Erziehungsziele als Drittes auch die Funktion, *alle* Mitglieder einer Gesellschaft auf die geltenden Persönlichkeitsideale hinzuweisen, und sie zu ermahnen, sich daran zu orientieren. „Eigenverantwortlich" und „gemeinschaftsfähig" sollen wir alle sein, auch wenn unsere eigentliche Erziehungsphase schon Jahrzehnte zurückliegt und wir ursprünglich vielleicht eher zu „Gehorsam" und „Unterordnung" erzogen worden sind. Erziehungsideale bestärken und stabilisieren so auch die gesellschaftliche Wertorientierung.

Bisher haben wir das Erziehungsziel so betrachtet, als beschreibe es den gewünschten Abschluss einer Entwicklung. Ein Ziel liegt am Ende eines Weges; ein Pfeil, der die Zielscheibe getroffen hat, fliegt nicht weiter. Nun ist die menschliche Entwicklung aber doch als ein kontinuierlicher Prozess zu betrachten, der – soweit wir das mit unseren Mitteln erkennen können – erst mit dem Tod eines Menschen endet. Für jedes Lebensalter gibt es eigene Zielsetzungen. Ein Säugling muss z. B. lernen, Spannungen, die sich aus Hunger, Durst, Nässe und Einsamkeit ergeben, wenigstens ein Weilchen zu ertragen, ohne in Panik zu geraten; etwas später soll er Bindungen an andere Personen aufbauen. Ein Vorschulkind soll sich in begrenztem Umfang von seinen Bezugspersonen ablösen können, ein Jugendlicher eine Geschlechtsrolle übernehmen. Eine junge Mutter soll sich ihrem Kind emotional zuwenden, eine ältere Mutter das „leere Nest" verkraften und ein alter Mensch sich damit zurechtfinden, dass ihm viele Aufgaben und Verantwortungsbereiche abgenommen worden sind. Havighurst hat hierzu das Konzept der *„Entwicklungsaufgaben"*, die hierarchisch angeordnet und lebenslang gestellt sind, entworfen. Nach seiner Definition ist eine Entwicklungsaufgabe „eine Aufgabe, die sich in einer bestimmten Lebensperiode des Individuums stellt. Ihre erfolgreiche Bewältigung führt zu Glück und Erfolg, während Versagen das Individuum unglücklich macht, auf Ablehnung durch die Gesellschaft stößt und zu Schwierigkeiten bei der Bewältigung späterer Aufgaben führt" (Havighurst 1972, 2). Entwicklungsaufgaben resultieren nach diesem Konzept zum Teil aus gesellschaftlichen Erwartungen, daneben aber auch aus dem Fortschreiten des physischen Reifungsprozesses und aus individuellen Zielsetzungen oder Werten, also aus den personalen Gegebenheiten des sich entwickelnden Menschen (Oerter 1995).

Erziehungsziele unterliegen, wie alle gesellschaftlichen Normen, einem *historischen Wandel*. Das erkennen wir deutlich, wenn wir den § 1 KJHG aus dem Jahre 1990 dem § 1 JWG von 1961 gegenüberstellen. Im JWG galt als Ziel die „leibliche, seelische und gesellschaftliche Tüchtigkeit". Die „arete", die Tüchtigkeit, ist – zumindest begrifflich – dem Bildungsideal einer „eigenverantwortlichen und gemeinschaftsfähigen Persönlichkeit" gewichen. Wenn man aber „Tüchtigkeit" nicht nur im engen ursprünglichen griechischen Sinn als hervorragende Tauglichkeit, z. B. Sehtüchtigkeit, oder im heutigen umgangssprachlichen Sinn als besondere Fitness („geschäftstüchtig") versteht, sondern sie wie in der sokratisch-platonischen Philosophie gleichsetzt mit „Tugend" oder allgemein hoch entwickelten sozialen Fähigkeiten, dann findet man keinen gravierenden Unterschied zwischen den Vorstellungen, die den Begriffen „gesellschaftliche Tüchtigkeit" und „gemeinschaftsfähige Persönlichkeit" zugrunde liegen. Die „Eigenverantwortung" ist hinzugekommen. Zu vermissen ist in der Zielsetzung des KJHG die explizite Aussage, dass die psychische und körperliche Gesundheit des Kindes oder Jugendlichen gefördert werden soll, stellt doch Gesundheit die Grundlage der anderen Fähigkeiten dar.[5] Im JWG war immerhin von der „leiblichen Tüchtigkeit" die Rede. Dieser Begriff mag durch missbräuchliche Auslegung in der Vergangenheit in Misskredit geraten sein. Dennoch sollte angesichts der häufigen Störungen der seelischen Gesundheit und der zunehmenden körperlichen Beeinträchtigungen von Kindern und Jugendlichen infolge von Fehlernährung, mangelnder Bewegung, falscher Körperhaltung und Überlastung der Blick auf die Gesundheit von Kindern und Jugendlichen nicht allein dem Gesundheitswesen überlassen werden. Gerade wenn Jugendhilfe präventiv arbeiten will, hat sie auch hier ein Aufgabenfeld.

Dass wir heute die autonome Persönlichkeit als Bildungsideal im Gesetzestext vorfinden, entstammt nicht unbedachter Willkür des Gesetzgebers. Dieser Wandel spiegelt vielmehr Veränderungen in den Zielvorstellungen breiter Bevölkerungskreise wider, wie sie sich nicht nur bei der Befragung von Experten, sondern auch in Interviews mit Eltern zeigen. Fragte man in den 60er und den frühen 70er Jahren Eltern nach ihren Erziehungszielen, so fand man, zumindest bei Arbeitern, viel stärker Vorstellungen, die etwas mit der „Tüchtigkeit" im Sinne des JWG zu tun hatten. Sogenannte „soziale Grundhaltungen" wie Gehorsamkeit, Sauberkeit, Ein- und Unterordnung, Respekt und leistungsorientierte Verhaltensweisen standen damals an der Spitze der Liste von Erziehungszielen. In den späten 70er und in den 80er Jahren sagte dann aber auch dieser Personenkreis, dass für ihn soziale Reife und die Fähigkeit zu sozialem Kontakt die übergeordneten Ziele seien. Zu „sozialer Reife" zählen Eigenschaften wie Selbstverantwortlichkeit, Selbständigkeit, Selbstdisziplin und Selbstvertrauen. Zu „sozialer Kontaktfähigkeit" rechnen Merkmale wie die Bereitschaft und Fähigkeit zur Rücksichtnahme auf andere, Fürsorge und die Fähigkeit zur Kooperation. „Tüchtigkeit im Leistungsbereich", also schulische und berufliche Leistungen und

---

[5] Gesundheit wird in der Definition der Weltgesundheitsorganisation verstanden als „Zustand des vollkommenen körperlichen, seelischen und sozialen Wohlbefindens und nicht nur des Freiseins von Krankheit und Gebrechen" (WHO 1946). Hurrelmann (1994, 16) definiert Gesundheit als „den Zustand des objektiven und subjektiven Befindens einer Person, der gegeben ist, wenn diese Person sich in den physischen, psychischen und sozialen Bereichen ihrer Entwicklung in Einklang mit den eigenen Möglichkeiten und Zielvorgaben und den jeweils gegebenen äußeren Lebensbedingungen befindet." Im 5. Familienbericht (BMFS 1994, 247) wird der „werthaften Vorstellung von Gesundheit" der WHO die folgende Definition gegenübergestellt: „Gesundheit in einem realistischen Sinne bedeutet, den sich alltäglich stellenden Aufgaben und Chancen in physischer und psychischer Hinsicht gewachsen zu sein. Das schließt den Umgang mit den eigenen Schwächen ein."

Erfolg, Fleiß, Ordnungsliebe und geschickte Hände, rangieren in der Wertschätzung von Arbeitern heute erst an dritter Stelle. „Gehorsam und Unterordnung" sanken in der Wertschätzung der Eltern zwischen 1951 und 1983 von 25 % auf 9 % Zustimmung (Emnid 1986; vgl. auch. Wahl et al. 1980; Hofer et al. 1992). In der so genannten Mittelschicht trat diese Entwicklung etwas früher ein. Dies liegt zum einen wohl daran, dass dort neue Einsichten schneller rezipiert werden, zum anderen, dass die Arbeitsplatzerfahrungen andere sind. Besonders diese letzteren haben, wie z. B. Steinkamp/Stief (1978) oder Grüneisen/Hoff (1977) zeigen konnten, einen deutlichen Einfluss darauf, welche Ziele Eltern für ihre Kinder als erstrebenswert ansehen.

Die Bejahung kindgemäßer Erziehungsvorstellungen besagt allerdings noch nicht, dass Eltern auch tatsächlich dazu in der Lage sind, diese in die alltägliche Erziehungspraxis umzusetzen. Um das tun zu können, müssen zwei Voraussetzungen erfüllt sein: eine kompetente Erzieherpersönlichkeit und förderliche äußere Lebensbedingungen (vgl. Kap. 2.4).

Elterliche Erziehungsziele sind zum Teil *kulturell geprägt*. Es scheint jedoch auch *universale Zielvorstellungen* zu geben, die in allen Kulturen anerkannt sind. Levine (1977, nach Schneewind 1991, 66) führt als universelle Ziele an:

– das physische Überleben und die Gesundheit des Kindes,
– die Befähigung des jungen Menschen zur Selbsterhaltung im Erwachsenenalter,
– die Befähigung des Kindes, kulturspezifische Werte zu vertreten, z. B. religiöse und moralische Überzeugungen, intellektuelle Leistungen oder Selbstverwirklichung.

Kulturelle Unterschiede haben z. B. Kagan et al. (1978) herausgearbeitet. Sie kommen zu dem Schluss, dass die westlichen Nationen besonders den Wert von Autonomie, Sensualismus und Aktivität betonen, die östlichen den von Soziabilität, Gelassenheit und Kontemplation, also gerade die jeweiligen Gegenpole.

Ebenfalls im interkulturellen Vergleich lässt sich zeigen, dass elterliche Erziehungsziele auch davon abhängen, welchen Nutzen die Eltern sich von ihren Kindern erhoffen.[6] Erwarten sie vor allem einen psychischen Nutzen – Gefühlsbeziehungen zu Kindern, Freude an Kindern –, so bevorzugen sie eher Selbständigkeit und Individualität als Ziel. Haben sie eher ökonomische Nutzenerwartungen – Mithilfe in Haushalt und Betrieb, Unterstützung im Alter –, so schätzen sie Gehorsam und Unterordnung höher und behüten und

---

6 Austauschtheorien (z. B. Nye 1979) gehen davon aus, dass selbst hinter einer so gefühlsgeleiteten Entscheidung wie der für oder gegen Elternschaft Kosten-Nutzen-Kalkulationen stehen, wobei in unserer Gesellschaft psychische Kosten und psychische Belastungen höher ins Gewicht fallen als ökonomische Momente oder sozialnormativer Nutzen.

kontrollieren folglich ihre Kinder stärker (Nauck 1989). Solche interkulturellen Unterschiede in Erziehungszielen und -stilen und deren Begründung aus Tradition und ökonomischen Notwendigkeiten sollten Sozialarbeiterinnen und Sozialarbeiter kennen und achten, um mit ihren Einschätzungen Menschen aus anderen Kulturen gerecht zu werden.

Äußerungen von *„Experten"*, d. h. von Menschen, die sich professionell mit Erziehungsfragen beschäftigen, zu Erziehungs-, Sozialisations- und Therapiezielen gibt es in einer unüberschaubaren Vielzahl, von so lustigen wie „der Fähigkeit, einen Fahrradreifen zu flicken", über die „Erziehung zum Ungehorsam" (Bott) bis zu so schwerverständlichen wie „der Teilhabe am absoluten dreifachen Du" (Bucher; vgl. Brezinka 1981). Freud setzte als Kriterium für „Gesundheit und Reife" die Fähigkeit, „zu lieben und zu arbeiten" und sich der Gemeinschaft zuzuwenden. Erikson (1957) sieht „Ich-Identität" aus zwei Aspekten konstituiert, nämlich zum einen aus der Fähigkeit, ein Gefühl für die eigene unverwechselbare Identität zu haben, und zum anderen aus der Fähigkeit, sich mit den Idealen und großen Errungenschaften seiner Kultur zu identifizieren und an bestimmten gruppenspezifischen Charakterzügen teilzuhaben. „Ich-Identität" im Sinne Eriksons weist also ebenfalls die beiden in § 1 KJHG verankerten Komponenten Autonomie und soziales Eingliederungsvermögen auf. Die Zielvorstellungen des KJHG fußen also auch erkennbar auf psychologischen Theorien.

In der modernen Entwicklungspsychologie wird vom „kompetenten" Kind gesprochen. Schneewind (1991, 137) meint, „dass sich mit dem *Kompetenzbegriff* konkrete Zielsetzungen für die Verhaltensbereitschaften und Fähigkeiten von Kindern verbinden lassen, die es dem einzelnen Kind ermöglichen, den ständig neuen Herausforderungen und Veränderungen, die sich im Umgang mit sich selbst und seiner Welt ergeben, in einer aktiven und konstruktiven Weise zu begegnen."[7] Als Beispiele für solche Grundfähigkeiten, die wichtige personale Voraussetzungen für einen gelungenen individuellen Sozialisationsprozess darstellen, nennt er die von Belsky et al. (1984, 85) zusammengestellten wünschenswerten Persönlichkeitszüge: emotionale Sicherheit, Eigenständigkeit, soziale Kompetenz und intellektuelles Leistungsvermögen. Mit diesen Persönlichkeitsdispositionen sei ein Mensch für die Anforderungen einer innovationsorientierten Gesellschafts-, Wirtschafts- und Arbeitskultur gewappnet.

Ergänzt werden müsste meines Erachtens diese Liste durch das Erziehungsziel der entwickelten *moralischen Urteilskompetenz*. Das Ziel ist für mehrere

---

7 Der Kompetenzbegriff fand auch Eingang in das dem Fünften Familienbericht (BMFS 1994, 28) zugrundeliegende Konzept vom „Humanvermögen einer Gesellschaft". Die Sachverständigenkommission, die den Bericht erstellte, versteht unter „Humanvermögen" zum einen „die Gesamtheit der Kompetenzen aller Mitglieder einer Gesellschaft", zum anderen „das Handlungspotential des einzelnen", d. h. all das, was ihn „befähigt, sich in unserer komplexen Welt zu bewegen und sie zu akzeptieren".

Jahrzehnte in der erziehungswissenschaftlichen und psychologischen Diskussion in den Hintergrund getreten, verdient aber angesichts der allenthalben festzustellenden Unfähigkeit der Menschen, die drückenden globalen gesellschaftlichen Probleme zu bewältigen, heute die verstärkte Aufmerksamkeit aller am Sozialisationsprozess Beteiligten. Eine von den bahnbrechenden Arbeiten Piagets (1986; zuerst 1932) und Kohlbergs (1974) inspirierte, in den letzten Jahren stark angewachsene Forschungstätigkeit in den Sozialwissenschaften (vgl. Nunner-Winkler 1991; Oser/Althof 1997) trägt dieser Notwendigkeit Rechnung. Moralische Urteilsfähigkeit wird verstanden als die Fähigkeit eines Menschen, in Entscheidungssituationen gerechte Lösungen finden zu können, auf die sich alle Beteiligten und Betroffenen prinzipiell einigen können (vgl. Lempert 1988).

Mit der Nennung einzelner Persönlichkeitsmerkmale wird das in § 1 KJHG bezeichnete komplexe Dispositionsgefüge besser fassbar. Sind die Ziele klar, so lässt sich empirisch untersuchen, welche Mittel geeignet sind, diese Zielvorgaben zu realisieren. Dies geschieht in den Forschungen von Entwicklungspsychologie, Soziologie, Erziehungswissenschaft, klinischer Psychologie und Kinder- und Jugendpsychiatrie. Nutzt Soziale Arbeit diese wissenschaftlichen Erkenntnisse, so sichert sie ihre Hilfs- und Unterstützungsangebote gegen falsche Annahmen ab, soweit dies zu einer gegebenen Zeit möglich ist. (Auch die Wissenschaft befindet sich in ständiger Entwicklung und ist nicht gegen Irrtümer gefeit). Sie stellt damit ihre Arbeit auf eine professionelle Basis.

2.1.2 Bedürfnisse von Kindern und Jugendlichen

Überlegungen zu der Frage, welche Bedingungen ein Kind oder ein Jugendlicher zu einer guten Entwicklung braucht, dürfen aber nicht nur unter dem Aspekt des Erziehungsziels angestellt werden. Das würde nämlich die Gefahr in sich bergen, Kindheit zu instrumentalisieren. Ein Extrembeispiele für eine Instrumentalisierung wäre eine Erziehung, die die Eisprinzessin, den Tennisstar oder das geigespielende Wunderkind zur unbedingt anzustrebenden Norm erheben würde, gleichgültig wie wenig geneigt und untalentiert das Kind dazu ist. Hier würde offensichtlich, dass wichtige Gegenwartskomponenten des Glücks eines Kindes geopfert würden für ein – zweifellos überzogenes – Erziehungsziel. Aber auch bei weniger hochgesteckten Ansprüchen kann das der Fall sein. Zwar sind erfolgreicher Schulabschluss, Selbständigkeit im Denken und Handeln, Anpassung an Rollenerwartungen erstrebenswert, aber nur so lange, wie sie die Lebensqualität des Kindes als Kind nicht zu stark einschränken (vgl. dazu die Literatur der Reformpädagogik, zu der für die vorliegende Frage vor allem Texte von Ellen Key oder Maria Montessori zu rechnen wären). Die „Pädagogisierung" des Kinderalltags kann, so hehr ihre Ziele sein mögen, auch dem Kindeswohl entgegenstehen.

Die Kindheit muss als Lebensphase ihr eigenes Recht haben und darf nicht einer anderen Lebensphase – insbesondere dem Erwachsenenalter – untergeordnet werden. Deshalb ist ein weiterer psychologischer Zugang ebenfalls sehr wichtig, nämlich der Ansatz, der nach den Bedürfnissen des Kindes fragt und danach, welche Folgen ihre Nichterfüllung haben kann.

Zunächst ist zu unterscheiden zwischen den psychologischen Begriffen „Bedarf" und „Bedürfnis". Als Bedarf wird in der Psychologie das bezeichnet, was jemand zu einem gegebenen Zeitpunkt zu seinem körperlichen Wohlergehen braucht, die Mittel zur Aufrechterhaltung des „inneren Milieus" (Bernard 1859, zitiert nach Hofstätter 1957, 48) bzw. der Homöostase (Cannon 1932). Das sind z. B. eine bestimmte chemische Zusammensetzung des Blutes (Zuckerspiegel, H-Ionenkonzentration, Kalziumspiegel usw.) oder eine bestimmte Körpertemperatur. Dem organischen Bedarf kann auf der Erlebnisseite ein auf bestimmte Ziele gerichtetes Bedürfnis entsprechen, das bei zunehmender Intensität als Verlangen und schließlich als Drang empfunden wird. Die dem körperlichen Bedarf korrespondierenden Bedürfnisse werden als „primäre" Bedürfnisse bezeichnet. Dazu gehören: Hunger, Durst, Anspruch auf Sauerstoff und auf die Bewahrung eines optimalen Wärmezustandes, Verlangen nach Schlaf sowie – diese Zuordnung wird allerdings kontrovers diskutiert – nach sexueller Aktivität. Viele menschliche Bedürfnisse entstehen aber ohne entsprechenden organischen Bedarf, vor allem infolge von Lernvorgängen. Sie werden als „sekundäre Bedürfnisse", „sekundäre Motivation" oder „lernbare Antriebe" den „primären" Bedürfnissen gegenübergestellt (z. B. das Leistungsbedürfnis oder das Bedürfnis nach Anerkennung; Hofstätter 1957).

Welche Bedürfnisse als grundlegend zu betrachten und wie sie einander zuzuordnen sind, ist in der Psychologie seit langer Zeit immer wieder neu diskutiert worden. Die Kategorisierungsversuche schwanken dabei zwischen den beiden Polen der maximalen Vereinfachung und der extremen Ausdifferenzierung. Während Adler nur ein Grundbedürfnis – das Machtstreben – oder Freud die beiden Grundtriebe „Libido" und „Todestrieb" hypostasieren, hat z. B. Murray (1938) eine Liste von 18 Bedürfnissen („needs") erstellt.

Aus der Vielzahl von Bedürfnistheorien gehört die von Maslow (1977) zu den bekanntesten. Allerdings ist auch sie durchaus umstritten (vgl. Brown/ Herrnstein 1984). Maslow entwickelte ein Modell hierarchisch geordneter Grundbedürfnisse. Sie bauen aufeinander auf, so dass die höhere Ebene nur wirksam werden kann, wenn die jeweils niedere befriedigt ist. Die Bedürfnisse auf der untersten Stufe erdulden keinen langen Aufschub. Sie sollen nach diesem Modell auch früher im Leben des Menschen zutage treten als die der höheren Stufen. Die Stufen sind wie folgt beschrieben:

0. *Physiologische Bedürfnisse* (vgl. oben „Bedarf")
1. *Bedürfnis nach Sicherheit, Geborgenheit und Angstfreiheit*:
   Ein Streben nach Sicherheit zeigen etwa Kinder mit ihrem Wunsch nach

Regelmäßigkeit, Vorhersehbarkeit und Vertrautheit. Außerdem gehört zu dieser Stufe das Bedürfnis nach Zärtlichkeit, menschlicher Zuwendung, Liebe und Gruppenzugehörigkeit. Maslow sieht in der Frustration des Liebesbedürfnisses die Ursache für einen Großteil der psychischen Störungen in unserer Gesellschaft.

2. *Bedürfnis nach Anerkennung, Wertschätzung, Bestätigung der eigenen Person und der Leistungen*:
Diese Selbstwertbedürfnisse betreffen sowohl das Ansehen, das man von Seiten anderer gewinnt, als auch die Selbstachtung. Der Kampf des Menschen um soziale Macht und um gesellschaftlichen Status geht auf dieses Bedürfnis zurück.

3. *Bedürfnis nach Selbststeuerung, Selbstbestimmung und Selbstverwirklichung*:
Der eigentliche Kern von Maslows Theorie, die der humanistischen Psychologie zuzuordnen ist, besteht in der Vorstellung, dass es einen Sinn im Leben des einzelnen gibt, der die Anforderungen von Seiten der Umwelt und der Mitmenschen transzendiert, eben die Verwirklichung des Selbst.

Nach Maslows Vorstellungen gehören die Bedürfnisse zwei unterschiedlichen Typen von Motivation an, nämlich der Mangel-Motivation und der Wachstums-Motivation. Die physiologischen Bedürfnisse, die Bedürfnisse nach Sicherheit, Liebe und Selbstwert sind danach Mangelmotive. Ihre Nichtbefriedigung schmerzt und kann, wenn die Deprivation zu lange anhält, zu physischen und psychischen Erkrankungen führen. Übersättigung kann ebenfalls auftreten, die zu Unlust führt. Die Selbstverwirklichung dagegen gehört zur Wachstums-Motivation. Sie führt ausschließlich zu vermehrtem psychischem Wohlbefinden. Ein Zuviel gibt es nicht, ein Mangel führt zu einem unausgefüllten Leben, aber nicht zu Krankheit.

Maslows Modell erscheint plausibel, kann sich allerdings nicht auf systematische empirische Erhebungen stützen. Es beruht auf episodischen Beobachtungen, klinischen Erfahrungen mit Menschen in psychotherapeutischer Behandlung und subjektiven Annahmen des Autors. Offensichtlich sind auch Abweichungen von der genannten Reihenfolge möglich. Ein Kleinkind etwa, das sich abplagt, um auf seine Füße zu kommen und zu laufen, folgt wohl einem Bedürfnis nach Selbststeuerung, das nach der Theorie erst viel später auftauchen sollte (vgl. Brown/Herrnstein 1984). Auch ist nicht einzusehen, dass bei einer Tätigkeit, die der Selbstverwirklichung dient, keine Sättigung eintreten sollte.

Deci/Ryan (1993) verzichten auf die Bestimmung der zeitlichen Abfolge des Auftretens und gruppieren die Bedürfnisse anders. Sie postulieren drei angeborene psychische Bedürfnisse:

1. *Das Bedürfnis nach Kompetenzerfahrung*:
   Es äußert sich in dem Bestreben des Menschen, Aufgaben zu bewältigen und sich als handlungsfähig zu erleben. Die wiederholte Erfahrung, selbst wirksam das Ergebnis einer Handlung bestimmen zu können, ist die Voraussetzung für das Vertrauen in die eigenen Fähigkeiten und die Zuversicht, zukünftige Problemsituationen bewältigen zu können.
2. *Das Bedürfnis nach Autonomieerfahrung*:
   Damit ist gesagt, dass der Mensch eigeninitiativ handeln möchte (schon das sehr kleine Kind kämpft um das „Selbermachen"), Wahlmöglichkeiten in der Bestimmung seiner Ziele und Vorgehensweisen haben und Verantwortung tragen möchte.
3. *Das Bedürfnis nach sozialer Eingebundenheit*:
   Es zeigt sich in dem starken Bestreben nach befriedigenden Sozialkontakten. Ein Mensch möchte von seinen Bezugspersonen, von Freunden, Gleichaltrigen und Autoritäten anerkannt und geschätzt werden. Irrational erscheinende Handlungen gründen häufig auf diesem Bedürfnis.

In der Regel kann man davon ausgehen, dass die – ausreichende aber maßvolle – Befriedigung der kindlichen Bedürfnisse auch dazu führen wird, dass ein Kind sich auf die hier besprochenen erwünschten Ziele hin entwickeln wird. Bedürfnisse und Erziehungsziele können aber auch im Widerspruch zueinander stehen. Zum Beispiel kann die schrankenlose Erfüllung eines Passivitäts- oder eines Machtbedürfnisses die Erreichung des Ziels der sozialen Verantwortlichkeit behindern. Es sind also auch immer wieder Kompromisse zwischen beiden nötig (Verzicht des Kindes auf ein Stück Gegenwartszufriedenheit, Bedürfnisaufschub; Verzicht der Eltern auf ein Stück Zukunftstraum, Erwartungsreduktion). Eltern müssen zwischen beiden Erfordernissen abwägen.

2.2 Erziehungs- und Sozialisationsinstanzen

> Bei der Beschäftigung mit den soziokulturellen Bedingungen kindlicher Entwicklung stößt der Sozialarbeiter auf die Tatsache, dass er vielgestaltige, miteinander in Wechselwirkung stehende Situationsmerkmale zu beachten hat. Es wird im folgenden dargelegt, wie eine systemorientierte Betrachtungsweise ihm helfen kann, bedeutsame Zusammenhänge und Strukturen zu erkennen.

Die primären Sozialisationserfahrungen macht das Kind in der Regel in der Familie, also mit Eltern und Geschwistern. Die Eltern sind es auch, die nach unserer Verfassung mit dem Recht und der Pflicht zur Erziehung betraut sind und an die ein Großteil der Individualleistungen nach dem KJHG adressiert ist.

Schon früh im Leben des Kindes kommen aber neue Personen hinzu, mit denen es zusätzliche Erfahrungen sammelt, wie Verwandte, Nachbarn, u. U. die Tagesmutter, die Krabbelgruppe oder die Kinder und Betreuerinnen einer Krippe, danach die Menschen in Kindergarten und Schule. Die Gruppe der Gleichaltrigen und die Lebensräume, in die das Kind sich hineinbewegt, erlangen zunehmende Bedeutung. Der Eintritt ins Berufsleben oder ins Studium bringt erneut eine Ausweitung dieses Umfeldes mit sich.

Nicht nur die Personen, mit denen ein Kind zu tun hat, wirken teils (absichtsvoll) erziehend, teils (im weiteren Sinne) sozialisierend. Seine Entwicklung wird, wie schon angeführt, auch beeinflusst durch die materiellen Gegenstände seiner Umgebung, also z. B. die Wohnung, das Wohnumfeld, die Spielzeuge, die Geräte und Maschinen, die es kennen lernt. Von großer Bedeutung sind darüber hinaus die immateriellen Gegebenheiten wie die Regeln des Zusammenlebens, implizite und explizite Handlungsvorschriften, Rollenerwartungen, Sprache, Wertsetzungen, ideologische Vorstellungen usf. Nicht zuletzt gehen von den Medien nicht zu unterschätzende Sozialisationswirkungen aus (Postman 1990). Alle diese „Faktoren" zusammengenommen bezeichnet man als die soziokulturellen Bedingungen der Erziehung, denen die anthropogenen Bedingungen, also die individuellen Gegebenheiten des Educanden, gegenüberstehen.

Wie schon dargelegt, ist das Kind nicht nur passiver Empfänger von Erziehung und Sozialisation, sondern es wirkt auch aktiv auf seine Umwelt ein und „erzieht" sie, wie es selbst von ihr geformt wird. Schon vor seiner Geburt verändert ein Kind die Lebensgewohnheiten seiner Eltern bzw. seiner zukünftigen sozialen Gruppe. Von seinem ersten Lebenstag an beeinflusst es durch sein Temperament und sein Verhalten, seinen „sozialen Stil" die Verhaltensweisen der Personen, die für es sorgen, prägt gleichsam deren Erziehungsstil mit. So haben Lerner/Busch-Rossnagel (1981) gar nicht so unrecht, wenn sie pointiert davon sprechen, dass Kinder in einem gewissen Maß auch „Produzenten ihrer eigenen Entwicklung" seien (womit Eltern aber keineswegs ihrer Verantwortung für die Entwicklung des Kindes enthoben sein sollen).

Wenn ein Kind heranwächst, erweitert und wandelt sich das System, in dem es lebt, ständig. Bronfenbrenner (1980) sieht diese Systemänderungen als integralen Bestandteil der menschlichen Entwicklung, was ihn dazu veranlasst, „Entwicklung" zu definieren als „Veränderung des Individuums in einer sich wandelnden Umwelt". Der in der Sozialen Arbeit Tätige hat also – selbst, wenn er mit Einzelpersonen arbeitet – eine ganze Reihe unterschiedlicher Aspekte zu berücksichtigen, die miteinander in Verbindung stehen. Er erleichtert sich das Verständnis für sein Arbeitsfeld, wenn er als Heuristik (d. h. als gedankliches Verfahren zur Ordnung der Wirklichkeit) eine systemorientierte Betrachtungsweise wählt. Ein „System" existiert nicht in der Realität; vielmehr schafft man sich mit der System-Metapher ein hypothetisches Konstrukt, das das Erkennen von Zusammenhängen und Strukturen erleichtert. Ein System-Modell zu verwenden, bedeutet – auf Soziale Arbeit bezogen – Menschen mit ihrem Verhalten und Erleben als

Teile komplexer, vernetzter Bedingungsgefüge zu sehen. Nach von Bertalanffy (1968), dem Begründer der Systemtheorie, wird ein „System" verstanden als „ein Komplex interagierender Elemente". Dörner (1997) definiert den Begriff als „eine Menge von Variablen, die durch ein Netzwerk von kausalen Abhängigkeiten miteinander verbunden sind".

Die Systeme, in denen Kinder und Jugendliche aufwachsen und mit denen Jugendhilfe umzugehen hat, sind, wie in Kap. 1.3 dargelegt wurde, durch die Merkmale Komplexität, Vernetztheit, Dynamik und Intransparenz gekennzeichnet. Diese Eigenheit stellt hohe Anforderungen an die Fähigkeit einer Fachkraft, Informationen zu sammeln, zu integrieren und in Handlungsplanungen umzusetzen.

Bronfenbrenner (1980) hat, auf den Arbeiten Lewins (1936) aufbauend, den Versuch unternommen, die an der Entwicklung eines Kindes oder Jugendlichen beteiligten Systeme logisch voneinander zu trennen. Er unterscheidet vier Systeme, die er sich als ineinander geschachtelt oder als vier konzentrische Kreise vorstellt: Mikro-, Meso-, Exo- und Makrosystem.

Die unmittelbare Umwelt, in der ein Mensch lebt, wird rekonstruiert als das *„Mikrosystem"*, also z. B. die Familie, die Tagespflegestelle oder die Heimgruppe, in der die zugehörigen Personen als „Elemente interagieren". Dabei ist nicht nur an die Personen, die diese Gemeinschaft ausmachen, als Systemelemente zu denken, sondern auch an die materiellen Bedingungen, unter denen sie leben. Zwei oder mehr Mikrosysteme, denen jemand zugleich zugehört, und ihre Wechselbeziehungen bilden das *„Mesosystem"*. Beispiele dafür sind die Interaktion zwischen Familie und Tagesmutter oder zwischen Heim und Schule. Arrangements, zu denen ein Mensch nicht direkt gehört, die ihn aber indirekt beeinflussen oder auf die er indirekt Einfluss hat, werden von Bronfenbrenner als *„Exosysteme"* bezeichnet. Dies kann für die Kinder beispielsweise der Arbeitsplatz eines Elternteils sein, weil er Auswirkungen auf dessen Zeitbudget, psychisches Gleichgewicht und seinen Erziehungsstil hat und damit mittelbar auf die Eltern-Kind-Interaktion.

Das *„Makrosystem"* umfasst die politischen, ökonomischen, sozialen, kulturellen und ideologischen, also die gesamtgesellschaftlichen Gegebenheiten. Diese Rahmenbedingungen wirken in vielfältiger Weise, z. B. über die Organisation der Berufsarbeit, die Vorgabe von Erziehungszielen, die Bewertung und Förderung von außerfamiliärer Erziehung oder die Wohnungsbaupolitik, tief in die Sozialisationserfahrungen des Kindes hinein. Ein eindrucksvolles Beispiel dafür waren die Auswirkungen der deutschen Vereinigung auf die Lebensbedingungen, die Weltsicht und die Zukunftserwartungen der Kinder und Jugendlichen in den neuen Bundesländern (vgl. die „Schülerstudie '90" von Behnken u. a. 1991 und die Studie „Jugend '92" von Zinnecker u. a. 1992).

Sozialarbeit als Jugendhilfe setzt am Mikrosystem an, wenn sie die Erziehungskompetenz der Eltern etwa durch allgemeine Elternschulung zu fördern sucht; am Mesosystem, wenn sie Kontakte zwischen alleinerziehender Mutter und Pflegefamilie oder zwischen Müttern und Kindern in einer Mutter-Kind-Gruppe herstellt und fördert. Auf das Exosystem einzuwirken, ist mit den Mitteln der Jugendhilfe schwieriger, weil sie zu vielen Bereichen keinen Zugang hat, teilweise aber denkbar. Zum Beispiel kann sich ein Sozialarbeiter um die Aufnahme eines behinderten Kindes in einen Kindergarten bemühen und damit der Mutter eine deutliche Entlastung ermöglichen. Für ein nichtbehindertes Geschwisterkind stellt dieser Kindergarten ein Exosystem dar, das insofern eine Bedeutung für es hat, als es ihm indirekt die vermehrte Zuwendung der nunmehr entlasteten Mutter verschafft.

Mitarbeiter der Jugendhilfe sind bestimmungsgemäß Teil eines der Mikrosysteme des Kindes, wenn sie beispielsweise als Erzieher in einer Heimgruppe wirken; gelegentlich können sie es unversehens werden, z. B. als Familienhelfer. Sie sind Teil des Mesosystems, wenn sie eine alle Familienmitglieder einbeziehende Familienberatung durchführen, oder Teil des Exosystems, wenn sie mit einem Familienmitglied einzeln arbeiten, z. B. einen Jugendlichen nach § 8 KJHG beraten oder nach § 42 KJHG in Obhut nehmen. Zur Einflussnahme auf das Makrosystem wird die Jugendhilfe durch § 1 Abs. 3 Satz 4 KJHG verpflichtet, wonach sie dazu beitragen soll, „positive Lebensbedingungen für junge Menschen und ihre Familien sowie eine kinder- und familienfreundliche Umwelt zu erhalten oder zu schaffen". Es gehört zu den Grundlagen planvollen fachlichen Handelns von Sozialarbeitern, sich über die eigene Stellung in den verschiedenen Ökosystemen der Betroffenen Klarheit zu verschaffen und sich nicht nur über die direkten, sondern auch über die indirekten Auswirkungen von Interventionen auf alle „Elemente" der relevanten Systeme Rechenschaft abzulegen.

2.3 Die Familie als Basis der Primärsozialisation

> Familie – nach wie vor die wichtigste Sozialisationsinstanz – ist auf vielerlei Weise lebbar. Um die unterschiedlichen Formen, die heute dem Zusammenleben von Erwachsenen und ihren Kindern gegeben werden, und um die Faktoren, die die Gestaltung beeinflussen, geht es in diesem Abschnitt. Dabei wird der Frage nachgegangen, ob das Erziehen von Kindern tatsächlich schwieriger geworden ist oder lediglich Eltern und Lehrern als mühseliger erscheinen.

2.3.1 Zum Wandel des Familienbegriffs

Fragt man im Alltag Menschen nach ihren Assoziationen zum Begriff „Familie", so hört man meist als erstes die Äußerung „Geborgenheit", „Liebe", „Vertrauen" oder „Zugehörigkeit". Erst später und auch in geringerer Anzahl werden negative Vorstellungen assoziiert wie „da muss man tun, was die Eltern sagen", „Einengung", „mangelndes Verständnis" oder „Streit". Ein ähnliches Bild – Ambivalenz bei stärkerer Betonung der positiven Seite – zeigt sich in Untersuchungen an großen Stichproben zum Stellenwert der Familie (ID Allensbach 1985; DJI 1989). Ehe und Familie erfreuen sich offenbar einerseits einer großen Wertschätzung, andererseits werden denjenigen, die sich darauf eingelassen haben, bald, spätestens mit dem ersten Kind, auch die Belastungen klar, die sie mit sich bringen können. Das Deutsche Jugendinstitut (1989) fasst sein Umfrageergebnis mit der Feststellung zusammen: „Viel Licht und wenig Schatten".

Sich über sein ganz persönliches Verhältnis zu seiner (Herkunfts-)Familie Gedanken zu machen, ist für Sozialarbeiter nicht unwichtig, denn die eigenen Erfahrungen prägen die Leitideen von Familie und damit die Erwartungen, die an Klienten – mehr oder weniger bewusst – herangetragen werden, oftmals nachhaltig.

Die Familie ist in der Regel die Bezugsgruppe, in der die ersten, intensivsten, kontinuierlichsten und zeitlich ausgedehntesten Eindrücke gesammelt werden. Wie keine andere Institution hat sie in unserer Kultur die Chance, die Persönlichkeit des heranwachsenden Menschen zu formen. Die hier geprägten Persönlichkeitsmerkmale sind nur schwer wieder zu verändern, wie Erfahrungen von Lehrern, Ausbildern, vor allem aber von Psychotherapeuten, zeigen. Die Wichtigkeit der Familie für die gesamte Entwicklung des Kindes und des Jugendlichen wird in der Psychologie in der Regel sehr stark betont.

So vertreten z. B. Goldstein/Freud/Solnit (1979) die Position, dass die Familie – bei allen Mängeln, die die Autoren erkennen – diejenige Umwelt sei, die am besten die körperlichen und seelischen Bedürfnisse eines Kindes auf lange Dauer befriedigen könne. Sie begründen dies damit, dass zwischen „psychologischen Eltern" (also Personen, die permanent für das Kind sorgen, unabhängig von der tatsächlichen Verwandtschaftsbeziehung) und Kind eine dauerhafte Gefühlsbindung bestehe, die die Grundvoraussetzung für eine positive Entwicklung des Kindes sei.

Die Befunde von Spitz (1945; 1967) und Bowlby (1951; 1976) zu Hospitalismusschäden bei Heimkindern werden häufig als Bestätigung der unersetzlichen Bedeutung der Familie gedeutet, obwohl sie mehr über schlechte Heime als über Familien aussagen.

Die Vorstellung von den grundsätzlich positiven Sozialisationswirkungen der Familie gibt die Jugendhilfe sogar angesichts des Versagens von Familien bei der Erziehung von Kindern nicht ganz auf: Heime sollen – als Organisationsprinzip – familienähnliche Strukturen aufweisen (z. B. Trauernicht 1992).

Selbst wenn ein Autor der Familie einen verheerenden Einfluss zuschreibt, wie dies der Antipsychiater Cooper (1989) getan hat[8], so bekräftigt er damit, dass er sie für sehr bedeutsam hält. Entgegengesetzte Einschätzungen wie die Prophezeiung, ihr Ende sei nahe (Feil 1972; Millhoffer 1973), scheinen sich eher nicht zu bewahrheiten. „Die Familie als Gruppe hat sich ... entgegen allen pessimistischen Vorhersagen in erstaunlicher Elastizität als anpassungs- und widerstandsfähig erwiesen." (BMJFFG, 7. Jugendbericht 1986, 8)

Die hohe gesellschaftliche Wertschätzung der Familie hat sich in der Verfassung niedergeschlagen. Der Vorrang der Familie für die Erziehung und Pflege von Kindern ist in Art. 6 des Grundgesetzes verankert. Das KJHG ist als ein Gesetz konzipiert, das dem verfassungsrechtlich garantierten Erziehungsvorrang der Eltern Rechnung tragen und Eltern in ihrer Erziehungskompetenz stärken soll. Nicht die Kinder oder Jugendlichen sind unmittelbare Adressaten der dort vorgesehenen Individualleistungen, sondern die Eltern. Diese sollen bei ihren Erziehungsaufgaben unterstützt und damit die Erziehungsbedingungen von Kindern verbessert werden. Elternwohl soll Kindeswohl schaffen (Reg.E.Begr. 1989, 1).

Interessant ist, dass in der Begründung zum Regierungsentwurf des KJHG ein Begriff von Familie verwendet wird, der über den juristischen Familienbegriff der öffentlich ausgewiesenen Ehe und/oder Elternschaft hinaus erweitert wird: „Da Jugendhilfe in erster Linie die Förderung der Entwicklung des Kindes oder Jugendlichen im Auge hat, müssen ihre Leistungen allen auf persönliche Beziehungen gegründeten Gemeinschaften zugänglich sein, in denen Erwachsene und junge Menschen auf Dauer angelegt miteinander leben, dabei aufeinander Einfluss nehmen und füreinander Verantwortung tragen. Das Wohl des Kindes und sein Schutz sind unteilbar und können nicht bestimmten Familienformen vorbehalten bleiben" (Reg.E. Begr. 1989, 42). Mit der Reform des Kindschaftsrechts (1998) hat der Gesetzgeber versucht, dieser Sichtweise ein Stück weit Rechnung zu tragen, z. B. indem er die rechtliche Gleichstellung ehelicher und nicht ehelicher Kinder weiter absicherte und Eltern, die nicht miteinander verheiratet sind, die gemeinsame Sorge zugestand.

Ursprünglich stammt die Anregung zur Erweiterung des Familienbegriffs aus der Entwicklungspsychologie (z. B. Schneewind 1995; Textor 1991; Hofer 1992), in der die „psychologische Familie", also die Lebensgemeinschaft, die unabhängig von der gewählten Rechtsform durch den gemeinschaftlichen Lebensvollzug gekennzeichnet ist, in den letzten Jahren verstärkt Beachtung gefunden hat. Als Kriterien für den „gemeinschaftlichen Lebensvollzug" nennt Schneewind (1995, 973):

---

8 Cooper schmäht die Institution Familie als eine „ideologische Einrichtung zur Konditionierung in jeder Ausbeutergesellschaft."

a) Abgrenzung (der Zusammenschluss von Personen, die sich von anderen abheben wollen und ihr Leben aufeinander bezogen nach bestimmten Regeln gestalten;

b) Privatheit (Wohnen in einem privaten Bereich, so dass intime Beziehungen möglich sind);

c) Nähe (körperliche, geistige und emotionale Intimität) und

d) Dauerhaftigkeit („ein durch wechselseitige Verpflichtung, Bindung und Zielorientierung auf längerfristige Gemeinsamkeit angelegter Zeitrahmen").

Schneewind spricht auch von („quasi-familiären") „intimen Beziehungssystemen". Es wird davon ausgegangen, dass hier persönliches Engagement und Aufeinanderbezogensein besonders stark ausgeprägt und deshalb von beträchtlichem Einfluss auf die Persönlichkeitsentwicklung aller Beteiligten sind, insbesondere auf die der Kinder, die in diesen Systemen aufwachsen.

2.3.2 Ist Erziehen schwieriger geworden?

Die Erziehung von Kindern hat sicherlich Eltern und Lehrern zu allen Zeiten viel abverlangt. In früheren Jahrhunderten war es höchst ungewiss, ob man ein Kind, dem man das Leben geschenkt hatte, überhaupt großziehen konnte. So wurden in der Antike Kinder ausgesetzt oder getötet, im Mittelalter ließ man sie verhungern – nicht, weil ihre Eltern sie nicht geliebt hätten, sondern aus schierer Not (de Mause 1977). Bei Thomas Platter, dem 1499 in der Schweiz geborenen Bauernsohn, lesen wir, dass seine „tapfer mannlich" Mutter, die alle Arbeiten tat „wie ein Mann" und gegen ihre Kinder „gar rau" war, doch das Weinen nicht unterdrücken konnte, als sie ihn, den 9jährigen, zusammen mit zwei seiner Brüder in die Fremde schicken musste, weil ihr Hof nicht das Nötigste einbrachte. Und so klagte sie: „Dass Gott müsse erbarmen, dass ich da drei Söhne muss sehen in das Elend gehen!"(vgl. Johansen 1979, 19). 1766 konnte Friedrich II. von Preußen, genannt „der Große", schlesischen Kaufleuten eine „Ladung" von 1.000 Waisenkindern als Arbeitskräfte avisieren und war sehr ungehalten, als diese das Angebot wegen Unbrauchbarkeit „der Ware" ablehnten. Ganz zu schweigen von der Ausbeutung hunderttausender von Kindern in den Fabriken und Bergwerken des 17. und 18. Jahrhunderts.[9]

---

[9] Von Not bestimmt war aber nicht nur das Leben der Kinder und ihrer Familien, sondern ebenso das ihrer Lehrerinnen und Lehrer. Diese „Hofmeister" oder „Instruktoren" schlugen sich seit dem Mittelalter durch ein kärgliches Dasein. Von Mühsal geprägt war auch in späteren Jahrhunderten der Alltag der „armen Dorfschulmeisterlein", die mit mehr als hundert Schülern in einer Klasse sich nach dem Unterricht noch als Messner, Totengräber, Briefschreiber oder Hochzeitlader verdingen mussten, um ihr mageres Salär aufzubessern. Zur Qualifikation der „Gouvernanten" gehörte ausdrücklich „die Fähigkeit zum Entbehren und Entsagen" (Rolfus/Pfister 1867, zitiert nach Schiffler/Winkeler 1991).

Die Sorge um das tägliche Brot für ihre Kinder muss die Eltern in den industrialisierten Ländern jetzt nicht mehr quälen. Kindern werden heute Erfahrungs-, Konsum- und Genussmöglichkeiten von zuvor nie gekannten Dimensionen geboten. Ihre Lebensläufe sind auch nicht mehr durch Geburt und Stand vorgezeichnet, sondern individualisiert. So trägt heute zumindest prinzipiell jeder Erstklässler wenn schon nicht den Marschallstab, so doch den elektronischen Organizer des Besserverdienenden im Ranzen.[10]

Dennoch erscheint die Familiengründung heute weniger attraktiv als früher, wie die wachsende Zahl der Kinderlosen belegt.[11] Diejenigen, die die Bildung einer Familie mit Kindern gewagt haben, fühlen sich offensichtlich stark belastet, wie aus vielen Befragungen hervorgeht.[12] Die Medien wissen beredt das Versagen von Eltern und Lehrern und obendrein auch das der professionellen Jugendhilfe anzuklagen. Erpressung und Raub durch Kinderbanden, Vandalismus gegenüber öffentlichem Eigentum, Kindersuizide, Prostitution von Mädchen und Jungen, unbehaustes Leben von Kindern auf der Straße,[13] frühzeitiger Drogen- und Alkoholkonsum und rechtsradikal-motivierte Gewalttätigkeit von Jugendlichen beunruhigen gegenwärtig die Bevölkerung. Forderungen nach härteren Maßnahmen, wie die Herabsetzung des Strafmündigkeitsalters vom 14. auf den 12. Geburtstag, werden öffentlich lebhaft diskutiert.

Neuere Untersuchungen zeigen, dass einzelne Verhaltensprobleme tatsächlich in jüngster Zeit zugenommen haben, und zwar gerade die besonders auffälligen wie Drogen- und Suizidgefährdung, Essstörungen,[14] Aggressivität[15] oder kriminelle Handlungen [16] (vgl. hierzu auch Kap. 2.5). Was letztere betrifft, so muss aber auch das veränderte Anzeigeverhalten berücksichtigt werden – den Kirschendieb von damals meldete man eben nicht, den Kaufhausdieb von heute sehr wohl. Und auch die Regelungen zur Führung der einschlägigen Statistiken haben sich geändert.

---

10 Auch im schulischen Bereich hat sich bekanntlich Entscheidendes getan. Reformen wurden durchgesetzt. Die Klassenstärken haben erheblich abgenommen, die Schüler-Lehrer-Relation wurde innerhalb von 25 Jahren halbiert (Preuss-Lausitz 1990) Das Bildungswesen konnte enorm expandieren, wie der Ausbau der Schulpflicht und die Bildungsbeteiligung breiter Bevölkerungsschichten belegen (Fend 1996). Die Lehrergehälter sind gesichert, wenn auch nicht jeder auf seine Einstellung vertrauen kann, der ein einschlägiges Studium absolviert hat.
11 Vgl. Statistisches Bundesamt (2006)
12 Vgl. z. B. Siebter Familienbericht (BMSFJ 2006)
13 6.000 bis 7.000 Kinder sollen in der Bundesrepublik Deutschland gegenwärtig auf der Straße leben.
14 DGKJP (2000)
15 Mansel (1995), Fend (1996)
16 Während zwischen 1993 und 2004 die Zahl der tatverdächtigen Kinder und Jugendlichen kontinuierlich angestiegen war, ging diese Zahl 2005 erstmalig leicht zurück, möglicherweise bedingt durch den demographischen Wandel (BKA 2006).

Wie ist nun zu erklären, dass mit wachsender gesellschaftlicher Prosperität nicht auch die Zufriedenheit von Eltern und Lehrern über die Bedingungen, unter denen sie erziehen, gestiegen ist, sondern im Gegenteil eher abzunehmen scheint, und dass sich auch die Sozialisationsergebnisse im Urteil vieler Sachverständiger verschlechtert haben? Ich sehe drei Wege zum Verständnis dieses Phänomens, die sich nicht gegenseitig ausschließen müssen, und die ich thesenhaft den folgenden Ausführungen zugrunde legen möchte:

Zum ersten könnten Familie und Schule gegenwärtig tatsächlich mit *größeren objektiven Erschwernissen* konfrontiert sein, eine These, die z. B. von Bertram (1993) und im Fünften Deutschen Familienbericht (BMFS 1994) vertreten wird. Zum zweiten könnten Belastungen heute subjektiv als stärker erlebt werden, weil die *Beurteilungsmaßstäbe* sich verändert haben. Und zum dritten könnten die *Bewältigungsmöglichkeiten* beider Institutionen abgenommen haben. Welche Beobachtungen stützen diese Thesen oder sprechen gegen sie?

These 1: Die Belastungen für Eltern und Lehrer sind im Zuge des gesellschaftlichen Wandels gestiegen.

Junge Männer und Frauen gehen heute mit großen Hoffnungen auf persönliches Glück eine feste Partnerschaft bzw. eine Ehe ein. Vom Rückzug in ihre Familie erhoffen sie sich einen Ausgleich für die Härte des Lebenskampfes „draußen", für Leistungsdruck in der Arbeitswelt, zunehmende Komplexität des öffentlichen Lebens, für den immer häufigeren Abbruch von kollegialen und freundschaftlichen Beziehungen als Folge des zunehmenden Zwangs zur Mobilität. Der Unsicherheit und Zukunftsangst angesichts von Arbeitslosigkeit, knapper werdenden Ressourcen und zunehmender Zerstörung der Umwelt wollen sie ein Bollwerk entgegensetzen: Die liebevolle Gemeinsamkeit eines „intimen Beziehungssystems", wie Schneewind (1995) es nennt. Der Ausgleich der emotionalen Spannungen, die Befriedigung der gefühlsbezogenen Bedürfnisse, die „emotionale Beheimatung"[17] sind es, was der Partner oder die Partnerin ihnen geben soll. Tatsächlich aber erleben Eheleute, dass sie Ärger, Leistungsdruck, Konkurrenzdenken und aggressive Umgangsformen der Arbeitswelt nicht mit dem Straßenschmutz auf dem Fußabtreter an der Wohnungstür abstreifen können. Im Ehealltag kann häufig nicht eingelöst werden, was an überhöhten Erwartungen auf den Gang zum Traualtar mitgenommen wurde. Statt der erhofften Kompensation finden sich Konflikte – um Geld, um nicht geteilte Hausarbeit, Kindererziehung oder um nicht befriedigte Liebessehnsüchte –, die in einem Drittel der Familien bis zur Scheidung eskalieren.[18] So konnte Elisabeth Beck-Gernsheim (1986) formulieren: *„Die Liebe wird wichtiger denn je – sie wird aber auch schwieriger denn je."*

---

17 Institut für Demoskopie Allensbach (1985)
18 Die Zahl der Ehescheidungen betrug 2004 213.691 (Statistisches Bundesamt 2005).

Kinder bedeuten für ihre Eltern noch immer vor allem den „Sinn des Lebens" (Bien 1996). Zwar legt man keinen großen Wert mehr auf Kinderreichtum.[19] Doch erhofft man sich von der Gemeinschaft mit Kindern intensive und vor allem dauerhafte Gefühlsbeziehungen und Lebensfreude, also einen psychischen Nutzen, während die früher mit dem Nachwuchs verbundenen ökonomischen Nutzenerwartungen – als Hilfe in Betrieb und Haushalt oder als Stütze des Alters – in den Hintergrund getreten sind. Man wünscht sich einen partnerschaftlichen Umgang miteinander (Kaufmann 1990) und möchte die Kinder möglichst früh zu Selbständigkeit sowie zu einem „kooperativen Individualismus", wie es im sechsten Familiensurvey (Bien 1996) heißt, erziehen.[20] Argumentieren und Verhandeln statt Anordnen und Kontrollieren werden als „Erziehungsmittel" geschätzt. Als Folge davon schildern Jugendliche ihre Beziehung zu den Eltern in den 90er Jahren positiver als in den 60er und 70er Jahren. Der elterliche Lebensstil wird von ihnen eher akzeptiert als noch zehn Jahre zuvor (Schröder 1995).

Das Bestreben, mit möglichst großer Sensibilität auf kindliche Bedürfnisse einzugehen, bringt aber für Mütter und Väter eine erhebliche *Verunsicherung* mit sich: Welche Wertvorstellungen sollen sie noch vermitteln? Welche Grenzen dürfen sie noch setzen? Welche Wunschversagungen ihren Kindern zumuten? Nur eins wissen sie sehr genau: Ihr Kind muss einen möglichst hohen Schulabschluss mit möglichst guten Noten erreichen, denn sonst ist die Sicherung seines sozialen Status oder gar sein sozialer Aufstieg erheblich in Frage gestellt. 90 % der deutschen Eltern streben – so die Ergebnisse einer Untersuchung von Engel/Hurrelmann (1989) – für ihre Söhne und Töchter das Abitur oder zumindest den Realschulabschluss an. Sind die schulischen Noten nicht entsprechend – und bei etwa 30 % erfüllt sich der Traum vom gehobenen Schulabschluss nicht (Preuss-Lausitz 1990) – so gilt ihnen die Schule unversehens als diejenige Institution, die ihre hochfliegenden Pläne durchkreuzt. Kinder sind regelrecht Objekte *pädagogischer „Projekte"* vieler Eltern geworden, für die in manchen Familien viel Zeit und Geld geopfert wird.[21] Nicht das *„zufriedene"* Kind ist ihr Leitbild, sondern das *„perfekte"*, wie es Beck-Gernsheim benennt. In der Folge kennzeichnen Versagensängste

---

19 49 % der west- und 62 % der ostdeutschen Eltern begnügen sich mit einem Kind, 38 % bzw. 31 % erziehen zwei, 13 % bzw. 7 % drei und mehr Kinder. Marbach (1998) weist allerdings darauf hin, dass das Bild sich ändert, wenn man bei den statistischen Berechnungen den Blick auf Kinder als Untersuchungseinheiten fokussiert und nicht auf Haushalte, wie dies in der Sozialberichterstattung bisher meistens geschah. In diesem Fall gelangt man zu dem Ergebnis, dass nur ein Viertel der Kinder Einzelkinder sind; 48 % wachsen mit einem Geschwisterkind auf, 19 % mit zwei, 8 % mit drei oder mehr Brüdern und Schwestern (Statistisches Bundesamt 2006, Mikrozensus 2005).
20 Nauck (1989), Bien (1996). Der Wert einer Erziehung zur Bejahung von Pflicht und Leistung wird zwar auch gesehen, rangiert aber in den Wunschvorstellungen heutiger Eltern hinter den genannten Zielen.
21 Rolff/Zimmermann (1990).

und Stresssymptome von wahrhaft „erwachsenem" Ausmaß die psychische Situation vieler Jugendlicher ebenso wie die ihrer Mütter. Nach Engel/ Hurrelmann (1989) litten über ein Drittel der von ihnen befragten Jugendlichen unter Überlastungsreaktionen wie Kopfschmerzen, Nervosität, Unruhe, Schlafstörungen und Magenbeschwerden.

Die *Wohnbedingungen*, vornehmlich in den Städten, entsprechen immer weniger dem, was Kinder brauchen. Ihre so geliebten freien Streifräume verschwinden zusehends, dichte Bebauung und Straßenverkehr machen das Umfeld eng und gefährlich. So werden insbesondere die jüngeren Kinder vermehrt in die Wohnungen verbannt zu vereinzeltem, bewegungsarmem und erwachsenenkontrolliertem Tun.[22] Fernsehapparat, Videogerät und Computer als „simulierte" oder „fiktive" Räume ersetzen die „realen" Orte, in denen breitere sinnliche Erfahrungen gemacht werden können, und wirken zugleich als pädagogisch nicht immer wertvoll agierende Miterzieher.[23] Die rasante Entwicklung im Technologiebereich, namentlich in der Computerwelt, ist geeignet, die Beziehungen zwischen Erwachsenen und Kindern umzukehren: Die Kinder sind die Experten, von denen die Erwachsenen bestenfalls noch etwas lernen können. Die Erwachsenen verlieren in dieser Hinsicht zunehmend die natürliche Autorität, die ihnen ihr Erfahrungs- und Wissensvorsprung bisher verlieh. Das mag zwar einerseits Kinder und Jugendliche in ihrem Selbstbewusstsein fördern, beraubt sie aber andererseits notwendiger Orientierungshilfen und erlegt ihnen größere Entscheidungsaufgaben auf.[24] Über das Fernsehen werden zum einen gewalttätige Verhaltensmodelle geliefert, zum anderen auch kostspielige Kaufwünsche der Kinder auf äußerst raffinierte Weise geweckt. Die gängigen Konsumstan-

---

22 Blinkert (1998) konnte in einer Studie zeigen, dass der Grad der Verhäuslichung des kindlichen Spiels, des Rückzugs aus öffentlichen Räumen, der Organisation durch Erwachsene und der Medienbestimmtheit abhängig ist von der „Aktionsraumqualität", also dem Charakter des Wohnumfeldes. Je besser die Bewegungsmöglichkeiten in der Umgebung der Wohnung sind, desto häufiger und länger spielen Kinder ohne Aufsicht und Animation draußen, und desto niedriger ist ihr Fernsehkonsum.
23 Nach den Ergebnissen einer an der Universität Bielefeld vorgenommenen Studie an Kindern der 2. und 4. Grundschulklasse (Kommer 1998) haben nur 4 % der Kinder keine Spielerfahrung mit Video- und Computerspielen. Circa 50 % der befragten Kinder spielen regelmäßig. Weiher (1997) fand, dass jedes dritte Kind in der Altersgruppe von zwölf bis dreizehn Jahren über einen eigenen Fernsehapparat verfügt. Zwischen Computer- und Fernsehernutzung besteht ein positiver Zusammenhang. Für Mädchen scheint der Zugang zu Computerspielen schwieriger zu sein, möglicherweise deshalb, weil er als „unweiblich" betrachtet wird.
24 Die Wirkungen der neuen Medien auf Kinder und Jugendliche müssen allerdings differenziert gesehen werden. Sie entfalten ihre Einflüsse in Abhängigkeit von der Persönlichkeit und dem Verhalten des Nutzers, von Merkmalen der Familie und des Freundeskreises. Neben den häufig beschriebenen negativen Auswirkungen (wie Abnahme der Lese-, Schreib- und Sprachfertigkeit, Verringerung der Vollständigkeit der Aneignung, Verarmung der Persönlichkeit, vgl. Postman 1990) sind auch die positiven Anregungen für Spielverhalten, Lernen und Kommunikation zu beachten (Kommer 1998).

dards für Kinder setzen gegenwärtig nicht nur die Familien mit geringem Einkommen unter einen immensen materiellen Druck.

Der Versuch, die insbesondere von jungen und von kinderreichen Familien empfundene Geldknappheit auszugleichen, aber auch die Freude von Müttern an beruflicher Tätigkeit führt in hohem Maße zur Erwerbstätigkeit beider Eltern – im EU-Durchschnitt sind 60 % der Frauen erwerbstätig.[25] Auch wenn, wie die EUROSTAT-Untersuchung von 1997 zeigt, berufstätige Frauen sich i. a. wohler fühlen als Hausfrauen, so müssen wir doch sehen, dass die Zeit, die mit der Familie verbracht werden kann, knapp wird. So finden wir neben *Übererziehung* auf der einen Seite *Vernachlässigung* der kindlichen Bedürfnisse auf der anderen, und das nicht nur bei unterprivilegierten Familien.[26]

Von den genannten Belastungen sind alleinerziehende Frauen, Sozialhilfeempfänger, Familien mit geringem Einkommen, mit niedrigem Bildungsniveau und solche in unteren Berufspositionen bzw. bei dauerhafter Arbeitslosigkeit besonders betroffen.[27] Ihnen wird die Kluft zwischen dem, was scheinbar alle erreichen können, und dem tatsächlich Realisierten schmerzlich bewusst.[28]

Ungeachtet dieser moderierenden Faktoren erleben Familien jedoch nahezu durchgängig, dass ihr Beitrag zur Entstehung und Erhaltung des „Humanvermögens"[29] der Gesellschaft nicht entsprechend gewürdigt wird. Wenn Eltern sich mit Nichteltern vergleichen, so fühlen sie sich z. B. in ihren Karriere- und Einkommenschancen und ihrer Alterssicherung benachteiligt. Dies gilt insbesondere für die Mütter. Die Nichtbeachtung ihrer spezifischen Belange im öffentlichen Bereich ist im 5. Familienbericht als „*Kinderindifferenz*" bzw. als „*strukturelle Rücksichtslosigkeit*" bezeichnet worden.

Auch in die *Schule* wirken diese Belastungen von Familie hinein. Das Schülerverhalten hat sich, so schildern es Lehrer, in den letzten Jahren gewandelt. Einerseits erleben sie durchaus positive Veränderungen bei den Schülern: Eine „produktive Selbständigkeit", wie Rülcker (1990) es nennt,

---

25 Davon ein Drittel in Teilzeitform.
26 Ausführlich dargestellt wird das Thema „Vernachlässigung" in Kap. 5.2.4.
27 Daneben werden die Entwicklungsbedingungen von Kindern durch weitere Faktoren in unterschiedlicher Weise geprägt: Regionale Ungleichheiten, in Deutschland vor allem bedingt durch das West-Ost-Gefälle, Stadt-Land-Differenzen, unterschiedliche ethnische Zugehörigkeiten, Zuverlässigkeit des sozialen Netzwerkes, Geschlechtszugehörigkeit, Zugänglichkeit öffentlicher Unterstützungsangebote. Die Auswirkungen dieses schwer kalkulierbaren Geflechts von Einflüssen werden als „Pluralisierung von Lebenslagen" bezeichnet (BMJFFG, 8. Jugendbericht 1990).
28 Misslingende Prozesse der Individualisierung machen nach Ferchhoff (1995) und Heitmeyer et al. (1995) das Auftreten devianter Verhaltensweisen, von Rechtsradikalismus und Gewalt bei Jugendlichen erklärbar.
29 Vgl. Fußnote 7 S. 51.

Selbstbewusstsein, kritisches Denken, liberale Einstellungen – also durchaus einen Zuwachs an demokratischen Tugenden. Andererseits wird ein Ansteigen der Aggressivität konstatiert: Kinder seien in jüngerem Alter als früher zu Gewalt bereit und griffen zu brutaleren Formen der körperlichen Auseinandersetzung – eine Feststellung, die übrigens von Eltern nicht immer geteilt wird.[30]

Weiterhin werden Schüler als unruhiger, lauter, ablenkbarer, leichter ermüdbar wahrgenommen. Sie zeigten einen starken Willen zur Durchsetzung eigener Interessen und eine geringe Frustrationstoleranz. Ihre Sprache sei verarmt, ihr Sozialverhalten erbärmlich, ihre Interessen nicht genügend auf Bildungsgüter gerichtet. Nur das, was Spaß mache und leicht zu schaffen sei, werde akzeptiert.[31] Grundtugenden wie Anstrengungsbereitschaft, aber auch Pünktlichkeit und Gewissenhaftigkeit würden von den Elternhäusern nicht mehr wie früher „mitgeliefert", was die schulische Arbeit enorm erschwere. Die Familie gewährleiste somit nicht mehr eine angemessene Vermittlung von „Daseinskompetenzen". Der Schule fehle damit das Fundament für die Bewältigung ihres Auftrags zur Schaffung von „Fachkompetenzen".[32]

Über all das hinaus werden die *Eltern selbst* von Lehrern auch sehr *direkt*, d. h. in der persönlichen Begegnung, oftmals als schwierig empfunden. Aus ihrer Sicht mischen Eltern sich besserwisserisch in die ureigenen täglichen Verrichtungen der Lehrer ein, setzen sie unter Legitimationsdruck,[33] unterstützen aber die Arbeit der Schule nicht ausreichend. Viele bestärken ihre Kinder eher im Widerspruchsgeist als in der Bereitschaft, den Lehrer als Autorität anzuerkennen.

Die *Eltern* wiederum sehen ihre Ansprüche an die Schule nur unzureichend erfüllt. Sie erleben, dass die schulischen Probleme ihrer Kinder das Familienleben überschatten, ja oft sogar zum Hauptgesprächsthema werden.[34] Sie wünschen sich – so die Befragungsergebnisse von Krumm (1996, 1997) in Österreich – eine verbesserte Kooperation und Kommunikation mit den Lehrern. Sie erwarten vom *„neuen"* Lehrer, wie Krumm ihn nennt, dass er

---

30 In Bezug auf das Anwachsen der Aggressivität stimmen die Untersuchungen nicht überein. Mansel (1995), Hurrelmann (1996) und Fend (1996) sprechen von einer Steigerung (es wurden Jugendliche befragt), während die Ergebnisse von Lehmkuhl/Döpfner (1996) aus Elternbefragungen gegen diese These sprechen. (Sie fanden 6 % aggressive Jungen, 3 % Mädchen, eine Rate, die nicht höher liegt als in Untersuchungen früherer Jahre.)
31 Vgl. z. B. Hensel (1993).
32 Vgl. 5. Familienbericht (1994).
33 Preuss-Lausitz (1990).
34 Nach Zollneritsch (1996) sahen 40 % der befragten österreichischen Eltern ihr Familienleben durch schulische Probleme erheblich beeinflusst. In dieser Studie gaben sie an, durchschnittlich 56 Minuten, in Einzelfällen bis zu drei Stunden täglich mit den Hausaufgaben ihrer Kinder zuzubringen.

auf die Eigenheiten ihrer Kinder pädagogisch angemessener eingeht, sie als Eltern in Erziehungs- und Förderfragen berät, und sie erhoffen sich auch eine verstärkte Wahrnehmung ihrer familiären Koordinierungsprobleme, die sich in familienangepassten Betreuungszeiten ausdrücken müsste. Häufig sehen Mütter und Väter zu viele der Erziehungsaufgaben, die in ihren Augen der Schule zukommen, auf ihre Schultern verlagert und finden zugleich ihre Mitwirkungsrechte am Schulgeschehen über Gebühr beschnitten.[35]

Bei den *Schülern* ist die „Schulfreude" erheblich zurückgegangen. Wurde sie 1962 noch von 73 % der Schüler uneingeschränkt bejaht, so bekannten sich 1991 nur noch 32 % (Schröder 1995) bzw. 40 % (Fend 1996) dazu. In höherer Zahl, als die Lehrer vermuten, nämlich zu 50 %, folgen Schüler nach ihren Aussagen dennoch einer Pflichtethik (Fend 1996). Sie schildern sich als durchaus anstrengungsbereit, wenn auch nicht in ihren Stärken genügend gefordert.

Zusammenfassend lässt sich also zunächst konstatieren, dass vieles für eine reale Zunahme der psychosozialen Belastungen von Familie und Schule spricht. Wenn moderne Jugendhilfe ihrem Anspruch gerecht werden will, Kindern und Jugendlichen Hilfestellungen zu geben, indem sie die Erziehungskompetenz der mit ihnen lebenden Erwachsenen stärkt, so hat sie differenziert auf ein komplexes Bedingungsgefüge von Familien zu reagieren:

- vielfältige Formen des Zusammenlebens
- veränderte Rollendefinitionen, insbesondere von Frauen, verbunden mit deren Wunsch, Erwerbstätigkeit und Familie besser miteinander zu verbinden
- hohe Glückserwartungen an Partnerschaft und Elternschaft
- ein hohes Risiko, dass familiäre Bindungen nicht von Dauer sind
- hohe Leistungsprojektionen auf die Kinder, verbunden mit großen Sorgen um deren Zukunft
- nicht kindgemäße Wohnbedingungen
- starke Belastung der Eltern durch Anforderungen aus der Arbeitswelt
- starke ökonomische Belastungen von Familien
- Einfluss der Medien auf den Erziehungsprozess
- Schwierigkeiten in der Verständigung zwischen Familie und Schule.

These 2: Belastungen werden heute von Familie und Schule als stärker erlebt, weil die Beurteilungsmaßstäbe sich geändert haben.

Wenn von der *Familie* vor allem Spannungsausgleich erhofft und dem Kind die Funktion zugewiesen wird, das elterliche Leben mit Glück zu erfüllen, dann kann es unversehens geschehen, dass die Erziehungsaufgabe als etwas erfahren wird, das diesen Erwartungen entgegensteht und eine Last bedeu-

---

35 Vgl. auch Krumm (1991)

tet. Dies gilt insbesondere dann, wenn Erziehung unter den schon genannten erschwerten Lebensbedingungen stattfindet,[36] ganz besonders aber bei Behinderungen, Verhaltensauffälligkeiten und Schulschwierigkeiten der Kinder.

Der „*Wertewandlungsschub*" der 60er und frühen 70er Jahre führte nach Inglehart (1980) und Klages (1987) dazu, dass Pflicht- und Akzeptanzwerte insbesondere bei den Jüngeren zugunsten von Selbstentfaltungswerten an Bedeutung verloren.[37] Zwar belegen verschiedene Untersuchungen (z. B. Gensicke 1994, Bien 1996), dass es in den 90er Jahren keineswegs zu dem seinerzeit befürchteten Werteverfall gekommen ist. Disziplin, Leistung, Hilfsbereitschaft und Achtung vor anderen werden danach immer noch geschätzt. Und es zeigt sich, dass Heirat und Geburt eines Kindes zu einer leichten Verschiebung von den postmaterialistischen zurück zu den materialistischen, also leistungs- und erfolgsbezogenen, Einstellungen führen. Aber dennoch muss gesehen werden, dass die heutigen jungen Eltern zu *jener* Generation gehören, deren Leitidee nicht mehr Verzicht und Selbstlosigkeit ist, sondern der Glaube an einen berechtigten Anspruch auf ein gewisses Maß an Genuss, Individualität, Autonomie und Freizeit. Insofern ist davon auszugehen, dass die unumgängliche Freiheits- und Freizeitbeschneidung durch Kinder ihnen *subjektiv* größere Opfer abverlangt als ihren Vorfahren.

Auf Seiten der *Lehrerschaft* darf eine ähnliche Veränderung des subjektiven Erlebens angenommen werden. Wenn der Beruf nicht nur dem bloßen Broterwerb dienen soll, sondern zumindest bei seiner Wahl auch ein Stück Erfüllung der Selbstentfaltungswünsche erhofft wurde, dann kann der harte Schulalltag durchaus als ernüchternd erfahren werden. Das Burnout-Syndrom soll ja gerade bei *den* Lehrerinnen und Lehrern auftreten, die sich mit besonderem Elan und großem Reformoptimismus auf ihre pädagogische Aufgabe gestürzt haben.[38] Ist die Enttäuschung nicht schnell verflogen, sondern zu einer „Es-hat-ja-doch-alles-keinen-Sinn"-Haltung eskaliert, so wird selbst normales kindliches Verhalten als kaum erträglich bewertet, das nun einmal nicht ohne Geräusch, Unruhe, Unbotmäßigkeit und unpassende Interessenäußerungen gedacht werden kann. Um so mehr werden Gefühle von Vergeblichkeit bei Lehrern auftreten müssen, wenn sie erleben, dass ihr redliches Bemühen um die Schüler konterkariert wird durch gesellschaftliche Bedingungen wie die gewachsene Arbeitslosigkeit. Sie führte bei Jugendlichen vermehrt zu einer resignativen Haltung, wie dies z. B. die 1997 erschienene 12. Shell-Jugendstudie offenbarte.

---

36 Im 6. Familiensurvey (Bien 1996) gaben Eltern mit mehr als zwei Kindern und Frauen höhere Belastungsempfindungen an, außerdem aber auch Menschen ohne Kinder.
37 Ursachen für den Wertewandel sind nach Klages (1987): Modernisierung und sozioökonomische Entwicklung, Entstehung des Wohlfahrtsstaates, demoskopische Veränderungen.
38 Freudenberger (1974)

These 3: Die Möglichkeiten von Familie und Schule zur Bewältigung von Belastungen sind geschwächt.

Die geschilderten schwierigen Lebenslagen erzeugen bei den Eltern nicht selten ein beträchtliches Ausmaß an Stress.[39] Nun hängt die Bewältigung eines Stressors im allgemeinen davon ab, wie er von den Betroffenen bewertet wird, wie lange er anhält und welche Ressourcen zu seiner Bearbeitung zur Verfügung stehen. Ein Stressor kann durchaus günstig wirken als Herausforderung zu erhöhter und erfolgreicher Anstrengung. Andererseits kann man ihn auch als hoch bedrängend beurteilen, weil man glaubt, diese Anforderung übersteige die eigenen Kräfte.

Die Bewältigungsquellen lassen sich unterteilen in 1. persönliche Ressourcen, 2. familieninterne und 3. außerfamiliäre Ressourcen (vgl. auch Kap. 2.4.4). Alle drei Arten sind in Familien heute zumindest tendenziell geschwächt: Auf *persönliche Ressourcen* kann häufig deshalb nicht in ausreichendem Maß zurückgegriffen werden, weil Eltern hinsichtlich der Erziehung ihrer Kinder, wie bereits erwähnt, hoch verunsichert sind. Nachdem nicht nur die traditionellen Erziehungsziele, sondern auch die hergebrachten Erziehungs*maßnahmen* grundlegend in Frage gestellt und verbindliche neue Leitideen gesellschaftlich nicht entwickelt wurden, sind viele Mütter und Väter allzu bereit, immer neuen Ratschlägen wechselnder sogenannter Experten sklavisch zu folgen. Inkonsistentes, nur halb verstandenes und deshalb halbherzig vertretenes elterliches Verhalten führt jedoch bei Kindern zu Orientierungslosigkeit und nicht selten zu Widerstand gegenüber erzieherischem Bemühen. Werden, wie häufig zu beobachten, Gebote zwar aufgestellt, ihre Nichtbefolgung jedoch resignierend-ohnmächtig hingenommen, so ist dies ebenso eine Quelle aggressiven Verhaltens bei Kindern wie der Wechsel von einer ausgeprägten Laissez-faire-Haltung zu elterlicher Gewalttätigkeit, die aus der Hilflosigkeit geboren wurde.

Geschwächte persönliche Ressourcen müßten kompensiert werden durch „*familieninterne*" *Ressourcen*. Gegenseitige Unterstützung, Hilfe und Verständnis gehören dazu. Zumindest in den Familien, die durch Scheidung aufgelöst werden, fehlen diese internen Ressourcen oft schon lange Zeit vor der nach außen hin sichtbar werdenden Trennung. Aber auch dort, wo Familienmitglieder mit der gelebten Rollenverteilung nicht umgehen können, sind die Systemleistungen geschwächt – sei es beispielsweise, weil die Mutter in ihrer Hausfrauenrolle unglücklich ist oder – umgekehrt – ihre Berufsrolle von den übrigen Familienmitgliedern nicht voll angenommen wurde.

Deutlich erkennbar ist schließlich das allgemeine Schwinden der *familienexternen Ressourcen*. Auf Entlastung von Seiten der Verwandten, Freunde

---

39 67 % der Mütter, die über das Müttergenesungswerk eine Kur erhielten, fühlten sich seelisch überlastet (Frankfurter Rundschau, 10.5.1997).

und Nachbarn kann in einer hochmobilen Gesellschaft immer seltener gebaut werden. An ihre Stelle sind zwar zahlreiche *formelle Unterstützungssysteme* wie z. B. Jugendhilfeeinrichtungen getreten, aber diese Angebote und die Zugangswege zu ihnen sind für Unerfahrene häufig unübersichtlich und ohne zusätzliche Beratung nicht zu nutzen, und nach wie vor fehlt es an Betreuungsmöglichkeiten, insbesondere für kleine Kinder.

Auf Seiten der *Schule* sind Ressourcen für erfolgreiches Coping einerseits gewachsen, denn das Wissen der Lehrkräfte über förderliche Erziehungs- bzw. Unterrichtsstile, adäquate Didaktik und Verfahren der Verhaltensmodifikation ist dank der Forschung auf diesem Gebiet heute erheblich größer als noch vor wenigen Jahrzehnten. Beratungs- und Fortbildungsmöglichkeiten stehen heute Lehrern in quantitativ und qualitativ verbesserter Form zur Verfügung. Allerdings werden sie oft gerade dann nicht genutzt, wenn dies besonders nötig wäre. Hinzukommt, dass sich nicht wenige Lehrer scheuen, klar strukturierendes, Normen und Grenzen setzendes, dabei aber auch warmherzig-engagiertes und nachvollziehbar-begründendes Führungsverhalten zu zeigen, so dass sie einen defizitären häuslichen Erziehungsstil kaum kompensieren können. Ihre gesellschaftlich tolerierten Sanktionsmöglichkeiten sind ohnehin geschrumpft, und selbst die noch anerkannten moderaten sanktionierenden Reaktionen auf unerwünschtes Schülerverhalten werden von vielen Lehrern nur mit schlechtem Gewissen genutzt, insbesondere dann, wenn unter den Kollegen keine Einigkeit herrscht (Dubs 1993). Und schließlich können Lehrer, wie erwähnt, seltener als früher mit elterlicher Billigung und Unterstützung ihrer disziplinierenden Maßnahmen rechnen. So ist die Ressourcenbilanz für die Schule heute *faktisch* ebenfalls eher ungünstig.

Was bleibt zu tun? Familie und Schule erleben die jetzige Zeit als eine schwierige Zeit. Vieles spricht dafür, dass sowohl die Belastungen angestiegen als auch Frustrationstoleranz und Coping-Vermögen gesunken sind. Wie man die einzelnen Faktoren gewichten möchte, ist von eher untergeordneter Bedeutung bei der Beantwortung der Frage, ob man zusätzliche Möglichkeiten der Verbesserung der Handlungsgrundlagen beider Sozialisationsinstanzen bereitzustellen hat. Diese Frage muss jedenfalls uneingeschränkt bejaht werden: Sie benötigen zur besseren Bewältigung ihrer Aufgaben öffentliche Unterstützung. Es geht hier nicht um ein Plädoyer für eine Ausweitung von Ansprüchen an das Gemeinwesen. Zu bedenken ist vielmehr, dass die Kosten für eine ausreichende infrastrukturelle Grundversorgung im allgemeinen geringer gehalten werden können als die für nachträgliche sozialpädagogische und therapeutische Maßnahmen oder gar für den Einsatz der Strafjustiz – von den Kosten für den sozialen Frieden insgesamt ganz zu schweigen.

2.4 Entwicklungsfördernde und entwicklungsbeeinträchtigende Lebensbedingungen

> In der psychologischen und erziehungswissenschaftlichen Forschung ist intensiv untersucht worden, welche sozialen Impulse ein Kind für seine gesunde körperliche, seelische, geistige und soziale Entwicklung braucht und welche Einflüsse ihm schaden. Wichtige Ergebnisse dieser Forschung sind in diesem Abschnitt zu finden. Wer sich einen raschen Überblick verschaffen möchte bzw. für die praktische Arbeit eine Erinnerungsstütze sucht, findet die wichtigsten Aspekte in den eingerahmten „Checklisten".

2.4.1 Zur Bedeutung moderierender Faktoren

Will die Fachkraft Sozialer Arbeit ihre Hilfsmöglichkeiten richtig einsetzen, sollte sie zunächst Klarheit darüber gewinnen, wie die Bedingungen in den verschiedenen Sozialisationsinstanzen beschaffen sein müssen, damit sie der Entwicklung von Kindern dienen. Sie sollte wissen, welche Mittel geeignet sind, um Mädchen oder Jungen eine erfüllte Kindheit und Jugendzeit zu ermöglichen und sie darin zu unterstützen, dass sie sich zu psychisch gesunden, selbstverantwortlichen und prosozial orientierten Persönlichkeiten entwickeln.

Nicht nur vom Verhalten der einzelnen Familienmitglieder wird das Kind in seiner Entwicklung beeinflusst, sondern auch die Art der Familienorganisation, das Klima der Familie, materielle Ressourcen, die Beziehung zum Umfeld und die Einflüsse aus Exosystemen wie Kindergarten, Schule, Arbeitsplatz oder Freundeskreis spielen eine Rolle. Wenn im folgenden die Einflüsse nach einzelnen (gedachten) Subsystemen getrennt ins Auge gefasst werden, so ist dies eine Betrachtungsweise, die zum Zweck der Verdeutlichung auseinander nimmt, was tatsächlich eng zusammenhängt. Die Bedingungen, die hier getrennt dargestellt werden sollen, interagieren miteinander auf unterschiedliche Weise.

Die Entwicklung wird zum einen beeinflusst von *direkt* auf das Kind gerichteten Verhaltensweisen der Eltern, wie verständnisvollem Zuhören oder Lob, zum anderen auch von Handlungen, die nicht direkt dem Kind gelten, die es aber auf *indirekte* Weise treffen („transitive Einflüsse"), z. B. Streit der Eltern untereinander oder psychische Erkrankung eines Elternteils.

Die Konsequenzen positiver wie negativer Faktoren hängen nicht zuletzt von der Stärke ihrer Ausprägung und ihrer zeitlichen Dauer ab. Bei einer stärkeren Kumulation von Risikofaktoren scheint die Wahrscheinlichkeit von Verhaltensproblemen bei Kindern deutlich anzusteigen (Lösel/Breuer-Kreuzer 1990). Sogenannte „protektive Faktoren" (Rutter 1981) können die Wirkung negativer Bedingungen aber teilweise oder ganz ausgleichen. Als protektive Faktoren können z. B. gelten: beständiges Interesse an der Person des Kindes, Vorhandensein eines Menschen, dem das Kind wichtig ist, die Möglichkeit, selbst seine Sache in die Hand zu nehmen, und begleitende Unterstützung bei Selbständigkeitsbemühungen (BMJFFG, 7. Jugendbericht 1986). So kann ein von seinen Eltern abgelehntes Kind, dem das Glück beschieden ist, Schutz und Trost bei einem Erwachsenen außerhalb der engeren Familie, vielleicht bei einer Tante oder einer verständnisvollen Nachbarin, zu finden, sich psychisch gesund entwickeln, während ein anderes, dem dieser Ausgleich nicht vergönnt ist, psychische Schäden davontragen wird.

Bedeutsam sind gleichermaßen die Persönlichkeitsstrukturen von Kindern. Als *aktive* Erkunder und Verarbeiter entnehmen sie in Abhängigkeit von der spezifischen Ausprägung ihrer Persönlichkeit einer gegebenen Situation Unterschiedliches und dürfen daher nicht nur als *passive* Empfänger von äußeren Einflüssen betrachtet werden. Auch hinsichtlich ihrer Verletzlichkeit unterscheiden sie sich. Manche sind extrem vulnerabel und werden bereits durch normale Bedingungen beeinträchtigt, andere ertragen viel, scheinen nahezu unverwundbar zu sein. Persönlichkeitsmerkmale des Kindes modifizieren die individuelle Reaktion auf Erziehungseinflüsse. Je nach Alter, Geschlecht (Gilligan 1984; Chodorow 1985), Schichtzugehörigkeit, vorausgegangenen Erfahrungen und gegenwärtigen Bedürfnissen werden verschiedene Kinder auf ähnliche Lebensbedingungen unterschiedlich reagieren.

So wird z. B. ein hochsensibles Kind durch verdeckte Anzeichen elterlicher Konflikte eher und stärker beunruhigt als ein weniger sensibles. Ein älteres Kind wird übermäßigen Einschränkungen seiner Autonomiebedürfnisse größeren Widerstand entgegensetzen als ein jüngeres, oder ein Kind, das oft enttäuscht wurde, auf einen Vertrauensbruch mit stärkerer Wut, Depression oder Resignation antworten als ein Kind, das sich bisher auf seine soziale Umwelt verlassen konnte. Umgekehrt kann auch eine „nach allen Regeln der Kunst" gestaltete Erziehung an ihre Grenzen stoßen, wenn durch Anlage oder frühe schädigende Einflüsse ein Kind besonders verletzbar ist. Weil dies lange Zeit übersehen wurde, sind z. B. Mütter autistischer Kinder oder an Schizophrenie erkrankter Jugendlicher zu unrecht verdächtigt worden, allein durch ihr Verhalten die Beeinträchtigung ihrer Kinder verschuldet zu haben. Auch kann ein Erziehungsverhalten, das gesunden Kindern im allgemeinen abträglich wäre, z. B. eines, das stark verwöhnt oder regressive Tendenzen fördert, für ein bestimmtes (z. B. hospitalismusgeschädigtes) Kind genau das Richtige sein (Bettelheim 1971).

Es gilt allerdings gerade in unserer ethnisch immer vielfältiger gewordenen Gesellschaft zu beachten, dass die hier referierten Forschungsergebnisse zum weitaus überwiegenden Teil aus Untersuchungen in westlichen Industrienationen stammen, deren Werthintergrund nicht beliebig auf alle Kulturen übertragen werden kann. So finden z. B. Strenge und Kontrolle einer türkischen Familie ihrer heranwachsenden Tochter gegenüber in ihrem Umfeld eine ganz andere Akzeptanz, als dies bei einer deutschen Familie der Fall wäre, und zeitigen deshalb auch andere Auswirkungen. Was bei deutschen Mädchen u. U. Widerstand auslösen würde, kann von einem türkischen Mädchen hingenommen und als Zeichen der Wertschätzung und Fürsorge erlebt werden. Fachkräfte der Sozialen Arbeit würden daher einer Familie aus einem anderen Kulturkreis nicht gerecht werden, wenn sie deren Lebens- und Interaktionsformen unreflektiert an deutschen Wertvorstellungen messen würden.

Die Faktoren, die im folgenden dargestellt werden sollen, haben sich in empirischen Untersuchungen im westlich geprägten Umfeld als bedeutsam für den kindlichen Sozialisationsprozess herauskristallisiert, wenn auch die Erforschung elterlicher Erziehungsstile bisher nicht die erhofften eindeutigen Ergebnisse gebracht hat und es ihr sowohl an überzeugenden Theorien als auch an brauchbaren Messinstrumenten mangelt. Wie diese Faktoren sich in einer gegebenen individuellen Konstellation tatsächlich auswirken, muss daher jeweils im Einzelfall geprüft werden. Die Kenntnis der allgemeinen Zusammenhänge kann den Blick auf das einzelne Kind und sein Umfeld zwar schärfen, ihn aber nicht ersetzen!

2.4.2 Fördernde und beeinträchtigende Bedingungen im Eltern-Kind-Subsystem[40]

Grundvoraussetzung für eine gelingende Persönlichkeitsentwicklung ist allem Anschein nach der *Aufbau einer Bindung* zwischen Kind und Eltern. Damit sich die Bindungsfähigkeit des Kindes entwickeln kann, müssen eine oder – besser noch – mehrere Bezugspersonen dem Kind zuverlässig zugewandt sein und ihm ihr dauerhaftes Interesse an seiner Person so zeigen, dass es sie erkennen kann. Dies geschieht durch das beständige Bemühen, seine – besonders anfangs noch mehrdeutigen – *Bedürfnisäußerungen* möglichst genau und vollständig *wahrzunehmen* und möglichst *angemessen darauf* zu *reagieren*.[41] „Angemessen" kann je nach Alter des Kindes Unterschiedliches bedeuten. Während der Säugling die Befriedigung *aller* seiner Bedürfnisse erleben sollte, ist es der Entwicklung des Kleinkindes und erst recht des älteren Kindes dienlich, wenn es lernt, seine Bedürfnisse in wach-

---

40 Subsysteme sind (gedachte) Teileinheiten eines Gesamtsystems. Zwischen den Angehörigen eines Subsystems besteht eine bestimmte Art von Gemeinsamkeit, die sich aus unterschiedlichen Quellen ergeben kann, z.B. Generationszugehörigkeit („die Alten" – „die Jungen"), Geschlechtszugehörigkeit („die Mädchen" – „die Buben"), Interessen („die Fußball-Fans"), Aufgaben oder Verwandtschaftsbeziehungen.

41 Mit dieser Feststellung soll aber nicht die Angst erzeugt werden, jeder Erziehungsfehler habe gravierende langfristige Auswirkungen. Auch kleine Kinder besitzen einen von der Natur sinnvoll angelegten Reizschutz (Rauh 1995). Ebenso wenig ist damit gemeint, dass eine bestimmte Bezugsperson rund um die Uhr für ein Kind verfügbar sein muss. Die Qualität der Pflege scheint bedeutender zu sein als die in der Zahl der Betreuungsstunden zu Buche schlagende Quantität.

sendem Maße aufzuschieben und auch gelegentlich – in erträglichem Umfang – auf die Befriedigung von Bedürfnissen zu verzichten, um Rücksicht auf andere Menschen und Selbstbeherrschung zu lernen.

Aus der *Erfahrung, sich geltend machen zu können*, zieht das Kind die Gewissheit, eine Person mit eigenem Wert zu sein und in einer grundsätzlich vertrauenswürdigen und beherrschbaren Welt zu leben. Dieses allem späteren Lebensmut, Selbstwertgefühl und Bewältigungsvermögen zugrundeliegende früh erworbene Persönlichkeitsmerkmal wurde von Erikson (1953) „Urvertrauen" genannt. Sein Gegenteil, das „Urmisstrauen", entsteht, wenn Eltern die körperliche Pflege und Gesundheitsvorsorge für ihr Kind vernachlässigen, es an psychischer Zuwendung und sozialer Anregung fehlen lassen oder sich dem Kind gegenüber kalt und gleichgültig zeigen. Sie versäumen auf diese Weise, dem Kind ein sicheres Lebensfundament zu bauen. Es wird, dieser Auffassung zufolge, zeitlebens „auf wackligen Füßen stehen", verwundbar sein und anfällig für körperliche und psychische Störungen, süchtiges oder kriminelles Verhalten. Ebenso bilden Feindseligkeit, Ablehnung und Erniedrigung in der Eltern-Kind-Beziehung oftmals den Urgrund für Verhaltensstörungen von Kindern und Jugendlichen, insbesondere dann, wenn sie mit übermäßigem Einsatz von Strafen (Liebesentzug oder Körperstrafen), inkonsistentem Disziplinierungsverhalten und starker Einschränkung der Autonomie des Kindes einhergehen (Baumgärtel 1975; Wentzel et al. 1991).

Zur Ausdifferenzierung seiner kognitiven, emotionalen und sozialen Fähigkeiten benötigt das Kind vielgestaltige *Anregungen*, sowohl im Kontakt mit Menschen als auch in der Beschäftigung mit Situationen und Dingen. Auch braucht es *Herausforderungen* zur Bewältigung von Aufgaben. Dabei ist es bedeutsam, dass die Anforderungen dem Entwicklungsstand und dem gegenwärtigen Bedürfnis des Kindes angemessen, „wohldosiert" (Heckhausen 1966) bzw. „synchron" (Osofsky/Connors 1979; Belsky 1991) sind. Eltern müssen also Entwicklungsschritte ihres Kindes erkennen und sich mit ihrem Erziehungsverhalten darauf einstellen.

Die Tatsache, dass Kinder auf sensorische, kognitive und emotionale Anregungen angewiesen sind, darf allerdings nicht dahingehend fehlinterpretiert werden, dass Kindern ständig wechselnde Reize angeboten werden müssen. Gegenwärtig besteht meines Erachtens für viele Kinder eher die Gefahr der Überstimulierung als Folge der hohen Mobilität der Eltern, der oft gegebenen Notwendigkeit wechselnder Arrangements der Kinderbetreuung und der hohen Menge an Reizen, die durch städtisches Wohnumfreuung und durch häuslichen Fernsehkonsum auf es einströmen. Dem kindlichen Bedürfnis nach Variabilität steht das entgegengesetzte Bedürfnis nach Stabilität zur Seite (vgl. Maslow 1977). Je jünger das Kind ist, um so mehr ist es auf Orientierungshilfen angewiesen, die es dadurch erhält, dass Ereignisse gleichförmig, geordnet und für das Kind voraussehbar eintreten. Chaotische

Abläufe überfordern die Anpassungsfähigkeit des Kindes und erzeugen Angst, Unsicherheit und Aggressionen (Rutter 1978).

Sobald das Kind sich bemüht, Leistungen zu erbringen, braucht es zum Aufbau seines Selbstvertrauens *Anerkennung* und *Bestätigung*. Sie sollten nicht nur auf gelungene Leistungen folgen, sondern bereits für die gezeigte Anstrengungsbereitschaft gegeben werden. Der Maßstab für die Leistung darf also nicht nur von objektiven Kriterien ausgehen, d. h. von außen gesetzt sein, sondern muss die individuellen Möglichkeiten des Kindes berücksichtigen. Dies zu beachten, ist insbesondere bei behinderten oder in ihrer Entwicklung verlangsamten Kindern wichtig. Bedeutsam ist außerdem, dass die elterliche Liebe nicht von der Erbringung von Leistungen abhängig gemacht wird, weil das Kind sonst Leistungssituationen als bedrohlich erlebt und solchen Situationen mit übermäßiger Angst begegnet (Gärtner-Harnach 1976). Häufig gezeigte Abwertungen des Kindes und negative Zuschreibungen („Du bist ein Versager!") führen zu einem negativen Selbstbild („Ich bin nichts wert."), einer erhöhten Neigung, die eigenen Erfahrungen negativ zu bewerten („Schon wieder eine Katastrophe!") und negativen Zukunftserwartungen („Es wird bös' enden!"). Diese verzerrten Kognitionen, von Beck (1979) „kognitive Triade" genannt, können zur Grundlage einer depressiven Störung werden.

Die Achtung der kindlichen *Autonomiebedürfnisse* muss früh beginnen und wird mit zunehmendem Alter und zunehmender Kompetenz des Kindes immer wichtiger. Eltern müssen ihrem Kind in wachsendem Maße die Freiheit lassen, nach eigener Entscheidung zu handeln und für seine Entscheidungen die Verantwortung zu übernehmen. So können sich ein angemessenes Selbstwertgefühl, „internale Kontrollüberzeugungen"[42] und die Bereitschaft zur Übernahme von Verantwortung entwickeln (vgl. Lempert 1988, 31). Übermäßige Einschränkung der Autonomie des Kindes, unangemessene Behütung („overprotection"), zu starkes Festhalten des Kindes durch einen Elternteil, der nicht loslassen kann, und excessive, nicht altersgemäße Kontrolle können zu selbstunsicherem, ängstlichem, pessimistischem und autoaggressivem Verhalten führen. Wir finden diese Kindheitserfahrungen, oftmals in Kombination mit weiteren ungünstigen Gegebenheiten, häufig in

---

42 Das fraglos Glaubenssätzen der westlichen Industrienationen entsprungene Konstrukt der Kontrollüberzeugung ist vor allem von Rotter und seinen Mitarbeitern entwickelt worden (Rotter 1966; Rotter, Chance, Phares 1972). Mit „internaler Kontrollüberzeugung" wird die generalisierte Erwartungshaltung eines Menschen bezeichnet, er könne durch eigenes Handeln die erwünschten Folgen errreichen („Jeder ist seines Glückes Schmied"; „Hilf dir selbst, so hilft dir Gott"). Ein Mensch mit „externaler Kontrollüberzeugung" geht von der Erwartung aus, die Konsequenzen seines Tuns seien von außen (von „denen da oben"; „den Sternen") verursacht. Internale Kontrollüberzeugung korreliert mit einer Reihe positiver Persönlichkeitsmerkmale wie Leistungsbereitschaft, Erfolgsmotiviertheit, emotionaler Stabilität, Optimismus, stärkerer Beteiligung an prosozialen Aktivitäten u. a.

den Lebensgeschichten von Menschen mit neurotischen Störungen (Levy 1943; Riemann 1985).

Auf der anderen Seite darf die Erkenntnis, dass Kinder Freiheit brauchen, aber auch nicht in der Weise missverstanden werden, dass dem Kind jeglicher *Rückhalt durch die Erwachsenen* genommen wird. Es gehört auch zu den Aufgaben der Erziehenden, das Kind vor einer Überforderung durch zu große Entscheidungsspielräume zu bewahren, ihm begründete und gut erklärte Grenzen zu setzen, deren Einhaltung auch konsequent überprüft und sanktioniert wird, und ihm dadurch Orientierung, Sicherheit und Halt zu geben, die es noch nicht aus eigener Kraft finden kann (Clarke-Stewart 1977; Baumrind 1989; Schneewind 1991; Bayer/Cegala 1992; Inversini 1993). Eltern müssen Kindern *Wertmaßstäbe* vermitteln. Wenn die Eltern mit Werten beliebig verfahren, dem Kind nicht erklären, was „gut" oder „böse", „fair" oder „unfair", „gerecht" oder „ungerecht" ist, kann das Kind nicht lernen, eigenes und fremdes Verhalten nach moralischen Kategorien zu beurteilen und das eigene Handeln danach zu gestalten. Die gegenwärtig häufig zu beobachtenden Orientierungs- und Identitätsschwierigkeiten von Kindern und Jugendlichen können auch als Folge eines zu geringen Engagements von Eltern in dieser Hinsicht gedeutet werden (BMJFFG, Achter Jugendbericht 1990).

Eine Orientierungshilfe erhält das Kind auch, wenn Eltern ihre *Vorbildrolle* ernst nehmen und Verhalten, das sie bei ihren Kindern wünschen, konstant in ihrem eigenen Verhalten realisieren. Eltern müssen für sich selbst moralische Standards aufstellen und sie zu leben versuchen, damit das Kind am Modell der Eltern sein Denken und Tun ausrichten kann.

Die Entwicklung einer differenzierten moralischen Urteilsfähigkeit wird nach Lempert (1993) durch folgende soziobiographische Bedingungen in Elternhaus, Schule und Ausbildungsstätte gefördert:

1. Die Möglichkeit, über divergierende Interessen und Wertvorstellungen offen zu diskutieren,
2. zuverlässige Wertschätzung, vor allem durch Autoritätspersonen,
3. offene, zwanglose Kommunikation, insbesondere über soziale Normen und Werte,
4. Mitentscheidungsmöglichkeiten und Beteiligung an Veränderungen in Bezug auf Abmachungen,
5. Möglichkeiten, Verantwortung zu übernehmen,
6. Vorhandensein berechenbarer, kontinuierlich nutzbarer Handlungsspielräume.

Die moralische Orientierung kann sich über Kindheit und Jugendalter hinaus auch im Erwachsenenalter noch erkennbar höher entwickeln, wenn ein Mensch unter den genannten Bedingungen am Arbeitsplatz, im Gemeinwesen, in Vereinen u. dergl. mit anderen kommunizieren und zusammenarbeiten kann (vgl. dazu auch Oser/Althof 1997).

Werden Kinder von ihren Eltern nicht als die Personen wahrgenommen, die sie sind, sondern werden ihnen persönlichkeitsfremde Rollen übergestülpt und schwer erfüllbare Aufgaben („Delegationen") zugeschoben, um damit zur Bewältigung elterlicher Lebensprobleme beizutragen (Richter 1963, Stierlin 1978), so kann dies als eine Form des psychischen Missbrauchs gesehen werden, der die Entwicklung der seelischen Gesundheit stark beeinträchtigen kann.

Häufige oder langanhaltende *Trennungen* von den Bezugspersonen, z. B. durch Krankenhausaufenthalte, Haft eines Elternteils oder beruflich bedingte Abwesenheit („Vater ist auf Montage."), können, wenn keine ausreichende Ersatzbetreuung gefunden wird, das Anpassungsvermögen des Kindes, insbesondere des jüngeren, überfordern und seine Bindungsfähigkeit schwächen (Spitz 1972; Bowlby 1976; vgl. Kap. 7).

Auch wenn es sich erwiesen hat, dass die Versorgung durch mehrere Bezugspersonen dem Kind nicht schadet, so ist doch festzuhalten, dass ständig wechselnde Bezugspersonen, insbesondere wenn das Kind das Muster des Wechsels nicht erkennen und voraussehen kann, und unklare Besuchsregelungen (z. B. nach der Scheidung der Eltern) vor allem das kleinere Kind verwirren können.

Permanente *Überforderung* eines Elternteils, z. B. durch ein Übermaß an Problemen oder durch zu schwierige Aufgaben, kann zu ungeduldigem, weniger achtsamem Umgang mit dem Kind führen mit den entsprechenden negativen Wirkungen.

Eine starke Belastung geht in der Regel von einer *psychotischen* oder einer *Suchterkrankung* eines Elternteils aus (vgl. Kap. 5.3). Geistige Behinderung eines oder beider Elternteile macht eine Unterstützung durch eine nichtbehinderte Person erforderlich, damit das Kind die nötige kognitive und soziale Anregung nicht entbehren muss.

Extreme Belastungen für die Entwicklung, die jenseits all der genannten Beeinträchtigungen liegen, ergeben sich aus der körperlichen und psychischen *Misshandlung* des Kindes und aus sexuellem *Missbrauch* (ausführlich dargestellt in Kap. 5.2).

Welche Lebensbedingungen fördern oder beeinträchtigen die Entwicklung von Kindern und Jugendlichen?
Entwicklungsfördernde Bedingungen im Eltern-Kind-Subsystem
– Positive emotionale Beziehung zwischen Eltern und Kind
– verlässliche, Sicherheit und Geborgenheit gebende Zuwendung zum Kind
– beständiges Interesse an der Person des Kindes
– möglichst vollständige Wahrnehmung der Bedürfnisse des Kindes
– angemessene Reaktion auf die Bedürfnisse des Kindes
– Schaffung von „Urvertrauen"
– Anregung der kognitiven, emotionalen und sozialen Fähigkeiten des Kindes durch Kontakt mit Menschen, Situationen und Dingen

- „wohldosierte" Herausforderung zur Aufgabenbewältigung
- Reizschutz
- Stabilität der Lebensbedingungen
- Orientierungshilfen durch geordnete Abläufe
- Anerkennung und Bestätigung der Leistungsbemühungen
- voraussetzungslose elterliche Liebe
- Achtung der kindlichen Autonomiebedürfnisse
- Rückhalt durch Erwachsene
- Setzen von Wertmaßstäben
- gut begründete und erklärte Grenzen
- Vorbildwirkung der Eltern
- Diskussion divergierender Interessen und Wertvorstellungen
- offene Kommunikation über soziale Normen und Werte
- Mitbestimmungsmöglichkeiten
- Gelegenheit zur Verantwortungsübernahme
- berechenbare Handlungsspielräume

Belastende oder potentiell entwicklungsbeeinträchtigende Bedingungen im Eltern-Kind-Subsystem
- Vernachlässigung der körperlichen Pflege und Vorsorge für die Gesundheit
- Fehlen psychischer Zuwendung und sozialer Anregung
- Kälte, Gleichgültigkeit
- Feindseligkeit, Ablehnung, Erniedrigung des Kindes
- übermäßiger Einsatz von Strafen
- inkonsistentes Disziplinierungsverhalten
- Einschränkung der Autonomie des Kindes
- Fehlen von Anregung
- Überstimulierung
- Chaotische Lebensvollzüge
- Überforderung des Kindes
- Abwertung des Kindes
- bedingte elterliche Liebe (an Vorleistungen des Kindes geknüpft)
- exzessive, nicht altersgemäße Kontrolle, übermäßige Einschränkung der kindlichen Autonomie
- Überbehütung („overprotection")
- übermäßige Bindung des Kindes (Nicht-Loslassen-Können)
- Fehlen von Orientierungshilfen und wohlbegründeten Grenzsetzungen
- Eltern als ungünstiges Verhaltensmodell
- körperliche Misshandlung des Kindes
- psychische Misshandlung des Kindes
- sexueller Missbrauch
- unangemessene Rollenerwartungen an das Kind, Delegationen, Benutzung des Kindes zur Lösung elterlicher Probleme
- Trennungserfahrungen bei Fehlen ausreichender Ersatzbetreuung
- komplexe und inkonsistente Muster von Beaufsichtigung und Besuchsregeln (ständig wechselnde Betreuungspersonen)
- Überforderung eines oder beider Elternteile
- Beeinträchtigung der Erziehungsfähigkeit eines oder beider Elternteile z. B. durch geistige Behinderung, Psychose, Sucht

2.4.3 Fördernde und beeinträchtigende Bedingungen im Ehe- bzw. Partnersubsystem

Von ihrem Ehepartner erhoffen Mann und Frau Unterstützung und Befriedigung eines Teils ihrer psychischen und physischen Bedürfnisse. Das eheliche Subsystem soll ein Refugium sein, das gegen äußere Belastungen abschirmt (Minuchin 1977; Minuchin/Fishman 1985). Die Erwartung der Gegenseitigkeit (jeder bringt gleich viel ein) spielt hier, viel stärker als in der Eltern-Kind-Beziehung, eine große Rolle. Sind Geben und Nehmen, der „soziale Austausch" (Nye 1979), im ehelichen Subsystem nicht ausgewogen, so kann dies zu Unzufriedenheit, Konflikten, möglicherweise auch zu psychischen Störungen der Beteiligten führen (Norwood 1987).

Das „*Funktionieren*" des Ehe- bzw. Partnersubsystems ist nach Minuchin eine wesentliche Voraussetzung für die Erfüllung der elterlichen Aufgaben. Störungen in diesem System wirken sich auch auf die Beziehung zu den Kindern aus. Empfinden Partner ihre Beziehung als befriedigend und stützend, so fällt es ihnen auch leichter, sich ihren Kindern auf förderliche Weise zuzuwenden. In einer harmonischen elterlichen Beziehung mit offener Kommunikation und konstruktiver Konfliktverarbeitung finden Kinder gute Vorbilder für soziales Verhalten. Das Erlebnis, dass die Eltern Zuneigung füreinander empfinden und dass ihre Verbindung stabil ist, trägt dazu bei, dem Kind ein Grundgefühl der Sicherheit zu vermitteln.

Elterliche Konflikte (insbesondere verdeckte, verleugnete) werden von Kindern als Bedrohung ihrer Sicherheit erlebt. Langdauernder offener Streit und Zwist in der Familie stehen in engem Zusammenhang mit antisozialem Verhalten und Delinquenz von Jugendlichen (Rutter 1981), einer Vielzahl von Verhaltensstörungen, mit Unsicherheit in der Eltern-Kind-Beziehung (Gable et al. 1992) und mit körperlichen Erkrankungen (Pearlin 1987). Konflikte wirken sich besonders schädlich aus, wenn das Kind in sie einbezogen wird, oder wenn zusätzlich bei einem Elternteil eine gravierende Persönlichkeitsstörung vorliegt. Es ist also unmittelbar einsichtig, dass bei Partnerproblemen eine Beratung auch der Verbesserung der Sozialisationsbedingungen der Kinder dient.

Das *Zerbrechen* der Familie durch Scheidung stellt für das Kind zunächst einen starken Stressor dar. Beendet es eine auf Dauer disharmonische Situation und finden die Beteiligten zu einem neuen Gleichgewicht, so braucht die elterliche Trennung keine auf Dauer nachteiligen Wirkungen zu haben (Furstenberg/ Cherlin 1993). Ähnliches gilt für den Verlust eines Elternteils durch Tod: Er belastet das Kind extrem. Die langfristigen Auswirkungen dieser Belastung können aber je nach den Bewältigungsmöglichkeiten der Hinterbliebenen sehr unterschiedlich zutage treten.

> **Entwicklungsfördernde Bedingungen im Ehe- bzw. Partnersubsystem**
> – gegenseitige Unterstützung der Partner
> – offene Kommunikation
> – konstruktive Formen der Konfliktaustragung
> – Harmonie in der Partnerbeziehung
> – Zuneigung zwischen den Partnern
> – Stabilität der Beziehung
> – wiedergefundenes Gleichgewicht nach Trennung und Scheidung
>
> **Belastende oder potentiell entwicklungsbeeinträchtigende Bedingungen im Ehe- bzw. Partnersubsystem**
> – langdauernde Ehekonflikte und -krisen, Trennungsdrohungen (offen oder versteckt)
> – verwirrend inkonsistente Beziehung („Hassliebe")
> – körperliche und psychische Gewalt zwischen den Partnern
> – häufig wechselnde Partner, sofern sie in das Leben des Kindes oder Jugendlichen hineinwirken
> – Trennung, Scheidung
> – Tod eines Ehepartners

2.4.4 Fördernde und beeinträchtigende Bedingungen im Gesamtsystem Familie

Die Familie als Gesamtsystem kann ihre Aufgaben in dem Maße zufriedenstellend erfüllen, in dem ihre *innere Organisation* ihren Funktionen angepasst ist. Die Familienstruktur ergibt sich aus der Differenzierung in Subsysteme und den damit zusammenhängenden Normen, Regeln, Hierarchien und Machtverhältnissen. Regeln ordnen die Beziehungen zwischen den Familienmitgliedern. Sie lassen sich teils an bewusst gepflegten Familienritualen ablesen (dem gemeinsamen Sonntagsausflug, dem Abendessen, zu dem sich alle einfinden), teils müssen sie aus dem Verhalten der Familienmitglieder erschlossen werden, weil sie – obwohl für alle bindend und verhaltenssteuernd – unausgesprochen bleiben (z. B. „Über bestimmte Gefühle spricht man nicht"). Sie können der Erfüllung von Aufgaben der Familie dienen, d. h. funktional sein, wie z. B. die Regel: „Jeder, der ein Problem vorbringt, wird angehört", oder dysfunktional: „Wir sind uns immer einig."

Für die Entwicklung aller Familienmitglieder besonders bedeutsam ist die Art, wie die *Grenzen* zwischen den einzelnen Personen und zwischen den Subsystemen reguliert werden, d. h. wie man mit Nähe und Distanz umgeht. Grenzen sind nicht direkt beobachtbar, sondern müssen in ihrer Qualität erschlossen werden. Die innerfamiliären Grenzen sollen deutlich gezogen sein, so dass eine klare Abgrenzung möglich ist; sie müssen zugleich aber noch so durchlässig sein, dass Kontakte und Kommunikation mit den anderen Familienmitgliedern stattfinden können. Familienzusammenhalt und Autonomie des einzelnen sollen in einem ausgewogenen Verhältnis zueinander stehen („Familienkohäsion"; Olson et al. 1989). So müssen z. B.

Eltern respektieren, dass Kinder ihre Geheimnisse haben, und Kinder müssen akzeptieren, dass sie nicht an allen Aktivitäten ihrer Eltern beteiligt sein können. Andererseits soll aber stets die Möglichkeit bestehen, den anderen etwas anzuvertrauen, sie um Hilfe zu bitten und gemeinsam zu handeln.

Störungen in der Art der Grenzenziehung finden sich häufig in Familien mit psychisch oder psychosomatisch gestörten Mitgliedern (Lidz et al. 1972; Wynne et al. 1972; Stierlin 1978; Minuchin/Fishman 1985; Joraschky/Cierpka 1988). Diffuse Grenzen zwischen den Subsystemen vereiteln die Differenzierung der Subsysteme und damit die Autonomieentwicklung einzelner Familienmitglieder. Es kommt zur „Verstrickung" (Minuchin 1977), d. h. zu einer übermäßigen Ausprägung des Gemeinschaftsgefühls („Wir sind doch alle eins"). Besonders schwierig wird die Situation für ein Kind, wenn es von einem Elternteil in eine Koalition gegen den anderen Elternteil gezogen wird, die womöglich noch geleugnet wird. Das Kind erhält dann einerseits unangemessene Macht in der Eltern-Kind-Triade und wird andererseits Enttäuschungen erleben, wenn es als „umstrittener Bundesgenosse" (Richter 1963) nicht mehr gebraucht wird. Hat es beide Eltern gern, so wird ihm der unvermeidliche Loyalitätskonflikt eine schwere Last aufbürden.

Sind die Grenzen zwischen den Subsystemen unangemessen starr, so mangelt es an Zugehörigkeitsgefühl, gegenseitiger Unterstützung und Hilfe („Sieh zu, wo Du bleibst!"). Die „Loslösung" der Subsysteme kann die protektiven Funktionen der Familie so behindern, dass u. U. eine gravierende Störung eines Familienmitglieds unbeachtet bleibt. Verstrickung und Loslösung können in einer Familie auch partiell auftreten, z. B. Loslösung innerhalb des Ehepartner-Subsystems während einer Trennungsphase bei gleichzeitiger Verstrickung zwischen Mutter und Sohn, falls dieser als Partnerersatz dient.

Nicht nur ihre Innengrenzen, sondern auch ihre Außengrenzen muss eine Familie regulieren. Sie muss sich vor übermäßiger Einmischung von außen schützen, sich aber auch so weit öffnen können, dass sie in Interaktion mit ihrem Umfeld zu treten vermag, um ihren Erfahrungsbereich zu erweitern und sich Unterstützungsmöglichkeiten zu erschließen. Bei zu starren Außengrenzen fehlen der Familie in der Regel Ressourcen zur Bewältigung von Belastungen.

Im Lebenszyklus der Familie *ändert* sich das familiäre Beziehungsgefüge ständig. Rollen, Machtstruktur und Familienregeln müssen immer wieder neu ausgehandelt werden, so dass sie den gewandelten Bedingungen und Aufgaben entsprechen. Eltern müssen z. B. mit zunehmendem Alter ihrer Kinder (Versorgungs-)Macht abgeben können. Regeln, die für kleine Kinder sinnvoll sein können („Bleib immer in meiner Nähe!"), können für Teenager ausgesprochen dysfunktional geworden sein.

Veränderungen, denen sich eine Familie stellen muss, können als *Stressoren* gesehen werden (Mccubbin/Patterson 1983). Man unterscheidet hier zwischen „normativen" und „nicht-normativen" Familienstressoren. „Normativ" sind sie dann, wenn sie sich aus erwartbaren Veränderungen und Übergängen im Familienzyklus ergeben, z. B. Einschulung des ersten Kindes oder Auszug des jüngsten Kindes aus dem Elternhaus. „Nicht-normative" Stressoren sind unerwartet eintretende Ereignisse wie schwere Krankheit eines Familienmitglieds, Gewalt zwischen den Eheleuten, eine Fehlgeburt, Entdeckt-werden des Sohnes bei einem Einbruch, Verlust des Arbeitsplatzes, Scheidung[43] oder Familienkatastrophen wie der Tod eines Familienmitgliedes. „Normativer" Stress wird im allgemeinen als Belastung, „nicht-normativer" als *Bedrohung* empfunden. Auch positive Ereignisse wie Heirat oder Beförderung können als Stress erlebt werden.

Wie eine Familie die *Krise*, in die sie durch ein stressauslösendes Ereignis geraten ist, *bewältigt*, hängt wesentlich davon ab, wie sie den Stressor einschätzt, wie lange er anhält und über welche *Ressourcen* die Familie verfügt. Sie kann einen Stressor positiv als Herausforderung beurteilen, als ein Ereignis, mit dem sie fertig zu werden vermag, oder negativ als Belastung, die ihre Kräfte übersteigt. Hier kann es hilfreich für sie sein, wenn ihr in einer Beratung Möglichkeiten aufgezeigt werden, ihre Sichtweise des Ereignisses zu verändern, z. B. die Chancen, die in einer Krise stecken, zu erkennen.

Ressourcen zur Bewältigung können in drei Gruppen unterteilt werden (McCubbin et al. 1980): (1) Persönliche Ressourcen, (2) interne Ressourcen des Familiensystems und (3) außerfamiliäre Unterstützungssysteme. Persönliche Bewältigungsquellen einzelner Familienmitglieder sind vor allem Persönlichkeitsdispositionen wie ein angemessenes Selbstwertgefühl, internale Kontrollüberzeugungen und die Bereitschaft, Hilfe bei anderen Menschen zu suchen. Auch ein hohes Bildungsniveau, Gesundheit und gute finanzielle Möglichkeiten zählen zu den persönlichen Ressourcen.

Über „interne Ressourcen„ verfügt ein Familiensystem, wenn die Familienmitglieder sich gegenseitig Unterstützung geben und ihre Beziehungen untereinander, ihre Rollen- und Machtverteilung jeweils so verändern können, wie es die Bewältigung der anstehenden Aufgabe verlangt.

Schließlich werden die Bewältigungsmotivation und die Bewältigungsfähigkeit gestärkt, wenn die Familie in Zeiten der Bedrängnis auf externe Unterstützungssysteme zurückgreifen kann. Emotionaler Halt, Entlastung, Rat und Hilfe (auch materieller Art) sollten von Seiten der Verwandten, Freunde und Nachbarn möglich sein („informelle" Unterstützungssysteme

---

43 Angesichts der Häufigkeit von Scheidungen stellt sich die Frage, ob man sie nicht den „normativen" Stressereignissen zuordnen sollte. Dagegen spricht aber die Schwere der Folgen dieses Einschnitts.

nach Andrews et al. 1980). Außerdem ist hier wichtig, dass Institutionen z. B. der Sozialen Arbeit, des Gesundheitswesens oder des Schulwesens („formelle" Unterstützungssysteme) und Netzwerke wie kirchliche Gruppen, Vereine oder Selbsthilfegruppen („nicht-formelle" Unterstützungssysteme) ihren Beistand anbieten (Schneewind 1991). Dysfunktionale Bewältigungsversuche sind z. B. sozialer Rückzug, erhöhter Alkohol- und Drogenkonsum oder Gewalttätigkeit gegenüber anderen Familienmitgliedern.

Zur Verdeutlichung stelle man sich vor, in einer Familie werde ein Kind mit Down-Syndrom geboren. Die Geburt eines dergestalt behinderten Kindes stellt für diese Familie zunächst ein belastendes Ereignis, einen „nichtnormativen Stressor" dar. Wie sie mit dieser neuen Situation leben kann, wird zunächst davon bestimmt, wie sie die Geburt eines Kindes, das von den Erwartungen abweicht, sieht. Kann sie sie nur als persönliche Katastrophe betrachten, oder ist es ihr möglich, auch die Glücksmöglichkeiten, die das Leben mit diesem Kind in sich birgt, zu erkennen? Um eine zunächst vielleicht nur negative Sichtweise zu modifizieren, könnte eine soziale Fachkraft die Familie über die Entwicklungsmöglichkeiten eines Kindes mit Down-Syndrom informieren, so dass möglicherweise falsche Vorstellungen verändert werden. Sie kann Beratung über angemessenes Erziehungs- und Förderverhalten geben und damit die persönlichen Ressourcen erhöhen. Sie könnte darüber hinaus Kontakte mit anderen Familien anbahnen, die ebenfalls ein Kind mit einer solchen Beeinträchtigung haben. So ließe sich erfahren, dass und wie ein erfülltes Leben unter den neuen Bedingungen möglich ist. Damit würden zugleich auch externe informelle Ressourcen aktiviert, nämlich die gegenseitige Unterstützung von Familien mit ähnlichen Bedürfnissen. Die soziale Fachkraft könnte ferner die Familienmitglieder beraten, wie sie ihr Leben so umorganisieren könnten, dass sie mit den neuen Anforderungen besser zurechtkämen (z. B. stärkere Übernahme von Verantwortung durch die älteren Geschwister oder vermehrte Einbeziehung des Vaters in die Erledigung häuslicher Aufgaben). Damit würde sie die internen Ressourcen der Familie stärken. Insbesondere wäre auch wichtig, dass sie die Familie über formelle Unterstützungsmöglichkeiten – also ihre Rechte auf Eingliederungshilfe und sonstige finanzielle Erleichterungen, steuerliche Vergünstigungen und dergleichen – aufklärt.

Olson et al. (1989) bezeichnen die Fähigkeit zur Anpassung an sich ändernde Gegebenheiten als „Adaptabilität". Ein mittleres Maß an Adaptabilität schafft eine gute Voraussetzung für Problemlösung und Krisenbewältigung der Familie und ist ein wesentlicher Sozialisationsfaktor für den Erwerb des Persönlichkeitsmerkmals „internale Kontrollüberzeugung". Rigidität, d. h. mangelnde Anpassungsfähigkeit des Familiensystems behindert den entsprechenden Lernprozess. Symptome, die ein Familienmitglied entwickelt, wie eine psychosomatische Erkrankung oder eine Verhaltensauffälligkeit, dienen in rigiden Familien häufig dazu, das hergebrachte Gleichgewicht (die Homöostase) aufrechtzuerhalten, koste es, was es wolle.

Ist ein unterstützendes, akzeptierendes *Geschwistersubsystem* vorhanden, so kann dies den beteiligten Kindern das Erlernen sozialer Fähigkeiten erleichtern und lebenslange Bindungen schaffen. Dennoch darf aus dem Fehlen von Geschwistern nicht auf die Benachteiligung eines Kindes geschlossen werden, wie neuere Studien zeigen. Nach einer Untersuchung von Kasten (1986) gibt es nur wenige und schwach ausgeprägte Unterschiede hinsichtlich der Verhaltensweisen und Persönlichkeitsmerkmale von Einzelkindern und Geschwisterkindern. Einzelkinder zeigen etwas stärkere internale Kontrollüberzeugungen als Kinder mit Geschwistern, erscheinen kontaktfreudiger, nehmen häufiger Führungspositionen unter Gleichaltrigen ein, erreichen dank der intensiveren Förderung durch die Eltern etwas bessere Schulnoten und etwas höheren beruflichen Status. Sie wirken aber auch etwas stärker selbstzentriert, verwöhnt und überbehütet. Vor- und Nachteile beider Konstellationen scheinen sich also die Waage zu halten.

Zurücksetzung eines Kindes hinter seine Geschwister kann bei ihm ausgeprägte Rivalitätsgefühle bewirken, zu einer Schwächung des Selbstwertgefühls und zu Aggressivität führen.

Krankheit von Familienmitgliedern wie eine schwere psychische Störung (z. B. Schizophrenie), eine chronisch oder progredient verlaufende körperliche Krankheit mit ungünstiger Prognose oder eine Suchtkrankheit, die Geburt eines behinderten Kindes, Kriminalität oder Prostitution eines Familienmitgliedes stellen das Bewältigungsvermögen einer Familie auf eine harte Probe. Eine solche gravierende Abweichung von den Erwartungen wird oft zum Hauptthema in der Familie. Das kranke, gestörte oder behinderte Mitglied, insbesondere, wenn es sich um ein Kind handelt, zieht alle Aufmerksamkeit auf sich, so dass es leicht geschehen kann, dass die anderen Familienmitglieder in ihren Bedürfnissen zu kurz kommen. Als Folge der Vernachlässigung oder Überforderung der Geschwisterkinder können bei diesen ernsthafte Schwierigkeiten auftreten, die nicht ohne Einfluss auf die Persönlichkeitsentwicklung bleiben (Frey 1984; Becker/Becker 1986; Knafl/Deatrick 1987; Margalit/Ankonina 1991). Beim kranken Kind selbst können rigide familiäre Strukturen und übermäßige Behütung die Symptome verfestigen, wie Ferrari et al. (1983) bei Familien epilepsiekranker und Onnis et al. (1986) bei Familien asthmakranker Kinder gefunden haben. Eine derartige Krise bringt aber u. U. für die Geschwister auch einen mächtigen Entwicklungsanreiz mit sich. Wird die Herausforderung angenommen, so können diese Kinder in besonderem Maße persönliche Reife, Verantwortungsgefühl und Opferbereitschaft entwickeln und damit für ihre Umgebung zu zuverlässigen und unverzichtbaren Helfern werden (Minuchin 1977; Miller 1979; Schmidbauer 1986; Wegscheider 1988).

Die positive Entwicklung eines Kindes oder Jugendlichen hängt nicht zuletzt davon ab, dass seiner Familie die notwendigen *materiellen Bedingungen* zur Verfügung stehen. Ein ausreichendes Einkommen ist Voraussetzung für die Schaffung gesundheitserhaltender und anregender Entwicklungsbedingungen wie vollwertige Ernährung, gutes Spielzeug, genügend Bücher oder Reisen, die zu einer wünschenswerten Entwicklung beitragen (Engfer 1980). Angemessene Wohnungsgröße und -ausstattung, die den Bewegungs- und Rückzugsbedürfnissen aller Familienmitglieder genügen, dienen der Verständigung in der Familie und den kindlichen Lernerfahrungen. Überbelegung der Wohnung ist eine bedeutende Ursache familiärer Konflikte, elterlicher Erziehungsunfähigkeit und kindlicher Verhaltensstörungen, insbesondere Aggressivität, Hyperaktivität und Schulschwierigkeiten (z. B. Wahl et al. 1980). Auch das Wohn*umfeld* muss so gestaltet sein, dass es Spiel und Bewegung ungefährdet zulässt, Neugier und Entdeckungslust weckt und dem Kind Körpererfahrung und sinnliche Aneignung ermöglicht. Diese Bedingungen sind vielen Stadtkindern, insbesondere in den Innenstädten und den ärmeren Stadtteilen, verschlossen.

Statussymbole mag man für relativ unwichtig halten. Jugendliche, die damit nicht aufwarten könne, fühlen sich aber gerade in einer Zeit, in der Wohlstand als Selbstverständlichkeit gilt und zur Schau getragen wird, zurückgesetzt. Dies schwächt ihr Selbstwertgefühl und kann dazu führen, dass sie versuchen, über ungesetzliche Aneignungswege an die Dinge zu gelangen, die ihre Akzeptanz in der Gruppe verbessern können (Engel/Hurrelmann 1989).

Armut ist somit ein Faktor, der sehr stark die körperlichen und seelischen Entwicklungsmöglichkeiten von Kindern beeinträchtigen kann. Sorge für gute Erziehungsbedingungen von Kindern und Jugendlichen muss also die Bemühung um angemessene materielle Bedingungen einschließen.

Dass ungünstige Familienverhältnisse in ihrer Gesamtheit einen wesentlichen Anteil an der Entwicklung von emotionalen und Verhaltensstörungen bei Kindern und Jugendlichen haben, zeigt eine sekundäranalytische Studie von Lösel/Breuer-Kreuzer (1990). Sie nahmen eine Metaanalyse von 83 deutschsprachigen Studien zum Zusammenhang zwischen Schwierigkeiten in der Familie und Störungen bei Kindern/Jugendlichen vor mit dem Ergebnis, dass Kinder aus problembelasteten Familien zu etwa einem Viertel (27 %) häufiger verhaltensauffällig wurden als Kinder aus weniger belasteten Familien.

Entwicklungsfördernde Bedingungen im Gesamtsystem Familie
- gute Organisation des Systems
- funktionale Regeln
- klare Grenzensetzung
- mittleres Maß an Familienkohäsion
- Flexibilität, Adaptabilität
- Fähigkeit zur Bewältigung von Stress
- Vorhandensein von Ressourcen (materiell, emotional, kognitiv)
- unterstützendes, akzeptierendes Geschwistersystem
- Ausreichende materielle Bedingungen als Grundlage für die Schaffung gesundheitserhaltender und anregender Entwicklungsbedingungen
- angemessene Wohnungsgröße und -ausstattung

Belastende oder potentiell entwicklungsbeeinträchtigende Bedingungen im Gesamtsystem Familie
- mangelnde Organisation
- dysfunktionale Regeln
- Grenzenstörungen („Verstrickung", „Loslösung")
- Unfähigkeit zur Stressbewältigung
- Fehlen von Ressourcen
- Rigidität
- Zurücksetzung im Geschwistersubsystem
- Krankheit, Behinderung oder abweichendes Verhalten eines Familienmitglieds
- Armut, Überschuldung,
- unzureichende Wohnbedingungen, Obdachlosigkeit

2.4.5 Außerfamiliäre Systeme

Die Stellung in außerfamiliären Bezugssystemen wie Freundeskreis, Kindergarten, Schule oder Arbeitsplatz hat einen bedeutenden Einfluss auf das Selbstwertgefühl und die Lernmöglichkeiten eines Kindes oder Jugendlichen. Ist es/er akzeptiertes Mitglied, Außenseiter oder Sündenbock? Ist die Gruppe von überschaubarer Größe und adäquat organisiert? Entsprechen die Wertvorstellungen und Normen der Gruppe denen der Gesellschaft? Haben Erzieher, Lehrer oder Ausbilder eine gute pädagogische Qualifikation, oder zeigen sie gravierende Fehlleistungen? Besteht eine gute Beziehung zwischen dem Kind bzw. dem Jugendlichen und seinen Erziehern? Ziehen Familie und Kindergarten, Schule oder Ausbildungsplatz an einem Strang oder verfolgen sie inkompatible Zielsetzungen?

Schulische Misserfolge, insbesondere wenn sie mit starkem Leistungsdruck von Seiten der Eltern verbunden sind, stellen nach einer Untersuchung von Engel und Hurrelmann (1989) eine wesentliche Ursache von psychosomatischen Stresssymptomen (z. B. Schlafschwierigkeiten, Kopfschmerzen) und emotionalen Belastungsreaktionen wie Gefühlen von Hilflosigkeit, Überflüssigkeit und Sinnlosigkeit dar.

Entwicklungsfördernde Bedingungen im Umfeld der Familie
- Unterstützungsmöglichkeiten der Familie durch ein Netzwerk von Verwandten, Freunden, Nachbarn, Institutionen
- gute soziale Stellung im Umfeld
- Belastende oder potentiell entwicklungsbeeinträchtigende Bedingungen im Umfeld der Familie
- Fehlen eines Netzwerks, Isolierung
- Konflikte mit Dritten
- übermäßige Einmischung von Dritten
- Diskriminierung durch das Umfeld
- Auswirkungen von Etikettierungen, falschen Diagnosen, Falschplatzierungen durch „Experten" bzw. „helfende Berufe"

**Entwicklungsfördernde Bedingungen
im System Kindergarten/Schule/Arbeitsplatz**
- Gute Stellung des Kindes oder Jugendlichen in seinem jeweiligen System
- adäquate Organisation des Systems
- überschaubare Größe der Bezugsgruppe
- gute pädagogische Qualifikation des Erziehers, Lehrers, Ausbilders
- gute Beziehung zwischen dem Kind oder Jugendlichen und dem Erzieher
- gute Beziehung zwischen Familie und Schule oder Kindergarten

**Belastende oder potentiell entwicklungsbeeinträchtigende Bedingungen
im System Kindergarten/Schule/Arbeitsplatz**
- Außenseiterposition des Kindes oder Jugendlichen in der Gruppe
- zu große Gruppen/Klassen
- pädagogische Fehlleistungen des Erziehers/Lehrers/Ausbilders
- ausgeprägte und langanhaltende Konflikte zwischen Familie und Kindergarten/Schule
- stark konträre Erziehungsstile in Familie und Kindergarten/Schule

2.4.6 Umwelt

Die ökologischen Bedingungen unserer Gesellschaft bedrohen die körperliche und die psychische Entwicklung der heutigen Kinder und Jugendlichen. Umweltbedingte Erkrankungen als Folge verschmutzter Luft, verseuchter Böden und vergifteten Wassers nehmen zu, dies wiederum insbesondere in den ärmeren Sozialschichten (Waller 1997). Zusatzstoffe in der Nahrung wie Phosphate stehen in Verdacht, Verhaltensauffälligkeiten bei Kindern, z. B. hyperkinetische Störungen, hervorzurufen (Feingold 1975; Hafer 1986). Lärm, Einengung der Bewegungsmöglichkeiten und verminderter Anregungsgehalt der Umwelt einerseits sowie Reizüberflutung andererseits stellen sehr ernstzunehmende Gefährdungen des Kindeswohls dar. Die größte Bedrohung für das Leben und die Gesundheit von Kindern geht vom Straßenverkehr aus, auch dies wiederum am stärksten in den Wohngebieten, in denen die Menschen ohnehin am meisten benachteiligt sind. Gerade die Belastungen der heranwachsenden Generation durch Umweltbedingungen zeigen, dass es nicht ausreicht, dass Eltern sich Mühe geben, ihren Kindern gute Erzieher zu sein, und Soziale Arbeit ihr professionelles Können einsetzt, um die Erziehungskompetenz der Eltern zu stärken – hier ist die Politik gefordert.

Entwicklungsfördernde Bedingungen in der Umwelt
- ungefährliches, anregendes Wohnumfeld
- Möglichkeiten der Aneignung des Lebensraums
- „Sauberkeit" von Luft, Wasser, Boden, Nahrungsmitteln

Belastende oder potentiell beeinträchtigende Bedingungen in der Umwelt
- Straßenverkehr
- Lärm
- Einengung des Bewegungsraums
- „Vernutzung" des städtischen Lebensraums
- Belastung von Luft, Wasser, Boden, Nahrungsmitteln

2.5 Verhaltensauffälligkeiten von Kindern und Jugendlichen als Signale für die Jugendhilfe

> „Auffälliges", „störendes", „problematisches" Verhalten von Kindern und Jugendlichen in seiner Funktion richtig einzuschätzen, ist eine schwierige, gleichwohl notwendige Aufgabe für Fachkräfte der Jugendhilfe. Ausmaß und Folgen der Verhaltensauffälligkeit sind ebenso zu untersuchen wie ihre Ursachen und wie die Faktoren, die die Störung aufrechterhalten. Nach Hinweisen auf Aspekte, die dabei zu beachten sind, stelle ich die Frage nach der Brauchbarkeit psychiatrischer Diagnoseschlüssel für die Aufgaben der Jugendhilfe.

Fast jedes Kind erlebt von Zeit zu Zeit, dass es mit sich selbst nicht im Reinen ist oder mit seinem Verhalten seine Umwelt stört oder in Besorgnis versetzt. Empirische Untersuchungen an größeren Stichproben von Kindern bestätigen, dass dieses keine Einzel- sondern universelle Erfahrungen sind (z. B. Rutter et al. 1970; Shepherd et al. 1971, nach Rutter 1981). Ein Kind hat ja auch auf seinem Lebensweg schon früh einige Hürden zu nehmen: Anpassung an einen Familien-, Schlaf- und Essrhythmus, Lösung aus dem Schutz der Eltern und Geschwister und Einfügung in das Kindergartenleben, Stillsitzen und Aufgabenerledigen in der Schule, wenn ein (zunächst) fremder Erwachsener dazu auffordert, Auseinandersetzen mit Gleichaltrigen, Kämpfen um einen Platz in einer Schulgemeinschaft und dergleichen. Meistens schaffen es die Kinder allein bzw. mit Unterstützung ihrer Familie, aus diesen notwendigen (und auch aus den nicht notwendigen) Krisen wie aus einer Kinderkrankheit nicht nur unbeschädigt, sondern sogar gestärkt hervorzugehen. Manche brauchen jedoch Hilfe von außen, und dies möglichst frühzeitig, ehe sich dysfunktionale Verhaltensweisen verfestigt haben, oder ehe das Umfeld dauerhaft so negativ darauf reagiert, dass zusätzliche Probleme entstehen („sekundäre" Verhaltensabweichungen, wie sie im Labeling-Ansatz beschrieben werden, z. B. von Keupp 1972; Goffman 1973; Scheff 1980). Fachkräfte der Sozialen Arbeit müssen also vor allem erkennen können, wie eine problematische Verhaltensweise einzuordnen ist. „Wächst sie sich aus?" oder stellt sie den Beginn einer ungünstigen Entwicklung dar? Schafft die Familie allein die Bewältigung, oder braucht sie Unterstützung von außen? Genügt Laienhilfe, oder muss für professionelle Hilfe gesorgt werden?

Diese Aufgabe ist nicht einfach zu lösen, denn dem Verhalten selbst sieht man es oft nicht ohne weiteres an, welche Funktion es für das Leben der Beteiligten hat. Deshalb ist es sinnvoll, zunächst zu untersuchen, welche Bedeutung die Aussage „unser Kind ist schwierig" haben kann.

Kanner (1957, nach Rutter 1981) hat dargelegt, dass der Gang mit einem Kind zum Jugendamt, in eine Beratungsstelle oder zum Schulpsychologen unterschiedliche Gründe haben kann. Es mag der Fall sein, dass die Eltern sich unnötigerweise Sorgen machen, weil sie ein normales Entwicklungsphänomen falsch einschätzen. Vielleicht ist es aber auch so, dass die Eltern ein harmloses Kinderproblem „vorschieben", eigentlich jedoch Hilfe für ein anderes Problem suchen, das sie erst zu benennen wagen, wenn sie ihre Schwellenangst überwunden haben. Schulschwierigkeiten eines Kindes können z. B. ein solches relativ gefahrloses „Präsentationsproblem" bilden, dem dann das eigentliche Familien-, Ehe- oder Persönlichkeitsproblem eines Elternteils folgt. Deshalb muss die Frage gestellt werden: *Wer* macht sich Sorgen um das Kind? *Warum?* Warum *gerade jetzt?*

Zeigt ein Kind tatsächlich auffälliges Verhalten oder Erleben, so kann dies ebenfalls verschiedene Funktionen haben. Man kann es deuten

- als *Signal* dafür, dass das Kind Belastungen ausgesetzt ist, die seine Bewältigungskräfte übersteigen,
- als *Problemlösungsversuch* des Kindes, allerdings als Versuch mit untauglichen Mitteln, der dem Kind meistens mehr schadet als nutzt,
- als Zeichen für *kognitive Fehler* aufgrund *fehlgelaufener Lernprozesse* wie z. B. irrtümliche Erwartungen, verzerrte Wahrnehmungen, inadäquate Vorstellungen (Beck 1979).

Will man herausfinden, welche Funktion eine Verhaltensstörung in einem konkreten Einzelfall hat, muss man neben den Charakteristika des Verhaltens auch untersuchen, unter welchen Bedingungen das Verhalten zuerst auftrat, welche Umstände es bisher aufrechterhalten haben und welche Faktoren ausschlaggebend für die Vorstellung des Kindes zur Behandlung waren. Nach Rutter (1981) sind die Kernfragen, die zunächst zu stellen sind:

- Was ist das Problem?
- Wie ist es entstanden?

Nicht zu fragen ist dagegen:

- Wer ist krank?
- Wer ist schuld?

Für die Beurteilung des Hilfebedarfs ist des Weiteren erforderlich, den *Schweregrad einer Störung* richtig einzuschätzen. Diese Einschätzung lässt sich anhand zweier Kriterien vornehmen:

a) Ausmaß der Beeinträchtigung, die die Störung für das Kind oder für seine Umwelt mit sich bringt;
b) Grad der Abweichung eines Verhaltens oder Erlebens von der Norm (Rutter 1981).

zu a) *Beeinträchtigung des Alltagslebens, Störung des Entwicklungsverlaufs*
Je stärker eine Verhaltensauffälligkeit ein Kind in seinem gegenwärtigen Leben einschränkt oder seine Entwicklungsmöglichkeiten beschneidet, um so dringlicher ist Hilfe erforderlich. Ebenso spielt es eine Rolle, ob andere Menschen (Angehörige, Mitschüler, Lehrer, Nachbarn) unter dem Verhal-

ten des Kindes leiden müssen oder nicht. Die Hilfsbedürftigkeit eines Kindes und/oder seiner Familie ist also abhängig vom Ausmaß

- des Leidensgefühls des Kindes,
- der sozialen Einschränkungen, die die Störung für das Kind mit sich bringt,
- der Beeinträchtigung der Entwicklungsmöglichkeiten des Kindes,
- der Auswirkungen auf andere.

zu b) *Abweichung von der Norm*
Die Normabweichung bildet häufig den Kern von Definitionen der Begriffe „Verhaltensauffälligkeit" oder „Verhaltensstörung", wie die beiden folgenden Beispiele zeigen:

„Eine Verhaltensstörung ist ein Abweichen von der Norm über eine bestimmte Zeitspanne hinweg." (Hornstein et al. 1976)

„Mit dem Begriff ‚Verhaltensstörung' werden Sachverhalte bezeichnet, die in irgendeiner Form eine Abweichung vom Erwarteten, Üblichen, Normalen signalisieren. Es sind die Verhaltenserwartungen der Eltern, Lehrer, der Öffentlichkeit, der Gesellschaft, die das Bezugssystem abgeben, an dem abweichendes Verhalten gemessen wird. Dabei spielen Bewertungskriterien sehr unterschiedlicher Art eine große Rolle." (BMJFG, Fünfter Jugendbericht 1980, 83)

Hierbei geht man in der Regel von einer *statistischen* Norm (Häufigkeit eines Verhaltens innerhalb einer bestimmten Population) aus, teilweise aber auch von einer *sozialen* bzw. *kulturellen* Norm (Wertnorm). Die beiden Normen brauchen sich nicht zu decken. Der Ladendiebstahl eines dreizehnjährigen Jungen, der sich auf Klassenfahrt in einem fremden Ort befindet, weicht zwar von einer Wertnorm ab – „Du sollst nicht stehlen!" – wohl kaum aber von einer statistischen Norm, da man weiß, dass anlässlich solcher Fahrten von Kindern dieses Alters schon manches Dorflädchen fast um seinen ganzen Bestand an Zigaretten und Alkoholika gebracht wurde.

Als dritte Art von Norm gibt es die *funktionelle* Norm. Sie bezieht sich auf ein optimales Maß z. B. von Ehrlichkeit, Arbeitslust, Essvergnügen, physiologischer Regulation usw.

Wie bedeutsam ein Abweichen von der Norm ist, lässt sich anhand der folgenden neun Kriterien einschätzen (vgl. Rutter 1981):

Kriterium 1: Alter und Geschlecht
Da Kinder Menschen sind, die sich noch in der Entwicklung befinden, ist es vor allem erforderlich, ihr Verhalten in Bezug zu ihrem Alter zu sehen. Dass ein Zweijähriger grammatikalisch richtige Sätze bildet, wird niemand erwarten; tut es ein Achtjähriger nicht, müssen wir auf eine Beeinträchtigung seiner Sprachentwicklung bzw. seiner Intelligenzfunktionen schließen

(vorausgesetzt natürlich, wir hören ihn in seiner Muttersprache). Ein Vierjähriger darf glauben, dass die Regeln des Murmelspiels entweder von seinem Vater oder vom lieben Gott gemacht wurden, ein Zwölfjähriger sollte dafür eine „erwachsenere" Erklärung haben (Piaget 1986; zuerst 1932).

Auf jeder Entwicklungsstufe gibt es spezifische Akzente (wie sie z. B. schon Freud und nach ihm Erikson beschrieben haben), weil körperliche Reifung und Umwelterwartungen bzw. -anforderungen bestimmte Funktionsbereiche in den Vordergrund stellen. Entsprechend gibt es altersspezifische Störanfälligkeiten. So wie im Säuglingsalter Ernährung und Schlaf eine Hauptrolle spielen, so machen sich Störungen in diesem Alter auch häufig fest als Ess-, Verdauungs- und Schlafstörungen. Sprache, Motorik, Körperbeherrschung und persönliche Angewohnheiten entwickeln sich besonders stürmisch im Kleinkindalter, und folgerichtig sind diese Bereiche in diesem Alters besonders störanfällig. Lern- und Leistungsstörungen, Übertretungen sozialer Normen, Kontakt- und Anpassungsstörungen werden ab dem Schulalter bedeutsam, Identitäts-, Selbstwert- und sexuelle Probleme in Pubertät und Adoleszenz (Schmidt 1985).

Neben der Altersnorm gibt es, wenn auch in langsam schwindendem Maße, geschlechtsbezogene Normen für Verhalten. Ein Sohn, der am liebsten Röcke trägt, sich die Lippen schminkt und das Spiel mit Autos langweilig findet, wird eher die Besorgnis seiner Eltern wecken als eine Tochter, die dasselbe tut.

Kriterium 2: Dauer des Verhaltens

Ob ein Verhalten als abweichend zu betrachten ist, hängt ferner davon ab, wie überdauernd es ist. Kurze Zeiten von Verstimmung, ausgeprägten Ängsten, schlechten Träumen, Bauchschmerzen kennt jedes Kind. Werden daraus anhaltend unangenehme Zustände, so besteht ein Grund zum Eingreifen. Dieser Aspekt ist in der oben zitierten Definition von Hornstein et al. (1976) berücksichtigt.

Kriterium 3: Gegenwärtige Lebensumstände

Treten besondere Belastungen auf wie Wohnortwechsel, Trennung der Eltern oder dergleichen, so sind vorübergehende Stressreaktionen zu erwartende Ereignisse. Sie verschwinden im allgemeinen in dem Maße, in dem das Kind und seine Familie lernen, mit der veränderten Situation besser umzugehen.

Kriterium 4: Soziokulturelle Zugehörigkeit

Das Verhalten eines Kindes und seiner Familie muss auch auf dem Hintergrund seines soziokulturellen Milieus gesehen werden. Deutsche Normvorstellungen über angemessenes kindliches Verhalten unterscheiden sich in mancher Hinsicht von türkischen, Verhaltenserwartungen von Akademikern sind teilweise anders als die von Arbeitereltern. Je größer die soziale Distanz zwischen Beurteiler und Beurteiltem ist, desto eher wird der Beurteiler dazu neigen, ein von den eigenen Wertvorstellungen abweichendes Verhalten als gestört einzuschätzen, auch wenn es unter den Lebensbedingungen in der ihm fremden Gruppe durchaus angemessen ist.

Kriterium 5: Vielfalt der Symptome
Die Menge der von einem Kind hervorgebrachten auffälligen Verhaltensweisen liefert ebenfalls Hinweise auf die Schwere der Beeinträchtigung. Ein Kind, das andere brutal verprügelt, einkotet, stiehlt, gelegentlich von Selbstmord spricht und jede Nacht schreiend aus Alpträumen erwacht, drückt damit einen ungleich höheren Grad von Belastung aus als ein Kind, das lediglich *ein* isoliertes Symptom, z. B. Einnässen, zeigt.

Kriterium 6: Art des Symptoms
Einige Symptome kommen bei psychisch unauffälligen Kindern fast oder genauso häufig vor wie bei psychisch stark beeinträchtigten, z. B. Daumenlutschen, Zähneknirschen oder Nägelkauen (das aus Anspannung resultieren kann). Andere dagegen weisen auf tiefgreifende Störungen in der Persönlichkeitsentwicklung oder in den Beziehungen zum Umfeld hin (z. B. Enkopresis) oder machen es wahrscheinlich, dass sich Auffälligkeiten, vielleicht in anderem Gewande, über die Adoleszenz hinweg bis ins Erwachsenenalter zeigen werden (z. B. Hyperaktivität).

Kriterium 7: Häufigkeit und Intensität von Symptomen
Wie viele Bereiche des täglichen Lebens sind wie stark betroffen? Gerät z. B. jede Mahlzeit zum Kampfgeschehen und wird die Aufnahme vieler unterschiedlicher Nahrungsmittel konsequent verweigert, so liegt sicherlich eine schwerere Form der Essstörung vor, als wenn lediglich einige wenige Lebensmittel wie Milch oder Fisch eine Aversion erzeugen.

Kriterium 8: Veränderungen im Verhalten des Kindes
Zu fragen ist, wie ungewöhnlich das beobachtete Verhalten für dieses spezielle Kind ist. Eine abrupte Verhaltensänderung, die nicht aus dem üblichen Entwicklungsverlauf zu erklären ist, sollte immer als Warnsignal gesehen werden.

Kriterium 9: Situationsunabhängigkeit
Tritt ein Verhalten generalisiert auf, ist in der Regel davon auszugehen, dass ihm größere Probleme oder gravierend fehlgelaufene Lernvorgänge zugrunde liegen. Andererseits kann gerade ein situationsspezifisches Vorkommen Aufschlüsse über ursächliche Interaktionsvorgänge geben. Verhalten, das nur in einem bestimmten Rahmen, z. B. dem Klassenzimmer, auftritt, hat vermutlich zumindest einen Teil seiner Wurzeln in diesem Kontext.

Fassen wir die genannten Kriterien zusammen, so können wir eine *Verhaltensstörung definieren* als *eine Abweichung des Verhaltens, Erlebens oder der Körperfunktionen von einer Norm mit der Wirkung einer erheblichen Einschränkung der Lebensqualität und/oder der Entwicklungsmöglichkeiten des Kindes.*

Neben den Bezeichnungen „Verhaltensauffälligkeiten" oder „-störungen" werden für Kinder auch die Begriffe „Entwicklungsstörung„ oder „Entwicklungsauffälligkeit" verwandt, allerdings in unterschiedlicher Bedeutung. Psychologen wollen damit eine Abweichung eines Entwicklungsergebnisses von einer Altersnorm benennen, so z. B. Benesch (1981), der darunter „alle psychischen Störungen mit einer spezifischen Altersabhängigkeit" fasst. Gräser/Reinert (1980) definieren Entwicklungsstörungen als „Abweichungen von dem normalen, gerichtet verlaufenden Prozess der Entwicklung". In der Psychiatrie dagegen wird als „Entwicklungsstörungen" eine enger gefasste Gruppe von Störungen ausgewiesen, wie in Kapitel 4.6 (S. 173) ausführlicher dargelegt wird. Während Verhaltensstörungen primär in Verbindung mit fehlgelaufenen Lernprozessen stehen, also mit Erfahrungen, die das Kind mit seiner Umwelt gemacht hat, resultieren Entwicklungsstörungen nicht bzw. nicht primär aus Erziehungsfehlern. Vielmehr scheinen hier genetische Faktoren eine wesentliche Rolle zu spielen.

Es wurde schon angesprochen, dass die Störungen sich an unterschiedlichen Funktionsbereichen festmachen können, wobei die Zuordnung zu einem Bereich nicht immer eindeutig zu treffen ist. Als Beispiel für eine Gliederungsmöglichkeit kann die „Basisdokumentation für Kinder und Jugendliche" der Psychiatrischen Klinik der Universität Erlangen-Nürnberg (1991) angeführt werden. Dort werden die folgenden Bereiche differenziert:

- Auffällige Verhaltensweisen aus dem körperlichen Bereich (z. B. Tics, Stereotypien, hypermotorische Aktivität)
- Bereich der Körperfunktion (z. B. Enuresis, Enkopresis, Übergewicht, Allergie)
- Emotionaler Bereich (z. B. allgemeine Ängstlichkeit, Angst vor bestimmten Personen, Lustlosigkeit, Passivität, Aggressivität, Selbstverletzungen)
- Sozialer Bereich (Ungehorsam, oppositionelles Verhalten, Lügen, Betrügen, Weglaufen, Brandstiften, Soziale Isolation u. a.)
- Spiel- und Interessenbereich (z. B. Mangel an Interesse, Unfähigkeit zum Spielen, Sprunghaftigkeit)
- Leistungsbereich (mangelnder Ehrgeiz, allgemeines Leistungsversagen, Konzentrationsmangel, Misserfolgsempfindlichkeit u.ä.).

Abweichungen von der Norm können *qualitativer* oder *quantitativer* Art sein. Bei Kindern sind sie meistens quantitativer Art. Wir finden einen Verhaltensüberschuss (z. B. an Aggressivität oder Bewegung) oder ein Verhaltensdefizit (z. B. Mangel an Mitgefühl für andere oder unvollkommene Beherrschung von Körperfunktionen).

Schwierig ist die Unterscheidung der Verhaltensstörungen von den *seelischen Behinderungen*, die nach § 35 a KJHG einen eigenständigen Anspruch des Kindes/Jugendlichen auf Eingliederungshilfe begründen. Die Besonderheiten der seelischen Behinderungen werden in Kapitel 4 ausführlich dargestellt.

Während die Notwendigkeit einer Diagnose zur Feststellung der Anspruchsvoraussetzungen für Eingliederungshilfe wohl von niemandem in Frage gestellt wird, herrscht in Bezug auf die anderen individuell zu bewilligenden Leistungen der Jugendhilfe in der Fachwelt durchaus Uneinigkeit darüber, ob es sinnvoll ist, problematische Verhaltensweisen von Kindern und Jugendlichen *diagnostischen Kategorien* zuzuordnen (z. B. klinischen Bezeichnungen wie „hyperkinetische Störung", „Störung des Sozialverhaltens" oder „phobische emotionale Störung des Kindesalters"). Falls diese Frage bejaht wird, so ergibt sich als nächstes offene Frage, welches Kategoriensystem einer solchen Zuordnung zugrunde zu legen wäre. *Klassifikationsschlüssel* gibt es zwar in einer großen Anzahl[44], aber keiner davon erscheint für die von Sozialer Arbeit zu leistende Diagnostik wirklich geeignet.

Mit großem empirischen Aufwand wurden für die Psychiatrie zwei umfangreiche Klassifikationssysteme erarbeitet: Die Internationale Klassifikation psychischer Störungen der WHO (ICD-10, Kapitel V; F) und das Diagnostische und Statistische Manual Psychischer Störungen DSM-IV der American Psychiatric Association (APA, dt. 2003). Für die Anwendung auf Störungen bei Kindern und Jugendlichen erschien das „Multiaxiale Klassifikationsschema für psychische Störungen des Kindes- und Jugendalters nach ICD-10 der WHO" (Remschmidt/Schmidt 2001). Diese psychiatrischen Diagnoseschlüssel besitzen den großen Vorteil, dass sie ausführliche Glossare (genaue Beschreibungen des diagnostisch relevanten Verhaltens und Erlebens) als Bestandteile haben.[45] Mit diesen neuen Systemen konnte der

---

44 Bereits 1961 wurden in einem amerikanischen Lehrbruch (Zubin et al. 1961) mehr als 50 Klassifikationen gezählt. Heute ist ihre Zahl, wie Schmidtke (1980) darlegt, nicht mehr erfassbar, da es fast so viele lokale Abweichungen in der Nomenklatur und Anwendung gibt wie Institutionen. In gewissem Sinne könnten auch Gliederungen von Lehrbüchern und die hausgemachten Symptom- und Syndromkataloge von Erziehungsberatungsstellen als Klassifikationsschemata gelten.
45 Diese stark operationalisierten, vorwiegend deskriptiv konzipierten Diagnoseschlüssel werfen allerdings ein neues Problem auf. Wie Joraschky (1991) darstellt, birgt das formalisierte, in Kriterien und Algorithmen gefasste klassifikatorische System des DSM-IV eine reduktionistische Tendenz in sich. Es gilt nämlich, möglichst einfache Tatbestände auszuwählen, über die mehrere Urteiler leicht einen Konsens finden können. Komplexere psychopathologische und interaktionelle Phänomene, die einen höheren Grad von Theorie und subjektiver Interpretation erfordern, müssen zu Gunsten der Operationalisierung dagegen zurückstehen. Damit ist der verstehende psychodynamische Ansatz vernachlässigt worden. In ähnlicher Weise bedauern Mat-

in früheren Untersuchungen festgestellte Mangel an Objektivität und Zuverlässigkeit der Diagnosen deutlich gemildert, wenn auch nicht gänzlich beseitigt werden (Mattaini/Kirk 1991).

Die genannten Diagnoseschlüssel sind aber, wie gesagt, für die Psychiatrie und nicht für die Soziale Arbeit erstellt worden und weisen deshalb für die Soziale Arbeit den Nachteil auf, dass sie erstens auf einem medizinischen Krankheitskonzept basieren, das für die Jugendhilfe nur in seltenen Fällen in Betracht kommt, zweitens nur einen kleinen Teil der dort vorkommenden Störungsbilder umfassen und drittens die sozialen Bezüge eines beeinträchtigten Verhaltens oder Erlebens weitgehend ausklammern.[46] Zum vierten setzt die Benutzung der Schlüssel eine entsprechende Ausbildung voraus, die für Sozialarbeiter nur in Ausschnitten geleistet werden kann. Da aber andererseits die verstärkte Zusammenarbeit zwischen Jugendhilfe und Psychiatrie angestrebt werden muss, ist es für Fachkräfte Sozialer Arbeit in jedem Fall sinnvoll, zumindest den Aufbau der genannten Diagnostiksysteme und die wesentlichen Kategorien zu kennen.

Die Konstruktion eines für Soziale Arbeit brauchbaren Klassifikationssystems steht insoweit noch aus und sollte nicht aus den Augen verloren werden. Von amerikanischen Sozialarbeitern (Karls/Wandrei, 1994; Williams et al. 1988) z. B. ist der Versuch unternommen worden, einen für Zwecke der Sozialarbeit mit psychisch beeinträchtigten Menschen geeigneten Diagnoseschlüssel zu konstruieren. Das „Person-in-Environment-System" („PIE") stellt das DSM-IV sozusagen auf den Kopf, indem es die psychosozialen Faktoren in den Vordergrund rückt. Psychische Störungen werden als Probleme von Menschen mit der Erfüllung sozialer Rollenerwartungen interpretiert statt als Krankheit. Das PIE wird aber als für die Sozialarbeitspraxis noch zu unhandlich, unklar und auch stigmatisierend beurteilt (Kirk et al. 1989). Eine deutschsprachige Beschreibung des Systems findet sich bei Adler (1997).

---

taini/Kirk (1991), dass mit diesem System bewusst ein a-theoretischer Ansatz gewählt und dass darauf verzichtet wurde, den Diagnosen auch Therapie-Empfehlungen beizugesellen.

46 Die Beschreibung der sozialen Bedingungen im DSM-III (Achsen 4 und 5) wird von Kirk et al. (1989, 300) als bloßes „Anhängsel", sozusagen als soziale Verbrämung eines ansonsten auf dem medizinischen Modell basierenden Systems beurteilt. Die Autoren drücken es überspitzt so aus: „In der Tat kann man beim Betrachten des DSM-III leicht den Eindruck gewinnen, als hätten Menschen mit psychischen Störungen keine Eltern, Geschwister, Ehepartner oder Kinder; keine bedeutsamen oder engen Beziehungen, Freunde oder Menschen, die sie lieben." (Übersetzung durch die Verfasserin). Entsprechend skeptisch äußern sich Sozialarbeiter zur praktischen Brauchbarkeit des Schlüssels. In einer Untersuchung von Kutchins/Kirk (1988) an im psychiatrischen Bereich tätigen amerikanischen Sozialarbeitern kritisierte ein Großteil die „Medizinisierung" psychischer Störungen, zu der das Diagnosesystem verführe, und die geringe Beachtung sozialarbeiterischer Fragestellungen. Dennoch konsultierten 80 % von ihnen das DSM-Manual regelmäßig.

Nach all diesen Ausführungen darf nicht vergessen werden, dass ein Kind in aller Regel nur zu einem winzigen Teil durch seine Störungen charakterisiert ist. „Normale" und erwünschte Persönlichkeitsanteile und Verhaltensweisen machen den weitaus größeren Bereich aus. Rutter (1981, 31 f.) weist darauf hin, dass wir ja auch nicht von einem „Masernkind" oder einem „Grippemenschen" sprechen. Ebenso wenig sollten wir ein Kind „Enuretiker", „Asthmatiker" oder „Stotterer" nennen. Rutter: „Das Kind ist ein einmaliges Individuum mit seiner eigenen Persönlichkeit und nicht einfach die Zurschaustellung einer Störung."

* * *

In den Kapiteln 3–8 zeige ich, wie die Ermittlung, Interpretation und Dokumentation von Informationen kriteriengeleitet erfolgen kann. Dies muss in einer auf den jeweiligen Anlass zugeschnittenen Weise geschehen, weil jede Aufgabenstellung die Beachtung spezieller Merkmale erfordert. Die Erfassung und Darstellung von Sachverhalten spielt bei den folgenden Aufgaben des Jugendamtes eine besondere Rolle und wird deshalb im einzelnen analysiert:
– Feststellung des erzieherischen Bedarfs, Entscheidung über Hilfe zur Erziehung, Erstellung und Fortschreibung des Hilfeplans (Kap. 3)
– Erkennen eines Bedarfs nach Eingliederungshilfe (Kap. 4)
– Anrufung des Familiengerichts bei Gefährdung des Kindeswohls (Kap. 5)
– Erarbeitung einer Stellungnahme für das Familiengericht zur Sorgerechtsregelung bei der Trennung von Eltern (Kap. 6)
– Erstellung eines Adoptionsberichts (Kap. 7)
– Gestaltung eines Jugendgerichtshilfeberichts (Kap. 8)

3. Hilfe zur Erziehung

3.1 Grundlagen, Anspruchsvoraussetzungen

> Die Einführung eines Rechtsanspruchs auf Hilfe zur Erziehung bei Vorliegen eines erzieherischen Bedarfs gehört zu den wesentlichen Neuerungen im Jugendhilferecht. Von den in Kap. 2 angestellten Überlegungen ausgehend, wird hier versucht, die unbestimmten Rechtsbegriffe „erzieherischer Bedarf" und „Wohl des Kindes" durch Operationalisierung so weit zu konkretisieren, dass die notwendigen Arbeitsschritte daraus hergeleitet werden können.

Jugendhilfe muss versuchen, mit den ihr zur Verfügung stehenden Mitteln auf Überforderungen von Familien zu reagieren, wie sie oben dargestellt worden sind.

Hilfe zur Erziehung ist konzipiert als ein Mittel, Eltern in ihrer Erziehungskompetenz zu stärken, um damit die Sozialisationsbedingungen von Kindern zu verbessern. Präventive Arbeit soll dabei im Vordergrund stehen. Sie ist nicht gedacht als „Entfaltungshilfe" (Wiesner 1991) für das Kind, sondern als Qualifikationshilfe für Erziehende. („Die Hilfe ist ... darauf angelegt, sich in den Dienst der Eltern und ihrer fortbestehenden Erziehungsverantwortung zu stellen, oder sie im Einzelfall zur Wahrnehmung dieser Verantwortung anzuhalten." (Wiesner 1991, 16))[1]

Hilfe zur Erziehung gehört zu den individuellen Hilfen des KJHG. Die Personensorgeberechtigten haben darauf einen Anspruch, sofern bestimmte Voraussetzungen vorliegen. Diese Voraussetzungen bestehen in der Einschränkung des Vermögens des/der Personensorgeberechtigten, aus eigener Kraft eine Erziehung zu gewährleisten, die das Wohl des Kindes/Jugendlichen sichert. Ist dies der Fall, so liegt ein erzieherischer Bedarf vor und eine Hilfe *muss* bewilligt werden.[2] Das auf die Feststellung des Hilfebedarfs

---

[1] Diese Elternorientierung ist von vielen Seiten kritisiert worden, weil sie das Kind vor allem als Objekt elterlicher Erziehung im Blick habe und ihm keinen eigenen Anspruch gegenüber der Jugendhilfe einräume (vgl. Maas 1996 a; Happe/Saurbier 2006; Münder 1998).

[2] In drei Urteilen des Verwaltungsgerichtshofs (VGH) Baden-Württemberg zu Klagen von Eltern auf Gewährung von Hilfe zur Erziehung in Form von Legasthenikertherapie für ihre Kinder heißt es wörtlich: „Für den Rechtsanspruch auf Erziehungshilfe ist nicht mehr – wie unter der Geltung des JWG – Voraussetzung, dass familiäre Erziehung defizitär ist, sondern es wird generell auf Defizitsituationen abgestellt. Entscheidend ist also, ob das, was für die Sozialisation, Ausbildung und Erziehung des Kindes oder Jugendlichen erforderlich ist, tatsächlich vorhanden ist. Dessen Wohl ist demnach dann nicht (mehr) gewährleistet, wenn die konkrete Lebenssituation durch Mangel (z. B. an pädagogischer Unterstützung oder an Ausbildungsmöglichkeit) oder

folgende Leistungsangebot der Jugendhilfe hat wiederum bestimmte Bedingungen zu erfüllen: Die Hilfe muss *geeignet* sein, und sie muss *notwendig* sein (§ 27 Abs. 1 KJHG).

Das Jugendamt ist verpflichtet, sofern die Eltern Hilfebedarf anmelden, von Amts wegen zu ermitteln, ob der Tatbestand des erzieherischen Bedarfs gegeben ist. Bejaht es diese Frage, muss es Eltern und Kinder oder Jugendliche über mögliche Hilfen informieren und zusammen mit ihnen und der hilfeerbringenden Stelle die spezielle Hilfe planen. Nach der Feststellung über den individuellen erzieherischen Bedarf und die differentielle Indikation für eine bestimmte Hilfeart trifft das Jugendamt die Entscheidung über die Gewährung der Hilfe. Bei Hilfe, die für einen längeren Zeitraum angesetzt ist, wird der beabsichtigte Hilfeverlauf zusammen mit der Begründung dafür im Hilfeplan dargelegt. Grundlage für die Entscheidung über die Hilfebewilligung ist der leistungserhebliche Sachverhalt. „Leistungserheblich" besagt, dass nicht alle Einzelheiten der Lebenssituation einer Familie erforscht werden sollen, sondern nur die Informationen, die erforderlich sind, um die Entscheidung fachlich begründet und rechtlich abgesichert treffen zu können.

Der Sachverhalt konstituiert sich aus den für die Entscheidung erforderlichen Tatsachen. Hierbei ist zu berücksichtigen, dass in diesem Kontext, anders als im Alltagsverständnis, neben den objektiv gegebenen Tatsachen im engeren Sinn auch fachliche Bewertungen dazugehören wie z. B.: „Die Sprache des Kindes ist nicht altersentsprechend entwickelt", „Das Sozialverhalten ist auffällig", „Der Erziehungsstil ist für die Entwicklung dieses Kindes ungünstig". Diese fachliche Beurteilung und Einordnung in die Kategorien „ungestört – gestört", „normal – abweichend", „positiv – negativ" o.Ä. ist die Voraussetzung für die rechtliche Bewertung (Subsumtion). Selbstverständlich darf eine fachliche Beurteilung keine subjektiven Werturteile („Ich finde das gut") enthalten.[3] Die rechtliche Bewertung selbst ist dagegen nicht Teil des Sachverhalts, sondern sie folgt auf die Feststellung des Sachverhalts (Maas 1996 a).

---

keit) oder soziale Benachteiligung gekennzeichnet ist und das Sozialisationsfeld des Minderjährigen nicht in der Lage ist, aus eigenen Kräften diese Mangel- und Defizitsituation abzubauen und deshalb erzieherische Hilfsbedürftigkeit besteht." (VGH Baden-Württemberg 7 S 477/94; 7 S 259/94; 7 S 443/94).

3 Die Unterscheidung von fachlich-professionellen Beurteilungen, die unverzichtbar sind, und persönlich-subjektiven Wertungen, die unzulässig sind, ist nicht immer einfach. Eine Hilfe zur Trennung der beiden Aussageformen besteht darin, einen Bewertungssatz zunächst so umzuformulieren, dass in ihm das Wort „ich" vorkommt („Das Kind ist bösartig." wird zu „Ich finde das Kind bösartig." und „Das Kind ist nicht altersentsprechend entwickelt." wird zu „Ich finde, dass das Kind nicht altersentsprechend entwickelt ist.") Nun ist zu prüfen, ob anstelle des Wortes „ich" auch stehen könnte: „Jeder kompetente Sozialarbeiter". Im ersten der beiden genannten Beispiele dürfte dies eher verneint, im zweiten eher bejaht werden.

Das zentrale Tatbestandsmerkmal des § 27 KJHG ist also eine Minderleistung der Eltern in ihrer Funktion als Erziehende. Sie sind – aus welchen Gründen auch immer – allein nicht in der Lage, ihrem Kind eine Erziehung zu bieten, die sein Wohl gewährleistet. Aus dem Bestreben, vom Kind oder Jugendlichen die Last einer stigmatisierenden Zuschreibung von „Gefährdung oder Schädigung seiner leiblichen, geistigen oder seelischen Entwicklung" (vgl. §§ 55 und 62 JWG) fernzuhalten, wurde allerdings den Eltern der „schwarze Peter" zugeschoben. Auf eine Mindestvoraussetzung für die Gewährung von Hilfe zur Erziehung wurde im KJHG nicht verzichtet. Als Rechtfertigung dafür wird in der Begründung zum Regierungsentwurf (1989) angeführt, der Staat könne nicht generell davon ausgehen, dass die Familie prinzipiell öffentliche Hilfe und Unterstützung benötige. Außerdem solle nicht ein überzogenes Anspruchsdenken von Familien gefördert werden. Allerdings, so heißt es in der Begründung weiter, müsse der Staat die im Siebten Jugendbericht dokumentierte Tatsache zur Kenntnis nehmen, dass jede Familie in Krisen und Konflikte geraten und mit außergewöhnlichen Belastungen konfrontiert sein könne, die sie allein nicht zu bewältigen vermöge. Eltern sei es also nicht als eigene Schuld anzulasten, wenn sie die in sie gesetzten Erwartungen an die Qualität ihrer Erziehungsleistungen nicht erfüllen könnten.

Es ist nun zu fragen: Welche Art von Erziehung entspricht nicht dem „Wohl des Kindes" bzw. wann besteht ein „erzieherischer Bedarf"? Bei beiden Begriffen handelt es sich um unbestimmte Rechtsbegriffe. Sie sind dadurch gekennzeichnet, dass ihre Bedeutung nicht ein für allemal festgelegt werden kann, sondern dass sie der – immer wieder neuen – Auslegung bedürfen. Sie müssen unter Berücksichtigung des Einzelfalles konkretisiert werden. Ihre Bedeutung kann sich in der Folge gesellschaftlicher Neuorientierungen wandeln, z. B. durch Veränderungen von Wertmaßstäben. Für das KJHG wurden unbestimmte Rechtsbegriffe in der Absicht gewählt, bei aller erforderlichen Festschreibung eine gewisse Dynamik zuzulassen und die Möglichkeit offen zu halten, gesellschaftliche Veränderungen und Weiterentwicklungen fachlicher Erkenntnisse bei der Gesetzesinterpretation jeweils aufs neue zu berücksichtigen (Wiesner 1991).

Die Verwaltung erhält durch die Verwendung unbestimmter Rechtsbegriffe einen sog. „Beurteilungsspielraum,„ was aber nicht bedeutet, dass sie die Begriffe beliebig interpretieren darf. Sie bleibt an Gesetz und Rechtsprechung gebunden und muss bei der Auslegung die geltenden Regeln der Rechtskonkretisierung befolgen, d. h. die Regeln des logischen Schlussfolgerns ebenso wie die Frage nach Ziel und Zweck der gesetzlichen Regelung. Die Bewertung, die auf diese Weise vorgenommen wird, muss durch andere nachvollzogen und überprüft werden können, was voraussetzt, dass ihre Grundlagen wissenschaftlich fundiert und klar dargelegt werden (Transparenzgebot). Eine ausführliche Darlegung der Merkmale und Schritte der Gesetzeskonkretisierung findet sich bei Maas (1996 a, 48 ff.).

Eine Auslegung des Kindeswohlbegriffs muss bei vielen Entscheidungen, die in der Sozialen Arbeit getroffen werden, geleistet werden und erweist sich meistens als sehr schwierige Aufgabe. Kaum ein Begriff des Familien- und Kindschaftsrechts zeigt so viele Facetten wie dieser. Für fast keinen der Begriffe dieses Rechtsgebietes sind in der Fachliteratur so viele Deutungsversuche zu finden (vgl. Blume-Banniza/Gros 1981; Coester 1983; Moritz 1989; Arndt et al. 1993), und selten ist ein Unterfangen so erfolglos geblieben wie das, den Begriff klar zu definieren.[4] Da es sich bei ihm um einen unbestimmten Rechtsbegriff handelt, ist etwas anderes auch gar nicht zu erwarten. So kann es auch nicht um den Versuch einer Definition gehen, sondern im folgenden lediglich um die Frage, wie der Begriff im Zusammenhang mit der Hilfe zur Erziehung operationalisiert werden kann.[5]

Offenbar steckt hinter der Formulierung des § 27 KJHG die Vorstellung von einem gelingenden Erziehungsprozess. Dieser Prozess droht zu misslingen, wenn zu befürchten steht, dass er sein Ziel nicht erreichen wird. Wie in Kap. 2 ausgeführt, setzt das KJHG (§ 1) das Ziel der Entwicklung und Erziehung zu einer „eigenverantwortlichen und gemeinschaftsfähigen Persönlichkeit" oder, anders ausgedrückt, zu einem erwachsenen Menschen, der autonom und sozial kompetent handeln kann. Von diesem Fernziel her gedacht, könnte der Tatbestand des § 27 KJHG also wie folgt konkretisiert werden:

Eine Erziehung entspricht nicht dem Wohl des Kindes, wenn Sozialisationsbedingungen vorliegen, die die Entwicklung zu einer autonomen und sozial kompetenten erwachsenen Persönlichkeit behindern.[6]

Welche familiären und außerfamiliären Faktoren sich negativ auf die kindliche Entwicklung auswirken können, wurde in Kap. 2.4 im Überblick dargestellt.

Wie ausgeführt, darf die Frage nach geeigneten Mitteln zur Erreichung der Sozialisationsziele nicht losgelöst von der Frage nach den Bedürfnissen des Kindes und Jugendlichen beantwortet werden. Die Befriedigung der ge-

---

4 Der Versuch von Krug/Grüner/Dalichau (1999) lautet beispielsweise folgendermaßen: Kindeswohl ist der „Zustand, bei dem die leibliche Existenz sowie eine angemessene geistige und seelische Entwicklung des Minderjährigen zu einer vollwertigen Persönlichkeit und zu einem lebenstüchtigen Glied der Gemeinschaft gewährleistet ist". Man erkennt, dass die angestrebte Präzisierung schon deshalb nicht erreicht wird, weil diese Definition neue unbestimmte Begriffe enthält („angemessen", „vollwertige Persönlichkeit" usw.), deren Klärung ebenfalls erforderlich wäre, jedoch nicht erfolgt und auch nicht möglich ist.
5 Eine Operationalisierung liefert keine erschöpfende, sondern nur eine von vielen möglichen Begriffskonkretisierungen.
6 Diese Formulierung kann allerdings nicht für die Erziehung geistig behinderter oder autistischer Kinder gelten. Auch sie sollen zwar auf den Weg in diese Richtung geführt werden. Ihr Erziehungsprozess ist aber keinesfalls als misslungen anzusehen, wenn sie dieses Ziel nicht erreichen.

genwärtigen Bedürfnisse kann als Nahziel betrachtet werden. Für den Tatbestand des § 27 KJHG ergibt sich daraus ein zweites Bestimmungsstück:

Eine Erziehung entspricht nicht dem Wohle des Kindes, wenn sie dessen grundlegende Bedürfnisse nicht berücksichtigt.

Ob dieser Sachverhalt vorliegt, kann aus den Berichten des Kindes und der Eltern, aus Beobachtungen des Verhaltens der Beteiligten bzw. durch eigene Anschauung (z. B. einer zu kleinen, feuchten Wohnung) festgestellt werden. Dieser Zugang reicht aber nicht immer aus.

Kinder sprechen oftmals nicht aus, was sie bedrückt; die jüngeren schon deshalb nicht, weil ihnen die sprachlichen Mittel fehlen, die älteren oft deshalb nicht, weil sie Vater und Mutter nicht „verraten" wollen, oder weil sie bei offener Kritik negative Konsequenzen zu erwarten hätten. Sie zeigen aber auf andere Weise, dass es ihnen nicht gut geht, versuchen mit ihren Möglichkeiten, eine Lösung zu finden oder setzen sich mit ihren Mitteln zur Wehr: Sie stottern, machen ins Bett, verprügeln andere Kinder, essen zu viel oder zu wenig, knacken Automaten, prostituieren sich oder nehmen Drogen, d. h. sie zeigen Verhaltensauffälligkeiten. Mit diesen Auffälligkeiten geben sie Signale (Rutter 1981), die richtig zu deuten Aufgabe der Eltern, aber auch der Jugendhilfe ist. Damit gerät das Kind nun doch wieder in das Blickfeld, obwohl mit der Formulierung von § 27 KJHG angestrebt wurde, den Blick irgendwie am Kind vorbeizulenken. Dort wurde, wie erwähnt, ausdrücklich auf die Benennung einer Entwicklungsgefährdung oder -schädigung verzichtet. Dies geschah in der – sehr zu begrüßenden – Absicht, den Eindruck zu vermeiden, „als würden die bei dem Kind oder Jugendlichen festgestellten Probleme ihm auch ursächlich zugeschrieben" (Reg.E.Begr: 1989, 68). Nur fragt sich, ob damit nicht „das Kind mit dem Bade ausgeschüttet wurde". Eine „dem Wohle des Kindes (nicht) entsprechende Erziehung" kann eben nicht ohne den Blick auf das Kind bestimmt werden. Auch aus systemischer Sicht betrachtet wäre das nicht möglich. Das Funktionieren eines Systems ist nicht zu beurteilen, wenn man grundsätzlich ein Element aus der Betrachtung herausnimmt. Schließlich ist es auch eine Sache der Gerechtigkeit. Wenn ein Kind oder Jugendlicher Signale dieser Art sendet, so muss man sie beachten und richtig zu entschlüsseln versuchen, denn sonst nimmt man den jungen Menschen nicht ernst. Richtig ist allerdings, dass man die Gefahr der Etikettierung und Stigmatisierung dabei stets im Auge behalten und deshalb entsprechend behutsam vorgehen muss.[7]

---

[7] In der Gegenäußerung der Bundesregierung zur Stellungnahme des Bundesrates (BT-Drucksache 11/6002/1989) wird allerdings auch erwähnt, dass die Reaktionen des jungen Menschen berücksichtigt werden müssen. Dort wird als Voraussetzung für die Hilfe genannt, dass „Schaden für das Kind" drohen oder bereits eingetreten sein müsse. Vgl. auch Happe/Saurbier (2006), Erl. § 27 Art. 1 KJHG, Rn. 11–11 d.

Im Übrigen verzichtet das KJHG – abweichend von der programmatischen Aussage in der Begründung zum Regierungsentwurf – nicht ganz auf die Nennung der Entwicklungsbeeinträchtigung, denn in § 33 KJHG ist von „besonders entwicklungsbeeinträchtigten Kindern und Jugendlichen" die Rede.[8]

Wenn wir also die Betrachtungsebene wechseln und die Reaktion eines Kindes oder Jugendlichen auf seine Lebensbedingungen ebenfalls als Indikator für die Gewährleistung oder Nichtgewährleistung seines Wohls sehen, dann erhält der Tatbestand des § 27 KJHG ein drittes Bestimmungsstück:

Eine Erziehung entspricht nicht dem Wohle des Kindes, wenn das Kind gravierende Verhaltensauffälligkeiten oder Entwicklungsbeeinträchtigungen zeigt.

Erzieherischer Bedarf nach § 27 KJHG
Es besteht erzieherischer Bedarf, der Hilfe zu Erziehung geboten sein lässt,   – wenn Sozialisationsbedingungen vorliegen, die die Entwicklung des Kindes oder Jugendlichen zu einer autonomen und sozial kompetenten erwachsenen Persönlichkeit behindern,   – wenn die Erziehung die grundlegenden Bedürfnisse des Kindes oder Jugendlichen nicht in ausreichendem Maße berücksichtigt,   – wenn das Kind gravierende Verhaltensauffälligkeiten oder Entwicklungsbeeinträchtigungen zeigt.

Erziehungsberechtigte haben das Recht, Hilfe zur Erziehung in Anspruch zu nehmen, solange sie aus eigener Kraft nicht in der Lage sind, ihrem Kind günstige Sozialisationsbedingungen zu schaffen. Sie haben aber *nicht die Pflicht* dazu. Soziale Arbeit muss also hinnehmen, dass ein Kind suboptimal erzogen wird, weil die Eltern angebotene Hilfe nicht annehmen wollen, und darf nicht intervenieren, solange die elterlichen Versäumnisse und Fehler nicht die Grenze zur Gefährdung des Kindeswohls überschreiten.[9] Erst der Schritt über die Gefährdungsschwelle nimmt den Eltern die Erlaubnis, ihr Kind nach eigenen Vorstellungen und eigenem Vermögen (schlecht und recht) zu erziehen. Haben sie jedoch diesen Schritt vollzogen, so *muss* Soziale Arbeit intervenieren.

---

[8] In § 33, Satz 2 KJHG heißt es: „Für besonders entwicklungsbeeinträchtigte Kinder und Jugendliche sind geeignete Formen der Familienpflege zu schaffen."
[9] Die Bundesregierung: „Der Staat hat nicht die beste oder optimale Erziehung für das Kind zu gewährleisten, sondern er hat das Kind vor Schaden zu bewahren" (BT-Drucksache 11/6002/1989).

3.2 Die Phasen des Hilfeprozesses

> Um die notwendigen Arbeitsschritte auf ihre Zielsetzungen und ihre diagnostischen Anforderungen hin zu untersuchen, gliedern wir den Hilfeprozess in seine einzelnen zeitlichen Abfolgen. Zur Erleichterung der diagnostischen Tätigkeit werden Fragen aufgelistet, die für die Lösung der Aufgabe relevant sein können. Da dem Hilfeplan eine herausragende Bedeutung für die Professionalität der Jugendhilfe zukommt, wird seine Erarbeitung und Fortschreibung ausführlich erläutert und mit einem modellhaft ausgearbeiteten Plan illustriert.[10]

Zunächst ein einführendes Beispiel:

Das Jugendamt erhält einen Anruf von der Pestalozzischule. Es gäbe da einen kroatischen Jungen namens Damir; um den solle man sich endlich einmal kümmern. Er sei so unerträglich in der Klasse, dass er nun schon zum zweiten Mal vom Schulbesuch habe ausgeschlossen werden müssen. Er störe ständig auf gröbste Weise den Unterricht, greife andere Kinder gewalttätig an, schwänze Schulstunden, sei ein schlechter Schüler und habe auch schon einmal mit Suizid gedroht. Außerdem stehle er. Die Polizei könne dem Jugendamt da sicher auch noch einige Hinweise geben.

Der Sozialarbeiter lädt die Eltern und Damir zu einem Gespräch ins Jugendamt ein. Zögernd und widerstrebend berichten die Eltern und auch das Kind nach und nach folgendes: Damir, 11 Jahre alt, Schüler der 4. Klasse, werde in der Schule von allen abgelehnt. Die Lehrer tadelten ihn ständig und trügen unentwegt sein schlechtes Benehmen ins Klassenbuch ein. Die Klassenkameraden könnten ihn nicht leiden und zeigten ihm das auch. Um sich zu rächen, ärgere er sie halt. Zum Nachmittagsunterricht für Ausländer könne er nicht gehen, denn dann müsse er seine neunjährige Schwester, die schwerbehindert sei, aus dem Sonderkindergarten abholen und auf sie aufpassen, denn sonst sei sie allein.

Die Eltern sind beide berufstätig, der Vater als Schreiner, die Mutter als Küchenhilfe. Sie empfinden die Beschwerden der Schule als sehr belastend, denn mehr als bisher könnten sie eigentlich für Damir nicht tun, weil sie doch ihre Arbeit hätten und außerdem noch für drei weitere Kinder Sorge tragen müssten, die alle hörgeschädigt seien. Um Damirs Verhalten zu bessern, hätten sie ihn bestraft, der Vater ihn auch geschlagen, aber der Junge ändere sein Handeln nicht. Sie hätten auch, als er sechs Jahre alt war, den Versuch unternommen, ihn in ihrer Heimat Kroatien von Verwandten großziehen zu lassen, aber das sei daran gescheitert, dass jene mit ihren finanziellen Forderungen unverschämt geworden seien. Sie hegen die Hoffnung, dass sich alles einrenkt, wenn Damir älter

---

10 Die folgenden Ausführungen lassen sich sinngemäß auch auf Eingliederungshilfe für seelisch behinderte Kinder und Jugendliche (§ 35 a KJHG, vgl. Kap. 4) und auf Hilfe für junge Volljährige (§ 41 KJHG) übertragen.

und damit vernünftiger wird. Damir habe zwar schon einmal mit Selbstmord gedroht, aber das müsse man wohl nicht ernst nehmen.

Die Schule und auch der Sozialarbeiter können sich dagegen nicht vorstellen, dass Damirs Entwicklung unter diesen Bedingungen noch einen günstigen Verlauf nimmt. Sie sehen ihn als verwahrlosungsgefährdet an. Da die Eltern infolge ihrer überstarken Belastung durch Beruf und Kinder am Rande ihrer Mitarbeitsfähigkeit sind, halten der Sozialarbeiter und seine Kollegen, die er zu Rate gezogen hat, eine Heimunterbringung des Jungen für angezeigt. Er berät in vielen Hausbesuchen und Gesprächen im Amt die zunächst sehr ablehnenden Eltern und das Kind, das auf keinen Fall ins Heim möchte. Er zeigt ihnen gemeinsam auch ein Heim, das er für geeignet hält. Nachdem die schulische Situation immer weiter eskaliert ist und Eltern und Kind allmählich eingesehen haben, dass eine grundlegende Änderung erforderlich ist, willigen alle drei in die Heimunterbringung ein.

Zwischen dem ersten Gespräch eines besorgten Elternpaares mit einem Sozialarbeiter und der Arbeitsaufnahme der Familienhelferin oder dem Einzug des Kindes in ein Heim sind eine Reihe diagnostischer und beratender Arbeitsschritte zu vollziehen. Viele weitere folgen bis zur Verabschiedung der Familienhelferin nach erfolgreicher Hilfestellung für die Familie oder bis zur Rückkehr des veränderten Kindes aus dem Heim in eine veränderte Familie.[11]

Die *Hilfeplanung* findet in einem phasenweise ablaufenden Prozess der Abklärung von Tatbeständen, der Formulierung von Zielsetzungen sowie der Überprüfung der persönlichen, familiären und institutionellen Möglichkeiten statt (Sachverhaltsermittlung), bis sie schließlich in die *Hilfegewährung* (Entscheidung, welche Hilfe im Einzelfall angezeigt ist) einmündet. Auch die *Hilfeerbringung* ist als Prozess zu sehen, in dem Planen, Handeln und Überprüfen des Handelns ineinander greifen.

Um Klarheit darüber zu gewinnen, welcher erzieherischen Aufgabe die Eltern nicht gewachsen sind, müssen wir herausfinden, *wer* auf *welche Weise* seit *wann* bzw. *wie lange warum worunter* leidet, und *wie* er dieses Leiden signalisiert und *wen* er seinerseits leiden lässt. Auch die sechs Ws der Entwicklungsdiagnostik nach Montada (1985, 30) bezeichnen notwendige Fragen und lassen sich recht gut merken:

1. Was ist? (Entwicklungsstand)
2. Wie geworden? (Rekonstruktion der Entwicklung)
3. Was wird? (Prognose)
4. Was sollte werden? (Zielbildung)
5. Wie kann das Ziel erreicht werden? (Methoden und Mittel)
6. Was ist geworden? (Evaluation)

---

11 Zur genauen Darstellung der Arbeitsabläufe im Allgemeinen Sozialen Dienst vgl. Krieger 1994.

Dieser Abklärungsprozess erfordert von den Fachkräften Sozialer Arbeit Qualifikationen wie Kenntnisse über diagnostisches Vorgehen, Planungskompetenzen, Kommunikations- und Kooperationsfähigkeit und die Bereitschaft und Fähigkeit, Betroffene nicht nur formal, sondern tatsächlich in die Beratungs- und Entscheidungsprozesse einzubeziehen (vgl. Bayerisches Landesjugendamt 1992; Deutscher Verein 1994).

Der Klient/die Klientin ist als Partner(in) der Fachkraft Sozialer Arbeit zu sehen, der/die an allen Planungs-, Entscheidungs- und Ausführungsschritten zu beteiligen ist. Er/sie ist Anspruchsberechtigte(r) für eine Leistung, nicht Bittsteller(in) um Hilfe. Seine/ihre Grundrechte sind bei jedem Arbeitsvollzug zu wahren, so insbesondere das elterliche Erziehungsrecht nach Art. 6 Abs. 2 GG und das Grundrecht auf informationelle Selbstbestimmung. Weitere Qualitätskriterien für die Sachverhaltsaufklärung wurden in Kapitel 1.4 dargelegt.

Wie die konkreten Schritte des Abklärungs-, Planungs- und Überprüfungsprozesses, der vom ersten Hilfeersuchen bis zur erfolgreichen Beendigung der Hilfe abläuft, typischerweise aussehen könnten, ist u. a. vom Landeswohlfahrtsverband Württemberg-Hohenzollern (1992, 9) wie folgt dargestellt worden (ähnlich vom Bayerischen Landesjugendamt 1992). Zu berücksichtigen ist, dass die getrennt aufgeführten Phasen sich in der Praxis überschneiden und untereinander verschieben können:

„1. Äußerung/Meldung eines erzieherischen Bedarfs an das Jugendamt durch Eltern, Personensorgeberechtigte, Kind oder Jugendlichen, Nachbarn, Beratungsstelle und andere

2. Abklären der örtlichen und sachlichen Zuständigkeit

3. Gemeinsame Problemklärung und Problemdefinition mit der Familie. Abklärung der Ressourcen der Familie und im Umfeld. Konsens, dass ein Hilfebedarf besteht; Informationen, welche Hilfen angeboten werden können

4. Teamberatung im Jugendamt, welche Hilfearten in Betracht kommen

5. Beratungsgespräche mit der Familie, welche Hilfearten in Betracht kommen. Beratung der Familie auch über mögliche Folgen einer Hilfeart für die Entwicklung des jungen Menschen und voraussichtlichen Kostenbeitrag

6. Vorstellungsgespräche mit der Familie in Einrichtungen, bei Pflegepersonen, anderen Diensten (Wunsch- und Wahlrecht nach § 5 in Verbindung mit § 36 Abs. 1 Satz 3 und 4 KJHG). Dabei gemeinsame Beratung über den Hilfebedarf und die Möglichkeiten/Angebote der Einrichtungen, Pflegepersonen, anderer Dienste

7. Entscheidung im Zusammenwirken mehrerer Fachkräfte über die zu gewährende Hilfe nach § 36 KJHG

8. Erstellung des Hilfeplans mit den Eltern, Personensorgeberechtigten, Kind bzw. Jugendlichen und den an der Durchführung der Hilfe beteiligten Personen, Einrichtungen und Fachdiensten
9. Regelmäßige Fortschreibung des Hilfeplans"

Maas (1993) gliedert den Ablauf bis zur Entscheidung über die Gewährung von Hilfe zur Erziehung in zwei Phasen, nämlich die dem Verwaltungsverfahren vorausgehende Vorphase der „Kontaktaufnahme und Beratung" und die Phase des eigentlichen Verwaltungsverfahrens im Sinne des § 8 SBG X, die er „Vorbereitung und Erlass der Hilfeentscheidung" nennt.

Beziehen wir die Hilfedurchführung mit ein, so können wir den Hilfeprozess in drei Phasen unterteilen, in denen Diagnostik erforderlich ist:

1. Problemsichtung und Beratung
2. Klärung der individuellen Situation und Entscheidung über die Hilfe
3. Erbringung der Hilfe und Rückmeldung über den Hilfeverlauf.

Diese Phasenunterteilung dient vor allem dem besseren Verständnis der Abläufe. In der Praxis sind die beiden Phasen 1 und 2 oftmals nicht so klar voneinander zu trennen, aber durch diese Abgrenzung soll auch ein Prinzip verdeutlicht werden: Wir erheben Daten nur nach dem jeweiligen Bedarf. So lange nicht klar ist, ob die Eltern überhaupt eine individuelle Hilfe in Anspruch nehmen wollen – es könnte ja auch sein, dass sie nur einmal abtasten wollen, was auf sie zukommen könnte – genügt eine relativ oberflächliche Sachverhaltsaufklärung – gerade so viel, wie man zur kompetenten Beratung benötigt bzw. immer so viel, wie für den nächsten Arbeitsschritt gebraucht wird. Dies ist ein „sequentielles Vorgehen", man könnte auch sagen „eine schrittweise Datengewinnung". Etwas anderes wäre es allerdings, wenn sich dabei schon herausstellte, dass eine Gefährdung des Kindes besteht. Dann müsste man gleich möglichst viele Informationen einholen, zumal man dann ja auch ungleich stärker unter Zeitdruck stände. Es muss auch gesehen werden, dass die Zusammenarbeit zwischen der Familie und dem Jugendamt häufig schon viel früher, oftmals Jahre zuvor, beginnt und oftmals mit einer abgeschlossenen Hilfe zur Erziehung noch nicht endet. Was geschieht in den einzelnen Phasen?

Phase 1: Problemsichtung und Beratung

Die Phase beginnt, wenn die Familie oder einzelne Familienmitglieder von der Wahrnehmung des Problems und eigenen Problemlösungsversuchen zur Suche nach institutioneller Hilfe übergeht und sich ans Jugendamt wendet (im Amt vorspricht, sich im Rahmen eines Hausbesuchs äußert, anruft, einen Ansprechpartner wie eine Lehrerin um Kontaktherstellung bittet oder Ähnliches). Die Klienten machen erste Angaben über die anstehenden Probleme und ihre Hilfeerwartungen. Bereits hier sind erste diagnostische Überlegungen des Sozialarbeiters erforderlich, damit er fachlich begründet über grundsätzlich in Frage kommende Hilfen und deren mögliche Folgen für die Entwicklung des Kindes oder Jugendlichen beraten kann. Auf diese Beratung durch das Jugendamt haben die Personensorgeberechtigten und das Kind/der Jugendliche nach § 36 Abs. 1 Satz 1 KJHG vor der Entscheidung über die Annahme einer Hilfe einen Anspruch. Diese Information, die das Jugendamt gibt, kann sich auch auf anderes als auf die individuellen Hilfen beziehen, z. B. auf Angebote der allgemeinen Förderung oder, soweit die Leistungen der Jugendhilfe nicht als geeignet oder notwendig erscheinen, auf Angebote anderer Stellen (z. B. Arzt, Rechtsanwalt, Sozialamt).

Am Ende dieser Phase steht die Entscheidung der Anspruchsberechtigten für oder gegen die weitere Betreibung des Hilfeersuchens. Wenn sie sich für Angebote der allgemeinen Förderung nach den §§ 11, 13, 14, 16, 17, 18 oder 22 KJHG entscheiden, endet der durch die Verwaltungsbehörde geleistete Teil des Hilfeprozesses hier, denn für die allgemeinen Angebote ist keine Prüfung des individuellen Hilfebedarfs und keine Hilfegewährung erforderlich. Das Jugendamt kann aber in seiner *hilfeerbringenden* Funktion weiterhin gefordert sein (z. B. Beratung in Fragen der Partnerschaft, Trennung und Scheidung nach § 17 KJHG).

Entscheidet sich die Familie bzw. der Antragsberechtigte für eine individuelle Hilfe nach §§ 27, 35 a oder 41 KJHG und stellt – mündlich oder schriftlich[12] – den Antrag auf Hilfe zur Erziehung, Eingliederungshilfe für seelisch behinderte Kinder oder Jugendliche oder Hilfe für junge Volljährige, so beginnt das Verwaltungsverfahren und damit die nächste Phase.

Phase 2: Klärung der individuellen Situation und Entscheidung über die Hilfe

Im Verwaltungsverfahren müssen – im Zusammenwirken mit den Personensorgeberechtigten und dem Kind oder Jugendlichen – die Voraussetzungen für die Hilfe (Rechtstatbestand) abgeklärt sowie die geeigneten und notwendigen Hilfen (Rechtsfolge) ausgewählt werden, damit schließlich vom Jugendamt die rechtsförmliche Entscheidung über die Gewährung oder Nichtgewährung der beantragten Hilfe getroffen werden kann. Vor einer langfristig zu leistenden Hilfe *außerhalb* der eigenen Familie ist zu prüfen, ob die Annahme als Kind in Betracht kommt.

Hat sich das Jugendamt für die Bewilligung der Hilfe entschieden und wird die Hilfe voraussichtlich für längere Zeit zu leisten sein, so hat es zusammen mit den Personensorgeberechtigten, dem Kind oder Jugendlichen und

---

12 Die schriftliche Form ist nicht unbedingt erforderlich, denn Ansprüche auf Sozialleistungen entstehen, sobald ihre im Gesetz oder aufgrund eines Gesetzes bestimmten Voraussetzungen vorliegen (§ 40 Abs. 1 SGB I). Das Verwaltungsverfahren ist an bestimmte Formen nicht gebunden, soweit keine besonderen Rechtsvorschriften für die Form des Verfahrens bestehen. Es ist einfach und zweckmäßig durchzuführen (§ 9 SGB X).

den an der Durchführung der Hilfe beteiligten Personen, Einrichtungen oder Fachdiensten einen Hilfeplan zu erstellen.

Der *Hilfeplan* hat nach Maas (1993) zwei Funktionen, eine Begründungsfunktion für die Hilfegewährung und eine Gestaltungsfunktion für die Hilfeerbringung. In ihm wird also zum einen die Hilfe begründet, indem Feststellungen über den erzieherischen Bedarf, die zu gewährende Art der Hilfe sowie über die notwendigen Leistungen getroffen werden. Zum anderen muss hier die Hilfeerbringung präzisiert werden, denn der Hilfeplan soll nach § 36 Abs. 2 KJHG „als Grundlage für die Ausgestaltung der Hilfe" dienen. Die Einzelheiten des Prozesses der Hilfeerbringung sollen von den an der Erstellung des Hilfeplans Beteiligten genau überdacht und in einer Schrittfolge (vorläufig) festgelegt werden, und zwar in einer Weise, dass nach fachlicher Prognose die größtmögliche Chance besteht, den Zweck der Hilfe zu erreichen. Der Hilfeplan ist also sowohl Voraussetzung der Hilfebewilligung als auch deren Folge, denn ohne Hilfeplan ist der Bewilligungsbescheid unvollständig (was gegen Verfahrensrecht verstößt).

Phase 3: Erbringung der Hilfe und Rückmeldung über den Hilfeverlauf

In dieser Phase geht die *fachliche* Gewährleistung des Hilfeprozesses auf die leistungserbringende Stelle (Einrichtung oder Dienst) über. Die *rechtliche* Verantwortung bleibt aber beim Jugendamt als der Verwaltungsbehörde, die die Hilfe genehmigt hat (Maas 1996 a; 1993). Der mit der Hilfeerbringung in Gang gesetzte Änderungsprozess muss kontinuierlich diagnostisch begleitet werden, um Art und Ausmaß der Veränderungen erkennen und über Fortführung oder Beendigung der Hilfe entscheiden zu können (Evaluation).

Will Soziale Arbeit sich langfristig effizient machen, so braucht sie eigentlich eine *4. Phase*, die nach dem Abschluss der Hilfe einsetzt, möglicherweise erst mehrere Jahre danach: Die Phase der *Überprüfung der langfristigen Folgen der Hilfe* (Katamnese), um festzustellen, ob sie auf Dauer positive, keine oder sogar negative Folgen für die Entwicklung des Kindes oder Jugendlichen gehabt hat. Die Überprüfung am eigentlichen Erfolgskriterium, nämlich der Entwicklung des Kindes bzw. des Jugendlichen zu einer „eigenverantwortlichen und gemeinschaftsfähigen Persönlichkeit" (§ 1 KJHG), ist zeitlich erst viel später möglich. Soziale Arbeit müsste also in stärkerem Maße als bisher Formen der katamnestischen Evaluation etablieren, die der Frage nachgehen: „Was ist aus unseren ehemaligen Klienten geworden?" (vgl. hierzu auch Heiner 1988).

Je nach dem Ergebnis des Evaluationsprozesses und in Abhängigkeit von der zuvor getroffenen Entscheidung des Personensorgeberechtigten entscheidet das Jugendamt über die *Fortführung* oder *Beendigung* der Hilfe.

Abbildung 2 zeigt, welche Fragenkomplexe in den einzelnen Phasen anzuschneiden und welche Entscheidungen jeweils zu treffen sind.

Phase 1: Problemsichtung und Beratung

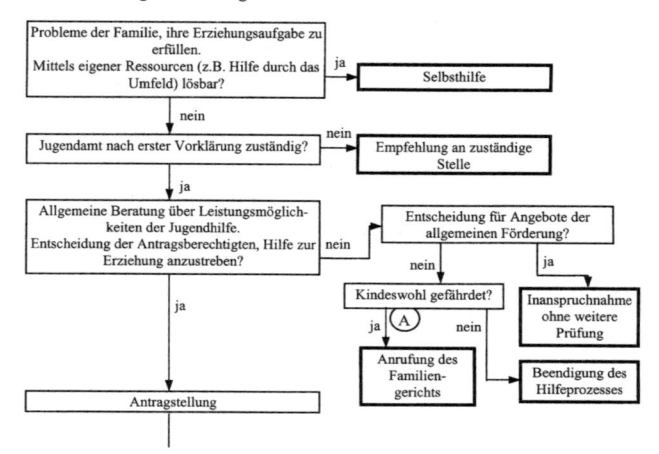

```
Probleme der Familie, ihre Erziehungsaufgabe zu
              erfüllen.
Mittels eigener Ressourcen (z.B. Hilfe durch das ──ja──▶ Selbsthilfe
              Umfeld) lösbar?
                      │
                     nein
                      ▼
Jugendamt nach erster Vorklärung zuständig? ──nein──▶ Empfehlung an zuständige Stelle
                      │
                      ja
                      ▼
Allgemeine Beratung über Leistungsmöglich-          Entscheidung für Angebote der
keiten der Jugendhilfe.                             allgemeinen Förderung?
Entscheidung der Antragsberechtigten, Hilfe zur ──nein──▶     │
Erziehung anzustreben?                              nein     ja
                      │                              │        │
                      ja                             ▼        ▼
                      │                    Kindeswohl gefährdet?   Inanspruchnahme
                      │                         ja (A)  nein        ohne weitere
                      │                          │        │          Prüfung
                      ▼                          ▼        ▼
                Antragstellung           Anrufung des    Beendigung des
                                         Familien-      Hilfeprozesses
                                         gerichts
```

Phase 2: Klärung der individuellen Situation und Entscheidung über die Hilfe

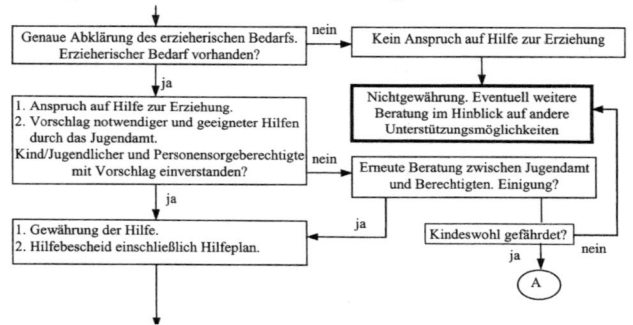

```
Genaue Abklärung des erzieherischen Bedarfs. ──nein──▶ Kein Anspruch auf Hilfe zur Erziehung
Erzieherischer Bedarf vorhanden?
                      │
                      ja                              Nichtgewährung. Eventuell weitere
                      ▼                               Beratung im Hinblick auf andere
1. Anspruch auf Hilfe zur Erziehung.                  Unterstützungsmöglichkeiten
2. Vorschlag notwendiger und geeigneter Hilfen              ▲
   durch das Jugendamt.                                     │
Kind/Jugendlicher und Personensorgeberechtigte  ──nein──▶ Erneute Beratung zwischen Jugendamt
   mit Vorschlag einverstanden?                           und Berechtigten. Einigung?
                      │                                        │
                      ja                     ja                │
                      ▼                      ◀─────────────────┤
1. Gewährung der Hilfe.                          Kindeswohl gefährdet?
2. Hilfebescheid einschließlich Hilfeplan.        ja    nein
                      │                            │
                      │                            ▼
                      │                           (A)
```

Phase 3: Erbringung der Hilfe und Rückmeldung über den Hilfeverlauf

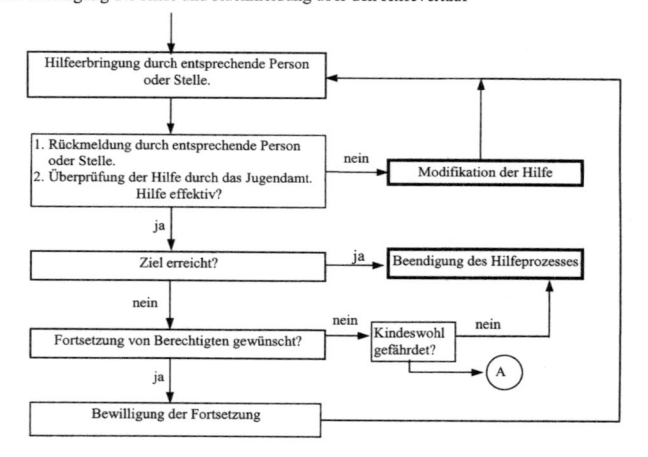

```
       Hilfeerbringung durch entsprechende Person
                     oder Stelle.
                         ▲
                         │
1. Rückmeldung durch entsprechende Person
   oder Stelle.
2. Überprüfung der Hilfe durch das Jugendamt. ──nein──▶ Modifikation der Hilfe
   Hilfe effektiv?
              │
              ja
              ▼
        Ziel erreicht? ──ja──▶ Beendigung des Hilfeprozesses
              │                              ▲
             nein                            │
              ▼                              │
Fortsetzung von Berechtigten gewünscht? ──nein──▶ Kindeswohl ──nein──┤
              │                                    gefährdet?
              ja                                       │
              ▼                                        ja
      Bewilligung der Fortsetzung                      ▼
                                                      (A)
```

Abb. 2: Ablaufschema des Hilfeprozesses

Am Beispiel von Damir und seiner Familie sollen die im Ablaufschema genannten Fragen erläutert werden:

Hat die Familie Probleme, ihre Erziehungsaufgabe zu erfüllen? Probleme sind im Fall Damir dem ersten Anschein nach gegeben. Damir zeigt sowohl in der Schule als auch zu Hause bzw. in seiner Freizeit unangemessenes Verhalten. Er signalisiert damit, dass seine Lebensbedingungen ihm nicht gut tun (nicht seinem Wohle entsprechen).

Sind die Probleme mittels eigener Ressourcen der Familie lösbar? In diesem Fall sind sie es offensichtlich nicht. Die Familie hat es bisher nicht geschafft. Im Gegenteil: Die Problematik verschärft sich. Selbsthilfe kann also der Familie nicht geraten werden.

Ist das Jugendamt nach erster Vorklärung zuständig? Ja, denn es handelt sich hier, soweit das zu Beginn zu erkennen ist, vorrangig um eine *Erziehungsproblematik*. Der Junge ist *nicht körperlich oder geistig behindert*, es geht also nicht um *Eingliederungshilfe* für körperlich oder geistig behinderte Kinder. Sonst müsste geklärt werden, inwieweit der Sozialhilfeträger vorrangig in Anspruch genommen werden kann. Es geht auch nicht, soweit man das zu Beginn erkennen kann, um die Behandlung einer *Krankheit,* also wäre auch nicht die Krankenkasse vorrangig in die Pflicht zu nehmen.

Ist erzieherischer Bedarf gegeben? Legen wir die in Kapitel 3.1 (S. 103) genannten Kriterien für den erzieherischen Bedarf zugrunde, so lässt sich die Frage für Damirs Eltern bejahen. Sie haben einen entsprechenden Bedarf, weil sie für ihren Sohn nicht in ausreichendem Maße sozialisationsfördernde und seine Bedürfnisse berücksichtigende Bedingungen schaffen können. Das Kind zeigt gravierende Verhaltensauffälligkeiten. Alle drei Kriterien sind also erfüllt.

Welche Hilfen erscheinen geeignet und notwendig zur Verbesserung der erzieherischen Situation? Bei Damir könnte man z. B. fragen: Lässt sich eine Hilfe realisieren, bei der er in seiner Familie bleiben kann, oder ist eine Trennung von der Familie unumgänglich? Damit verknüpft wäre die Frage: Besteht Aussicht, die Ablehnung und Härte der Eltern mit Mitteln der Jugendhilfe zu verändern? Wären sie z. B. bereit, eine Familienberatung in Anspruch zu nehmen, und falls ja, bestünde begründete Hoffnung darauf, dass sie ihre Einstellungen und Verhaltensweisen ändern könnten? Wäre Damirs soziale Kompetenz durch Teilnahme in einer Gruppe, etwa an sozialer Gruppenarbeit nach § 29 KJHG oder an Erziehung in der Tagesgruppe nach § 32 KJHG zu erhöhen, und gäbe es bei ihm die Bereitschaft, daran teilzunehmen?

Hier fehlen uns leider noch weitgehend gesicherte Erkenntnisse darüber, welche Hilfe welchen Menschen bei welcher Art von Schwierigkeit auf welche Weise wie schnell hilft. Bei Damir können wir wohl berechtigt den Schluss ziehen, dass die familiäre Situation so verfahren ist und das

Verhalten der Eltern sich so wenig ändern lässt, dass eine außerfamiliäre Hilfe angezeigt erscheint.

Kann die Hilfe bewilligt werden? Das Jugendamt schlägt den Eltern und dem Jungen Heimerziehung vor, weil es diese Form der Hilfe für notwendig und geeignet hält, dem erzieherischen Bedarf abzuhelfen. Die Familie erklärt sich, wenn auch nach langem Zögern, schließlich mit dem Vorschlag einverstanden. Also wird die Hilfe gewährt und ein Hilfebescheid einschließlich eines Hilfeplans erstellt. Wären die Eltern nicht bereit, eine geeignete und notwendige Hilfe anzunehmen, so müsste die Frage überprüft werden, ob ohne eine Veränderung der Bedingungen Damirs Wohl *gefährdet* wäre. Je nachdem, wie die Antwort ausfiele, würde das Jugendamt den Hilfeprozess (vorläufig) beenden (bei Verneinung der Gefährdung) bzw., bei Bejahung, das Familiengericht anrufen.

3.3 Zur Funktion der sozialarbeiterischen Diagnostik in den einzelnen Phasen des Hilfeprozesses

3.3.1 Zielsetzungen und diagnostische Schritte in Phase 1: Problemsichtung und Beratung

Ziele dieser Phasen sind im einzelnen:

1. Aufbau einer Arbeitsbeziehung
2. Überblick über die Problemlage
3. Sichtung der Eingangserwartungen der Klienten
4. Klärung der Motivation der Klienten zu Veränderungen
5. Klärung, ob das Jugendamt prinzipiell den Eingangserwartungen der Klienten entsprechen kann (Zuständigkeit)
6. Erste vorläufige Prognose
7. Informierung der Klienten über in Frage kommende Hilfen, deren Anforderungen und deren mögliche Folgen.

Die Ziele 2 bis 6 sind Teilziele des diagnostischen Prozesses.

Möglicherweise müssen in dieser ersten Phase zunächst Ressentiments der Klienten gegen das Jugendamt abgebaut werden. Wenn es nicht ihr freier Entschluss war, das Amt aufzusuchen, sondern sie z. B. von der Schule des Kindes dazu gedrängt wurden, kann es ihr Hauptbestreben sein, möglichst schnell aus der Situation wieder heraus zu gelangen. Sie können sich in ihrem Selbstverständnis als Eltern bedroht fühlen oder Angst haben, ihre Kinder würden ihnen genommen. In einem solchen Fall ist die erste Aufgabe der Fachkraft, die Klienten realitätsgerecht darüber zu informieren, welche Unterstützungen sie vom Jugendamt erwarten können, und unbegründete Ängste abzubauen. Gleichzeitig muss sie aber auch, falls ein Eingriff nicht ganz ausgeschlossen werden kann, den Klienten wahrheitsgemäß die möglichen Konsequenzen aufzeigen, gegen die jene sich vielleicht schützen wollen und können.

Es soll eine *Arbeitsbeziehung* eingeleitet werden, d. h. eine Form des Zusammenwirkens. *Falsch* wäre es, gleich zu Beginn ein Vertrauensverhältnis zu erwarten. Der Sozialarbeiter sollte sich dessen bewusst sein, dass er das Vertrauen der Klienten erst langsam „verdienen" muss und es nicht als Grundlage am Anfang der Kooperation voraussetzen darf. Vertrauen setzt Aufrichtigkeit der Fachkraft, zuverlässiges Engagement für die Interessen der Klienten und Wahrung ihrer Rechte voraus, sein Aufbau braucht Zeit. Wir sprechen von „funktionalem Vertrauen" (Maas 1981).

Die dieser Phase angemessene Arbeitsweise lässt sich kennzeichnen als offene „Suchhaltung" (Dörner/Plog 1994) des Sozialarbeiters oder, besser noch, als gemeinsame Suchhaltung von Sozialarbeiter und Klienten, denn die Arbeitsziele dieser Phase können nur in vereintem Bemühen aller Beteiligten erreicht werden. Der Sozialarbeiter muss in dieses gemeinsame Unternehmen fachliche Kompetenz für den Umgang mit den zu bearbeitenden Problemen einbringen, Sensibilität und das Bestreben, seine Kenntnisse zum Besten der Klienten einzusetzen und seine Macht nicht zu missbrauchen. Vom Klienten kann erwartet werden, dass er nach seinem Wissen und seinen Kräften an der Bewältigung der Schwierigkeiten mitarbeitet, insbesondere die Bereitschaft zeigt, die relevanten Informationen zu geben (vgl. Mitwirkungsbereitschaft nach § 21 Abs. 2 SBG X, §§ 60 bis 67 SBG I und Zusammenwirkungspflicht nach § 36 KJHG), und außerdem eine gewisse Offenheit dafür, sich – mit Hilfestellung von außen – um Veränderungen seines Verhaltens zu bemühen.

Am Beginn des diagnostischen Prozesses steht die Bildung von Hypothesen über potentielle Problembereiche und deren Bedingungen. In unserem Fall könnten sie wie folgt aussehen: Damirs Verhaltensauffälligkeiten haben möglicherweise mit Überforderung in der Schule zu tun. Also brauchen wir weitere Informationen über seine Leistungsfähigkeit sowie über Verhaltensweisen der Lehrer und Mitschüler und Damirs Verhältnis zu diesen. Sie könnten auch die Reaktion auf ungünstiges elterliches Erziehungsverhalten darstellen – also ist dieses weiter zu eruieren. Das heißt, wir versuchen, das, was wir von der Familie erfahren, mit unserem theoretischen Wissen über Erscheinungsformen und Ursachen bestimmter Verhaltensauffälligkeiten zu verknüpfen, wie z. B: Hinter Verhaltensweisen wie Diebstählen, Schuleschwänzen und Lügen steht oft eine große emotionale Bedürftigkeit eines seelisch vernachlässigten oder abgelehnten Kindes. Diese zunächst sehr vorläufigen Hypothesen versuchen wir anschließend zu erhärten, zu verwerfen oder zu verfeinern, indem wir gezielt nach relevanten Informationen suchen. Dies ist mit dem Begriff *„hypothesengeleitetes Vorgehen"* gemeint. Jede neue Information kann die Hypothesen abändern.[13] Es empfiehlt sich, in dieser „Screening-Phase" noch nicht zu sehr in Details zu gehen, denn sonst bestünde die

---

13 Diese „Einspeisung" der Ergebnisse in den Planungsprozess wird in der Verhaltensdiagnostik „ergebnisorientiertes Optimieren" genannt; vgl. Kanfer et al. 1990.

Gefahr, sich an weniger relevanten Stellen festzuhaken oder relevante Aspekte zu übersehen. Außerdem wäre es ein nicht erforderlicher Aufwand, in dieser Phase, in der die Hilfesuchenden sich noch nicht für den weiteren Weg entschieden haben, detaillierte Daten zu gewinnen. Die Sammlung von Informationen in dieser Phase kann beendet werden, sobald diese für eine qualifizierte Beratung über mögliche Hilfen ausreichen.

Welche Informationen für bedeutsam gehalten werden, wird nicht nur durch das auftretende Problem bestimmt, sondern auch durch die Vorstellungen der Fachkraft darüber, welche psychologische Theorie („Schule") die besten Grundlagen zur Wahrnehmung und Erklärung der bedeutsamen Aspekte liefert. Ich habe hier ein eklektisches Vorgehen gewählt, wobei ich besonders wertvolle Anregungen im „Selbstmanagement"-Ansatz von Kanfer und seinen Co-Autoren (1990) fand. Deren Konzept, das – freilich für psychotherapeutische Zwecke entwickelt – Gedankengut der kognitiven Verhaltenstherapie und der Humanistischen Psychologie miteinander verbindet, erwies sich als günstige Ausgangsbasis für meine Überlegungen zur Frage nach einer kriteriengeleiteten und entscheidungsbezogenen, an den Problemlösungskompetenzen der Klienten ansetzenden sozialarbeiterischen Diagnostik.

> **Mögliche Fragen zu den Zielsetzungen der Phase 1:**
> *2. Überblick über die Problemlage*[14]
> – In welchen Verhaltens- und Erlebensweisen sieht die Familie Probleme?
> – Wie bedeutend sind die Probleme für die Familie bzw. für einzelne Familienmitglieder?
> – Welche Schwierigkeiten belasten sie am meisten? (Priorität)
> – Worin sehen die Klienten die Ursachen ihrer Probleme?
> – Welche Probleme erscheinen prinzipiell änderbar, welche sind unabänderliche Tatbestände (z. B. der Verlust der Mutter durch Tod, die Alzheimersche Demenz der Großmutter, die erfolgte Adoption eines Kindes)?
>
> *3. Sichtung der Eingangserwartung der Klienten*
> – Welche Veränderung erhofft sich die Familie?
> – Welche Hilfen wünscht sie (zunächst)?
>
> *4. Klärung der Motivation der Klienten zu Veränderungen*
> – Sind die Klienten grundsätzlich bereit, Anstrengungen zur Veränderung ihres Verhaltens zu unternehmen, oder glauben sie, dass sie passiv die „Heilung" abwarten können? (z. B. „Reparatur" ihres Kindes).
> – Kann eine durch die Hilfe bewirkte Veränderung für sie auch eine Verschlechterung bringen und haben sie darüber Vorstellungen? (z. B. Aufgeben müssen gewohnter, aber für die Entwicklung des Kindes schädlicher Befriedigungen.)
> – Haben sie sich Gedanken darüber gemacht, ob sich der bevorstehende Aufwand für sie „lohnt"?

---

14 Es wird die Nummerierung von S. 112 verwendet, deshalb beginnt der Fragenkatalog mit der Nummer 2.

3.3.2 Zielsetzungen und diagnostische Schritte in Phase 2: Klärung der individuellen Situation und Entscheidung über die Hilfe

3.3.2.1 Überblick über den Ablauf dieser Phase

In dieser Phase wird die Problemkonstellation tiefergehend analysiert. Wie beschrieben, werden Anhaltspunkte dafür gebraucht, dass die Eltern mit ihrem Erziehungsauftrag überfordert sind. Dies ist nach § 27 KJHG der anspruchsbegründende Tatbestand. Die problematische *Erziehungssituation in einer Familie* und ihre *Auswirkungen auf das Kind* stehen also im Mittelpunkt der Sachverhaltsaufklärung. Meistens wird es auch erforderlich sein zu erfahren, welchen Wirkungen aus dem *Umfeld* sich die Familie ausgesetzt sieht (erweiterte Verwandtschaft, Schule, Ausbildungs- oder Arbeitsplatz, Freunde, Nachbarschaft). Wodurch wird sie zusätzlich belastet? Wer greift ihr unter die Arme? Wo könnte zusätzlicher Beistand aktiviert werden? In diese Betrachtung (Netzwerkanalyse) sollte auch die bisherige Rolle der verschiedenen Institutionen des Gemeinwesens (der formellen Unterstützungssysteme) einbezogen werden.

In vielen Fällen wird es zum besseren Verständnis der Probleme erforderlich sein, einen Blick in die Vergangenheit zu werfen. Nachzuzeichnen sind dann die *Entwicklung des Kindes*, die Bedingungen, unter denen die Probleme zum ersten Mal auftraten, sowie erfolgreiche und fehlgeschlagene frühere Bewältigungsversuche.

Zielsetzung ist also, die Problem-, Bedingungs- und Entwicklungsanalyse, die Zielanalyse und die Interventionsplanung (Kanfer/Saslow 1974) so weit zu einem vorläufigen Abschluss zu bringen, dass Art und Umfang des Hilfebedarfs geklärt sind und die Entscheidung über die Hilfegewährung getroffen werden kann.

Dass dieser Abschluss *vorläufig* ist, muss noch einmal hervorgehoben werden, denn der weitere Fortgang des Hilfeprozesses erfordert eine fortlaufende weitere Informationssammlung zur Überprüfung der Wirksamkeit der Hilfe und der Möglichkeit ihrer Beendigung. Auch hier ist die gemeinsame Arbeit von Klienten und Sozialarbeiter erforderlich. Der Sozialarbeiter wird aber gezielter als in der vorigen Phase nach relevanten Informationen suchen, um seine Hypothesen überprüfen zu können. Dabei wird er gegebenenfalls auch Angaben anderer mit der Familie verbundener Personen heranziehen, z. B. Lehrer, das Einverständnis der Personensorgeberechtigten und des (älteren) Kindes vorausgesetzt. Am Ende dieser Phase steht die Entscheidung der Fachkraft über die Gewährung der Hilfe.

3.3.2.2 Problemanalyse

In diesem Teil des diagnostischen Prozesses sind die Probleme, auf die sich die Hilfe beziehen soll, genauer zu untersuchen. Ebenso sollen die Ressourcen und Fähigkeiten des Klienten und weitere Aspekte, die für die Intervention genutzt werden könnten, eruiert werden. Problematisches Verhalten lässt sich nach Lang (1985, nach Kanfer et al. 1990) auf drei „Manifestationsebenen" beschreiben: Der subjektiv-kognitiven, der verhaltensmäßigen und der physiologischen Ebene. Die subjektiv-kognitive Ebene umfasst Erleben, Gedanken, Gefühle, Befürchtungen, Hoffnungen und dergleichen, erkennbar an (meist verbalen) Äußerungen wie „es ärgert mich", „es macht mich traurig", „hoffentlich bessert er sich", „ich glaube, dass" und dergleichen. Zur Verhaltensebene ist „von außen" beobachtbares Verhalten zu zählen, z. B. unruhiges Zappeln und im Raum Herumlaufen, feindselige Blicke, Schreien, Nägelbeißen und Ähnliches.

Mit der physiologischen Ebene sind körperliche Reaktionen gemeint wie Veränderungen von Atem- oder Herzfrequenz, Schweißausbruch, Muskelspannung, EEG-Rhythmen. Obwohl alle drei Ebenen eng zusammenspielen, wird der Sozialarbeiter in der Regel diesbezügliche Messungen dem Arzt überlassen müssen.

Es ist herauszufinden, wie ausgeprägt ein problematisches Verhalten ist (Intensität), wie häufig es auftritt (Frequenz) und wie stark es den Betroffenen selbst und/oder sein Umfeld subjektiv und objektiv belastet. Auch Verlaufscharakteristika können Hinweise für die Behandlung geben. Beispielsweise ist es sinnvoll, bezüglich des Problems „Alexander macht ins Bett" herauszuarbeiten:

– Wie häufig kommt das Einnässen vor? (pro Nacht, pro Woche, pro Monat)
– Macht Alexander regelmäßig ins Bett oder nur unter bestimmten Umständen (z. B. immer zu Hause, aber nie bei der Großmutter)?
– Wie groß ist die abgegebene Urinmenge?
– Wie stark leidet Alexander unter dem „nassen Bett"?
– Wie stark fühlt sich die Mutter durch die Notwendigkeit des Wäschewechselns und -waschens beeinträchtigt?
– Seit wann nässt er ein?

Es wäre nicht überraschend, wenn sich dabei herausstellte, dass das Kind selbst sein Verhalten nicht als problematisch empfindet, obwohl die Umwelt sich dadurch sehr gestört fühlt. So kann z. B. ein Kind sein egoistisches Durchsetzungsverhalten gegenüber den Geschwistern richtig finden, die Geschwister aber nicht. Umgekehrt kann ein Kind Probleme erleben, z. B. starke Ängste oder Schüchternheit, die der Umwelt nicht als solche auffallen oder die sie nicht belasten. Pippi Langstrumpf, minderjährig, quasi elternlos (der Vater ist fast immer auf See), mit ihrer Aufsässigkeit jede Pflegefamilie aus dem Konzept bringend, müsste ins Heim – wenn man einen Sozialarbeiter zu Rate zöge. Fragte man dagegen sie selbst, dann würde sie sicherlich betonen, dass das unbeaufsichtigte Leben in der Villa Kunterbunt genau das Richtige für sie sei – und alle Kinder, die sie kennen, würden ihr Recht geben. Die Sichtweise beider Seiten ist also von Bedeutung. Auch ist zu fragen, wer die Befreiung von auffälligem Verhalten wünscht, denn häufig möchte ein Kind eine Verhaltensweise, z. B. sozial erfolgreiche aggressive Handlungen oder lustvolles übermäßiges Essen, beibehalten, und nur die Erwachsenen wollen eine Veränderung.

Bei der Problemanalyse geht es nicht um eine allumfassende, vollständige Erhebung. Dies wäre aus erkenntnistheoretischen Gründen unmöglich, aus praktischen Gründen unnötig und aus rechtlichen Gründen unzulässig (nach § 62 KJHG dürfen nur die zur Erfüllung der Aufgaben erforderlichen Sozialdaten erhoben werden). Es soll zu diesem Zeitpunkt auch noch nicht die detaillierte Problemanalyse vorweggenommen werden, die möglicherweise der Erzieher, Heilpädagoge oder Therapeut, der die Hilfe erbringen wird, zu Beginn von Phase 3 anstellen muss, um die erforderlichen Grundlagen für seine Arbeit zu ermitteln.

Die Datensammlung muss hypothesengeleitet erfolgen. Hat sich eine Hypothese als falsch erwiesen, so müssen die dazugehörigen Daten auch wieder eliminiert (bzw. gar nicht erst dokumentiert) werden. So dürfte nicht in einer Akte stehen: „Zu Anfang glaubten wir, der Vater sei alkoholabhängig. Dieser Verdacht konnte aber ausgeräumt werden."

Eine Fachkraft ist also immer wieder dazu aufgefordert, sich genau zu überlegen, ob eine Information, die sie erhalten hat, in diesem speziellen Fall zur Beantwortung dieser speziellen Fragestellung gebraucht wird oder nicht. Sie darf Daten, die zu einer gegebenen Zeit überflüssig sind, auch dann nicht aufnehmen, wenn abzusehen ist, dass diese Daten zu einem späteren Zeitpunkt („wenn das Kind in die Schule kommt", „wenn der Jugendliche aus dem Heim zurückkommt") oder für eine andere Fragestellung („falls irgendwann einmal die Frage der Adoption anstehen sollte") nützlich sein könnten. Vorratshaltung ist hier nicht erlaubt.[15]

Wenn hier eine ausführliche Sammlung *möglicher* relevanter Fragen zusammengetragen wird, so heißt dies keinesfalls, dass alle diese Informationen *immer* eingeholt werden dürfen. Es muss *für jeden Einzelfall individuell* zusammengestellt werden, was erforderlich ist. Die Auflistung ist sozusagen als Baukasten zu verstehen, aus dem nur diejenigen Bausteine entnommen werden sollen, die für die Errichtung eines bestimmten Bauwerks nötig sind. Dabei gilt der *Grundsatz der Erforderlichkeit* oder auch das wissenschaftstheoretische *Prinzip der Sparsamkeit*.

Welche Daten dies im Einzelfall sein können, lässt sich selbstverständlich nicht allgemein sagen. Als Leitsatz lässt sich aber nennen:

In die Dokumentation gehören (nur) die Informationen, mit denen die Entscheidung begründet bzw. die Gestaltung der Hilfeerbringung vorgezeichnet wird.

---

15 Zu Aufbewahrungsfristen vgl. Maas (1989); bezogen auf die Beratungsakten von Erziehungsberatungsstellen vgl. auch Bundeskonferenz Für Erziehungsberatung (1994).

Bei der Informationssammlung und -dokumentation sind vier Kriterien zu beachten:

- Entscheidungsbezogenheit
- Erforderlichkeit
- Tatsachenbezogenheit
- Vorbereitung der rechtlichen Bewertung.

> **Problemanalyse**
>
> *Mögliche Fragen zum gegenwärtigen problematischen Verhalten des Kindes oder Jugendlichen:*
>
> Welche Verhaltens- und Erlebensweisen des Kindes/Jugendlichen werden von seiner Umwelt als problematisch eingeschätzt?
> Welches Verhalten und Erleben sieht das Kind/der Jugendliche selbst als problematisch an?
> Wie stark ausgeprägt ist das als problematisch bezeichnete Verhalten? (Ausmaß und Häufigkeit des Auftretens)
> Wie lange besteht die Verhaltensauffälligkeit schon?
> Wer wünscht eine Änderung des Verhaltens?
> Unter welchen äußeren oder persönlichkeitsinternen Bedingungen tritt das Problemverhalten auf?[16]
> Wodurch wird das problematische Verhalten verstärkt?
> Unter welchen Bedingungen trat das Problemverhalten zum ersten Mal auf?
> Welche Anstrengungen unternahmen das Kind und sein Umfeld, um das problematische Verhalten zu überwinden?

3.3.2.3 Bedingungsanalyse

In der Bedingungsanalyse soll eruiert werden, von welchen Gegebenheiten das Problem „funktional" abhängt, d. h. welche Faktoren es aufrechterhalten, es verschärfen oder abschwächen. Welche „Pläne" und „Ziele" verfolgt das „störende" Familienmitglied (oder die Familie) – meistens ohne sich dessen klar bewusst zu sein – mit dem problematischen Verhalten (z. B. Gewinnen von Aufmerksamkeit, Erreichen von Entlastung, Nötigung trennungswilliger Eltern, weiterhin zusammenzubleiben, Hinderung eines Jugendlichen am „Ausbruch" aus der Familie)? Unter welchen Bedingungen bessert sich das Verhalten? Wie gestaltet sich das soziale Umfeld, insbesondere die Familie, in der das Verhalten eine Funktion hat? Welches sind

---

16 Persönlichkeitsinterne Bedingungen können emotionaler, kognitiver oder physiologischer Art sein. Auf biologisch-physiologische Prozesse wie z. B. neurologische Störungen oder akute oder chronische körperliche Erkrankungen muss immer, insbesondere aber bei seelischen Behinderungen, geachtet werden. Es ist selbstverständlich, dass die Fachkraft Sozialer Arbeit eine solche Krankheit oder Störung nicht allein abklären kann und auf die Zusammenarbeit mit einem Facharzt angewiesen ist, wie es § 36 Abs. 3 KJHG auch vorschreibt.

„kritische Variablen" (Dörner 1997; Vester 1976), d. h. Elemente des Familiensystems mit Schlüsselfunktion für ein ganzes Bündel von Merkmalen?

Bedingungsanalyse
Mögliche Fragen zur Lebenssituation des Kindes oder Jugendlichen:
Familie
Eltern-Kind-Subsystem
Wie ist die emotionale Beziehung zwischen Eltern und Kind geartet?
Wie ist die Erziehungskompetenz der Eltern zu beschreiben? (Wie fördern die Eltern die emotionale, soziale und kognitive Entwicklung des Kindes?)
Wie wird für die körperlichen Bedürfnisse und die Gesundheit des Kindes gesorgt?
Ehe- bzw. Partnersubsystem
Wie ist die emotionale Beziehung zwischen den Eltern des Kindes beschaffen?
Wie gehen die Eltern miteinander um?
Gibt es Konflikte zwischen den Eltern?
Wie stabil ist die Partnerbeziehung?
Gesamtsystem Familie
Welcher Art sind die materiellen Bedingungen der Familie?
An welchem Punkt ihres Lebenszyklus steht die Familie?
Wie sind die Möglichkeiten der Stressbewältigung?
Welche Ressourcen stehen zur Verfügung?
Wie lässt sich die Familienstruktur darstellen (Zusammensetzung, Grenzen, Normen und Regeln, Hierarchien, Machtverhältnisse)?
Wie ist das Familienklima?
In welcher Weise interagieren die Familienmitglieder miteinander?
Welches sind die Persönlichkeitsmerkmale anderer Familienmitglieder?
Wie steht es um den gesundheitlichen Zustand anderer Familienmitglieder?
Umfeld der Familie
Welche Unterstützungsmöglichkeiten hat die Familie durch ein soziales Netzwerk von Verwandten, Freunden, Nachbarn, Institutionen?
Gibt es Konflikte mit dem Umfeld?
Gibt es inadäquate Einmischung von Dritten?
Gibt oder gab es „Kunstfehler" von Experten, die die Familie betroffen haben?
System Kindergarten/Schule/Arbeitsplatz
Wie ist die Stellung des Kindes /des Jugendlichen in diesem System
Wie groß ist seine Bezugsgruppe und wie organisiert sie sich?
Wie steht es um die pädagogische Qualifikation des Erziehers/Lehrers/Ausbilders?
Welche Beziehung weist das Kind/der Jugendliche zum Erzieher auf?
Welche Beziehungen bestehen zwischen Kindergarten/Schule und Familie?

3.3.2.4 Entwicklungsanalyse

Die Entwicklungsanalyse richtet den Blick auf die Vergangenheit. Das erste Auftreten des problematischen Verhaltens kann wertvolle Aufschlüsse über seine Bedeutung geben. Welche Lebensbedingungen gingen ihm voraus? Welche Änderungen traten zu jener Zeit ein? Was taten das Kind und seine Familie, um die Symptomatik zu bewältigen? Welche Maßnahmen hatten (eventuell vorübergehend) Erfolg, welche nicht? Das Ergebnis einer solchen Analyse könnte z. B. so aussehen: Florian begann zu stehlen, als sein jüngerer Bruder schwer erkrankte und die ganze Aufmerksamkeit der Eltern auf sich zog. Um ihm das Stehlen „auszutreiben", schlug der Vater ihn und entzog ihm sein Taschengeld. Florian wurde daraufhin lediglich bei seinen Diebstählen vorsichtiger.

Entwicklungsanalyse

Mögliche Fragen zur Entwicklungsgeschichte des Kindes oder Jugendlichen:
Verlauf der körperlichen, kognitiven und emotionalen Entwicklung[17]
Gab es Komplikationen im Verlauf der Schwangerschaft?
Gab es Komplikationen bei der Geburt?
Gab es während der ersten beiden Lebensjahre Schwierigkeiten mit Ernährung, Schlaf, Wachstum und Verhalten?
Wurden die „Meilensteine" der Entwicklung verspätet erreicht?
– Sitzen, Krabbeln (später als 10 Monate)?
– Gehen (später als 18 Monate)?
– erste sinnvoll angewandte Worte (später als zwei Jahre)?
– Zwei- bis Dreiwortsätze (später als drei Jahre)?
– Sauberkeit (später als dreieinhalb Jahre)?
Gab es Schwierigkeiten, deretwegen fachliche Beratung in Anspruch genommen wurde?
Gab es Auffälligkeiten in der weiteren körperlichen Entwicklung?
Gab es Schwierigkeiten in der weiteren sprachlichen Entwicklung?
Gab es Erkrankungen oder Unfälle?
Wie gestaltete sich das innerfamiliäre und außerfamiliäre Kontaktverhalten des Kindes bis zur Einschulung?
Traten Störungen beim Besuch des Kindergartens auf?
Wie verlief die Schullaufbahn?
Gab oder gibt es Verhaltens- bzw. Leistungsschwierigkeiten in der Schule?
Wie verlief die soziale Entwicklung: Freunde, Interessen und Freizeitaktivitäten, ggf. Geschwisterbeziehung?
Entwicklungsbedingungen in der frühen Kindheit
Hat das Kind konstante und zuverlässige Zuwendung erfahren?
Gab es Beziehungsabbrüche, insbesondere in den ersten beiden Lebensjahren?
Gab es längere Aufenthalte außerhalb der Familie (Krankenhaus, Heim, Pflegefamilie)?

---

17 Vgl. dazu auch Poustka 1988, 496.

> *Entwicklungsbedingungen im Kindergarten- und Schulalter*
> Gab es gravierende Änderungen im Familiensystem?
> Welche Bedingungen erlebte das Kind im sozialen Umfeld der Familie, in Kindergarten und Schule?
> Gab es besonders belastende Erlebnisse im Laufe der Entwicklung?

3.3.2.5 Persönlichkeitsanalyse

Auffälliges Verhalten steht im allgemeinen im Zusammenhang mit bestimmten *Persönlichkeitsmerkmalen*. Deshalb kann es im Einzelfall notwendig werden herauszuarbeiten, auf welchem Persönlichkeitshintergrund und welchem *Entwicklungsstand* das Problemverhalten zu sehen ist.

Diese Angaben können einerseits erhellen, warum ein Kind unter belastenden Bedingungen zu einem bestimmten Signalverhalten Zuflucht sucht, zum anderen können sie deutlich machen, welche Verhaltensbereiche unbelastet sind. Dafür ist allerdings Voraussetzung, dass nicht nur die *Schwächen*, sondern auch die *Stärken* dargestellt werden. Mit der Beschreibung der Stärken kann verhindert werden, dass der Eindruck entsteht, ein Kind habe nur negative Seiten. Anzugeben, wo das Kind sich normal entwickelt hat, tüchtig, erfolgreich oder „ehrlich und anständig durchs Leben gekommen" ist, erfordert die Gerechtigkeit dem Kind gegenüber, denn auch das schwierigste Kind hat viele positive Züge. Es hilft, die Gefahr zu vermeiden, sein Selbstwertgefühl zu verletzen und dadurch womöglich zusätzliche Schwierigkeiten zu verursachen. Außerdem gibt es einen ganz entscheidenden systematischen Grund zur sorgfältigen Erfassung der starken Seiten eines Kindes oder Jugendlichen: Die Schwächen machen zwar die Hilfe erforderlich, die Stärken sind aber oftmals der beste Ansatzpunkt für die Hilfe (z. B. im Sinne des operanten Konditionierens).

In der Regel sind bei der Beschreibung des *Entwicklungsstandes* und der *Persönlichkeitsmerkmale* des Kindes oder Jugendlichen die folgenden Bereiche zu berücksichtigen:

- Physischer Bereich, also körperliche Entwicklung und Gesundheitszustand
- Sozialer Bereich, insbesondere das Verhalten und die Beziehungen zur Familie und zum weiteren sozialen Umfeld
- emotionaler Bereich
- kognitiver Bereich
- intrapsychische Konstellation, z. B. Selbstbild, besondere Konflikte, nicht befriedigte Bedürfnisse, Ängste.

Auch diese Informationen werden nur in dem Umfang eingeholt, wie sie zur hinreichenden Erklärung der Schwierigkeiten und der Erfassung der Ressourcen bedeutsam sind. Es ist weder notwendig noch erlaubt, nach *al-*

len erdenklichen Ursachen zu forschen oder ein breit angelegtes Persönlichkeitsbild zu zeichnen. Einige Beispiele sollen dies verdeutlichen:

Ein Kind zeigt als Reaktion auf das Eintreten einer Stiefmutter in die Familie ein ausgeprägtes Rückzugsverhalten, während es sich zuvor nicht auffällig verhalten hat. In diesem Fall wäre es für das Verständnis der Situation nicht erforderlich, die gesamte frühkindliche Entwicklung darzulegen. Hierzu würde ein Satz genügen: „Bis zur Wiederverheiratung des Vaters verlief die Entwicklung des Kindes normal". Stattdessen müsste ausführlicher dargelegt werden, welche Belastungen der Eintritt der Stiefmutter in das Leben des Kindes gebracht hat.

Anders läge die Situation, wenn ein Kind schon über lange Zeit ein gestörtes Kontaktverhalten entwickelt hat. Hier könnte die Information, dass im 2. Lebensjahr ein gravierender Beziehungsabbruch stattgefunden hat, zur Erklärung des kindlichen Verhaltens beitragen und deshalb erforderlich sein.

Würde bei einem Kind mit hyperaktivem Verhalten eine frühkindliche Hirnschädigung diagnostiziert, so wären Angaben zum Verlauf der Schwangerschaft, der Geburt und der ersten Lebenswochen relevant. Diese Angaben sind aber nicht erforderlich, wenn das Verhalten des Kindes als Antwort auf gegenwärtige überfordernde Bedingungen zu verstehen ist.

Persönlichkeitsanalyse

Mögliche Fragen zur Persönlichkeit und zum gegenwärtigen Entwicklungsstand des Kindes oder Jugendlichen:

Wie ist der körperliche Entwicklungsstand des Kindes/Jugendlichen? Wie ist sein Gesundheitszustand? (Äußeres Erscheinungsbild nur, falls sehr auffällig und Anlass für Schwierigkeiten)

Welche sozialen Beziehungen hat das Kind/der Jugendliche gegenwärtig und wie gestaltet es/er sie
– in der Familie?
– in Kindergarten, Schule oder Ausbildungsstätte?
– in der Freizeit, bei Spiel und Sport?

Wie ist die emotionale Ansprechbarkeit?

Wie ist die emotionale Stabilität? Zeigt das Kind eine bestimmte Stimmungslage regelmäßig und wenn ja, welche?

Was beschäftigt das Kind gefühlsmäßig?

Wie ist seine Intelligenz ausgeprägt?

Wie sind die lebenspraktischen Fertigkeiten entwickelt?

Zeigt das Kind spezielle Begabungen (z. B. im kreativen Bereich, im Sport)?

Wie sind seine schulischen Leistungen?

Gibt es eine Diskrepanz zwischen Leistungspotential und gezeigter Leistung?

Welche Interessen sind vorhanden?

Wie ist die intrapsychische Konstellation des Kindes/Jugendlichen, z. B. wie ist sein Selbstbild, hat es/er besondere Ängste, welche Bedürfnisse bleiben unbefriedigt, welche Konflikte belasten es/ihn?

Die Beobachtung, dass eine Wohnung stark verschmutzt und verwahrlost ist, spricht dafür, dass die Bewohner mit der Haushaltsführung überfordert sind und Unterstützung brauchen (z. B. durch sozialpädagogische Familienhilfe). Eine solche Information ist erforderlich, nicht aber die Information: „Die Wohnung ist geschmackvoll eingerichtet"[18], denn Geschmacksfragen haben nichts mit Jugendhilfe zu tun. Auf ähnliche Weise kann eine Information über die Kleidung eines Kindes oder Jugendlichen im einen Fall erforderlich sein, im anderen nicht. Erforderlich ist z. B. die Angabe, dass ein Kind ständig zu dünn oder zu warm, also nicht der jahreszeitlichen Temperatur entsprechend gekleidet ist, weil dies ein Indiz für Vernachlässigung oder Armut sein könnte, also entscheidungsrelevant wäre. Nicht erforderlich ist dagegen die Angabe: „Gaby kleidet sich meist mit Kleidern und Röcken, aber auch gutsitzende Hosen stehen ihr gut", denn hier ist kein Zusammenhang mit dem erzieherischen Bedarf zu erkennen.

Zur Beurteilung des Hilfebedarfs ist außerdem eine *Prognose* erforderlich. Wie würde das Verhalten und Erleben des Kindes sich zukünftig entwickeln, falls keine Hilfe einsetzte? Wie könnte es sich vermutlich entwickeln, wenn die richtige Hilfestellung gegeben würde? Prognosen wird man aus der Kenntnis wahrscheinlicher Zusammenhänge ableiten. Dabei stößt man allerdings auf das Problem, dass Vorhersagen menschlichen Verhaltens mit noch größerer Unsicherheit behaftet sind als Wetterprognosen, und das um so mehr, je länger der Prognosezeitraum ausgedehnt wird. Dörner (1983) begründet das damit, dass menschliches Verhalten oftmals von „zufälligen", „kleinen" Rahmenbedingungen beeinflusst wird, die nicht alle im voraus bekannt sein können. Von neueren Erkenntnissen der Chaostheorie ausgehend, stellt Dörner die Hypothese auf, dass menschliche Systeme sich „chaotisch" verhalten, weil sie sich in äußerst differenzierter Weise auf ihre Umwelt einstellen und auf kleinste Veränderungen unter Umständen mit erheblichen Wandlungen reagieren. Wenn es richtig ist, dass die menschliche Entwicklung ein solcher chaotischer Prozess ist, dann müssen Prognosen fehlerhaft sein. Ein Beispiel: Ein Jugendlicher, wegen seiner aggressiven Ausbrüche Außenseiter in der Klasse, vom Vater misshandelt, von der Mutter weitgehend ignoriert, schließt sich einer Gruppe Gleichaltriger an, die Gewalttaten gegen Ausländer begeht. Man kann die Prognose stellen, dass der Jugendliche sich nach kurzer Zeit an diesen Taten beteiligten wird. Bei einem Erkundungszug ins „Türkenviertel" lernt der Jugendliche aber ein türkisches Mädchen kennen und verliebt sich in sie. Dieser „Zufall" wird ihn daran hindern, Türken bzw. Ausländer überhaupt zu überfallen. Die Prognose war falsch, obwohl sie wohlbegründet erschien.

---

18 Dieses und das folgende Negativbeispiel entstammen Berichten von Jugendämtern und Heimen, die Udo Maas und ich unter datenschutzrechtlichen Fragestellungen analysierten (Gärtner-Harnach/Maas 1987).

3.3.2.6 Fachliche Beurteilung des erzieherischen Bedarfs

Zweck der sozialarbeiterischen Diagnostik ist, das muss immer wieder betont werden, die Ermöglichung von fachlich begründeten (nächstliegenden) Handlungsschritten. Sobald die Informationssammlung für diesen Zweck ausreicht, muss sie beendet werden. Allerdings ist es nicht leicht zu bestimmen, wann eine Informationsmenge tatsächlich ausreicht, denn möglicherweise könnte eine einzige zusätzliche Information (wie Missbrauch oder Alkoholismus) das Bild gänzlich ändern und würde zu einer ganz anderen Entscheidung führen (wichtige Informationen geben manche Klienten erst, wenn sie schon die Türklinke in der Hand haben, so wie manche Fernsehkommissare dann erst die entscheidende Fangfrage stellen). Von größerer Bedeutung als die Menge der Informationen ist jedoch im allgemeinen die *fachkompetente Zusammenstellung* und *Strukturierung* der Informationen. Man braucht, wie Dörner (1997, 70) es ausdrückt, keinen „Informationshaufen", sondern „ein Bild von der Sache" und darüber hinaus eine Vorstellung davon, „wie die Dinge zusammenhängen" und welche Ursachen sie haben könnten. Nur so kann man entscheiden, welche Informationen zur Klärung des Sachverhalts erforderlich sind und welche nicht.

Damit ist die Notwendigkeit der *fachlichen Beurteilung* als Bestandteil der Tatsachenermittlung angesprochen. Ohne diese fachliche Beurteilung ist die Informationssammlung unvollständig, weil ohne sie die Subsumtion unter Gesetzesbestimmungen nicht möglich ist. Die wesentlichen Erziehungsprobleme müssen herausgefiltert und ihre Entstehung erklärt werden. Es muss begründet werden, inwiefern hier eine „Mängellage" (vgl. Reg.E. Begr. 1989) vorliegt, für deren Behebung öffentliche Erziehung notwendig und geeignet ist. Das bedeutet, dass Aussagen darüber getroffen werden müssen, welche Verhaltensweisen als „erwünscht" oder „unerwünscht", „unproblematisch" oder „problematisch", „gesund" oder „krank" anzusehen sind, welche Erziehungsbedingungen als „ungünstig", „ungeeignet" und dergleichen betrachtet werden können. Es muss auch eingeschätzt werden, wie stark die Belastung für die Familie bzw. für einzelne Familienmitglieder ist.

Diese Interpretationsebene sollte man nach Möglichkeit sprachlich so gestalten, dass für den Leser erkennbar wird, dass es sich um eine subjektive Beurteilung handelt. Dafür eignen sich verschiedene Ausdrucksformen, z. B. die Aussage im Konjunktiv oder Angaben darüber, von wem die Einschätzung stammt („nach meinem Dafürhalten", „wir kommen zu dem Schluss", „soweit es sich von uns feststellen ließ", „unter Berücksichtigung aller uns bekannt gewordenen Tatsachen").

Mögliche Fragen zur fachlichen Beurteilung des erzieherischen Bedarfs:
Welche Verhaltens- und Erlebnisweisen deuten darauf hin, dass der Erziehungsprozess ungünstig verläuft?
Wie stark sind einzelne oder alle Familienmitglieder dadurch belastet?
Welche Verhaltensweisen deuten darauf hin, dass die Familie nicht aus eigener

> Kraft in der Lage ist, die ungünstigen Sozialisationsbedingungen zu ändern? Aber auch: Welche Bewältigungskompetenzen der Familien können für die Intervention genutzt werden?

Die Fachkraft wird allerdings berücksichtigen müssen, dass unterschiedliche Antworten auf diese Fragen möglich sein können. Diskrepanzen in den Bewertungen kommen – wie man leicht selbst erkunden kann – auch unter Kollegen vor. Erst recht kann es zwischen Klienten mit ihren subkulturell geprägten Werten, Anschauungen und Lebensstilen einerseits und Sozialarbeitern andererseits, deren Beurteilung ja möglicherweise ebenfalls durch persönliche Wertmaßstäbe gefärbt und deren professionelle Brille durchaus getrübt sein kann, zu unterschiedlichen Bewertungen der Problemlage kommen.

3.3.2.7 Rechtliche Bewertung des erzieherischen Bedarfs

Nach der fachlichen Bewertung folgt die rechtliche Bewertung, d. h. die Beantwortung der Fragestellung, ob bei den Antragsberechtigten ein Hilfebedarf (erzieherischer Bedarf) vorliegt. Es muss eine Aussage darüber getroffen werden, ob das Hilfeersuchen der Antragsteller begründet ist und damit der für die Hilfe zur Erziehung bzw. die anderen individuellen Hilfen geforderte Rechtstatbestand vorliegt. Diese Bewertung muss so dargestellt werden, dass sie nachvollziehbar, transparent und notfalls verwaltungsgerichtlich überprüfbar ist (Maas 1993).

Damit ist der Fachkraft im Jugendamt vom Gesetz eine schwierige Aufgabe auferlegt worden, denn sie kann zu ihrer Lösung nicht auf völlig objektive Kriterien zurückgreifen. Die oben (S. 101 und 103) genannten Anhaltspunkte können eine gewisse Hilfestellung geben:

Es besteht erzieherischer Bedarf,

- wenn Sozialisationsbedingungen vorliegen, die die Entwicklung des Kindes oder Jugendlichen zu einer autonomen und sozial kompetenten erwachsenen Persönlichkeit behindern,
- wenn die Erziehung die grundlegenden Bedürfnisse des Kindes oder Jugendlichen nicht in ausreichendem Maß berücksichtigt,
- wenn das Kind/der Jugendliche Verhaltensauffälligkeiten zeigt.

Aus der oben dargestellten Erkenntnis, dass die fachliche Bewertung mit Unsicherheiten behaftet ist, sollte das Jugendamt den ihm zugestandenen Beurteilungsspielraum möglichst weit auslegen, d. h. die „Latte" für die Anerkennung des Hilfebedarfs nicht zu hoch hängen, wenn nicht offensichtlich Missbrauchstatbestände vorliegen. Kostenargumente dürfen dabei keine Rolle spielen. (Die Wirtschaftliche Jugendhilfe ist da oft anderer Auffassung.)[19]

---

19 Diese Diskrepanz ist angesichts unterschiedlicher Aufgabenzuweisungen auch zu erwarten. Die Wirtschaftliche Jugendhilfe muss vor allem die sparsame Verwendung

3.3.2.8 Auswahl der Hilfe

Als nächstes ist die Rechtsfolge zu bestimmen, nämlich die erforderliche und geeignete Hilfe. Welche Hilfe als „geeignet" und „notwendig" anzusehen ist, hängt wesentlich von den gesetzten Zielen ab. Übergeordnete Zielsetzung der Hilfe zur Erziehung bzw. der anderen entsprechenden Hilfen muss sein, die Klienten zu befähigen, selbständig mit ihren Problemen fertig zu werden. Das heißt, die Erziehungsberechtigten sollen in die Lage versetzt werden, möglichst bald die Erziehungsaufgaben wieder allein zu bewältigen, die jungen Volljährigen dazu, ihr Leben eigenverantwortlich zu führen, und die seelisch behinderten oder von Behinderung bedrohten Kinder und Jugendlichen sollen so weit wie möglich in die Gesellschaft integriert werden. Personen sollen in ihren Bewältigungskompetenzen gestärkt und Probleme verringert oder beseitigt werden. Unterhalb dieses *Oberziels* „Unabhängigkeit vom Jugendamt" (bzw. von fremder Hilfe) gibt es eine Reihe von *Teilzielen*. Aus ihnen sind diejenigen auszuwählen, die angestrebt werden sollen. Eventuell ist ihre Reihenfolge zu bestimmen. Denn in der Regel wären Zeit, Geduld und Kräfte der Beteiligten überfordert, wenn alle erstrebenswerten Teilziele auch tatsächlich angegangen würden. Nicht nur Probleme, *auch Ziele können sich ändern*. Deshalb können auch Ziele der Hilfe nur vorläufig festgelegt werden und müssen prinzipiell veränderbar sein.

Ein Beispiel:
Ein durch die Ehetrennung aufgewühlter und psychisch destabilisierter Elternteil fühlt sich durch die Lebhaftigkeit und Eigenwilligkeit seines Kindes überfordert und wünscht als Ziel ein in Richtung Ruhe, Ausgeglichenheit und Folgsamkeit verändertes Verhalten des Kindes. Einige Zeit später, wenn er selbst wieder stabilisiert ist, findet er die Lebhaftigkeit seines Kindes tolerierbar und gibt das ursprüngliche Ziel auf.

Bei der *Auswahl der Ziele* ist die aktive Mitarbeit der Personensorgeberechtigten und des Kindes bzw. Jugendlichen ganz besonders gefordert. Ihnen muss Gelegenheit gegeben werden, Klarheit darüber zu gewinnen und Wünsche dazu zu äußern, welche Veränderungen ihnen am vordringlichsten erscheinen, und welche sie sich zumuten können und wollen. Veränderungen bedeuten nämlich, wie schon gesagt, immer auch Verzicht und Anstrengung. Die Nutzer von Jugendhilfe überschauen auch am ehesten, welche (möglicherweise unerwünschten) Neben- und Fernwirkungen die Veränderungen, die einen Bereich betreffen sollen, auf andere Bereiche haben könnten. *Beispiel*: Der Sohn macht keine Schwierigkeiten mehr, deshalb fühlt sich der Vater frei, die Familie zu verlassen. Man hat zwar ein Problem aus der Welt geschafft, aber dafür ein anderes, vermutlich größeres, herbei-interveniert.

---

der knappen Mittel im Auge haben. Das berechtigt sie aber nicht, in fachlich begründete Entscheidungen des ASD einzugreifen.

Der Sozialarbeiter kann der Familie helfen, *Teilziele* zu identifizieren und ihre Erreichbarkeit realitätsgerecht einzuschätzen. Er muss sie vor ungerechtfertigten Utopien („Man kann immer glücklich sein", „Alles ist machbar") bewahren. Kanfer et al. (1990) sprechen hier von „vorsichtigem" oder „realistischem Optimismus", der sowohl sieht, dass Verbesserungen bei jedem Problem möglich sind, als auch die Augen nicht davor verschließt, dass es unabänderliche Tatbestände gibt, mit denen man sich – eventuell bei veränderter Bewertung – abfinden muss. Auf der Grundlage seiner Fachkenntnisse kann der Sozialarbeiter die Klienten darüber beraten, welche Veränderungen die größte „Breitenwirkung" haben könnten, also welches „Schlüsselziele" sein könnten, deren Erreichen die Änderung mehrerer anderer Schwierigkeiten nach sich ziehen könnte. Zum Beispiel wäre anzunehmen, dass der Abbau der Erschöpfung einer Mutter sowohl die Verhaltensauffälligkeiten ihrer Kinder als auch die eheliche Beziehung in positiver Weise beeinflusst.

Bei der Auswahl der in Frage kommenden *Hilfeart* hat das Jugendamt insbesondere die in den §§ 28 bis 35 KJHG genannten Hilfen zu berücksichtigen, ist aber nicht auf sie beschränkt.[20] Es soll dabei die Vorstellungen der Personensorgeberechtigten und des Kindes oder Jugendlichen beachten, aber letztlich muss die fachliche Begründung den Ausschlag geben. Demnach sollten der sozialen Fachkraft zumindest ansatzweise Indikationen, vor allem aber Kontraindikationen für bestimmte Hilfearten bekannt sein. Die Schwierigkeit ist hier, dass es grundsätzlich keine eindeutige Zuordnung von Hilfearten zu Problemlagen gibt, *„die"* geeignete und *„die"* notwendige Hilfe also bei noch so sorgfältiger Diagnostik schwerlich auszumachen sein wird. Es können allenfalls unterschiedliche Erfolgswahrscheinlichkeiten für unterschiedliche Maßnahmen angenommen werden. Aber Prognosen sind in diesem Bereich, wie bereits ausgeführt, mit Unsicherheit behaftet.

Es ist freilich auch nicht immer nötig, nach „der" einzig richtigen Hilfe zu suchen, denn es gilt: Viele Wege führen nach Rom, und Schleich- und Umwege bringen oft wichtige Erfahrungen. Jede Intervention hat in der Regel multiple Effekte, und die Modalität der Intervention braucht nicht der Modalität der Störung zu gleichen (Kanfer et al. 1990). So wird in der Regel eine Einzelbehandlung deutliche Auswirkungen auf das Familiensystem haben und eine systemische Intervention jedes einzelne Familienmitglied beeinflussen, auch wenn es niemals zu einer Familiensitzung erscheint. Die heilpädagogische Behandlung der Enkopresis eines Kindes kann z. B. Auswirkungen auf die eheliche Beziehung der Eltern haben, weil die Eltern vom Streit über die „richtigen" pädagogischen Methoden entlastet werden,

---

20 Das Bayerische Landesjugendamt (1992) empfiehlt, auch das Fehlen eines erforderlichen Leistungsangebots zu dokumentieren, um Grundlagen für die Jugendhilfeplanung zu sammeln.

oder umgekehrt kann die Eheberatung zur Beendigung des problematischen Verhaltens des Kindes führen, weil dieses sich nicht mehr vor die Aufgabe gestellt sieht, die Ehe der Eltern „zu kitten", indem es ihnen eine gemeinsame Sorge bereitet.

Wenn also auch gesagt werden kann, dass angestrebte Erfolge mit unterschiedlichen sozialpädagogischen Angeboten zu erreichen sind, so wäre es doch langfristig befriedigender, klarere Indikationen für die einzelnen Hilfen nach dem KJHG zu besitzen. Hier liegt eine wichtige Aufgabe für die Jugendhilfeforschung. Auch in Anbetracht der Rechtsprechung des Bundesverfassungsgerichtes zur Möglichkeit der inhaltlichen Überprüfung von Verwaltungsentscheidungen durch Betroffene (Maas 1994 b) wäre die Entwicklung von Kriterien für die Auswahl anzustreben. Allerdings wird niemals eine schematische Zuordnung möglich sein.

Gravierend können die Folgen einer falschen Entscheidung vor allem dann sein, wenn eine erforderliche Hilfe vom Jugendamt verweigert wird, sei es aus Kostengründen, oder sei es, weil der Sozialarbeiter die Notwendigkeit nicht richtig beurteilt. Wird eine gebotene Hilfe nicht oder nicht rechtzeitig gewährt, kann beim Kind ein nicht wiedergutzumachender Schaden angerichtet werden.

Die Hilfeart sollte so ausgewählt werden, dass alle beteiligten Familienmitglieder damit einverstanden sind (obwohl den Antragsberechtigten, wie Maas 1993 dargelegt hat, vom Gesetz nicht das Recht zugestanden wird, eine andere Hilfeart als die vom Jugendamt bestimmte einzufordern). Für die Arbeit würde es nämlich keinen Sinn machen, den Klienten eine Hilfe aufzuoktroyieren, die sie nicht wollen. Damit wäre der Misserfolg der Maßnahme möglicherweise vorprogrammiert. Allerdings darf nicht verkannt werden, dass es auch Entscheidungen geben kann, mit denen nicht alle Beteiligten von Anfang an einverstanden sind, z. B. die Unterbringung eines Jugendlichen im Heim gegen seinen Willen. Lässt sich eine solche Entscheidung nicht vermeiden, weil andere Alternativen nicht zur Verfügung stehen, so ist es eine vordringliche Aufgabe sowohl der entscheidenden als auch der hilfeerbringenden Stelle, sich um die Verbesserung der Akzeptanz bei den Betroffenen zu bemühen.

Den Eltern muss von der Fachkraft dargelegt werden, welche Möglichkeiten der Jugendhilfe zur Verfügung stehen, denn meistens haben sie keinen Überblick über die Angebotspalette. Mit ihnen zusammen muss überlegt werden, welche Hilfe ausreichen könnte (Prinzip des kleinstmöglichen Eingriffs). Alle Hilfen, bei denen das Kind/der Jugendliche in der Familie bleiben kann, sind grundsätzlich den Hilfen vorzuziehen, die eine Trennung des Kindes von der Familie mit sich bringen. Es muss aber auch so früh wie möglich erkannt werden, wann diese Hilfen nicht mehr ausreichen, damit eine Familie nicht erst das ganze Repertoire der Möglichkeiten mit stets neuen Rückschlägen durchprobieren muss. Dies würde ihre Motivation,

Hilfen in Anspruch zu nehmen, verringern und den Jugendlichen unnötig in den Verdacht bringen, „hilferesistent" zu sein.

Als „schonendste", weil den Familienbezug erhaltende und als weniger fordernd und auch weniger stigmatisierend erlebte Hilfen können gesehen werden: Erziehungsberatung (§ 28 KJHG), soziale Gruppenarbeit (§ 29 KJHG), Erziehungsbeistand, Betreuungshelfer (§ 30 KJHG), Erziehung in der Tagesgruppe (§ 32 KJHG). Dazu ist im einzelnen anzumerken:[21]

1. *Erziehungsberatung (§ 28 KJHG):*
Sie kann dazu beitragen, Probleme in der Familie und beim einzelnen Familienmitglied genauer zu erkennen, ihre Ursachen aufzudecken und durch Beratung in Erziehungsfragen, therapeutische Aufarbeitung beim Kind und/oder Eltern und durch Training spezieller Fähigkeiten einer Lösung zuzuführen (z. B. Einüben von Möglichkeiten der Stressbewältigung, Entwicklung wirkungsvoller Lern- und Arbeitsstrategien oder Aufbau von Erfolgszuversicht im Hinblick auf schulische Leistungen.[22]

2. *Soziale Gruppenarbeit (§ 29 KJHG):*
Sie richtet sich an Jugendliche und ältere Kinder, deren soziale Kompetenz gefördert werden muss. Die Gruppe soll dem Kind oder Jugendlichen als Lernfeld dienen für den Erwerb von Fähigkeiten wie Einfühlungsvermögen, genaue Wahrnehmung des Verhaltens anderer, richtige Einschätzung der eigenen Stärken und Schwächen, adäquates Austragen von Konflikten und Impulskontrolle. Das moralische Urteilsvermögen kann, wenn die entsprechenden Denkanreize in der Gruppe gegeben werden, weiterentwickelt werden. Die Gruppe soll dem jungen Teilnehmer helfen, angemessenes Selbstwertgefühl zu entwickeln, Kontakte zu knüpfen und seinen Stand unter Gleichaltrigen zu verbessern. Bisher wird soziale Gruppenarbeit vor allem in Form sozialer Trainingskurse angeboten, meistens für Jugendliche, die durch eine Weisung des Jugendrichters zur Teilnahme verpflichtet wurden (vgl. Deutscher Verein 1994).

3. *Erziehungsbeistand, Betreuungshelfer (§ 30):*
Ein junger Mensch, dem die soziale Anpassung nicht im erwünschten Ausmaß gelingt, und dessen Familie allein seine Schwierigkeiten nicht auffangen kann, erhält außerhalb seiner Familie einen „dritten Erwachsenen". Dies ist eine Person, die ihn und seine Familie bei auftretenden Problemen unterstützt, die Entwicklungsanreize setzt und die ihn auf dem Weg ins Erwachsenwerden ein Stück weit beratend und helfend begleitet. Ist ein Jugendlicher straffällig geworden, so kann der Jugendrichter ihm gemäß § 10 JGG die Weisung erteilen, die Unterstützung durch einen Betreuungshelfer zu suchen, bzw. ihm nach § 12 JGG auferlegen,

---

21 Vgl. dazu auch die ausführlichen Darstellungen bei Maas (1996 a) und Fieseler/Herborth (1994).
22 Ausführlich hierzu: Hundsalz (1995).

Hilfe zur Erziehung in Form der Erziehungsbeistandschaft in Anspruch zu nehmen. Die dergestalt geschaffene Verbindung von Jugendhilferecht und Jugendstrafrecht ist kritisiert worden (Maas 1996a; Münder et al. 1998). Außerdem ist von Maas klargestellt worden, dass der Betreuungshelfer bzw. der Erziehungsbeistand nur tätig werden kann, wenn die Eltern einen entsprechenden Antrag auf Hilfe zur Erziehung stellen und der Jugendliche mit der Hilfe einverstanden ist.

4. *Erziehung in der Tagesgruppe oder in Familienpflege (§ 32 KJHG):*
Die Erziehungsarbeit wird den Eltern ein Stück weit abgenommen, ohne dass sie auf das tägliche Zusammensein mit ihrem Kind verzichten müssen. Kinder können die Förderung erhalten, die zu Hause nicht zu gewährleisten ist, und dennoch bleiben ihnen ihre Familie und ihr weiteres soziales Umfeld erhalten. Das Eltern-Kind-Verhältnis wird von täglichen Konflikten entlastet und kann sich entspannen.

5. *Sozialpädagogische Familienhilfe (§ 31 KJHG):*
Sie greift stärker in das familiäre Leben ein. Sie kann Eltern, die sich aus eigener Kraft zu einer bestimmten Zeit der Erziehung der Kinder, der Führung des Haushalts, dem Umgang mit Behörden und Institutionen nicht gewachsen sehen, zur Seite stehen, um ihnen die Bewältigung ihres Alltags zu erleichtern bzw. mit ihnen die Fähigkeit zur selbständigen Bewältigung zu erarbeiten. Hilfe und Kontrolle sind hier eng miteinander verbunden, denn vor einem Familienhelfer lässt sich nur schwer etwas verstecken. Diese Art der Hilfe wird von einigen Familien durchaus geschätzt, von anderen als zu weitgehendes Eindringen in ihre Privatsphäre abgelehnt.

6. *Vollzeitpflege und Heimerziehung (§§ 33 und 34 KJHG):*
Diese Maßnahmen sind mit der Trennung von der Familie verbunden und müssen deshalb als stark intervenierend beurteilt werden. Dennoch erscheinen sie unumgänglich, wenn die Familie – sei es krisenbedingt oder auf Dauer – dem betroffenen Kind nicht die Zuwendung, Unterstützung und Förderung geben kann, die es für seine gesunde psychische und körperliche Entwicklung braucht. Das Kind oder der Jugendliche erhält hier – vorübergehend oder langfristig – einen gänzlich anderen als den gewohnten Lebensrahmen. Dies soll ihm die Chance geben, unter Bedingungen aufzuwachsen, die in ihrer Gesamtheit seiner Entwicklung dienlicher sind als die in der Familie. Qualifizierte pädagogische Angebote und therapeutische Arrangements in Verbindung mit förderlichen alltäglichen Sozialisationsbedingungen sollen helfen, fehlgelaufene Entwicklungen zu korrigieren, Mängel auszugleichen und eine positive Weiterentwicklung in Gang zu setzen. Gleichzeitig soll mit den Eltern darauf hingearbeitet werden, dass das Kind/der Jugendliche bei seiner Rückkehr günstigere familiäre Bedingungen vorfindet. Ist dies nicht möglich, muss das Kind auf das Leben in einer anderen Gemeinschaft oder der Jugendliche auf das eigenständige Leben vorbereitet werden. Für Kind und El-

tern ist die Entscheidung, eine Hilfe nach § 33 oder § 34 KJHG anzunehmen, mit der Zustimmung verbunden, auf das Leben miteinander weitgehend zu verzichten bzw. es auf Besuchskontakte zu beschränken. Dies ist in den meisten Fällen für alle Beteiligten schmerzhaft, gleichzeitig aber auch eine Entlastung und manchmal eine Befreiung.

7. *Intensive sozialpädagogische Einzelbetreuung (§ 35 KJHG):*
Sie hilft Jugendlichen in der Ablösungsphase, die nicht mehr in ihrer Familie leben können oder wollen, allein aber noch nicht in der Lage sind, ihr Leben eigenverantwortlich und sozial integriert zu führen. Gemeint sind Jugendliche, die mit sich selbst erhebliche Probleme haben und die auch ihrer Umwelt beachtliche Schwierigkeiten bereiten, wie Drogenabhängigkeit, Prostitution oder Trebegang, und die in einem offenen Heim nicht bleiben, meistens dort auch nicht zu positiven Verhaltensänderungen gelangen würden. Für sie müssen speziell auf ihre Persönlichkeit und Problemlage zugeschnittene individuelle Hilfen angeboten werden. Der Betreuer muss sich mit großem Engagement dafür einsetzen, dass der Jugendliche die psychischen Grundlagen für eine sozial eingegliederte Lebensführung erwirbt (wie Lern- und Arbeitsmotivation, Fähigkeit zur sinnvollen Gestaltung der Freizeit, Umgang mit Geld usw.). Außerdem muss er dem Jugendlichen helfen, die dafür notwendigen Voraussetzungen zu finden, z. B. Schulabschluss, Arbeitsplatz oder Wohnung. Vor allem muss er sich bemühen, durch seine Arbeit und seine Persönlichkeit (z. B. Ehrlichkeit, Zuverlässigkeit, Bereitschaft zum Eintreten für die Belange des Klienten) für den jungen Menschen so vertrauenswürdig zu werden, dass dieser sich auf eine persönliche Beziehung zum Helfer einlassen kann. Die interpersonelle Beziehung bildet die Grundlage für solche tiefgreifenden Einstellungs- und Verhaltensänderungen beim Jugendlichen.

Die *diagnostische Feststellung* zu den Hilfen nach Ziff. 1 bis 5 müsste sich darauf beziehen, dass die Familie ihre Erziehungsfunktion zwar allein nicht ausreichend erfüllen kann, wohl aber mit ambulanter Unterstützung durch eine Fachkraft (bzw. durch eine Gruppe). Die ambulanten Hilfen nach §§ 29, 30 und 32 KJHG setzen die Feststellung voraus, dass die Veränderung am besten in der direkten Arbeit mit dem Kind/Jugendlichen zu erreichen ist. Die Eltern sollen zwar ebenfalls einbezogen werden, stehen aber nicht im Mittelpunkt der Bemühungen. Erziehungsberatung wendet sich in der Regel sowohl an die Eltern als auch an die Kinder. Sie macht die Bereitschaft und die Fähigkeit der Eltern zur Bedingung, an der Veränderung eigener Einstellungen, Erlebens- und Verhaltensweisen zu arbeiten. Die Diagnose sollte also auch die diesbezügliche Motivation der Eltern berücksichtigen. Für sozialpädagogische Familienhilfe müsste diagnostiziert werden, dass die Familie Begleitung im Alltag braucht, um weiterhin ihrer Aufgabe gewachsen zu sein, und dass sie zur Zusammenarbeit mit dem Helfer/der Helferin bereit und in der Lage ist.

Soll eine Fremdunterbringung fachlich begründet werden, muss die Diagnose gestellt werden, dass die familienbegleitende Unterstützung durch eine Fachkraft nicht ausreicht, sondern die Lebensbedingungen des Kindes/Jugendlichen einer grundlegenden Änderung bedürfen, um sicherzustellen, dass Entwicklungsdefizite ausgeglichen und die zukünftige Entwicklung so gefördert werden kann, dass das Kind/der Jugendliche sich zu einer eigenverantwortlichen und gemeinschaftsfähigen Persönlichkeit entwickelt.

Als Anhaltspunkte für die *Beurteilung der Rückkehrmöglichkeit* sind zu nennen: Ergibt sich die Erziehungsschwierigkeit aus einer akuten Krise (z. B. Scheidung, akute, heilbare Krankheit der Mutter oder des Vaters, Folge eines gravierenden Verlustes), so ist damit zu rechnen, dass die Familie das Kind wieder aufnehmen und erziehen kann, wenn sie die Krise überwunden haben wird. Besteht dagegen eine schon lang andauernde, chronische Erziehungsproblematik, die sich aus der Persönlichkeit der Eltern oder einer schwer oder gar nicht zu beeinflussenden Familienkonstellation ergibt, so sind die Chancen auf Rückkehr als geringer einzuschätzen. Sie sind aber nicht von vornherein zu verneinen, und auch bei diesen Familien muss immer wieder neu geprüft werden, ob sie inzwischen ihrem Kind bessere Entwicklungsbedingungen bieten können.

3.3.2.9 Der Hilfeplan
Zur Bedeutung des Hilfeplans

Mit der Erstellung des Hilfeplans nach § 36 Abs. 2 KJHG, die bei langfristig zu erbringender Hilfe vorzunehmen ist, werden die Ergebnisse der in den vorausgegangenen Abschnitten analysierten diagnostischen und planenden Arbeit schriftlich dokumentiert. Im Hilfeplan ist auch zu zeigen und zu konkretisieren, worin der erzieherische Bedarf besteht, welche Hilfeart ihm angemessen ist, und welche Leistungen als notwendig zu erachten sind. Er ist regelmäßig fortzuschreiben, wobei die begonnene Maßnahme auf ihre Wirksamkeit zu überprüfen und die Notwendigkeit der Fortsetzung oder Beendigung festzustellen ist. Der Hilfeplan und seine Fortschreibung sollen unter Beteiligung der Personensorgeberechtigten und des Kindes oder Jugendlichen sowie der mit der Durchführung der Hilfe betrauten Personen, Dienste oder Einrichtungen von mehreren Fachkräften des Jugendamtes erarbeitet werden.[23] Kommt Eingliederungshilfe in Frage, ist darüber hinaus die Zusammenarbeit mit einem (Fach-)Arzt und gegebenenfalls mit Stellen der Bundesanstalt für Arbeit vorgeschrieben. Da der Plan festhält, was einvernehmlich vereinbart worden ist, ist er auch mit einem Kontrakt verglichen worden. Der Hilfeplan *ersetzt nicht* den von der hilfeerbringenden Stelle zur erarbeitenden *Erziehungs-, Entwicklungs- oder Therapieplan*, skizziert aber dessen Grund-

---

[23] Eine Empfehlung zur Zusammensetzung des Teams in Abhängigkeit von der zu lösenden Aufgabe gibt der Deutsche Verein für öffentliche und private Fürsorge (1994, 323 ff.).

richtung. Verglichen mit den letztgenannten Plänen kann er „gröber gerastert" sein. Die ihm zugrunde gelegte Betrachtung braucht (wie ein nicht allzu genaues Foto) einen geringeren Auflösungsgrad (Dörner 1989). Die Feinrasterung oder Präzisierung erfolgt bei der hilfeerbringenden Stelle.

Dem Hilfeplan kommt nach vielfach geäußerter Einschätzung[24] eine Schlüsselfunktion bei der Verbesserung der fachlichen Qualität der Hilfe und bei deren rechtlicher Absicherung zu. Da er die praktische Umsetzung wichtiger Gedanken, die den Neuerungen des KJHG zugrunde liegen, notwendig macht, ist er als Herausforderung und Anreiz für Fachlichkeit und Selbstverständnis der Sozialen Arbeit und als große Chance für deren weitere Professionalisierung zu sehen. Werden mit diesem Instrument die Grundprinzipien der Klientenpartizipation und der planvollen Arbeit, wie sie zu Beginn des Kapitels aufgeführt wurden (siehe S. 98) in die Praxis umgesetzt und in der Theorie weiterentwickelt, so kann sich das Jugendamt immer mehr als Fachbehörde legitimieren, die rechtliche und sozialwissenschaftliche Aspekte so zu verbinden weiß, dass daraus eine den Klienteninteressen und -rechten verpflichtete Arbeit resultiert.

Bei der Abfassung des Hilfeplans ist der bereits mehrfach erwähnte Grundsatz der Erforderlichkeit der Datensammlung und -speicherung besonders zu beachten. Das heißt, dass der Plan möglichst präzise und kriteriumsorientiert gestaltet werden sollte. Andererseits darf er aber auch nicht zu knapp ausfallen, denn wenn Daten, die zum Nachvollziehen der Entscheidungsschritte erforderlich sind, fehlen, so kann dies zu Mehrdeutigkeiten führen. In diesem Falle wird der Leser dazu verleitet, „sich selbst seine Gedanken zu machen", Ausgespartes hinzuzudenken, was ebenso wenig im Interesse der Klienten sein kann wie zu viele Mitteilungen. Das Gütekriterium der *Transparenz* wird zum einen dadurch erfüllt, dass alle Schlussfolgerungen nachvollziehbar gemacht werden, zum anderen durch sprachliche Verständlichkeit, namentlich für die Betroffenen. Fachtermini müssen also „übersetzt" oder erklärt werden. Daneben ist bei der sprachlichen Gestaltung darauf zu achten, dass niemand durch sprachliche Nachlässigkeiten diskriminiert oder verletzt wird (siehe dazu auch die umfangreiche Analyse nicht erforderlicher Daten und sprachlicher Zumutungen gegenüber den Betroffenen bei Gärtner-Harnach/Maas 1987).

Der Hilfeplan kann dem folgenden Vorschlag entsprechend strukturiert werden.[25] Dabei können auch Formblätter nützlich sein, wie sie von einzelnen Landesjugendämtern (z. B. Baden, Bayern, Württemberg-Hohenzollern) entwickelt wurden. Die dort erstellten Formulare unterscheiden sich

---

24 Vgl. dazu die Zielsetzungen in der Reg.E.Begr: (1989) und die Aussagen von Maas (1992, 1996 a), Bayerischem Landesjugendamt (1992), LWV Baden (1993), LWV Württemberg-Hohenzollern (1992); Deutscher Verein für öffentliche und private Fürsorge (1994).
25 Vgl. auch Maas (1996 a).

insofern wohltuend von den „Erhebungsbögen" oder „Personalblättern" alten Stils, als sie das Prinzip der Erforderlichkeit der Datenerhebung berücksichtigen und sich sparsam auf die für den Hilfeplan notwendigen Angaben beschränken.[26]

Aufbau des Hilfeplans

Die *Unter*gliederung der hier genannten Hauptpunkte sollte den Gegebenheiten des jeweiligen Falles angepasst werden; sie wird daher im folgenden nicht als Dezimalkatalog vorgegeben. Für ein Beispiel vgl. Abschnitt 3.3.3.

0. Formale Angaben
- Personalien des Kindes/Jugendlichen und der Eltern bzw. der Personensorgeberechtigten
- Antragsteller/Anspruchsberechtigter
- Zuständige Fachkraft im Jugendamt

1. Entscheidung
- Kurze Angabe, welche konkrete Hilfeentscheidung wann getroffen wurde (unter Angabe der Hilfeart und der hilfeerbringenden Stelle)
- Beteiligte, die in den einzelnen Phasen des Hilfevorbereitungsprozesses mitgewirkt haben, gegebenenfalls weitere Informationsquellen. Falls nicht nur die Angaben der Beteiligten, sondern Daten aus anderen Quellen, z. B. ärztlichem Attest, psychologischem Gutachten, Schul- und Arbeitszeugnissen und dergleichen dem Plan zugrunde gelegt werden, sollte dies hier angegeben werden.

2. Sachverhalt
(Durch welche Gegebenheiten wird die Entscheidung begründet? Welche Informationen werden für die Ausgestaltung der Hilfe benötigt?)
- Erforderliche Angaben über das Verhalten und Erleben des Kindes oder Jugendlichen: gegenwärtige Schwierigkeiten, bisherige Entwicklung, soweit sie zum Verständnis der Schwierigkeiten und für die Auswahl der Hilfe bekannt sein muss, Stärken und Ressourcen
    - aus Sicht der Personensorgeberechtigten
    - aus Sicht des jungen Menschen
    - aus Sicht des Jugendamtes und anderer Beteiligter
- Erforderliche Angaben über das engere soziale Umfeld: Eltern, Geschwister, Lebensverhältnisse, Erziehungsstile, bisherige Entwicklung, soweit zum Verständnis der Probleme und zur Auswahl der Hilfe nötig; Schwierigkeiten, Stärken und Ressourcen
    - aus Sicht der Personensorgeberechtigten
    - aus Sicht des jungen Menschen
    - aus Sicht des Jugendamtes und anderer Beteiligter

---

26 Zur Kritik der Erhebungsbögen siehe Maas (1985); (Gärtner-Harnach/Maas 1987); Landesbeauftragte Für Den Datenschutz Baden-Württemberg (1989).

– Sozialpädagogische/sozialarbeiterische Beurteilung der erzieherischen Problematik

3. Erzieherischer Bedarf
(Welche erzieherische Aufgabe kann die Familie nicht ohne Hilfe erfüllen?)
– Rechtliche Bewertung der fachlichen Diagnose gem. § 27 KJHG

4. Die gewählte Art der Hilfe
(Welche Hilfeart erscheint im Hinblick auf den erzieherischen Bedarf geeignet und notwendig?)
– Begründung für die Auswahl der Hilfe
– Zielsetzungen im Hinblick auf Erleben und Verhalten des jungen Menschen und auf seine Persönlichkeitsentwicklung
– Zielsetzungen im Hinblick auf die Familie bzw. sonstige Bezugspersonen
– Bei Hilfen außerhalb der eigenen Familie: Perspektiven zur Rückkehr in die Familie (einschließlich Voraussetzungen dafür) oder andere auf Dauer angelegte Perspektiven
– Eventuell Angaben darüber, ob dem Wunsch- und Wahlrecht der Leistungsberechtigten entsprochen werden konnte und die Rechte der Betroffenen nach §§ 8 und 9 KJHG berücksichtigt wurden

5. Die notwendigen Leistungen im Einzelnen
(Wie soll die Hilfe ausgestaltet werden?)
– Art und Umfang der erforderlichen sozialpädagogischen, schulischen oder therapeutischen Leistungen
– Beabsichtigter Beitrag des jungen Menschen und der Personensorgeberechtigten zum Gelingen der Hilfe
– Bei Hilfen außerhalb der Familie: Formen und Häufigkeiten der Kontakte zwischen dem jungen Menschen und seinen Eltern bzw. anderen wichtigen Bezugspersonen
– Formen der Zusammenarbeit zwischen Eltern und Fachkräften
– Zeitliche Perspektive: Beginn und voraussichtliche Dauer der Hilfe
– Zeitpunkt der Rückmeldung über Verlauf und Ergebnis der Hilfe

3.3.3 Fallbeispiel zum Hilfeplan

Hilfeplan für Damir K.
(0. Formale Angaben)[27]

0.1 Personalien:

Name: K.
Vorname: Damir
Geburtsdatum: .... (Alter bei Entscheidung: 11 Jahre)

---

27 Angaben, die in Klammern gesetzt sind, werden üblicherweise im Text nicht ausgeschrieben. Sie dienen hier der Kategorisierung und inhaltlichen Orientierung.

Geburtsort:	O. (Kroatien)
Anschrift:	....
Staatsangehörigkeit:	kroatisch
Religion:	röm.-kath.
Eltern:	Herr L. K., Schreiner, Frau I. K., Küchenhilfe
Geburtsdaten:	....
Geschwister:	A., geb. ...., B., geb. ...., C., geb. ....
Anschrift:	....
Staatsangehörigkeit(en):	kroatisch
Personensorge-berechtigte/-er:	beide Eltern
Wirtschaftliche Situation d. Familie:	....
Wohnsituation:	Dreizimmerwohnung mit Bad und WC, 72 qm

0.2 Entscheidung:

Durch Entscheidung vom ... wurde Herrn und Frau K., den leiblichen Eltern von Damir K., als Inhabern des Personensorgerechts für Damir und Antragstellern Hilfe zur Erziehung in einer Einrichtung über Tag und Nacht (Heimerziehung) gemäß § 27 in Verbindung mit § 34 KJHG gewährt.

Aufgrund dessen wird folgender Hilfeplan gemäß § 36 Abs. 2 Satz 2 KJHG aufgestellt:

0.3 Beteiligte/Mitwirkung, weitere Informationsquellen:

Dem Hilfeplan liegt das Ergebnis einer Hilfeplankonferenz unter Beteiligung von Herrn C. (Hebel-Heim) zugrunde. Vorausgegangen sind zahlreiche Gespräche zwischen dem Ehepaar K., Damir K. und Herrn A. (Jugendamt) sowie eine Besichtigung des Hebel-Heims durch Damir und seine Eltern. Als weitere Informationsquellen wurden ein Gutachten der Erziehungsberatungsstelle in Z., ein Bericht der Pestalozzischule (einschließlich Fotokopien von Klassenbucheintragungen) und verschiedene Arztberichte herangezogen.

1. Sachverhalt

1.1 Angaben über das Verhalten und Erleben des jungen Menschen und über sein engeres soziales Umfeld

Die Kontaktaufnahme des Jugendamtes mit der Familie K. erfolgte auf Anregung des Rektors der Pestalozzischule. Die Schule sah Anlass zu dieser Empfehlung, weil Damir den Unterricht nicht regelmäßig besuche und in der Schule äußerst störendes Verhalten zeige.

Die Schule beklagt die folgenden Verhaltensauffälligkeiten von Damir: Er störe den Unterricht. Zum Beispiel laufe er durchs Klassenzimmer, pfeife, schreie während des Unterrichts, sitze auf dem Boden, tobe durch den

Raum, könne nur nach intensiver Ansprache für einige Minuten sitzen bleiben. Er beteilige sich ungenügend am Unterricht: Damir verweigere z. B. die Mitarbeit, verlasse vorzeitig die Stunde, erledige seine Hausaufgaben nicht und fehle oft im Nachmittagsunterricht für ausländische Schüler.

Er begehe auch Angriffe gegen Mitschüler/-innen und Lehrkräfte. Damir habe schon andere Kinder geschlagen, geboxt, sie gewürgt, sie mit Gegenständen wie Steinen oder einem Stuhl beworfen; er hindere sie daran, sich auf den Unterricht zu konzentrieren. Ein Schüler habe berichtet, Damir habe unter Androhung von Schlägen versucht, 10 Euro von ihm zu erpressen. Am Auto einer Lehrerin habe Damir versucht, die Luft aus den Reifen zu lassen.

Diebstähle seien vorgekommen: Der Junge habe mehrmals Eigentum von Mitschülerinnen und Mitschülern sowie Lehrern (Fahrräder, Jacken, Pultschlüssel) entwendet, wobei nicht eindeutig zu klären sei, ob es sich um eine Diebstahlsabsicht oder um einen mutwilligen Schabernack gehandelt habe. Nach Aussagen der Eltern und einer Nachbarin hat Damir aber auch die Nachbarin und eine Lehrerin, die ihn betreute, bestohlen und wurde bei einem Kaufhausdiebstahl entdeckt.

Seine Leistungen seien mangelhaft. Nach Aussagen der Schule kann Damir den Lehrstoff nicht richtig erfassen, insbesondere in Deutsch und Rechnen, und leistet in der Schule nicht genug. Eine in der Erziehungsberatungsstelle durchgeführte Untersuchung ergab aber eine durchschnittliche Intelligenz.

Selbstschädigende Verhaltensweisen seien beobachtet worden. Damir habe einmal versucht, Metallstäbe zu verschlucken. Er habe einige Male Suiziddrohungen ausgesprochen. Ein deswegen eingeschalteter Nervenarzt stufte diese als nicht ernst gemeint ein. Er riss nach Schlägen durch die Eltern einmal von zu Hause aus und blieb über Nacht fort.

Körperliche Entwicklung: Damir ist körperlich altersgemäß entwickelt und gesund. Allerdings leidet er häufig unter Ohrenschmerzen. Er wurde deswegen in einer HNO-Klinik untersucht. Eine Ohrenerkrankung wurde dort nicht diagnostiziert.

Damir zeigt auch positive Verhaltensweisen und Stärken: Er zeichnet und malt gern. Er ist handwerklich geschickt und fertigt, wenn er entsprechend angeleitet wird, schöne Bastelarbeiten an. Ihm ist offensichtlich auch daran gelegen, von Mitschülerinnen und Mitschülern anerkannt zu werden, was er über Geschenke, z. B. von Süßigkeiten, zu erreichen sucht. Man kann sagen, dass er durchaus integrationswillig ist, wenn er dies auch nicht mit angemessenen Mitteln zeigt. Im Elternhaus übernimmt er nachmittags von 16 bis 17 Uhr die Betreuung seiner jüngeren schwerbehinderten Schwester, was er umsichtig und liebevoll tut. Er versieht außerdem stundenweise kleinere Hilfsdienste bei Nachbarn, um etwas Geld zu verdienen. Dies deutet auf eine gewisse Anstrengungsbereitschaft hin für den Fall, dass er positive Konsequenzen erwarten kann.

Die Mitschüler und Lehrer fühlen sich durch Damirs Verhalten extrem gestört und lehnen ihn ab. Wegen der genannten Angriffe und des Erpressungsversuches liegen zahlreiche Beschwerden von Eltern betroffener Kinder bei der Schule vor. Die Schule beurteilt sein Verhalten als nicht mehr tragbar und schloss ihn für vier Wochen vom Unterricht aus. Sie erachtet eine Umschulung in eine Sonderschule für Erziehungshilfe für unbedingt erforderlich.

Damir selbst beurteilt sein Verhalten anders, als seine Umwelt dies tut. Er empfindet sich als ungerecht behandelt und oft zu unrecht verdächtigt. Seine Verhaltensweisen rechtfertigt er zumindest teilweise als Reaktionen auf die ihm entgegengebrachte Ablehnung. In der Schule hat er den Anschluss verpasst, vor allem, weil er anfangs die deutsche Sprache nicht richtig verstand. Nun ist der Stoff zu schwierig für ihn. Er hat keine Freunde, ist meistens allein und äußert, dass er sich einsam und ungeliebt fühlt. Obwohl es ihm schwer fällt, über seine Probleme zu sprechen, wird doch erkennbar, dass er manchmal verzweifelt ist.

Die Eltern K. sind beide ganztags berufstätig.

Damir ist das zweite von vier Kindern. Die drei Geschwister sind stark hörbehindert. A., 12 Jahre alt, und C., 9 Jahre alt, leben mit Damir und den Eltern zusammen. C., die außerdem leicht geistig behindert ist, hält sich bis 16 Uhr im Hort der Lebenshilfe auf und wird anschließend für eine Stunde von Damir betreut, bis Herr K. nach Hause kommt. B., 10 Jahre alt, lebt im Internat der Gehörlosenschule und ist nur an den Wochenenden zu Hause. Die Eltern widmen ihre knappe Zeit zu Hause vor allem den behinderten Geschwistern, was Damir das Gefühl der Zurücksetzung gibt. Damir ist außerhalb der Schulzeit tagsüber unbeaufsichtigt.

Die Eltern missbilligen Damirs Verhalten. Sie versuchen durch Strenge, auch durch Schläge, dieses Verhalten zu ändern, hatten bisher aber keinen Erfolg. Sie sehen in Anbetracht ihrer starken Belastung durch Beruf und Kinder keine Möglichkeit, an ihren erzieherischen Bemühungen noch etwas zu modifizieren. Eine Reduzierung oder Aufgabe der Berufstätigkeit der Mutter kommt nicht in Frage, weil die Familie auf ihren Verdienst angewiesen ist. Auch sind die Kontakte am Arbeitsplatz, an dem sowohl Herr als auch Frau K. sich anerkannt und integriert fühlen, die einzigen befriedigenden Außenkontakte des Ehepaares in Deutschland. Die Familie hat hier keine Verwandten und Freunde und erhält auch von Nachbarn keine Unterstützung.

Aus der Biographie des Jungen ist bedeutsam, dass er bis zum Alter von vier Jahren mit seiner Mutter in Kroatien lebte, dann mit ihr nach Deutschland zog, mit sechs Jahren aber nach Kroatien zurückgeschickt wurde, um dort die erste und zweite Klasse zu besuchen. Er wurde dort von Nachbarn erzogen. Als Damir acht Jahre alt war, holten ihn die Eltern nach Deutschland zurück. Er wurde in die zweite Grundschulklasse aufgenommen und eine Zeitlang nachmittags von einer Lehrerin betreut.

Bisherige Hilfsangebote: Die Familie wurde in mehreren Gesprächen vom Jugendamt beraten. Dabei wurde das Erziehungsverhalten der Eltern besprochen sowie die Frage einer Aufgabe der Berufstätigkeit von Frau K. thematisiert.

1.2 Sozialpädagogische/sozialarbeiterische Beurteilung der erzieherischen Problematik

Auf der Grundlage der dargestellten Tatsachen gelangen wir zu der folgenden fachlichen Diagnose:

Damir zeigt deutliche und gehäuft auftretende Verhaltensauffälligkeiten. Diese Auffälligkeiten machen sich vor allem im sozialen Bereich bemerkbar – als Aggressivität gegen Mitschüler, Stehlen, aufmerksamkeitssammelnde Reaktionen und gelegentliches Schuleschwänzen, also als gravierende Regelverletzungen. Das störende Verhalten führt zu ablehnenden Reaktionen sowohl der Lehrer und Mitschüler als auch der Eltern. Damir erlebt nur wenig Anerkennung und Zuneigung. Dies schwächt sein Selbstwertgefühl und verleitet ihn dazu, durch Imponierverhalten, aber auch durch Werbung, um die ersehnte Anerkennung zu kämpfen. Da er die falschen Mittel wählt, erreicht er sein Ziel aber nicht, sondern es hat sich ein Teufelskreis entwickelt, aus dem ohne Hilfe weder das Kind noch das schulische und familiäre Umfeld herausfinden.

Neben den Problemen im Sozialverhalten sind auch Störungen im Tätigkeits- und Leistungsbereich zu erkennen. Damir hat ausgeprägte Schulschwierigkeiten trotz durchschnittlicher Intelligenz. Seine Ausdrucks- und Kommunikationsfähigkeit ist stark unterentwickelt, zumindest in der deutschen Sprache.

Die Schulschwierigkeiten erklären wir zum einen aus seiner wechselvollen Biographie, die auch seine sprachlichen Probleme verständlich macht, zum anderen aus den nicht ausreichenden Fördermöglichkeiten im Elternhaus und schließlich vor allem aus seiner Außenseiterstellung in der Klasse. Da Damir unter den Bedingungen seiner jetzigen Klasse nicht mehr bereit und in der Lage ist, aufmerksam am Unterrichtsgeschehen teilzunehmen, wird sein Leistungsrückstand zukünftig noch größer werden.

Soziale Außenseiterstellung und Leistungsversagen führen bei Damir offensichtlich zu beträchtlichen emotionalen Problemen. Seine Suiziddrohungen müssen, selbst wenn sie nicht ernst gemeint gewesen sein sollten (was von uns nicht mit genügender Sicherheit eingeschätzt werden kann), als Signal für eine erhebliche psychische Belastung des Kindes gesehen werden. Es muss die Prognose gestellt werden, dass ohne zusätzliche Hilfe für die Familie die Entwicklung eines dissozialen Verhaltens zu befürchten ist. Die Eltern haben das in ihren Kräften Stehende versucht, um den aufgetretenen Schwierigkeiten zu begegnen, sind aber in ihren Bewältigungsmöglichkeiten nun an ihre Grenzen gestoßen.

Ansatzpunkte für eine Hilfe bieten sich durchaus, zumal Damir intelligenter ist, als seine Schulnoten zunächst vermuten lassen, Interessen auf handwerklichem und musischem Gebiet hat, Einfühlungsvermögen besitzt, wie sein sensibler Umgang mit seiner behinderten Schwester zeigt, an einer Verbesserung seiner sozialen Beziehungen interessiert und körperlich gut entwickelt ist.

2. Erzieherischer Bedarf

Der Problemlage ist rechtlich wie folgt zu bewerten:

Die Familie ist mit der Erziehung von Damir überfordert. Sie kann eine dem Wohle des Kindes entsprechende Erziehung nicht mehr sicherstellen und benötigt Hilfe zur Erziehung, um eine positive Entwicklung des Kindes zu gewährleisten. Sie hat damit Anspruch auf Hilfe zur Erziehung nach § 27 KJHG.

3. Die zu gewährende Art der Hilfe

Um Damirs Verhalten so zu verändern, dass es sozial gebilligt wird, und um seine psychische Situation zu verbessern, ist eine erhebliche Modifikation seiner Entwicklungs- und Lernbedingungen erforderlich. Der Junge braucht eine intensive pädagogische Förderung und eine psychotherapeutische Betreuung.

Eine ambulante Hilfe würde ein vermehrtes Engagement der Eltern voraussetzen. Dieses ist aber wegen der gegenwärtigen Überlastung der Eltern zur Zeit nicht möglich. Auch fehlt ein Platz in einer Schule, die auf Damirs Schwierigkeiten so eingehen könnte, dass eine Integration des Kindes in die Klassengemeinschaft erzielt werden könnte. Damit scheiden sowohl Soziale Gruppenarbeit (§ 29 KJHG) als auch sozialpädagogische Familienhilfe (§ 31 KJHG) aus. Auch die Erziehung in der Tagesgruppe (§ 32 KJHG), die eine gewisse Mitarbeit der Eltern erfordert, erscheint nicht angemessen, insbesondere auch deshalb nicht, weil sie den fehlenden Schulplatz nicht kompensieren kann.

Wegen des hohen langfristigen Förderbedarfs im sozialen und intellektuellen Bereich ist die Unterbringung außerhalb seiner Herkunftsfamilie angezeigt. Eine Pflegefamilie wäre mit den bestehenden Schwierigkeiten überfordert. Geeignet und notwendig erscheint die Betreuung in einem heilpädagogischen Heim.

Die Rückkehr ins Elternhaus soll möglich sein, wenn sich eine deutliche Milderung der Problematik erkennen lässt.

4. Die notwendigen Leistungen

Damir soll im Hebel-Heim untergebracht werden. Die Unterbringung soll am ... beginnen und ist als eine langfristige Hilfe gedacht. Damir und seine Eltern haben das Heim besichtigt und sind mit der Auswahl einverstanden.

Das Heim wird besonders beachten, dass Damir handwerkliche Interessen und Fähigkeiten hat, an denen mit der Arbeit angesetzt werden kann, weil die hier möglichen Erfolgserlebnisse sein Selbstwertgefühl steigern können. Hauptzielsetzung wird die Aufarbeitung seiner traumatischen Erfahrungen mit dem gehäuften Abbruch von Beziehungen, dem Verpflanzt werden in ein fremdes und ablehnendes Umfeld und mit mangelnder Zuwendung von Seiten Erwachsener sein, damit seine emotionalen Probleme gemildert werden können. Außerdem soll angestrebt werden, seine soziale Kompetenz zu verbessern, so dass für ihn die Notwendigkeit aggressiver Durchsetzungsweisen verringert wird. Das Heim wird also insbesondere berücksichtigen, dass Damir eine feste, dauerhafte und vertrauenswürdige Bezugsperson braucht, die Verständnis für seine Verhaltensweisen entwickeln und ihm ein Orientierung gebendes Vorbild sein kann. Eine Spieltherapie und ein verhaltenstherapeutisches Training seines Sozialverhaltens und seiner Problemlösefähigkeit sollen die erzieherische Arbeit therapeutisch ergänzen.

Um die Beziehung zwischen dem Kind und seinen Eltern nicht abreißen zu lassen, und um die Eltern in ihrer Erziehungskompetenz zu stärken, wurde vereinbart, dass regelmäßige Besuchs- und Beratungskontakte zwischen Herrn und Frau K., Damir und den Erziehern des Hebel-Heims stattfinden sollen.

Die erste Rückmeldung über Verlauf und Stand der Hilfe soll in sechs Monaten erfolgen.

3.3.4 Zielsetzung und diagnostische Schritte in Phase 3: Durchführung der Hilfe und Rückmeldung über den Verlauf

Es ist nicht Intention dieser Schrift, die fachlichen Schritte der Hilfe*erbringung* darzulegen. Für Informationen zu diesem – umfangreichen und eine große Vielfalt sozialpädagogischer und therapeutischer Arbeitsformen einschließenden – Hauptteil des Hilfeprozesses ist auf die die jeweiligen Hilfeformen darstellenden Spezialpublikationen zu verweisen.[28] Hier sollen im wesentlichen die Schritte betrachtet werden, die zu unternehmen sind, um die gesetzlich vorgeschriebene Überprüfung des Hilfeprozesses durch das Jugendamt und die hilfeerbringende Stelle und die Fortschreibung des Hilfeplans zu ermöglichen: die Evaluierung des Hilfeprozesses.

---

28 Zum Beispiel für Heimerziehung: Flosdorf (1988); für Erziehungsberatung: Flügge (1991); Presting (1991); Colditz et al. (1991); Straetling-Toelle (1990); Hundsalz (1995); für sozialpädagogische Familienhilfe: Christmann/Müller (1986); Nielsen et al. (1986); Elger (1990); Pressel (1981); Bieback-Diel (1993); Frings et al. (1993).

3.3.4.1 Evaluation des Hilfeprozesses, Rückmeldung

Als „Evaluation" bezeichnet man das kriterienorientierte Überprüfen einer Handlung oder Maßnahme (z. B. Qualität der Lehre einer Fachhochschulprofessorin, Wirksamkeit einer Therapie). Die im KJHG verankerte regelmäßige Überprüfung des Hilfeprozesses können wir als *„zielabhängige Evaluation"* (Kanfer et al. 1990) benennen, was bedeutet, dass Veränderungen (1) erfasst (Tatsachenebene) und (2) im Hinblick auf die gesetzten Ziele der Intervention beurteilt (Bewertungsebene) werden.

Begründung der Notwendigkeit der Evaluation

In der Psychotherapieforschung (vgl. Kanfer et al. 1990) werden drei Argumente für die Notwendigkeit der Evaluation des therapeutischen Vorgehens genannt: Therapiesteuerung, Legitimationspflicht des Therapeuten und Verbesserung therapeutischer Praxis. Diese Begründungen lassen sich auch auf die Forderung nach Überprüfung des fachlichen Handelns in der Sozialen Arbeit übertragen.

a) Steuerung des Hilfeprozesses

Fachlich qualifizierte Hilfe soll nicht „irgendwie" „irgendetwas" „irgendwann" bewirken, sondern möglichst schnell mit möglichst sparsamen Mitteln möglichst genau das Ziel erreichen, das der Klient sich gesetzt hat – bestimmte Verbesserungen der Ausgangsproblematik und schließlich Autonomie von der Jugendhilfe. Um auf dem oft langen Weg zum Ziel nicht fehl zu gehen bzw. einen Irrweg schnell erkennen und korrigieren zu können, ist es notwendig, sich immer wieder davon zu überzeugen, dass „die Richtung stimmt". Auch ist den Klienten nicht zuzumuten, weiterzulaufen, wenn das Ziel schon erreicht (oder aufgegeben) worden ist (z. B. weil sonst ein Heimplatz nicht belegt wäre). Das heißt, die Evaluation ist erforderlich, um den Interventionsprozess rechtzeitig modifizieren zu können, wenn nötig, und rechtzeitig beenden zu können, so bald möglich.

Anders als in der Evaluation einer Einzeltherapie, in der nur der Therapeut und der Klient gemeinsam die notwendigen Kurskorrekturen anbringen, sind bei der Hilfe zur Erziehung noch andere Personen einzubeziehen: Die Kollegen, mit denen zusammengearbeitet werden muss, und als weitere Instanz das Jugendamt, das die rechtliche Verantwortung für die Fortführung, Veränderung und Beendigung der begonnenen Hilfe hat. Es braucht die Mitteilung über die Evaluationsergebnisse, um die Grundlagen für die von ihm zu treffenden Entscheidungen zu haben. Diese Steuerungsfunktion der Überprüfung und der Rückmeldung von der hilfeerbringenden zur hilfebewilligenden Stelle ist in § 36 Abs. 2 KJHG rechtlich geregelt: Die Fachkräfte des Jugendamtes „sollen regelmäßig prüfen, ob die gewählte Hilfeart weiter geeignet und notwendig ist." An der Überprüfung des Hilfeplans sind, ebenso wie an der Aufstellung, die hilfeerbringenden Personen, Dienste oder Einrichtungen zu beteiligen.

Auch die Klienten, also die Personensorgeberechtigten und das Kind bzw. der Jugendliche haben Anspruch auf die Rückmeldung ihrer Fortschritte (so wie der Patient eines praktischen Arztes nach entbehrungsreichem Fasten selbstverständlich erwartet, mitgeteilt zu bekommen, um wie viel Punkte sein Cholesterinspiegel gesunken ist). Das ergibt sich zum einen aus dem Anspruch der „modernen" Jugendhilfe, Klienten als „Partner" in alle Arbeitsprozesse mit einzubeziehen; zum anderen ist es fachlich notwendig, denn es dient der Aufrechterhaltung der Motivation, weiterhin am Veränderungsprozess mitzuwirken.

Zusammenfassend lässt sich also sagen, dass die Evaluation des Hilfeverlaufs für die drei beteiligten Gruppen drei Funktionen erfüllt: Für die Gruppe der Hilfeerbringenden feed back (und feed forward) über den Erfolg der eigenen Arbeit, für das Jugendamt Grundlage der Entscheidung, für den Klienten ebenfalls Rückmeldungen über den Erfolg seiner Bemühungen und Signal dafür, dass er als *aktiv* Beteiligter gefordert ist.

b) Legitimationspflicht des „Helfers"

Es gehört zu den ethischen Standards einer Profession, dass sie prinzipiell nachweisen kann, dass ihr Handeln fachlich fundiert ist.[29] Soll dieser Nachweis erbracht werden, so muss professionelles Handeln so gut dokumentiert sein, dass es „von außen" (durch Kollegen, in der Supervision) überprüft werden kann.

Den Anspruch auf sachgemäßes Arbeiten haben in erster Linie die Klienten, die ja ihrerseits mit der Inanspruchnahme von Hilfe Belastungen (zeitlich, kräftemäßig, finanziell) auf sich nehmen und in ihren Hoffnungen nicht enttäuscht werden wollen, aber auch die Trägerinstitution, die für die Arbeit organisatorisch und finanziell geradesteht, und die Öffentlichkeit, die Soziale Arbeit als Bestandteil ihrer Daseinsvorsorge etabliert hat und mitfinanziert. Evaluation hat in diesem Sinn also auch die Funktion, Soziale Arbeit auf ihrem Weg zur Professionalisierung voranzubringen.

c) Verbesserung der Hilfepraxis durch Theorie-Praxis-Verbindung

Die sorgfältige Dokumentation und Publikation von Erfahrungen, insbesondere mit neuen Interventionsformen, leistet einen Beitrag zur Weiterentwicklung der Arbeitsformen und Strategien Sozialer Arbeit. Zu wissen, „was" wirkt „wie" „warum" „bei wem" „zu welchem Zweck" (Kiesler, 1966 nach Kanfer et al. 1990) stellt sozialarbeiterisches Handeln auf eine wissenschaftliche Grundlage. Da unter den einschränkenden Arbeitsbedingungen des Sozialarbeiters in der Praxis (keine Zeit, kein Geld, kein Hilfspersonal, kein Material) dieser Anspruch auf Forschung oft kaum zu verwirklichen ist, empfiehlt sich die enge Zusammenarbeit mit einer forschenden Institution, vor allem einer Fachhochschule für Sozialwesen, z. B. in Theorie-Praxis-Projekten.

---

29 Vgl. z. B. BSH, Berufsbild der Sozialarbeiter/Sozialpädagogen, Heilpädagogen 1985; DBS, Berufsbild Diplom-Sozialarbeiterin/Diplom-Sozialarbeiter, Diplom-Sozialpädagogin/Diplom-Sozialpädagoge 1988 oder Lindemann (1998).

Zeitpunkte der Evaluation (Prüfzeiträume)

Evaluation kann kontinuierlich interventionsbegleitend erfolgen oder in großen Zeitabständen, z. B. zu Beginn oder zum Ende einer Maßnahme (Prä-/Post-Evaluation) oder zu mehreren festgesetzten Zeitpunkten (Mehrpunktevaluation). Eine *interventionsbegleitende Evaluation* nimmt die Familienhelferin z. B. vor, wenn sie zunächst die Hypothese aufstellt, dass die von ihr unterstützte – leicht geistig behinderte – Mutter nach fünfmaligem gemeinsamem Tun in der Lage sein wird, ihrem kleinen Sohn die benötigte Erkältungsmedizin in der richtigen Dosierung zu geben, und dann beim sechsten Mal schaut, ob die Medizingabe wirklich klappt. Kontinuierliche Evaluationen kleiner Handlungsschritte werden zur ständigen Feinsteuerung gebraucht. Wir finden sie auch im Alltagsleben, z. B. wenn eine junge Mutter ihren schreienden Säugling zunächst trockenlegt (Hypothese: „Er schreit, weil er nass ist"), ihm dann die Flasche anbietet (Hypothese: „Er hat Hunger") und schließlich Erfolg hat mit dem Herumtragen des Kindes, weil „Er möchte Gesellschaft" die richtige Hypothese war.

Vorher-/Nachher-Evaluationen erfassen größere Veränderungen, „wesentliche", „typische" Ergebnisse, „Erfolge" oder „Misserfolge". *Mehrpunktevaluationen* können Zwischenergebnisse liefern und deshalb für größere Richtungsänderungen (Grobsteuerung des Handelns) gebraucht werden.

Für den hier betrachteten Überprüfungsprozess kommen alle drei Formen in Betracht: (1) die kontinuierliche interventionsbegleitende für die Fachkräfte, die die Hilfe erbringen, zur laufenden Selbstkontrolle; (2) die Mehrpunktevaluation zu festgesetzten Zeitpunkten für die Rückmeldung an das Jugendamt und schließlich (3) die Prä-/Post-Einschätzung bei Beendigung der Maßnahme.

Die Zeitabstände zwischen den Überprüfungen durch das Jugendamt werden in Abhängigkeit von den zur Bewältigung anstehenden Problemen, Klientenvariablen, fallbezogenen Fristen und praktischen Möglichkeiten bei der Erstellung und Fortschreibung des Hilfeplans individuell ausgehandelt. Üblich sind bei längerfristigen Maßnahmen Abstände von einem halben bis zu einem Jahr, gelegentlich (bei Eingliederungshilfen) auch zwei Jahre (Bayerisches Landesjugendamt 1992, Landeswohlfahrtsverband Baden 1993, Landeswohlfahrtsverband Württemberg-Hohenzollern 1992). Bei der Festsetzung von Prüfzeiträumen sollte auch das Alter des beteiligten Kindes bzw. seine von der des Erwachsenen abweichende Zeitperspektive berücksichtigt werden. Für ein siebenjähriges Kind macht es einen großen Unterschied, ob sein Heimaufenthalt ein halbes Jahr früher oder später beendet wird, nämlich 1/14 seines bisherigen Lebens![30] Erwähnt werden muss in diesem Zusammenhang, dass man gerade Kindern und Jugendlichen gegenüber in Aussicht gestellte

---

30 Für einen 70-jährigen Gefangenen würde ein proportional gleicher Aufschub der richterlichen Entscheidung über seine Haftverschonung fünf Jahre mehr Haft bedeuten!

Zeiträume bzw. Beendigungszeitpunkte nach Möglichkeit einhalten sollte. Dass dies nicht unbedingt selbstverständlich ist, zeigte uns die Analyse der Entwicklungsberichte von Heimen (Gärtner-Harnach/Maas 1987). Mehrfach ging aus diesen Berichten hervor, dass Kindern von Jahr zu Jahr die Entlassung versprochen wurde, falls sie gewisse Auflagen erfüllten (z. B. weiterhin brav seien, das kleine Einmaleins erlernten o. Ä.). Die Kinder blieben aber entgegen den Versprechungen im Heim mit Kommentaren wie „Peter darf noch unter keinen Umständen mit seinen in ihm verschlossenen Problemen alleingelassen werden. Mit einer zu schnellen Entlassung sollte man sehr vorsichtig sein, da es sich immer wieder zeigt, dass eine Zweitaufnahme wesentlich problematischer ist als ein etwas längerer Heimaufenthalt." Oder auch nur mit dem lapidaren Endsatz: „Eine volle Heimkehr von Peter scheint uns noch verfrüht."

Kurzfristige *Abweichungen* von festgesetzten Überprüfungsterminen müssen möglich sein, wenn kritische oder unvorhergesehene Ereignisse eine *frühere Überprüfung* erforderlich machen. Verlängerungen von Prüfzeiträumen sollten nach Möglichkeit nicht vorkommen, denn sonst könnte ein Kind oder ein Jugendlicher leicht den Eindruck gewinnen, vergessen worden zu sein.

Verfahren der Evaluation
Als Methoden kommen im Bereich der Sozialen Arbeit insbesondere die Verhaltensbeobachtung und die Befragung des Kindes/Jugendlichen und seiner Familie in Frage. Zu denken ist auch an den Einsatz standardisierter Verfahren, z. B. Fragebögen zur Selbsteinschätzung der Klienten, Schulleistungstests oder die wohlbekannten Kalender, in die Enuretiker ihre lachende Sonne nach „trockenen Nächten" selbst einzeichnen dürfen. Auch Fremdbeurteilungen wie Schulzeugnisse, Arbeitsbeurteilungen durch Meister oder ärztliche Atteste können einbezogen werden.

Die *Beteiligung der Klienten am Evaluationsprozess* ist eine fachliche Notwendigkeit, denn über ihr Denken und Erleben können nur sie Auskunft geben, und es ist von großer Relevanz, welche Veränderungen für sie von subjektiver Bedeutsamkeit sind. Sie ist auch rechtlich gefordert, zumindest soweit es die Rückmeldung von der hilfeerbringenden Stelle zum Jugendamt betrifft, denn die Klienten haben das Verfügungsrecht über ihre Daten und müssen ihre Einwilligung zur Weitergabe erteilen (vgl. Maas 1996 a). Für Kinder und Jugendliche gilt dies nach Maßgabe ihres Entwicklungsstandes.

Ob die Ergebnisse *mündlich* ausgetauscht werden (z. B. in Hilfeplankonferenzen) oder *schriftlich* festgehalten werden, kann individuell vereinbart werden (der LWV Baden z. B. verlangt einen schriftlichen Bericht, der LWV Württemberg-Hohenzollern favorisiert Auswertungsgespräche, deren Ergebnisse schriftlich festgehalten werden). Für die schriftliche Dokumentation sprechen die oben dargelegten Funktionen der Evaluation (Steuerung des Hilfeprozesses, Legitimation und Forschung). Selbstkontrolle und kollegiale Supervision lassen sich auf der Grundlage schriftlich fixierter Abläufe (oder über Medien, z. B. Videoaufzeichnung) genauer durchführen. Allerdings zwingt die schriftliche Dokumentation auch zu besonderer Vorsicht und Sorgfalt, denn was in den Akten steht, erhält ein großes Gewicht. Das geschriebene Wort wird für längere Zeit festgehalten als das gesprochene und kann ungünstige Stigmatisierungsprozesse leichter in Gang setzen. Dies ist bei schriftlichen Aussagen über Kinder und Jugendliche besonders zu beachten.

Petermann (1982) hat darauf hingewiesen, dass die Evaluation den Klienten nicht schaden und den Hilfeprozess nicht ungünstig beeinflussen darf. Dies könnte z. B. geschehen, wenn das Vertrauen eines Jugendlichen missbraucht und eine unter dem Siegel der Verschwiegenheit gegebene Information weitergegeben würde. Hier kann es durchaus zu Kollisionen zwischen dem Interesse, die Wirksamkeit der Intervention zu überprüfen, und z. B. dem Interesse, den Hilfeprozess nicht abbrechen zu lassen, kommen. Beispielsweise könnte ein Drogenrückfall während einer Hilfe zur Erziehung sehr wohl eine erforderliche Information für das Jugendamt sein, dürfte vom Erziehungsbeistand aber u. U. nicht mitgeteilt werden, wenn der Jugendliche ihm das Eingeständnis nur gemacht hat, nachdem der Sozialarbeiter ihm sein Schweigen versprach.

Die Tatsache allein, dass evaluiert und rückgemeldet wird, kann für das Kind oder seine Familie schon einen gewissen Nachteil bringen, denn die Zeit, die für die Aufzeichnungen oder für die Reise zur Hilfeplankonferenz verwendet wird, kann für Gespräche oder gemeinsame Aktionen verloren gehen. Dieser fraglos auftretende Verlust an Zuwendungsmöglichkeit wird – solange der Überprüfungsaufwand sich in vernünftigen Grenzen hält – aber wettgemacht durch den Zuwachs an fachlicher Qualität des Hilfeprozesses, immer unter der Voraussetzung, dass die gewonnenen Erkenntnisse in verbessertes Handeln umgesetzt werden.

Für die *Rückmeldung* der Ergebnisse des Evaluationsprozesses an das *Jugendamt* ergeben sich neben den fachlichen Gesichtspunkten *datenschutzrechtliche Beschränkungen*, die unbedingt beachtet werden müssen. Maas (1996; 1993; 1999) hat diese in mehreren Arbeiten ausführlich dargelegt. Wie er aufzeigt, gewinnen die Fachkräfte im Zuge der Hilfeerbringung viel mehr Informationen über das Kind und seine Familie, als für die Hilfeerbringung erforderlich ist, und erst recht viel mehr, als das Jugendamt für seine Entscheidungsaufgaben braucht. Nach Maas sind drei Informationsbereiche zu unterscheiden, die datenschutzrechtlich völlig unterschiedlich einzuordnen sind:

1. Der Bereich der Informationen, die das Jugendamt benötigt, um über die Fortsetzung bzw. eine eventuelle Änderung der Hilfe zu entscheiden.

2. Der Bereich der Informationen, die für die alltäglich geleistete konkrete Hilfeerbringung erforderlich sind. Diese Informationen müssen bei der Fachkraft oder dem hilfeerbringenden Team verwahrt bleiben oder dürfen allenfalls der Stelle, die ihre Arbeit organisiert und verantwortet, bekannt gemacht werden.
3. Der Bereich der Informationen, die die Fachkraft oder ihre Einrichtung „nebenbei", „zufällig" erhalten, ohne dass diese für die Hilfeerbringung oder für die Hilfeentscheidung erforderlich wären.

Es ist eindeutig, dass das Jugendamt nur Informationen aus dem ersten Bereich erhalten darf, also diejenigen Daten, die zur Überprüfung der Hilfeentscheidung erforderlich sind (bzw. zur Erfüllung seines Wächteramts). Die Gesetzgebung zum Datenschutz verbietet die Übermittlung von Informationen aus dem zweiten und dritten Bereich an das Jugendamt.

Wenn also in einem Entwicklungsbericht eines Heimes an das Jugendamt über ein Mädchen zu lesen ist[31]: „Immer wieder muss sie Blut- und Schminkflecken aus ihrer Wäsche auswaschen", so ist das allenfalls eine Information aus Bereich 2, insofern es die Heimmitarbeiterinnen darauf hinweist, dass dem Mädchen ein paar Tipps zur Vermeidung von Flecken gegeben werden sollten. Die in einem anderen Entwicklungsbericht über ein im Heim lebendes Kind zu findende Aussage: „Die Mutter soll, mit einem halben Jahr ausgesetzt, von Nachbarn aufgezogen worden sein und ihre Eltern in die DDR geflüchtet, nachdem sie sie ausfindig gemacht hatte", gehört eindeutig in Bereich 3 und damit ebenfalls nicht in den Bericht.

3.3.4.2 Erforderliche Angaben für die Rückmeldung über den Hilfeverlauf und die Fortschreibung des Hilfeplans

Diese Rückmeldung wurde vor Inkrafttreten des KJHG in der Regel „Entwicklungsbericht" genannt, was ihre Funktion recht gut kennzeichnete. Da dieser Begriff teilweise emotional negativ besetzt ist, wird in neueren Gestaltungsvorschlägen von „Fortschreibung des Hilfeplans" gesprochen, auch deshalb, weil damit andere Übermittlungsformen eingeschlossen sind (z. B. Bayerisches Landesjugendamt 1992; LWV Württemberg-Hohenzollern 1992; LWV Baden 1993).

Aus der Funktion der Rückmeldung, eine Grundlage für die Entscheidung über den weiteren Fortgang der Hilfe zu bieten, ergeben sich die folgenden Erfordernisse (vgl. auch Gärtner-Harnach/Maas 1987 zu den Entwicklungsberichten der Heime):

---

31 Zitat aus den Akten, die unserer Untersuchung zugrunde lagen; vgl. Gärtner-Harnach/Maas (1987)

1. Angaben zu den Problemen des Kindes/Jugendlichen und seines sozialen Umfeldes zu Beginn des Evaluationszeitraumes

Eventuell genügt hier ein Hinweis auf den ursprünglichen Hilfeplan bzw. dessen vorangegangene Fortschreibung. Für die Darstellung und Bewertung des *Verlaufs* ist es aber günstiger, wenn man sich und den anderen Beteiligten noch einmal den Anfangszustand in Erinnerung ruft.

2. Fachliche Einschätzung erforderlicher Veränderungen zu Beginn des Evaluationszeitraumes (Bewertung des erzieherischen Bedarfs)

Hier gilt das zu Punkt 1 Gesagte.

3. Zielsetzungen für die Hilfsmaßnahme zu Beginn des Evaluationszeitraumes

Auf der Grundlage des Hilfeplans hat die hilfeerbringende Stelle Teilziele geplant, die in einem bestimmten Zeitraum (der nach Möglichkeit dem Rückmeldungszeitraum entsprechen sollte) angestrebt werden (Zum Beispiel: Jakob geht wieder regelmäßig zur Schule; Irma wagt es, in der Gruppe eigene Vorschläge zu machen; Frau Hein ist allein in der Lage, die beiden jüngeren Kinder bei den Hausaufgaben zu beaufsichtigen usw.). Diese Teilziele sollten noch einmal in Erinnerung gerufen werden.

4. Angaben zu den eingesetzten Interventionsmethoden (Arbeitsformen der Hilfe)

Was wurde diesem Kind/Jugendlichen und dieser Familie speziell angeboten? (Es ist also nicht nur die allgemeine Konzeption der Einrichtung zu übersenden). Zum Beispiel: Wöchentliche Elterngespräche zu Erziehungsfragen; kindzentrierte Spieltherapie in der Erziehungsberatungsstelle; Konzentrationstraining).

5. Veränderungen relevanter Verhaltens- und Erlebnisweisen des Kindes/ des Jugendlichen

Hier sind Tatsachen anzugeben, die als Indikatoren für Veränderungsprozesse anzusehen sind, vorzugsweise Veränderungen problematischen Verhaltens und Erlebens, aber auch Zuwachs an Stärken und Bewältigungskompetenzen. Auch „Plateaus" oder Rückschritte sollten hier vermerkt werden, denn es ist ein zu erwartender Verlauf bei jeder Intervention, dass es Stillstände und Rückschläge gibt. Sie anzugeben, schmälert nicht die Qualität der geleisteten Arbeit, sondern kann im Gegenteil sehr hilfreich für die weitere Planung sein. Aus nichts lernt man so gut wie aus Fehlern und Rückschlägen!

Kriterien für die Auswahl der darzustellenden Tatsachen können sein:

a) Was ist subjektiv besonders bedeutsam für das Kind/den Jugendlichen und seine Familie? Wie beurteilen sie die Veränderung? (Was gibt dem

Kind ein besonderes Erfolgserlebnis; was hält seine Motivation, „bei der Stange zu bleiben", aufrecht?)

b) Was ist objektiv für die weitere Entwicklung auf die gesetzten abschließenden Ziele hin bedeutsam? (Was weist z. B. auf zunehmende Autonomie, soziale Anpassung, Reife usw. hin?)

Die Beurteilungen über Veränderungen sollten eher kriteriumsorientiert als normorientiert sein, d. h. den individuellen Fortschritt des einzelnen betrachten (so wäre beispielsweise eine Verringerung der Diktatfehler von dreißig auf zehn ein großer Fortschritt für ein bestimmtes Kind).

6. Veränderung relevanter Erziehungsbedingungen im sozialen Umfeld

Teilweise ist das soziale, insbesondere das familiäre Umfeld direkt Adressat der Hilfe, z. B. bei der Hilfe nach den §§ 28 und 31 KJHG, teilweise verlangt das Gesetz ausdrücklich seine Einbeziehung (§§ 30, 32, 34 KJHG). In jedem Falle werden Veränderungen, die beim Kind vorgehen, mit Änderungen in der Familie einhergehen (Ursache und Wirkung werden sich schwerlich trennen lassen, da es sich um Interaktionsprozesse handelt). Ebenso gibt es wahrscheinlich Veränderungen, die nicht von der Maßnahme verursacht worden sind. Dazu können strukturelle Veränderungen innerhalb der Familie (der Vater ist von der „Montage" zurück) ebenso gehören, wie die Zunahme der Bewältigungskompetenz oder das Auftauchen von Ressourcen im Umfeld der Familie. Es sind insbesondere diejenigen Veränderungen von Bedeutung, die darauf hinweisen, dass die Familie jetzt oder in absehbarer Zeit in der Lage ist (sein wird), ihre Erziehungsaufgabe ohne Hilfe zur Erziehung zu bewältigen. Auch unbeabsichtigte Veränderungen (z. B. ungünstige Nebenwirkungen einer Hilfe auf die Beziehung des Kindes zu seinen Geschwistern) können relevant sein, weil sie eventuell die Modifikation der Maßnahme nahe legen.

7. Fachliche Beurteilung der Veränderungen unter der Fragestellung der Annäherung an die gesetzten Ziele bzw. Teilziele

Hier bringen die Fachkraft bzw. das hilfeerbringende Team ihre Fachkompetenz zur Beurteilung der Wirksamkeit der Maßnahme ein. Sie schätzen ein,

a) ob die beobachteten Veränderungen zielführend sind (und nicht etwa Anzeichen für verringerte Fähigkeiten, Lebensaufgaben selbständig in die Hand zu nehmen, für Entwicklungsrückschritte, zunehmende Hilfeabhängigkeit und dergleichen),

b) in welchem Ausmaß sie zielführend sind, d. h. wie groß die Fortschritte sind (kleine Schritte oder ein plötzlicher, unerwarteter „qualitativer Sprung" im Sinne von „Jetzt hat sie's!").

8. Fachliche Einschätzung, ob aus der Sicht der hilfeerbringenden Stelle die Fortsetzung der Maßnahmen angezeigt ist, gegebenenfalls mit welchen Modifikationen

Dies entspricht dem Gebot des § 36 KJHG, die hilfeerbringende Stelle an der Überprüfung des Hilfeplans zu beteiligen, ebenso wie der Tatsache, dass das Jugendamt bei allen Schritten auch auf den fachlichen Austausch mit kompetenten Kolleginnen und Kollegen angewiesen ist. Veränderungen im Umfeld sind dabei ebenso in die Beurteilung einzubeziehen wie Veränderungen beim Kind oder Jugendlichen.

9. *Weitere Zielsetzungen für die zukünftige Arbeit aus der Sicht der hilfeerbringenden Stelle*

Falls die Maßnahme fortgesetzt werden soll, wird mit diesbezüglichen Vorschlägen die Grundlage für die weitere Arbeit und für die Fortschreibung des Hilfeplans gelegt.

> **Aufbau der Fortschreibung des Hilfeplans**
> 1. Angaben zu den Problemen des Kindes/Jugendlichen und seines sozialen Umfeldes zu Beginn des Evaluationszeitraumes
> 2. Fachliche Einschätzung erforderlicher Veränderungen zu Beginn des Evaluationszeitraumes (Bewertung des erzieherischen Bedarfs)
> 3. Zielsetzungen für die Hilfsmaßnahme zu Beginn des Evaluationszeitraumes
> 4. Angaben zu den eingesetzten Interventionsmethoden (Arbeitsformen der Hilfe)
> 5. Veränderungen relevanter Verhaltens- und Erlebnisweisen des Kindes/des Jugendlichen
> 6. Veränderung relevanter Erziehungsbedingungen im sozialen Umfeld
> 7. Fachliche Beurteilung der Veränderungen unter der Fragestellung der Annäherung an die gesetzten Ziele bzw. Teilziele
> 8. Fachliche Einschätzung, ob aus der Sicht der hilfeerbringenden Stelle die Fortsetzung der Maßnahmen angezeigt ist, gegebenenfalls mit welchen Modifikationen
> 9. Weitere Zielsetzungen für die zukünftige Arbeit aus der Sicht der hilfeerbringenden Stelle

3.3.5 *Entscheidung über die Fortsetzung oder Beendigung der Maßnahme*

3.3.5.1 Wünsche der Personensorgeberechtigten und des Kindes oder Jugendlichen bezüglich der weiteren Fortführung und gegebenenfalls Modifikation der Hilfe

Hier kann grundsätzlich offen bleiben, ob diese Wünsche vom Jugendamt bei den Antragsberechtigten im Einzelgespräch erfragt werden, oder ob die Klienten in die „Hilfeplan-Fortschreibungs-Konferenz" eingeladen werden. Kommen sowohl die Personensorgeberechtigten als auch das Jugendamt zu dem Ergebnis, dass eine weitere Fortführung der Maßnahme angezeigt ist, so muss für die Fortschreibung des Hilfeplans über eventuell notwendig gewordene Veränderungen

a) der Zielsetzung und/oder
b) der Methoden

nachgedacht werden, wobei natürlich die Vorschläge der hilfeerbringenden Stelle einzubeziehen sind.

Probleme können sich ergeben, wenn Personensorgeberechtigte einerseits und Fachkräfte andererseits zu unterschiedlichen Einschätzungen darüber kommen, ob die Maßnahme fortgesetzt werden sollte oder nicht. Wollen die Personensorgeberechtigten eine Hilfe nicht mehr in Anspruch nehmen (oder verweigert das Kind oder der Jugendliche seine weitere Mitarbeit), während das Jugendamt die Fortführung für erforderlich hält, so muss es prüfen, ob ein Gefährdungstatbestand vorliegt (siehe Kap. 5) und gegebenenfalls die erforderlichen Schritte unternehmen. Ist dies nicht der Fall, so kann es in Beratungsgesprächen versuchen, die Motivation zur Fortsetzung erneut zu wecken, und muss ansonsten, wenn dies nicht gelingt, die Familie „in Frieden ziehen lassen", nicht ohne ihr mit auf den Weg gegeben zu haben, dass sie bei Bedarf erneut Hilfe in Anspruch nehmen kann.

Wünschen andererseits die Personensorgeberechtigten oder das Kind bzw. der Jugendliche eine Fortsetzung, während das Jugendamt den Zweck der Maßnahme für erreicht hält, so muss nach den Gründen für die Diskrepanz gefragt werden.

– Sind vom Jugendamt auf der einen Seite und der Familie auf der anderen unterschiedliche Ziele gesetzt worden?
– Wird die Zielerreichung unterschiedlich eingeschätzt?
– Sind neue Probleme hinzugekommen, die vom Jugendamt noch nicht genügend erkannt worden sind?
– Bringt die Hilfe die Befriedigung von Bedürfnissen, die auf andere Weise (im Alltagsleben) nicht zu erlangen ist (z. B. emotionale Zuwendung, Sicherheit, eine freundschaftliche Beziehung, Entlastung von Arbeit)?

Je nachdem, wie die Antwort auf diese Fragen ausfällt, wäre an eine Verlängerung der Bewilligung zu denken, um noch nicht gänzlich behobene Schwierigkeiten zu bewältigen, oder aber der Familie andere Wege der Bedürfnisbefriedigung – z. B. über die allgemeinen Angebote der Jugendhilfe – aufzuzeigen.

3.3.5.2 Die Beendigung der Maßnahme

Im Prinzip sollte eine Maßnahme beendet werden, wenn die gesteckten Ziele erreicht sind (Grundsatz der „minimalen Intervention"). Damit ist aber nicht unbedingt gemeint, dass beim ersten Schritt über die Ziellinie die Hilfe abgebrochen werden sollte. Beachtet werden muss auch, dass neu gelernte Verhaltensweisen gewisse Übungswiederholung brauchen, um tatsächlich beibehalten zu werden. Auch erscheint es oft wünschenswert, über den

Erwerb günstigerer Verhaltensweisen hinaus gewisse Transferprozesse in Gang zu setzen, damit das verbesserte Verhalten auch auf neue Situationen übertragen werden kann. Wenn z. B. ein junges Mädchen mit Hilfe intensiver sozialpädagogischer Einzelbetreuung nach § 35 KJHG es geschafft hat, sich einem bestimmten Zuhälterkreis zu entziehen, so wird eine anzustrebende Transferleistung sein, dass dieses junge Mädchen ausbeuterisches Verhalten bei Menschen (insbesondere Männern) überhaupt erkennt, so dass sie nicht in immer neue Ausbeutungsbeziehungen hineinschlittert. Es wäre also sinnvoll, die Einzelbetreuung – in veränderter, weniger intensiver – Form noch eine Zeitlang über das Erreichen des gesetzten Zieles hinaus fortzuführen (oder noch besser: die Verfestigungs- und die Transfermöglichkeit von vornherein als Ziel zu setzen).

Vor Beendigung der Maßnahme sollte auch noch Zeit für die gezielte *Prävention von Misserfolgen und Rückfällen* aufgewandt werden können (Identifikation potentieller Rückfallsituationen anhand erlebter oder vorgestellter Rückfälle, Vorbereiten eines effektiven Umgangs mit künftigen Risikosituationen, Einüben von Bewältigungsstrategien; ausführlich dazu: Kanfer et al. 1990).

Die Entscheidung zur Beendigung einer Hilfe wird also vom Jugendamt dann getroffen, wenn der erzieherische Bedarf nicht mehr besteht. Dies ist dann der Fall, wenn

1. das problematische Verhalten des Kindes oder Jugendlichen soweit verändert ist, dass die Personensorgeberechtigten ohne die Unterstützung durch Jugendhilfe in der Lage sind, es oder ihn zu erziehen bzw. der Jugendliche eigenverantwortlich leben kann (Zweckerreichung in der Person des Kindes/Jugendlichen) und/oder

2. wenn sich im – insbesondere familialen – Umfeld solche Veränderungen eingestellt haben, dass die Erziehungsaufgabe zum Wohle des Kindes erfüllt werden kann (Zweckerreichung im sozialen Umfeld). In die Beurteilung der Zweckerreichung sollte auch die Einschätzung der voraussichtlichen Dauerhaftigkeit der Veränderung und der Übertragbarkeit der Veränderung auf neue Situationen eingehen, soweit dies möglich ist.

Bei der Hilfe für junge Volljährige nach § 41 KJHG hat der Gesetzgeber eine Nachbetreuung als Regelfall vorgesehen. Die Notwendigkeit einer Nachbetreuung sollte jedoch auch bei Hilfe zur Erziehung im Auge behalten werden.

3.4 Kriterien für die Selbstevaluation der Fachkraft des Jugendamtes

„Mache ich es richtig?" – diese Frage sollte sich die Fachkraft des Jugendamtes stellen, denn sie muss sich im Interesse ihrer Klienten wie ihres Berufsstandes verpflichtet fühlen, eine „gute" Arbeit zu tun. Mit Rückgriff auf die in Kapitel 1.4 entwickelten Qualitätskriterien kann sie zur Selbstevaluation die nachstehenden Fragen heranziehen:

1. Gedankliche Vorplanung

Habe ich Klarheit gewonnen

- über das Anliegen der Hilfesuchenden?
- über die erforderlichen Handlungsschritte der Entscheidungsvorbereitung und über deren angemessene Reihenfolge?
- über die zu beachtenden Rechtsgrundlagen und ihre konkrete Bedeutung (z. B. „erzieherischer Bedarf", „Eingliederungshilfebedarf", „Gefährdung")?

Habe ich Hypothesen aufgestellt über die dringendsten Probleme und über mögliche Ursachen?

2. Beteiligung der Adressaten

Habe ich genügend berücksichtigt

- die Sichtweise der Eltern (wie sehen sie das Problem, was belastet sie besonders, wie motiviert sind sie?)
- die Sichtweise des Kindes (dito)?
- die Sichtweise weiterer relevanter Personen, die in Beziehung zum Kind stehen (unter Beachtung der Datenschutzvorschriften)?
- Sind meine Vorgehensweisen und meine Entscheidungen durch andere Personen (Eltern, Jugendliche, evtl. Richter) nachvollziehbar?

3. Grundrecht auf informationelle Selbstbestimmung und Gesetzmäßigkeit der Verwaltung

Habe ich die Datenschutzbestimmungen beachtet

- Beschränkung der Erhebung und Speicherung auf die erforderlichen Sozialdaten?
- Erhebung beim Betroffenen?
- Aufklärung des Betroffenen über die Rechtsgrundlagen der Erhebung, den Erhebungszweck und den Zweck der Verarbeitung oder Nutzung?
- Zweckbindung der Datenerhebung und Verwendung?
- Aktualität der verwendeten Daten?

4. Beachtung von Verfahrensregeln

Habe ich

- die Hilfeplanung kooperativ durchgeführt?
- Ziele und Teilziele bestimmt?
- den Hilfevorbereitungsprozess flexibel und zügig gestaltet?

5. Angemessener Hilfeplan

Habe ich

- (nur) die Informationen dokumentiert, die zur Begründung der Entscheidung erforderlich sind oder für die Arbeit der hilfeerbringenden Stelle benötigt werden?
- den Hilfeplan so gegliedert, dass das Lesen und Auffinden von Informationen erleichtert wird?
- einen angemessenen Detaillierungsgrad gefunden?
- nicht-diskriminierende und nicht-kränkende sprachliche Formulierungen benutzt?
- eine Sprache gewählt, die auch für die Personensorgeberechtigten und den Jugendlichen verständlich ist?

4. Eingliederungshilfe für seelisch behinderte Kinder und Jugendliche

> Mit dem Inkrafttreten des KJHG wurde die Eingliederungshilfe für Kinder und Jugendliche mit seelischen Behinderungen unter die Verantwortung des Jugendamtes gestellt. Diese Hilfe, die zunächst in § 27 KJHG, seit 1993 in § 35a KJHG gesetzlich verankert wurde, soll der Integration diejenigen jungen Menschen dienen, die infolge der Beeinträchtigung ihrer psychischen Gesundheit an der altersgemäßen umfassenden Teilhabe am Leben in der Gemeinschaft gehindert oder mit hoher Wahrscheinlichkeit von einer solchen Behinderung bedroht sind. Ihre Ziele sind die Förderung der Selbstbestimmung und der Partizipation sowie der Abbau von behinderungsbedingten Benachteiligungen. Besteht ein individueller Bedarf nach Leistungen der Eingliederungshilfe, so soll dieser umfassend, ausreichend und auf zielführende Weise gedeckt werden. Unter der Bedingung der entsprechenden „Bedürftigkeit" hat das betroffene Kind bzw. der Jugendliche einen Rechtsanspruch auf eine geeignete Hilfe. Einem seelisch beeinträchtigten jungen Volljährigen soll sie gewährt werden (§ 41 Abs. 2 KJHG). In diesem Kapitel wird versucht, die unbestimmten Rechtsbegriffe „seelische Behinderung", „drohende seelische Behinderung" und „Beeinträchtigung der Teilhabe" zu klären. Die relevanten psychischen Störungen werden kurz beschrieben und die Besonderheiten der Datengewinnung sowie der Auswahl der Hilfen erörtert.

4.1 Die Planung von Eingliederungshilfen – eine komplexe Aufgabe für das Jugendamt

Als die Sorge für seelisch behinderte Kinder und Jugendliche der Jugendhilfe übertragen wurde, ging der Gesetzgeber von der Überlegung aus, dass auch *behinderte* Jungen und Mädchen *in erster Linie als junge Menschen* mit altersgemäßen Bedürfnissen zu behandeln sind und nicht primär als Behinderte. Ebenso wie andere Kinder brauchen sie positive, entwicklungsfördernde Sozialisationsbedingungen. Sie sollen möglichst nicht ausgegrenzt werden, sondern ihren Platz in der Gemeinschaft finden wie andere auch. Dazu soll neben den Eltern und der Schule die Jugendhilfe beitragen. Mit dem Wechsel zum KJHG sollte deutlich gemacht werden, dass Kinder mit seelischen Problemen Erwachsenen nicht gleichzusetzen sind. Sie befinden sich noch in schneller Entwicklung. Vieles ist noch im Fluss und kann sich von einem Jahr zum anderen deutlich wandeln. Veränderungen geschehen bei ihnen zum einen durch Reifung, zum anderen durch Lernen, d. h. durch Aufbau und Erweiterung von Erfahrungen. *Erziehung und Bildung* haben deshalb grundsätzlich *Vorrang vor Therapie*, in der es oft mehr um ein Umlernen und Verlernen geht. Deshalb ist Kinder- und Jugendhilfe mit ihrem Blick auf eine Altersgruppe statt auf eine Störungsgruppe die Institution, die vorrangig für sie zuständig ist. Der Grundgedanke des KJHG ist, dass alle jungen Menschen ein Recht auf Erziehung und weitest mögliche Förderung haben. Wo immer ein Kind benachteiligt oder von Benachteiligung bedroht ist, soll ihm Unterstützung zukommen und die Benachteiligung nach Möglichkeit abgebaut werden. Dabei soll es keine Rolle spielen, ob die Belastung vom Umfeld ausgeht oder im Kind selbst angesiedelt ist. So war auch ursprünglich daran gedacht worden, die geistig und körperlich behinderten Kinder und Jugendlichen ebenfalls in den Geltungsbereich des KJHG mit aufzunehmen. Aber diese Absicht scheiterte an den institutionellen Möglichkeiten. Es hätte Umstellungs- und Weiterbildungsanstrengungen in den Jugendämtern erfordert, die, so heißt es (Wiesner, 1995), nicht ohne weiteres zu leisten gewesen wären. So blieben die Eingliederungshilfen für diese beiden Gruppen von Kindern weiterhin dem Träger der Sozialhilfe zugeordnet.

Die Idee, dass auch psychisch behinderte Kinder und Jugendliche unter dem Dach der Jugendhilfe Schutz finden sollten, war einleuchtend, zumal diese ohnehin nicht klar von den „bloß" verhaltensauffälligen zu unterscheiden sind. Von einigen Elternverbänden abgesehen, fand die Neuerung deshalb zunächst eine recht breite Zustimmung. Allerdings schrumpfte diese in den folgenden Jahren beträchtlich, weil sich mit der wachsenden Erfahrung auch *Probleme* zeigten. Zum Beispiel bestanden in der Praxis *Auslegungsschwierigkeiten* hinsichtlich des Begriffs „seelische Behinderung". Diesem Missstand sollte durch die Übernahme der detaillierteren Definition des Begriffes aus SGB IX in den im Jahr 2001 geänderten § 35 a KJHG abgeholfen werden (siehe 4.2).

Die Kommunen stöhnten über die sprunghaft gestiegenen *Kosten* der Eingliederungshilfe, die sich vor allem aus der starken Beanspruchung von Legasthenie-Therapien ergeben hätten. Angestrebt wurde eine Gesetzesänderung, nach der die Verantwortung für seelisch behinderte junge Menschen wieder an den Träger der Sozialhilfe zurückgegeben werden sollte. Mit der Verabschiedung des *Gesetzes zur Weiterentwicklung der Kinder- und Jugendhilfe – KICK – von 2005* wurde diese Forderung abgewiesen, jedoch die Möglichkeit zur großzügigen Auslegung des Begriffes „drohende Behinderung" eingeschränkt durch den Zusatz, dass eine Beeinträchtigung „nach fachlichem Ermessen mit hoher Wahrscheinlichkeit" zu erwarten sein müsse (§ 35 a Abs. 1 Satz 2 KJHG). In der Reg.E.Begr. heißt es dazu, die Gesetzesänderung solle „einer inflationären Inanspruchnahme Schranken setzen" (BT-Drucks. 15/3676, 27).

Eine weitere Klärung erfolgte hinsichtlich der *Rollenverteilung* zwischen *Arzt* bzw. *Psychotherapeut* auf der einen und *Fachkraft des Jugendamtes* auf der anderen Seite. Der mit dem KICK hinzugefügte Abs. 1 a von § 35 a KJHG macht deutlich, dass die *Begutachtung der psychischen Störung Aufgabe des Arztes oder Psychotherapeuten* ist, die *Feststellung des Engliede-*

rungshilfe-Bedarfs und die *Auswahl der geeigneten und notwendigen Hilfe* jedoch die der *Fachkraft des Jugendamtes*. Außerdem wird bestimmt, dass der ärztlichen Diagnose die *jeweils gültige Fassung der ICD* zugrunde zu legen ist (so auch schon früher § 301 SGB V), und dass Begutachtung und Hilfeerbringung personell und institutionell zu trennen sind.

4.2 Was heißt „seelische Behinderung"?

Das zentrale Tatbestandsmerkmal des § 35 a KJHG ist eine bereits vorliegende oder eine drohende seelische Behinderung. Sie macht den Eingliederungshilfebedarf aus. Die Interpretation dieser Begriffe gilt allgemein als schwierige Aufgabe, die oft nicht eindeutig zu lösen ist. Der Wortlaut des § 35 a KJHG ist mit Art. 8 SGB IX im Jahr 2001 der Terminologie von § 2 SGB IX angepasst worden. Als seelisch behindert oder von Behinderung bedroht gilt ein junger Mensch demnach dann, wenn

– seine seelische Gesundheit mit hoher Wahrscheinlichkeit länger als sechs Monate von dem für sein Lebensalter typischen Zustand abweicht und
– als Folge davon seine Teilhabe am Leben in der Gesellschaft beeinträchtigt ist oder eine solche Beeinträchtigung mit hoher Wahrscheinlichkeit zu erwarten ist.

Zu erkennen ist die *Zweigliedrigkeit* des Behindertenbegriffs. Eine psychische Störung allein macht noch nicht den Behinderungstatbestand aus. Hinzukommen muss als zweites Element die – *drohende oder bereits eingetretene – Beeinträchtigung der Teilhabe am Leben in der Gesellschaft*.

Mit der „Abweichung von dem für das jeweilige Lebensalter typischen Zustand" ist der *Verlust oder die Beeinträchtigung von normalerweise vorhandener seelischer Gesundheit* gemeint. Während in der bis 2005 gültigen Fassung der Begriff „psychische Störung" oder „Krankheit" vermieden wurde, stellt die jetzt gültige Regelung klar, dass damit an eine *Störung mit Krankheitswert* zu denken ist (Abs. 1 a Satz 3).

Die gesetzliche Zeitbestimmung „länger als sechs Monate" weist darauf hin, dass das Merkmal „*Dauerhaftigkeit*" konstitutiv für den Behinderungsbegriff ist, auch wenn sich im Kindes- und Jugendalter viele Merkmale verändern, manche ganz überwunden werden und die Interaktion mit der Umwelt immer wieder neue Gestalt gewinnt. Viele Kinder entwickeln für kurze Zeit emotionale Probleme oder Verhaltensauffälligkeiten, insbesondere in Zeiten, in denen hohe Anpassungsleistungen zu erbringen sind, wie zu Beginn des Kindergarten- oder Schulbesuchs. Man würde ein Kind nicht als behindert betrachten, wenn man berechtigterweise von einer begrenzten Dauer solcher Störungen ausgehen könnte. Von drohender oder vorhandener seelischer Behinderung lässt sich i.a. erst bei einem längerfristigen oder chronischen Zustand sprechen.

"Beeinträchtigung der Teilhabe am Leben in der Gesellschaft" ist der partielle oder vollständige Ausschluss von altersgemäßen Handlungsmöglichkeiten und altersgemäßen Kontakten in allen Bereichen des Lebens, vorrangig in Familie, Kindergarten, Schule, Arbeitsplatz und Gemeinschaft der Gleichaltrigen, ferner im kulturellen und öffentlichen Leben.

Die neue Behinderungsdefinition basiert auf den Leitlinien der *"Internationalen Klassifikation der Funktionsfähigkeit, Behinderung und Gesundheit, ICF" der WHO*. Diese im Jahr 2001 geschaffene Klassifikation ist die Nachfolgerin der „Internationalen Klassifikation der Schädigungen, Fähigkeitsstörungen und Beeinträchtigungen, ICIDH" von 1980 und ist jetzt statt jener anzuwenden. Sie ist durch einen Wechsel der Perspektive gekennzeichnet: Der Blick wird vor allem auf *Möglichkeiten der Partizipation (Teilhabe) statt auf Defizite* gerichtet und orientiert sich vorrangig an (erstmalig oder erneut herzustellender) Gesundheit und Funktionsfähigkeit. Kompetenzen, Ressourcen und verbliebene Entwicklungspotentiale sind in der Diagnose herauszuarbeiten. Die Frage nach Art und Ausmaß einer Störung ist damit allerdings nicht überflüssig geworden, denn die Störung bildet die Anspruchsgrundlage für Hilfen. Stärker als ihre Vorgängerin berücksichtigt die ICF den gesamten Lebenshintergrund der betroffenen Menschen.

In der ICF wird zwischen der Schädigung an sich und deren Folgen, nämlich „Beeinträchtigung der Aktivität" und „Beeinträchtigung der Teilhabe" differenziert. *Eine Behinderung liegt demnach dann vor, wenn im Zusammenhang mit einer Schädigung die Handlungsfähigkeit und die üblichen Partizipationsmöglichkeiten einschränkt sind.*

Mit *„Schädigung"* wird die Grundproblematik im körperlichen Bereich, in der Organfunktion oder im psychischen Bereich bezeichnet, in diesem Fall also die *zugrundeliegende psychische Störung*. Schädigungen können unterschiedliche *Verlaufsformen* annehmen:

- vorübergehend oder dauerhaft
- progressiv, regressiv oder statisch
- intermittierend oder kontinuierlich.

Außerdem können sie sich nach ihrem *Schweregrad* unterscheiden, der von einem geringfügigen über ein mittleres bis zu einem schwerwiegenden Ausmaß variieren kann. Der Ausprägungsgrad kann zeitlichen Schwankungen unterworfen sein.

Der Begriff *„Beeinträchtigung der Aktivität"* bezieht sich auf verminderte Möglichkeiten eines Menschen, Alltagsaktivitäten in der als „normal" geltenden Form zu bewältigen. Dies ist die Folge auf der *personalen Ebene*. Mit *„Beeinträchtigung der Teilhabe"* sind die Auswirkungen der Behinderung auf Interaktionen mit anderen Menschen und auf die Integration in das soziale Umfeld angesprochen, also die Folgen auf der *interpersonellen Ebene*.

Die Beeinträchtigungen der Aktivität und Teilhabe sind vor dem Hintergrund allgemein akzeptierter Bevölkerungsstandards zu beurteilen. Die Norm, mit der die individuelle Leistungsfähigkeit (Kapazität, höchstmögliches Niveau der Funktionsfähigkeit) und die tatsächliche Leistung verglichen werden, ist die eines Menschen ohne ein vergleichbares Gesundheitsproblem (Gegensatz zwischen beobachteter und erwarteter Leistung). Aus der Differenz zwischen tatsächlicher Leistung und Leistungsfähigkeit lässt sich ableiten, was in der Umwelt des Menschen getan werden kann, um dessen Leistung zu verbessern.

Zu berücksichtigen ist außerdem, dass „Teilhabe" je nach *Alter* eines Menschen Unterschiedliches bedeutet. So lässt sich sagen, dass beim Vorschulkind vor allem an Beziehungsaufnahme zu Personen innerhalb und außerhalb der Familie, insbesondere im Kindergarten, zu denken ist, sowie an das Erlernen von Sprache, Beherrschung der Motorik und Eroberung seines Lebensraumes. Beim Schulkind gehören Schulbesuch mit Erwerb der Kulturtechniken und Anschluss an eine Gemeinschaft Gleichaltriger zu den wesentlichen Merkmalen der Teilhabe. Beim Jugendlichen kommen Schulabschluss, Beginn einer Ausbildung, Anknüpfen von ersten Partnerbeziehungen sowie schrittweise Ablösung vom Elternhaus bzw. Unabhängigwerden von elterlicher Fürsorge hinzu. Kann ein Kind oder Jugendlicher den altersgemäßen Entwicklungsanforderungen nicht ohne ständige therapeutische Behandlung oder ohne ständige, über das Altersübliche hinausgehende Betreuung und Schutz durch Erwachsene begegnen, so ist es oder er als seelisch behindert zu betrachten.

Bei der Ausbildung einer Behinderung spielen Lern- und Verhaltensvoraussetzungen des einzelnen Kindes und Lern- und Anpassungsbedingungen der *Umwelt* im allgemeinen zusammen. Es lässt sich sagen, dass einer Behinderung ein *Interaktionsgeschehen* zugrunde liegt. Specht (1995, 345) formuliert dies so: „Behinderung ist ein Vorgang und kein Persönlichkeitsmerkmal. Deswegen kann man eine Behinderung nicht haben. Es kann eine Person lediglich behindert werden." Die Beschreibung des Behinderungsvorganges als einer sozialrechtlichen Anspruchsgrundlage dürfe nicht dazu führen, dass dem Betroffenen ein persönliches Defizit zugeschrieben werde.

Nicht jede psychische Störung *muss* zu einer seelischen Behinderung führen. Ob diese eintritt, hängt auch davon ab, ob „*protektive*" oder Schutzfaktoren vorhanden sind, d. h. über welche persönlichen und familieninternen Ressourcen die betroffene Familie verfügt und auf welche außerfamiliären informellen und nicht-formellen Unterstützungssysteme sie zurückgreifen kann.[1] Fast jede Familie wird zunächst versuchen, selbst mit der psychischen Problematik ihres Mitglieds so umzugehen, dass nach Möglichkeit keine dauerhafte personale und soziale Behinderung daraus folgt. Erst wenn

---

1 Vgl. Kapitel 2.4

ihre eigenen Bewältigungskräfte nicht mehr ausreichen, wird sie um Hilfe nachsuchen, wie verschiedene empirische Untersuchungen zeigen (Remschmidt 1995).

4.3 Was heißt „von Behinderung bedroht"?

Von Behinderung „bedroht" sind nach § 35 a KJHG Kinder und Jugendliche, bei denen eine Beeinträchtigung ihrer Teilhabe am Leben in der Gesellschaft nach fachlicher Erkenntnis mit hoher Wahrscheinlichkeit zu erwarten ist. Als „hoch" gilt eine Wahrscheinlichkeit von mehr als 50 %.[2]

„Bedrohung" weist auf etwas, das in der Zukunft liegt. Wir müssen eine Prognose erstellen, was in Anbetracht der Vielzahl von Faktoren, die auf die kindliche Entwicklung einwirken, niemals mit absoluter Sicherheit zu leisten ist. Dies gilt natürlich umso mehr, je länger der Prognosezeitraum ausgedehnt wird. Die folgenden drei Regeln können zur Abschätzung eines Risikos im Einzelfall herangezogen werden.

4.4 Hinweise zur Einschätzung eines individuellen Behinderungsrisikos

1. Regel: Eine Behinderung droht vor allem bei Störungen, die typischerweise einen sich verstärkenden oder chronischen Verlauf nehmen.

Kindliche Verhaltensstörungen können drei charakteristische Verlaufsformen aufweisen (vgl. Remschmidt 1986): kontinuierlich (manchmal auch zweigipflig), sich zurückbildend oder mit zunehmendem Alter deutlich ansteigend. Zur ersten Gruppe, den kontinuierlich bestehen bleibenden Auffälligkeiten, sind z. B. dissoziale Verhaltensweisen, ein Teil der hyperkinetischen Störungen und Lese- und Rechtschreibschwächen, auf die nicht rechtzeitig und angemessen mit Hilfe reagiert wird, zu rechnen, wie Längsschnittstudien gezeigt haben. Letztere bleiben in aller Regel bis zum Ende der Hauptschulzeit, teilweise bis ins Erwachsenenalter hinein, bestehen (vgl. Warnke 1992). Als zweigipflig gilt z. B. die *Schulphobie*, die statistisch gesehen ein erstes Häufigkeitsmaximum zum Zeitpunkt der Einschulung und ein zweites im 14. Lebensjahr aufweist. Zum zweiten Typus gehören z. B. Einnässen und Einkoten, die sich immer mehr verlieren, je älter die Kinder werden. Hier könnte man geneigt sein, die Frage der Bedrohlichkeit zu verneinen, wenn es nicht noch weitere Aspekte gäbe, die gleich noch angesprochen werden sollen. Einen klaren Häufigkeitsanstieg vom Kindes- zum Jugendalter zeigen dagegen z. B. depressive Syndrome, schizophrene Störungen oder Essstörungen.

---

2 Vgl. Entscheidung des BVerwG v. 26.11.1998, 5 C 38/97

2. Regel: Eine Behinderung droht desto eher, je mehr seelische Probleme bei einem Kind zusammenkommen.

Wenn die zentrale Problematik eines Kindes von anderen Störungen begleitet wird, so steigt die Wahrscheinlichkeit, dass eine Bewältigung aus eigener Kraft nicht mehr gelingt. Von Kindern mit Legasthenie wissen wir, dass fast 60 % einen wesentlichen Teil ihrer Leistungsmotivation verlieren, 45 % depressive Verstimmungen entwickeln, 48 % hyperaktiv werden, 39 % unter psychosomatischen Symptomen als Folge ihrer Störung leiden (Warnke 1992). Diese Zahlen lassen darauf schließen, dass für eine ganze Reihe – jedoch nicht für alle – dieser Kinder ein Behinderungsrisiko gegeben ist.

3. Regel: Eine Behinderung droht auch dann, wenn die Problematik in besonderem Maße zur Ablehnung und Ausgrenzung des Kindes führt.

Beispiele hierfür wären hyperkinetische Störungen, Stottern oder Enkopresis. Stört ein hyperaktives, aggressives Kind ständig den Unterricht, dann sieht der Klassenlehrer mitunter keinen anderen Ausweg als die Umschulung des Kindes. Ein Kind, das einkotet, erfährt ebenfalls sehr viel negative Aufmerksamkeit, wird oft in Familie und Schulklasse in eine Randposition gedrängt. Dass bei abgelehnten, ausgegrenzten Kindern sich früher oder später eine seelische Problematik entwickeln wird, ist hoch wahrscheinlich.

4.5 Welche Störungen können einen Anspruch auf Eingliederungshilfe bedingen?

Nach § 3 der Eingliederungshilfe-Verordnung nach § 60 SGB XII können die folgenden Störungen zu wesentlichen seelischen Behinderungen führen:

1. Körperlich nicht begründbare Psychosen
2. seelische Störungen als Folge von Krankheiten oder Verletzungen des Gehirns, von Anfallsleiden oder von anderen Krankheiten oder körperlichen Beeinträchtigungen
3. Suchtkrankheiten sowie
4. Neurosen und Persönlichkeitsstörungen.

Mit der Verwendung der psychiatrischen Terminologie in der Eingliederungshilfeverordnung wird eine Beziehung hergestellt zwischen einer sozialrechtlichen Anspruchsgrundlage und den ganz anders konzipierten Störungseinheiten aus dem Bereich der Psychiatrie oder der Klinischen Psychologie. Dies bringt uns auf mehrfache Weise in Schwierigkeiten. Zum einen liegt hier die Gefahr, dass Verhaltensweisen von Kindern und Jugendlichen, die, so abweichend sie auch erscheinen mögen, als Reaktion auf ihre Lebenssituation vielleicht ganz adäquat und nachvollziehbar sind, als „Krankheit" gedeutet und *psychiatrisiert* werden. Damit ist die Gefahr einer Stigmatisierung verbunden. Wie berichtet wird (Köttgen 1995, 75), kann es geschehen, dass Jahre später ehemalige Patienten erfahren müssen, dass sie trotz erfolgter Therapie vom Eintritt in eine Versicherung ausgeschlossen werden oder nicht einmal einen Ausbildungsplatz erhalten. Aber auch die Jugendhilfe ist nicht ganz frei von Vorurteilen. Mitunter lehnt eine Einrichtung die Aufnahme von Kindern mit der Begründung ab, es handle sich um einen „Psychiatriefall".

Zum anderen ist es selbst für Psychiater und Psychologen keine leichte Aufgabe zu bestimmen, *welche Störungen* des Kindes- und Jugendalters *gemeint* sind, denn 1. beziehen sich die genannten vier Kategorien auf die Psychiatrie des Erwachsenenalters und 2. finden wir hier den Sprachgebrauch der fünfziger- und sechziger Jahre. Die seit 1991 in Deutschland geltende und mit dem KICK auch für § 35 a KJHG verbindlich gewordene Klassifikation der ICD-10 der WHO unterscheidet sich davon in mannigfaltiger Weise, z. B. in der Bildung anderer Ordnungskategorien oder in neu gewählten Begriffen für einzelne Störungen. In Tabelle 2 wird der Versuch unternommen, der Terminologie der Eingliederungshilfe-Verordnung diejenige von ICD-10 bzw. MAS (Multiaxiales Klassifikationsschema für psychische Störungen des Kindes- und Jugendalters nach ICD-10 der WHO) zuzuordnen (vgl. auch Fegert 1995, 44 f.).

Tabelle 2: Störungsbilder

§ 3 Eingliederungshilfe-Verordnung	Internationale Klassifikation psychischer Störungen ICD-10, Kapitel V (F) (Weltgesundheitsorganisation WHO) bzw. Multiaxiales Klassifikationsschema für psychische Störungen des Kindes- und Jugendalters nach ICD-10 der WHO (Hrsg.: Remschmidt/Schmidt)	
Körperlich nicht begründbare Psychosen	F2	Schizophrenie, schizotype und wahnhafte Störungen
	F3	Affektive Störungen mit psychotischen Symptomen
Seelische Störungen als Folge von Krankheiten oder Verletzungen des Gehirns, von Anfallsleiden oder von anderen Krankheiten oder körperlichen Beeinträchtigungen	F0	Organische einschließlich symptomatischer psychischer Störungen
	F07	Persönlichkeits- und Verhaltensstörung aufgrund einer Erkrankung, Schädigung oder Funktionsstörung des Gehirns
	F07.1	Postenzephalitisches Syndrom
	F07.2	Organisches Psychosyndrom nach Schädelhirntrauma
Suchtkrankheiten	F1	Psych. und Verhaltensstörungen durch psychotrope Substanzen
Neurosen und Persönlichkeitsstörungen	F3	Teile der affektiven Störungen und Teile von F9
	F4	neurotische, Belastungs- und somatoforme Störungen
	F6	Persönlichkeits- und Verhaltensstörungen
	F60.31	Emotional instabile Persönlichkeitsstörung

	F9	Verhaltens- und emotionale Störungen mit Beginn in der Kindheit und Jugend
	F90	Hyperkinetische Störungen
	F91	Störungen des Sozialverhaltens
	F93	Emotionale Störungen des Kindesalters
	F95	Ticstörungen
	F98	Sonstige Verhaltens- und emotionale Störungen mit Beginn in der Kindheit und Jugend, z. B. Enkopresis, Stottern
	F5	Verhaltensauffälligkeiten mit körperlichen Störungen und Faktoren, z. B. Essstörungen
	F84	Tiefgreifende Entwicklungsstörungen, insbes. Frühkindlicher Autismus
	F8	Umschriebene Entwicklungsstörungen (im MAS: Zweite Achse)
	F80	– des Sprechens und der Sprache
	F81	– schulischer Fertigkeiten
	F82	– der motorischen Funktionen

Die psychiatrische Nomenklatur bringt, wie in Kapitel 2.5 dargestellt wurde, für nicht medizinisch Ausgebildete Verständnisprobleme mit sich. Ärzte sollten dies in der Kommunikation mit Außenstehenden berücksichtigen und eine für diese verständliche Sprache benutzen (insbesondere, wenn sie Gutachten für sie anfertigen). Andererseits gehört es meines Erachtens doch zur unverzichtbaren Fachkompetenz des Sozialarbeiters, dass er die psychiatrischen Berichte zu lesen und richtig zu deuten versteht. Er muss die im Bereich seelischer Behinderungen geläufigen Fachausdrücke, vor allem aber die Störungsbilder kennen oder notfalls wissen, wo er über sie Genaueres erfahren kann, denn sonst kann er die ihm aufgetragene Bewilligungsentscheidung nicht sachkundig treffen.

Ich folge im weiteren zunächst der Unterteilung in der Eingliederungshilfe-Verordnung und greife aus den dort genannten Gruppen jeweils einige wichtige Störungen heraus, die zu seelischen Behinderungen führen können. Eine erschöpfende Darlegung ist an dieser Stelle selbstverständlich nicht möglich. Die isolierte Betrachtung sollte uns auch nicht vergessen lassen, dass die Störungen häufig miteinander verbunden auftreten, wie es u. a. für die Lese- und Rechtschreibstörungen gut zu belegen ist. Die nachfolgende Beschreibung der einzelnen Störungsbilder orientiert sich vornehmlich an ICD-10, teilweise auch an DSM-IV.

4.6 Charakteristika relevanter Störungsgruppen

4.6.1 Körperlich nicht begründbare Psychosen

Die Oberkategorie „Psychosen" ist in ICD-10 nicht mehr enthalten. Der traditionell als „endogene Psychosen" bezeichneten Gruppe lassen sich im wesentlichen die verschiedenen schizophrenen Störungen und ein Teil der affektiven Störungen zurechnen (Depressionen und Manische Störungen mit psychotischen Symptomen).

Die *schizophrenen Erkrankungen* kommen im Kindesalter äußerst selten vor. Nur etwa 1 % aller Schizophrenien treten vor dem 10. Lebensjahr auf, 4 % vor dem 15. Lebensjahr. Etwa 10 % manifestieren sich zwischen 14 und 20 Jahren (Remschmidt 1992).Während wir die klassischen Formen der paranoiden, hebephrenen und katatonen Schizophrenie sowie der Schizophrenia simplex im Kindesalter kaum beobachten können, nähert sich im Jugendalter die Symptomatik derjenigen der Erwachsenen an. Rückblickend erkennt man jedoch häufig, dass der später Erkrankte schon als Kind auffällig unaufmerksam, zurückgezogen, ängstlich, zwanghaft oder aggressiv erregt war. Soziale Selbstisolierung, Suchtprobleme und „Leistungsknick" können den Beginn der Verschlechterung markieren (Kapfhammer 1992).

Die hervorstechendsten Merkmale der *paranoiden Schizophrenie* sind Wahnvorstellungen (z. B. Verfolgungs- oder Sendungswahn) und Halluzinationen, insbesondere akustischer Art (Stimmenhören). Daneben finden wir Störungen des Denkens und der Affektivität.

Bei der *hebephrenen Schizophrenie* stehen die affektiven Veränderungen im Vordergrund, außerdem Denk- und Antriebsstörungen. Flache, unpassende Stimmung, situationsunangemessenes Gebaren, Desorganisation von Denken und Sprache, Antriebsverarmung und sozialer Rückzug des Erkrankten irritieren den Außenstehenden. Diese Untergruppe, die früher auch als „Jugendirresein" bezeichnet wurde, tritt tendenziell früher auf als die anderen Formen. Die Jugendlichen zeigen häufig bereits vor der Erkrankung schwieriges soziales Verhalten. Die Prognose gilt als eher ungünstig. Es besteht ein höheres Risiko der Chronifizierung.

Besonders charakteristisch für die *Katatone Schizophrenie* sind die psychomotorischen Auffälligkeiten, also Erregungs- und Sperrungszustände, sowie Negativismen.

Die – seltene – *Schizophrenia simplex* führt schleichend, ohne offensichtliche „produktive" psychotische Symptome, in eine allgemeine Minderung des Leistungsvermögens und der sozialen Anpassungsfähigkeit. Gefühlsleben, sprachliches und nonverbales Ausdrucksvermögen und Aktivität erleiden deutliche Einbußen, d. h. die sog. „Negativsymptomatik" kennzeichnet das Bild.[3]

Schizophrene Erkrankungen können vollständig ausheilen. Bei einem Teil, nach Weiner (1982) etwa drei Viertel der im Jugendalter beginnenden Erkrankungen, bleiben aber mehr oder weniger deutliche Einschränkungen der kognitiven und emotionalen Kompetenzen zurück[4]. Sie können zu lang-

---

3 Vgl. hierzu auch Olbrich et al. 1999.
4 Vollremission 23 %, Teilremission 25 %, chronisch 52 %.

dauernden Schwierigkeiten in der schulisch-beruflichen und der sozialen Integration führen und deshalb sozialpädagogische Hilfen neben oder nach der medizinischen Behandlung, die von der Krankenkasse bezahlt werden muss, notwendig machen.

4.6.2 Seelische Störungen als Folge von Krankheiten oder Verletzungen des Gehirns, von Anfallsleiden oder von anderen Krankheiten oder körperlichen Beeinträchtigungen

Dieser Gruppe sind Hirnfunktionsstörungen verschiedener Genese zuzurechnen, die je nach Zeitpunkt, Lokalisation und Ausmaß der Schädigung sehr unterschiedliche Symptome im kognitiven, emotionalen und Antriebsbereich zu zeitigen vermögen. Zu denken ist etwa an Hirnentzündungen, die in einzelnen Fällen zu Apathie, Reizbarkeit, Lernstörungen oder Verminderung der sozialen Urteilsfähigkeit führen können, oder an schwere Schädelhirntraumen, bei denen es zu einer Einschränkung der Belastbarkeit, Konzentrations- und Denkfähigkeit oder der Selbstkontrolle kommen kann. Generell lässt sich sagen, dass diese Schädigungen das Risiko für psychische Auffälligkeiten deutlich erhöhen.

Das gleiche gilt für chronische Erkrankungen und körperliche Beeinträchtigungen ohne Hirnbeteiligung (Remschmidt 1992, 454 ff.), z. B. Asthma bronchiale, kongenitale Herzfehler, Morbus Crohn, chronische Nierenerkrankung mit Notwendigkeit dauerhafter Dialyse, Missbildungssyndrome, Bluterkrankheit (Hämophilie), Leukämie, Minderwuchs, Sinnesbehinderungen wie Taubheit oder Blindheit, Lähmungen.

Die davon betroffenen jungen Menschen haben häufig schwierige Alltagserfahrungen zu bewältigen wie anhaltende starke Schmerzen, gehäufte Krankenhausaufenthalte oder penible Beachtung von Behandlungs- und Diätvorschriften. Wenn motorische Einschränkungen hinzukommen, die Beteiligung an Freizeitaktivitäten schwierig ist, sie gezwungen sind, den Schulbesuch häufig zu unterbrechen oder wenn sie auf Ressentiments im sozialen Umfeld stoßen, dann sind sie nicht selten von altersentsprechenden Lebenserfahrungen ausgeschlossen und finden keine Freunde. Ein großer Teil der Kinder und Jugendlichen meistert diese Probleme mit erstaunlicher Kraft und psychischer Gesundheit. Etwa 10 % von ihnen lassen aber in ihren Verhaltensäußerungen erkennen, dass ihre Lebenslage sie psychisch überfordert. Inaktivität, sozialer Rückzug, Resignation, aber auch aggressive Verhaltensweisen sind hier als Signale dafür zu deuten, dass der junge Mensch bessere Bewältigungshilfen braucht, als er bisher erhalten hat, also dass medizinische Betreuung allein nicht ausreicht. Bei dieser Gruppe wird die Jugendhilfe auf jeden Fall auch in der Phase der Leistungserbringung noch eng mit dem behandelnden Arzt zusammenarbeiten müssen.

4.6.3 Suchtkrankheiten

Die Abhängigkeit von Substanzen, an vorderster Stelle die von Alkohol, beschneidet fraglos die geistigen, emotionalen und sozialen Entwicklungsmöglichkeiten junger Menschen. Wenn wir uns vor Augen halten, dass 4 % der Kinder und Jugendlichen zwischen zwölf und siebzehn Jahren als akut alkoholgefährdet zu beurteilen sind[5], so sehen wir, dass Eingliederungshilfen für diese aus der Bahn geworfenen jungen Menschen eine wichtige Aufgabe der Jugendhilfe darstellen.[6] Das gilt selbstverständlich ebenso für die Konsumenten „harter" Drogen. Bei Prostitution Minderjähriger, die häufig damit verbunden ist, sollte die Frage nach der zugrundeliegenden seelischen Problematik immer gestellt werden.

4.6.4 Neurosen und Persönlichkeitsstörungen

Aus der Gruppe der neurotischen Störungen kommen die *affektiven* sowie die *Zwangs-* und die *Angststörungen* in Betracht.

4.6.4.1 Depressive Störungen

Depressionen sind im Kindesalter selten. Sie betreffen ca. 1 % der Vorschulkinder, 2 % der Schulkinder, 5 % der Jugendlichen. Sie verändern vom Kindes- zum Jugendalter ihr Erscheinungsbild deutlich. Säuglinge weisen, wie aus den Untersuchungen von Spitz (1967) und Bowlby (1956) zur frühkindlichen Deprivation bekannt ist, apathisches Verhalten, Schlafstörungen und stereotype Schaukelbewegungen auf. Im Kleinkindalter zeigen sich körperliche Symptome wie Appetitstörungen, außerdem Gehemmtheit und Trennungsängste. In der mittleren Kindheit folgen Traurigkeit, häufiges Weinen, Spielunlust und Rückgang der Phantasiefähigkeit, sozialer Rückzug, Müdigkeit, Passivität, Verschlechterung der Schulleistungen. Ab etwa sieben Jahren können auch Suizidgedanken und -handlungen auftreten. Ab dem späten Kindesalter kommen zu der traurigen Verstimmung starke Zweifel am eigenen Wert hinzu, außerdem Gefühle von Sinnlosigkeit, Versagen und Schuld. Die Suizidgefahr steigt deutlich an. Depressive Störungen sind häufig mit Angst verbunden.

Ob das Kind nach der Behandlung noch Eingliederungshilfe braucht, hängt vom Verlauf der Störung ab. Im Mittel dauern Depressionen bei Kindern 30 Wochen. Zwischen 20 und 40 % sind länger als ein Jahr depressiv, von diesen wiederum 40 % länger als zwei Jahre, 10 % länger als drei Jahre. Je jünger das Kind beim Ausbruch der Krankheit ist, desto schwerer erholt es

---

[5] Bei Jugendlichen unter 15 Jahren stellt sich bereits nach 5–6 Monaten des Alkoholmissbrauchs eine Abhängigkeit ein, bei Erwachsenen über 25 Jahre hingegen erst nach 10–12 Jahren (Deutsche Hauptstelle gegen die Suchtgefahren 1996).
[6] Für die medizinische und psychotherapeutische Behandlung ist primär die Krankenversicherung zuständig.

sich davon (Lehmkuhl 1995, 176; Essau/Petermann 2000). Nach so langer Zeit wird es vielleicht den Anschluss an Gleichaltrige oder an den Lernstoff der Klasse verloren haben und aus eigener Kraft nicht wieder finden. Die Krankheit wiederholt sich außerdem bei dem größeren Teil. Depressive Kinder zeigen erwiesenermaßen eine sehr schlechte psychosoziale Anpassung. Sie haben größere Schulschwierigkeiten, niedrigere Durchschnittsnoten und eine beeinträchtigte Beziehung zu ihren Lehrern, wohl auch deshalb, weil die Lehrer die Störung oft nicht richtig einzuordnen wissen. Von den Lehrern wäre also auch die Kooperation mit Fachleuten, die über das einschlägige Wissen verfügen, zu fordern. In einer Langzeitstudie wurden die Kinder vier Jahre nach ihrer Erkrankung noch einmal untersucht. Es zeigte sich, dass ein Viertel der Jugendlichen Probleme mit ihrer Familie hatte – ob als Folge oder Ursache der Krankheit, war nicht klar. Die Hälfte war vorzeitig von der Schule abgegangen und ein Drittel hatte Kontakte zur Polizei oder sogar zu Gerichten. Auch zeigte sich, dass depressive Kinder häufig im Erwachsenenalter erneut unter Depressionen leiden. 60 % der depressiven Jugendlichen erleben im Erwachsenenalter mindestens eine Wiederholung (Lehmkuhl 1995, 177).

Eine kombinierte psychotherapeutische und medikamentöse Behandlung, heilpädagogische Maßnahmen, spezifische Hilfen für die Schulsituation und eine ausführliche und kontinuierliche Beratung der Eltern sind hier erforderlich. Wird dies alles gut gemacht, so senkt es das Risiko für spätere gravierende Lebensschwierigkeiten in einem Maße, das den Aufwand der Therapie rechtfertigt, wenn auch nicht mit hundertprozentigem Erfolg.

4.6.4.2 Angststörungen

Ein großer Teil der Ängste von Kindern ist als normales, altersabhängiges *Durchgangsphänomen* zu betrachten, z. B. Angst vor Dunkelheit oder vor großen Tieren. *Behandlungsbedürftig* sind Kinderängste, wenn sie ein Kind in seinem Alltag erheblich und dauerhaft einschränken oder wenn Ausprägungsgrad und Dauer in einem eklatanten Missverhältnis zur auslösenden oder angeschuldigten Ursache stehen. Die Einschränkung des Alltagslebens ergibt sich aus einem ausgeprägten Flucht- und Vermeidungsverhalten, dem ein hoher Grad an Aufmerksamkeit für potentielle Gefahren zugrunde liegt. Dieses beeinträchtigt ein Kind langfristig in seiner motorischen, kognitiven und sozial-emotionalen Entwicklung und behindert es hinsichtlich seiner Teilhabe am schulischen, familiären und Freizeitbereich. Nach neueren epidemiologischen Studien kommen behandlungsbedürftige Angststörungen bei ca. 15 bis 18 % der Kinder vor. Mädchen sind häufiger und in stärkerem Ausmaß betroffen als Jungen (22 % vs. 14 %).

Behinderungsträchtig ist insbesondere die *Trennungsangst* des Kindesalters. Diese fokussierte, übermäßig ausgeprägte Angst vor der Trennung von engen Bindungspersonen entsteht häufig aus Sorge um deren Wohlergehen oder aus Furcht, von ihnen verlassen zu werden. Als Folge verweigert das

Kind den Schulbesuch („*Schulphobie*"), was zu langen Fehlzeiten und damit verbundenen schulischen Rückständen und Einschränkungen der Sozialentwicklung führen kann. Diese Störung ist von *Schuleschwänzen* im Rahmen der Störung des Sozialverhaltens zu unterscheiden, das eher durch schulische Probleme (Leistungsversagen, Schwierigkeiten mit Lehrern oder Mitschülern) ausgelöst wird.

Auch die *soziale Phobie*, die sich als extreme Furcht vor der Bewertung durch andere Menschen zeigt und die dazu führen kann, dass soziale Situationen gemieden werden, gefährdet die Entwicklung von Kindern und Jugendlichen, da sie zur Vermeidung der wichtigsten sozialen Situationen bis hin zu vollständiger sozialer Isolierung führen kann. Ferner können *Agoraphobie*, also die Angst vor Situationen, die die Person nicht ohne weiteres verlassen kann, oder die *generalisierte Angststörung* (intensive und übermäßige Sorge um alltägliche Aktivitäten und Probleme verschiedenster Art) zu erheblichen Einschränkungen der Entwicklung führen.

Mit dem Jugendalter nimmt insbesondere bei Mädchen die Häufigkeit von Angststörungen, namentlich von Phobien und von Symptomen der Posttraumatischen Belastungsstörung (s. S. 170) zu. Ängste weisen vielfach einen stabilen Verlauf auf und bilden sich häufig nicht zurück. Nach einer neueren Untersuchung zeigen 46 % der betroffenen Kinder auch nach acht Jahren ausgeprägte Angststörungen. 30 % entwickeln im weiteren Verlauf zusätzliche psychische Störungen, vor allem Depressionen, im Jugendalter auch Alkoholmissbrauch oder -abhängigkeit; letztere ist als missglückter Versuch der Angstbewältigung zu deuten. Ein Zehntel der angstbehafteten jungen Menschen entwickelt im Jugendalter dissoziale Störungen. Die Prognose ist am ungünstigsten bei frühem Störungsbeginn und bei kombiniertem Auftreten von Angst und Depression. Hier zeigen sich gehäuft berufliche und/oder psychosoziale Probleme, die bis ins Erwachsenenalter fortbestehen (Petermann, Essau, Petermann 2000, 227 ff.; Esser/Schmidt 1986, 79 ff.; Lehmkuhl 1995, 167 ff.).

Um die Chronifizierung von Ängsten zu verhindern, sind komplexe psychologische Interventionsprogramme entwickelt worden, die über gute Erfolge berichten. Bei Kindern erwies sich die Kombination von Einzeltherapie (vorzugsweise kognitiv-behavioraler Verhaltenstherapie) mit Familienberatung oder -therapie als am wirkungsvollsten, bei Jugendlichen genügt häufig die Einzeltherapie, evtl. kombiniert mit Gruppentherapie (Petermann, Essau, Petermann 2000, 256 ff.).

4.6.4.3 Zwangsstörungen

Kennzeichen der Zwangsstörung sind zum einen *Zwangsgedanken*, also Ideen, Vorstellungen oder Impulse, die den Betroffenen stereotyp beschäftigen, zum anderen *Zwangshandlungen*, d. h. wiederholte Verhaltensweisen, die ritualisiert oder in stets gleichbleibender Form ausgeführt werden

(z. B. Kontroll-, Wasch- oder Ordnungszwang). Die Zwangssymptome werden vom Patienten als eigene, nicht von außen eingegebene Gedanken oder Impulse erkannt und als unangenehm und sinnlos empfunden. Der Betroffene versucht, dagegen Widerstand zu leisten, was aber nicht gelingt, denn die Unterdrückung löst starke Angst- und Spannungsgefühle aus. Zwangssyndrome von Krankheitswert verursachen beträchtliches Leiden, sind sehr zeitraubend und beeinträchtigen den Tagesablauf, die schulischen und beruflichen Leistungen oder die sozialen Aktivitäten erheblich. Nach den Ergebnissen einer Untersuchung an zwangskranken Kindern und Jugendlichen waren 77 % zumindest zeitweise schul- oder berufsunfähig, 88 % erlebten sich als durch die Symptomatik mittelgradig oder schwer eingeschränkt (Döpfner 1999).

Zwangsstörungen beginnen üblicherweise in der *Adoleszenz* oder im *frühen Erwachsenenalter*, können *in seltenen Fällen* aber auch schon *im Kindesalter* auftreten (ab 7 Jahren). Im Jugendalter liegt die Prävalenzrate bei ca. 1 %. Jungen sind etwa doppelt so häufig betroffen wie Mädchen und erkranken früher. Die meisten Kinder und Jugendlichen versuchen zunächst, ihre Zwangshandlungen zu verbergen, so dass die Eltern sie erst spät, die Lehrer für lange Zeit gar nicht bemerken. Da die Störungen aber zur Ausweitung und Verstärkung tendieren, sind sie auf Dauer auch in der Öffentlichkeit nicht zu unterdrücken.

Häufig gehen sie mit anderen psychischen Störungen einher, insbes. mit Angststörungen, Depressionen, Schlafstörungen, Suizidgedanken, Essstörungen, Enuresis, Enkopresis, Ticstörungen, anankastischen Persönlichkeitsstörungen und aggressiven Durchbrüchen. Bei Zwangsstörungen besteht ein erhebliches Chronifizierungsrisiko, wenn sie nicht behandelt werden. Neben der – vorzugsweise ambulant, in schweren Fällen allerdings stationär – vorzunehmenden somato- und psychotherapeutischen (insbes. kognitiv-verhaltenstherapeutischen) Behandlung ist bei Kindern und Jugendlichen die Arbeit mit der Familie erforderlich, um die familiären Bedingungen, die die Symptomatik aufrechterhalten, zu verändern. Verständnis für das Krankheitsbild, Abbau perfektionistischer Ansprüche und zwanghafter Verhaltenstendenzen sowie Minderung der Überlastung der Eltern und Geschwister, die von dem Kranken häufig in die Problematik einbezogen werden, stellen Themen dieser Arbeit dar. Die Heilungs- oder zumindest Besserungschancen sind mit den verfeinerten Therapiemethoden in neuerer Zeit erkennbar gestiegen. Aber auch bei Verschwinden oder Milderung der Zwangssymptome bleiben häufig (in zwei Dritteln der Fälle) ausgeprägte Kontaktprobleme und Schwierigkeiten bei der Ablösung von den Eltern zurück. Soziale Kompetenzen müssen entwickelt werden. Durch längere Unterbrechungen des Schulbesuchs können schulische Defizite entstanden sein, die aufzuarbeiten sind. Hier können Jugendhilfemaßnahmen erforderlich werden, die sich den von der Krankenkasse zu finanzierenden therapeutischen Interventionen anschließen oder sie begleiten.

Die *Prognose* kindheitsspezifischer neurotischer Störungen ist an sich gut, auch ohne Behandlung: 3/4 werden unauffällig. Allerdings entwickelt 1/10 dissoziale Störungen, 1/6 behält die Diagnose (Esser/Schmidt 1990)[7]. Bei der letztgenannten Gruppe, den chronisch verlaufenden Störungen, kann es zu schweren Einschränkungen des Alltagslebens des Kindes/Jugendlichen und seiner Familie kommen.

4.6.4.4 Belastungs- und Anpassungsstörungen

Sie treten, wie der Name sagt, nach größeren objektiven oder subjektiven Belastungen auf wie Verlust oder Trennung von Angehörigen, aber auch größeren Entwicklungsschritten oder in Lebenskrisen. Die individuelle Prädisposition oder Vulnerabilität spielt dabei durchaus eine Rolle, aber es ist davon auszugehen, dass ohne die Belastung die Störung nicht entstanden wäre. Die Anzeichen der Störung sind unterschiedlich. Häufig zeigen sie sich als depressive Verstimmung, Angst, Sorgen oder Unzulänglichkeitsgefühle, aber auch als Störungen des Sozialverhaltens, letztere insbesondere bei Jugendlichen. Die Dauer der Störung richtet sich nach der Art und Dauer ihrer Ursache.

Die *posttraumatische Belastungsstörung* entsteht als eine verzögerte Reaktion auf ein belastendes Ereignis oder eine Situation außergewöhnlicher Bedrohung katastrophenartigen Ausmaßes. Typische Symptome sind das wiederholte Erleben des Traumas in sich aufdrängenden Erinnerungen, Träumen oder Albträumen, während die allgemeine emotionale Ansprechbarkeit herabgesetzt ist. Die Vermeidung von Aktivitäten und Situationen, die mit dem Trauma im Zusammenhang stehen, wird versucht. Das allgemeine Erregungsniveau ist erhöht. Die Störung geht häufig mit Angst und Depression einher, übermäßiger Drogen- oder Alkoholkonsum kann als Bewältigungsversuch hinzukommen. Suizidgefahr ist nicht auszuschließen. Die Störung kann auch mit großer zeitlicher Verzögerung auftreten. Ihr Verlauf ist wechselhaft. Meistens kann eine Heilung erreicht werden. Bei einigen Betroffenen wird die Störung jedoch chronisch und verändert die Persönlichkeit auf Dauer.

4.6.4.5 Persönlichkeitsstörungen

Die Diagnose „Persönlichkeitsstörung" sollte man bei Kindern und Jugendlichen tunlichst nicht gestellt werden (nach ICD-10: nicht vor dem Alter von 16 oder 17 Jahren). Sie umfasst nämlich tief verwurzelte, anhaltende Verhaltensmuster, die sich in starren Reaktionen auf unterschiedliche persönliche und soziale Lebenslagen zeigen. Die Art des Wahrnehmens, Denkens, Fühlens und der sozialen Beziehungsaufnahme weisen Abweichungen von dem gesellschaftlich Erwarteten auf, z. B. übertriebenes Misstrauen

---

7 Verlauf von 8–13 Jahren; hier wird nicht angegeben, wie viele der Kinder zwischenzeitlich therapiert wurden.

(paranoide Störung), emotionale Kühle (schizoide Störung), Unfähigkeit, sich in die Gefühle anderer einzufühlen, dauernde Missachtung sozialer Normen, kein Schuldbewusstsein und kein Lernen aus Erfahrungen (dissoziale Störung). Diese Auffälligkeiten können eigentlich erst dann als solche identifiziert werden, wenn ein gewisser Abschluss der Persönlichkeitsentwicklung erreicht ist, auch wenn erste Merkmale früh, d. h. in der Kindheit, erkennbar werden.

Eine Ausnahme bildet die „*Borderline-Störung*", die in ICD-10 eine Untergruppe der „emotional instabilen Persönlichkeitsstörung" darstellt. Der Begriff „Borderline", wörtlich „Grenzlinie", besser „Grenzfall", geht ursprünglich auf E. Kraepelin zurück, der eine kleine Gruppe von Kranken im Grenzgebiet zwischen Psychopathie und Schizophrenie vermutete. Nach gegenwärtigem Verständnis bezeichnet der Begriff ein eigenständiges Krankheitsbild, das von seinem Erscheinungsbild im Grenzbereich von Neurose, Psychose und schwerer Charakterstörung angesiedelt ist. Die Störung tritt typischerweise im Jugendalter auf und ist gekennzeichnet durch die Tendenz, Impulse auszuagieren, ferner durch wechselnde, launenhafte Stimmung, Unklarheiten und Störungen in Selbstbild, Zielen und „inneren Präferenzen", Neigung zu intensiven aber unbeständigen Beziehungen, emotionale Krisen mit Suiziddrohungen und selbstschädigende Handlungen. Sie basiert auf einer spezifischen Ich-Störung. Ihr liegen tiefgreifende, früh entstandene Beziehungsstörungen und Erfahrungen von Bedrohung und Schutzlosigkeit zugrunde. Diese Störung bedarf einer langwierigen psychotherapeutischen Begleitung, die von der Krankenkasse finanziert wird. Weitere ergänzende Angebote der Jugendhilfe können ihre Auswirkungen auf das Selbstbild des Jugendlichen und auf seine sozialen Beziehungen mildern (Rohde-Dachser, 1986; Wiesse 1992; Diepold 1995).

Für das Kindesalter wird anstatt von Persönlichkeitsstörungen von *„Verhaltens- und emotionalen Störungen mit Beginn in der Kindheit und Jugend"* (Gruppe F 9) gesprochen. Von diesen sind die *„Störungen des Sozialverhaltens"* (F 91) für die Jugendhilfe relevant. Dies sind z. B. Verhaltensweisen wie Tyrannisieren, Grausamkeit gegenüber Menschen oder Tieren, erhebliche Destruktivität gegenüber fremdem Eigentum, Feuerlegen, Stehlen, Schuleschwänzen oder Weglaufen von zu Hause. An diesem Punkt wird besonders deutlich, wie bedenklich es wird, wenn wir Kinder vor allem unter dem psychiatrischen Blickwinkel betrachten. Bisher war dies eigentlich eine klassische Gruppe *der* Jugendlichen, mit denen sich die Jugendhilfe originär befasste. Verhaltensauffällig sind sie, vielleicht kann man sie auch mit dem altmodischen Begriff „verwahrlost" belegen, aber seelisch behindert? Ein Fall für die Psychiatrie? Lempp (1994) hat zwar darauf hingewiesen, dass sich hinter solchen störenden Verhaltensweisen oft eine verkannte seelische Problematik verbirgt, nämlich Kontaktunfähigkeit bei gleichzeitigem Kontakthunger, übertriebene Aufmerksamkeitssuche, Bindungsschwäche oder Bindungslosigkeit, die häufig durch frühe Beziehungsabbrüche bedingt sind. Aber das hat auch schon August Aichhorn zu Beginn dieses Jahrhunderts getan („Verwahrloste Jugend"). Er hatte aber kein medizinisches Konzept für diese Jugendlichen, sondern ein pädagogisches, d. h. es ging ihm vorrangig um Nacherziehung des jungen Menschen auf der Basis einer zuvor geschaffenen tragfähigen Beziehung.

Im Auge behalten müssen wir allerdings: Dissoziale Verhaltensweisen haben eine schlechte Prognose. Ein Drittel der dadurch aufgefallenen Kinder entwickelt, so zeigen Langzeituntersuchungen, als Erwachsene eine soziopathische Persönlichkeit; die Hälfte kommt später mit dem Gericht in Kontakt, 5 % werden alkoholabhängig (durchschnittliches Risiko ca. 3 %), über 20 % leiden später an neurotischen Störungen, nur ein Viertel ist als Erwachsene ganz unauffällig. Bleibt das antisoziale Verhalten bestehen, so kommen eine Reihe anderer Störungen hinzu wie Familien- und Eheprobleme, unregelmäßiges Arbeiten, sozialer Rückzug, vielfältige Gesundheitsschäden und finanzielle Abhängigkeit, also insgesamt Probleme in der sozialen Anpassung (Remschmidt 1986). Um diesen Folgen vorzubeugen, brauchen die Kinder also auf jeden Fall professionelle Hilfe.

Die *hyperkinetischen Störungen,* auch Aufmerksamkeitsdefizit-Hyperaktivitäts-Syndrom (ADHS oder ADS) genannt, treten bei 3 bis 15 % der Kinder auf. Sie sind wesentlich durch beeinträchtigte Aufmerksamkeit und Überaktivität gekennzeichnet. Aggressivität ist häufig mit ihnen verschwistert. Wegen der durchweg negativen Reaktionen des Umfeldes ist das Leben der Kinder häufig überschattet von emotionalen Problemen wie geringem Selbstvertrauen und schneller Verstimmbarkeit, ebenso wie von schulischen Misserfolgen, ständigen Auseinandersetzungen mit Lehrern, Eltern oder Schulkameraden und sozialer Isolierung. Neuere Längsschnittstudien zeigen, dass diese Störungen sich nicht „auswachsen", sondern unbehandelt mit hoher Wahrscheinlichkeit zu langanhaltenden Fehlentwicklungen führen. Im Jugendalter finden wir bei dieser Gruppe gehäuft dissoziale Störungen, Alkoholmissbrauch, Unfallneigung, Beziehungsstörungen und Selbstwertprobleme (Fischer, Barkley und Mitarbeiter 1993, Schmidt und Mitarbeiter 1991). Hier sind also umfassende heilpädagogische und therapeutische Hilfestellungen erforderlich.

Die *multimodale Behandlung* beinhaltet immer die Aufklärung und Beratung der Eltern, des Kindes oder Jugendlichen und der Erzieherin oder des Klassenlehrers. Je nach Lage des Einzelfalles können hinzukommen: Elterntraining, Interventionen in Kindergarten oder Schule, kognitive Therapie des Kindes (ab dem Schulalter), evtl. Pharmakotherapie (insbesondere Stimulanzienbehandlung). Ergänzend kann die Behandlung der Begleitstörungen erforderlich sein, wie z. B. soziales Kompetenztraining bei erhöhter Aggressivität oder mangelnder sozialer Kompetenz, Psychotherapie zur Steigerung des Selbstwertgefühls oder Übungsbehandlungen zur Milderung von Teilleistungsschwächen. Nach der – von der Krankenkasse zu finanzierenden – Therapie sind häufig langfristige Hilfen für das Kind und die Eltern vonnöten, wobei auch eine Kombination von Eingliederungshilfe mit Hilfe zur Erziehung in Frage kommt (Lehmkuhl/Döpfner 1995).

4.6.4.6 Essstörungen

Insbesondere die *Anorexie* und die *Bulimie* weisen auf eine gravierende seelische Problematik hin. Die Anorexia nervosa (Magersucht) betrifft, ebenso wie die Bulimie (Ess-Brechsucht), *insbesondere heranwachsende Mädchen* und junge Frauen, wesentlich seltener männliche Jugendliche und junge Erwachsene oder Kinder. Das anorektische Mädchen erzwingt einen extremen Gewichtsverlust durch Hungern, selbstinduziertes Erbrechen und Abführen sowie übertriebene körperliche Aktivitäten. Grundlegend ist eine Störung des Körperschemas, die sich in der überwertigen und realitätsfernen Idee manifestiert, zu dick zu sein oder zu werden. Sekundär führt die Unterernährung zu endokrinen und metabolischen Störungen (insbesondere Amenorrhoe, Libido- und Potenzverlust).

Die mit der Anorexia verwandte, nicht selten aus ihr hervorgehende Bulimia nervosa ist gekennzeichnet durch wiederholte Anfälle von Heißhunger (Essattacken), bei denen sehr große Mengen Nahrung aufgenommen werden, gefolgt von anschließendem selbstinduziertem Erbrechen.

Essstörungen bestehen *meistens über lange Zeit*, u. U. chronisch, und werden häufig von Depressionen, Zwangssymptomen oder Merkmalen von Persönlichkeitsstörungen begleitet. Die betroffenen jungen Menschen benötigen neben einer *Somato- und Psychotherapie* (die in lebensbedrohlichen Fällen stationär ausgeführt werden muss) Unterstützung durch das *Jugendamt*, z. B. weil familiäre Konstellationen aufgelöst werden müssen, die andernfalls die Krankheit aufrechterhalten. Hilfen zur Verselbstständigung wie z. B. betreutes Wohnen können hier erforderlich werden.

4.6.5 Entwicklungsstörungen

4.6.5.1 Gemeinsame Merkmale der Störungen

Die Kategorie „Entwicklungsstörungen" (F 8 in ICD-10 bzw. 2. Achse im MAS) umfasst ein breites Spektrum von Störungen unterschiedlichen Schweregrades. Einer Untergruppe, den „umschriebenen Entwicklungsstörungen", auch „Teilleistungsstörungen" genannt, werden die Lese- und Rechtschreibstörungen zugeordnet. Entwicklungsstörungen weisen bei aller Vielfalt im Erscheinungsbild gemäß ICD-10 die folgenden Gemeinsamkeiten auf:

1. Eingeschränkt oder verzögert ist die Entwicklung von Funktionen, die eng mit der biologischen Reifung des Zentralnervensystems verbunden sind. (Die Beeinträchtigung kann z. B. das Gedächtnis für Sprachsymbolik – Buchstaben, Wörter – die Lautdifferenzierungsfähigkeit, die Fein-

motorik, die Bewegungskoordination oder visuell-räumliche Fertigkeiten betreffen. Sind diese neurologischen Funktionen, ohne die Lernen nicht stattfinden kann, entwicklungsverzögert, zu schwach ausgebildet oder gestört, so kann dies ein erhebliches Hindernis beim Erlernen des Lesens und Schreibens oder des Rechnens sein.)
2. Sie beginnen ausnahmslos im Kleinkindalter oder in der Kindheit.
3. Sie haben einen stetigen, kontinuierlichen Verlauf. Die Beeinträchtigungen gehen zwar im allgemeinen mit dem Älterwerden der Kinder schließlich doch etwas zurück, aber kleinere Defizite bleiben oft auch im Erwachsenenleben noch bestehen.

Die meisten dieser Störungen treten bei *Jungen* mehrfach häufiger auf als bei Mädchen. Auch eine familiäre Häufung ähnlicher oder verwandter Störungen ist charakteristisch. Deshalb nimmt man an, dass in vielen Fällen genetische Faktoren eine Rolle spielen, aber wirklich bekannt sind die Ursachen in den meisten Fällen nicht. Psychosoziale Risiken beeinflussen die Entwicklung der betroffenen Funktionen häufig, sind aber meist nicht ausschlaggebend. Diagnose und Prognose sind oft mit einer gewissen Unsicherheit behaftet, besonders bei sehr jungen Kindern. Trotzdem bemüht man sich heute darum, die Störungen bereits im Säuglingsalter oder spätestens im Kleinkindalter zu erkennen, um den Kindern die nötige frühzeitige Förderung angedeihen zu lassen (Martinius/Amorosa 1994).[8]

4.6.5.2 Teilleistungsstörungen

Zu den Teilleistungsstörungen gehören die *Störungen des Sprechens und der Sprache*, die Beeinträchtigungen der *motorischen Funktionen* und die Störungen *schulischer Fertigkeiten*, namentlich die Lese- und Rechtschreibstörungen und die Rechenstörungen. Als *Lese- und Rechtschreibstörung (oder synonym: Legasthenie)* wird eine erhebliche und andauernde Beeinträchtigung des Erwerbs der Lese- und Rechtschreibfertigkeit bezeichnet, die sich an einer Reihe von Kriterien erweisen muss. Als „erheblich" gilt die Störung dann, wenn die schulische Bewertung bzw. – besser – das Ergebnis eines standardisierten Lese- oder Rechtschreibtests einen Prozentrang von 3 (gemäß dem strengen Kriterium von ICD-10) bzw. 15 (in der Praxis häufig benutztes Kriterium) unterschreitet. Die Beeinträchtigung darf außerdem nicht durch eine allgemeine Intelligenzminderung, eine Sinnesschädigung oder mangelnde Beschulung erklärbar sein. Um von einer „spezifischen" oder „isolierten" Schwäche sprechen zu können, sollte der Wert eines normierten Lese- bzw. Rechtschreibtests mindestens eine Standardabweichung unter dem Intelligenzquotienten liegen (dies ist das „weichere" klinische Kriterium; nach ICD-10-Forschungskriterien sollte die Diskre-

---

[8] Maßnahmen der Frühförderung sind je nach Landesrecht unterschiedlichen Leistungsträgern zugeordnet; vgl. § 10 Abs. 2 KJHG in Verbindung mit den Ausführungsgesetzen der Länder.

panz zwei Standardabweichungen betragen). Schließlich muss die Störung entwicklungsbezogen sein, d. h. von Anfang an bestehen und nicht erst später in der Schullaufbahn erworben sein.

Hauptmerkmale der *Lesestörung* sind gravierende Schwächen im Leseverständnis, in der Fähigkeit, gelesene Wörter wiederzuerkennen, beim Vorlesen oder bei der Lösung von schriftlich vorgegebenen Aufgaben. In der *Rechtschreibung* zeigen sich zwar nicht, wie früher angenommen, typische Legasthenikerfehler, sondern vor allem eine größere Anzahl von Fehlern. Bestimmte Fehlerarten wie Verdrehungen, Umstellungen, Auslassen oder Einfügen von Buchstaben, Regelunsicherheiten, Durchgliederungsstörungen oder auch Fehlerinkonstanz kommen jedoch besonders häufig vor. Die Rechtschreibschwäche bleibt häufig bis ins Jugend- oder sogar Erwachsenenalter bestehen, während die Lesestörung sich meistens schneller verliert. 2 bis 8 % aller Kinder leiden nach Prävalenzschätzungen unter Lese- und Rechtschreibstörungen. Bei 30 bis 70 % gingen sprachliche Entwicklungsauffälligkeiten voraus oder sind noch vorhanden (vgl. Warnke/Roth 2000). Bei den *Rechenstörungen* sind die Rechenfertigkeiten im Verhältnis zur Intelligenz unverhältnismäßig stark beeinträchtigt. Vor allem die grundlegenden Rechenarten sind betroffen. Das Kind zeigt bereits im Vorschulalter Schwächen im visuell-räumlichen Vorstellungsvermögen, in der Mengenerfassung, im Verständnis des Gleichheitsbegriffs und hinsichtlich des Operationsverständnisses. Dies führt zu sich ausweitenden Lerndefiziten, da der aufbauende Stoff nicht mehr verstanden wird. Rechenstörungen kommen etwa genauso häufig vor wie Lese- und Rechtschreibschwächen, wobei hier die Mädchen größere Schwierigkeiten als die Jungen erfahren. Kinder mit Rechenstörungen scheinen im Unterschied zu Schülern mit Legasthenie wesentlich anfälliger für die Entwicklung ängstlicher und depressiver Symptome zu sein (25 % weisen sie auf), weniger für Störungen im Sozialverhalten.

In der Mannheimer Langzeitstudie von Esser et al. (1994) zeigte sich, dass Teilleistungsschwächen, die im Alter von acht Jahren festgestellt wurden, psychiatrische Auffälligkeiten im Alter von dreizehn Jahren recht gut voraussagen ließen, und zwar hauptsächlich dann, wenn ungünstige familiäre Bedingungen hinzukamen. Sie sind also bedeutende Risikofaktoren für das spätere Auftreten psychischer Störungen, sogar noch bedeutsamer als die familiären Belastungen. Wenn eine Teilleistungsschwäche vorliegt, ist eine frühzeitig einsetzende gezielte Diagnostik und Therapie entscheidend und wichtig, um Verfestigungen zu verhindern. Störungen in der motorischen und sprachlichen Entwicklung sowie Wahrnehmungsschwächen können bereits im Vorschulalter erkannt werden. Die Störungen schulischer Fertigkeiten fallen im Laufe der ersten Klasse, spätestens aber in der zweiten Klasse auf und sollten unverzüglich angegangen werden. Hier kommt den Lehrkräften eine besondere Verantwortung zu (Breuer/Weuffen 1993).

Zu beachten ist aber: Das Vorliegen einer Legasthenie allein ist *nicht mit einer bestehenden oder drohenden Behinderung gleichzusetzen*. Erst wenn ausgeprägte emotionale Probleme oder Verhaltensauffälligkeiten hinzukommen, kann eine Beeinträchtigung der Teilhabe vorliegen oder zu erwarten stehen. Da diese jedoch nicht regelmäßig eintreten, muss im konkreten Einzelfall festgestellt werden, ob Begleitsymptome zu beobachten sind, die die Prognose einer drohenden seelischen Behinderung rechtfertigen. Die Einschränkungen in der Eingliederungsfähigkeit brauchen noch nicht eingetreten zu sein oder unmittelbar bevorzustehen, sie müssen jedoch mit hoher Wahrscheinlichkeit zu erwarten sein. Dafür müssen konkrete Anhaltspunkte zu erkennen sein, die auf eine aufkommende Störung hinweisen.

Bei bloßen Schulproblemen und auch bei Schulängsten, die andere Kinder teilen, kann eine seelische Behinderung verneint werden; zu bejahen ist sie andererseits z. B. beim Auftreten einer auf Versagensängsten basierenden Schulphobie, bei totaler Schul- und Lernverweigerung, dem Rückzug aus jedem sozialen Kontakt und der Vereinzelung in der Schule [9].

Schüler mit besonderer Lese- und Rechtschreibschwäche oder Rechenstörung angemessen zu fördern, ist zunächst und generell *Aufgabe der Schule*. Dies gilt grundsätzlich auch für die typischerweise mit diesen Störungen verbundenen Sekundärfolgen wie Schulunlust, Gehemmtheit und Versagensängste. Nur dann, wenn die schulische Förderung nicht ausreicht, ist Eingliederungshilfe angezeigt. Nach § 10 Abs. 1 KJHG ist die *öffentliche Jugendhilfe lediglich nachrangig zuständig*. Die Erlasse der Kultusminister der Länder weisen entsprechend eindeutig darauf hin, dass die Schule die Verantwortung nicht auf die Jugend- oder Sozialhilfe abschieben darf. Ebenso votiert auch die jüngere obergerichtliche Rechtsprechung[10], während es noch Mitte der 90er Jahre etliche (jetzt überholte) Entscheidungen gab, die nicht auf die Verantwortung der Schule setzten: Sie forderten schon Hilfe zur Erziehung, wenn die Schule die erforderlichen Mittel zur Förderung der Kinder und Jugendlichen nicht beschafft hatte. (Zu weiteren Gerichtsurteilen siehe Harnach 2005.)

Lehrer müssen spezifische schulische Fördermaßnahmen anbieten, vorrangig als gezielte Übungen und Hilfen innerhalb des Klassenverbandes. Bei schwereren Störungen muss eine ergänzende Förderung in Kleingruppen hinzukommen, die unterschiedlich organisiert werden kann: klassenintern oder -übergreifend, jahrgangs-, schul- oder schulartübergreifend, im Ausnahmefall auch als Förderung eines einzelnen Schülers. Modifikationen bei

---

9   Vgl. BVerwG, Urt. v. 26.11.1998 – 5 C 38/97.
10 Vgl. OVG Nordrhein-Westfalen, Urt. v. 14.4.1999 – 24 A 118/96; den Vorrang der Schule bejahen auch VHG Kassel, Beschluss v. 13.3.2001 – 1 TZ 2872/00 und VGH Baden-Württemberg, Beschluss v. 6.12.1999 – 2 S 891/98.

der Leistungsfeststellung und -beurteilung sind dem Lehrer anheim gestellt. Die enge Zusammenarbeit mit den Eltern soll gesucht werden.[11]

Eine *ambulante außerschulische Übungsbehandlung* ist angezeigt, wenn die innerschulischen Förderungsmöglichkeiten ausgeschöpft sind, ohne dass eine der Begabung entsprechende schulische Eingliederung erreicht werden konnte. Bei schweren Ausprägungsformen ist eine Einzeltherapie mit einer Dauer von ein bis anderthalb Jahren unerlässlich. Sie kann durch Lehrer oder Psychologen mit einschlägiger Zusatzqualifikation vorgenommen werden.[12]

Die *Therapie der psychischen Begleitsymptomatik* bezieht sich im allgemeinen auf den Abbau von leistungsbezogenen Ängsten, den Aufbau von Lernmotivation, Konzentration und Selbstwertgefühl. Techniken der Entspannung, Selbsthilfe, Fehlerkontrolle und der Bewältigung von Misserfolgserlebnissen sind zu vermitteln. Ein zusätzliches Training der Eltern erweist sich häufig als förderlich

Im Einzelfall kann die *Finanzierung durch die Krankenkasse* in Frage kommen, wenn zusätzliche Störungen mit Krankheitswert bestehen oder neurologische Störungen oder die Beeinträchtigung von Sinnesfunktionen ursächlich sind. In diesen Fällen lautet die Diagnose jedoch korrekterweise nicht „Lese- und Rechtschreibstörung", und es ist primär die Grunderkrankung zu behandeln.[13]

4.6.5.3 Frühkindlicher Autismus

Unter den *„tiefgreifenden Entwicklungsstörungen"* ist namentlich der *frühkindliche Autismus* (F 84) zu beachten. Er ist wahrscheinlich zumeist genetisch bedingt, manifestiert sich vor Vollendung des 3. Lebensjahres und persistiert während der gesamten Lebenszeit. Das „Asperger-Syndrom" und der „atypische Autismus" beinhalten Teilaspekte des frühkindlichen Autismus. Das „Rett-Syndrom", von dem nur Mädchen betroffen sind, sowie sonstige desintegrative Störungen des Kindesalters beginnen erst nach einer normalen Entwicklungsperiode und sind durch den Verlust von Sprach- und Kommunikationsfertigkeiten, stereotype Bewegungen und Verhaltensmuster sowie neurologische Koordinationsstörungen gekennzeichnet.

---

11 Vgl. z. B. Verwaltungsvorschrift des Kultusministeriums Baden-Württemberg, „Förderung von Schülern mit Schwierigkeiten im Lesen und/oder Rechtschreiben" v. 10.12.1997, – IV/2 – 6504 2/206
12 Zur Qualifikation von Legasthenietherapeuten vgl. Arbeitsgericht München – 12 Ca 3653/92 in: Hingst, Begutachtung und Therapie bei seelischer Behinderung aufgrund von Legasthenie, ZfJ 1998, 62–63
13 Vgl. Landkreistag und Städtetag Baden-Württemberg, Vorläufige Empfehlungen für die Jugendhilfe zum Umgang mit Lese-/Rechtschreib-/Rechenschwäche, 1997; Wiesner et al. 2000, § 35 a, Rn. 72; P. C. Kunkel, Jugendhilfe bei Legasthenie? Anmerkungen zum Urteil des VGH Baden-Württemberg, ZfJ 1997, 315–317

Die *wesentlichen Symptome* des frühkindlichen Autismus sind:

- qualitative Auffälligkeiten der sozialen Interaktion (Unfähigkeit, sozialen Kontakt durch nichtverbales Verhalten wie z. B. mimischen Ausdruck zu regulieren; mangelnde Möglichkeit, Beziehungen zu Gleichaltrigen aufzunehmen; Desinteresse, Freude mit anderen zu teilen; Fehlen sozioemotionaler Gegenseitigkeit)
- qualitative Auffälligkeit der Kommunikation und Sprache (keine oder unverständliche Sprache, keine Kompensation durch Mimik oder Gestik, kein spontanes Imitieren oder Spielen; sich wiederholende sprachliche Äußerungen)
- sich wiederholende, eingeschränkte Verhaltensmuster (ausgedehnte Beschäftigung mit stereotypen, ungewöhnlichen Handlungen und eng begrenzten Spielinteressen, ausgeprägte Veränderungsangst, unnatürliche Motorik, Beschäftigung mit Teilobjekten oder nichtfunktionellen Elementen von Gegenständen, ungewöhnliches Interesse am Ertasten, Schmecken, Riechen oder Anschauen von Dingen und Menschen).

Die Störung kann unterschiedliche Schweregrade aufweisen. Die beschriebene Symptomatik führt i. a. zu einer dauerhaften Behinderung. Eltern und Geschwister sind durch die Störung meistens extrem belastet.

Die *Intelligenz* ist bei drei Vierteln der Betroffenen beeinträchtigt, wobei die Einschränkung von leichter Minderung bis zu schwerer geistiger Behinderung variiert. Nicht immer ist eindeutig zu klären, ob die seelische oder geistige Behinderung im Vordergrund steht, so dass im Einzelfall die Zuordnung zur Jugend- oder zur Sozialhilfe strittig sein kann.[14]

Eine *kausale Behandlung* und eine Heilung autistischer Störungen sind bislang nicht möglich, jedoch können die Interaktionsfähigkeit, die Selbständigkeit und die Alltagsbewältigung erheblich verbessert werden. Ein kleiner Teil der Kinder und Jugendlichen kann mit Hilfestellung (z. B. Schulbegleitung) eine reguläre Schule besuchen und beruflich gebildet werden. In aller Regel ist eine Kombination von (Sonder-)Pädagogik, gezielter Sprach-, Wahrnehmungs- und Kommunikationsförderung, Übungen zur Alltagsbewältigung, Krankengymnastik zur Reduktion motorischer Defizite und familienentlastenden Maßnahmen erforderlich. Die Aufnahme in eine beschützende Institution kann notwendig sein (Deutsche Gesellschaft für Kinder- und Jugendpsychiatrie 2000, 220 ff.).

---

14 Der Bundesverband „Hilfe für das autistische Kind" fordert grundsätzlich die Gewährung nach dem SGB XII, weil autistische Kinder i.d.R. mehrfach behindert seien.

4.6.6 Bedingungsfaktoren psychischer Störungen bei Kindern und Jugendlichen

Fragen wir nach Ursachen, so werden wir in der Regel ein Bündel von Faktoren finden. Der junge Mensch kann eine besondere Verletzlichkeit (*Vulnerabilität*) aufweisen, die durch Entwicklungsverzögerungen, Krankheitsfolgen, Geburtsschäden, genetische Belastungen, biochemische Störungen, chromosomale oder hormonale Fehlsteuerungen oder leichte hirnstrukturelle Abweichungen bedingt wurde. Diese kann verstärkt werden durch *Sozialisationsbedingungen*, die diesem besonderen Kind nicht gerecht werden (können). Steht ein dergestalt in seinen Bewältigungsfähigkeiten geschwächter junger Mensch vor einer schwierigen *Lebensanforderung* (wie z. B. der Ablösung aus elterlicher Fürsorge), oder hat er einer starken psychischen Belastung oder körperlichen Erkrankung zu begegnen, so kann es zu einer Überforderung seiner Kräfte und zur Manifestation einer psychischen Störung kommen. Ein solches *Vulnerabilitätsmodell* hilft am besten zu erklären, warum mehrere Kinder, die anscheinend dasselbe durchmachen, ganz unterschiedlich reagieren, oder warum ein Kind einmal etwas gut wegsteckt und ein halbes Jahr später nicht mehr. Es zeigt uns zugleich auch, dass eine schematische Einordnung nicht möglich ist.

4.7 Zum Verhältnis von Eingliederungshilfe und Hilfe zur Erziehung

Ob eine Jugendhilfeleistung eher als Eingliederungshilfe oder als Hilfe zur Erziehung gewährt werden sollte, ist in der Praxis umstritten und in der Tat nicht leicht zu entscheiden. Während bei § 27 KJHG ausdrücklich auf die Benennung einer kindlichen Verhaltensauffälligkeit verzichtet wurde (vgl. Kap. 3.1), so kann bei der Anwendung von § 35 a KJHG dem Kind oder Jugendlichen nicht mehr erspart bleiben kann, dass *seine* Verhaltens- und Erlebensweisen bestimmten *Störungskategorien* zugeordnet werden. Zwar gilt es auch hier, seine Lebenslage zu erkunden und ungünstige Lebenserfahrungen zu beschreiben, im Mittelpunkt muss aber die *persönliche Funktionseinschränkung des jungen Menschen* stehen. Hierin sehe ich ein gravierendes Problem. Man darf nicht vergessen, dass die Bezeichnung eines Menschen als „behindert" eine erhebliche Auswirkung auf dessen Selbstwertgefühl, die Selbstdefinition sowie die Achtung und Fremddefinition durch Gleichaltrige, Lehrer, Ausbilder usw. haben kann. Die Diagnose kann eine zusätzlich belastende Stigmatisierung für den jungen Menschen bedeuten und seinen weiteren Lebensweg im Sinne einer ungewollten Verstärkerwirkung negativ prägen. Insofern stehen wir hier vor einem Dilemma: Einerseits brauchen wir für die *Formulierung von Rechtsansprüchen* einen möglichst weit gefassten Behinderungsbegriff. Unter dem *Etikettierungsaspekt* hingegen sollte er andererseits möglichst eng sein.

Für eine Hilfe auf der Grundlage von § 27 KJHG spricht also, dass das Kind durch sie weniger gezeichnet wird. Diese Hilfe zur Erziehung lässt sich zudem auch fachlich begründen: Wenn es einem Kind schlecht geht, dann hat das meistens *auch* mit seinem Umfeld zu tun, selbst wenn es z. B. wegen einer besonderen Verletzlichkeit oder einer konstitutionellen Schwäche seinem Umfeld größere Mühen abverlangt als andere Kinder. Grundsätzlich haben wir bei allen Störungen von einem *Zusammenwirken von Organismusvariablen* (auf Seiten des Kindes) und *Umweltvariablen* auszugehen bzw. müssen wir Störungen eines einzelnen als Teil der Störung eines Systems betrachten. Die Behandlung einer Angststörung z. B. ist dann auch Erziehungshilfe für die Eltern.

Als Nachteil einer Hilfebewilligung nach § 27 KJHG ist zu sehen, dass hierbei häufig ein erzieherisches Versagen assoziiert wird. Es müsste gelingen, von einer Interpretation abzukommen, die § 27 KJHG mit einem „erzieherischen Defizit" von Müttern und Vätern verknüpft, und statt dessen zu würdigen, dass es Problemlagen gibt, mit denen Eltern bei bestem Willen nicht allein fertig werden *können*.

Die Besonderheiten des § 35 a KJHG liegen im wesentlichen bei Fragen der Leistungsgestaltung. Die Leistungen zur Rehabilitation und Teilhabe sind *zusätzliche* Hilfen, die gemäß § 4 Abs. 2 Satz 1 SGB IX neben anderen Sozialleistungen erbracht werden. Sie sind speziell auf die Bedürfnisse behinderter und von Behinderung bedrohter Menschen zugeschnitten und dürfen ihnen nicht versagt werden, wenn die Rehabilitationsziele durch die allgemeinen Sozialleistungen nicht voll erreicht werden können[15]. Dazu gehören z. B. Psychotherapie, psychologische und pädagogische Hilfen, die der psychischen Stabilisierung, der Entwicklung von Bewältigungsstrategien oder der Aktivierung von Selbstheilungskräften dienen können, Leistungen der Früherkennung und Frühförderung behinderter Kinder vor dem Schulalter oder besondere Hilfen für eine den Fähigkeiten und Neigungen entsprechende Schulbildung oder ein Hochschulstudium. Die Bewilligung eines „Persönlichen Budgets" ist möglich, das nach eigenem Gutdünken zur Deckung des Eingliederungshilfebedarfs verwandt werden kann (§ 57 SGB XII). Dies ist allerdings in der Jugendhilfe fragwürdig, denn nicht von ungefähr sieht das KJHG die Vorbereitung und Überprüfung der Hilfe durch Fachkräfte des Jugendamtes vor (ausführlich hierzu Harnach 2005, § 35 a Rn. 84–101).

4.8 Informationsgewinnung bei Eingliederungshilfe

Zu ermitteln sind die erforderlichen Informationen zur Bestimmung des Eingliederungshilfebedarfs. Ein solcher Bedarf besteht, wenn der junge Mensch nicht ohne professionelle Unterstützung die gravierenden Folgen

---

15 Vgl. Reg.E.Begr. SGB IX, BT-Drucks. 14/5074

seiner psychischen Störung überwinden kann und damit an seiner altersgemäßen sozialen Integration gehindert ist.

Die diagnostischen Schritte unterscheiden sich nicht grundsätzlich von denen bei einer Entscheidung über Hilfe zur Erziehung. Auf die in Kapitel 3.3 ausgearbeiteten Fragensammlungen kann also im wesentlichen zurückgegriffen werden. Lediglich einige Besonderheiten sind zusätzlich zu beachten, und zwar:

Der Präzisierung in § 14 Abs. 5 SGB IX folgend, sieht der durch das KICK eingefügte Abs. 1a von § 35 a KJHG vor, dass der Träger der öffentlichen Jugendhilfe zur Feststellung einer psychischen Erkrankung die Stellungnahme eines mit der Diagnostik derartiger Störungen vertrauten *Gutachters einholen muss*. Als dafür ausgewiesen nennt die Vorschrift Kinder- und Jugendpsychiater und -psychotherapeuten oder Ärzte und psychologische Psychotherapeuten mit vergleichbarer Sachkunde. Damit wird klarer als im früheren Abs. 3 von § 36 KJHG die *Rollenverteilung zwischen Arzt/Psychotherapeuten auf der einen und Fachkraft des Jugendamtes auf der anderen Seite geregelt*. Die *Begutachtung einer psychischen Krankheit* kommt dem *Arzt oder Psychotherapeuten* zu, die *Entscheidung über den Eingliederungshilfebedarf und die zu gewährende Leistung* jedoch der *Fachkraft des Jugendamtes*, wobei der Gutachter als Beteiligter an der Hilfeplanung nach § 36 KJHG selbstverständlich auf aus seiner Sicht geeignete und notwendige Hilfen hinweisen darf.

Herausgestellt wird, dass

– die Feststellung einer psychischen Krankheit eine besondere Qualifikation erfordert, die entsprechend nachgewiesen sein muss
– psychische Störungen von Kindern und Jugendlichen nicht denjenigen von Erwachsenen gleichen und deshalb nur von darauf spezialisierten Sachverständigen zu diagnostizieren sind.

Die *Diagnosestellung* hat, wie schon erwähnt, gemäß den Kriterien der jeweils *gültigen ICD-Fassung* zu erfolgen. Diese Klarstellung ist vielfach angemahnt worden, denn nur so ist dem gegenwärtigen wissenschaftlichen Stand zu folgen und die Zuverlässigkeit, Vergleichbarkeit und Gültigkeit der Diagnosen zu gewährleisten. Es bleibt weiterhin zu wünschen, dass auch § 3 der Eingliederungshilfe-Verordnung eine entsprechende Anpassung vornimmt.

Der Gutachter muss auch Aussagen dazu treffen, ob die Abweichung der seelischen Gesundheit vom altersgemäßen Zustand das *Ausmaß einer Krankheit* angenommen hat, *oder ob sie auf einer Krankheit basiert*. Damit soll einem Missbrauch von knappen Ressourcen der Jugendhilfe durch Nichtbedürftige vorgebeugt werden.

§ 35 a Abs. 1 a Satz 4 KJHG stellt klar, dass die *Abgabe der Stellungnahme personell und institutionell von der Erbringung der Hilfe getrennt werden muss.* Damit soll verhindert werden, dass eine Person, ein Dienst oder eine Einrichtung sich durch entsprechende Begutachtungspraxis die Klienten selbst zuführt.

Die Fachkraft des Jugendamtes initiiert (mit Einverständnis der Antragsteller) die multiprofessionelle Zusammenarbeit. Sie trägt die Verantwortung dafür, dass die erforderlichen Daten für den Hilfeplan vorhanden sind. *Es kommt ihr also eine wichtige Initiations-, Steuerungs- und Filterfunktion zu.*

Schon bei der ersten *Problemsichtung und Beratung* ist zu berücksichtigen, dass für Kinder und Jugendliche mit geistiger oder körperlicher Behinderung[16] nicht die Jugendhilfe zuständig ist, sondern der Sozialhilfeträger. Deshalb muss frühzeitig geklärt werden, ob eine entsprechende Störung vorliegt, damit die weiterführende Diagnostik an der richtigen Stelle vorgenommen wird. Wenn das Jugendamt nicht die erste Anlaufstelle ist, so wird der Sozialpädagoge meist auf eine Reihe von Informationen zurückgreifen können, die von anderer Seite bereits zusammengetragen worden sind – Arztberichte, Schulberichte, Testergebnisse aus der schulpsychologischen Untersuchung und dergleichen. Es ist wichtig, dass er sich nach derartigen Voruntersuchungen erkundigt und die Klienten um die Ergebnisse oder die Erlaubnis zu deren Einholung bittet, damit Doppel- und Mehrfachuntersuchungen vermieden werden. § 14 SGB IX setzt Fristen für die Klärung von Zuständigkeiten und die Entscheidung darüber, ob ein Bedarf nach Eingliederungshilfe vorliegt. Mit der Verpflichtung zur Einhaltung der Zeitvorgaben soll sichergestellt werden, dass Zuständigkeitsstreitigkeiten, die eine Schwäche des gegliederten Hilfesystems darstellen, nicht zu Lasten der Antragsteller gehen. Durch die Beschleunigung des Verfahrens sollen *vorläufige* Leistungen eines nicht zuständigen Rehabilitationsträgers nach Möglichkeit *entbehrlich* werden (ausführlich hierzu Harnach 2005).

Bei der *Problemanalyse* gilt es, die zugrundeliegende psychische Störung zu erkennen. Außerdem ist zu klären, welche Folgen die Störung auf der personalen und der sozialen Ebene zeitigt. Es muss zum einen gefragt werden, inwieweit das Kind/der Jugendliche an der Bewältigung von Alltagsaktivitäten gehindert ist. Zum anderen ist zu eruieren, in welchem Ausmaß seine sozialen Kontakte – in der Familie, mit Gleichaltrigen, in der Schule, am Ausbildungs- oder Arbeitsplatz – als Konsequenz seiner psychischen Problematik beeinträchtigt sind, also seine Eingliederung in die Gesellschaft gefährdet oder verhindert ist.

Bei der Erstellung einer *Prognose* ist es wichtig, die wissenschaftlichen Erkenntnisse über typische Verlaufsformen seelischer Störungen zu berück-

---

16 Bei Mehrfachbehinderung lassen sich geistige und seelische Behinderung mitunter nicht trennen. Zuständig wäre vorrangig der Sozialhilfeträger.

sichtigen, um die Basis für Voraussagen zu verbessern (vgl. die Übersichten bei Petermann 2000 oder Schmidt et al. 1995).

In der *fachlichen (*sozialarbeiterischen*) Beurteilung* sind die wesentlichen seelischen Probleme und ihre (zu erwartenden) Folgen für die Persönlichkeitsentwicklung herauszufiltern. Darzulegen ist, inwiefern die seelische Störung zu einer erkennbaren (oder drohenden) sozialen Ausgrenzung eines Kindes oder Jugendlichen aus altersentsprechenden Beziehungen führt. Der Schweregrad der Behinderung bzw. der sozialen Beeinträchtigung ist zu bestimmen[17]. Das Ausmaß der subjektiven Belastung und die Folgen für die Persönlichkeitsentwicklung sollen eingeschätzt und die Entstehung der Behinderung, soweit möglich, erklärt, zumindest plausibilisiert werden. Das letztere deshalb, weil die zu planende Hilfe sich vor dem Hintergrund der Entstehungsgeschichte der Behinderung als adäquat ausweisen muss.

Im *Hilfeplan* ist statt des oder zusätzlich zum erzieherischen Bedarf der Eingliederungshilfebedarf festzustellen.

4.9 Die Auswahl der Hilfe

Jugendamtsmitarbeiter, Klienten und die anderen beteiligten Fachleute, insbesondere auch diejenigen der hilfeerbringenden Einrichtung, werden im Anschluss an die rechtliche Bewertung miteinander überlegen, welche *Zielsetzungen* im weiteren verfolgt werden sollen. Im nächsten Schritt gilt es, gemeinsam herauszufinden, welche *Art der Hilfe* die beste Chance auf Erreichung des Ziels bietet, also „geeignet" ist im Sinne von § 35 a KJHG.

Bei der Bestimmung der Aufgaben und Ziele der Hilfe und der auszuwählenden Maßnahmen sind die Vorgaben der §§ 53, 54, 56 und 57 SGB XII zu berücksichtigen. Danach soll die Hilfe dazu beitragen, psychisch behinderten jungen Menschen ein möglichst selbständiges Leben in der sozialen Gemeinschaft zu erschließen, indem ihre Behinderung so weit wie möglich gemildert, kompensiert oder – besser noch – ihrer Entstehung vorgebeugt wird. Folglich müssen die Lebens- und Entwicklungsbedingungen des jungen Menschen so gestaltet werden, dass seine psychische Gesundheit so weit wie möglich (wieder) hergestellt wird, Kontakte und Freundschaften zu Gleichaltrigen möglich werden, die Persönlichkeitsentwicklung gefördert, die schulische und berufliche Ausbildung gesichert und ein adäquates Unterkommen in der Arbeitswelt erleichtert wird. Ist zusätzlich Hilfe zur Erziehung zu bewilligen, so sollte diese nach Möglichkeit mit der Eingliederungshilfe abgestimmt werden (§ 35 a Abs. 4 Satz 1 KJHG).

Der Gesetzgeber hat mit SGB IX u. a. auf die Erkenntnis reagiert, dass sich in der Erziehung seelisch behinderter Kinder und Jugendlicher psychothe-

---

17 Vgl. hierzu z. B. die 6. Achse des Multiaxialen Klassifikationsschemas für psychische Störungen des Kindes- und Jugendalters.

rapeutische, rehabilitative, heilpädagogische und sozialpädagogische Maßnahmen nicht voneinander trennen lassen. Gesucht werden muss, unabhängig von Zuständigkeitsregelungen, für jeden jungen Menschen nach derjenigen Kombination von Hilfen, die die beste Förderung seiner Entwicklung verspricht. Dabei gilt es, s*eine* Perspektive aufzunehmen bei der Zusammenstellung der geeigneten Angebote. Der junge Mensch wird Hilfen desto leichter annehmen können, je weniger sie seine Sonderstellung dokumentieren. Deshalb sind, wie Fegert (1995) darlegt, die Jugendhilfeleistungen nach §§ 28–35 KJHG grundsätzlich gegenüber speziell geschaffenen „Eingliederungshilfeleistungen" zu bevorzugen. Jedoch darf andererseits diese Beschränkung nicht so weit gehen, dass auf die kreative Schaffung individuell zugeschnittener Lösungen verzichtet würde.

Die Leistungen der Jugendhilfe werden sich selten allein auf die Kinder beschränken können. Gerade auch ihre *Angehörigen* sind auf Entlastung und Unterstützung angewiesen. Sie müssen in der Regel mit großen Sorgen, Ängsten, Enttäuschungen und Beeinträchtigungen ihres Berufs- und Familienlebens fertig werden. Mit einem schwer seelisch behinderten Kind zu leben, fordert immense psychische Kraft von Eltern und Geschwistern, zumal ihnen im allgemeinen kaum Pausen des Abstands und der Erholung vergönnt sind. So verwundert es nicht, dass bei vielen von ihnen – insbesondere den in der Regel am stärksten geforderten Müttern – ein hoher Grad an Erschöpfung zu finden ist (Bremer-Hübler 1990).

Die Familien brauchen ein flexibles Hilfsangebot zur Erleichterung ihres Alltags (wie z. B. Sozialpädagogische Familienhilfe), konkrete Entlastung von der Alleinverantwortung für ihr behindertes Kind (z. B. durch Tagespflege) oder Gespräche und Beratung in Krisensituationen (z. B. Erziehungsberatung). Bei manchen Problemkonstellationen (z. B. Suchtproblematik) kann es vor allem darauf ankommen, Jugendlichen und ihren Eltern die Ablösung voneinander zu erleichtern, etwa indem die Möglichkeit des betreuten Wohnens (§ 34 KJHG) zur Verfügung gestellt wird.

Der komplexe Bereich der Hilfen für behinderte Menschen ist wegen seines breiten Leistungsspektrums und seiner verschiedenen Träger außerordentlich unübersichtlich. Die Rehabilitationsträger agieren jeweils im Rahmen ihrer eigenen Leistungsgesetze selbstständig und eigenverantwortlich (gegliedertes Sozialleistungssystem), wobei sich die jeweilige Zuständigkeit aus einer Kombination verschiedener Kriterien ergibt wie z. B. Art und Ursache der Behinderung (z. B. körperlich, geistig, seelisch; krankheitsbedingt oder unfallbedingt), Alter des behinderten Menschen (Kind, Jugendlicher oder Erwachsener), Zugehörigkeit zu einer Gruppe mit bestimmten Ansprüchen (z. B. Gemeinschaft der Versicherten, Kriegsopfer), Art der zu erbringenden Leistungen (z. B. Krankenfürsorge oder Ausbildungsförderung). Das gesamte Spektrum der Leistungen zur Rehabilitation und Teilhabe behinderter Menschen erbringen nur die Träger der Unfallversicherung (§§ 26 ff. SGB VIII) und die Träger der sozialen Entschädigung (§§ 10 ff. BVG) in einheitlicher Trägerschaft (Harnach 2006 b, § 29 SGB I).

Zwar verlangt § 4 Abs. 2 Satz 2 SGB IX, dass die einzelnen Träger die Leistungen nach Maßgabe der für sie geltenden Rechtsvorschriften *so vollständig, umfassend und in gleicher Qualität erbringen, dass Leistungen eines anderen Trägers nach Möglichkeit nicht erforderlich werden;* dennoch müssen behinderte Menschen vielfach weiterhin unterschiedliche Träger angehen.

Die Abstimmung zwischen den verschiedenen Trägern hat in der Vergangenheit häufig zu unzumutbaren Wartezeiten für die Leistungsberechtigten und zu „Verschiebebahnhöfen" geführt. SGB IX verlangt *die Koordination und Sicherung der Zusammenarbeit der Rehabilitationsträger* (§§ 10–13). Der besseren Orientierung und der Durchsetzung von Ansprüchen sollen die *Gemeinsamen Servicestellen* nach §§ 22, 23 SGB IX, die *Sicherung von Beratung und Auskunft* nach §§ 60 u. 61 SGB IX sowie die Ermöglichung der *Verbandsklage* nach § 63 SGB IX dienen. Es bleibt zu hoffen, dass seelisch behinderte junge Menschen und ihre Familien nun leichter an die ihnen zustehenden Leistungen gelangen können.

5. Gefährdung des Wohls von Kindern und Jugendlichen

Scheitern Eltern an ihrer Erziehungsaufgabe, dann hat das Jugendamt ihnen Hilfen anzubieten. Erst wenn diese nicht angenommen werden oder ohne Erfolg bleiben, sind die Voraussetzungen für einen Eingriff in das Sorgerecht gegeben. Da ein Sorgerechtsentzug eine Maßnahme mit gravierenden Folgen für Kind und Eltern ist, müssen seine Grundlagen besonders sorgfältig abgeklärt werden. Vor allem von Gewalt in der Familie geht eine gewichtige Beeinträchtigung des Kindeswohls aus. Deshalb wird ihr als Gefährdungstatbestand besondere Aufmerksamkeit zuteil. Das Augenmerk wird auf ihre unterschiedlichen Äußerungsformen gerichtet, nämlich:

körperliche Misshandlung (5.2.1)
psychische Misshandlung (5.2.2)
Vernachlässigung (5.2.4)
sexueller Missbrauch (5.2.5)

Begründung und Strukturierung der Anrufung des Familiengerichts werden auf der so geschaffenen Basis entwickelt und an einer ausformulierten Stellungnahme weiter verdeutlicht (5.3. und 5.4).

5.1 Grundlagen und Eingriffsvoraussetzungen

Mit den rechtlichen Regelungen zum Schutz von Kindern und Jugendlichen durch die Jugendhilfe und mit den verhaltenswissenschaftlichen Erkenntnissen zu Gefährdungstatbeständen wird die Betrachtung eröffnet. Die Besonderheiten des diagnostischen Vorgehens und die Bedeutung der Garantenstellung der Fachkraft werden erläutert.

5.1.1 Der Schutzauftrag der Jugendhilfe nach § 8 a KJHG

Ein sechs Monate altes Mädchen verhungerte, weil seine allein erziehende Mutter sich mit seiner und der Pflege seines zwei Jahre alten Bruders überfordert sah. Als man den Säugling in seinem kotverschmierten Bett inmitten einer extrem vermüllten und verschmutzten Wohnung fand, wog sein ausgemergelter Körper 3673 Gramm und war von den Kniekehlen bis zum Hals mit von Hautpilzen befallenen Wunden übersät. Ein drei Jahre alter Junge wurde vom Lebensgefährten der Mutter erschlagen, weil dieser sich durch das lebhafte Kind in seiner Ruhe gestört fühlte; ein zweijähriger Junge war schon mehrere Tage tot, als seine sehr junge Mutter nach vierzehntägiger Abwesenheit in ihre Wohnung zurückkehrte. Die Nachbarn hatten das verzweifelte Schreien des alleingelassenen Kleinkindes für „normal" gehalten und betonten gegenüber Reportern, dass schließlich jeder sich um „seine eigenen Angelegenheiten" zu kümmern habe.

Entsetzt fragen die Medien: Was ist los mit deutschen Familien? Das gab's doch früher nicht! Wo bleibt das Jugendamt? Sind wir alle blind und taub gegenüber dem Elend von Kindern? Und die auf der Straße Befragten tun ins Mikrofon ihre Meinung von der Notwendigkeit der Wiedereinführung der Todesstrafe für „diese Bestien" kund.

Der Gesetzgeber reagierte auf die zunehmende öffentliche Sorge mit verschiedenen Gesetzesänderungen: Aus den Bemühungen, Kinder vor elterlicher Gewalt zu schützen, resultierte – der UN-Kinderrechtekonvention folgend – zuerst die Änderung von § 1631 BGB, *wonach Kinder nunmehr gewaltfrei zu erziehen sind*, durch das Gesetz zur Ächtung der Gewalt in der Erziehung und zur Änderung des Kindesunterhaltsrechts[1] (2000). Im Jahr 2002 erfolgte die Ergänzung von § 1666 a BGB um die Möglichkeit der *Wegweisung eines gewalttätigen Elternteils oder eines Dritten aus der Wohnung* durch das Kinderrechteverbesserungsgesetz[2]. Schließlich wurde im Jahr 2005 mit dem neu geschaffenen § 8 a KJHG der *Kinderschutzauftrag* der Fachkräfte der Jugendhilfe *präzisiert* (Gesetz zur Weiterentwicklung der Kinder- und Jugendhilfe – KICK).

Die *Gesetzesänderung* von 2005 knüpft insofern wieder an die Regelung des JWG an, als sie von der Jugendhilfe verlangt, Gefährdungen auch schon dann wahrzunehmen und als solche zu benennen, wenn eine Anrufung des Gerichts (noch) nicht erforderlich erscheint, sondern zunächst der Weg über Hilfsangebote beschritten werden soll. Diese Neuerung wurde mit der Missverständlichkeit der ursprünglichen Gesetzesformulierung (§ 50 Abs. 3 KJHG) begründet[3]. In der Tat hatte das KJHG von 1990 in Bezug auf den Kinderschutz Irritationen hervorgerufen. Vielfach wurde fälschlich geglaubt, dass ohne die freiwillige Mitarbeit von Eltern Kinder nicht vor Gefahren zu schützen seien – ein für manche Kinder verhängnisvoller Irrtum. § 8a KJHG verdeutlicht noch klarer, dass die Mitarbeiter des Jugendamtes und der leistungserbringenden Träger zur Wachsamkeit gegenüber elterlichem Versagen verpflichtet sind. Sie sollen bei Anhaltspunkten für eine Gefährdung des Kindeswohls rechtzeitig erkennen, 1) wenn ein Kind zu einem gegebenen Zeitpunkt in seiner Familie akut von Gewalt oder Vernachlässigung bedroht ist (Sicherheitseinschätzung, *security assessment*), und 2) abschätzen, wie groß die Wahrscheinlichkeit einer zukünftigen Beeinträchtigung des Kindeswohls ist (Risikoeinschätzung, *risk assessment*), um gegebenenfalls mit der gebotenen Zügigkeit die erforderlichen und geeigneten Mittel zur Abhilfe auswählen zu können.

---

[1] BGBl I, 2000, 1479–1480.
[2] KindRVerbG, BGBl I, 2002, 1239.
[3] Vgl. die Regierungsbegründung zum KICK, Bundestags-Druckssache 15/3676/2004.

Vorrangig sollen dafür den Personensorgeberechtigten, die ihrer grundgesetzlich verankerten Elternverantwortung nicht aus eigener Kraft im erforderlichen Ausmaß nachkommen können oder wollen, *Hilfestellungen* angeboten werden, wie es dem Leistungsgedanken des KJHG entspricht (Hilfe für das Kind durch Unterstützung der Eltern bei Erhalt der elterlichen Erziehungsverantwortung), und sie sollen auf die Angebote anderer Institutionen hingewiesen werden. Zugleich steht das Jugendamt aber auch in der *Pflicht, rechtzeitig zu erkennen, wann es den Schutz für gefährdete Kinder und Jugendliche mit Leistungsangeboten nicht (mehr) sicherstellen kann*. In diesem Fall hat es das Familiengericht anzurufen oder andere Einrichtungen wie z. B. die Psychiatrie oder die Polizei, die die Gefahr abwenden können, einzuschalten (Hilfe für das Kind durch Intervention). Die Wahl der Mittel hat nach dem *Grundsatz der Verhältnismäßigkeit* zu erfolgen. Außerdem hat das Jugendamt dafür Sorge zu tragen, dass alle *Träger und Einrichtungen*, die Leistungen der Jugendhilfe erbringen, den ihnen mit dem KICK ausdrücklich zugewiesenen Schutzauftrag ebenfalls erfüllen. Dieser Schutzauftrag entspringt dem staatlichen Wächteramt nach Art. 6 Abs. 2 Satz 2 Grundgesetz, wonach die staatliche Gemeinschaft über die angemessene Wahrnehmung der Elternverantwortung wacht.

Zugleich mit der gegenüber der früheren Gesetzesformulierung verstärkten Akzentuierung der Pflichtenstellung des Jugendamtes werden dessen *Möglichkeiten der Informationsgewinnung* erweitert (Befragungen im Umfeld der Familie sind jetzt zu einem früheren Zeitpunkt möglich, d. h. bereits bei Vorliegen „gewichtiger Anhaltspunkte für die Gefährdung" und nicht erst, wenn das Familiengericht angerufen werden muss). Außerdem kann es jetzt leichter ein Kind kurzzeitig aus einer bedrohlichen Familie herausnehmen (*Inobhutnahme* nach § 42 KJHG). Nach wie vor liegt jedoch die Befugnis, das Elternrecht einzuschränken, allein beim Gericht, und das Jugendamt ist nicht zur Anwendung von unmittelbarem Zwang berechtigt.

Die Fachkräfte müssen die *Eltern* an der Ermittlung und Beurteilung des Gefährdungsrisikos *beteiligen*, sofern dadurch nicht der Schutz des Kindes beeinträchtigt wird. Diese können zwar nicht durch das KJHG zur Mitwirkung verpflichtet werden; ihre Pflicht zur Mitarbeit bei der Klärung der Situation ergibt sich jedoch aus ihrer Elternverantwortung, die gebietet, alles Notwendige zu tun, um das Kind vor Gefahren zu schützen (Pflichtbestimmung des Elternrechts). Außerdem müssen, wenn möglich, *das Kind oder der Jugendliche* in die Sachverhaltsaufklärung und die Hilfeplanung einbezogen werden. (Zur ausführlichen Kommentierung von § 8 a KJHG s. Harnach 2006 a.)

5.1.2 „Kindeswohl" und „Gefährdung" als Maßstäbe staatlichen Handelns

Der unbestimmte Gesetzesbegriff „Kindeswohl" wird überwiegend in Vorschriften verwendet, die staatliches Tätigwerden im Zusammenhang mit nicht hinreichendem elterlichen Verhalten, behördliche Aufsichtsrechte gegenüber Personen und erzieherischen Institutionen sowie andere Schutzvorschriften von entsprechend großer Tragweite betreffen. Seine Bedeutung kann nicht eindeutig im Sinne einer Sachdefinition festgelegt werden („offenes Recht", normative Unabgeschlossenheit). Der Begriff muss in jedem Einzelfall vom Jugendamt oder vom Gericht konkretisiert werden (Normvollendung). Die *Wertoffenheit des Begriffs* folgt aus der Wertoffenheit unseres gesellschaftlich-rechtlichen Systems. *Gleichwohl ist die Kindeswohlklausel als Maßstab staatlichen Handelns eine Rechtsnorm mit grundsätzlich erschließungsfähigem und -bedürftigem Inhalt.* Ihr Kernstück ist die *Verwirklichung der Individualgerechtigkeit für das Kind.* Dessen grundlegende (legitime) Interessen sind zu wahren, allerdings unter Berücksichtigung normativer und intersubjektiver Wertungen und der berechtigten Interessen anderer. Der Gesetzesauftrag zielt nicht auf die Herstellung eines Idealzustandes, sondern auf eine im konkreten Fall möglichst dienliche Rechtsentscheidung, im Gefährdungsfall auf die „am wenigsten schädliche Alternative".

Die Konkretisierung der Norm fordert die Einbeziehung außerrechtlicher Erkenntnisse insbesondere der Human- und Sozialwissenschaften. Aus psychologischer Sicht beschreibt der Begriff einen *wünschenswerten Zustand* des Kindes: Körperliche, psychische und geistige Gesundheit, altersgemäßer oder den individuellen Möglichkeiten entsprechender Entwicklungsstand, altersgemäße und bestmögliche soziale Eingliederung sowie Chancen weiterer Realisierung der verfügbaren Potentiale. Maßstab ist nicht nur der aktuelle Status, sondern auch der Verlauf des Entwicklungsprozesses.

Der offene Begriff der *„Gefährdung"* als Anstoß zum Tätigwerden der Jugendhilfe und als Legitimationsgrundlage für staatliche Eingriffe bedarf ebenfalls der Wertausfüllung im Einzelfall. Der Anspruch des Kindes auf staatlichen Schutz für den Fall, dass die Eltern ihrer Elternverantwortung nicht nachkommen, ergibt sich in erster Linie aus seiner Stellung als *Grundrechtsträger.* Als solcher besitzt es eine eigene Menschenwürde und ein eigenes Recht auf Entfaltung seiner Persönlichkeit im Sinne der Art. 1 Abs. 1 und Art. 2 Abs. 1 GG. Das Elternrecht findet dort seine Begrenzung, wo Eltern diese Grundrechte nicht respektieren und schützen[4]. „Eigene Menschenwürde" bedeutet, dass das Kind als eigenständige Person geachtet wird, einem Erwachsenen zwar nicht gleich, aber gleichwertig. Es wird in seinen Wünschen, Bedürfnissen und Interessen ernst genommen. Das

---

4 Vgl. BVerfGE 24, 119

schließt aus, dass ein Kind gedemütigt, lächerlich gemacht, verachtet, vernachlässigt, entmutigt, entwürdigt (vgl. § 1631 Abs. 2 BGB) wird. Es beinhaltet auch, dass das Kind nicht zurückgesetzt, im Stich gelassen, isoliert, aus Bindungen gerissen oder absichtlich geängstigt wird. Der Subjektstatus des Kindes gebietet, dass Erwachsene es nicht als Mittel zur Befriedigung eigener Bedürfnisse gebrauchen. Das verbietet z. B. emotionale Ausbeutung, Ausnutzung seiner Arbeitskraft, sexuellen Missbrauch, Benutzung für politische Zwecke und Opferung als Mittel der Kriegsführung.

Das Recht auf freie Entfaltung der Persönlichkeit beinhaltet, dass das Kind Lebensbedingungen erhalten muss, die ihm die Entwicklung seiner Anlagen ermöglichen. Es ist bedroht, wenn Erwachsene es in eine Rolle oder eine Lebensform zwingen, die nicht *seinen* Potentialen, sondern den Interessen der Erwachsenen dient. Dazu kann gehören, dass dem Kind die Rolle eines Sündenbocks zugewiesen wird, dass von ihm erwartet wird, einen (idealen oder abgelehnten) Aspekt des eigenen Selbst zu verkörpern, dass es als Bundesgenosse funktionalisiert wird (Richter 1963) oder dass unerfüllte Wunschvorstellungen an es delegiert werden (Stierlin 1978). Um das Recht auf Leben und körperliche Unversehrtheit zu gewährleisten, muss das Kind Ernährung und gesundheitliche Betreuung erhalten – eine Fürsorge der Erwachsenen, die es um so mehr braucht, je jünger und hilfloser es ist. Körperliche Misshandlung oder Vernachlässigung sind mit diesem Recht unvereinbar.

Die erforderliche gesetzliche Konkretisierung der abstrakten Schutzpflicht des Art. 6 Abs. 2 GG erfolgt für den Aufgabenbereich der Jugendhilfe in § 1 Abs. 3 Nr. 3 KJHG. Deren Schutzauftrag soll der Verwirklichung des Rechts des jungen Menschen auf Förderung seiner Entwicklung und auf Erziehung zu einer eigenverantwortlichen und gemeinschaftsfähigen Persönlichkeit dienen. Daraus ist zu folgern, dass eine Gefährdung des Kindeswohls dann vorliegt, wenn es an der entsprechenden Förderung fehlt. Schutz vor Gefährdung hat einzutreten, wenn *Minimalstandards* der Erziehung nicht eingehalten werden.

Die Bestimmung eines von der Mehrheit getragenen Minimalkonsenses wird allerdings angesichts fortschreitender Individualisierung, immer stärker multikulturell geprägten gesellschaftlichen Zusammenlebens und sich immer schneller wandelnder Wertvorstellungen zunehmend schwieriger. Die Formulierung von Mindestanforderungen muss zudem schichtspezifischen Besonderheiten Rechnung tragen. Außerdem ist der Grad der „Passung" zwischen kindlichen Bedürfnissen und Verhalten der Eltern zu berücksichtigen. So erfordert z. B. die Behinderung eines Kindes unter Umständen eine weit über Mindeststandards hinausgehende erzieherische Sorgfalt (s. Kap. 2.3.2).

„*Gefahr*" versteht sich als *drohende* Fehlentwicklung. Eine Schädigung des Kindes muss also noch nicht eingetreten sein, jedoch muss sie mit hoher

Wahrscheinlichkeit vorauszusehen sein. Nicht jedes Abweichen von einer erzieherischen Norm rechtfertigt schon einen staatlichen Eingriff. Dies ist eine Feststellung, die angesichts steigender Anforderungen an elterliche Kompetenzen bei schwindenden Ressourcen an Bedeutung gewinnt. Erst ein das Erleben und Verhalten des Kindes *erheblich* beeinträchtigendes, *dauerhaftes* und *zukünftige Entwicklungschancen spürbar bedrohendes* Scheitern der Eltern an ihrer Erziehungsaufgabe berechtigt den Staat zur Einschränkung des Elternrechts (Happe/Saurbier 2006).[5]

Die Unterscheidung zwischen einer „dem Wohl des Kindes nicht entsprechenden Erziehung" nach § 27 KJHG und einer „Gefährdung des Kindeswohls" nach § 1666 BGB und § 8 a KJHG ist nicht leicht zu treffen. Zu bestimmen, welches die „Gefährdungsschwelle" ist, stellt die Fachkraft des Jugendamtes bzw. den Richter vor die Aufgabe, auf einem Kontinuum einen Grenzpunkt („cut off point") zu lokalisieren. Verhaltensweisen respektive Bedingungen, die – wie die Höhe der Quecksilbersäule im Thermometer – in der Realität fortlaufend variieren können (z. B. von „sehr fördernd" über „mittelmäßig fördernd" bis „extrem hemmend"), werden an einem bestimmten Punkt – gleichsam der Null-Grad-Linie – gedanklich voneinander geschieden, so dass sie in zwei qualitativ unterschiedliche Kategorien („gefährdend" – „nicht gefährdend") eingeordnet werden können (Dichotomisierung). Es wird an dieser Stelle ein qualitativer und nicht nur ein quantitativer Sprung von einer bloß „miserablen Erziehung" zur „Gefährdung" gesehen. Dabei müssen zahlreiche Faktoren in ihrem Zusammenwirken beurteilt werden. Neben Stärke und Dauer des schädlichen Einflusses spielen auch „moderierende Bedingungen" eine Rolle wie z. B. Alter und Geschlecht des Kindes, seine Persönlichkeit, insbesondere seine Verletzlichkeit, schichtspezifische Merkmale und kompensierende Gegebenheiten im Umfeld (vgl. Kap. 2.4).

§ 1666 Abs. 1 BGB als wichtigste Norm für Eingriffe des Gerichts in das Elternrecht unterscheidet zwischen Gefährdung des körperlichen, geistigen und seelischen Wohls des Kindes und Gefährdung seines Vermögens. Der Gesetzgeber hat zum Schutz des Elternrechts einen Eingriff ausdrücklich von der Voraussetzung abhängig gemacht, dass ein bestimmtes Verhalten der Eltern für die Gefährdung des Kindeswohls ursächlich ist. Die Vorschrift nennt *vier Formen des erzieherischen Unvermögens:*

- *Missbräuchliche Ausübung der elterlichen Sorge* (Ausnutzen der elterlichen Sorge zum Schaden des Kindes, z. B. Misshandlung, sexueller Missbrauch, Verweigerung erforderlicher ärztlicher Untersuchung und Behandlung oder Anhalten zu strafbaren Handlungen)
- *Vernachlässigung* (mangelhafte Sorge für die körperliche und psychische Gesundheit sowie für die Erziehung und Förderung)

---

5 Erl. § 1 KJHG, Rn. 114

– *unverschuldetes Versagen* der Eltern (Auffangtatbestand für den Fall, dass ein Elternteil nicht aus freien Stücken gefährdend handelt, z. B. wegen einer psychischen Krankheit, aufgrund von Intelligenzmängeln oder wegen restriktiver religiöser Vorstellungen)
– Mangelnder Schutz des Kindes vor *schädigendem Verhalten eines Dritten* (insbes. des Partners, vor Gewalt, Missbrauch, Drogen etc.) (vgl. Palandt/Diederichsen 2006).

Eine Überlegung unter den Justizministern der Länder (2006) gilt der Frage, ob es erforderlich ist, § 1666 BGB durch den Zusatz zu ergänzen, dass eine Kindeswohlgefährdung auch dann vorliegt, wenn ein Kind wiederholt Straftaten begeht. Meines Erachtens lässt sich dies aber bereits aus der gegenwärtigen Gesetzesformulierung entnehmen, denn in einem solchen Fall steht hinter dem kindlichen Verhalten in aller Regel Vernachlässigung durch die Eltern oder missbräuchliche Ausübung der elterlichen Sorge.

Eine so verursachte Gefährdung berechtigt aber nur dann zum Eingriff in das Elternrecht, *wenn die Eltern nicht zur Gefahrenabwehr bereit oder fähig sind.* Solange sie Mittel und Wege der Abwendung finden, sei es selbständig oder mit Unterstützung durch die Jugendhilfe oder andere Institutionen, bleibt ihr Grundrecht nach Art. 6 GG unangetastet. Dem *Prinzip der Freiwilligkeit der Zusammenarbeit zwischen Eltern und Jugendhilfe* kommt also ein hoher Stellenwert zu. Auch Eltern, die ihre Erziehungsaufgabe unvollkommen erfüllen, sollen solange wie möglich in ihrer Rolle als Partner der Jugendhilfe angesprochen werden.

Ebenso wie die Erziehungsfähigkeit ist auch die elterliche *Mitwirkungsbereitschaft keine unveränderliche Größe*, sondern durchaus fachlicher Beeinflussung zugänglich. Ein Mitarbeiter des Jugendamtes darf sich von einer zunächst möglicherweise bestehenden Weigerung von Personensorgeberechtigten, mit dem Jugendamt zusammenzuarbeiten, nicht abschrecken lassen, sondern hat die Aufgabe, durch ausreichende Information und Beratung die Bereitschaft der Eltern zu wecken, sie sozusagen zur Annahme von Hilfen zu befähigen.

Das Prinzip der Freiwilligkeit der Zusammenarbeit von Eltern und Jugendhilfe ist hoch zu bewerten. Dennoch kann nicht davon ausgegangen werden, dass es ohne Ausnahme eine tragfähige Grundlage bietet – wie die eingangs geschilderten Fälle von tödlicher Vernachlässigung und Misshandlung auf tragische Weise gezeigt haben.[6] Sind die Eltern nicht bereit oder fähig, notwendige Hilfen zu akzeptieren, so ist das Jugendamt im wohlverstandenen Interesse des Kindes, das sich schließlich nicht selbst zu helfen vermag, genötigt, ihnen den Ernst der Lage mit Nachdruck klarzumachen und notfalls einen Eingriff ins Sorgerecht zu initiieren.

---

6 Vgl. z.B. Mörsberger/Restemeier (1997)

5.1.3 Garantenstellung/strafrechtliche Verantwortlichkeit der Fachkraft des Jugendamtes

In der Folge mehrerer Strafverfahren gegen Fachkräfte von Jugendämtern, die beschuldigt wurden, für den Tod von Kindern mitverantwortlich zu sein, weil sie ihren Kontroll- oder Informationspflichten nicht in genügender Weise nachgekommen waren, fand die Problematik der strafrechtlichen Risiken Sozialer Arbeit breite fachliche Aufmerksamkeit. Kontrovers diskutiert und von Strafrichtern unterschiedlich beantwortet wurden die Fragen, ob 1. einer fallzuständigen Fachkraft eines öffentlichen Trägers der Jugendhilfe (nicht dem Träger selbst) eine Garantenstellung zukommt und ob sie 2. einer strafrechtlichen Fahrlässigkeitshaftung ausgesetzt ist. Nach dem gegenwärtigen Stand der Rechtsprechung (und der Fachdiskussion) muss die Frage der Garantenstellung der Fachkraft des Jugendamtes bejaht werden, wenn auch die Begründung dafür nicht ganz unproblematisch ist. Die Herleitung dieser Garantenstellung erfolgt zum einen „aus Gesetz", nämlich aus § 1 Abs. 2 Satz 2 KJHG und damit aus dem staatlichen Wächteramt nach Art. 6 Abs. 2 Satz 2 GG[7], zum anderen aus „tatsächlicher Schutzübernahme"[8], d. h. dass der Fachkraft mit dem Beginn der Betreuung einer – vollständigen oder unvollständigen – Familie eine Garantenpflicht im Hinblick auf wichtige Rechtsgüter des Kindes wie Leib oder Leben, Freiheit oder sexuelle Integrität erwächst; die Rolle als Beschützergarantin mit Obhutspflichten ist demnach das strafrechtliche Gegenstück des Gesetzesauftrags nach § 1 Abs. 3 Satz 3 KJHG.

5.1.4 Besonderheiten des diagnostischen Vorgehens

Dass eine Gefährdung des Kindes und ihre Ursachen rechtzeitig erkannt und Hilfsmöglichkeiten für das Kind und die Familie entwickelt werden, kann für das Kind u. U. lebensrettend sein, zumindest aber eine dauerhafte Schädigung seiner Entwicklung verhüten. Diese Aufgabe verlangt von der Fachkraft zum einen eine hohe Sachkenntnis in Bezug auf Merkmale von Gefährdung und auf Möglichkeiten ihrer Abwendung. Zum anderen ist ihre Fähigkeit gefordert, der Familie gegenüber Achtsamkeit, innere Ruhe und Sicherheit zu entwickeln und sie oftmals über einen langen Zeitraum mit Geduld und Einfühlungsvermögen zu begleiten. In Gefährdungsfällen muss in der Regel damit gerechnet werden, dass

– eine zunächst gänzlich unübersichtliche Situation vorliegt,

– die Familie sich in einem Zustand starker negativer Affekte befindet, die sowohl nach innen, also auf die anderen Familienmitglieder, gerichtet

---

7 So OLG Oldenburg ZfJ 1997, 55–58 mit Rückgriff auf den Erklärungsansatz der sogenannten formellen Rechtspflicht- oder Rechtsquellenlehre.
8 So LG Stuttgart – 1 (15) KLs114Js 26273/96 und OLG Stuttgart, ZfJ 1998, 382–385; vgl. auch Bringewat, 2000, 2001; Wiesner 2004; zu ethischen Gesichtspunkten s. Fieseler 2004.

sind, als auch nach außen, gegen jeden „Störer" (als der der „Helfer" zunächst auch oft gilt),
- die Familie in hoher Abwehrbereitschaft ist, also zunächst versuchen wird, dem „Kontrolleur" möglichst keinen Einblick in die familiäre Situation zu gewähren und sein Eindringen, das als Angriff verstanden wird, zu verhindern,
- die Familie nicht bereit ist, Beratung und Hilfe anzunehmen.

Falls dennoch Hilfe gesucht wird, dann eher in versteckter Form: Das Kind „macht" Probleme. Gelingt der Fachkraft die Entschlüsselung der verdeckten Botschaft nicht, kann eine Chance zur Hilfe vertan sein.

Der neue § 8 a KJHG schreibt vor, dass ein *Gefährdungsrisiko „im Zusammenwirken mehrerer Fachkräfte" abzuschätzen* ist. Die kollegiale Zusammenarbeit ist aus mehreren Gründen immens wichtig: um möglichst viel Kompetenz zusammenzutragen, „blinde Flecken" zu vermeiden, das eigene Sicherheitsgefühl zu erhöhen und um Fehler als Folge ungeklärter Gefühle zu minimieren. Man muss sich klarmachen, dass bei Gewalt, Vernachlässigung oder sexuellem Missbrauch eines Kindes nicht nur die Betroffenen affektiv stark beteiligt sind, sondern auch beim Sozialarbeiter starke Emotionen ausgelöst werden – z. B. Mitleid mit dem Kind, Entsetzen, Angst, Empörung, Wut, Aggression, Trauer oder Hilflosigkeit. Der Art dieser Gefühle sollte sich die Fachkraft bewusst werden. Gelingt es ihr, darüber mit anderen (Kollegen, Supervisor, aber auch den Klienten) offen zu sprechen, wird es ihr leichter fallen, sie so weit zu klären und zu verarbeiten, dass nicht durch falsche Reaktionen die Situation für das Kind oder den/die Misshandler(in) noch verschlimmert wird. Abgewehrte und undurchdachte Gefühle können bei dieser Arbeit zu verzerrten Wahrnehmungen, Gegenaggressionen und uneinlösbaren Rettungsphantasien führen und damit den Gewaltzirkel fortführen, statt ihn zu durchbrechen (Kinderschutz-Zentrum Berlin 2000; Hege/Schwarz 1992). Auch der Selbstvorwurf, „versagt" zu haben, wenn man die Anrufung des Familiengerichts nicht durch seine engagierte Arbeit abwenden konnte, sollte im kollegialen Gespräch aufgelöst werden. Schließlich lässt sich der Handlungsunsicherheit, die der abwechselnden medialen Beschimpfung als „Kinderklau" oder als „Schlafmütze" mitunter folgen mag, am besten durch gemeinsame Reflexion begegnen.

Das Gesetz macht keine Aussage dazu, *welche* Fachkräfte zusammenwirken sollen. Diese normative Offenheit ist sinnvoll, denn die benötigte zusätzliche Fachkompetenz hängt von der Lage des Einzelfalles ab. Neben dem in der örtlichen Praxis der Jugendämter einzuführenden standardisierten Team (kollegiales Team und/oder Vorgesetzter), das in Gefährdungsfragen immer zusammentreffen sollte („Notfall-Team"), sind fallweise Fachkräfte von außen hinzuzuziehen, z. B.

- ein *Arzt*, wenn der körperliche Zustand des Kindes untersucht werden muss (Misshandlungs-, Missbrauchs-, Vernachlässigungsverdacht), bei gefährdeten Neugeborenen auch die *Hebamme*, die beobachten kann, wie die Mutter mit dem Kind umgeht
- *Kinder- und Jugendpsychologen*, gegebenenfalls auch *-psychiater* zur Diagnostik des kindlichen Erlebens und Verhaltens
- *Lehrer, Erzieher*, wenn sie relevante Auskünfte über das kindliche oder elterliche Verhalten geben können, die nicht auf andere Weise erhältlich sind (unter besonderer Beachtung des Grundsatzes der Verhältnismäßigkeit)
- bei psychischer Störung eines Elternteils ein *Psychiater* zur Abschätzung möglicher Auswirkungen auf das Kind
- die *Polizei*, falls der Zutritt zur Wohnung verwehrt wird oder die Anwendung des unmittelbaren Zwangs notwendig ist, um ein Kind aus einer gefährlichen Situation herauszunehmen. (Vgl. Deutscher Städtetag 2004, 187 ff.)

Der mit dem KICK geänderte Datenschutz (§ 65 Abs. 1 Nr. 4 KJHG) *gestattet die Weitergabe anvertrauter Informationen an diese Fachkräfte*. Sofern dies die Erfüllung des Schutzauftrages nicht beeinträchtigt, sollen die Daten anonymisiert oder pseudonymisiert werden. Diese Ausdehnung der Weitergabebefugnisse ist die Voraussetzung dafür, dass der gesetzlichen Vorgabe, die Gefährdungsbeurteilung gemeinsam mit anderen Kollegen vorzunehmen, entsprochen werden kann. Außerdem dürfen Sozialdaten, die zum Zweck persönlicher oder erzieherischer Hilfe einem Mitarbeiter der öffentlichen Jugendhilfe *anvertraut* wurden, bei Wechsel der Fallzuständigkeit im Jugendamt oder bei Änderung der örtlichen Zuständigkeit *dem dann fallzuständigen Mitarbeiter ohne Einwilligung des Betroffenen weitergegeben werden,* wenn dies zur Abschätzung des Gefährdungsrisikos erforderlich ist.

Eine solche eindeutige Regelung zur Aufhebung des innerbehördlichen Weitergabeverbots war zu schaffen, weil es bei Fallübergabe, z. B. aus Urlaubs- oder Mutterschutzgründen oder bei Stellenwechsel, u. U. eine für das Kind bedrohliche *Schutz-Lücke* geben kann, wenn der Nachfolger keine Kenntnis von einem Gefährdungsrisiko hat. Die Möglichkeit der Datenweitergabe an einen anderen örtlichen Träger bei Umzug der Familie ist deshalb von Bedeutung, weil u. U. damit dem Verbergen einer Gefährdung durch das Mittel des Wohnungswechsels entgegengewirkt werden kann.

5.1.5 Qualitätssicherung

Die Bestimmungen zur Qualitätssicherung nach §§ 78 a–g KJHG gelten nicht für den Schutzauftrag des Jugendamtes, aber für die Vereinbarungen mit freien Trägern; für vorläufige Maßnahmen zum Schutz von Kindern und Jugendlichen nach § 42 KJHG kann Landesrecht die Geltung der §§ 78 b-g KJHG bestimmen.

Qualitätsentwicklung und -sicherung der kinderschutzbezogenen Arbeit des Jugendamtes sind jedoch von höchster Wichtigkeit. Zu den *Qualitätskriterien* gehören (neben den in Kap. 1.4.2 genannten):

- hohe fachliche Qualifikation der Mitarbeiter, die durch laufende Weiterbildung zu Fragen des Kinderschutzes und durch Praxisberatung auf dem neuesten Stand der fachlichen Erkenntnisse zu halten ist (s. § 72 Abs. 1 und 3 KJHG)
- ausreichende Personalausstattung
- Adressatenorientierung der Einrichtungen und Dienste (Öffentlichkeitsarbeit, niedrige Zugangsschwelle, Erreichbarkeit zu jeder Tages- und Nachtzeit)
- Organisationsstrukturen, die schnelles und sachgerechtes Reagieren ermöglichen: Sicherstellung der Zusammenarbeit der Beteiligten innerhalb des Jugendamtes und mit den Kooperationspartnern (kurze, direkte Kommunikationswege, feste Ansprechpartner, mit denen fallübergreifend fachlicher Austausch besteht)
- Klärung der jeweiligen Aufgaben und Grenzen aller zusammenwirkenden Professionen. Die entsprechenden Vereinbarungen sollen gemeinsam entwickelt, schriftlich fixiert und von allen Beteiligten als verbindlich erachtet werden
- eine sorgfältige Dokumentation und Aktenführung zur Vermeidung von Übermittlungsfehlern bei Bearbeiter-Wechsel und als Voraussetzung für die Überprüfbarkeit der Einhaltung von Standards
- laufende Evaluation der geleisteten Kinderschutzarbeit mit daraus folgender Weiterentwicklung der Arbeit.

Insgesamt kommt es darauf an, ein *einheitliches, allen Beteiligten vertrautes Kinderschutzkonzept* zu erarbeiten, auf das die fallzuständige Fachkraft leicht und ohne größere Interpretationsprobleme zugreifen kann. (Als Beispiel hierfür können die „Verfahrensstandards" des Deutschen Städtetages 2004 herangezogen werden; vgl. ferner Langenfeld/Wiesner 2004, 69 ff.; Münder, Mutke, Schone 2000.)

5.2 Gewalt in der Familie

> Innerfamiliäre Aggressionen stellen für die Soziale Arbeit ein gravierendes Problem dar. Sie kommen häufig vor und haben für alle Beteiligten ernste nachhaltige Folgen. Die am besten untersuchten Formen sind Gewalt von Eltern gegen Kinder, sexueller Missbrauch von Kindern und Gewalt zwischen Ehepartnern. Weniger gut dokumentiert sind Ursachen und Folgen von Vergewaltigung in der Ehe, Gewalt von Kindern gegen ihre Eltern, Gewalt zwischen Geschwistern und die offensichtlich nicht seltene Gewalt gegen ältere Menschen in der Familie.
>
> Da Kinder in ihrer Entwicklung besonders durch elterliche Misshandlung, Vernachlässigung und sexuellen Missbrauch beeinträchtigt werden, sollen diese Formen im Folgenden genauer dargestellt werden.

5.2.1 Körperliche Misshandlung von Kindern

5.2.1.1 Erscheinungsformen und ursächliche Bedingungen

Erneut soll die Problematik zunächst an einem *Beispiel* erhellt werden.

Marion Weidner stand vor Gericht, angeklagt der Kindesmisshandlung, tatmehrheitlich in drei Fällen, strafbar gemäß §§ 223 und 223 a StGB. Sie hatte ihren Sohn Stefan mehrfach heftig geschlagen und, weil er noch ein Säugling und deshalb zart war, dabei stark, einmal sogar lebensgefährlich verletzt. Beim ersten Mal war das Kind vier Monate alt. Sie schlug ihm mit dem Handrücken so hart ins Gesicht, dass die linke Gesichtshälfte anschwoll und sich blau verfärbte. Beim zweiten Mal, Stefan war sechs Monate alt, bog sie ihm einen Arm so gewaltsam zurück, dass der Oberarm brach. Als der Junge acht Monate alt war, schlug sie ihm so heftig ins Gesicht, dass er eine flächige blutunterlaufene Schwellung über beiden Wangenknochen, um die Augenhöhlen herum und über der Nasenwurzel hatte. Dieser Schlag hätte, wie der ärztliche Gutachter aussagte, unter Umständen bei einem so kleinen Kind auch zu lebensgefährlichen Hirnverletzungen führen können.

Für die ersten beiden Handlungen billigte das Gericht Marion Weidner eine erhebliche Einschränkung ihrer Fähigkeit, einsichtsgemäß zu handeln, zu, denn der psychiatrische Gutachter hatte für diese beiden Situationen das Vorliegen einer tiefgreifenden Bewusstseinsstörung angenommen. Sie wurde zu einer Gesamtfreiheitsstrafe von neun Monaten verurteilt, deren Vollstreckung zur Bewährung ausgesetzt wurde.

Marion Weidner lebte zur Zeit ihrer Verurteilung im Frauenhaus, in das sie vor den Gewalttätigkeiten ihres Mannes geflüchtet war. Ihr Mann hatte sie häufig brutal geschlagen und ebenfalls gefährlich verletzt. Sie war eine 23-jährige, wie ein junges Mädchen wirkende, stille und schüchterne Frau. Am liebsten spielte sie mit den Kindern des Frauenhauses, die sich freuten, dass sich jemand so ausdauernd und liebevoll Zeit für sie nahm. Dass sie selbst ein Kind hatte, wusste zunächst niemand. Erst als sie in die Gerichtsverhandlung gehen musste, bat sie die Frauenhausmitarbeiterinnen um Hilfe. Stefan lebte zu dieser Zeit bereits seit anderthalb Jahren in einer Pflegefamilie, und sie hatte ihn dort nur wenige Male gesehen.

In der Verhandlung war sie von Weinkrämpfen geschüttelt und beteuerte immer wieder, dass sie ihr Kind doch liebe und ihm nichts habe tun wollen. Sie wisse nicht, wie es geschehen sei, und es habe ihr jedesmal sofort sehr leidgetan. Nach dem dritten Vorfall unternahm sie einen Suizidversuch und verbrachte mehrere Wochen in einer psychiatrischen Klinik. Sie bezeichnete diese Zeit später als die schönste in ihrem Leben; niemals zuvor sei jemand so freundlich zu ihr gewesen wie das Klinikpersonal.

Im Strafprozess wird die Lebensgeschichte einer jungen Frau aufgerollt, die immer zu den Verliererinnen gehört hat: Von der Mutter von Anfang an abgelehnt, zunächst weitgehend von den recht liebevollen Großeltern erzogen, in deren Haushalt die berufstätigen Eltern lebten. Ab dem 4. Lebensjahr in der Obhut der Mutter, die vor Gericht sagte: „Ich habe sie nur geschlagen, wenn sie log. Sie log viel." In die Schule ging sie mit viel Angst, sie wurde von den Kindern gehänselt und geschlagen und fand dort nicht ihren Platz. Wenn sie an ihre Kindheit zurückdenkt, sagt sie: „Ich wurde immer geschlagen, und wenn ich geschlagen werde, setzt es bei mir aus." Bis weit ins Erwachsenenalter hinein versuchte sie – vergeblich – die Zuneigung ihrer Mutter zu gewinnen. Die Mutter wies sie nicht nur zurück, sondern versuchte auch, ihr zusätzlich zu schaden. So rief sie, meistens gemeinsam mit Marions geschiedenem Ehemann, jahrelang bei den wenigen Menschen an, die Marion Weidner unterstützten (Frauenhausmitarbeiterinnen und -vorstand, Bewährungshelferin, Jugendamt, Arbeitgeber) und versuchte, sie schlecht zu machen.

Nach dem Hauptschulabschluss begann sie eine Lehre als Drogistin, die sie aber wegen einer Allergie abbrechen musste. Daran schlossen sich zunächst wechselnde Arbeitsstellen und schließlich eine angelernte Tätigkeit an. Im Alter von zwanzig Jahren lernte sie ihren späteren Ehemann kennen. Kurz darauf wurde sie schwanger. Es wurde zunächst ein Abbruch überlegt, dann heiratete sie jedoch Stefans Vater. Jener war geschieden und hatte aus erster Ehe einen siebenjährigen Sohn. In der Ehe gab es von vornherein viel Streit, und ihr Mann begann bald, sie zu schlagen. Er hatte, wie sich später herausstellte, eine Liebesbeziehung zu ihrer Mutter aufgenommen, verfolgte Marion aber mit Eifersuchtsszenen. Seine Eifersucht wurde von seiner Schwiegermutter aus Eigeninteresse geschürt. Finanzielle Schwierigkeiten und zunehmende Verschuldung kamen hinzu, obwohl der Mann als Schlosser ein geregeltes Einkommen bezog.

Die Geburt Stefans wurde von seiner Mutter als schwierig und sehr schmerzhaft empfunden. Da er eine Gelbsucht hatte, konnte sie ihn nicht sogleich mit nach Hause nehmen. Bereits einen Monat nach der Krankenhausentlassung musste er erneut in stationäre Behandlung, weil er eine Lungenentzündung und einen Leistenbruch hatte. Wieder zu Hause, schrie er viel, und ihr gelang es nur schwer, ihn zu beruhigen. Da die Streitigkeiten mit ihrem Mann eskalierten, zog sie für einige Zeit zu ihren Schwiegereltern, die ihrerseits mit ihrem Sohn in Streit lagen. Die erste Misshandlung Stefans geschah, als sie mit ihren Schwiegereltern in ihre Ehewohnung zurückkehrte und dort von ihrem Mann massiv bedroht und unter Druck gesetzt wurde, seine Eltern aus der Wohnung zu schicken. Angst vor dem Mann und Wut auf ihn und ihre eigene Mutter, die sich per Telefon einmischte, brachten sie in einen Affektzustand, der die vom Psychiater diagnostizierte „tiefgreifende Bewusstseinsstörung" hervorrief. Als Schwiegereltern und Ehemann sie in dieser Gemütsverfassung verließen und sie mit dem schreienden Kind konfrontiert war, schlug sie auf es ein.

Ähnlich spielten auch bei den beiden anderen Vorfällen Angst und Aggression gegenüber Mann und Mutter eine große Rolle. In allen Situationen schrie das Kind, und es gelang ihr nicht, es zu beruhigen. Nach den Misshandlungen suchte sie jedesmal beim Arzt Hilfe. Der behandelnde Arzt des Krankenhauses, in das sie Stefan gebracht hatte, erstattete beim dritten Mal Anzeige.

Das Jugendamt wurde bereits nach dem zweiten Vorkommnis benachrichtigt. Es gab Stefan bei Marions Mutter in Pflege, machte also „den Bock zum Gärtner". Dort geschah die dritte Misshandlung, als die Mutter Marion mit dem Kind alleingelassen und das baldige Erscheinen des Ehemannes angekündigt hatte. Danach wurde das Kind von einer Pflegefamilie aufgenommen und drei Jahre später – ohne die Zustimmung von Marion Weidner – adoptiert.

Marion Weidner schlug sich mühsam, schuldenbelastet (sie musste alle Kosten für die Krankenhausbehandlungen des Kindes selbst bezahlen), mit wechselnden Arbeitsstellen durchs Leben. Sie machte nicht den Versuch, ihren Sohn zurückzuholen, denn sie glaubte der Argumentation des Jugendamtes, dass er bei der Pflegefamilie bessere Lebenschancen hätte als bei ihr. Die Trauer um das Kind hat sie nie ganz verlassen, und sie hofft darauf, ihm alles erklären zu können, wenn es erwachsen ist und, wie sie es ersehnt, nach ihr suchen wird. Marion Weidner sieht sich selbst nicht als eine „Misshandelnde". Sie legt Wert auf die wiederholte Bestätigung, dass sie doch „keine Rabenmutter" sei. Sie liebt ihr Kind und hat es, von den Ausnahmesituationen abgesehen, gut versorgt.

Auch andere Eltern, die ihre Kinder schlagen, würden sich gegen den Begriff „Misshandlung" wehren. Das Schlagen von Kindern wird noch immer von vielen Eltern als probates Erziehungsmittel angesehen. Wimmer-Puchinger und Mitarbeiter (1995) befragten 380 österreichische Eltern mit einem Kind im Kindergartenalter. Von etwa einem Drittel der Mütter und Väter wurden diese kleinen Kinder „versohlt" oder verprügelt. „Leichte" Formen körperlicher Gewalt wurden von über 90 % der Mütter bzw. 84 % der Väter praktiziert. Das Verbot körperlicher Bestrafungen durch die Neufassung von § 1631 BGB im Jahre 2000 scheint jedoch schon ein bisschen die Erziehungseinstellung verändert zu haben. Während z. B. 1996 noch 83 % der Eltern leichte Körperstrafen für rechtlich erlaubt hielten, waren es 2001 „bloß" noch 61 %; hinsichtlich schwerer körperlicher Gewalt war der Meinungsumschwung oder Wissenszuwachs noch etwas ausgeprägter; 19 % statt zuvor 35 % hielten sie noch für rechtens (Bussmann 2005, ausführlicher Überblick über weitere Studien bei Deegener 2005).

In einer Untersuchung des Kriminologischen Forschungsinstituts Niedersachsen (Wetzels 1997) wurden über 3000 Erwachsene nach ihren diesbezüglichen Kindheitserfahrungen befragt. 75 % gaben an, als Kinder Gewalthandlungen ihrer Eltern erfahren zu haben. Nach ihren Aussagen wurden 38 % „häufiger als selten" gezüchtigt, 36 % „selten". Circa 11 % berichteten, misshandelt worden zu sein (5 % „häufiger als selten"). In einer weiteren Studie dieses Instituts (Pfeiffer et al. 1999) berichteten 57 % der Schüler, von ihren Eltern geschlagen worden zu sein: Leichte Züchtigung erfuhren 30 %, schwere 17 %, seltene Misshandlung 4,5 %, gehäufte Misshandlung 5 %. Nur 43 % erlebten niemals, dass ihren Eltern „die Hand ausrutschte".

Aus fachlicher Sicht sind die Handlungen von Marion Weidner gegenüber Stefan als Kindesmisshandlungen zu bezeichnen, wenn man mit Engfer (1992) Kindesmisshandlung als „gewaltsame physische und psychische Beeinträchtigung des Kindes durch die Eltern oder Erziehungsberechtigten" definiert.

Engfer (1986) unterscheidet zwischen einem „engen" und einem „weiten" Misshandlungsbegriff. Der engere beschränkt sich auf die Fälle, in *denen nachweisbare körperliche Verletzungen oder lebensgefährliche Bedrohungen* (z. B. durch Vernachlässigung) zu finden sind (vgl. auch Kempe/Kempe 1978). Er ist zugrunde zu legen, wenn es um Bestrafungen oder auch um Eingriffe ins Elternrecht geht. Der weiter gefasste Misshandlungsbegriff bezieht neben der *personalen* auch die *strukturelle* Gewalt gegen Kinder mit ein. Alles, was die Rechte des Kindes auf Leben, Erziehung und Förderung einschränkt, kann als Misshandlungsbedingung bezeichnet werden (Kinderschutz-Zentrum Berlin 2000). Diesen Gewaltbegriff zu verwenden ist dann sinnvoll, wenn es um die allgemeine Förderung, Beratung und Unterstützung von Familien mit Kindern geht. Gewalt gegen Kinder kann sich, wie im oben geschilderten Beispiel, als körperliche Misshandlung äußern, außerdem aber auch als psychische Misshandlung, als Vernachlässigung und als sexueller Missbrauch. Da bei sexuellem Missbrauch teilweise andere Interventionsansätze sinnvoll erscheinen, wird dieser aber gesondert dargestellt (s. Abschnitt 5.2.5).

Wie häufig Kindesmisshandlungen vorkommen, können wir nur schätzen, denn wir müssen von einer hohen Dunkelziffer ausgehen. Circa 40 000 Fälle von Kindesmisshandlung (im engeren Sinn) sind in der Bundesrepublik Deutschland jährlich eindeutig zu belegen. Der Deutsche Kinderschutzbund vermutet, dass jährlich eine Million Kinder misshandelt werden, davon 120.000 sexuell.[9] Kriminologisch erfasst werden ca. 2600 Fälle von Kindesmisshandlungen und ca. 1.790 Fälle von sexuellem Missbrauch von Kindern pro Jahr (Polizeiliche Kriminalstatistik für 2002, BKA 2006); die Zahlen sind in den letzten Jahren angestiegen, vermutlich infolge eines veränderten Anzeigeverhaltens und der damit verbundenen verbesserten Aufhellung des Dunkelfeldes, was für eine gewachsene Sensibilität gegenüber diesen Delikten spricht.[10]

Zur Kindesmisshandlung kann es kommen, wenn eine Familie in eine *akute Krise* gerät. Ihr gelingt die Bewältigung einer stresserzeugenden Situation aus verschiedenen, oft miteinander verknüpften Gründen nicht. Diese Gründe liegen in der lebensgeschichtlich geprägten Persönlichkeit der Eltern, deren Wertvorstellungen zur Frage der Gewalt, ihrer sozialen Position (Beruf, Bildung, Einkommen, Alter und Geschlecht), strukturellem Stress (Arbeitslosigkeit, finanzielle Probleme, Gesundheitsprobleme), Familienstruktur (Rollenbeziehungen, ungewollte Kinder), familiären Konflikten, mangelnder sozialer Einbettung und unerwünschten Merkmalen des Kindes (frühgeborenes, kränkliches, irritierbares, schwer zufriedenzustellendes oder schwierig zu erziehendes Kind, Stiefkind, Kind mit „falschem" Geschlecht, Behinderung oder einer anderen die Eltern enttäuschenden oder stark fordernden Eigenheit). Wenn in dieser Konstellation ein Konflikt mit dem Kind eskaliert, weil die anderen elterlichen Versuche, das Verhalten des Kindes zu steuern, fehlschlagen, kann es aus Ohnmachtsgefühl und Ärger dazu kommen, dass ein Elternteil das Kind verprügelt *(„sozialsituationales Erklärungsmodell",* vgl. Patterson 1982; Engfer 1986; 1992).

Im oben geschilderten Fall sind die folgenden Faktoren wirksam gewesen:
- die durch eigene kindliche Gewalt- und Ablehnungserfahrungen geprägte Persönlichkeit der noch sehr jungen Mutter – nach Liebe suchend und sich ungeliebt fühlend, selbstunsicher, ängstlich, zu unkon-

---

9 Pressemitteilung
10 Pritchard (1993) weist andererseits darauf hin, dass die Rate der Kindestötungen in der Bundesrepublik in der Zeit von 1973 bis 1988 um 41 % gesenkt werden konnte, die der tödlichen Unfälle von Säuglingen um 80 %. Er führt diesen Erfolg vor allem auf die verstärkten Bemühungen um den Kinderschutz zurück.

trollierten Affektausbrüchen neigend (sie bezeichnete sich einmal selbst als „HB-Männchen")
- eine unglückliche, durch die Schwangerschaft erzwungene Ehe, die durch die Mutter der Frau, die zugleich Geliebte des Mannes ist, permanent sabotiert wird
- häufige und starke Misshandlungen der Frau durch den Ehemann
- starker Druck durch einen ständig wachsenden Schuldenberg
- ein eigentlich ungewolltes, häufig schreiendes Kind, das von der Mutter als schwierig empfunden wird (es braucht dies nicht tatsächlich zu sein).
- mehrfache Unterbrechungen der Mutter-Kind-Beziehung durch Krankenhausaufenthalte des Kindes
- mangelnde Unterstützung in der Kinderpflege durch den Ehemann, der das Kind nicht mag und seine Vaterschaft anzweifelt
- Fehlen helfender und entlastender Freunde
- Situationen höchster emotionaler Anspannung der Mutter (Angst und Wut), in denen es ihr nicht gelingt, das schreiende Kind zu beruhigen.

Der von Arend Koers (1982) beschriebene „*Krisenzyklus*" wird hier deutlich. Belastung und Druck führen zum Zerbrechen des psychosozialen Gleichgewichts. Daraus resultiert eine Überschätzung der Probleme bei Unterschätzung der eigenen Handlungsmöglichkeiten und tatsächlicher Handlungsunfähigkeit. Gefühle der Ohnmacht und Angst entstehen, die in Depression und/oder in Aggression transformiert werden. Richten sich die negativen Gefühle gegen die eigene Person, kann es zu Drogen-/Alkoholmissbrauch, Krankheit, Suizidversuchen oder Apathie kommen. Werden sie nach außen gewendet, kann körperliche oder psychische Gewalt gegen Menschen oder Sachen die Folge sein. Die auf diese Reaktionen erfolgenden Stigmatisierungsprozesse erhöhen ihrerseits wieder Belastung und Druck, so dass die Krise sich weiter verschärft.

Einen großen Risikofaktor für das Auftreten elterlicher Gewalt stellen *eheliche Konflikte* dar. In der Untersuchung von Creighton (1984) wurden Partnerschaftskonflikte bei über der Hälfte (55 %) der Familien, die ein Kind misshandelt hatten, gefunden. Sie lagen damit an der Spitze aller genannten Belastungsbedingungen. Wenn die Ehestreitigkeiten zu Schlägereien bzw. Misshandlungen der Frau durch den Mann eskalieren, ist die Gefahr der Gewaltweitergabe an das schwächste Familienmitglied besonders groß. Depressionen und Alkohol- oder Tablettenmissbrauch als Folge der erlittenen Enttäuschungen senken die Erziehungsfähigkeit des verbleibenden Elternteils. Hinzu kommt, dass Kinder aus konfliktbelasteten Familien und insbesondere Kinder geschlagener Frauen vermehrt Verhaltensstörungen, insbesondere aggressiver Art, zeigen, denen die Mütter durch verstärkt strafendes Verhalten zu begegnen versuchen.[11] Die Menge der zu bewältigenden kritischen Lebensereignisse stand in einigen, aber nicht in allen Untersuchungen in bedeutsamem Zusammenhang mit dem Auftreten von Misshandlungen (Engfer 1992).

Die Hypothese, dass „Gewalt Gewalt gebiert" (Steele/Pollock 1968), d. h. die Annahme, dass *als Kind erlittene Gewalt* Gewalttätigkeit von Müttern und Vätern hervorruft, hat die Forschungstätigkeit stark stimuliert. Nach lerntheoretischer Erklärung haben misshandelte Menschen ein charakteristisches Verhaltensmuster erworben, das bei Konflikten mit dem Kind aktiviert wird: Sie schreiben anderen Menschen vorschnell Feindseligkeit zu (deuten also z. B. das Schreien ihres Säuglings als gegen sich gerichtet), sind in ihren Zielsetzungen egozentrischer, haben mehr aggressive Handlungsschemata parat und schätzen diese als brauchbarer ein als andere. Die Bindungstheorie (Bowlby 1976) geht davon aus, dass misshandelte Kinder sich selbst als wertlos und vermindert handlungsfähig erleben und das Bild einer zurückweisenden, nicht einfühlsamen primären Bezugsperson in sich tragen. Sind sie selbst Eltern, so wird dieses alte „innere Arbeitsmodell" reaktiviert.

Prospektive Studien,[12] (z. B. von Hunter/Kilstrom 1979; Egeland/Sroufe 1981) stützen teilweise die These von der Weitergabe der Gewalt von Generation zu Generation („intergenerational transmission"), aber nicht durchgängig. Oliver (1993) zieht aus einer zusammenfassenden Darstellung von 60 Untersuchungen und aus eigenen empirischen Arbeiten den Schluss, dass die folgende Faustregel gelten kann: Etwa ein Drittel der als Kind misshandelten Menschen wird später, in der Elternrolle, die eigenen Kinder misshandeln oder vernachlässigen. Ein Drittel wird sich klar von solchem Tun abwenden. Dies sind insbesondere Menschen, die die Chance hatten, in einer nachfolgenden persönlichen oder therapeutischen Beziehung ihre traumatischen Erfahrungen aufzuarbeiten. Die Begegnung mit verständnisvollen Menschen kann dazu beitragen, dass die negativen kognitiven Schemata verändert, das Selbstkonzept verbessert und ein größeres Vertrauen in die eigene Selbstwirksamkeit gewonnen wird. Das letzte Drittel bleibt vulnerabel, d. h. das weitere Verhalten hängt davon ab, ob es mit starkem Stress – innerfamiliären Konflikten, niedrigem gesellschaftlichem Status, Gesundheitsproblemen u. a. – konfrontiert wird oder nicht. Unter Extrembelastungen kann es bei diesen Menschen ebenfalls zu gewalttätigen Handlungen gegenüber ihren Kindern kommen. Zu ähnlichen Raten kommen Kaufmann/Zigler (1987, 190), die die Schlussfolgerung ziehen: „Als Kind miss-

---

11 Zum Verhalten von misshandelten Frauen, die ein Frauenhaus aufsuchten, vgl. Gärtner-Harnach (1985), zur Häufigkeit der Konfrontation von Kindern mit elterlicher Partnergewalt Wetzels (1997), zum Erleben und Verhalten der Kinder Harnach-Beck (2002).
12 Risikofamilien und Kontrollgruppen werden bereits vor dem Eintreten des erwarteten Ereignisses untersucht und über viele Jahre hinweg von den Forschern begleitet.

handelt worden zu sein, erhöht das Risiko, selbst ein Misshandler zu werden. Aber der Pfad zwischen diesen beiden Punkten ist alles andere als direkt oder unausweichlich."

Diese Ergebnisse zeigen, dass therapeutische Bemühungen um misshandelte Kinder ein erster Schritt dazu sein können, die Gewaltspirale zu durchbrechen. Auch kann die umfassende Unterstützung von Familien in Krisensituationen dazu beitragen, Eltern, die zu Gewalthandlungen neigen, davon abzuhalten, ihren Kindern das anzutun, was sie selbst schmerzhaft erfahren haben.

Neuere medizinische Studien geben erste Hinweise auf eine Wechselwirkung zwischen Misshandlungserfahrung als Kind und genetisch bedingter Regulation der Neurotransmitter; bestimmte Genkonstellationen scheinen demnach eine gewisse Schutzwirkung auszuüben (Bender/Lösel 2005).

Persönlichkeitsmerkmale von Eltern, insbesondere Depressivität, geringe Frustrationstoleranz, Reizbarkeit, Störungen des Selbstwertgefühls, Irritierbarkeit in der Beziehung zum Kind, starre und machtorientierte Erziehungseinstellungen werden ebenfalls in der neueren Literatur wieder als bedeutsamer Faktor für die Erklärung von Kindesmisshandlungen diskutiert (Pianta et al. 1989; Engfer 1992). Sie beeinflussen die Erwartungen an das Kind, die Wahrnehmung des kindlichen Verhaltens und die Art, in der die Eltern auf das Kind reagieren können. Ebenso bestimmen sie mit darüber, wie belastende Lebensereignisse angegangen werden können, und wie soziale Unterstützung gesucht und erreicht wird. Einige Eltern haben nicht in ausreichendem Maße gelernt, seelische und körperliche Befindlichkeiten von Kindern sensibel wahrzunehmen und angemessen zu beantworten. Andere sind, zumeist aufgrund eigener traumatischer Kindheitserfahrungen, gefühlsmäßig verarmt, „emotional taub"[13] geworden.

> Im oben beschriebenen Fall spielt die Persönlichkeit der Mutter neben den anderen genannten Faktoren durchaus eine Rolle. Marion Weidner war in ihrem Selbstbild beeinträchtigt, traute sich wenig zu, war fast durchgehend in einer depressiven Stimmungslage und zeigte ein kindliches Anlehnungsbedürfnis. Ehe und Mutterschaft sollten ihr die Liebe und Anerkennung geben, die sie bisher vermisst hatte, aber sie verliefen enttäuschend. Auch die Fähigkeit, rechtzeitig im Umfeld Hilfe zu suchen, war bei Marion Weidner unterentwickelt. Allerdings kam hier hinzu, dass ihre Familie gar nicht bereit und in der Lage gewesen wäre, ihr die nötige Unterstützung zu geben.
>
> Die *Beziehung zwischen Mutter und Kind* war in diesem Fall von Anfang an belastet. Herr Weidner hatte zunächst den Abbruch der Schwangerschaft gefordert. Noch während der Schwangerschaft begann er, seine Frau zu misshandeln mit der Begründung, sie sei „durch die Schwanger-

---

13 Zenz (1996, 109–119)

schaft" hysterisch geworden. Bald nach der Geburt mussten Mutter und Kind getrennt werden, und diese Trennungserfahrungen wiederholten sich in kurzen Abständen. Frau Weidner lernte auf diese Weise nur unzureichend, die Äußerungen ihres Kindes richtig zu deuten und angemessen zu beantworten. Dies trug dazu bei, dass Stefan zu einem „Schreikind" wurde. Womöglich erlebte sie das häufige Schreien des Kindes als gegen ihre Person gerichtet und fühlte sich in ihrem ohnehin sehr schwachen Selbstwertgefühl verletzt. Andererseits hatte sie hohe Erwartungen an das Kind, was sich noch Jahre nach der endgültigen Trennung von ihm zeigte. Sie stellte sich vor, dass es ein besonders attraktives, liebenswertes Kind sein müsse. Möglicherweise sollte ihr dies helfen, ihre eigenen in der Kindheit erlittenen narzisstischen Kränkungen zu bewältigen. Von ihm erhoffte sie sich die Zuneigung, die sie bisher bei niemandem gefunden hatte.

Vorgänge der *„Rollenumkehr"* – das Kind ist für das Glück der Eltern zuständig – wurden im Zusammenhang mit Kindesmisshandlung häufiger beschrieben, ebenso die Schwierigkeiten des fraglichen Elternteils, gerade zu diesem (später misshandelten) Kind eine liebevolle Beziehung aufzunehmen (vgl. Engfer 1986). Auch wenn Stefans Vater ihn nicht direkt misshandelte, so trug er doch indirekt dazu bei, denn er unterstützte seine Frau in keiner Weise in der Arbeit mit dem Sohn und beschuldigte sie ständig, eine unfähige Mutter zu sein. Dass die Misshandlung des Kindes vor allem in der familiären Interaktion begründet lag, erkannte auch der Staatsanwalt in der Gerichtsverhandlung an. Er sagte in seinem Plädoyer, er müsse zwar Frau Weidner als Täterin anklagen, aber die Ermittlungen hätten doch ergeben, dass eigentlich nicht sie, oder jedenfalls nicht sie allein vor Gericht stehen müsse.

Auf die Frage, wie stark *ungünstige Lebensbedingungen*, insbesondere Arbeitslosigkeit und Armut, den gewaltsamen Umgang mit Kindern bewirken, gibt es widersprüchliche Antworten. Einerseits kommt das Schlagen von Kindern durchaus in allen sozialen Schichten vor, wie die Befragung von Kindern ergeben hat (Pfeiffer/Wetzels 1997, Bussmann 2002). Andererseits sind bei aufgedeckten Misshandlungsfällen die ärmeren sozialen Schichten deutlich überrepräsentiert. Insbesondere geht Arbeitslosigkeit des Vaters sehr häufig mit Misshandlungen einher (Creighton 1984; Widom 1989, Sidebotham et al. 2002), aber auch mütterliche Arbeitslosigkeit erhöht das Risiko (Gillaham et al. 1998). In einer telefonischen Umfrage bei 6 602 unausgelesenen Haushalten wurden Misshandlungen von Kindern am häufigsten zugegeben von Familien, die unter der Armutsgrenze leben, bei Arbeitslosigkeit des Vaters, Blaue-Kragen-Berufen, Kinderreichtum (4 und mehr Kinder) und Drogengebrauch (Wolfner/Gelles 1993).

Es erscheint plausibel, dass der große Druck, den Armutsbedingungen auf die betroffenen Menschen ausüben, die Fähigkeit zu besonnenem Aushandeln von Konflikten verringert und „ohnmächtiger Gewalt" (Bernecker et al.

1982) den Weg bahnt. Geringes Sozialprestige, Offenbleiben vieler nur mit Geld zu erfüllender Wünsche, früh in der ebenfalls armen Herkunftsfamilie erworbene ungünstige Bewältigungsstrategien (externale Kontrollüberzeugungen, „gelernte Hilflosigkeit"; Seligman 1986) verringern die persönlichen Ressourcen zur Bewältigung von kritischen Lebensereignissen. Das enge „Aufeinandersitzen" arbeitsloser Eltern und möglicherweise unruhiger Kinder auf beengtem Wohnraum erhöht das Aggressionspotential. Häufig fehlen Ausweichmöglichkeiten und ein unterstützendes soziales Netz. Allerdings reicht dies allein zur Erklärung von Gewalt nicht aus, denn viele in Armut lebende Menschen hüten ihre Kinder „wie ihre Augäpfel".

Misshandlung geht außerdem oft einher mit elterlichem Alkoholismus, Drogenproblemen, familiärer Dysfunktion und anderen Problemen der sozialen Anpassung. Insofern ist nicht immer eindeutig zu bestimmen, zu welchem Anteil die Folgen bei den Kindern auf die Misshandlung selbst und zu welchem auf die anderen in der Familie erlebten Probleme zurückzuführen sind. In empirischen Untersuchungen muss nach Möglichkeit versucht werden, solche Konfundierungen korrelierender Faktoren durch entsprechend sorgfältig geplante Designs zu vermeiden, was nicht immer der Fall ist (Widom 1989).

Auch die *gesellschaftlichen Bedingungen* haben einen Einfluss auf die Rate der Kindesmisshandlungen. Die allgemeine Haltung gegenüber Kindern, die kulturell oder subkulturell überlieferten Erziehungspraktiken, die Einstellung zur Gewalt als Mittel der Durchsetzung eigener Wünsche, die ökonomische Situation, die Entlastungsmöglichkeiten für Eltern und gesetzliche Regelungen zur häuslichen Gewalt sind einige der relevanten Faktoren (s. dazu insbes. Kap. 2.3.2).

In welchem *Alter* Jungen und Mädchen besonders von Misshandlung bedroht sind, ist nicht ganz eindeutig festzumachen. Nach der Befragung von Wolfner/Gelles (1993) sind am häufigsten Kinder im Alter zwischen drei und sechs Jahren betroffen. Engfer (1992) sieht Kleinkinder als häufigste Opfer und erklärt dies damit, dass der Beginn der Elternschaft besonders große Belastungen mit sich bringt, vor allem dann, wenn die Eltern noch sehr jung sind. *Jungen* gelten allgemein als häufiger misshandelt. Nach den Untersuchungsergebnissen von Wetzels (1997) werden Jungen zwar signifikant häufiger als Mädchen mit Körperstrafen erzogen, jedoch zeigt sich bei den Misshandlungen lediglich eine (nicht signifikante) Tendenz zum Überwiegen männlicher Opfer.[14] Ein einmal misshandeltes Kind trägt ein hohes Risiko, dass sich die Gewalt wiederholt (Jonson-Reid et al. 2003).

---

14 Männer gaben dort zu 78 % eigene kindliche Gewalterfahrungen an, Frauen zu 72 %. Auch die Frequenz dieser Erlebnisse lag bei den Männern höher.

5.2.1.2 Folgen physischer Misshandlungen von Kindern

Körperliche Folgen

Ob Misshandlungen zu körperlichen Verletzungen und Schädigungen führen, hängt von der Art und dem Ausmaß der Gewalteinwirkung ab. Sie kann extrem schmerzhafte und gefährliche Folgen bis hin zum Tod des Kindes haben. Die Symptome körperlicher Misshandlungen sind vielfältig, und grundsätzlich kann jede Verletzung durch eine Misshandlung hervorgerufen worden sein (Kinderschutz-Zentrum Berlin 2000). Am häufigsten sind blaue Flecke (Hämatome), Striemen und Narben zu erkennen, die bei Säuglingen besonders dann auf Misshandlung hinweisen können, wenn sie im Gesicht, an den Wangen, am Mund, den Augen oder um diese Regionen herum auftreten, bzw. im Brustbereich und auf dem Bauch. Misshandelte Kinder zeigen auch Verbrennungen, Verbrühungen, Fesselungsspuren, Schädelbrüche, Blutungen unter der harten Hirnhaut (subdurales Hämatom), Schütteltraumen, Skelettverletzungen verschiedener Art, innere Verletzungen (Magen, Darm, Leber, Milz, Lunge, Herzbeutel) und Vergiftungserscheinungen. Ein beträchtlicher Teil kindlicher Hirnschädigungen ist auf Misshandlungen zurückzuführen (Lewis et al. 1989).

Obwohl die Verletzungen als solche (wenn das Kind nicht verborgen gehalten wird) durch den Arzt in der Regel gut zu diagnostizieren sind, ist ihre Zurückführung auf eine Misshandlung oft nicht einfach, denn die Eltern versuchen häufig, das Geschehen als Unfall zu tarnen, und die älteren misshandelten Kinder decken ihre Eltern dabei, so gut sie können.

Psychische Folgen körperlicher Misshandlung

Jede Form des gewaltsamen Umgangs mit einem Menschen hinterlässt auch Spuren in seiner Seele. Gewalt von den Menschen erdulden zu müssen, auf deren Schutz das Kind angewiesen ist, und die es meistens trotzdem liebt, muss zu tiefen psychischen Verletzungen führen. Die Misshandlung bringt im allgemeinen eine ambivalente Beziehung des Kindes zu dem gewalttätigen Elternteil mit sich: Es fürchtet und hasst ihn einerseits und hängt doch andererseits besonders stark an ihm (was auch verständlich wird, wenn man sich klarmacht, dass ein solches Kind die Welt nur als bedrohlich erleben kann), möchte nicht aus der Familie genommen werden und versucht daher, den Misshandler zu schützen. Wird es doch außerhalb der Familie untergebracht, nimmt es Zuwendung und liebevolle Behandlung zwar gerne an, ist aber dennoch voll Trauer um seine Eltern.

Ein Teil der Kinder ist verängstigt, sehr folgsam und in Hab-Acht-Haltung (schützt z. B. reflexartig Gesicht und Kopf, wenn ein Erwachsener es ohne Vorwarnung streicheln möchte). Immer wieder werden der Gesichtsausdruck der „frozen watchfulness", also der „eingefrorenen" Aufmerksamkeit für mögliche Gefahren, und ein erstarrtes Lächeln beobachtet. Eine andere Gruppe verhält sich eher aggressiv, hyperaktiv und nimmt leicht den Fehdehandschuh mit allen Personen der Umgebung auf. Die meisten misshandelten Kinder scheinen zwar relativ leicht Beziehungen zu anderen Personen anzuknüpfen, diese bleiben aber oberflächlich und können ebenso leicht wieder beendet werden (Störungen der Nähe-Distanz-Regulation). Dies deutet darauf hin, dass die Kinder gelernt haben, sich selbst vor neuen Enttäuschungen zu schützen. Ihr Vertrauen in andere Menschen ist an der Basis zerstört worden und damit auch ihre Bindungsfähigkeit.

Langfristig sind *gravierende Beeinträchtigungen der Persönlichkeitsentwicklung* zu beobachten. Störungen in den sozialen Beziehungen zu anderen Menschen, in der psychischen Gesundheit und der intellektuellen Leistungsfähigkeit sind die regelmäßige Folge, wie eine große Anzahl empirischer Untersuchungen (vorwiegend aus den USA) nachweist. Sehr deutlich tritt in den Studien zutage, dass Kinder, denen Gewalt angetan wurde, noch im Kindesalter selbst gewalttätig werden. Sogar Sechs- bis Siebenjährige geben das Erlebte an noch kleinere Kinder weiter, greifen gehäuft Gleichaltrige oder auch Ältere an, zeigen aggressives Spiel und gewalttätige Phantasien (im einzelnen dargestellt bei Widom 1989 und bei Engfer 1992).

Im Jugendalter tritt die erhöhte Impulsivität und Aggressivität misshandelter Kinder besonders hervor. Unter Jugendlichen, die wegen Gewalttätigkeit gegen Menschen und Sachen, Vergewaltigungen (insbesondere in Bekanntschaftsbeziehungen, sogenanntes „date raping") und Mord vor Gericht standen oder sich in Heimerziehung oder therapeutischer Behandlung befanden, hatten verglichen mit Jugendlichen aus Kontrollgruppen deutlich gehäuft eine entsprechend geprägte Kindheit hinter sich (McCord 1983; Übersichten bei Garbarino/Plantz 1986; Lane/Davis 1987; Malinowsky-Rummel/Hansen 1993). Diese Gewaltbereitschaft ist vor allem dadurch zu erklären, dass die Kinder am aggressiven Modell ihr Verhalten gelernt haben, aber auch durch Lernen am Erfolg: Der Aggressive setzt sich durch. Sie kann durch Angst und eine übermäßige Sensibilität gegenüber Bedrohung motiviert sein („Ehe der mich schlägt, schlage ich ihn"). Frustrationserlebnisse können das Verhalten situativ begünstigen (vgl. Petermann/Petermann 2000). Nicht wenige Kinder übernehmen die Vorstellung, ein „böses" Kind zu sein, in ihr Selbstbild und verhalten sich entsprechend den an sie herangetragenen Erwartungen (Engfer 1986). Schließlich können auch erlittene Hirnschädigungen kausal beteiligt sein, wenn durch sie die Kontrollfähigkeit herabgesetzt wird.

Für nicht gewaltgeprägte *delinquente* Handlungen, z. B. Eigentumsdelikte, ist die Beziehung zur erfahrenen Misshandlung nicht so deutlich. Hier scheint der Mangel an mütterlicher Zuwendung und das Vorbild väterlicher Kriminalität eine markantere Rolle zu spielen (Pollock et al. 1990). *Substanzenmissbrauch* beginnt bei misshandelten und sexuell missbrauchten Kindern und Jugendlichen in früherem Alter als bei anderen. 30 % der deswegen in stationärer Therapie behandelten Jugendlichen berichten über derartige Kindheitserfahrungen, wobei elterlicher Drogen- und Alkoholmissbrauch offensichtlich eine bahnende Wirkung hat. 75 % der süchtigen Jugendlichen hatten süchtige Eltern (Cavaiola/Schiff 1988). Nicht selten richten Kinder und Jugendliche ihre ohnmächtige Wut gegen sich selbst – als *Selbstverletzungen* und *Suizidversuche* bzw. *Suizide* (vgl. Malinowsky-Rummel/Hansen 1993).

Starke emotionale Probleme wie Angst, Depressionen, erhöhte Sensitivität, Gefühle des Abgelehnt-werdens, vermindertes Selbstwertgefühl, psychosomatische Störungen sind häufig weitere Folge von körperlicher Misshandlung. Unter Menschen mit ernsten psychischen Erkrankungen, insbesondere des schizophrenen Formenkreises, sind solche, die in ihrer Kindheit körperlich und/oder sexuell misshandelt wurden, erkennbar überrepräsentiert (Blankertz et al. 1993). Die betroffenen Kinder und Jugendlichen weisen nicht selten geringere soziale Kompetenzen auf, d. h. sie haben weniger adäquate Formen des Umgangs mit anderen Menschen gelernt. Sie zeigen häufiger Bindungsunsicherheit, was ebenso wie ihre Verhaltensstörungen zu Problemen in Pflege- und Adoptivfamilien führen kann. In ihren intellektuellen Fähigkeiten und Fertigkeiten, insbesondere sprachlichen Möglichkeiten und schulischen Leistungen, fallen sie häufiger hinter Kinder aus günstigeren familiären Konstellationen zurück. Sie sind weniger ausdauernd und belastbar. Als Folge ihrer Erfahrungen von Ohnmacht und Hilflosigkeit neigen sie zu passiv-apathischer Haltung und tendieren dazu, bei Misserfolgserlebnissen schnell mit Verweigerung und Widerstand zu reagieren. Sie sind überzeugt davon, ohnehin selbst nichts ausrichten zu können (externale Kontrollüberzeugung; Engfer 1986; 1992; Malinowsky-Rummel/Hansen 1993).

Im *Erwachsenenalter* wird die Neigung zur Gewalttätigkeit zum Teil an der Ehefrau oder am eigenen Kind ausagiert. Allerdings ist dies, wie schon dargestellt, nicht eine zwingende Folge. Therapeutische Bemühungen oder als positiv erlebte Beziehungen im Erwachsenenalter können helfen, die erlittenen Schädigungen so weit auszugleichen, dass der Kreislauf der Gewalt unterbrochen wird.

5.2.2 Psychische Misshandlung von Kindern

Neben den gravierenden Folgen körperlicher Misshandlungen wurden die Auswirkungen psychischer Gewalt für eine ganze Weile zwar nicht völlig übersehen, aber doch für weniger gefährlich gehalten. Auch erwies sich ihre empirische Untersuchung als schwieriger, weil sie nicht leicht von „üblichem" und weitgehend akzeptiertem Erziehungsverhalten wie Bestrafen mit Liebesentzug oder Angstmachen (nach Art des Struwwelpeter) abzugrenzen ist. In jüngerer Zeit wächst die Erkenntnis, dass psychische Misshandlungen Kinder tief und meistens für ein ganzes Leben treffen (Garbarino et al. 1986; Brassard et al. 1987; McGee/Wolfe 1991). Psychische Misshandlung ist allerdings auch in physischer und sexueller Gewalt immer enthalten, wie es der vielzitierte Satz „Wer den Körper schlägt, schlägt auch die Seele" ausdrückt.

Zur psychischen Gewalt sind Handlungen oder Unterlassungen überlegener Erwachsener gegenüber Kindern zu zählen, die Kindern starke negative Gefühle bereiten, und die die Kinder vor allem in ihrer psychischen, aber auch in ihrer körperlichen Entwicklung beeinträchtigen. Dazu gehören die folgenden sieben Typen von Verhalten (vgl. Garbarino et al. 1986; McGee/ Wolfe 1991):

- Aktive Zurückweisung (das Kind zum Sündenbock machen, ihm Hilfe verweigern)
- Herabsetzen (kränken, öffentlich demütigen)
- Terrorisieren (das Kind in extreme Angst versetzen)
- Isolieren (in den Keller sperren, abnorm langer Hausarrest)
- Korrumpieren (das Kind zu kriminellen Handlungen, Drogenmissbrauch oder rassistischen Überzeugungen verleiten)
- Ausbeutung (das Kind als Arbeitskraft oder Eltern- bzw. Partnerersatz einsetzen, es für Pornographie oder Prostitution ausnutzen)
- Verweigerung emotionaler Zuwendung (der Erzieher ist desinteressiert und interagiert mit dem Kind nur, wenn unbedingt nötig).

Ein Kind wird auch dann psychisch misshandelt, wenn es als Zeuge die Gewaltanwendung gegen einen Elternteil (meistens die Mutter) durch den Partner erleben muss, ohne selbst angegriffen zu werden (Harnach 2002, Kindler 2005).

In einer Untersuchung von Bussmann (2002) an unauffälligen Familien sagten 57 % der befragten Kinder und Jugendlichen aus, „niedergebrüllt" worden zu sein, 44 % hatten erlebt, dass die Eltern für längere Zeit nicht mehr mit ihnen redeten.

McGee/Wolfe (1991) interpretieren psychische Misshandlung als einen besonderen Akt der – verbalen oder nicht verbalen – Kommunikation zwischen Eltern und Kind. Je nach Alter und Entwicklungsstand wird das Kind unterschiedlich reagieren, weil es die Interaktion in Abhängigkeit von seinen kognitiven Fähigkeiten und seinen vorangegangenen Erfahrungen unterschiedlich wahrnehmen wird. So kann harte Kritik im Beisein Gleichaltriger vom Kindergartenkind als Zurückweisung erlebt werden, von einem Teenager jedoch als Herabsetzung. Wenn ein Kind einer harschen Beschimpfung begegnen kann mit der Interpretation: „Der meint das nicht so, er hat halt 'ne raue Schale", so wird es davon weniger nachhaltig beeinträchtigt werden, als wenn es die geäußerten Worte ernsthaft auf sich beziehen muss.

Die Folgen der psychischen Misshandlung bestimmen sich auch danach, bei welcher Entwicklungsaufgabe ein Kind gestört wird. Trifft inkonsistentes mütterlichen Verhaltens oder der Ausdruck von Zurückweisung und Ärger einen *Säugling*, so wird er in seinem Bindungsverhalten beeinträchtigt werden (ambivalente Bindung bei Inkonsistenz, vermeidende bei Zurückweisung). Im *Kleinkindalter* werden durch starke verbale Aggressivität insbesondere die emotionale Differenzierung und die Herausbildung kognitiver Kontrollmechanismen beeinträchtigt, in der *späteren Kindheit* die sozialkognitive Entwicklung. Je besser Kinder Sprache verstehen, desto bedeutsamer wird der Inhalt der elterlichen Kommunikation. Ständiges Kritisieren, insbesondere wenn es Generalisierungen enthält („Du taugst überhaupt nichts.", „Immer machst du alles falsch.") führt zu bleibenden Beeinträchtigungen der Selbstachtung des Kindes. Insgesamt lässt sich sagen, dass psychische Misshandlung umso nachhaltiger wirkt, je jünger das betroffene Kind ist.

5.2.3 Vernachlässigung von Kindern

Obwohl die Vernachlässigung von Kindern häufig ist – in den USA fast doppelt so hoch wie die körperliche Misshandlung (Nelson et al. 1993) – wird sie in der Forschung weniger beachtet. An der „Vernachlässigung der Vernachlässigung" (Wolock/Horowitz 1984) ändert auch die Tatsache wenig, dass sie für die betroffenen Kinder fast so gefährlich ist wie körperliche Gewaltanwendung. Nach amerikanischen Daten (American Humane Association 1988) gingen ca. 40 % der durch erzieherisches und pflegerisches Fehlverhalten verursachten Todesfälle auf Vernachlässigung zurück, ca. 60 % auf körperliche Misshandlungen. In Deutschland werden nach Schätzungen des Deutschen Kinderschutzbundes 10 % aller Kinder vernachlässigt. Schmidt (1990) beobachtete in einer Längsschnittstudie kleine Kinder und ihre Mütter, die ein gesundheitliches und/oder ein psychosoziales Risiko aufwiesen. Dort fanden sich bei rund 9 % deutliche Anzeichen mangelnder elterlicher Fürsorge.

Vernachlässigendes elterliches Verhalten kann sich auf unterschiedliche Weise zeigen: Ungenügende Ernährung des Kindes, Verweigerung oder Verzögerung gesundheitlicher Fürsorge, ungenügende Sorge um die psychische Gesundheit des Kindes, unzureichende Beaufsichtigung, mangelhafte Erziehung, Verlassen oder Aussetzen des Kindes, Unvermögen, ihm ein beständiges Zuhause zu geben, Versäumnisse der persönlichen Hygiene, extrem verwahrloster Haushalt (Zuravin/Greif 1989). Auch die ungenügende Sorge für den Schulbesuch, unzureichende (z. B. ungeheizte) oder gefährliche Wohnung (z. B. Ratten oder Ungeziefer in der Wohnung) und inadäquate Kleidung sind zur Vernachlässigung zu rechnen (Nelson et al. 1993).

Es ist unmittelbar evident, dass Vernachlässigung zu gravierenden körperlichen und psychischen Schäden bei Kindern führen kann, insbesondere dann, wenn physischer und psychischer Mangel zusammenkommen. Sie sind umso größer, je jünger das betroffene Kind ist und je länger die ungünstigen Bedingungen andauern.

Die Kinder sind sehr häufig in schlechtem Gesundheitszustand, nicht selten lebensbedrohlich unter- oder fehlernährt. Mangelnde Hygiene wirkt sich u. a. in Hautgeschwüren, wunden Körperstellen oder verkrusteter Haut aus.[15] Chronische Vernachlässigung führt zu Entwicklungsverzögerungen, Behinderungen und psychischen Störungen. Da die Kinder häufig die Schule versäumen, ist ihnen ein Fortkommen auf ihrem weiteren Lebensweg meist von vornherein versperrt.

Die *Ursachen* für Vernachlässigung sind vielfältig. Familien, die eines oder mehrere ihrer Kinder vorübergehend oder auf Dauer vernachlässigen, haben im allgemeinen mit einer großen Anzahl von Problemen zu kämpfen. Soziale, materielle, psychische und kommunikative Schwierigkeiten kommen zusammen.

Die *Familiengröße* spielt häufig eine Rolle. Vernachlässigende Familien haben im Durchschnitt eine größere Zahl von Kindern (durchschnittlich 3,4 Kinder in der Untersuchung von Nelson et al. 1993; ähnlich Polansky et al. 1981; Zuravin/Greif 1989). Je mehr Kinder zu versorgen sind, um so schwieriger wird es für die Mutter oder den Vater, allen gerecht zu werden.

Vernachlässigung findet sich häufiger unter den Bedingungen großer *Armut* (Giovannoni/Billingsley 1975). Der Deutsche Kinderschutzbund[16] spricht davon, dass 90 % der vernachlässigten Kinder in verarmten Familien leben. Geldmangel, katastrophale Wohnbedingungen, in denen das tägliche Leben mit Kindern nur unter großen Mühen zu bewältigen ist, und Wohnlagen, die schlecht an den öffentlichen Verkehr angebunden sind, weite Entfernungen zu Ärzten, Schulen und sozialen Einrichtungen erschweren Eltern die notwendige Fürsorge für ihre Kinder extrem. Wenn dann noch, wie es in vernachlässigenden Familien häufig vorkommt, die Mutter alleinstehend ist (Ory/Earp 1980), so ist offensichtlich, dass diese Aufgabe ohne Hilfe fast nicht zu bewältigen ist. Wem dies doch gelingt, dem muss mit großer Hochachtung begegnet werden. Wie soll z. B. eine allein erziehende Mutter, die mit drei kleinen Kindern in einem engen Zimmer ohne fließendes Wasser lebt, mit Gemeinschaftstoilette und -bad und ohne Waschmaschine, es schaffen, allzeit gepflegte Kinder zu präsentieren? Wie soll diese Frau eine Krankheit eines ihrer Kinder richtig angehen, wenn sie mit allen Dreien einen weiten Fußmarsch zur nächsten Bushaltestelle, eine lange Fahrt und

---

15 Beeindruckende Schilderungen verheerender Auswirkungen von Vernachlässigung auf einen Säugling finden sich bei Mörsberger/Restemeier (1997).
16 Pressemitteilung.

dann mehrere Stunden Wartezeit im überfüllten Wartezimmer des Arztes in Kauf nehmen muss?

Wegen Kindesvernachlässigung werden in Deutschland fast ausschließlich die Mütter bestraft, fast nie die Väter. Diese Sichtweise – für die Versorgung des Kindes ist letztlich trotz aller gegenteiligen Beteuerungen der neuen Väterbewegung die Mutter verantwortlich – spiegelt sich auch in den wissenschaftlichen Untersuchungen wider. Es werden die Persönlichkeitsprofile der Mütter untersucht, nicht die der Väter.

Die Schwierigkeiten ihrer gegenwärtigen Lebensbedingungen, aber auch negative Erfahrungen in der eigenen Kindheit und Jugend schlagen sich im *psychischen Befinden der Mütter* nieder. Depressionen, Gefühle der Einsamkeit, Ruhelosigkeit, Belastung und Lebensunlust fanden sich gehäuft in dieser Gruppe (Wolock/Horowitz 1984; Zuravin 1988 a). Verglichen mit Müttern, die ihre Kinder körperlich misshandelt hatten, und „unauffälligen" Müttern einer Kontrollgruppe wiesen in einer Untersuchung von Friedrich et al. (1985) vernachlässigende Mütter am deutlichsten psychische Beeinträchtigungen auf. Sie zeigten die größte Feindseligkeit, waren am impulsivsten, fühlten sich am meisten stressbelastet und am wenigstens sozial angepasst. *Drogen- und Alkoholmissbrauch* wurden ebenfalls gehäuft bei vernachlässigenden Elternteilen gefunden (z. B. Zuravin/Greif 1989).

Polansky et al. (1981) sprechen bei Müttern, die ihre Kinder vernachlässigen, von einem *„Apathie-Unzulänglichkeits-Syndrom"*. Die Frauen sind meist aufgrund entsprechender Lebenserfahrungen überzeugt davon, dass es keinen Zweck habe, irgendetwas zu tun, weil sie doch nichts bewerkstelligen können. Sie sind emotional erstarrt, fühlen sich einsam, klammern sich verzweifelt an einen Menschen. Sie können nicht über ihre Gefühle sprechen, drücken Ärger durch passive Aggression aus. Sie fühlen sich dem täglichen Leben meistens nicht gewachsen, weil ihnen viele Bewältigungsfähigkeiten und -fertigkeiten fehlen. Sie sind also in jeder Hinsicht mit den Anforderungen, die die Erziehung von Kindern (insbesondere von mehreren) unter ungünstigen äußeren Lebensbedingungen stellt, überfordert.

In verschiedenen Studien wurde das *Interaktionsverhalten zwischen Müttern und Kindern* beobachtet (Literaturnachweise dazu bei Nelson et al. 1993). Vernachlässigende Mütter beschäftigen sich weniger mit ihren Kindern, und wenn, dann eher in negativer als in positiver Weise (mehr Tadel, Beschimpfung, Herabsetzung, weniger Lob und Anerkennung). Sie überfordern eher ihre Kinder, während sie selbst weniger auf deren Wünsche eingehen. Das liegt z. T. daran, dass sie wenig über kindliche Bedürfnisse und Entwicklungsschritte wissen. Insgesamt ist ihre elterliche Erziehungskompetenz deutlich geringer als die anderer Eltern.

Wie zu erwarten, haben die beschriebenen Eltern nicht nur im Umgang mit ihren Kindern Schwierigkeiten, sondern auch mit dem engeren und weiteren Umfeld der Familie. Die *sozialen Beziehungen* dieser problembelasteten Familien zu ihren Verwandten und Nachbarn sind häufig ebenfalls nicht dazu angetan, den Familien das Leben zu erleichtern. Ebenso wie bei Gewalttätigkeit von Eltern zieht sich auch hier das Umfeld häufig zurück. Die überforderten Eltern erhalten weniger Unterstützung, Hilfe und freundliches Entgegenkommen als andere (Polansky et al. 1985).

Nelson et al. (1993) machten in ihrer Studie noch eine Unterscheidung zwischen Familien, in denen Kinder bereits über einen langen Zeitraum, also chronisch, vernachlässigt worden sind (und die den Behörden in der Regel schon lange bekannt sind) und solchen, in denen das Phänomen frisch aufgetreten ist, also zunächst als akutes Problem angesehen werden kann (das sich natürlich zu einem chronischen entwickeln kann).

Die *dauerhaft vernachlässigenden Familien* waren durch bedeutend mehr Probleme belastet und zeigten auch ein anderes Problemmuster als die *akut* vernachlässigenden. Bei diesen Multi-Problem-Familien waren ausgeprägte Armut, mangelnde Hygiene, geringe Fähigkeit, mit Geld umzugehen, Unzulänglichkeit der Wohnbedingungen, Arbeitslosigkeit, intellektuelle Beeinträchtigungen bei Erwachsenen und Kindern, Eltern-Kind-Konflikte, psychische und Verhaltensstörungen von Kindern, Schuleschwänzen und andere Schulprobleme signifikant häufiger repräsentiert als bei der anderen Gruppe. Dagegen zeigten sich in der Gruppe, die erst seit kurzem wegen Kindesvernachlässigung aufgefallen war, häufiger Drogen- und Alkoholmissbrauch. Deren Kinder litten häufiger unter Unterernährung und körperlichen Erkrankungen. Die Familien dieser Gruppe machten offensichtlich eine Krise durch, verursacht durch Krankheit, Verletzung oder Trennung, die sich in Verwirrung, Angst und Rückzug sowie Substanzenmissbrauch niederschlug. Den betroffenen Frauen standen keine ausreichenden persönlichen und externen Bewältigungsressourcen für die Krise zur Verfügung. Die Hauptleidtragenden dieser Krise waren dann die Schwächsten der Familie, nämlich die Kinder, für die nicht mehr ausreichend gesorgt werden konnte.

Die durch nicht-normativen Stress aus der Bahn geworfenen Familien oder alleinstehenden Mütter brauchen vor allem Hilfe, um ihre *aktuelle Krise zu überwinden*. Danach werden sie wahrscheinlich wieder verantwortlich für ihre Kinder sorgen können. Bei den Familien, die über Jahre hinweg mit der Sorge für ihre Kinder überfordert sind, wird dagegen eine *dauerhafte Stützung* erforderlich sein. Die Bedingungen Geld, Wohnung, Arbeit, Haushaltsführung und Kindererziehung, verantwortlicher Umgang mit Alkohol, medizinische Versorgung und richtig zusammengestellte ausreichende Ernährung können meist nicht mehr aus eigener Kraft kontrolliert werden. Soziale Arbeit muss dazu beitragen, sie sicherzustellen, wenn auch zweifellos vor allem geeignete politische Entscheidungen erforderlich sind. Sozialpädagogische Familienhilfe, Tagesbetreuung für Kinder, Wohnraumvermittlung, Krisenintervention, Familientherapie, Vernetzung von Familien und Beratung bei der Familienplanung sind Hilfen, die für die dergestalt betroffenen Familien nützlich sein können. Der Zusammenschluss in Selbsthilfegruppen kann ihre Bewältigungskompetenzen stärken und Verantwortliche auf ihren ungedeckten Bedarf aufmerksam machen.

Erkennen lässt sich Vernachlässigung an äußeren Merkmalen und im Verhalten und Erleben der Kinder. Extreme Magerkeit, Hunger, der sich im Durchsuchen von Papierkörben und Mülltonnen nach Essbarem oder in gierigem Verschlingen angebotener Nahrung zeigen kann, aber auch starkes Übergewicht als Folge der Ernährung mit Süßigkeiten und *fast food*, verwahrloste oder nicht der Temperatur angepasste Kleidung, Geruch, der auf mangelnde Körper- und Kleiderpflege hinweist, schmutzige Haut und Haare, Ungezieferbefall, ausgeprägtes Wundliegen bei Säuglingen, unbehandelt dahingeschleppte Erkrankungen sind solche äußeren Anzeichen. Fällt beim Hausbesuch auf, dass die Wohnung extrem verschmutzt und vermüllt ist, sollte sich immer die Frage nach der Ernährung der Kinder stellen. Geht ein Kind der Prostitution nach, so weist dies meist darauf hin, dass die Eltern sich nicht genügend darum kümmern, was ihr Kind tut. Dauerndes Schuleschwänzen, verlorenes oder sehr unachtsam behandeltes Schulmaterial, apathisches oder extrem aggressives Verhalten, Streunen, Stehlen (insbesondere von Lebensmitteln) können weitere Anhaltspunkte darstellen, die allerdings mehrdeutig sind. Der Aufmerksamkeit von Kindergärtnerinnen, Lehrerinnen, Hebammen und Ärzten, aber auch von Nachbarn kommt hier große Bedeutung zu.

5.2.4 Die Diagnostik der Gefährdung von Kindern durch Misshandlung und Vernachlässigung

Erhält die Fachkraft des Jugendamtes (oder der hilfeerbringenden Stelle) eine Information über eine mögliche Kindeswohlgefährdung, so hat sie grundsätzlich *sofort zu reagieren*. Jede Mitteilung muss sogleich schriftlich aufgenommen und zum Anlass für die weitere Aufklärung genommen werden. Auf welche Weise sie einging – mündlich, schriftlich, telefonisch, elektronisch – ist unerheblich. Auch anonym übermittelte Informationen können glaubhaft und von Sorge um das Kind getragen sein, denn häufig gibt es aus Sicht des Melders gute Gründe für seinen Wunsch, nicht namentlich bekannt zu sein, wie Angst vor Bedrohung oder vor einer Verschlechterung des Verhältnisses zur gemeldeten Familie mit der Folge geringerer Einwirkungsmöglichkeiten.

Der ersten Schritt des weiteren Vorgehens kann in einem persönlichen Gespräch mit dem Melder bestehen, in dem die Motivation zur Meldung und die Glaubhaftigkeit der Information geklärt werden können (Vorschlag des Kinderschutz-Zentrums Berlin) oder in einem sofortigen *Hausbesuch* bei der genannten Familie (Empfehlung des Deutschen Städtetages). Letzterer ist unbedingt angezeigt bei Anhaltspunkten für eine gegenwärtige oder akut drohende Misshandlung oder bei Vernachlässigung eines kleinen Kindes, insbesondere eines Säuglings, der in einer Versorgungsnotlage rasch in Lebensgefahr geraten kann. Die Durchführung zu zweit ist ratsam, vor allem wegen der intensiveren Beobachtungsmöglichkeiten. Bei Gefahr der Vertuschung durch die Eltern kann es im Einzelfall angebracht sein, vor dem Hausbesuch Erkundigungen im Umfeld (z. B. Kindergarten, Schule) anzustellen (vgl. Kinderschutz-Zentrum Berlin, 2000, 92 ff. mit Checkliste für die Befragung des Melders; Deutscher Städtetag 2004, 4 f.; Merchel, 2003).

Das *Kind* muss genau angeschaut werden (ein Säugling oder Kleinkind auch unbekleidet), wobei auf Zeichen von Vernachlässigung (Magerkeit oder auch extremes Übergewicht, Wundsein, Schmutz, Unterentwicklung, unbehandelte Krankheiten usw.) und Misshandlung (Hämatome, Striemen, Narben, Wunden, Knochenbrüche usw.) zu achten ist. Bei Verdacht auf sexuellen Missbrauch sollte umgehend ein Arzt hinzugezogen werden. Die Fachkräfte sollten mit allen Familienmitgliedern sprechen und die Interaktion der Eltern untereinander, mit dem betroffenen Kind und mit seinen Geschwistern sollte über einen längeren Zeitraum beobachtet werden. (Der Erstkontakt sollte nicht weniger als anderthalb Stunden dauern, davon die Interaktionsbeobachtung mindestens eine halbe Stunde; Reich 2005) Bei Äußerungen des Kindes ist daran zu denken, dass es möglicherweise Belastendes verschweigt oder beschönigt, um seine Eltern zu schützen und den Zusammenhalt der Familie zu wahren.

Die Hauptziele der diagnostischen Arbeit mit der Familie sind

1. eine fachlich fundierte Sicherheitseinschätzung (ist die körperliche und psychische Unversehrtheit des Kindes noch gewährleistet?)
2. eine möglichst zutreffende Risikoabschätzung (Wahrscheinlichkeit einer fortgesetzten oder erneuten Misshandlung),

Unterziele sind:

1. Klärung der familiären Beziehungen
2. Erarbeitung von Hilfsmöglichkeiten für das Kind und die restliche Familie, die geeignet erscheinen, den Schutz des Kindes sicher zu stellen.

Zur Abschätzung des Gefahrenrisikos und zur Planung der Hilfe wird eine *ausreichende Informationsbasis* benötigt. Die Sachverhaltsermittlung soll hinreichende Klarheit über die folgenden Aspekte ermöglichen:

– Art und Schwere der beeinträchtigenden Handlung/Unterlassung
– Häufigkeit, Dauer, Verlauf (akut/chronisch? Erstmalig oder wiederholt?)
– Art der Eltern-Kind-Beziehung (liebevoll, gleichgültig, ablehnend? Überzogene Erwartungen an das Kind?)

- Merkmale des Kindes (körperlicher und psychischer Zustand? Verhaltensauffälligkeiten, Entwicklungsverzögerungen, Behinderungen, Kriminalität? Selbsthilfekompetenz resp. Schutzbedürftigkeit?)
- elterliche Sorge- und Erziehungskompetenz (unangemessen autoritäre Erziehungseinstellungen? Übermäßiges Strafen? Mangelnde Sorgebereitschaft oder -fähigkeit?)
- die Sicht der Eltern zur Frage der Gefährdung
- Einsichts- und Lernfähigkeit der Eltern
- deren Bereitschaft, erforderliche Hilfen und Kontrollen anzunehmen und durchzuhalten
- materielle und soziale Ressourcen und Erschwernisse
- frühere Gefährdungshandlungen?
- mögliche Ursachen der vorgetragenen oder wahrgenommenen Probleme.

Beeinträchtigende und protektive Faktoren müssen gewichtet und in ihrem Zusammenspiel gesehen werden. Neben der Beurteilung der gegenwärtigen Gefährdung des Kindes ist eine *Prognose* hinsichtlich der zukünftigen Entwicklungsmöglichkeiten und der Veränderbarkeit der Problematik durch sozialpädagogische Hilfen zu stellen. Es muss erkannt werden, ob die Situation ein *schnelles Eingreifen* (Inobhutnahme nach § 42 KJHG) erforderlich macht, oder ob das weitere Vorgehen in Ruhe und mit Sorgfalt geplant werden kann.

Die Verwendung *standardisierter Beurteilungsverfahren* kann die Einschätzung verbessern, vorausgesetzt, diese nutzen den Stand der wissenschaftlichen Erkenntnis zu Risiko- und Schutzfaktoren und deren Wirkmechanismen oder das Wissen erfahrener Fachkräfte. Auch wenn das Ausfüllen etwas zeitaufwendig ist, so sprechen für ihren Einsatz doch die folgenden Gesichtspunkte: Richtung der Aufmerksamkeit auf die relevanten Merkmale, Vollständigkeit des erforderlichen Datenmaterials, Nachvollziehbarkeit der Gefährdungseinschätzung, Sorgfalt der Falldokumentation (auch, aber nicht nur, im Interesse der eigenen Absicherung), Verbesserung der Kommunikation unter Kollegen, wenn die Verfahren gemeinsam diskutiert und zum Standardinstrument aller Beteiligten gemacht wurden, und – falls Teile solcher strukturierten Bögen gemeinsam mit der Familie ausgefüllt werden – auch Erleichterung der Verständigung mit der Familie über die als relevant erachteten Aspekte (Transparenz des Vorgehens). Die Visualisierung der Einschätzung über die „Ampel"[17] („grün" = keine Gefährdung, „gelb" = Vorsicht geboten, „rot" = Gefährdung möglich bzw. gegeben) erscheint mir als zusätzlich nützlich. Dem amerikanischen Beispiel folgend, sind in jüngster Zeit auch in Deutschland verschiedene derartige Verfahren entwickelt worden, z. B. das Glinder-Manual (Schone u. a., 1997) und daraus entstandene Weiterentwicklungen, z. B. des Stadtjugendamtes Recklinghausen (Deutscher Städtetag,

---

17 Siehe Glinder-Manual.

2004), des Stadtjugendamtes Stuttgart (Eisenlohr/Reich, 2004), der „Fragebogen zur Identifizierung von Risikofaktoren zur Früherkennung von Misshandlung, Vernachlässigung und Missbrauch von Kindern in Familien – BridgeALERT-G" (Lösel, Holzberger, Bender 1999) oder der Dormagener Qualitätskatalog (2001).[18]

Im Folgenden werden für die beiden ersten Phasen – Ersterfassung der Krisensituation und nachfolgende detaillierte Abklärung der familiären Bedingungen und der Folgen für das Kind – die wichtigsten Themen und Fragestellungen aufgelistet. Die Fragen für die dritte und vierte Phase können sich dann an denjenigen Grundsätzen orientieren, die dazu im Zusammenhang mit der „Hilfe zur Erziehung" dargestellt wurden (vgl. Abschn. 3.3.2.7 zur Planung der Intervention und Abschnitt 3.3.4 zur Evaluation und Rückmeldung).

Fragen zur Sachverhaltsaufklärung bei Gefährdung eines Kindes oder Jugendlichen

1. Phase der Erfassung der Krisensituation

Informierung der Familie
– Um was geht es? Mit welchem Interesse geht die Fachkraft auf die Familie zu?
– Wie arbeitet sie, welche Hilfsangebote könnte sie machen?
– Wie kam sie zu den Informationen, die sie bisher hat?

Problemlage
– Welche körperlichen und psychischen Grundbedürfnisse des Kindes werden nicht befriedigt? (siehe Kap. 2.4)
– Welche Schwierigkeiten und Probleme bestehen in der Eltern-Kind-Interaktion?
– Bei Hinweisen auf Gewalt, Vernachlässigung oder Missbrauch des Kindes: Ausmaß, Häufigkeit? Seit wann? In welchen Situationen kommen Gefährdungshandlungen vor? Auslöser?
– Wie ist die psychische Situation der Erwachsenen vor, während und nach einer Misshandlung?
– Wie erklären die Eltern die Entstehung der Probleme?
– Schätzen sie die Gefahren für das Kind ähnlich ein wie die Fachkraft?
– Welche Möglichkeiten der Veränderung sehen sie?
– Wie sehen sie ihren eigenen Beitrag zu einer Veränderung?
– Bisherige Bemühungen, die Schwierigkeiten zu bewältigen
– Falls Geschwister vorhanden sind: Unterschiede in der Behandlung der Kinder

Sichtung der Eingangserwartungen der Klienten
– Welche Ängste und Befürchtungen bestehen bei der Familie in Bezug auf das Jugendamt?
– Gibt es den Wunsch nach Unterstützung von außen?

---

18 Die empirische Überprüfung der Validität solcher Verfahren ist noch weiter zu betreiben. Kindler (2005) gibt einen sehr informativen Überblick insbes. über amerikanische Verfahren und die gegenwärtige Forschungslage zu ihrer Reliabilität und Validität.

Klärung der Motivation
– Sind die Eltern grundsätzlich bereit, an der Veränderung ihres Verhaltens zu arbeiten? Falls nicht: Sieht der – Sozialarbeiter Chancen, diese Bereitschaft zu wecken?

2. Phase der Klärung von Bedingungen und Folgen

Persönlichkeit und Verhalten der Bezugspersonen
– Erziehungsvorstellungen und Erziehungsverhalten
– Erwartungen an das Kind
– Elterliche Kompetenzen
– Besondere Probleme wie z. B. psychische Störungen, Suchtmittelmissbrauch, gesundheitliche Schwierigkeiten, eingeschränkte intellektuelle Fähigkeiten
– Eigene frühere oder gegenwärtige Misshandlungserfahrungen
– Kann eine 2. Bezugsperson ausgleichend wirken?

Bisherige Entwicklung des Kindes
– Gab es Auffälligkeiten?
– Was erlebten die Eltern als positiv, was als schwierig mit dem Kind?
– Krankheiten: Art, Zeitpunkte, Verlauf und Dauer
– Unfälle: Hergang, Reaktionen der Eltern und des Kindes darauf
– Gab es Zeiten der Trennung von dem Kind und wenn ja, aus welchen Gründen?

Gegenwärtige Erfahrungen mit dem Kind
– Ein typischer Tagesablauf mit dem Kind
– Was ist gegenwärtig schwierig? Was fällt leicht im Umgang mit dem Kind?
– Wie reagiert das Kind auf ein elterliches Nein? Wie reagieren die Eltern auf ein Nein des Kindes?

Erscheinungsbild des Kindes
– Körperlicher Zustand (Ernährung, Pflege, Entwicklung)
– Psychischer Zustand (z. B. Ängstlichkeit, Aggressivität, Unruhe, Traurigkeit, spezielle Störungen)
– Entwicklungs- und Leistungsstand

Die gegenwärtige Lebenssituation der Eltern bzw. der Familie
– Äußere Lebensumstände (Wohnung, Arbeit, Einkommen, Besitz und Schulden)
– Innerfamiliäre Beziehungen: Partner (Worüber gibt es Meinungsverschiedenheiten? Was wird gern miteinander getan?), Geschwister untereinander, Freuden und Sorgen mit den anderen Kindern
– Besondere gegenwärtige Belastungen und Probleme; Versuche der Bewältigung
– Zu welchen Gelegenheiten und wie viel wird getrunken/werden Medikamente und Drogen genommen?

Fragen und Überlegungen zu den Ressourcen der Familie
– Welche persönlichen Ressourcen sind vorhanden (psychische und körperliche Gesundheit der Eltern, Wohlbefinden, Einfühlungsvermögen – Empathie –, realistische Wahrnehmung der Lage, Selbstwertgefühl, Problemlösefähigkeit, Kontrolle eigener negativer Gefühle, Berechenbarkeit usw.)?
– Welche Unterstützung haben die Eltern bei der Betreuung und Erziehung der Kinder/des Kindes?
– Wie können die persönlichen Ressourcen verbessert werden?

- Wie kann das Konfliktpotential verringert werden?
- Wie kann die Kommunikations- und Problemlösefähigkeit aller Beteiligten verbessert werden?
- Wie kann die finanzielle Lage verbessert werden?
- Welche Ressourcen gibt es im Umfeld, bzw. welche Quellen könnten erschlossen werden? Wäre Hilfe durch die erweiterte Familie oder durch Nachbarn möglich?
- Welche institutionellen Hilfen könnten erschlossen werden? (Hilfen zur Erziehung? Kontakte zum Kinderschutzbund, Kinderschutz-Zentrum, Kinderhaus oder anderen Einrichtungen, die Beratung und Begleitung der Familie anbieten könnten?)

3. Phase der Planung und Durchführung der Intervention

Ist die Familie zur Annahme von Hilfen bereit, dann beginnt mit der Klärung der Frage, welche Ressourcen innerhalb und außerhalb der Familie erschlossen werden können, die Planung für die Hilfs- und Unterstützungsmöglichkeiten. Dabei sollte auch berücksichtigt werden, welche Hilfen die Familie bisher oder früher schon erhalten hat, und wie sie sich ausgewirkt haben. Angebote für Familien, in denen Misshandlungen oder Vernachlässigung vorkommen, müssen in der Regel auf mehreren Ebenen ansetzen und multiprofessionell gestaltet sein. Sie werden in Kap. 5.4 genauer beschrieben. In regelmäßigen – im Gefährdungsfall kurzen – Abständen ist vom Jugendamt zu prüfen, ob die Hilfe greift oder modifiziert werden muss.

4. Phase der Beendigung der Intervention, Rückkehr des Kindes

Hat die Familie sich so weit stabilisiert, dass sie nunmehr ohne institutionelle Hilfe das Wohl des Kindes sicherstellen kann, dann wird die Hilfe beendet. Wenn eine Trennung des Kindes von der Familie stattgefunden hat, so gilt es ebenfalls, regelmäßig in Erfahrung zu bringen, ob sich die Bedingungen in der Familie soweit verbessert haben, dass das Kind bei einer Rückkehr nicht mehr gefährdet wäre. Wird dies bejaht und besteht noch eine Bindung zwischen dem Kind und den Eltern, so muss die Rückkehr in die Wege geleitet werden. Allerdings muss dies behutsam geschehen, damit die neu gewachsenen Bindungen des Kindes nicht abrupt zerstört werden. Ist ein Eingriff ins Sorgerecht vorgenommen worden, so hat das Gericht, wie schon erwähnt, regelmäßig zu prüfen, ob der Grund dafür weiterhin besteht.[19]

5.2.5 Sexueller Missbrauch von Mädchen und Jungen

5.2.5.1 Vorkommen

Bis zum Ende der 70er Jahre herrschte in der psychologischen Literatur noch die Meinung vor, hier handele es sich um ein „Verbrechen ohne Op-

---

19 Zu Entscheidungskriterien für die Rückführung von Pflegekindern s. Kindler, Lillig, Küfner (2006).

fer". Mehr als der Missbrauch selbst schade dem Mädchen die gerichtliche Untersuchung der Vorgänge (Kinsey, 1966, zuerst 1953; Geisler, 1959). Handlungen pädophiler Männer wurde aus „aufgeklärten" Kreisen ein gewisses Verständnis entgegengebracht. Einige Autoren propagierten sie als positive Möglichkeit der Einführung von Kindern in die Sexualität. Wer aber mit den Mädchen arbeitete, konnte nicht übersehen, wie verstört, verängstigt und schuldgefühlsbeladen diese Kinder waren. Inzwischen ist durch die Vorstöße betroffener und beruflich engagierter Frauen (z. B. „Wildwasser", „Zartbitter") und durch die psychologische und medizinische Forschung erwiesen, dass kaum ein Verbrechen sein Opfer so für sein ganzes Leben schädigt wie der sexuelle Missbrauch eines Kindes. Die Empfindung von Ohnmacht, von Verlust der menschlichen Würde, körperlicher und seelischer Integrität, die Gefühle von Beschämung, Hass und Enttäuschung, die diese Erfahrung mit sich bringt, werden in den meisten Fällen tiefe Spuren in der Persönlichkeit des heranwachsenden Menschen hinterlassen. Gravierende Entwicklungsstörungen bei Kindern und Jugendlichen und seelische Erkrankungen, die sich weit ins Erwachsenenalter hinein fortsetzen, sind offensichtlich sehr häufig die Folge, so dass kein Zweifel daran bestehen kann, dass sexueller Missbrauch *immer* eine Gefährdung des Wohls von Kindern und Jugendlichen darstellt.

Von sexuellem „Missbrauch", „Misshandlung", „Ausbeutung" oder „Gewalt" soll hier gesprochen werden, wenn ein Kind oder Jugendliche(r) zu sexuellen Handlungen durch einen Erwachsenen gezwungen, genötigt oder verführt wird, der seine Überlegenheit oder Macht über das Kind nutzt. Dabei macht es keinen Unterschied, ob das Kind sexuelle Handlungen an seinem Körper erdulden oder diese Handlungen am Körper des Erwachsenen vornehmen muss.[20] Die Verbindung von sexuellem Verhalten mit Machtanwendung und Ausnutzung des kindlichen Vertrauens ist hier also bedeutend. Die Machtausübung kann sehr subtil sein. Körperliche Gewalt ist eher die Ausnahme, denn der überlegene Erwachsene braucht sie nicht, um sein Ziel zu erreichen. Es können Spuren am Körper des Kindes feststellbar sein, aber nicht jeder Missbrauch hinterlässt sichtbare äußere Zeichen.

In manchen Definitionen wird der Altersunterschied zwischen Missbraucher und Missbrauchtem angesprochen und eine Differenz von mindestens fünf Jahren genannt. Diesen Unterschied kann man aber nicht unabhängig vom Alter der Beteiligten für alle Fälle als Kriterium verwenden. Kinsey (1966; zuerst 1953) schlägt vor, dies erst dann zu tun, wenn der ältere der beiden Beteiligten mindestens fünfzehn Jahre alt ist. Allerdings werden sexuelle Kontakte zwischen Geschwistern von einigen Autoren (Trube-Becker 1992; Black/Deblassie 1993) wegen der auftretenden Schuldgefühle für besonders beeinträchtigend gehalten.

---

20 Von „Inzest" wird gesprochen, wenn Täter und Opfer in einem verwandtschaftlichen Verhältnis zueinander stehen.

Die Gefährdungswirkung derartiger Handlungen ist allerdings je nach deren Schwere unterschiedlich zu beurteilen. Vier Kategorien lassen sich unterscheiden: *„Sehr intensiv"*, z. B. versuchtes oder vollendetes vaginales, anales oder orales Eindringen; *„intensiv"*, z. B. Masturbation am oder vor dem Kind; *„weniger intensiv"*, z. B. versuchte genitale Berührung und *„ohne Körperkontakt"*, z. B. Exhibitionismus, Pornobetrachtung (Deegener 2005).

Missbrauch ist abzugrenzen von den für die kindliche Entwicklung notwendigen Zärtlichkeitsbekundungen wie Schmusen, auf den Schoß und in den Arm nehmen, Streicheln oder Kuscheln. Es wäre nicht im wohlverstandenen Interesse von Kindern, wenn Eltern und professionelle Erzieher aus Furcht vor ungerechtfertigten Verdächtigungen jegliche körperliche Berührungen von Kindern vermeiden würden. Es ist nicht von der Hand zu weisen, dass die Gefahr besteht, die Missbrauchsdebatte falsch zu verstehen und erneut ein allgemeines Klima des Misstrauens und der Angst vor (kindlicher) Sexualität zu schaffen (Rutschky 1992). Hier ist – im Unterschied zum Vollzug sexueller Handlungen mit Kindern (s. o.) – die Absicht des Erwachsenen ein durchaus brauchbares Unterscheidungskriterium: Als Ausdruck von Zuneigung und (elterlicher) Liebe ist der Körperkontakt für das Kind wichtig und notwendig. Bezweckt er jedoch sexuellen Lustgewinn beim Erwachsenen, so ist er ein Vergehen am Kind. Selbst kleine Kinder erkennen schon den Unterschied. Sie beobachten genau, und feine Differenzen fallen ihnen auf, wie z. B. die Äußerung eines Kindes „er hat so komisch geschnauft" zeigt, oder die Aussage „irgendwie war es anders als sonst." Auch die Nacktheit Erwachsener im Beisein von Kindern sollte nun nicht erneut verdächtigt werden.

Zur *Häufigkeit* sexuellen Missbrauchs ist in den vergangenen 25 Jahren durch zahlreiche Untersuchungen im deutschsprachigen Raum etwas mehr Klarheit gewonnen worden, wenn auch vermutlich immer noch ein Dunkelfeld geblieben ist. Man geht jetzt davon aus, dass etwa 10 bis 15 % der Frauen und 5 bis 10 % der Männer bis zum Alter von 14 oder 16 Jahren mindestens einmal einen derartigen Übergriff erlebt haben. Im Jahr 2003 wurden in Deutschland 2.401 Verurteilungen wegen sexuellen Missbrauchs von Kindern ausgesprochen (Statistisches Bundesamt 2006). Von allen Missbrauchsfällen sind etwa 15 % als „sehr intensiv" (s. o.) eingestuft worden, 35 % als „intensiv", 35 % als „weniger intensiv" und 15 % als „ohne Körperkontakt" (Deegener 2005).

Jungen werden häufiger als Mädchen *außerhalb* der Familie missbraucht, z. B. von Lehrern, Trainern oder Jugendgruppenleitern. Auch haben sie häufiger sexuelle Kontakte zu Jugendlichen, die nur wenig älter sind als sie (wobei sich, wie oben erörtert, die Frage erhebt, ob in diesen Fällen überhaupt von „Missbrauch" gesprochen werden sollte). In der Studie von Elliger/Schötensack (1991) berichteten 25,6 % der Männer über als Kind gemachte sexuelle Erfahrungen mit Jugendlichen. Sie maßen diesen Erlebnissen jedoch kaum nachteilige Wirkungen bei.

Missbrauch bei Jungen aufzudecken, ist noch schwieriger als bei Mädchen, denn ihnen fällt es offensichtlich noch schwerer, über ihre Erfahrungen zu sprechen. Sie schweigen aus Angst vor dem sozialen Stigma in einer Gesellschaft, die Homosexualität weiterhin verachtet und verdammt. Selbst Täter geben eher den Missbrauch von Mädchen als von Knaben zu. Jungen übernehmen die gesellschaftliche Rollenerwartung, sie müssten selbst mit einem Problem fertig werden und dürften keine Hilfe von außen suchen. Das Handeln der Helfer entspricht dieser Erwartung. Selbst bei zweifelsfrei erwiesenem Missbrauch erhalten Jungen seltener professionelle Hilfe als Mädchen. Sie werden seltener aus dem Missbrauchsmilieu herausgenommen und bekommen seltener Beratungs- und Therapieangebote (Rogers/ Terry 1984). Für diese Achtlosigkeit spielt es wohl eine Rolle, dass „sexuelle Erfahrungen" bei Jungen eher als positiv bewertet werden. Erfolgt der Missbrauch durch eine Frau, wird er oft von anderen als „besonderes Erlebnis", „Ehre" oder die „beste Einführung in die Männlichkeit" gesehen, obwohl es sich um Kinder handelt. Dabei ist für Jungen das Trauma am größten, wenn die Missbraucherin die Mutter ist (Black/De Blassie 1993). Begeht ein Mann die entsprechenden Handlungen an einem Jungen, so werden sie nicht selten als „unpassende Spielereien" verniedlicht (Gloer/ Schmiedeskamp-Böhler 1990; Black/De Blassie 1993).

Die Täter sind, soweit man bisher weiß, in der Mehrzahl männlich (85 % bis 97 %), sowohl bei weiblichen als auch bei männlichen Opfern (Fagot et al. 1989). Marquit (1986) geht von einem höheren Anteil von Täterinnen aus (30 % bis 40 %). Männer aus der Kernfamilie (Väter, Stiefväter, Brüder) stellen mit 55 % die Hauptgruppe (Väter und Stiefväter allein 40 %), Bekannte des Kindes folgen mit 30 %, Fremde machen mit 9 % bei aufgedeckten Fällen einen eher geringen Anteil aus (Wildwasser 1992). In der Gruppe der bei der Polizei angezeigten Delikte sind die Fremden allerdings mit einem größeren Anteil vertreten, nämlich mit 65 % (Polizeiliche Kriminalstatistik für das Jahr 1993).

Missbrauch beginnt sehr häufig bereits im frühen Kindesalter. Fast 50 % der Kinder sind bei den ersten Belästigungen jünger als sechs Jahre alt. Selbst Säuglinge werden nicht verschont. Bei etwa zwei Dritteln der Fälle geschieht der Missbrauch einmalig, bei einem Drittel mehrmals. Innerfamiliärer Missbrauch stellt jedoch häufiger eine Wiederholungstat dar (bis zu 2/3: Deegener 2005). Dann zieht sich die sexuelle Ausbeutung des Kindes oft über einen sehr langen Zeitraum hin. 15 % dieser Kinder erlitten das Elend sieben bis elf Jahre lang, 33 % zwei bis fünf Jahre und 50 % bis zu einem Jahr. Die Beendigung erfolgt am häufigsten durch das Mädchen selbst (38 %), außerdem auch durch die Mutter (Wildwasser 1992). Die Taten werden nach meinen Erfahrungen als Gutachterin von den Männern bewusst geplant und trickreich arrangiert. Insbesondere die Abwesenheit der Mutter wird ausgenutzt. Sehr häufig erfolgt der innerfamiliäre Missbrauch nicht isoliert, sondern in Kombination mit körperlicher und psychischer Misshandlung und mit Gewalt gegen die Mutter. Das Risiko von Geschwisterkindern, ebenfalls misshandelt zu werden, liegt bei 50 % (Deegener 2005, Kindler 2005).

Offensichtlich wird hier die *familiale Dysfunktionalität*. Ein Teil der Familien, von Weinberg (1976) als „endogam" bezeichnet, wirkt von außen betrachtet intakt und wird nicht selten für besonders ehrenwert gehalten, weil Religiosität und hohe moralische Maßstäbe hervorgekehrt werden. Diese Familien haben gegenüber der Außenwelt hohe Grenzen errichtet, während die innerfamiliären Grenzen, insbesondere die Generationengrenzen, diffus sind (Parentifizierung eines Kindes, Verkindlichung des Täters). Die interpersonellen Grenzen können durch starke Koalitionen und durch Loslösungen gekennzeichnet sein (Larson 1986; Fegert 1995). In der anderen Extremform missbrauchender Familien, der „chaotischen Familie", liegen vielfältige Zeichen von Dysfunktionalität offen (Alkohol- und Drogenmissbrauch, Delinquenz, psychische Störungen und Kriminalität). Zahlreiche Institutionen des Sozial- und Gesundheitswesens haben mit diesen Familien Kontakt, ohne den Missbrauch zu bemerken, geschweige denn zu verhindern.

Die *Motive* der Täter sind unterschiedlich: Macht-, Zuwendungs- und Nähebedürfnisse oder Wut- und Hassgefühle können über sexuelle Handlungen befriedigt werden. (Gloer/Schmiedeskamp-Böhler 1990).

5.2.5.2 Folgen

Missbrauch durch den Vater oder die Mutter bedeutet für die betroffenen Kinder den Bruch des ersten und tiefsten Vertrauens, das ein Mensch erwerben kann. Dieser Vertrauensbruch macht es einem Menschen fast unmöglich, sich jemals wieder ganz auf einen anderen einzulassen. Ein missbrauchtes Kind erleidet eine tiefe Verletzung seiner körperlichen und seiner psychischen Integrität. Seelischer und nicht selten auch körperlicher Schmerz wird ihm zugefügt, es wird erniedrigt, gedemütigt, bedroht und in Angst versetzt. Gleichzeitig wird ihm suggeriert, es solle diese Erfahrung als schön und als Zeichen besonderer Auserwähltheit betrachten, so dass es in seinen Empfindungen und seinen Gedankengängen extrem verwirrt und verunsichert wird.

Bewältigungsstrategien

Um sich das Unerträgliche erträglich zu machen, entwickeln Kinder *Bewältigungsstrategien*, die von Summit (1983) als „Akkomodationssyndrom des Inzests" bezeichnet werden. Die Anpassungsversuche durchlaufen vier Phasen:

1. Geheimhaltung

Das Kind wird von dem Erwachsenen dazu verpflichtet, Stillschweigen zu bewahren. Es wird zum Träger eines Geheimnisses und sieht sich deshalb bald als aktiv Beteiligten, also als mitschuldig an den Vorgängen. „Unser kleines Geheimnis" macht das Opfer zum angeblichen Komplizen des Täters. Es übernimmt die Schuldzuweisungen durch den Missbraucher („Du hast mich verführt.") und fühlt sich für die Handlungen verantwortlich. Damit gerät es in eine Sackgasse, denn der Weg zu Menschen, die Hilfe geben könnten, insbesondere zur Mutter, ist ihm versperrt. Lügen und Verheimlichen werden zum notwendigen Verhaltensrepertoire des Kindes, und je länger das Kind geschwiegen hat, um so fester bleibt ihm der Mund verschlossen. Jungjohann (1990) berichtet allerdings von der bemerkenswerten Tatsache, dass alle von ihm untersuchten und behandelten Kinder zu Beginn zaghafte Sprechversuche unternommen haben, die aber vom Umfeld nicht beachtet oder als unwahr abgetan wurden. Erst danach entwickelten die nun sprachlos gemachten Kinder die Körpersprache, also Symptome. Jungjohann bezeichnet die „Hörlosigkeit" der Umwelt, die mit der Sprachlosigkeit des Kindes korrespondiert, als Teilaspekt des Inzests. Diese Erkenntnis darf aber nicht so gewendet werden, dass man ein Kind verdächtigt, etwas zu verschweigen, wenn es in einer Befragung Missbrauch verneint. Dieser Irrtum führte verschiedentlich zur fälschlichen Annahme von Missbrauch (vgl. Ceci/Bruck 1995).

2. Hilflosigkeit

Das Kind macht die Erfahrung, gegenüber den Ansinnen des Missbrauchers machtlos zu sein. Es entstehen bei ihm Verzweiflung, Hoffnungslosigkeit und Depression. Das Kind kehrt die Wut, die eigentlich dem Angreifer gelten müsste, gegen die eigene Person. Hier liegt oft der Beginn einer „Opferlaufbahn". Etliche der Betroffenen werden später auch noch von anderen Tätern missbraucht oder vergewaltigt. Ein großer Teil sucht sich Ehepartner, die sie wiederum misshandeln und ausbeuten (Marquit 1986).

3. Phase der Akkomodation

Aus der passiven Hinnahme entwickelt sich eine aktive Form der Anpassung. Das Kind bildet funktionierende Überlebensstrategien aus. Die Umdeutung von Wahrnehmungen, das Ignorieren oder Abspalten von Affekten helfen, die Verwirrung der Gefühle und die Verunsicherung der Gedanken zu vermindern. Manchmal wird das Selbst gespalten in ein missbrauchtes und ein „reines", was zur Ausbildung schizophrener Erkrankungen oder multipler Persönlichkeitsspaltungen führen kann. In dieser Phase zeigt sich nach Summit (1983) vor allem Ausagieren wie Ausreißen, kriminelles Verhalten, Aggressivität, Promiskuität, Alkohol- und Drogenmissbrauch. Das Kind wird zum „Problemkind", das an allen Schwierigkeiten in der Familie die Schuld trägt und damit vom eigentlichen Verbrechen ablenkt.

4. Phase der Enthüllung

Zögernd und ungeschickt beginnt das Kind, sich (erneut) zu offenbaren, oft Außenstehenden gegenüber, stößt aber nicht selten auf Unglauben, insbesondere wenn es zu einem „störenden" Kind geworden ist. Die Folge davon ist häufig eine weitere Akkomodation: Das Kind nimmt die Enthüllung zurück.

Emotionale Störungen und Verhaltensauffälligkeiten

Wie vielgestaltig die Symptome infolge sexuellen Missbrauchs sind, weist eine große Anzahl neuerer empirischer Untersuchungen an Kindern und Erwachsenen nach. Vergleiche des psychischen Befindens, der körperlichen Gesundheit und des Verhaltens von missbrauchten und nicht missbrauchten Kindern zeigen, dass die ersteren bei einer Vielzahl von Störungsanzeichen signifikant höhere Werte aufweisen als die unbehelligten Kinder. Kendall-Tackett et al. (1993) stellten die Ergebnisse von 45 Studien an Kindern und Jugendlichen zusammen und fanden in fast allen Untersuchungen, dass die sexuell ausgebeuteten Mädchen und Jungen die deutlich höhere Belastung mit folgenden Symptomen zeigten: Angst und Furchtsamkeit, Albträume, eine generelle Posttraumatische Belastungsstörung (s. Kap. 4.6.4.4), Rückzugsverhalten, neurotische Störungen, Grausamkeit, Delinquenz, unangemessenes oder verfrühtes sexuelles Verhalten (wie sexualisierte Spiele, wiederholte Selbststimulation im Beisein anderer, öffentliches Entblößen der Genitalien, Versuch, andere Kinder oder Erwachsene zu sexuellen Handlungen zu nötigen, Zeichnungen mit sexuellem Inhalt, zwanghaftes sexuelles Sprechen und entsprechende Phantasien), und zwar lange vor der Pubertät, regressives Verhalten (einschließlich sekundärer Enuresis, Enkopresis, kleinkindhaften Wutausbrüchen und häufigem Weinen), Weglaufen, allgemeine Anpassungsschwierigkeiten, Selbstverletzungen, Depressionen, „internalisierendes" Verhalten (Hemmungen, nach innen gerichtete Reaktionen), „externalisierendes" Verhalten (Aggressionen, antisoziales und unkontrolliertes Handeln).

Die Häufigkeiten, mit denen einzelne Symptome in den verschiedenen Untersuchungen gefunden wurden, wiesen eine große Variationsbreite auf (z. B. schwanken die Angaben für „unangemessenes Sexualverhalten" über den Bereich von 7 % bis 90 % der Kinder). Kendall-Tackett et al. (1993) berechneten deshalb gewichtete Mittelwerte über die von ihnen analysierten 45 Studien. Von den meisten Symptomen waren im Mittel 20 % bis 30 % der Kinder betroffen. Nur ein einziges Syndrom – die Posttraumatische Belastungsstörung – wurde von der Mehrzahl der Kinder, die sexuelle Gewalt erfahren hatten, gezeigt. Das besagt, dass es keine eindeutig auf Missbrauch weisenden Störungen gibt.

Wie ernsthaft die Folgen der sexuellen Ausbeutung für ein Kind sind, wird durch moderierende Bedingungen wie Schwere des Zugefügten, Dauer, Alter des Kindes, Art der Beziehung zum Täter und Unterstützungsmöglichkeiten mitbestimmt. Die schwersten Schäden verursacht die Anwendung körperlicher oder psychischer Gewalt (25 %) und das Eindringen in den Körper des Kindes. Misshandlungsbeginn in einem früheren Alter scheint stärkerer Folgen zu zeitigen, allerdings sind hier die Ergebnisse nicht einheitlich. Ältere Kinder weisen in den meisten, aber nicht in allen Studien mehr Symptome auf als jüngere, was zum Teil mit der längeren Dauer der traumatisierenden Erfahrung erklärt werden kann, zum Teil damit, dass älteren Kindern die schlimmeren Formen der Gewalt zugemutet werden. Je enger die Beziehung zum Missbraucher ist, um so verheerender sind die Folgen für das Kind. Zum einen erklärt sich dies aus der größeren Macht des Erwachsenen über das Kind, zum anderen aus der üblicherweise längeren Dauer des Missbrauchs und schließlich aus dem erlittenen Vertrauensverlust. Wenn durch den Missbrauch auch noch die Beziehung zur Mutter untergraben wird, so dass das Kind von ihr keine Hilfe erhalten kann, verstärken sich die Beeinträchtigungen.

Betrachtet man die Reaktionen in ihrer Abhängigkeit vom Alter der Kinder, so zeigt sich das folgende Bild:

Kleinkind- und Vorschulalter (0–6 Jahre)

Kinder dieser Gruppe zeigen bei dem von Kendall-Tackett et al. (1993) durchgeführten Studienvergleich am häufigsten: Posttraumatische Belastungsstörung (77 %), Angst (61 %), Albträume (55 %), Internalisierung (48 %), Externalisierung (38 %), unangemessenes sexuelles Verhalten (35 %), Depressionen (33 %) und allgemeine Verhaltensprobleme (62 %). Andere Autoren nennen als weitere Störungen, die typischerweise in diesem Alter auftreten: psychosomatische Beschwerden wie Bauchschmerzen, häufige Fieberanfälle und Hautaffektionen (Trube-Becker 1990), Schlafstörungen, vorzeitiges Sexualwissen (Black/Deblassie 1993).

Schulkindalter (7–12 Jahre)

Posttraumatische Belastungsstörung (47 %), Albträume (47 %), Furcht und Ängste (45 %), Aggressivität (45 %), regressives Verhalten (39 %), neurotische und allgemeine psychische Störungen (38 %), Rückzug (36 %), Schulprobleme (31 %), Hyperaktivität (23 %), Depressionen (31 %).

Jugendalter (13–18 Jahre)

Selbstverletzungen (71 %), Substanzenmissbrauch (53 %), Depressionen (46 %), Rückzug (45 %), Weglaufen (45 %), Suizidgedanken (41 %), Promiskuität (38 %), körperliche Missempfindungen und Beschwerden (34 %), Gesetzesverstöße (27 %), neurotische Störungen (24 %) und Schulprobleme (23 %).

Während einige Symptome vom Kleinkind- bis zum Jugendalter und sogar noch im Erwachsenenalter zu beobachten sind (Depressionen, Lern- und

Leistungsstörungen, antisoziales Verhalten, sexualisiertes Verhalten), wird bei anderen ein deutlicher Wandel über die verschiedenen Altersstufen erkennbar, wie er sich natürlich auch bei Kindern und Jugendlichen zeigt, die andere unzuträgliche Bedingungen über Symptome signalisieren. Sowohl das Erleben des Missbrauchs als auch die Art der Verarbeitung verändern sich mit zunehmender Persönlichkeitsentwicklung.

Bei *Jungen* kommt zu den schon genannten negativen Gefühlen nicht selten die Vorstellung hinzu, vom Missbraucher ihrer Männlichkeit beraubt worden zu sein. Einige sind überzeugt, dass wegen des sexuellen Missbrauchs durch einen älteren Mann niemals eine Frau bereit und in der Lage sein werde, sie zu lieben und eine sexuelle Beziehung mit ihnen einzugehen. Etliche von ihnen versuchen, ihre verlorengeglaubte Männlichkeit zurückzugewinnen, indem sie ihrerseits Schwächere missbrauchen. Für einige der von Belitz/Schacht (1992) untersuchten männlichen Jugendlichen war der einzige Weg, sexuelle Empfindungen zu verspüren und Sexualität mit einer Frau zu erleben, die Vergewaltigung. Sexualität war bei ihnen unlösbar mit Aggression, Hass, Selbsthass, Ekel und Ohnmachtsgefühlen verschmolzen. Sie konnten sie sich nicht als Teil einer liebevollen, auf Gegenseitigkeit beruhenden Beziehung vorstellen, weil sie in ihrer langen Missbrauchsgeschichte nur diese gewaltsame Form erfahren hatten.

Erstaunlicherweise gibt es auch sexuell missbrauchte Kinder, die *keine Symptome* zeigen. Zum Beispiel fanden Caffaro-Rouget et al. (1989) in einer kinderärztlichen Untersuchung 49 % Kinder ohne erkennbare Folgen. In anderen Studien war ungefähr ein Drittel der Kinder symptomfrei. Eine nahe liegende Erklärung dafür ist, dass Untersuchungsfehler gemacht wurden, z. B. die falschen Fragen gestellt wurden. Eine andere Interpretation könnte lauten, dass Symptome noch nicht ausgebildet worden sind, weil den Kindern noch nicht klar genug ist, was ihnen angetan wurde. Tatsächlich zeigte sich in einer Studie an zunächst symptomfreien Kindern, dass ein Drittel von ihnen anderthalb Jahre später äußerlich erkennbare Störungsanzeichen entwickelt hatte. Schließlich mag es auch zutreffen, dass einige Kinder mit relativ heiler Haut davonkommen, sei es, dass sie weniger gravierende oder kürzer währende Erfahrungen gemacht haben, sei es, dass sie besonders widerstandsfähig waren oder die bessere Unterstützung durch ihr Umfeld erhalten konnten. Herauszufinden, welche Faktoren es sind, die dazu beitragen, dass ein Mensch schlimmste Erfahrungen relativ gut verkraften kann, ist eine bedeutsame Forschungsaufgabe auf diesem Felde, die nicht nur für Missbrauch relevant ist, sondern ebenso für alle anderen Formen extrem belastender Ereignisse.

Neben den primären Schädigungen durch den Missbrauch kann es zu sekundären Störungen als Folge der Reaktion der Umwelt (Familie, professionelle Helfer) kommen. Die Untersuchung durch Polizei und Gericht können das Kind dann zusätzlich verstören, wenn sie ungeschickt sind und das Kind stark unter Druck setzen. Zwei von Kendall-Tackett et al. (1993) referierte Studien zeigen, dass die Kinder, die vor Gericht ausgesagt hatten, sich schlechter erholten als diejenigen, denen diese Prozedur erspart blieb. Es wurde deutlich, dass die Art der Prozessführung den Verarbeitungsprozess beeinflusste. Kinder, die nur einzeln vor einer Kamera auszusagen brauchten, litten weniger also solche, die im Gerichtssaal auftreten mussten. Insofern ist die jetzt auch bei uns zugelassene Möglichkeit der Videobefragung zu begrüßen.

Die meisten empirischen Ergebnisse wurden in Querschnittsuntersuchungen gewonnen. Seit einigen Jahren (1988) gibt es aber auch die dringend notwendigen *Längsschnittstudien*, in denen die betroffenen Kinder über zwölf bis achtzehn Monate, teilweise sogar bis zu fünf Jahre, von den Forschern begleitet und untersucht wurden. Auf diese Weise sind Erkenntnisse über den Verlauf des Verarbeitungsprozesses zu gewinnen. Bei den meisten Kindern scheinen sich zumindest die von außen wahrnehmbaren Symptome mit der Zeit zu verringern, während einige unter ihnen Steigerungen ihrer Symptomatik erleben. Die Empfindungen von Qual und Kummer nehmen ab; 65 % der Vorschulkinder schienen sich nach einem Jahr besser zu fühlen. Ängste verlieren sich wohl am ehesten, während Aggressivität bleibt oder sogar zunimmt. Sexualisiertes Verhalten nimmt bei Schulkindern unter 12 Jahren eher zu, was vielleicht auch damit in Verbindung steht, dass die pubertären Veränderungen früher beginnen. Bei missbrauchten Mädchen tritt die Menarche im Mittel über ein Jahr früher ein als bei der Gesamtgruppe der Mädchen (vgl. Kendall-Tackett et al. 1993). Die Sexualisierung scheint sich also direkt in körperlichen Veränderungen niederzuschlagen. Ob mit der Milderung der Symptome tatsächlich eine Verarbeitung des Traumas einhergeht, ist bisher unklar.

Untersuchungen an *Erwachsenen* sprechen eher dagegen, denn dort zeigt sich, dass die *Langzeitfolgen des Missbrauchs* bei einem beträchtlichen Teil der Frauen gravierend sind.[21] Sie leiden häufiger als andere an schweren Depressionen (z. B. Sedney/Brooks 1984; Bagley/Ramsay 1985). Angst, Spannung, Nervosität, Albträume und Schlafstörungen machen ihnen häufiger zu schaffen (Briere 1984; Sedney/Brooks 1984). Sie behalten zu einem großen Teil ihr als Kind erworbenes negatives Selbstbild, und insbesondere Inzestopfer fühlen sich weiterhin gebrandmarkt und sozial isoliert (Briere 1984). In ihren Beziehungen zu anderen Menschen, sowohl Männern als auch Frauen, treten gehäuft Probleme auf, und selbst das adäquate Eingehen auf die Bedürfnisse ihrer Kinder fällt ihnen nach ihren Aussagen schwerer als anderen Menschen. Feindselige Gefühle gegenüber der Mutter bleiben oft bis ins Erwachsenenalter bestehen, häufiger ihr gegenüber (79 %) als gegenüber dem Missbraucher (52 %; Deyoung 1982). Probleme,

---

21 Einen Überblick über die Ergebnisse von 25 Studien an Jugendlichen und Erwachsenen geben Brown/Finkelhor 1986.

anderen Menschen überhaupt zu vertrauen, werden öfter von den betroffenen Frauen geschildert als von anderen, und emotionale Nähe kann von vielen gar nicht oder nur unter Schwierigkeiten geschaffen und aufrechterhalten werden. Als Mädchen missbrauchte Frauen geraten in größerer Zahl als andere später erneut, manche sogar mehrmals, in die Opferrolle (vor allem Vergewaltigung, aber auch Misshandlung durch den Ehemann oder Partner; Russell 1985).

Behandlungsbedürftige Störungen der sexuellen Empfindungsfähigkeit bei Frauen stellen sich als Folge des Missbrauchs, insbesondere des Inzest, häufig ein (in Meiselmanns Untersuchung (1978) litten 87 % der Inzestopfer an derartigen Störungen). Frauen der betroffenen Gruppe bezeichnen sich selbst etwas häufiger als promiskuös, was aber möglicherweise mehr an ihrer negativen Selbsteinschätzung als an der Zahl ihrer Partner liegt. Der manchmal behauptete Zusammenhang zwischen Missbrauch und weiblicher und männlicher Homosexualität wurde bisher in empirischen Studien nicht bestätigt. Als Kind missbrauchte Mädchen haben große Schwierigkeiten, einen anerkannten Platz in der Gesellschaft zu finden. Mehrere Studien zeigen auf, dass ein erheblicher Teil von jungen Mädchen und Frauen, die der Prostitution nachgehen, (zwischen 55 % und 65 %) als Kind missbraucht wurde.

Auch ein Zusammenhang zwischen sexueller Ausbeutung und Alkohol- und Drogenmissbrauch im Erwachsenenalter ist in mehreren Untersuchungen nachgewiesen worden (Hermann 1981; Deriere 1984). Persönlichkeitsstörungen, Störung der Geschlechtsidentität, gestörtes Körpergefühl, selbstverletzendes Verhalten, psychosomatische Schmerzsyndrome und Essstörungen (Anorexie, Bulimie) können in der Folge des Missbrauchs auftreten (Joraschky 1993). Missbrauch ist also offensichtlich ein starker Risikofaktor sowohl für die psychische Gesundheit als auch für die soziale Anpassungsfähigkeit der betroffenen Frauen.

Plassmann (1989) deutet Selbstbeschädigungen als Neuinszenierung einer Kindesmisshandlung. Insbesondere in der heimlichen Selbstmisshandlung wird das Versteckspiel der Kindheit wiederholt, dieses Mal in der Beziehung zum Therapeuten. Die Selbstgefühlsstörungen, namentlich die Störung der körperlichen Empfindungsfähigkeit, wird durch übermäßige (Schmerz-)Reize zu durchbrechen versucht. Fließendes Blut kann dem jungen Mädchen, das sich sonst als erstarrt und wie tot empfindet, ein Gefühl von Leben zurückgeben oder – über die Selbstbestrafung – die Vorstellung der Reinigung und Läuterung. In Beziehungen zu anderen Menschen wird die traumatische Erfahrung der äußersten Nähe und des abrupten Fallengelassenwerdens wiederholt (Joraschky 1993). Alkohol-, Drogen- und Medikamentenmissbrauch lassen sich ebenfalls als Versuch verstehen, die starken intrapsychischen Spannungszustände zu vermindern, die Gefühle von Scham zu betäuben und aus der tiefen depressiven Verstimmung herauszufinden.

Auch Männer sind in ihrem Erleben und Verhalten oftmals lebenslang beeinträchtigt. Sie leiden ebenfalls vermehrt unter Depressionen (Rosenbaum/Bennett 1986), greifen gehäuft zu Alkohol und Drogen (Cavaiola/Schiff 1988). Süchtiges, zwanghaftes Sexualverhalten wird häufiger berichtet. Verwirrung in der Geschlechtsidentität und in der sexuellen Orientierung, Schwierigkeiten, stabile vertrauensvolle Beziehungen aufzubauen, Störungen im Selbstwertgefühl und Körperbild sowie chronische Posttraumatische Belastungsstörung gehören zu den Spätfolgen (Black/Deblassie 1993). Verdrängung und Verleugnung der traumatischen Erfahrungen werden in Therapien erkennbar. Etwa 1/3 der missbrauchten Jungen tun im späteren Leben anderen das an, was ihnen selbst angetan wurde: Sie missbrauchen Kinder oder vergewaltigen Frauen (Malinowsky-Rummel/Hansen 1993). Missbrauch wirkt also in die nächste Generation weiter, wenn die Kausalkette nicht durch therapeutische oder andere helfende Eingriffe unterbrochen wird.

Dass die Folgen bei den heutigen Erwachsenen oft so äußerst schwerwiegend sind, mag auch zum Teil daran liegen, dass diese Generation in ihrer Kindheit und Jugend in der Regel keinerlei Hilfe erhalten hat. Das Tabu war so stark, dass kaum ein Kind, insbesondere bei innerfamiliärem Missbrauch, darüber zu sprechen wagte, und dass so das Geheimnis oft jahrzehntelang verschlossen blieb. Es steht zu hoffen, dass die inzwischen begonnene Diskussion über das Vorkommen von Missbrauch, die verstärkte Sensibilisierung von Müttern und professionellen Helfern und der Aufbau von Einrichtungen, die Hilfe anbieten können, dazu führen, dass Kinder früher und damit wirkungsvoller Unterstützung erhalten können. Es ist nämlich gut belegt, dass frühzeitige Stützung – insbesondere durch die Mütter, aber auch durch die anderen Familienmitglieder – den Kindern am besten hilft, das Trauma zu bewältigen. Besonders wichtig ist, dass Mütter ihrem Kind Glauben schenken, es nicht tadeln oder strafen und ihm Schutz und Zuwendung geben.

Therapeutische Angebote (Einzeltherapie mit dem Kind, Mutter-Kind-Therapie, Gruppentherapie) und Gespräche in Selbsthilfegruppen sind gleichermaßen wirkungsvoll. In der Einzeltherapie erfährt das Kind, dass ihm geglaubt wird, dass es keine Schuld an dem Missbrauch trägt, dass es nicht verantwortlich für die Auflösung der Familie ist, und dass die Therapeutin (Mädchen sollten von Therapeutinnen behandelt werden, kleine Jungen ebenfalls, männliche Jugendliche von Therapeuten) versteht, warum es solange geschwiegen hat. Es lernt, ein gewisses Ausmaß von Autonomie zu verteidigen, z. B. über das Zulassen körperlicher Berührungen selbst zu entscheiden, und es macht die Erfahrung, dass es liebenswert ist. Später lernt es zu verstehen, warum der Missbrauch unzulässig war, was Sexualität bedeutet, und schließlich gelingt es in günstig gelagerten Fällen, dass die Identität gefestigt und die soziale Isolation durchbrochen werden (Mitnick 1986; Steinhage 1989).

Gruppentherapie kann deshalb sehr nützlich sein, weil sie die Impulskontrolle stärkt, das Selbstwertgefühl hebt und Gelegenheit gibt, im Umgang mit anderen, zum Teil auch im Rollenspiel, die neu gewonnenen Fähigkeiten auszuprobieren. Ob Ehepaartherapie für die ebenfalls seelisch schwer verletzten Mütter oder Familientherapie für die missbrauchten Kinder zumutbar sind, ist sehr umstritten. Hier wird den Opfern erneut viel abverlangt.

Voraussetzung für alle Arten von Therapie ist die sofortige Beendigung der Missbrauchshandlungen und die räumliche Trennung vom Täter. Auch die eindrucksvollsten Bekundungen von Reue garantieren nicht, dass der Täter tatsächlich mit den Handlungen aufhört. Begegnungen zwischen Opfer und Täter sollten nur im Beisein zuverlässiger[22] Dritter erlaubt werden. Therapien von Tätern gelingen häufig nicht, d. h. sie werden vorzeitig abgebrochen, wenn sie allein auf der Basis der Freiwilligkeit geschehen (Marquit 1986).[23]

Dass sexueller Missbrauch eine Gefährdung des Kindeswohls darstellt, ist unzweifelhaft. Es ist auch nicht in Frage zu stellen, dass ein(e) missbrauchte(s) Kind/Jugendliche(r) Hilfe braucht, denn eine Befreiung aus eigener Kraft ist meistens nicht möglich. Aber auch die Mutter, die Geschwister und der Täter brauchen Hilfe.

5.2.5.3 Zur Diagnostik des sexuellen Missbrauchs

Ein eindeutiger Nachweis des Missbrauchs ist nur möglich, wenn das Kind über das Geschehen aussagt oder, was unwahrscheinlich ist, der Missbrauch von jemand anderem beobachtet worden ist. Schwangerschaft ist zwar ebenfalls ein unverkennbares Zeichen, doch kann daraus nicht entnommen werden, wer der Täter ist, wenn das Mädchen schweigt. Wenn ein Kind über sexuellen Missbrauch spricht, kann man mit sehr hoher Wahrscheinlichkeit davon ausgehen, dass es tatsächlich zu derartigen Handlungen gekommen ist. Absichtlich falsche Beschuldigungen gelten als sehr selten (Geisler 1959; Müller-Luckmann 1959; Undeutsch 1967). Neuere Untersuchungen (vgl. Fegert 1993) kommen auf Raten zwischen 6 % und 8 % Falschbeschuldigungen, die aber hauptsächlich von Erwachsenen ausgehen. In einer Studie von Jones/McGraw (1987), in der insgesamt 8 % unrichtige Aussagen festgestellt wurden, waren nur in 2 % die Kinder die Urheber, in 6 % Erwachsene. In jüngster Zeit wird häufiger der Verdacht geäußert, dass die Rate der Falschaussagen in Scheidungsverfahren und bei Streit um das

---

22 Zuverlässig bedeutet, dass der Zeuge sich nicht „austricksen" lässt. Ein elfjähriges Mädchen berichtete mir, dass der Täter immer so geschickt seine Handlungen zu tarnen wusste, dass er es sogar fertig brachte, sie am Tag ihrer Erstkommunion im Beisein aller Gäste bei der gedeckten Festtafel am Genitale zu betasten, ohne dass einer der Gäste etwas bemerkte.
23 Nähere Angaben zur Persönlichkeit und Lebensgeschichte des Täters finden sich bei Marquit (1986) und Hirsch (1987).

Umgangsrecht höher sein könnte. Faller (1991; vgl. auch Fegert 1993) fand in einer Untersuchung an einer größeren Stichprobe (136 Mädchen und Jungen) 23 % Beschuldigungen, die sie für falsch hielt (ein Irrtum der Begutachter kann aber auch nicht ganz ausgeschlossen werden). Allerdings waren nur drei von 31 solcher als unrichtig betrachteten Verdächtigungen geplante Falschbezichtigungen, bei denen das Kind von einem Elternteil zur Lüge angeleitet wurde. In weitaus den meisten Fällen interpretierte eine Mutter (gelegentlich auch ein Vater) mehrdeutige Verhaltensweisen des Kindes falsch, teils, weil sie/er durch die Medienberichterstattung übersensibilisiert war, teils, weil sie oder er dem ehemaligen Ehepartner auch das Schlimmste zutraute.

Strafrichter stehen nach meinen eigenen forensischen Erfahrungen der Glaubhaftigkeit von Kinder- und Jugendlichenaussagen skeptischer gegenüber als Psychologen und Sozialarbeiter. Das ist gut und notwendig, denn es ist eine wesentliche Grundlage unseres Strafrechts, dass Richter jedem Zweifel nachgehen und, falls sie ihn nicht vollständig ausräumen können, die Unschuld des Angeklagten vermuten müssen. Es macht einen Unterschied aus, ob eine Sozialarbeiterin zum Zwecke der Beratung und Unterstützung einem Kind glaubt, oder ein Richter einen Beschuldigten verurteilt. Es darf bei allem Bestreben, Kinder wirkungsvoll zu schützen, nicht vergessen werden, dass eine solche Verurteilung das Leben eines Menschen und seiner Familie zerstören kann.

In einer neueren Veröffentlichung (Black/Deblassie 1993) wird die Glaubhaftigkeit der Aussagen von Jungen für noch höher gehalten als die der Mädchen, weil es ihnen noch schwerer falle als Mädchen, über sexuelle Ausbeutung durch Männer zu berichten. Damit wird eine alte Überzeugung von Ärzten und Psychologen wiederbelebt, wenn auch nicht mehr mit der Begründung, dass „kleinen Lolitas" eben nicht zu trauen sei. Zu Anfang des vorigen Jahrhunderts (Möbius 1908; Weininger 1926) galten nämlich Frauen und insbesondere pubertierende Mädchen als „unzuverlässige, mitunter gefährliche Zeuginnen", während der gleichaltrige Junge „wofern er gut geartet ist, überhaupt der beste Beobachter und Zeuge ist, den es gibt" (Gross 1905, zitiert nach Undeutsch 1967).

Wenn ein Kind nicht selbst über Missbrauch *spricht*, so gibt es kein wirklich sicheres weiteres diagnostisches Zeichen. Die genannten Verhaltensauffälligkeiten und psychischen Störungen können zwar Hinweise geben, aber als Beweis reichen sie nicht aus. Die meisten Störungen können auch andere Ursachen haben. Sexualisiertes Verhalten und Posttraumatische Belastungsstörung scheinen am ehesten typisch für Missbrauch zu sein. Beide kommen aber auch bei nicht sexuell missbrauchten Kindern, sexualiertes Verhalten insbesondere bei körperlich misshandelten, vor. Andererseits zeigt ungefähr die Hälfte der sexuell missbrauchten Kinder keine Posttraumatische Belastungsstörung, schon deshalb nicht, weil der Missbrauch meistens nicht plötzlich über sie hineinbricht, sondern in der Regel vom Täter langsam und vorsichtig eingefädelt und in kleinen Schritten erweitert wird. Das dritte Kardinalsymptom des Missbrauchs, das zerstörte Selbstbild des Kindes, ist diagnostisch schwer zu erfassen und ebenfalls nicht eindeutig nur dieser Ursache zuzuordnen.

Als weitere Hinweise, denen aber eine genaue Abklärung folgen muss, ehe sie als Missbrauchszeichen interpretiert werden dürfen, sind die folgenden *Verhaltensauffälligkeiten* zu werten, insbesondere wenn sie plötzlich auftreten: Rückzug, Verstummen des Kindes, Regression zu Enuresis und Enkopresis, plötzliche Furcht beim Baden, Anziehen oder Wickeln bei Kleinkindern, Toilettenangst, intensive Furcht vor zuvor vertrauten Personen (z. B. dem nicht sorgeberechtigten Vater), allerdings nur dann, wenn keine andere Erklärung dafür gefunden werden kann, Einführung von Gegenständen in die Vagina oder ins Rektum, sexueller Missbrauch von Haustieren (Salter 1988), Schlafen in voller Bekleidung, zwanghaft ausgeführte Handlungen wie exzessives Waschen oder Baden, Anklammern an die Mutter, Versuche, Alleinsein mit Vater/Stiefvater/älterem Bruder zu vermeiden, Ausreißen von zu Hause, promiskuöses Verhalten bei Jugendlichen, Suizidversuche. Bei jüngeren Kindern kann das genaue Nachspielen sexueller Handlungen mit anatomisch genauen Puppen eventuell Hinweise geben. Allerdings ist in neuerer Zeit die Frage gestellt worden, ob diese nicht eine suggestive Wirkung ausüben. Zwar spielen missbrauchte Kinder häufiger mit ihnen sexuelle Szenen als nicht missbrauchte, doch kommt ähnliches Spiel auch bei einigen, wenn auch wenigen, nicht behelligten Kindern vor. Zur Erleichterung einer Befragung sind sie sicherlich geeignet. Ansonsten kann das Gespräch mit dem Kind gefördert werden mit Hilfe von unspezifischen Puppen (z. B. Handpuppen, Kasperlepuppen, Erwachsenen- und Kinderpuppen), Puppenhaus mit Betten oder dem Scenokasten (genauer dargestellt bei Fegert 1995). Auch Zeichnungen von Kindern können Hinweise geben. Sie sollten aber nur von sehr sachkundigen Fachkräften interpretiert werden, denn sie sind leicht fehl zu deuten (Goodwin 1982; Hibbard et al. 1987; Raack 1995).

Körperliche Befunde, die von einem Arzt begutachtet werden müssen, können ebenfalls Hinweisgeber auf sexuelle Misshandlung sein. In Betracht kommen hier vor allem: Genitale oder anale Verletzungen, Geschlechtskrankheiten und andere vaginale Infekte, Fluor, vaginale Blutungen, rote oder geschwollene Genitalien, Risse im Analbereich, spezifische Infektionen im Mund- und Rachenraum, Blutergüsse, Striemen und Bisswunden, insbesondere an den Oberschenkelinnenseiten. Diese körperlichen Zeichen sind aber relativ selten, denn sexueller Missbrauch von Kindern geschieht häufig, ohne körperliche Spuren zu hinterlassen. Ob eine gynäkologische oder anale Untersuchung des Kindes tatsächlich angezeigt ist, sollte sehr sorgfältig bedacht werden, denn sie belastet das Kind in jedem Falle sehr. *Körperliche Beschwerden und Symptome* wie Fremdkörpergefühl im Hals,

„als ob jemand den Hals zudrückt", Schluckbeschwerden oder Unterleibsschmerzen können ebenfalls Symptome eines Missbrauchs sein.

Wenn das Kind keine verbalen Äußerungen über Missbrauch macht und lediglich körperliche Beschwerden und Verhaltensänderungen zeigt, darf man bei der Untersuchung nicht nur die eine (Missbrauchs-)Hypothese verfolgen, sondern muss andere Erklärungsmöglichkeiten ebenfalls in Betracht ziehen und diese genauso sorgfältig recherchieren (vgl. dazu die weiter unten in diesem Kapitel (S. 243) folgenden Ausführungen zum Einfluss von Suggestionen auf Kinder).

Wenn ein Kind Signale gibt oder mehr oder weniger versteckte Andeutungen macht, so wird dies in aller Regel zunächst nicht gegenüber einer Mitarbeiterin des Jugendamtes geschehen, sondern gegenüber einer Person, die es gut kennt, und zu der es ein gewisses Maß an Vertrauen hat – die Erzieherin im Kindergarten (oder der Erzieher; nach Enders 1995 wenden sich kleine Mädchen sogar eher an Männer, weil sie diese für fähiger halten, sie zu schützen), die Lehrerin, eine Freundin, die Mutter (eher bei einem Täter, der außerhalb der Familie steht) oder der Kinderarzt. Spricht diese Kontaktperson das Jugendamt an, so sollte dieses weiterhin mit ihr zusammenarbeiten und sie gegebenenfalls beraten und unterstützen. Es darf nicht überstürzt gehandelt werden, sondern es muss mit Ruhe und Behutsamkeit versucht werden, größere Klarheit zu erlangen.[24] Hat die Kontaktperson (sozial-)pädagogische oder psychologische Kenntnisse, so kann sie versuchen, über gemeinsames Spielen, Malen, Vorlesen mit dem Kind (im Kindergarten eventuell mit der ganzen Gruppe) die Angst des Kindes vor dem Verrat des Geheimnisses zu mildern und es ihm nach und nach zu erleichtern, sich zu öffnen und über das Erlebte zu sprechen. Dies muss mit großem Respekt vor dem Schweigen des Kindes geschehen. Die Bereitschaft des Kindes zu sprechen muss aus seinem eigenen Entschluss kommen, und die Grenzen, die es setzt, müssen geachtet werden. Sein Geheimnis darf ihm nicht fintenreich entlockt werden, denn wenn Erwachsene in seine Intimsphäre eindringen und es ausforschen, so ist dies wiederum eine Form der unerlaubten Ausnutzung erwachsener Überlegenheit, und insoweit Gewalt (Enders 1995; Rutschky 1992). Fragen, die an das Kind gerichtet werden können, stellt Fegert (1993, in enger Anlehnung an Shapiro 1991) dar.

Falls die Mutter noch keinen Verdacht geschöpft hat oder noch nicht Bescheid weiß, muss sie, möglichst nach einer schonenden Vorbereitung, z. B. im Rahmen eines Elternabends zu diesem Thema, auf die Vermutung angesprochen werden. Weitere Nachforschungen bei Personen, die Hinweise geben könnten (Schule, Arzt) sollten zunächst nur mit ihrer Zustimmung angestellt werden. Bei tatsächlicher Gefährdung ist dies aber auch ohne ihre Einwilligung möglich. Oft empfiehlt sich die Zusammenarbeit des Jugend-

---

24 Eine detaillierte Darstellung der einzelnen Schritte ist bei Chromow/Enders (1995) nachzulesen.

amtes mit Kindergarten/Schule und einer Beratungsstelle für sexuell missbrauchte Kinder („Helferinnenkonferenz"), so dass die weiteren Schritte, die Möglichkeiten des Schutzes für das Kind (und für seine Mutter und Geschwister) sowie Beratungs- und Therapieangebote gemeinsam abgeklärt werden können. Falls eine Jugendliche/ein Jugendlicher sich an das Jugendamt wendet, ist analog mit ihr/ihm gemeinsam zu überlegen, welche Wege beschritten werden können.

Das weitere Vorgehen wird unter anderem auch davon abhängen, ob der Täter ein außerhalb der Familie stehender Mensch ist (z. B. Nachbar, Heimerzieher, Schulbusfahrer) oder ein Familienmitglied wie z. B. Vater, Stiefvater oder Lebensgefährte der Mutter. Im ersten Fall werden beide Eltern ein Interesse daran haben, den Kontakt des Kindes zum Täter zu beenden. Sie brauchen eventuell Unterstützung bei der Konfrontation mit ihm und möglicherweise die Hilfe eines Anwalts, wenn sie gerichtliche Maßnahmen (Umgangs- und Kontaktverbot nach § 1666 BGB, Strafanzeige) gegen ihn einleiten wollen. Ist der Täter aber ein mit dem Kind zusammenlebender Familienangehöriger, so wird die Lage komplizierter. Allgemeine Erfahrung ist, dass Missbrauch nicht endet, solange Täter und Opfer räumlich zusammenbleiben. Selbst wenn der Täter geständig ist und eine Therapie aufnimmt, scheint ihm das Ablassen von den Handlungen meistens nicht zu gelingen, solange er noch mit dem Opfer zusammenlebt.

Ist die Mutter bereit, sich vom Täter zu trennen (und ist er ihr Ehemann), so kann sie gemäß § 1361 b BGB (mit Beistand durch eine Anwältin) beim Familiengericht beantragen, dass der Ehemann die Wohnung zu räumen hat und sie nicht wieder betreten darf. Ist der Täter der Vater, so kann die Mutter beim Familiengericht die Übertragung der elterlichen Sorge (oder zunächst des Aufenthaltsbestimmungsrechts) auf sich (§ 1671 BGB) und den Ausschluss des väterlichen Umgangsrechts beantragen (§ 1684 Abs. 4 BGB). Da nach der Aufdeckung des Missbrauchs Eile geboten ist (der Vater könnte sonst Kind und Mutter unter starken Druck setzen), sollten sowohl für die Übertragung des Sorgerechts als auch für die Zuweisung der Ehewohnung Anträge auf einstweilige Anordnung gestellt werden. Besteht die begründete Befürchtung, dass der Vater trotzdem den Kontakt zu dem Kind suchen wird (z. B. indem er vor der Schule auf es wartet), so kann beim Landgericht ein Antrag auf Verbot der Kontaktaufnahme (mit Androhung eines Ordnungsgeldes) gestellt werden. Für diesen Antrag besteht Anwaltszwang.

Ist die Mutter nicht bereit, sich vom Täter zu trennen, so kann davon ausgegangen werden, dass sie das Kind nicht wirksam schützen kann oder will. In einem solchen Fall liegen die Voraussetzungen des § 1666 BGB vor und die Anrufung des Familiengerichts ist angezeigt. Ist der Täter der Lebensgefährte der Mutter, so kann das Familiengericht gegen ihn als „Dritten" ein Umgangs- und Kontaktverbot aussprechen (ausführlich dazu Marquardt 1995).

Es muss vom Jugendamt in allen diesen Fällen auch geprüft werden, ob Geschwister ebenfalls gefährdet sind, denn häufig werden innerfamiliär mehrere Kinder missbraucht, oder es besteht die Gefahr, dass ein bisher verschontes Kind die Rolle des herausgenommenen übernehmen muss.

Eine nicht leicht zu beantwortende Frage ist, *ab welchem Grad an Gewissheit über das Vorliegen eines anhaltenden Missbrauchs ein Jugendamt das Familiengericht anrufen sollte.* Grundsätzlich gibt es vier Entscheidungsmöglichkeiten, von denen zwei richtig und zwei falsch sind:

1. Das Kind ist nicht missbraucht, und es erfolgt auch kein Eingriff (richtige Entscheidung).
2. Das Kind ist missbraucht, und es erfolgt kein Eingriff (falsche Entscheidung).
3. Das Kind ist nicht missbraucht, und es erfolgt ein Eingriff (falsche Entscheidung).
4. Das Kind ist missbraucht, und es erfolgt ein Eingriff (richtige Entscheidung).

Tab. 3: Entscheidungslogik für Eingriffsmaßnahmen

		Missbrauch	
		liegt **nicht** vor	liegt vor
Eingriff	erfolgt **nicht**	Fall 1	Fall 2
	erfolgt	Fall 3	Fall 4

Es gilt also nach Möglichkeit, beide Fehler zu vermeiden. Dies ist aber bei einer nicht völlig eindeutigen Lage, wie sie hier häufig anzutreffen ist, nicht immer möglich. Beide Fehler können ernsthafte negative Konsequenzen haben. Wird beim Vorliegen eines Missbrauchs ein Eingriff unterlassen, so bleibt das Kind unter Bedingungen, die seine Persönlichkeitsentwicklung erheblich beeinträchtigen. Wird dagegen ohne das Vorliegen eines Missbrauchs eingegriffen, so sind die Rechte der Eltern verletzt, und dem Kind wird eine Familie genommen, die es andernfalls in seiner Persönlichkeitsentwicklung vielleicht sogar hinreichend gefördert hätte.

Grundsätzlich erscheint mir der erstgenannte Fehler – ein missbrauchtes Kind im Missbrauchsmilieu zu belassen – der gefährlichere zu sein. Das Jugendamt müsste also bestrebt sein, ihn zu vermeiden, was zugleich bedeutet, dass es etwas stärker riskieren müsste, einen Fehler der zweiten Art zu machen, also den, das Familiengericht irrtümlich anzurufen.

Gegen beide Fehler müssen nach bestem Wissen Vorkehrungen getroffen werden. Das heißt, beide Hypothesen – Missbrauch liegt vor/liegt nicht vor – unvoreingenommen und sorgfältig zu prüfen. Die Gefahr, fälschlich einen Missbrauch anzunehmen, ist, wie dargelegt, gering, wenn das Mädchen oder der Junge darüber gesprochen hat. Sie ist größer, wenn sich die Vermutung allein auf Verhaltensstörungen des Kindes oder körperliche Anzeichen gründet, denn diese können, wie dargestellt, mehrdeutig sein. Sind diese Hinweise von der oben beschriebenen eher typischen Art – z. B. sexualisiertes Verhalten, sexuell übertragene Krankheiten, spezifische Infektionen (insbesondere Pilz- und Parasiteninfektionen) –, so kann man die Wahrscheinlichkeit des Vorliegens eines Missbrauchs um so höher ansetzen, je mehr Einzelheiten miteinander kombiniert sind, und in je spezifischerer Weise sie es sind. Zeigen sich zwar unspezifische aber sehr gravierende Verhaltensstörungen oder gesundheitliche Beeinträchtigungen, für die man keine andere Erklärung findet, so mag die Ursachenzuschreibung irrtümlich sein. Statt des vermuteten sexuellen Missbrauchs liegt vielleicht eine emotionale Misshandlung oder Vernachlässigung vor. Man hätte aber dennoch Anlass zum Eingreifen, denn die Verhaltensauffälligkeiten würden anzeigen, dass das Kind unter Bedingungen lebt, die seinem Wohl nicht dienlich sind. Das Jugendamt wäre dann berechtigt, wenn auch mit (noch nicht erkannter) falscher Begründung, das Familiengericht anzurufen.

Hat jedoch das Kind weder über einen Missbrauch gesprochen noch spezifische Hinweise gegeben noch deutliche Anzeichen von Beeinträchtigung gezeigt, so sollte unbedingt versucht werden, den Verdacht noch besser abzuklären, ehe das Familiengericht angerufen wird. Die Entscheidung über rechtliche Konsequenzen liegt zwar beim Familiengericht, und es hat eine eigene Aufklärungspflicht. Dennoch muss eine ungerechtfertigte, weil ungenügend vorbereitete Anrufung vor allem im Interesse des Kindes und seiner Familie unterbleiben.

Die Frage, ob den Eltern/der Mutter eine Strafanzeige zu empfehlen ist, soll hier nicht erörtert werden (siehe dazu Marquardt 1995). Die Entscheidung sollte nicht ohne anwaltschaftlichen Beistand erfolgen, denn der Anwalt muss vor der Anzeige die Beweislage und die Aussagebereitschaft des Kindes vor Gericht abklären. Eine Gerichtsverhandlung ist für ein Kind oder einen Jugendlichen, wie oben dargelegt, nicht leicht zu ertragen, obwohl ihm durch fachkundigen Beistand das Auftreten sehr erleichtert werden kann. Wird ihm geglaubt, so kann die Verurteilung des Täters seinen Wunsch nach Gerechtigkeit befriedigen und letztlich zur Bewältigung der Ereignisse beitragen. Wird seine Aussage jedoch für unglaubwürdig gehalten, so kann dies eine neue schlimme Verletzung seiner Gefühle mit sich bringen. Kommt es zur Strafanzeige und ist der „Personalbeweis", also die Aussage des Kindes vor Gericht, das einzige Beweismittel, so wird der Richter sein Urteil häufig dadurch absichern wollen, dass er einen Sachverständigen mit einer Glaubwürdigkeitsuntersuchung beauftragt.[25] In der Re-

---

25 Das OLG Düsseldorf (ZfJ 81 1994, 290-291) hat der Revision einer Nebenklägerin stattgegeben, weil ein Richter eines Landgerichtes in einem Sexualstrafprozess keinen (psychologischen) Sachverständigen zur Beurteilung der Glaubwürdigkeit der

gel ist der Sachverständige ein Psychologe/eine Psychologin. Ein Psychiater wird hinzugezogen, wenn die Vermutung einer psychiatrischen Erkrankung oder einer geistigen Behinderung besteht.

Die Erstellung eines Glaubwürdigkeitsgutachtens
Die Beurteilung der Glaubhaftigkeit der Aussage obliegt also nicht dem Sozialarbeiter. Dennoch ist es nützlich, wenn eine soziale Fachkraft weiß, wie eine solche Glaubwürdigkeitsbegutachtung vonstatten geht, so dass sie die Eltern richtig beraten kann. Das Verfahren soll deshalb hier kurz dargestellt werden.

Der Psychologe wird die Aussage des Kindes oder des/der Jugendlichen anhand bestimmter Kriterien analysieren, das Aussageverhalten betrachten, mögliche Motive zu einer Falschbezichtigung überprüfen und Auffassungs-, Erinnerungs- und Wiedergabefähigkeit untersuchen (eine grundlegende sehr ausführliche Darstellung gibt Undeutsch 1967; ähnlich Arntzen 1983; Steller/Köhnken 1989; Fegert 1993).

1. Die Analyse der Aussage:
Sie richtet sich auf objektive Merkmale des Dargestellten. Ablauf und Einzelheiten der Handlungen werden auf psychologische Stimmigkeit hin untersucht. Kennzeichen wahrheitsgemäßer Bekundungen können nach Undeutsch (1967) sein:

a) *Widerspruchslosigkeit zu anderweitig feststehenden Tatsachen* (Konnte der Beschuldigte überhaupt zu diesem Zeitpunkt an diesem Ort sein? Sind die geschilderten Handlungen rein anatomisch/physiologisch möglich?).

b) *Realistik und Wirklichkeitsnähe der Schilderung* (die allerdings nicht nur mit dem gesunden Menschenverstand beurteilt werden dürfen, sondern auf der Grundlage fundierten Wissens auch über normabweichendes Sexualverhalten analysiert werden müssen).

c) *Schilderung des äußeren Tathergangs gekennzeichnet durch Konkretheit, Anschaulichkeit, Originalität und individuelle Durchzeichnung.* Letzteres lässt sich daran erkennen, dass das Kind scheinbar Nebensächliches erzählt, dessen Bedeutung ihm oft gar nicht klar ist, das aber bei einer erfundenen Beschuldigung schwerlich hinzugedacht worden wäre. Besonders aufschlussreich sind Aussagen über den Beginn der Handlungen, weil gerade jüngere Kinder die einleitenden Tätigkeiten in ihrer Motivation überhaupt nicht durchschauen. Beispiele:[26] Ein zehnjähriges Mädchen erzählt, der Beschuldigte habe ihr bei einer Familienfeier beim Anziehen der

---

Zeugin heranzog, den Angeklagten aber wegen Zweifeln an deren Glaubwürdigkeit freisprach. Wenn ohne eine derartige Untersuchung der Fall nicht ausreichend aufgeklärt werden kann, muss sie demnach durchgeführt werden.

26 Alle hier genannten Beispiele stammen aus Glaubwürdigkeitsbegutachtungen, die ich durchgeführt habe.

Strumpfhose geholfen, weil sie einen Gipsfuß hatte, und ihr dabei ans Genitale gefasst. An demselben Tag habe er ihr auch beim Auswaschen eines Soßenflecks aus ihrem weißen Kleid geholfen und dabei die Handlung wiederholt. Später habe er die immer weiter gehenden sexuellen Handlungen in einer Abstellkammer, in der ein Sofa mit dem Rücken zur Tür gestanden habe, begangen. Auch die Darstellungen variabler und ausgeklügelter Vorsichtsmaßnahmen der Täter gegen eine Entdeckung der Handlung und ihrer möglichen Spuren geben oft sehr gute Aufschlüsse. Bei wahrheitsgemäßen Aussagen sind diese Vorsichtsmaßnahmen sehr genau den räumlichen Bedingungen und den Verhaltensgewohnheiten der Familie angepasst. Hat sich ein Kind eine falsche Beschuldigung ausgedacht, würde es auf derartige Einzelheiten nicht kommen.

d) *Innere Stimmigkeit und Folgerichtigkeit:* Oft beginnen Handlungen scheinbar harmlos, wie zufällig, und sehr vorsichtig. Im Laufe der Zeit werden die Täter sich aber ihrer Sache immer sicherer und entsprechend unvorsichtiger. In diesen Situationen kommt es auch nicht selten zu Beinahe-Entdeckungen, über die die Kinder berichten.

e) Die Handlungen haben einen *Bezug zu den Lebensumständen des Opfers und des Täters*, passen sich ein. Ein elfjähriges Mädchen berichtete z. B., dass der Täter, ein selbständiger Handwerker, mit ihm häufig in seiner Mittagspause, die er auf die Zeit nach dem Schulschluss gelegt hatte, in den Keller gegangen sei. Da sie in demselben Haus lebten, hatte niemand Verdacht geschöpft. Einige Mädchen gaben an, dass der Täter die berufs- oder krankheitsbedingte Abwesenheit der Mutter ausgenutzt habe. Ein sechsjähriges Mädchen wurde während einer Erkrankung von einem im Haus lebenden Nachbarn betreut und dabei nach seinen Aussagen sexuell berührt.

f) Das Kind berichtet von *eigenen psychischen Vorgängen*, die es in den Situationen erlebte, z. B. Verwunderung, Erschrecken, Neugier, Angst oder Scham.

g) *Die Veränderung der Einstellung zum Täter* wird dargelegt („Früher hatte ich ihn gern, aber jetzt nicht mehr, weil er das gemacht hat.")

h) Das Kind *verbessert seine Aussage spontan oder bei späteren Befragungen*, weil etwas klarer in seiner Erinnerung wieder auftaucht, oder weil es weitergehende Äußerungen wagt. („Das ist mir jetzt erst wieder eingefallen." „Er hat mich auch geküsst. Bei der Polizei habe ich mich nicht getraut, das zu sagen, weil meine Mutter gesagt hat, Kindern glauben die sowieso nicht".)

i) *Missglückte Handlungen*, Auftreten unvorhergesehener Schwierigkeiten, Überraschtwerden. („Einmal kam er nicht, obwohl er kommen wollte. Hinterher sagte er mir, er hätte das Fahrrad meiner Mutter im Schuppen stehen sehen und deshalb gewusst, dass ich nicht allein war"). Gerade fragmentarische Handlungen treten gewöhnlich nicht in Wunschphantasien auf.

j) *Konstanz der Aussage über mehrere Befragungen hinweg.* Dieses Kriterium gibt in der Praxis oft Anlass zu Missverständnissen. Konstant muss nur die Kernaussage bleiben. Veränderungen in den Details und in Nebensächlichkeiten sind zu erwarten. Änderungen bei diesen unwichtigen Angaben werden aber von Verteidigern und Richtern oft fälschlich zum Anlass genommen, an der ganzen Aussage zu zweifeln. Es muss bedacht werden, dass Kinder vor Gericht sehr verwirrt werden können, wenn sie mit früheren abweichenden Detailangaben beharrlich und nicht selten unfreundlich konfrontiert werden. Beispielsweise irritierte ein Richter eine geistig behinderte Zeugin mit der Frage: „Hat er die Autotür auf deiner Seite von innen oder außen aufgemacht?" oder: Ein zwölfjähriges Mädchen sollte angeben, ob in dem Raum, in dem die Handlungen jahrelang stattgefunden hatten, beim ersten Mal ein bestimmter Tisch rechts oder links gestanden hatte.

2. Die Geschichte der Aussage

Sie liefert Hinweise auf ihre Glaubhaftigkeit. Wem gegenüber die Aussage unter welchen Umständen auf welche Weise zum ersten Mal getätigt wurde, wie sie sich im Lauf der Zeit verändert, ist zu analysieren. Wenn ein Kind zur psychologischen Exploration kommt, ist es bereits von der Mutter/den Eltern und der Polizei befragt worden, manchmal auch vom Ermittlungsrichter. Nicht selten erweitert sich die Aussage von Mal zu Mal, d. h. es werden weitere Begebenheiten oder Details berichtet. Das spricht häufig eher für die Glaubhaftigkeit der Aussage, denn es zeigt, dass das Kind allmählich seine Scham, über die Vorgänge zu sprechen, überwinden kann, und außerdem auch dafür, dass es seine Erinnerung noch genauer durchsucht hat. Es kann aber auch ein Zeichen dafür sein, dass dem Kind Aussagen von Erwachsenen suggeriert wurden (vgl. die folgenden Ausführungen zur Suggestibilität unter Ziff. 5 b).

Eine Zurücknahme der Aussage muss ebenfalls analysiert werden. Oft wird ein Kind nach den ersten Äußerungen von seiner Familie stark unter Druck gesetzt, insbesondere wenn der Beschuldigte der Ernährer der Familie ist. Unter dem Eindruck der Drohungen und der erlebten Einbußen (Geld, Ansehen) bezichtigt sich das Kind dann manchmal selbst einer falschen Anschuldigung. Der Widerruf der ursprünglichen Aussage oder – falls der Beschuldigte ein Verwandter des Kindes ist – die in diesem Falle zulässige Verweigerung der Aussage bei Gericht bedeutet aber in vielen Fällen nicht, dass die ganze Geschichte erlogen war.

3. Das Aussageverhalten

Gesichts- und Körperausdruck, Art des Sprechens oder Klang der Sprache können dem in der Beobachtung geübten Psychologen Hinweise geben. Häufig erlebt man, dass ein Kind, das zunächst über neutrale Gegebenheiten offen und locker erzählt hat, verstummt und sich erkennbar schrecklich quält, das für es Unaussprechliche über die Lippen zu bringen. Manche Kinder beginnen zu weinen, andere zu flüstern und sehr stockend zu berichten. An derartigen Verhaltensweisen wird deutlich, dass das Kind nicht leichtfertig mit etwas Erdachtem „protzt" oder „Rache nimmt", wie manchmal behauptet wird. Einige Kinder beginnen, wenn sie ihre ersten Hemmungen überwunden haben, zunehmend offener zu sprechen, und man gewinnt manchmal den Eindruck, dass die Preisgabe sie erleichtert. Dass dieses vorkommen kann, nehmen einige Befrager zum Anlass, dem Kind zu versprechen, es werde sich viel besser fühlen und keine Probleme mehr haben, wenn es nur endlich aussagen werde (vgl. die Protokolle im „Wee-Care"-Kindergartenprozess bei Ceci/Bruck 1993). Das ist unredlich, denn es kann durchaus sein, dass das Kind nach anfänglicher Erleichterung später vermehrt Scham- und Schuldgefühle entwickelt oder vom Umfeld negative Reaktionen zu spüren bekommt. Darüber hinaus wird überprüft, ob die Sprache in Wortwahl und Darstellungsform dem Alter, Intelligenzniveau und Bildungsstand des Kindes entspricht.

4. Die Motivlage

Es wird ferner untersucht, ob Motive vorliegen, einen Menschen zu Unrecht zu belasten. In Scheidungsprozessen wird manchmal der Verdacht geäußert, ein Elternteil wolle sich dadurch einen Vorteil bei der Regelung des Sorgerechts einhandeln, dass er das Kind zu einer Falschaussage animiere. Hier kann aber nur der Ansicht von Undeutsch (1967) zugestimmt werden, dass dies eine nahezu unvorstellbare Gewissenlosigkeit bei jenem Elternteil voraussetzen würde. Ein Kind würde sich auch heftig dagegen sträuben, sich derartiges „anhängen" zu lassen, denn es müsste sich dann damit einverstanden erklären, sich als Beteiligter einer hochtabuisierten Handlung darzustellen. Außerdem würde das Kind eine solche Instruktion in leicht durchschaubarer Weise vortragen. Verzerrungen können allerdings dadurch zustande kommen, dass das Kind oder der Jugendliche die eigene Gegenwehr als stärker darstellt, als sie war, so dass Gewaltanwendung angenommen wird, die in dieser Form nicht bestand. Eine solche Veränderung von Einzeldetails kann in der Furcht begründet liegen, wegen einer eventuell vorhandenen Bereitschaft zur Teilnahme von den Eltern und dem weiteren Umfeld getadelt und verachtet zu werden, spricht aber eigentlich dafür, dass etwas vorgefallen ist, dessen sich das Kind schämt. Das Motiv, sich selbst oder den wahren Täter zu schützen, kann eventuell bei einer Schwangerschaft oder bei der Aufdeckung einer sexuellen Beziehung z. B. durch die Mutter Grund dafür sein, dass ein *anderer* als der wahre Missbraucher genannt wird. Dies dürfte aber äußerst selten vorkommen.

Vor allem aber können fälschliche Beschuldigungen dadurch zustande kommen, dass insbesondere kleinere (Vorschul-)Kinder zu drängend und suggestiv von Eltern oder anderen vernehmenden Personen befragt werden, wie dies in dem bekannt gewordenen Fall der Erzieherin im „Wee-Care"-

Kindergarten offenbar stattgefunden hat. Kleine Kinder können die Bejahung einer sehr suggestiv vorgetragenen Frage als Akt des Gehorsams gegenüber der Autorität betrachten, wenn sie glauben, die Bejahung werde unbedingt von ihnen erwartet.

Häufiger finden sich Motive, den Täter zu entlasten, vor allem, wenn es sich um ein Familienmitglied handelt. Zum Beispiel kann dem Kind daran gelegen sein, sich seine Familie zu erhalten. Aus Scham über die eigene Beteiligung werden viele Vorkommnisse niemals erzählt, oder es wird nur ein kleiner Teil dessen, was wirklich geschehen ist, berichtet (Undeutsch 1967; Enders 1995).

5. Kognitive Fähigkeiten

a) Erinnerungsfähigkeit

Da man die Aussage als eine kognitive Leistung, die der Aussagende erbringt, betrachten kann, ist es auch möglich zu untersuchen, ob der Aussagende von seinen kognitiven Fähigkeiten her unter Berücksichtigung situativer Faktoren überhaupt in der Lage erscheint, eine korrekte Angabe zu machen. Es wird also analysiert, ob die objektiven Umstände eine entsprechende Beobachtung oder Erfahrung überhaupt zuließen, wie die Erinnerungsfähigkeit des Betreffenden beschaffen ist und in welchem Verhältnis sie zur inzwischen verflossenen Zeit steht. Gedächtnisinhalte gehen bekanntlich mit der Zeit zum Teil verloren. Ob emotional stark ansprechende (insbesondere negative) Ereignisse genauer wahrgenommen und besser im Gedächtnis behalten werden als neutrale oder eher schlechter, ist umstritten. Christianson (1992) zeigt in einem Review auf, dass zwar sehr viele empirische Untersuchungen zu dieser Frage durchgeführt wurden, die Ergebnisse aber nach wie vor widersprüchlich sind. Es handelt sich offensichtlich um eine komplexe Angelegenheit, in der viele Merkmale eine Rolle spielen, z. B. Art des Ereignisses, Art der Detailinformation, die abgefragt wird, Zeit des Tests und Art der Abfrage. Zentrale und emotional sehr bedeutende Kernpunkte werden gut behalten. Ereignisse, die dem Erlebnis voraus- oder nachgingen, sowie unwichtigere Randdetails werden weniger genau erinnert, insbesondere wenn sie gleich nach dem traumatischen Ereignis abgefragt werden. Sie können jedoch später langsam ins Gedächtnis zurückkommen, besonders wenn dieser Wiederfindungsprozess verständnisvoll unterstützt wird. (Dies mag die schrittweise Erweiterung von Aussagen, insbesondere in der Befragung durch den Sachverständigen, teilweise erklären).

b) Suggestibilität

Die Frage der Suggestibilität von Kindern hat nicht zuletzt wegen der publik gewordenen Fälle falscher Anschuldigungen durch Kinder in den letzten Jahren erneut die Beachtung von Forschern gefunden. Ceci/Bruck (1993) geben eine zusammenfassende Darstellung der Ergebnisse von achtzehn neueren Untersuchungen zu dieser Frage. Dabei zeigt sich, dass Kinder – wie Erwachsene auch – durchaus suggestibel sind. Sie sind es um so mehr, je jünger sie sind (83 % der Studien zeigten dieses Ergebnis, 17 % nicht). Insbesondere Kindern im Vorschulalter kann also von Erwachsenen eine falsche Aussage eingeredet werden. Ob dies geschieht und in welchem Ausmaß, hängt ab von der Art der Befragung, von Merkmalen des Kindes und von der Art der Befrager-Kind-Interaktion. Verwendet ein Interviewer viele Suggestivfragen – und ungeübte tun dies deutlich häufiger als geübte –, so erhöht sich die Zahl der Antworten, die in die Richtung der Suggestion gehen. Bei einer freundlichen, das Kind nicht unter Druck setzenden Befragung sind falsche Antworten seltener als bei einer das Kind bedrohenden und belastenden Befragung.

Jüngere (Vorschul-)Kinder sind aus den folgenden Gründen suggestibler als ältere (Schul-)Kinder und als Erwachsene: Sie verfügen über eine geringere Gedächtniskapazität, so dass Suggestionen die ursprüngliche Gedächtnisspur überschreiben oder unauffindbar machen können, oder den Kindern „helfen", Gedächtnislücken zu füllen. Sie haben größere Probleme, die Sprache von Suggestivfragen richtig zu verstehen (z. B. „Berührte er auch deine Intimzone?") und antworten in einem solchen Fall eher mit „ja" (Bejahungstendenz). Wissen über eine Sache vermindert die Suggestibilität, weil das Kind einzelne Handlungsschritte besser einordnen kann. Vorschulkinder tun sich schwerer als ältere, Phantasie und Realität auseinander zu halten, wenn ihnen von Erwachsenen eine Phantasievorstellung stark suggeriert wird. Es zeigt sich also, dass kognitive Fähigkeiten und Suggestibilität eng zusammenhängen. Dies muss man auch bei der Befragung geistig behinderter Kinder und Jugendlicher berücksichtigen.

Neben den Gedächtnis- und Denkfähigkeiten der Kinder spielen auch soziale und motivationale Faktoren eine Rolle. In manchen Fällen kann das Kind dem Erwachsenen seine Mitarbeitsbereitschaft dadurch unter Beweis stellen wollen, dass es Suggestionen folgt. Es möchte dessen Erwartungen erfüllen, weil es ihn für eine unanzweifelbare Autorität hält (vgl. dazu die Ausführungen zur sozialen Rollenübernahme in Kap. 6), und so liest es aus der Frage die Erwartung heraus. Wenn ein Erwachsener einem Kind im Laufe einer Befragung die gleiche Frage mehrmals stellt, kann es schließlich glauben, seine ersten Antworten seien falsch gewesen, und deshalb dann neue, aber unrichtige Antworten geben. Wiederholungen von Fragen bei unterschiedlichen Gelegenheiten haben nicht diesen Effekt, sondern können sogar die (richtige) Antwort vollständiger machen.

In dem oben genannten Fall der zu Unrecht beschuldigten Kindergärtnerin war es, wie man den Protokollen entnehmen kann, so, dass die Kinder unbarmherzig ständigen, teilweise bedrohlichen, teilweise verführerischen und irreführenden Befragungen von Erwachsenen ausgesetzt waren, die alle nicht an der Schuld der jungen Frau zweifelten und diese unbedingt mit Hilfe der Kinder beweisen wollten, möglicherweise, weil sie selbst der vielfach über die Medien gelieferten Suggestion von der Allgegenwärtigkeit des Missbrauchs erlegen waren.

Ceci/Bruck (1993) ziehen aus ihrer Zusammenstellung der Ergebnisse der Suggestibilitätsforschung aber nicht den Schluss, dass kleine Kinder nicht wahrheitsgemäß vor Gericht aussagen können. Sie folgern lediglich (wie es Undeutsch bereits 1967 getan hat), dass man zur Beurteilung der Glaubhaftigkeit einer Aussage wissen muss, unter welchen Umständen das Kind seine erste Aussage machte, was ihm von Erwachsenen davor und danach gesagt wurde, bzw. welche Hypothesen die Erwachsenen hatten, und wie oft das Kind schon befragt wurde. Wenn alle eben dargestellten negativen Beeinflussungsfaktoren bei der Befragung vermieden werden, kann auch ein kleines Kind ein Zeuge sein, auf dessen Aussage man vertrauen darf.

5.3 Hilfen für gefährdete Kinder und ihre Familien

Es ist deutlich geworden, dass die misshandelten, vernachlässigten und missbrauchten Kinder, von denen hier die Rede war, auf besseren Schutz und ihre Eltern auf Unterstützung von außen angewiesen sind. Die Hilfsangebote müssen in aller Regel auf mehreren Ebenen ansetzen. Hilfen zur Erziehung gemäß §§ 27 ff. KJHG können das Eltern-Kind-Verhältnis entlasten. Daneben ist die ständige, Tag und Nacht abrufbare Bereitschaft zur *Krisenintervention* wichtig. Dazu kann auch die Bereitstellung einer *kurzfristigen außerhäuslichen Unterbringung* des bedrohten Kindes gehören – zu seinem Schutz und zur emotionalen Entlastung der ganzen Familie. Erfahrungen amerikanischer Hilfsprojekte[27] zeigen, dass Unterstützungsmaßnahmen dann Erfolg versprechen, wenn sie entweder intensiv und allezeit verfügbar sind, oder wenn sie sehr früh und gezielt als niedrigschwellige Angebote an junge Familien vorgesehen sind. Gleichzeitig muss vermieden werden, die Familie völlig zu kontrollieren oder sie zu entmündigen. Ihre Stärken müssen anerkannt und genutzt werden, und die Unterstützung darf nicht dazu führen, dass die Familie sich ihr nunmehr nur noch passiv überlässt (vgl. dazu die ausführlichen Darstellungen des Kinderschutz-Zentrums Berlin 2000 und von Blum-Maurice 2005).

Weitere Voraussetzungen einer wirkungsvollen Hilfe sind:
- aktives Zugehen auf die Familie
- mit der Familie gemeinsam erarbeitete Ziele, Arbeitsaufträge und -schritte, die von beiden Seiten als verbindlich betrachtet werden
- Behandlung der Eltern als Menschen, die Verantwortung für ihre Kinder übernehmen müssen und können (Übernahme parentaler Funktionen)

---

27 Zum Beispiel das Family Service Center in Anchorage und das „Homebuilders"-Projekt der City University of New York; deren Konzepte werden auch in den Niederlanden erprobt (vgl. Blum-Maurice 1997, 195 ff.)

- Setzung eines eindeutigen Rahmens und einer klaren Struktur
- zeitliche Begrenzung des Angebots
- Freiwilligkeit der Annahme des Angebots
- Überprüfung der Einhaltung der Vereinbarungen
(vgl. Hutz 1996, Zenz 1996).

Die folgenden Angebote müssen möglich sein:

a) Begleitung

Gewaltprobleme in einer Familie sind nicht durch kurzfristige Interventionen zu lösen. Die Familien brauchen ein jahrelanges „In-der-Nähe-Sein" des Menschen, auf dessen Hilfsangebote sie sich eingelassen haben. Sie können Verlassenwerden sehr schwer verkraften, denn dies ist oft ein zentrales Lebensproblem für sie. Wenn eine Fachkraft absieht, dass sie diesen langwährenden Begleitungsprozess nicht sicherstellen kann, sollte sie die Arbeit mit der Familie gar nicht erst beginnen, sondern sie einem Kollegen übertragen, der absehbar lange genug zur Verfügung steht. Die Begleitung besteht zum einen in Beratungs- und Informationsvermittlung bei auftretenden Fragen (z. B. Entwicklung von Kindern, Kindererziehung, Verhaltensstörungen der Kinder). Zum anderen gehört dazu die psychische Unterstützung der Eltern und des Kindes wie z. B. Hilfestellung bei der Klärung von Gefühlen, der Verarbeitung aufwühlender Erlebnisse oder bei Entscheidungsunsicherheiten (Koers 1982).

b) Krisenintervention

Kennt eine Fachkraft die Familie schon längere Zeit, wird sie die ersten Anzeichen einer neuen Krise wahrnehmen können. Aus den Erfahrungen, die sie mit der Familie in früheren Krisensituationen gemacht hat, kann sie herleiten, wann der richtige Zeitpunkt zum Handeln gekommen ist, und welche Art der Hilfe dieser Familie über die Krise hinweghelfen wird, wie z. B. kurzfristig angebotene Gespräche, Hausbesuche, ausführliche telefonische Beratung. Zusammen mit der Familie und danach auch mit der Helferkonferenz muss geplant werden, wie die Sicherheit des Kindes hergestellt und die Situation wieder bereinigt werden kann. Man sollte der Familie raten, in einer akuten Krise keine weitreichenden Entscheidungen (wie Ehescheidung oder Sorgerechtsentzug) zu treffen, sondern damit zu warten, bis wieder eine gewisse Ruhe und damit Überlegungsmöglichkeiten eingekehrt sind.

c) Unterstützung durch andere Institutionen

In bestimmten Fällen kann der Schutz von Kindern und Jugendlichen nicht oder nicht allein durch Maßnahmen des Jugendamtes sichergestellt werden, sondern bedarf der Ergänzung durch das Aktivwerden anderer Institutionen. Das Jugendamt muss die Eltern auf diese Hilfemöglichkeiten aufmerksam machen und in der Beratung darauf dringen, dass sie diese nutzen. Als in

Frage kommende Institutionen nennt § 8 a Abs. 4 KJHG andere Leistungsträger, die Einrichtungen der Gesundheitshilfe und die Polizei.

Für die Unterstützungsmöglichkeiten *anderer Leistungsträger* ist insbesondere auf die Leistungen nach §§ 18–29 SGB I zu verweisen, von denen je nach Lage des Einzelfalles an diejenigen des Sozialhilfeträgers, der Bundesagentur für Arbeit, der gesetzlichen Krankenversicherung sowie an Kindergeld, Erziehungsgeld, Wohngeld oder Leistungen zur Rehabilitation und Teilhabe behinderter Menschen zu denken ist. *Materielle Unterstützung und Hilfe bei der Wohnungs- und Arbeitsbeschaffung* sind insofern besonders wichtig, als die Gefahr von Kindesmisshandlung und -vernachlässigung, wie gezeigt wurde, insbesondere unter den Bedingungen von Armut, ungenügendem Wohnraum und Arbeitslosigkeit wächst. Von den Leistungen der gesetzlichen Krankenversicherung sind häusliche Krankenpflege, Hebammenhilfe, Haushaltshilfe von Bedeutung, die einer Vernachlässigung der Kinder infolge der Erkrankung des sie (sonst) versorgenden Elternteils entgegenwirken können (insbesondere dann, wenn dieser allein erziehend ist), ferner Psychotherapie, falls die ungünstige Persönlichkeitsentwicklung eines Elternteils (Mit-)Ursache der Kindeswohlgefährdung ist.

Der für Problemfamilien typischen sozialen Isolierung kann durch die Vermittlung *familienexterner Unterstützungssysteme* wie kirchlicher Gruppen, Vereine, Selbsthilfegruppen etc. entgegengewirkt werden, dem Mangel an Beaufsichtigung von Kindern durch die Betreuungsmöglichkeiten der *Schulen*. Mitunter wird es wichtig sein, über Stellen, die Hilfen für Opfer oder Täter anbieten, zu informieren (z. B. Kinderschutz-Zentrum, Kinderschutzbund, Beratungsstellen für missbrauchte Kinder oder misshandelte Frauen, soziale Trainingskurse für gewalttätige Männer, Weißer Ring). Zur Gefährdungsprophylaxe durch *Einrichtungen der Gesundheitshilfe* gehören medizinische Beratung und Behandlung, z. B. bei Ernährungsmängeln oder Verletzungen von Kindern, psychischer Erkrankung eines Elternteils wie Psychose, schwerer Depression und Suchtkrankung oder bei Psychotraumatisierung eines Familienmitglieds. Die *Polizei* greift z. B. ein bei häuslicher Gewalt (Streitschlichtung, Ingewahrsamnahme, Platzverweis, evtl. Ermittlungstätigkeit zwecks Strafverfolgung), bei Straftaten und bei Suizidversuchen Jugendlicher, bei Vermisstmeldungen (Entlaufen von Kindern und Jugendlichen) sowie im Rahmen des gesetzlichen Jugendschutzes und des erzieherischen Jugendschutzes (Habe 2004; Kay 2005).

d) Elterntraining

Kurse für Eltern, wie z. B. „Starke Eltern –starke Kinder" (Deutscher Kinderschutzbund), „Triple P" (Kuschel et al. 2000) oder das Erlangen-Nürnberger Erziehungskompetenz-Training (Bender/Lösel 2005) zielen auf ein besseres Wissen über kindliche Bedürfnisse und Entwicklungsschritte und eine angemessenere Art des Umgangs mit dem Kind. Sie können sowohl primär präventiv (als allgemeine Angebote im Stadtteil) als auch zur sekundären Prävention (für Gruppen auffällig gewordener Familien) angeboten werden und erhöhen ihre Wirkung, wenn sie von entsprechenden Kursen für die Kinder begleitet werden (z. B. PEP: Döpfner 2002).[28]

e) Therapie

Ziel einer Therapie kann es sein, das beschädigte Selbstwertgefühl zu stärken, Ängste, depressive Verstimmung, Wut- und Schuldgefühle abzubauen und emotionale Mangelsituationen auszugleichen. Dies kann mit Hilfe der personenzentrierten Therapie gelingen, die als weniger angsterregend als andere Therapien empfunden wird. Auch kognitive Verhaltenstherapie, die vor allem hilft, Wahrnehmungsverzerrungen abzubauen, kann günstig sein. Ob Familientherapie und konfliktaufdeckende Verfahren in Frage kommen, muss besonders sorgfältig überprüft werden, denn sie stellen hohe Anforderungen an die Belastbarkeit der Teilnehmer. Den Kindern kann eine Spieltherapie helfen, die psychischen Verletzungen zu bewältigen.

f) Abwehr einer unmittelbaren Gefahr

Da nicht in allen Fällen, in denen das Handeln anderer Stellen erforderlich ist, die Mitwirkungsbereitschaft der Personensorgeberechtigten erreicht werden kann, eröffnete der Gesetzgeber dem Jugendamt mit § 8a Abs. 4 KJHG die Möglichkeit, mit diesen Stellen selbst Kontakt aufzunehmen. Die Berechtigung und Verpflichtung dazu besitzt es dann, wenn zur Gefahrenabwehr sofort gehandelt werden muss, eine entsprechende Weisung des Gerichts an die Eltern also nicht abgewartet werden kann. Zum Beispiel kann die Hinzuziehung eines Arztes bei Verletzung oder Missbrauch des Kindes dringend erforderlich sein oder die Einweisung eines akut suizidgefährdeten oder für andere gefährlichen psychisch kranken Elternteils in eine psychiatrische Klinik nach dem Unterbringungsgesetz eines Landes (Ansprechpartner ist hier die untere Verwaltungsbehörde, den den Amtsarzt mit der Erstellung eines Gutachtens beauftragen muss). Die Begleitung durch die Polizei kann notwendig werden, wenn zur Erfüllung der Aufgabe des Jugendamtes die Anwendung unmittelbaren Zwanges nicht zu umgehen ist wie u. U. beim Erfordernis der Wegnahme eines Kindes von den Eltern nach § 42 KJHG (z. B. bei gravierender Vernachlässigung eines Säuglings) oder zur Durchsetzung eines Herausgabebeschlusses des Familiengerichts durch einen Gerichtsvollzieher. Die Datenschutzregelungen des KJHG ebenso wie diejenigen der Polizei erlauben den zur Erfüllung des Schutzauftrages erforderlichen Informationsaustausch. Die ärztliche Schweigepflicht ist, wenn keine Einwilligung erteilt wird, bei rechtfertigendem Notstand (§ 34 StGB) aufgehoben.

---

28 Zu Gruppenangeboten für Kinder misshandelter Frauen siehe z. B. Harnach-Beck 2002

Die *Übermittlung von Sozialdaten an Strafverfolgungsbehörden* ist dann zulässig, wenn damit eine gesetzliche Aufgabe des Jugendamtes erfüllt wird (§ 69 SGB X). Das Jugendamt hat aber *nicht die Pflicht zur Einschaltung der Strafverfolgungsbehörden.* Diese steht *im fachlichen Ermessen* und muss sorgfältig erwogen werden. Eine Strafanzeige kann u. U. dem Schutz des Kindes dienen, sie kann jedoch auch zusätzlichen Schaden anrichten, z. B. indem sie den Zusammenhalt der Familie zerstört. (Zur Frage einer Strafanzeige bei sexuellem Missbrauch s. Kap. 5.2.5.3)

Das Jugendamt kann viel für den Schutz eines Kindes tun. Aber selbst von einer hochengagierten fachlichen Arbeit sind keine Wunder zu erwarten – einen hundertprozentigen Erfolg kann es nicht geben. Es ist nun leider einmal Tatsache, dass misshandelnde, vernachlässigende oder missbrauchende Familien nicht immer bereit sind, sich zu öffnen und Unterstützung anzunehmen. Hilfebedürftigkeit beschämt und macht Angst. Ein tiefes, auf schlechten Erfahrungen gründendes Misstrauen, die Erwartung von Schuldvorwürfen und erneuten Enttäuschungen, Ohnmachtsgefühle und Kränkungen lassen so manches Elternpaar die Tür auch gegenüber wohlmeinenden Helfern verriegeln. Und gelegentlich kommt es auch vor, dass selbst bei scheinbar bereitwillig mitmachenden Familien der Helfer getäuscht wird oder die der Jugendhilfe zur Verfügung stehenden Leistungsmöglichkeiten nicht ausreichen bzw. nicht greifen.

Ist eine Herausnahme des Kindes aus der Familie nicht zu umgehen, so ist die Unterbringung in einer qualifizierten Pflegefamilie die beste Lösung. Die Pflegeeltern müssen darauf vorbereitet sein, einem schwer verstörten und deshalb oft auch störenden Kind in angemessener Weise zu begegnen. Sie müssen in der Lage sein, mit wahrscheinlich auftretenden Misshandlungsfolgen umzugehen wie plötzlich ausbrechender Aggressivität, Rückzugsverhalten, depressiven Verstimmungen, Ängsten, Trauer und Heimweh, Einnässen, Einkoten, Schulproblemen oder psychosomatischen Beschwerden. In einer Pflegefamilie kann die meistens vorhandene starke emotionale Bedürftigkeit eines misshandelten und/oder vernachlässigten Kindes eher befriedigt werden als in einem Heim, in dem das Kind die Zuwendung des Erziehers mit mehreren anderen Kindern teilen muss.

5.4 Die Anrufung des Familiengerichts durch das Jugendamt

> Die Voraussetzungen einer Anrufung des Gerichts und Kriterien für die Gestaltung einer Stellungnahme werden erläutert. Ein Fallbeispiel zeigt die Umsetzung der Vorlage in einen Bericht.

5.4.1 Gesetzliche Grundlagen

Wenn einem Kind Gefahr droht und die Eltern nicht bereit oder fähig sind, eine notwendige Hilfe in Anspruch zu nehmen (z. B. weil sie die Gefahr nicht erkennen, aus Gleichgültigkeit oder aus Angst vor Verlust ihres Kindes), dann verpflichtet § 8 a (anstelle des früheren § 50 Abs. 3) KJHG das Jugendamt zur Anrufung des Gerichts unter der Voraussetzung, dass es dessen Handeln für erforderlich hält. Die Eingriffsmöglichkeiten des Gerichts werden benötigt, weil das Jugendamt das Elternrecht nicht einschränken darf (zu begrenzten Eingriffsbefugnissen vgl. §§ 8 Abs. 3 und 42 KJHG). Der Gesetzgeber erkennt ihm die Kompetenz zu, die Lage richtig zu beurteilen und angemessen darauf zu reagieren. Anders als noch in § 48a JWG geregelt, unterliegt das Jugendamt keiner absoluten Anzeigepflicht mehr. Vielmehr steht es in der eigenständigen Verantwortung für die rechtzeitige Anrufung, wenn diese fachlich angezeigt ist.

Im familiengerichtlichen Verfahren, das der Anrufung folgt, wirkt das Jugendamt gemäß § 50 KJHG i.V. mit § 49a FGG mit. Es hat die Verpflichtung, das Gericht bei allen Maßnahmen, die die Personensorge betreffen, zu unterstützen, um dessen Entscheidungsgrundlagen zu optimieren. Das Gericht hat das Jugendamt anzuhören, so dass dieses im Verfahren die aus seiner Sicht relevanten Gesichtspunkte vorbringen kann. Gemäß § 50 Abs. 2 KJHG hat das Jugendamt das Gericht über angebotene und erbrachte Leistungen zu unterrichten, erzieherische und soziale Gesichtspunkte zur Entwicklung des Kindes oder Jugendlichen einzubringen und auf weitere Möglichkeiten der Hilfe hinzuweisen. Hierbei gilt der Grundsatz der Erforderlichkeit der Datenweitergabe. § 65 Abs. 1 Satz 1 Nr. 2 KJHG gestattet die Datenübermittlung auch ohne Einwilligung der Eltern. Dabei kommt es nicht darauf an, dass die Anrufung zum Zwecke der Gewährung von Jugendhilfeleistungen erfolgt, denn das Gericht kann die Gefährdung auch durch andere Anordnungen abwenden.

Vor der Anrufung hat es den Sachverhalt so weitgehend zu klären, dass es das Gericht von der Notwendigkeit seines Tätigwerdens überzeugen kann. Gelingt ihm dies nicht und das Gericht wird nicht aktiv oder lehnt nach Anhörung der Eltern ein Eingreifen ab[29], so sind vorläufig die Möglichkeiten der Hilfe für das Kind mit großer Wahrscheinlichkeit verbaut, denn eine

---

29 Fieseler (2006, Rn. 4) bezeichnet § 1666 BGB als für Richter „zu hohe Schwelle".

Bereitschaft der Eltern zur Zusammenarbeit wird dann nicht mehr zu erringen sein. Insofern ist die *Erfolgsaussicht einer Anrufung* nicht unbeachtlich. Wartet das Jugendamt hingegen zum Zwecke der verbesserten Informationsgewinnung oder zur Veränderung der Mitwirkungsmotivation der Eltern zu lange ab oder experimentiert zu lange mit immer neuen Hilfeansätzen, so gerät u. U. das Kind in eine gesundheits- oder sogar lebensgefährdende Situation und kann irreparabel geschädigt sein. Dies gilt insbesondere für kleine Kinder, die auf beständige Ernährung und Pflege angewiesen sind und nicht aus eigener Kraft Hilfe suchen können. Verlangt wird also eine *wache Bereitschaft* zu schnellem Reagieren mit den dazu gehörenden Vorkehrungen (z. B. gewissenhafte Dokumentation, Sorge für den erforderlichen Informationsfluss, Erreichbarkeit einer Fachkraft). Um Divergenzen in der Einschätzung von Gefährdungen zu vermeiden, sollten Familiengericht und Jugendamt sich fallunabhängig über Kriterien verständigen und Richter vor einer Anrufung an der Risikoabschätzung beteiligt werden (Wiesner, SGB VIII, 2006).

Alle gerichtlichen Maßnahmen haben den folgenden *Grundsätzen* zu entsprechen:

– *Geeignetheit* (der intendierte Zweck muss damit zu erreichen sein) als wichtigstes Kriterium
– *Verhältnismäßigkeit* (Übermaßverbot; der Nutzen muss die Nachteile erkennbar übersteigen)
– *Erforderlichkeit* oder Wahl des geringsten Mittels (der Zweck darf nicht mit milderen Mitteln gleichermaßen effektiv erreichbar sein).

§ 1666 a BGB beschränkt die Eingriffsmöglichkeiten insbesondere hinsichtlich *der Trennung des Kindes von der elterlichen Familie* und des Entzugs der gesamten Personensorge. Eine räumliche Trennung von Kind und Eltern ist nur bei schwerwiegendem Fehlverhalten, verbunden mit einer nachhaltigen Gefährdung des Kindeswohls, vertretbar.[30] Verhindert werden muss, dass das Kind dadurch zusätzlich traumatisiert wird. Auch die *Wegweisung* eines gefährdenden Elternteils (oder eines Dritten, z. B. des Lebensgefährten der Mutter) nach § 1666 a Satz 2 BGB soll nur erfolgen, wenn mildere Mittel nicht ausreichen.[31] Verlangt wird also eine vom Grad der Gefährdung abhängige *abgestufte Vorgehensweise des Staates*.

Ehe Teile der elterlichen Sorge entzogen werden, hat das Gericht zu prüfen, ob *mildere Mittel* zur Abwendung der Gefährdung ausreichen. Dies sind u. a. Ermahnungen, Verwarnungen, Gebote und Verbote, Verbleibensanordnungen nach § 1632 Abs. 4 BGB oder Beschränkungen nach § 1684 Abs. 4 Satz 3 BGB. Eltern können vom Gericht die Weisung erhalten, eine bestimmte Hilfe des Jugendamtes anzunehmen, sofern die Hilfe geeignet und das Ju-

---

30 BayObLG FamRZ 1999, 178-179.
31 BT-Drucks. 14/8131 S. 8/9.

gendamt leistungsbereit ist. Mit der Untersagung der Wohnungsnutzung können auch Verbote analog zu § 1 Abs. 1 Satz 3 GewSchG ausgesprochen werden, wie z. B. das Verbot, sich der Familienwohnung bis auf einen festzusetzenden Umkreis oder einem regelmäßigen Aufenthaltsort des Kindes zu nähern oder auf andere Weise Kontakt zum Kind aufzunehmen. Dabei muss aber rechtzeitig erkannt werden, wann diese Maßnahmen mit überwiegender Appellfunktion nicht mehr ausreichen, um eine akute Gefahr abzuwenden.

Länger dauernde Maßnahmen sind vom Gericht in angemessenen Zeitabständen zu *überprüfen* und *aufzuheben*, wenn die Gefahr für das Kindeswohl gebannt ist (§ 1696 Abs. 2 und 3 BGB.)

Die Maßnahmemöglichkeiten des Familien- oder Vormundschaftsgerichts sind auf sorgerechtliches Handeln beschränkt. Eine unmittelbare *Befugnis des Gerichts zur Anordnung von Leistungen der Jugendhilfe* gegenüber dem Jugendamt *besteht nicht*. Die in Lehre und Rechtsprechung teilweise vertretene gegenteilige Auffassung, das Gericht könne Hilfe zur Erziehung anordnen, ist zu Recht kritisiert worden. Die Gewährung von Hilfe zur Erziehung ist ausschließlich Aufgabe und Befugnis des Jugendamtes (Happe 1994).

Bei Gefahr im Verzuge kann das Gericht *vorläufige* – im Rahmen des § 620 ZPO: *einstweilige* – *Anordnungen* erlassen. Sie setzen jedoch ein dringendes Regelungsbedürfnis voraus. Es müssen Tatsachen glaubhaft gemacht werden, die ein Zuwarten bis zur Endentscheidung nicht zulassen. Dies wird insbesondere bei akuter Gefahr für Leib und Leben des Kindes infrage kommen. Im Rahmen einer Eilmaßnahme müssen die Gerichte den Sachverhalt nicht vollständig aufzuklären, es genügt, dass die Gefährdung glaubhaft gemacht ist. Wenn möglich, ist aber das Kind auch im Rahmen von Eilmaßnahmen anzuhören (Oelkers 1999).

Personensorgerecht und Umgangsrecht sind zwei selbständige Rechte. Daraus folgt, dass der Entzug der Personensorge *nicht zugleich auch den Entzug des Umgangsrechts* nach sich zieht. Eine Beschränkung des Umgangsrechts kommt nur in Ausnahmefällen in Betracht (§ 1684 Abs. 3 und 4 BGB).

5.4.2 Inhalte der Mitteilung

In seiner Stellungnahme muss das Jugendamt seine Gefährdungsbeurteilung so detailliert begründen, dass sie vom Gericht überprüft und nachvollzogen werden kann. Erforderlich sind alle Daten zur Gefährdungswirkung der *gegenwärtigen Lebensbedingungen*. In der Regel gilt es, eine längere Entwicklung zu beachten, ohne deren Kenntnis die gegenwärtige Situation nicht ausreichend zu beurteilen wäre. Ist dies der Fall, so muss auch die einschlägige *Vorgeschichte* dargestellt werden. (Die Reihenfolge, in der die beiden Punkte dargelegt werden, ist von untergeordneter Bedeutung. Häufig lassen sich die gegenwärtigen Schwierigkeiten besser erklären, wenn zuerst die vorangegangene Entwicklung dargestellt wird.) Falls *Ursachen* des Gefährdungstatbestandes diagnostiziert werden können, gehören sie zu den erforderlichen Angaben, denn ihre Kenntnis erleichtert nicht nur das Verständnis, sondern gibt auch Hinweise auf Möglichkeiten der Hilfe. Auch wenn die Formulierung des § 1666 BGB („missbräuchliche Ausübung") eine Schuldzuweisung nahe legt, sollte von Seiten der Sozialen Arbeit nicht in Schuldkategorien argumentiert, sondern Entstehungszusammenhänge erklärt werden (Krieger 1994). Allerdings muss die Verantwortlichkeit des Personensorgeberechtigten (z. B. bei Missbrauch eines Kindes) benannt werden.

Um das Ausmaß der Gefährdung richtig einschätzen zu können, benötigt das Gericht außerdem genaue Angaben über die bereits eingetretenen *Folgen* beim Kind/Jugendlichen, also über Entwicklungsverzögerungen, Verhaltensauffälligkeiten, psychische und körperliche Störungen. Falls möglich, sollten Äußerungen des Kindes über sein Empfinden von Belastung und Beeinträchtigung eingeholt werden (wobei erkannt werden muss, wenn gegenteilige Äußerungen des Kindes seinem Bedürfnis entspringen, seinerseits die Eltern zu schützen). Es muss dargelegt werden, seit wann die Symptome beim Kind bestehen, wie stark sie ausgeprägt sind, und in welcher Weise sie wiederum das Kind in seiner Entwicklung hemmen.

In der *fachlichen Beurteilung* der festgestellten Tatsachen sollen der Grad der Normabweichung bestimmt und der ursächliche Zusammenhang zwischen den Störungen auf Seiten des Kindes und den beschriebenen ungünstigen Entwicklungsbedingungen aufgezeigt werden. Anschließend erfolgt die *rechtliche Bewertung* der fachlichen Diagnose, also die Aussage darüber, dass das Jugendamt die Voraussetzungen des § 1666 BGB für gegeben hält.

Ferner ist aufzuzeigen, welche *weiteren Schritte* das Jugendamt für angezeigt hält. Welche Maßnahmen zu ergreifen sind, hängt u. a. von den gesteckten Zielen für das Kind sowie von den zur Verfügung stehenden Möglichkeiten ab. Folglich sind *Zielsetzungen* zu nennen, ferner *Leistungen*, die das Jugendamt anbieten kann, sowie Hilfen, die von anderen Personen, Stellen oder Einrichtungen erbracht werden können (z. B. Therapiemöglichkeiten für die Eltern, Erschließung materieller Ressourcen). Kommt Hilfe zur Erziehung in Frage, so ist dennoch *kein Hilfeplan* nach § 36 KJHG vorzulegen, denn dieser kann bei (Teil-)Entzug elterlicher Rechte erst nach der Bestellung eines Pflegers oder Vormunds unter dessen Mitwirkung erarbeitet werden. Wohl aber sind dem Gericht Hilfemöglichkeiten zu nennen, die das Jugendamt für geeignet und notwendig erachtet.

Auch auf weitere betroffene Belange des Kindes (z. B. bei Verbrauch des kindlichen Vermögens durch die Eltern) wird das Jugendamt achten; es hat auch bei *Gefährdung des Kindesvermögens* eine *Hinweispflicht*. Da seine eigentliche Funktion jedoch die der Unterstützung bei der Erziehung ist, braucht es zur Vermögenssorge keine Stellungnahme abzugeben (Wabnitz, 2000).

Mit der Anrufung des Gerichts nennt das Jugendamt die *aus fachlicher Sicht wünschenswerte Entscheidung* (Tenorierung des Gerichtsbeschlusses). Ist die Herausnahme des Kindes oder Jugendlichen gemäß § 1666 a BGB erforderlich, so genügt der Entzug des Aufenthaltsbestimmungsrechts allein nicht, um eine Hilfe zur Erziehung einzuleiten, denn ein Pfleger, dem nur das Aufenthaltsbestimmungsrecht übertragen wurde, kann nicht die im Verfahren zur Hilfe zur Erziehung erforderlichen Verfahrens- und Mitwirkungshandlungen vornehmen. Notwendig ist es deshalb, den Eltern neben dem Aufenthaltsbestimmungsrecht auch das Recht, einen Antrag auf Hilfe zur Erziehung zu stellen, sowie das Recht, im Verfahren nach § 36 KJHG mitzuwirken, zu entziehen und die entsprechenden Rechte auf den Pfleger zu übertragen. Gegen den Willen der Eltern kann Hilfe zur Erziehung erst dann gewährt werden, wenn sie durch einen Pfleger mit entsprechendem Wirkungskreis veranlasst wird. Der Auftrag der Jugendhilfe zur Zusammenarbeit mit den Eltern gemäß § 37 KJHG bleibt unberührt (Fricke 1993; 1999).

Der Entzug weiterer Teile der Personensorge ist erst dann angezeigt, wenn die Eltern durch ihr Verhalten eine dem Kindeswohl förderliche Erziehung verhindern. Art und Weise sowie Umfang des weiteren Kontaktes zwischen Eltern und Kind sollten nach Möglichkeit im Rahmen der Hilfeplanung mit den Eltern besprochen werden. Ziel ist es, hierfür eine von allen Beteiligten akzeptierte Lösung zu finden.

Die Anrufung des Familiengerichts durch das Jugendamt stellt *keinen Antrag* dar. Das Verfahren wird von Amts wegen durchgeführt. Steht die Trennung des Kindes von der Familie oder der Entzug der gesamten Personensorge zu erwarten, so muss das Gericht in der Regel einen *Verfahrenspfleger nach § 50 FGG* bestellen. Gegen die ablehnende oder zustimmende Entscheidung des Richters kann die einfache Beschwerde nach § 19 Abs. 1 FGG eingelegt werden. Dem Jugendamt steht die Beschwerde nach § 57 Abs. 1 Nr. 9 FGG zu.

Wie empirische Untersuchungen belegen (z. B. Ollmann 1997, Erben/ Schade 1994) haben Jugendamtsberichte einen beträchtlichen Einfluss auf richterliche Entscheidungen. Dies sollten diejenigen, die einen Bericht erstellen, immer bedenken.

5.4.3 Aufbau der Mitteilung an das Familiengericht nach § 8 a i. V. m. § 50 KJHG (Anrufung)

0. *Formale Angaben*
0.1 Personalien
Minderjähriger, Eltern bzw. Personensorgeberechtigte, gegebenenfalls Geschwister: Name, Vorname, Geburtsdatum, Geburtsort, Staatsangehörigkeit, gegebenenfalls Religion; Anschrift(en), gegebenenfalls Unterbringungsadresse
0.2 Betreff
Anrufung des Familiengerichts gemäß § 8 a Abs. 3 Satz 1 KJHG wegen Gefährdung des Kindeswohls
0.3 Gewünschte Entscheidung (Vorschlag zur Tenorierung des Gerichtsbeschlusses)

1. *Sachverhalt*
1.1 Erforderliche Angaben zu den gegenwärtig bestehenden gefährdenden Entwicklungsbedingungen in der Familie bzw. im sozialen Umfeld
1.2 Erforderliche Angaben zur Vorgeschichte
1.3 Erforderliche Angaben zum gegenwärtigen Erleben und Verhalten des Kindes und zu seiner bisherigen Entwicklung
1.4 Sozialpädagogische Beurteilung (Diagnose bzw. psychosozialer Befund)

2. *Rechtliche Bewertung der fachlichen Diagnose: Vorliegen eines Gefährdungstatbestandes nach § 1666 BGB*

3. *Empfehlungen zu den notwendigen und geeigneten Maßnahmen*
3.1 Anzustrebende Zielsetzungen im Hinblick auf die weitere Persönlichkeitsentwicklung des jungen Menschen
3.2 Zielsetzungen im Hinblick auf die Familie bzw. sonstige Bezugspersonen
3.3 Vom Jugendamt angebotene Leistungen
3.4 Von anderen Stellen zu erbringende Hilfen

5.4.4 Beispiel einer Anrufung des Familiengerichts

(0. Formale Angaben)

Minderjähriger:	Frank Wielandt, geb. am ... in ..., wohnhaft bei den Eltern
Mutter:	Ursula Schweizer, geb. Klein, geschiedene Wielandt, geb. am ..., wohnhaft in ... (Inhaberin des Sorgerechts)
Vater:	Kurt Wielandt, geb. am ..., wohnhaft in ... (nicht sorgeberechtigt)
Stiefvater:	Peter Schweizer, geb. am ..., wohnhaft in ... (wie Mutter).

Anrufung des Familiengerichts gemäß § 8 a Abs. 3 Satz 1 KJHG wegen Gefährdung des Kindeswohls

Das Jugendamt hält das Wohl des elf Jahre alten Frank Wielandt für gefährdet und ruft aus diesem Grund gemäß § 8a Abs. 3 Satz 1 KJHG das Familiengericht an mit der Bitte, Franks Mutter, Frau Ursula Schweizer, das Recht der Personensorge insoweit zu entziehen, wie dies erforderlich ist, um die Erziehung von Frank in einer Pflegefamilie sicherzustellen und auf diese Weise die Gefährdung abzuwenden. Das Jugendamt hält hierzu die Entziehung des Aufenthaltsbestimmungsrechts und des Erziehungsrechts für erforderlich.

1. Sachverhalt

1.1 Gegenwärtige gefährdende Bedingungen

Der 11;7-jährige Frank Wielandt lebt bei seiner Mutter, Frau Ursula Schweizer, und seinem Stiefvater, Herrn Peter Schweizer. Er hat zwei ältere Schwestern, Nicole, geb. ... (vier Jahre älter als Frank), und Sabrina, geb. ... (zwei Jahre älter), zu denen kein Kontakt besteht, weil sie bei Franks leiblichem Vater, Herrn Wielandt, wohnen. Die Ehe der Eltern wurde geschieden, als Frank zwei Jahre alt war. Ein Jahr später erfolgte die Eheschließung zwischen Herrn und Frau Schweizer.

Die Familie ist dem Jugendamt seit der Scheidung von Franks Eltern, also seit neun Jahren, bekannt. Seitdem wurde sie – mit kurzen Unterbrechungen – vom ASD betreut, weil sie mit psychischen, gesundheitlichen und finanziellen Problemen belastet war, wie im folgenden noch genauer dargestellt wird.

Gegenwärtig hat sich die familiäre Situation so zugespitzt, dass das Kind selbst Hilfe beim Jugendamt suchte. Seit einigen Monaten kommt Frank regelmäßig einmal wöchentlich zu einem etwa einstündigen Gespräch ins Jugendamt. Während er zunächst versuchte, die häuslichen Probleme zu verharmlosen („Ich habe alles im Griff und passe auf meine Mutter auf") und zu verstecken, erklärte er bei seiner letzten Vorsprache vor einer Woche, dass er es zu Hause nicht mehr aushalten könne, weil alles so schlimm geworden sei: Die familiären Auseinandersetzungen hätten sich verschärft, vor allem deshalb, weil seine Mutter ständig im Übermaß trinke und inzwischen nicht mehr in der Lage sei, den Haushalt zu führen. Im alkoholisierten Zustand schreie sie hysterisch ihn und seinen Stiefvater an, so dass er Angst habe, nach Hause zu gehen. Dieses Eingeständnis fiel dem Jungen nach unserer Beobachtung sehr schwer und erweckte offensichtlich auch Schuldgefühle, denn er warb mehrfach um Verständnis mit der Aussage, dass er bestimmt nichts verraten hätte, wenn es nicht so schrecklich geworden wäre. Dass er sich dazu durchrang, lässt darauf schließen, dass er sich der Belastung nicht mehr gewachsen fühlt.

Bei dem im Anschluss an das Gespräch mit Frank sofort durchgeführten Hausbesuch wurden Herr und Frau Schweizer angetroffen. Frau Schweizer lag noch im Bett und stand offensichtlich unter starkem Alkoholeinfluss. Herr Schweizer war, wie es schien, über den Besuch erleichtert. Er sagte, dass er schon lange fürchte, Frank würde dem auf ihm lastenden Druck nicht mehr standhalten können. Er halte es für das Beste, wenn Frank in ein Heim komme. Frau Schweizer brach bei der Anmerkung ihres Mannes, Frank solle aus der Familie genommen werden, in lautes Weinen und Schreien aus und beschuldigte Frank auf das Heftigste. Sie ließ sich von ihrem Mann und vom Unterzeichner nicht beruhigen. Sie ist weder mit einer Unterbringung des Kindes in einer Pflegefamilie noch in einem Heim einverstanden.

1.2 Vorgeschichte

Das Jugendamt erkannte durch eigene Beobachtungen und durch Aussagen anderer Personen bereits vor neun Jahren die Alkoholproblematik von Frau Schweizer. Schon damals wies Franks leiblicher Vater darauf hin, dass die Mutter aufgrund ihres Alkoholmissbrauchs das Kind nicht ausreichend versorge. Mutter und Kind wurden regelmäßig vom Jugendamt besucht und beraten. Der Versuch, Frank in einer Pflegefamilie betreuen zu lassen, scheiterte am Widerstand der Mutter.

Die zweite Ehe erwies sich von Anfang an als hoch konfliktbelastet. Die Streitigkeiten eskalierten zeitweilig so, dass eine Trennung erwogen wurde. Beide Ehepartner zeigten einen zunehmenden Alkoholmissbrauch und in der Folge wachsende Schwierigkeiten, ihren Alltag zu bewältigen. Frau Schweizer fühlte sich mit der Haushaltsführung und der Erziehung ihres Kindes zunehmend überfordert, was sich in stark inkonsistentem Erziehungsverhalten, in welchem Verwöhnung und Härte sich in unvorhersehbarer Weise abwechselten, zeigte. Herr Schweizer wechselte und verlor häufig seine Arbeitsstellen. Dadurch und durch unwirtschaftliches Verhalten geriet die Familie in immer größere finanzielle Nöte; sie ist jetzt hoch verschuldet. Hinzu kamen häufige und schwere körperliche Erkrankungen von Frau Schweizer. Nach ihren Angaben musste sie sich in den vergangenen acht Jahren acht Operationen unterziehen (Bauchspeicheldrüse, Magen, Milz und andere). Beide Ehepartner haben nach unseren Beobachtungen starke psychische Probleme, insbesondere gehäufte depressive Verstimmungen und eine ausgeprägte Stimmungslabilität. Frau Schweizer hat nach Angaben ihres Bruders vor einem Jahr einen Suizidversuch unternommen. Unter Alkoholeinfluss tendieren beide Ehepartner zu aggressivem Verhalten, so dass es zu lauten Streitigkeiten kommt. Der Stiefvater verließ mehrfach für längere Zeit die Familie, kehrte allerdings bis jetzt immer wieder zurück. Beide Eltern waren von Anfang an der Erziehung Franks nicht gewachsen, und die Erziehungsprobleme nahmen im Laufe der Jahre zu.

Schon im vierten Lebensjahr zeigte Frank deutliche Anzeichen einer nicht gelingenden Erziehung. Er war, wie unseren Akten zu entnehmen ist, in seiner sprachlichen Entwicklung retardiert, reagierte mit auffallenden Schaukelbewegungen, hatte erhebliche Konzentrationsschwierigkeiten und störte im Kindergarten durch hyperaktives, aggressives und aufmerksamkeitsforderndes Verhalten.

Das Jugendamt versuchte, der Familie die notwendigen Hilfen – sozialpädagogische Familienhilfe, Erziehung in einer Pflegefamilie und Heimerziehung – anzubieten. Frau Schweizer ließ sich jedesmal für wenige Wochen darauf ein, brach die begonnenen Versuche aber immer wieder ab. Aus den Fremdunterbringungen holte sie Frank mit der Begründung, sie könne ihr Leben ohne ihn nicht ertragen, zurück. So wechselte Frank im Laufe von sechs Jahren dreimal die Pflegestelle und zweimal den Heimplatz. Auch eine zunächst von Frau Schweizer akzeptierte Untersuchung und Behandlung in einer kinder- und jugendpsychiatrischen Klinik wurde gegen den Rat aller Beteiligten von der Mutter nach kurzer Zeit abgebrochen, ebenso wie ein Kuraufenthalt, den Frank wegen einer chronischen Bronchitis brauchte.

1.3 Gegenwärtiges Erleben und Verhalten des Kindes

Frank ist nach den Untersuchungsergebnissen der Klinik für Kinder- und Jugendpsychiatrie in K. ein psychisch bereits deutlich beeinträchtigtes Kind. Er fühlt sich mit der von den Eltern zugewiesenen Aufgabe – Puffer zwischen ihnen zu sein und sie zusammenzuhalten – überfordert. Er erscheint erschöpft und depressiv verstimmt. Nach unseren Beobachtungen versucht er, sich wie ein Erwachsener zu verhalten, was ihn etwas altklug wirken lässt. Er ist unkonzentriert und sprunghaft. Seine schulischen Leistungen liegen an der unteren Grenze. Die Eltern beschreiben sein Verhalten als „absonderlich": Er spiele entweder den Hampelmann oder imitiere Dracula. Er stopfe unentwegt Essen in sich hinein und habe den Eltern Geld gestohlen. Am meisten seien sie darüber beunruhigt, dass er mit Feuer spiele und zündele, so dass sie um ihre Wohnung fürchten müssten.

1.4 Sozialpädagogische Beurteilung

Die familiären Bedingungen, unter denen Frank Wielandt lebt, sind als für ihn äußerst belastend anzusehen. Leibliche Mutter und Stiefvater sind alkoholabhängig und haben bisher keinen Weg gefunden, den Alkoholmissbrauch zu beenden. Zumindest teilweise als Folge davon sind die Lebensbedingungen des Kindes gekennzeichnet durch

- erhebliche Spannungen und offen ausgetragene Konflikte zwischen den Eltern sowie die seit langem ständig drohende Gefahr des Auseinanderbrechens der Familie,
- psychische Störungen beider Eltern,

- häufige und schwere körperliche Erkrankungen von Frau Schweizer, die in den vergangenen Jahren mehrere Krankenhausaufenthalte notwendig machten, und die auch zukünftige krankheitsbedingte Abwesenheiten erwarten lassen,
- ein mütterliches Erziehungsverhalten, das gekennzeichnet ist durch symbiotische Anbindung des Kindes aus egoistischen Motiven einerseits und abrupte Abweisung andererseits. Frank kann nicht voraussehen, welches Verhalten der Mutter ihn im nächsten Augenblick erwarten wird, weil dieses eher von ihrem durch den Alkohol beeinflussten psychischen Zustand als von seinem Verhalten bestimmt wird.

Zur Haushaltsführung ist Frau Schweizer kaum noch in der Lage. Da Herr Schweizer nur wenig Ausgleich bieten kann und häufig abwesend ist, muss der Junge weitgehend sich selbst und auch noch die Mutter versorgen. Mit einer derartigen Aufgabenstellung ist ein Kind seines Alters überfordert.

Diese Problematik besteht seit vielen Jahren, und sie verschärft sich zunehmend. Unterstützungsangebote von Seiten des Jugendamtes hat die Mutter nur vorübergehend angenommen. Sie hat die verschiedenen begonnenen Hilfen jeweils nach kurzer Zeit aufgrund eigener Interessen unterbrochen.

Die gegenwärtig bestehenden Bedingungen müssen als äußerst entwicklungsbeeinträchtigend beurteilt werden. Wie nicht anders zu erwarten, reagiert Frank auf diese negativen Bedingungen mit deutlichen Zeichen von Verstörtheit. Er zeigt Verhaltensauffälligkeiten und emotionale Störungen. Er selbst betrachtet die Situation als mittlerweile nicht mehr erträglich. Sollte es nicht gelingen, die Lebensbedingungen für das Kind entscheidend zu verbessern, so muss mit der Herausbildung psychischer Störungen, insbesondere depressiver Art, gerechnet werden.

2. Rechtliche Bewertung

Nach unserer Überzeugung liegt eine Gefährdung des Kindeswohls im Sinne von § 1666 BGB vor. Die Gefährdung besteht namentlich in einer durch Alkoholabhängigkeit beider Eltern verursachten Vernachlässigung bei gleichzeitiger Überforderung des Kindes, in den konfliktbeladenen Beziehungen der Eltern untereinander und zum Kind und in der Konfrontation mit den ausgeprägten psychischen Problemen der Eltern. Frank erhält nicht die für seine Persönlichkeitsentwicklung notwendige Förderung und Unterstützung. Die Eltern vermögen nicht, die Gefahr für das Wohl des Kindes abzuwenden, weil sie weder die eigene Kraft dazu aufbringen, noch bereit und in der Lage sind, angebotene Hilfen tatsächlich auf Dauer anzunehmen. Selbst wenn sie unter äußerem Druck jetzt einer Hilfe zur Erziehung zustimmten, wäre ihre Mitwirkungsbereitschaft aller Voraussicht nach nicht von Dauer. Das Jugendamt hält es zur Abwendung der Gefahr für erforderlich, dass Frank gemäß § 1666 a BGB von seiner Mutter und seinem Stiefvater getrennt wird und langfristig in einer Pflegefamilie (Vollzeitpflege, § 33 KJHG) untergebracht wird.

3. Empfehlung zu den notwendigen und geeigneten Maßnahmen

Zielsetzung weiterer Maßnahmen muss es sein, die existentielle Verunsicherung, die Frank durch seine bisherigen Lebensbedingungen erfahren hat, abzubauen. Er muss in seinem Selbstwertgefühl gestärkt, von bestehenden Schuldgefühlen entlastet und in seiner soziokognitiven Entwicklung angeregt werden. Er braucht Zuwendung, Verlässlichkeit, stabile Lebensbedingungen, intensive Förderung seiner intellektuellen und sozialen Fähigkeiten und ein Eingehen auf seine bisher stark vernachlässigten emotionalen Bedürfnisse. Dies erschiene am ehesten in einer qualifizierten Pflegefamilie gewährleistet. Eine solche Familie stünde zur Verfügung. Die Trennung des Kindes von seiner Familie erscheint dringend angezeigt. Eine Verbesserung der familiären Situation könnte nur erwartet werden, wenn die Eltern einen Alkoholentzug und eine anschließende Therapie erfolgreich abschlössen. Sollte ihnen dies gelingen, so wäre die Frage der Rückkehr von Frank in seine Familie erneut zu überprüfen.

6. Trennung und Scheidung

Der Datenbedarf für die Stellungnahme des Jugendamtes im familiengerichtlichen Verfahren zur Regelung der elterlichen Sorge soll hier begründet und im einzelnen dargelegt werden. Die Frage, was die Trennung der Eltern für den Sozialisationsprozess des Kindes bedeutet, beschäftigt uns in Abschnitt 6.1. Das Für und Wider der beiden Sorgerechtsformen – alleinige oder gemeinsame elterliche Sorge – wird in Abschnitt 6.2. erörtert. Rechtliche Grundlagen der Mitwirkung im Scheidungsverfahren (6.3.1.) und Bestimmung der zu ermittelnden Informationen (6.3.2. und 6.3.3.) werden entwickelt und der Aufbau der Stellungnahme (6.3.4.) daraus hergeleitet. Die Abfassung einer Stellungnahme zeigt ein Beispiel in Abschnitt 6.4.

6.1 Auswirkungen von Trennung und Scheidung auf die Entwicklung von Kindern

Die möglichen Folgen einer elterlichen Trennung für das Leben des Kindes müssen der sozialen Fachkraft nicht nur für die problemadäquate Beratung von Eltern und Kindern bekannt sein, sondern ihre Kenntnis schärft auch den Blick für relevante Aspekte einer individuellen Konstellation, die in der Stellungnahme zu berücksichtigen sind. Um sie geht es in diesem Abschnitt.

6.1.1 Trennung als belastendes Lebensereignis

Beginnen wir wieder mit einem Beispiel:

Für Sebastian schien die Welt unterzugehen: Seine Eltern trennten sich. Die ersten zweieinhalb Jahre seines noch kurzen Lebens hatte er behütet verbracht. Seine Mutter hatte bei seiner Geburt ihre Berufstätigkeit als Sekretärin aufgegeben und hatte sich intensiv um ihn gekümmert. Seinen Vater sah er zwar nicht oft, denn nach anstrengender erfolgreicher Berufstätigkeit fuhr dieser an den meisten Abenden und am Wochenende noch zum Rohbau des neuen Hauses der Familie, um dort selbst Hand anzulegen. Wenn der Vater aber Zeit für Sebastian hatte, dann war es wunderbar. Er ließ ihn bei handwerklichen Arbeiten mit anfassen, stromerte mit ihm durch den Wald oder vollführte wilde, lustige Raufspiele mit ihm.

Die Familie lebte auf dem Lande in einem geräumigen eigenen Haus. In den beiden anderen Stockwerken wohnten die Großmutter väterlicherseits sowie Tante und Onkel mit zwei etwas älteren Kindern. Sebastian hatte also im und um das Haus herum viel Platz zum Spielen, eine immer zu Entdeckungen herausfordernde Umgebung und zwei Spielkameraden, die ihm lieb waren.

Plötzlich war alles anders. Die Mutter zog mit ihm in eine kleine Stadtwohnung in einem Hochhaus. Er hatte zwar dort auch ein schönes eigenes Zimmer, und wenn sie mit ihm im Fahrstuhl hinunterfuhr, konnten beide einen Park erreichen, in dem es sich auch gut spielen ließ. Aber sein Vater war verschwunden, die beiden Cousinen, die Großmutter und oft auch die Mutter, denn sie wurde berufstätig. Stundenweise ging sie außer Haus, um eine Reinigungskolonne zu beaufsichtigen. Zunächst brachte sie Sebastian für diese Zeit zu einer Familie, mit der sie befreundet war. Für Sebastian war die Familie aber fremd, und außerdem sprach sie nur englisch. Dass er sich unverstanden und unglücklich fühlte, zeigte Sebastian durch ständiges Weinen und Zerstören von Gegenständen. Nach kurzer Zeit fand die Mutter aber einen Kindergartenplatz für ihn. Er ging nur widerstrebend dorthin; nach etwa einem halben Jahr hatte er sich aber mit der neuen Lebenssituation weitgehend angefreundet und fühlte sich wieder recht wohl. Nur nach den – regelmäßigen – Besuchen beim Vater kam seine Trauer wieder deutlich zum Vorschein. Er war sehr gern beim Vater, trennte sich am Abend, wenn er zurückgebracht werden sollte, sehr schwer von ihm, und am darauffolgenden Morgen zeigte er sich im Kindergarten voller Kummer und Wut. Er griff andere Kinder an und suchte Trost und Anlehnung auf dem Schoß der Erzieherin.

Den Vater verunsicherte es, wenn Sebastian ihm sagte, er wolle bei ihm bleiben, zumal der Junge auch behauptete, die Mutter schlage ihn. Er entschloss sich schließlich, beim Familiengericht die Übertragung des Sorgerechts zu betreiben. Die Mutter war wegen dieses unerwarteten Entschlusses zunächst fassungslos, denn er verstieß gegen die gemeinsam getroffene Abmachung, und er entbehrte ihrer Ansicht nach auch jeglicher Grundlage, denn Sebastian war in ihrer Gegenwart ein zufriedenes Kind, leicht zu erziehen und gut entwickelt. Sie schlage ihn nicht, denn das lehne sie ab, und es gebe keine gravierenden Probleme.

Sebastian ist eins von über 170.000 Kindern, deren Eltern sich in Deutschland Jahr für Jahr trennen[1]. Für fast alle Kinder ist die Trennung der Eltern zunächst ein Schock, den zu überwinden eine mehr oder weniger lange Zeit dauert. Machen wir uns klar, welche Neuerungen von Sebastian bewältigt werden mussten:

1. Das weitgehende Verschwinden seines Vaters aus seinem täglichen Leben.
2. Die Veränderung der Mutter. Sie hatte weniger Zeit für ihn und viele Probleme zu lösen, was sie auch in der Zeit ihrer Anwesenheit zumindest anfänglich weniger zugewandt und geduldig sein ließ.

---

1 Im Jahr 2003 waren 170.260 Kinder von der Scheidung ihrer Eltern betroffen (Statistisches Bundesamt 2006). Circa jeder fünfte Minderjährige erlebt sie vor Erreichen des Volljährigkeitsalters (Marbach 1998).

3. Konflikte zwischen den Eltern. Sie stritten sich um seine Erziehung und um finanzielle Angelegenheiten. (Die Mutter hegte sogar den Verdacht, der Vater wolle das Sorgerecht nur haben, um Unterhaltszahlungen zu sparen.)
4. Materielle Einschränkungen (kleinere Wohnung, weniger Geld für Spielsachen, Kleidung, Reisen usw.)
5. Gravierende Veränderungen im sozialen Umfeld: Notwendigkeit des Kindergartenbesuchs (schon bevor er drei Jahre alt war), Verlust der vertrauten Spielgefährten und der gewohnten Umgebung.

Dergestalt aus der Bahn geworfen, reagieren viele Kinder kurzfristig mit erheblichen Störungen. Einem derart starken „nicht-normativen" Stress zu begegnen bzw. ein derart kritisches Lebensereignis (life event) zu bewältigen, bedeutet eine gewaltige Kraftanstrengung. Je nachdem, wie gut ein Kind bei dieser Anstrengung von einem Erwachsenen gestützt wird, kann diese Bewältigungsarbeit langfristig sogar seiner Persönlichkeitsentwicklung positive Impulse geben; sie kann aber auch die kindlichen Kräfte übersteigen und damit zum Ausgangspunkt einer ungünstigen Entwicklung werden. Das Risiko für einen dysfunktionalen psychischen und sozialen Entwicklungsverlauf ist durchaus erhöht. Wie Amato/Keith (1991 b) auf der Basis einer Metaanalyse von 92 Studien zeigen, stehen Kinder aus geschiedenen Ehen, verglichen mit Kindern aus intakten Familien, in größerer Gefahr, in ihren Schulleistungen nachzulassen, in ihrem Betragen in der Schule und zu Hause für andere unakzeptabler zu werden, psychische Probleme zu entwickeln, an Selbstachtung zu verlieren und in sozialen Beziehungen Schwierigkeiten zu bekommen. Auch die Kinder- und Jugendhilfestatistik zeigt, dass Kinder und Jugendliche aus Einelternfamilien bei allen Arten der Hilfen zur Erziehung überrepräsentiert sind. Selbst als *Erwachsene* tragen einige noch schwer an dieser Kindheitserfahrung. Psychische Gesundheit, beruflicher Aufstieg und die Stabilität der eigenen Ehe scheinen häufiger beeinträchtigt, wie eine andere von Amato/Keith (1991 a) durchgeführte Sekundäranalyse von 33 Studien zeigt. Dennoch muss man im Auge behalten, dass die Unterschiede statistisch im allgemeinen nicht sehr groß sind, und dass ein sehr beachtlicher Teil der Kinder (auch im späteren Erwachsenenleben) gut mit den Scheidungsfolgen zurechtkommt. Ein Teil erfährt sogar eine Befreiung von einer Last und damit auch Verbesserungen im Erleben und Verhalten.

Furstenberg/Cherlin (1993) berichten über eine Längsschnittstudie, in der eine repräsentative Stichprobe amerikanischer Familien seit Mitte der 70er Jahre begleitet wurde (National Survey of Children, NSC). Sie können aus den Ergebnissen den Schluss ziehen, dass langfristig schädliche Folgen zwar vorkommen und ernst genommen werden müssen, dass sie aber nur einen eher kleinen Teil der Kinder betreffen. In dieser Untersuchung zeigten 34 % der von Scheidung betroffenen Kinder Verhaltens- und Disziplinschwierigkeiten in der Schule (gegenüber 20 % in intakten Familien). Das bedeutet zwar eine erhöhte Störungsanfälligkeit für Scheidungskinder. Zugleich heißt das aber auch, dass 66 % der Kinder aus geschiedenen Ehen keine ernsthaften Verhaltensauffälligkeiten erkennen ließen. Wenn Wallerstein/Blakeslee (1989) in ihrer vielbeachteten Studie „Gewinner und Verlierer" zu ungünstigeren Ergebnissen kommen, so mag dies zum Teil auch an einem Fehler bei der Auswahl der Stichprobe liegen[2] (Furstenberg/Cherlin 1993). Der deutsche Kinderpsychiater Lempp (1984) legt dar, dass nicht mehr Kinder aus unvollständigen Familien in stationärer psychiatrischer Behandlung sind als aus vollständigen Familien. Seine Ergebnisse lassen den Schluss zu, dass zumindest die gravierenden Störungen von Kindern nicht ursächlich mit der Trennung von Eltern verbunden sind.

Um zu verstehen, warum die Trennung der Eltern für viele Kinder kurzfristig, für einige auch langfristig ein schwer zu bewältigendes Ereignis ist, müssen wir uns vor Augen halten, welche Umwälzungen von ihnen verkraftet werden müssen.

6.1.2 Verlust eines Elternteils

Sebastian trauerte um seinen Vater, den er nun seltener zu Gesicht bekam, und war wütend, wenn ihm, insbesondere bei Besuchen im väterlichen Haus, immer wieder neu zu Bewusstsein kam, wie viel er verloren hatte. Dabei ging es ihm noch besser als vielen anderen Scheidungskindern, die nach relativ kurzer Zeit auf ihren Vater fast ganz verzichten müssen, denn er konnte ihn ja wenigstens regelmäßig besuchen. Die Sorge, die Eltern oder einen Elternteil zu verlieren, steht unter den Ängsten von Kindern in Trennungssituationen an erster Stelle Proksch 2002, Buchholz-Graf/Sgolik 2004). Ganz unbegründet ist dies nicht, denn noch immer ziehen sich einige Männer, die zum Zeitpunkt der Trennung noch fest entschlossen sind, ihren Kindern gute Väter zu bleiben, nach einiger Zeit weitgehend zurück, jedenfalls dann, wenn die Mutter das alleinige Sorgerecht hat (40 % Kontaktabbrüche bei dieser Sorgeform; bei gemeinsamer Sorge geschieht dies nur noch in Ausnahmefällen)[3]. Allerdings stellt sich hier die Frage nach Ursache und Wirkung. Eltern, die sich nicht auf eine gemeinsame Sorge einigen können, hatten schon vor der Trennung ein höheres Streitniveau und behalten dies nach der Trennung bei (Proksch 2002). Möglicherweise liegt darin die Ursache für beides, nämlich den Wunsch nach Alleinsorge und für den Kontaktabbruch.

---

2 Sie untersuchten Kinder aus besonders belasteten Familien, die wegen ihrer Probleme in die Beratungsstelle kamen. Ein Großteil der Eltern hatte schon zuvor psychotherapeutische Hilfe in Anspruch genommen. Außerdem fehlte eine Kontrollgruppe von nicht durch Scheidung aufgelösten Familien. Alle auftretenden Probleme wurden ausschließlich der Scheidung angelastet.
3 Nicht sorgeberechtigte Mütter tun dies hingegen nicht, sondern bemühen sich vermehrt um Kontakt (Maccoby/Mnookin 1995).

Verschwindet ein Elternteil ganz oder weitgehend aus dem Leben des Kindes, dann fehlt eine wichtige Quelle emotionaler Zuwendung, praktischer Unterstützung, Belehrung, Führung und Beaufsichtigung. Vieles, was das Kind am Vorbild des liebevollen Zusammenseins der Eltern lernen könnte, und was es für seine emotionale und soziale Entwicklung braucht – Kooperation, Verhandeln, Kompromiss, gegenseitige Achtung und Anerkennung, eine gemüthafte Beziehung – erlebt es nicht mehr. Es verliert eine wichtige Quelle für Modelllernen, wenn aus einem Elternpaar zwei „Elterntrümmer" (Lempp 1982, 3) werden.

Auch der betreuende Elternteil, also in der Regel die Mutter, geht dem Kind teilweise verloren, wenn er, wie Sebastians Mutter, als Folge der Scheidung eine Berufstätigkeit aufnehmen muss. Zeit und Energie verteilen sich jetzt auf außerhäusliche Tätigkeit, Kindererziehung und Hausarbeit. Das Kind erhält vielfach weniger Anregung und Unterstützung. Da der übriggebliebene Ehepartner ebenfalls seiner Stütze beraubt ist, verliert er auch etwas von seiner Erziehungskompetenz. Er wird unsicherer, unberechenbarer und büßt einen Teil seiner Autorität bei seinen Kindern ein (Steinberg 1987; Nock 1988).

Eine Kombination dieser Faktoren erhöht die Gefahr negativer Entwicklungen bei Kindern: Niedergang schulischer Leistungen, Abnahme des Selbstwertgefühls, Verhaltensprobleme (Rollins/Thomas 1979; Belsky 1990). Fehlt zusätzlich noch eine angemessene altersgemäße Beaufsichtigung des älteren Kindes, so kann es zu Schuleschwänzen oder gar delinquenten Handlungen kommen (Dornbusch et al. 1985; Hogan/Kitagawa 1985). Wie schon ausgeführt, sind diese negativen Folgen aber keineswegs zwingend, insbesondere nicht als dauerhafte Effekte.

Amato (1993) führte eine Metaanalyse von 180 publizierten Studien zu den Einflüssen von Trennung und Scheidung durch. Seine Sichtung und Reanalyse dieser sehr beachtlichen Anzahl von Untersuchungen lässt den Forschungsstand zu diesem Thema gut erkennen. Amato geht im Zusammenhang mit der Frage nach den Auswirkungen der Abwesenheit eines Elternteils zunächst der Hypothese nach, dass das psychische Wohlergehen des Kindes davon abhängt, wie gut der *Kontakt zu dem Elternteil*, der aus der Familie auszog, *erhalten* bleibt. Die Ergebnisse der zu dieser Fragestellung durchgeführten Untersuchungen sind nicht eindeutig. Sechzehn Studien stützten diese Hypothese, aber ebenso viele taten dies nicht. Während von den Studien, die die Annahme nicht bekräftigen, einige keine Unterschiede fanden, zeigten andere sogar negative Wirkungen des Kontaktes mit dem anderen Elternteil. Eine plausible Erklärung für dieses Phänomen, die auch durch einige Untersuchungsergebnisse gestützt wird, lautet, dass vermehrter Kontakt mit dem nicht betreuenden Elternteil nur dann die kindliche Entwicklung günstig beeinflusst, wenn das Konfliktniveau zwischen den Eltern niedrig ist. Fortgesetzte elterliche Streitigkeiten dagegen machen wahrscheinlich alle positiven Effekte dieses Kontaktes zunichte (z. B. Napp-Peters 1988 a; b; Healy et al. 1990; Furstenberg/Cherlin 1993). Der Nutzen für das Kind wird außerdem natürlich von der emotionalen Lage und von der Erziehungsfähigkeit des nicht betreuenden Elternteils mitbestimmt.

Wenn ein dritter Erwachsener den Verlust ein Stück weit ausgleicht, indem er sich intensiv und zuverlässig um das Kind kümmert, so kann dies negative Folgen mildern. Insbesondere Jungen, die mit ihrer Mutter aufwachsen, scheinen ein männliches Vorbild (wie Großvater oder Onkel), das sie in ihre Tätigkeiten wie Autopflege, Reparaturen im Haushalt, Angeln oder Gartenarbeit einbezieht, sehr zu schätzen und es mit positivem Verhalten zu danken. Dies gilt allerdings nicht unbedingt für den Stiefvater. Hier gibt es widersprüchliche Ergebnisse mit der Tendenz nachteiliger Effekte, insbesondere für Mädchen. Amato kommt zu dem Schluss, dass gegebenenfalls ein gleichgeschlechtlicher Stiefelternteil für ein Kind eher von Nutzen zu sein scheint als ein gegengeschlechtlicher. Wiederverheiratung kann durchaus neue Probleme aufwerfen und damit die hier besprochenen kompensierenden Wirkungen der Anwesenheit eines zusätzlichen Erwachsenen wieder aufheben.

Kinder, die einen Elternteil durch den Tod verlieren, erleben natürlich auch ein starkes Trauma. Nach einiger Zeit scheinen sie aber mit ihrer Situation besser umgehen zu können als Scheidungskinder, vielleicht deshalb, weil sie mehr Unterstützung im Umfeld erfahren, vom verbleibenden Elternteil in ihrer Trauer besser verstanden und begleitet werden und nicht so ausgeprägte Ambivalenz gegenüber dem Elternteil, der sie verlassen hat, ertragen müssen.

Die betrachteten Auswirkungen des Verlusterlebnisses sind, wie einige Längsschnittstudien zeigen, zu Beginn der Trennungsphase am negativsten. Mit zunehmender Dauer des Getrenntlebens lernen die Kinder, die neue Situation besser zu beherrschen. Ihre emotionalen Probleme und Verhaltensstörungen gehen meist zurück. Insgesamt gesehen erklärt Verlust allein die Entwicklungsprobleme von Scheidungskindern nicht.

6.1.3 Die psychische Stabilität und die Erziehungsfähigkeit des betreuenden Elternteils

Sebastians Vater beantragte die Übertragung des Sorgerechts für sich, weil er an der Erziehungsfähigkeit seiner ehemaligen Frau zu zweifeln begann. War sie bis zur Trennung eine gute Mutter gewesen, so schien sie nun ihrer mütterlichen Qualitäten zum Teil verlustig gegangen zu sein: Sie gab das Kind zu einer ihm fremden und auch noch fremdsprachigen Familie; sie war ungeduldig mit ihm und schlug es vielleicht sogar. Sebastian wollte nicht zu ihr zurückkehren, was den Vater darauf schließen ließ, dass es ihm bei der Mutter nicht gut gehe.

So wie Sebastians Mutter ergeht es vielen Ehepartnern, die sich durch die Trennung vor eine neue Situation gestellt sehen. Sie machen eine der stresserzeugendsten Erfahrungen durch, die es gibt (Holmes/Rahe 1967), und die meisten müssen sich durch eine Zeit schwieriger Anpassungsbemühungen hindurchkämpfen. Aber nicht genug damit, dass die Belastungen zunehmen, auch die Entlastungen durch das Umfeld nehmen ab. Nicht nur die bisher wichtigste Stütze, der Ehepartner, sondern auch die Verwandten „der anderen Seite" und einige der bisherigen Freunde ziehen sich zurück.

Hetherington et al. (1982) und Chase-Landsdale et al. (1990) fanden in Longitudinalstudien an Müttern dramatische Einbrüche im ersten Jahr nach der Trennung. Sie hatten im Vergleich zu verheirateten Müttern gravierende psychische Probleme: Angst, Depressionen, Ärger, Selbstzweifel. Sie zeigten ihren Kindern weniger Zuneigung, kommunizierten weniger mit ihnen, straften sie häufiger und waren in ihren Erziehungsmethoden inkonsistenter. Das heißt, sie erfüllten zwei Grundbedürfnisse, die bei Kindern gerade in dieser krisenhaften Zeit besonders stark hervortreten, nicht: das Bedürfnis nach verständnisvoller emotionaler Begleitung und nach einem einigermaßen verlässlichen täglichen Rhythmus.

Jungen reagieren darauf häufig unbotmäßig, was wiederum die Mütter zu noch schärferen und insoweit noch weniger geeigneten Maßnahmen provoziert. Ein Teufelskreis kann sich in Gang setzen, der teilweise über lange Zeit nicht zu durchbrechen ist. Meistens jedoch verbessert sich das psychische Befinden der Mütter nach etwa zwei Jahren deutlich und in der Folge ihre Beziehung zu ihren Kindern. Damit nehmen in der Regel die emotionalen Schwierigkeiten der Kinder wieder ab, wenn es auch einige Kinder gibt, die langfristig verhaltensauffällig bleiben (Allison/Furstenberg 1989; Amato/Keith 1991 a). Auch hier muss die Möglichkeit der Wechselwirkung in Betracht gezogen werden: Das mütterliche Verhalten kann sich teilweise als Folge des erträglicheren Verhaltens der Kinder verbessern. Als Sebastian sich mit dem Gang in den Kindergarten angefreundet hatte und nicht allmorgendlich protestierte, war es für seine Mutter wieder leichter, auf seine Wünsche einzugehen.

Mädchen bereiten den Müttern meistens zunächst weniger Schwierigkeiten, betragen sich eher auffallend gut. Ob dies allerdings zu ihrem Vorteil ist, bleibt fraglich. Denn womöglich müssen sie die Folgen ihres nach innen gekehrten Kummers noch jahrelang mit sich herumtragen, weil niemand glaubt, ihnen helfen zu müssen (Chase-Landsdale/Hetherington 1990).

Die Mehrzahl der von Amato (1993) zusammengetragenen empirischen Studien bestätigt die Annahme, dass Kinder die Scheidung ihrer Eltern um so eher verkraften, je besser der sie erziehende Elternteil den Trennungsprozess psychisch verarbeitet. Dies wiederum gelingt einem Elternteil um so leichter, je besser er in sein soziales Umfeld eingebunden ist und je mehr er dieses als hilfreich erlebt. Erziehungskompetenz des verbliebenen Elternteils und eine liebevolle Mutter-(oder Vater-)Kind-Beziehung erweisen sich in fast allen Untersuchungen als die tragenden Pfeiler des Sozialisationsgeschehens auch in Einelternfamilien. Psychisches Wohlbefinden, soziale Beziehungen, Selbstwertgefühl, Schulleistungen und Geschwisterbeziehungen des Kindes leiden um so weniger, je positiver es sein Verhältnis zu dem Elternteil, mit dem es seinen Alltag teilt, erlebt.

Die Notwendigkeit, elterliche Erziehungsfähigkeit und Kooperationsvermögen zu *begutachten*, fällt oft in die Phase des maximalen Absinkens eben dieser Fähigkeiten. Das macht die diagnostische Aufgabe für Fachkräfte der Sozialen Arbeit nicht leicht. Auf jeden Fall müssen sie berücksichtigen, dass das Bild, das sich ihnen in jener Zeit bietet, u.U. durch vorübergehende Umstellungsschwierigkeiten und psychische Instabilität getrübt sein kann. Aus dem zu beobachtenden *Minimalstatus* muss auf einen *Normalstatus* geschlossen werden. Dafür kann es nützlich sein, wenn herausgefunden werden kann, wie sich die Erziehungseignung vor dem Eintritt des Stressereignisses dargestellt hat.

Sowohl Amato (1993) als auch Furstenberg/Cherlin (1993) weisen darauf hin, dass die psychische Stabilität der Eltern nicht erst nach der Scheidung an Bedeutung gewinnt, sondern bereits *während* des Bestehens der Ehe sowohl den Eheverlauf als auch die Sozialisation der Kinder entscheidend prägt. Psychische Störungen, Drogen- und Alkoholmissbrauch, die Tendenz zur Gewaltanwendung bei Eltern erhöhen sowohl die Gefahr des Auseinanderbrechens der Familie als auch die Zerstörung der Entwicklungschancen der Kinder.

6.1.4 Konflikte zwischen den Eltern

Sebastian war vermutlich von der Trennung seiner Eltern überrascht, denn wahrscheinlich waren für ihn zuvor keine warnenden Zeichen zu erkennen gewesen. Das lag zum einen daran, dass er für derartige Wahrnehmungen noch zu klein war, zum anderen daran, dass seine Eltern in seiner Gegenwart nicht offen miteinander stritten. In einer Untersuchung von Hingst (1981) fragte man Scheidungskinder und ihre Mütter nach ihrer Sicht der familiären Situation vor und nach der Scheidung. Ein Teil der Kinder erlebte die Situation vor der Trennung nicht als so belastend, wie ihre Mütter dies taten. Die Mütter dagegen empfanden häufiger als die Kinder die Situation nach der Scheidung als leichter, sahen also eher als die Kinder den entlastenden Effekt. In manchen Familien jedoch wird ein jahrelanger Krieg geführt mit psychischen und nicht selten auch physischen Mitteln. In der Zeit vor dem endgültigen Auseinanderbrechen der Ehe spitzt er sich zu. In der Untersuchung von Furstenberg/Cherlin (1993) berichteten 56 % der befragten Frauen von Auseinandersetzungen vor der Trennung. In mehr als einem Drittel der Familien kam es auch zu körperlichen Angriffen, meistens der Männer gegenüber den Frauen. Johnston/Campbell (1988) berichten über ein noch häufigeres Auftreten physischer Gewaltanwendungen oder Zerstörungen von Gegenständen. In zwei Dritteln der Fälle wurden die Kinder Zeugen dieser Tätlichkeiten. Was am Ende der Ehe eskaliert, ist aber oft, wie gesagt, schon jahrelang „unter der Decke" vorhanden in Familien, die scheinbar intakt sind. Dies zeitigt traumatische Folgen für die Kinder. Block et al. (1986) beobachteten in einer über viele Jahre durchgeführten Längsschnittstudie, dass Jungen in später sich trennenden Familien schon im Alter von drei Jahren vermehrt undiszipliniertes, rücksichtsloses und impulsives Verhalten zeigten (bei Mädchen war die Auffälligkeit weniger ausgeprägt). Die Untersuchung verdeutlicht, dass *nicht alle* Verhaltensstörungen der Scheidung angelastet werden dürfen, sondern dass die dazu führenden Konflikte der Eltern die Kinder in ihrer Persönlichkeitsentwicklung *schon vorher* beeinträchtigen.

Amato (1993) kommt nach der Durchforstung der genannten 180 Studien zu dem Schluss, dass *keine andere Variable* so entscheidend die kindliche Entwicklung beeinflusst wie das Ausmaß der Konflikte zwischen den Eltern. Eindeutig zeigt sich in den Untersuchungen, dass heftiger Streit der Partner in der Ehe und nach der Eheauflösung verheerende Wirkungen auf die Kinder hat. Die Kinder reagieren mit Angst, Ärger und Trauer. Ihr Wohlbefinden ist generell herabgesetzt. Werden sie in den Streit einbezogen und versuchen einer oder beide Elternteile ein Kind zum Bundesgenossen zu machen (Richter 1963), so führt dies zur Schädigung der Eltern-Kind-Beziehung, Zerstörung der allgemeinen Familienkohäsion und zu einem tiefgreifenden Vertrauensverlust bei dem dergestalt instrumentalisierten Kind. Streitende oder sich schlagende Eltern bieten ein Verhaltensmodell, nach welchem die Kinder unerwünschte Formen der Auseinandersetzung imitieren. Auch besteht, insbesondere bei kleineren Kindern, die sich entwicklungsbedingt noch als „Nabel der Welt" sehen („egozentrisches Weltbild" nach Piaget 1975), die Gefahr, dass sie sich selbst die Schuld am Zerbrechen ihrer Familie geben. Diese Selbstbezichtigung lässt sich zum Beispiel daran erkennen, dass ein Kind gelobt, nie mehr mit seinem Bruder zu streiten oder immer seine Spielsachen aufzuräumen, wenn der Vater nur wieder zurückkehre.

In der erwähnten NSC-Studie (S. 263) wurde deutlich, dass Kinder, die über fünf Jahre und länger in hochgradig konfliktbelasteten Familien lebten, viel stärker als Kinder aus harmonischen Familien und sogar aus geschiedenen Ehen unter Depressionen litten, übermäßig impulsiv, hyperaktiv und undiszipliniert waren (Peterson/Zill 1986). Wenn die Kämpfe nach der Scheidung mit vermehrter Härte fortgeführt werden – um das Sorgerecht, die Kindererziehung, den Unterhalt, die Aufteilung des Besitzes –, perpetuieren sich auch die Probleme der Kinder. Je eher und besser den Eltern die schwirige Aufgabe gelingt, ihren Streit beizulegen, um so eher hat das Kind die Chance, sich vom Trauma der Trennung zu erholen.

6.1.5 Ökonomische Belastungen

Sebastian musste das geräumige, am Waldrand gelegene Haus der Familie gegen eine Zweizimmer-Stadtwohnung eintauschen, als die Eltern sich trennten. Der Vater war nicht großzügig mit Unterhaltszahlungen. Die Mutter musste selbst Geld verdienen und hatte weniger Zeit für Sebastian. Große Geschenke konnte sie nicht ermöglichen, aber damit verwöhnte ihn der Vater, wenn er zu Besuch kam. Sebastian hatte bald herausgefunden, dass er beim Vater etwas bewirken konnte, z. B. wenn er sagte: „Ich hab dich viel lieber als die Mama. – Kaufst du mir den Lastwagen?"

Zwei Haushalte zu führen, bringt eine erhöhte finanzielle Anspannung für alle Beteiligten mit sich. Hinzu kommt, dass viele Väter bald sehr unwillig werden, einer Frau noch Geld zu geben, von der sie nicht mehr erkennen können, dass sie etwas für sie tut (Furstenberg/Cherlin 1993). Sie neigen dazu, die Unterhaltszahlungen eigenmächtig zu kürzen und eventuell sogar ganz einzustellen, insbesondere wenn sie eine neue Familie gründen.[4] Alleinerziehende Mütter und ihre Kinder erleben oft einen sozialen Abstieg, nicht selten sind sie von Armut bedroht. Sie verfügen über das niedrigste durchschnittliche Nettoeinkommen aller Haushalte. Verglichen mit einer „Standardfamilie" müssen sie sich mit 65 %[5] des Budgets begnügen. Alleinerziehende Frauen machen den zweithöchsten Anteil aller (deutschen) Sozialhilfempfänger aus. Unter den „besonderen sozialen Situationen", die zum Sozialhilfebezug führen, liegt die Trennung vom Ehepartner an erster Stelle (Statistisches Bundesamt 2006). Befragt, was sie als Folge der Scheidung am stärksten belaste, antworteten sowohl Mütter als auch Väter am häufigsten, dies seien die finanziellen Probleme (Proksch 2002).

Der Einkommensverlust zwingt zum Wechsel in kleinere Wohnungen in schlechteren Wohngegenden, was für die Kinder auch den Verlust der Freunde mit sich bringen kann. Reisen, Nachhilfeunterricht, wertvolles Spielzeug, Computer und dergl. sind für die Restfamilie oft nicht mehr erschwinglich und können zu tatsächlicher und/oder subjektiv empfundener Benachteiligung der Kinder führen. Einige empirische Studien liefern Anhaltspunkte dafür, dass diese materiellen Verschlechterungen sich auf Schulerfolg, Verhalten, soziale Beziehungen und Selbstkonzept von Kindern negativ auswirken können. Die Ergebnisse sind aber nicht eindeutig. Andere Faktoren können demnach materielle Benachteiligungen teilweise ausgleichen. Da Väter in der Regel über höhere finanzielle Mittel verfügen, wird in streitigen Verfahren von ihren Anwälten gelegentlich angeführt, sie

---

4 Nach Permien (1988, 95) entziehen sich mehr als 50 % der deutschen Väter „ganz oder teilweise" ihrer Unterhaltsverpflichtung.
5 In den meisten Statistiken wird leider weder nach Müttern und Vätern noch nach ledigen, geschiedenen und verwitweten Alleinerziehenden unterschieden, was das Bild etwas verwischt.

sollten das Sorgerecht erhalten, weil sie dem Kind ja bessere äußere Bedingungen zu bieten vermöchten. Dadurch könnten die Kinder sich auch günstiger entwickeln. Für diese Zusammenhangsbehauptung gibt es jedoch keine empirischen Belege. Kinder, die bei Müttern leben, entwickeln sich gleich gut wie solche in Vater-Haushalten (Amato 1993).

6.1.6 Alter der Kinder

Auf jeder Altersstufe empfinden Kinder die Auflösung ihrer Familie als Bedrohung. Je nach kognitivem und emotionalem Entwicklungsstand werden sie aber das Ereignis unterschiedlich bewerten und verarbeiten und dies nach außen zeigen.

Vorschulkinder können die Veränderungen nur begrenzt verstehen und reagieren zu Beginn sehr erschrocken und verstört. Bei Kindern zwischen zweieinhalb und dreieinhalb Jahren sind auffällige Verhaltensänderungen zu beobachten wie erneutes Einnässen, Trennungsängste, verstärkte Irritierbarkeit, gehäufte Aggressionen und Trotz. Diese Störungen können innerhalb des ersten Jahres weitgehend verschwinden, wenn die Bezugsperson die Bedürfnisse des Kindes, insbesondere die nach vermehrter Zuwendung und gut strukturierter Betreuung, befriedigend erfüllt. Bei Kindern zwischen dreieinhalb und fünf Jahren scheint die Verwirrung noch ausgeprägter zu sein, ihr Vertrauen in die Zuverlässigkeit menschlicher Beziehungen kann eine starke Erschütterung erfahren. Selbstanschuldigungen sind nicht selten, Angst, Aggression, Traurigkeit und emotionale Bedürftigkeit bleiben länger bestehen als bei jüngeren Kindern (Fthenakis et al. 1982). Mit zunehmendem Alter wächst das Verständnis der Kinder für die Vorgänge. Das bewahrt sie aber zunächst nicht vor intensiven Gefühlen von Verlust, Trauer und Bedrohung ihrer Existenz, Scham, Ambivalenz und Zukunftssorgen, was sie freilich auch immer besser sprachlich ausdrücken können. Kinder im frühen und mittleren Schulalter haben aber schon die Fähigkeit, ihre Erfahrungen kognitiv und emotional zu verarbeiten und sich nach einiger Zeit dadurch besser in die neue Situation hineinzufinden. Ihre Reaktionen weisen allerdings, je nach begleitenden äußeren Faktoren, eine große Bandbreite auf.

Heranwachsende reagieren oft mit großer Wut, Schmerz und Scham, fühlen sich von den Eltern verlassen, betrogen und um einen Teil ihrer Jugend gebracht. Sie überwinden den Schock aber relativ bald und können dann aktiv zur Lösung der Probleme in der Familie beitragen und die Eltern einfühlsam unterstützen. Nicht selten führt in diesem Alter die Scheidung zu einer früheren und schnelleren Lösung von der Familie und einer stärkeren Wendung nach außen (Fthenakis et al. 1982). Insgesamt gehen Jugendliche aber mit den geringsten Beeinträchtigungen aus diesem Prozess hervor, vorausgesetzt, sie waren nicht schon vor der Trennung langfristigen elterlichen Konflikten ausgesetzt.

6.1.7 Hilfe und Unterstützung durch Soziale Arbeit

Kinder wie Erwachsene müssen im Zuge einer Familienauflösung mit einer Reihe von Veränderungen fertig werden. Neben den schon genannten ist noch zu denken an den möglichen Verlust von Kontakten zu Großeltern und anderen Verwandten, Verlust von geliebten Haustieren, gehäufte Umzüge, das Hinzukommen von Stiefgeschwistern im Zusammenhang mit neuen Partnerschaften der Eltern. Die oben aufgeführten Faktoren stehen in Interaktionen miteinander und können sich gegenseitig verstärken oder abschwächen. Wir finden ein ganzes Stressbündel, das dem Kind aufgebürdet wird. Es ließ sich empirisch nachweisen, dass es von der Schwere des gesamten Bündels abhängt, wie gut ein Kind es zu tragen vermag. Zusätzlich spielt es aber eine große Rolle, ob das Kind seine Last allein auf seine Schultern nehmen muss, oder ob es einen Helfer findet. Emotionale Unterstützung durch die Eltern, praktische Hilfe, Führung, altersgemäße Beaufsichtigung und nachahmenswerte Vorbilder sind die wichtigsten Kraftquellen.

Soziale Arbeit kann Kinder und ihre Eltern in ihren Fähigkeiten zur Stressbewältigung unterstützen, sei es durch Beratung zur Stärkung der persönlichen Ressourcen, sei es durch Mobilisierung externer Unterstützungssysteme und schließlich durch Hinwirken auf materielle Verbesserungen.[6]

Eltern haben nach *§ 17 KJHG einen Anspruch auf Beratung und Unterstützung in Fragen der Partnerschaft, Trennung und Scheidung,* wenn sie diese brauchen, um die Lebensbedingungen ihrer Kinder zu verbessern. Hauptanliegen ist die Klärung der Frage, wie es der Mutter und dem Vater gelingen kann, trotz der Trennung auf der Paarebene die Beziehung auf der Elternebene zukünftig so zu gestalten, dass das Kind in seiner Entwicklung nicht beeinträchtigt wird. Unterstützt oder geweckt werden muss die *Bereitschaft und Fähigkeit beider, den Blickwinkel des Kindes einzunehmen* und dessen emotionale Bindung an beide Elternteile zu erkennen, zum Kontakt zu ermutigen und sich im Erziehungsverhalten abzustimmen oder zumindest nicht darüber zu streiten. Der Fokus ist nach Möglichkeit auf die Stärken und Ressourcen zu richten, mit denen jeder von beiden das Wohlbefinden und die Entwicklung des Kindes fördern kann. Sach- und Beziehungsberatung gehen hier Hand in Hand.[7]

Wichtige Beratungsthemen können dabei sein: Wahl des Sorgerechtsmodells (gemeinsame oder alleinige Sorge), Ausgestaltung der gewählten Sorgeform (Betreuung), Umgang, auch mit weiteren Verwandten, Befugnisse,

---

[6] Hier kommt auch Rechtsanwälten eine wichtige Funktion zu, z. B. einen einklagbaren Unterhaltstitel vor Gericht zu erwirken.

[7] Zweifel an der generellen Erreichbarkeit des Ideals der Elternkooperation äußern allerdings Maccoby/Mnookin (1995). Sie halten eine „parallele Elternschaft" mit wenig Kooperation, aber dafür auch weniger Konflikten für realistischer. Zur Beratung hinsichtlich „getrennter Elternschaft" vgl. auch Alberstötter (2004).

Absprachen, Bedeutung der Kontinuität, Entlastung des betreuenden Elternteils durch den anderen. Aufklärung sollte erfolgen über scheidungstypische Gefahren und ihre Vermeidung wie Behinderung der Beziehung des Kindes zum Vater durch die betreuende Mutter, mangelnde Verlässlichkeit und Rückzug des nicht betreuenden Vaters, Beeinflussung des Kindes gegen den anderen Elternteil. Beratung zu Unterhaltsfragen ist im Scheidungsverfahren vornehmlich Sache der Anwälte. Sie kann aber auch bei der Beratung nach § 17 KJHG eine Rolle spielen, weil die Regelung dieser Frage von starkem Einfluss auf die Kooperationsbereitschaft sein kann. Häufig dient die Erfahrung, in Sachkonflikten zu einer Einigung gefunden zu haben, auch der Verbesserung der Beziehungsqualität, denn Selbst- und Partnerbild, Rollen- und Beziehungsdefinitionen verändern sich als Folge der mit einer Abmachung besiegelten Problemlösung.[8] Andererseits kann die Beziehung so stark gestört sein, dass eine Übereinkunft in Sachfragen nicht zu erreichen ist, ehe nicht die Beziehungskonflikte ausreichend bearbeitet sind.

Nach § 17 Abs. 2 KJHG soll das Jugendamt die Eltern auch bei der Entwicklung eines *einvernehmlichen Konzepts für die Wahrnehmung der elterlichen Sorge* unterstützen. Diese Vereinbarung kann auch als Grundlage für die Sorgerechtsentscheidung des Familiengerichts dienen, wenn die Alleinsorge beantragt wird. Der Gesetzgeber ging davon aus, dass angesichts der typischerweise gravierenden Spannungen dieser Zeit die Verständigung oftmals nicht ohne fachliche Hilfe möglich ist. Neben der Jugendhilfe sind auch die Prozessvertreter beider Parteien aufgefordert, ihren Beitrag zur Einigung zu leisten. Die Erfahrung zeigt, dass eine von den Beteiligten gemeinsam erarbeitete, als gerecht empfundene und bejahte Vereinbarung eher als eine lediglich durch richterliche Entscheidung herbeigeführte Regelung die Gewähr dafür bietet, dass die Eltern in der Nachscheidungsphase zum Besten des Kindes kooperieren oder zumindest die „parallele Elternschaft" (s. Fn. 7) durchhalten können. Oftmals wird es zunächst darum gehen, zwischen den Eltern so weit zu vermitteln, dass sie sich überhaupt auf eine gemeinsame Aufgabenbearbeitung – die Suche nach einer einvernehmlichen Lösung – einlassen können, und darum, Hilfestellung für die Ausarbeitung der Vereinbarung zu geben (wie z. B. Art und Häufigkeit der Informierung des nicht betreuenden Elternteils über Ereignisse des täglichen Lebens, Gestaltung von Ferienregelungen mit dem Kind).

Die mit der Reform des Kindschaftsrechts 1998 erfolgte Erweiterung von § 17 KJHG um die Pflicht, die *betroffenen Kinder und Jugendlichen* in adäquater Weise in die Arbeit an der Sorgerechtskonzeption mit *einzubeziehen*, ergänzt die Regelung in § 8 Abs. 1 Satz 2 KJHG, wonach Minderjährige über ihre Rechte im Familiengerichtsverfahren aufzuklären sind. Beide

---

8 Vgl. Römer-Wolf/Theilmann-Braun, (2003), die den Weg „von der Sache zur Beziehung" gehen und Metakommunikation über die Beziehung bewusst vermeiden.

Vorschriften betonen die Subjektstellung des Kindes oder Jugendlichen.[9] Darüber hinaus hat das Jugendamt den Eltern das *gesamte* in seinem Bezirk bestehende *Angebot* der Jugendhilfe zur Trennungs- und Scheidungsberatung zu unterbreiten, also nicht nur das eigene, sondern *auch das der freien Träger*, sowie sie über ihr *Wunsch- und Wahlrecht* nach § 5 KJHG aufzuklären. Der ausdrückliche Hinweis auf Beratungsmöglichkeiten ist deshalb notwendig, weil seit der Aufhebung des Scheidungsverbunds das Jugendamt nicht mehr automatisch Kontakt zu sich trennenden Eltern aufnimmt, und weil die Praxis zeigt, dass bei den Betroffenen häufig Unkenntnis über die spezifischen Hilfsmöglichkeiten besteht. Das „Einladungsschreiben" zur Wahrnehmung des Beratungsangebots sollte so gestaltet werden, dass Schwellenängste abgebaut und die Motivation, sich im Interesse der Kinder zusammenzusetzen, gefördert wird. Die *Eltern sind nicht verpflichtet*, auf ein Angebot einzugehen. Auch das Gericht hat keine Befugnis, eine Beratung, Behandlung oder Familientherapie anzuordnen, um Eltern zu einem bestimmten Verhalten in Bezug auf ein Kind zu bewegen.[10] Haben sie sich beraten lassen, entscheiden sie selbst, ob sie das Gericht über die Annahme als solche und über Beratungsergebnisse informieren. *Ist das Jugendamt zur Abgabe einer Stellungnahme verpflichtet*, so unterrichtet es gemäß § 50 Abs. 2 KJHG über angebotene und erbrachte Leistungen, also auch über die *Tatsache* des Angebots oder der Durchführung einer Beratung. Über Beratungs*inhalte* darf es nur mit Einwilligung der Betroffenen oder aufgrund bestimmter engbegrenzter Übermittlungsbefugnisse (Gefährdung des Kindeswohls) berichten. (Ausführlich zur Beratung nach § 17 KJHG: Harnach 2005.)

Eine Überschneidung der Aufgaben ergibt sich mit denen der *Trennungs- und Scheidungsberatung nach § 28 KJHG*, die insbes. von Erziehungsberatungsstellen erbracht wird. Die Nutzung dieser Beratungsmöglichkeiten wird sich vor allem dann ergeben, wenn Eltern zunächst wegen Verhaltensauffälligkeiten oder seelischer Störungen ihres Kindes eine Erziehungsberatungsstelle aufsuchen und sich im Zuge der Klärung der Entstehungsbedingungen herausstellt, dass die elterliche Trennung dabei eine Rolle spielt,

---

9 Allerdings können die Personensorgeberechtigten ihre Zustimmung zum Einbezug des Minderjährigen in die Beratung verweigern (Art. 6 Abs. 2 Satz 1 GG). Liegen jedoch die Voraussetzungen von § 8 Abs. 3 KJHG vor, d. h. ist die Beratung wegen einer Not- und Konfliktlage erforderlich und würde der Beratungszweck durch die Mitteilung an die Eltern vereitelt, dann könnte der Minderjährige ohne Wissen seiner Eltern beraten werden.
10 Von positiven Ergebnissen einer „verordneten Kooperation" zwischen Eltern unter professioneller Begleitung wurde berichtet (sog. „Cochemer Modell", Füchsle-Voigt 2004) sowie von einer „gerichtsnahen" Beratung, bei der der Richter einen Beratungstermin für die Eltern in den Räumen des Gerichts ausmacht und dringend zur Annahme rät („Regensburger Modell", Buchholz/Vergho 2000). Bei beiden Modellen bleibt der Richter allerdings auf seine Fähigkeit, die Eltern von der Nützlichkeit eines solchen Versuchs zu überzeugen, angewiesen. Die „Verordnung" ist also in diesem Fall eine Methode der Motivierung und keineswegs verbindlich.

was häufig der Fall ist (Bundeskonferenz für Erziehungsberatung 2005). In einem solchen Fall erscheint es sinnvoll, die Erziehungsberatung nicht personell oder gar institutionell von der Trennungs- und Scheidungsberatung zu trennen, sondern den Problemkomplex als Ganzes zu behandeln. Da es sich bei einer Beratung nach § 28 KJHG um Hilfe zur Erziehung handelt, müssen die Voraussetzungen von § 27 KJHG erfüllt sein, d. h. es muss ein erzieherischer Bedarf gegeben sein. Allerdings braucht das Verfahren weniger förmlich als bei den anderen Hilfen zur Erziehung gestaltet zu werden.[11]

Eine Spezialform der Beratung ist die *„Scheidungsmediation"* (lat. „Vermittlung"). Sie ist ein außergerichtliches Verfahren zur Streitbeilegung mit langer, bis ins antike China und Japan oder auf das Neue Testament zurückgehender Tradition. Das gegen Ende der 60er Jahre des 20. Jahrhunderts zunächst in den USA, später in Europa (in Deutschland erst in den 80er Jahren) wieder auflebende starke Interesse an mediativen Methoden zur Lösung von Konflikten in unterschiedlichen Bereichen (z. B. auch Wirtschaft, Politik, Umwelt) wurde durch eine zunehmende Unzufriedenheit mit der herkömmlichen gerichtlichen Auseinandersetzung ausgelöst. In zahlreichen amerikanischen Bundesstaaten ist bei streitigen Sorge- und Umgangsfällen mittlerweile die Inanspruchnahme von Mediation obligatorisch. Außerdem wurde das Verfahren inzwischen auch auf Streit*prävention* erweitert („Alternative Streitbeilegung" „Alternative Dispute Regulation, ADR"). Deutsche Jugendämter nehmen die Mediation zunehmend in ihr Beratungsangebot auf.

Der Leitgedanke dieser Methode ist die Konsensfindung und autonome Übereinkunft der Konfliktparteien mit Hilfestellung durch einen neutralen Mediator. Dieser entscheidet nicht, sondern trägt lediglich die Verantwortung für den Prozess der Einigung, indem er die Kommunikation und Verhandlung der Parteien strukturiert und erleichtert und diese zu einer selbstbestimmten Vereinbarung führt. Mediation zielt somit auf zweierlei Resultate: ein konkretes Sachergebnis – den Vertrag, der nach Möglichkeit auch schriftlich zu fixieren ist – und auf ein personenbezogenes Ergebnis, nämlich Kompetenzverbesserungen bei den Konfliktparteien. Nicht nur der aktuelle Konflikt ist zu bereinigen, sondern es soll zusätzlich eine Entwicklungsgelegenheit für die Beteiligten und für ihre Beziehung zueinander geschaffen werden. Eigenverantwortlichkeit, Selbsterkenntnis, Wahrnehmung des Anderen, Kommunikationsstile, Werthaltungen und Kompromissbereitschaft sollen so verbessert werden, dass die neu gewonnenen Fähigkeiten auch auf die Gestaltung zukünftiger Beziehungen angewandt werden kön-

---

11 § 28 KJHG verlangt ausdrücklich das Zusammenwirken verschiedener Fachkräfte, die mit unterschiedlichen methodischen Ansätzen vertraut sind. Dieses gilt in der Praxis inzwischen allerdings auch für die Arbeit nach § 17 KJHG als Standard, auch wenn es dort nicht ausdrücklich kodifiziert ist.

nen. *Kontraindiziert* ist Mediation beim Fehlen von Verhandlungsbereitschaft, Einschränkungen der Verhandlungsfähigkeit eines Beteiligten (z. B. durch geistige oder seelische Beeinträchtigung, Drogen- oder Alkoholeinfluss), ferner beim Agieren mit körperlicher Gewalt, Einschüchterungen, Drohgebärden oder bei extremem Kontrollverlust (Mähler/Mähler, 1996; Montada/Kals 1999; Gottwald 2004).[12] Bei ernsteren psychischen Problemen kann zusätzliche psychologische Beratung oder Psychotherapie erforderlich sein.

Amerikanische und deutsche Evaluationsstudien kommen zu positiven Ergebnissen hinsichtlich der Wirksamkeit von Familienmediation: hohe Klientenzufriedenheit (die bei Frauen, entgegen früheren Befürchtungen, sogar höher auszufallen scheint als bei Männern), eine beachtliche Rate von Übereinkünften (50–85 %) sowie eine zufriedenstellende Nachhaltigkeit der positiven Auswirkungen (Bastine 2003; Proksch 1996).

Kommen Fachkräfte der Sozialen Arbeit ihren Beratungs- und Unterstützungsaufgaben sachkundig und engagiert nach, wird es den betroffenen Familienmitgliedern – auch den Kindern – eher möglich sein, in der Scheidung nicht nur eine Bedrohung zu sehen, sondern ebenso die *Chancen* zu entdecken, die eine Krise eröffnen kann, und die neu gewonnenen Möglichkeiten der Autonomie, Verantwortungsübernahme und Kooperation für die eigene Persönlichkeitsentwicklung zu nutzen.

6.2 Das Sorgerecht

> Wir beschäftigen uns im folgenden mit den Möglichkeiten der Sorgerechtsregelung nach der Reform des Kindschaftsrechts. Die Beibehaltung der gemeinsamen elterlichen Sorge wird mehrheitlich als Regelfall betrachtet. Wichtiger als die formale Gestaltung ist jedoch die Bereitschaft und Fähigkeit der Eltern, im Interesse ihres Kindes auch nach der Trennung zu kooperieren und dem Kind die Beziehung zu beiden zu erhalten.

6.2.1 Gestaltungsmöglichkeiten

Nach deutschem Recht gibt es zwei Arten der Gestaltung des Sorgerechts nach der nicht nur vorübergehenden Trennung von Eltern: Die gemeinsame Sorge oder die Übertragung auf einen Elternteil (Alleinsorge).

---

12 Geht es um Rechtspositionen, so bedarf die Mediation in der Regel der Übertragung in das justitielle Verfahren, also z. B. durch Abfassung einer Scheidungsfolgenvereinbarung gem. § 630 ZPO, des Entwurfs sowie der Beurkundung eines Ehevertrags usw. Diese Tätigkeit ist Rechtsanwälten vorbehalten, entweder im Rahmen der Mediation oder extern. Zur Fairnesskontrolle wird bei rechtsverbindlichen Übereinkünften auch bei Mediation durch einen Juristen eine zusätzliche externe parteiliche Rechtsberatung und -vertretung empfohlen.

Bis zur Reform des Kindschaftsrechts, die am 01.07.1998 in Kraft trat,[13] galt die alleinige Sorge als Regelfall.[14] Das Familiengericht hatte gemäß §§ 1671 und 1672 BGB a. F. in allen Fällen, in denen Minderjährige von der Scheidung ihrer Eltern betroffen waren, über die elterliche Sorge zu entscheiden (Zwangsverbund). Nunmehr hat das Gericht nur noch in den Fällen, in denen ein Antrag auf Regelung der elterlichen Sorge gestellt wird, eine Entscheidung zu treffen (Antragsmodell). Ohne Antrag bleibt es, wenn zuvor gemeinsame elterliche Sorge bestanden hat, bei dieser Form. Dies gilt auch für nicht miteinander verheiratete Elternpaare, sofern sie eine Sorgeerklärung gemäß § 1626a Abs. 1 Nr. 1 BGB abgegeben haben. In diesen Fällen besteht also die Vermutung, dass die Eltern sich in wesentlichen Fragen der Erziehung in ausreichender Weise einigen können. Überprüft wird ihre Entscheidung nur dann, wenn sich (z. B. in der richterlichen Anhörung) Anhaltspunkte für eine Gefährdung des Kindeswohls ergeben.

Umstritten ist noch, ob die gemeinsame Sorge als „Regelmodell" zu verstehen ist. Der Gesetzgeber bezeichnete sie als eines von mehreren gleichberechtigten Modellen.[15] Entsprechend bekräftigte der BGH (1999), dass der gemeinsamen Sorge keine Priorität zukäme, während das Bundesverfassungsgericht (1998)[16] das Elternrecht eines Elternteils durch die Alleinsorge des anderen als verletzt gesehen hatte. Ein staatlicher Eingriff in das Elternrecht des jeweils benachteiligten Elternteils sei nur bei Gefährdung des Kindeswohls zu rechtfertigen. Demnach ist das Elternrecht immer dann vorrangig zu wahren, wenn das Wohl des Kindes bei Erteilung der Alleinsorge nicht besser gesichert ist als bei Beibehaltung der gemeinsamen Sorge.

Stellt ein Elternteil einen Antrag gemäß § 1671 BGB auf Übertragung der alleinigen Sorge, so hat das Gericht eine Entscheidung zu treffen. Für den Fall, dass der andere Elternteil zustimmt, hat das Gericht dem Antrag stattzugeben, es sei denn, das Kind würde dadurch gefährdet (Abs. 3) oder ein mindestes 14 Jahre alter Jugendlicher widerspräche. Der Richter hat einen eingeschränkten Entscheidungsspielraum.[17] Der gemeinsame Elternwille führt ohne richterliche Sachprüfung zur – gleichsam den Elternwillen nur beurkundenden – Entscheidung des Gerichts. Damit ist für diese Fälle der Amtsermittlungsgrundsatz aufgegeben worden, es findet keine positive Richtigkeitskontrolle statt.[18] Bei gemeinsamem Elternvorschlag wird von einem Regel-

---

13 Vgl. Gesetz zur Reform des Kindschaftsrechts: Kindschaftsrechtsreformgesetz – KindRG, Bundesgesetzblatt 1997, Teil 1, Nr. 84.
14 Vor der Reform des Kindschaftsrechts wurde die alleinige Sorge bei 75–80 % aller Scheidungen praktiziert. Vgl. Knittel (1997) und Menne/Weber (1998).
15 BT.-Drucksache 13/4899; 63 ff.; Bundesjustizministerium, zusammenfassende Darstellung des Gesetzes zur Reform des Kindschaftsrechts, 11
16 FamRZ 1999, 85-89
17 Vgl. Ensslen (1997, 1998), 77; MüKo/Hinz, BGB, § 1671, Rn 59.
18 Es bleibt lediglich eine „Negativkontrolle" als Ausfluss des staatlichen Wächteramtes (OLG Hamm, FamRZ 1998, 1315).

Ausnahme-Verhältnis in dem Sinne ausgegangen, dass eine gewisse Vermutung für die Verwirklichung des Kindeswohls spricht. Hat jedoch der *Jugendliche* dem Vorschlag der Eltern *widersprochen*, so hat das Gericht den elterlichen Wunsch unter dem Aspekt des Kindeswohls zu untersuchen. Es ist nun zur *„großen Kindeswohlprüfung"* verpflichtet (Oelkers 1999, 265).

Ist ein Antrag auf Übertragung der *Alleinsorge* gestellt worden und hat der *andere Elternteil widersprochen*, indem er entweder die Übertragung auf sich oder die Beibehaltung der gemeinsamen Sorge beantragt hat, so hat das Gericht eine *doppelte Kindeswohlprüfung* vorzunehmen (Oelkers 1999, 265). Diese bezieht sich a) auf die Frage, ob das gemeinsame Sorgerecht überhaupt aufgehoben werden soll, und b) auf die Frage, welchem Elternteil die Alleinsorge zu übertragen ist.

Grundsätzlich kann das Familiengericht den Antrag eines Elternteils auf Übertragung der alleinigen elterlichen Sorge ablehnen, mit der Folge, dass beiden Eltern das gemeinsame Sorgerecht weiterhin zusteht (Schwab/Wagenitz 1997; Oelkers, 1999; Büte 2006). Nach heutiger Rechtsprechung wird es vielfach als Pflicht der Eltern gesehen, im Rahmen der elterlichen Sorge den Konsens zu suchen. Aus dieser Pflicht werden sie nicht entlassen, solange ihnen ein gemeinsames Erziehungshandeln zum Wohle des Kindes zumutbar ist und die darauf gerichtete Erwartung nicht unbegründet erscheint. Einzelne nicht zu bewältigende Differenzen sollen mit Hilfe von § 1628 BGB (Übertragung einer – isolierten – Entscheidungsbefugnis durch das Familiengericht auf Antrag eines Elternteils) bewältigt werden. Wenn Schwächen eines Elternteils durch den anderen ausgeglichen werden können, reicht ein minimales Maß an Gemeinsamkeit aus.[19] .Von einem hinreichenden Minimalkonsens kann jedoch dann nicht mehr ausgegangen werden, wenn Konflikte tätlich ausgetragen werden, denn dadurch werden die Kinder, wie oben berichtet, erheblich geschädigt.[20] (Ausführlich hierzu Harnach 2001.)

Die *gemeinsame elterliche Sorge* lässt sich unterschiedlich ausgestalten. Als wesentliche Regelungsarten gelten das „Residenzmodell„ (englisch „joint legal custody") und das „Wechselmodell„ („joint physical custody"). Das deutsche Kindschaftsrecht geht vom *Residenzmodell* aus, das auch als „gemeinsame juristische Sorge" oder als „Eingliederungsmodell" bezeichnet wird. Es sieht vor, dass das Kind seinen festen Aufenthalt bei einem Elternteil hat und von diesem versorgt und erzogen wird. Beide Eltern bleiben aber grundsätzlich in der Elternverantwortung, und alle Entscheidungen von grundsätzlicher Bedeutung sollen gemeinsam getroffen werden. Der Elternteil, bei dem das Kind nicht regelmäßig lebt, behält also sein Mitspracherecht in wichtigen Angelegenheiten des Kindes.

---

19 OLG Zweibrücken, FamRZ 1999, 40; OLG Frankfurt/M., UF 80/98.
20 So auch OLG Düsseldorf, FamRZ 1999, S. 1998–1999.

Wird dagegen das *Wechselmodell* oder „Modell der gemeinsamen Versorgung" praktiziert, so pendelt das Kind zwischen den beiden elterlichen Haushalten hin und her, hat also zwei feste Wohnorte. Dies kann in Form einer paritätischen Aufteilung geschehen (vom täglichen bis zum halbjährlichen Wechsel); auch zeitlich unterschiedliche Versorgungsanteile zwischen Mutter und Vater fallen unter dieses Regelungskonzept. Als Variante des Wechselmodells ist außerdem noch das „Vogelnestmodell" zu nennen. Hier bleibt das Kind in seinem „Nest", sprich seiner Wohnung, während die Eltern pendeln. Sie richten sozusagen einen „Elterndienst" ein.

6.2.2 Gemeinsame elterliche Sorge

Die Reform des Kindschaftsrechts hat erkennbare Auswirkungen auf die Entscheidungen zur elterlichen Sorge gehabt. Inzwischen wird die gemeinsame Sorge von 86 % der Elternpaare beibehalten (davon 84 % ohne Antrag, 2 % durch richterliche Entscheidung; vgl. Statistisches Bundesamt 2005). Diese Sorgeform scheint auch zum größeren Teil die in sie gesetzten Hoffnungen zu erfüllen: Sie dämpft die Angst des ohne das Kind lebenden Elternteils (insbes. des Vaters), den Kontakt zum Kind zu verlieren und hindert ihn wesentlich häufiger als bei Alleinsorge daran, von sich aus die Beziehung abzubrechen. Die Väter fühlen sich in stärkerem Maße für die Erziehung mitverantwortlich und sind auch in der Regel zufriedener. Die gesundheitlichen Auswirkungen der Scheidung auf den Elternteil, bei dem das Kind nicht lebt, sind geringer, insbes. bei den Müttern (Proksch 2002; Buchholz-Graf/Sgolik 2004). Allerdings fordert diese Regelung auch die Kooperations- und Verständigungsbereitschaft der Eltern stärker heraus, so dass sie Müttern und Vätern nicht aufgenötigt werden sollte, die dies im Alltagsleben nicht durchhalten können.[21]

In der *Beratung* sollte deutlich werden, dass die Sorgeform voraussetzt, dass in Angelegenheiten von erheblicher Bedeutung gegenseitiges Einvernehmen erzielt werden kann (§ 1687 Abs. 1 Satz 1 BGB). Es sollte besprochen werden, welche Angelegenheiten dies sind (z. B. Erziehung, Schulwahl, Umgangsrecht, Vermögenssorge) und wie diese zukünftig zur Zufriedenheit aller geregelt werden können.

Um Konflikte nach Möglichkeit zu vermeiden und Spannungen zu verringern, hat der Verband allein erziehender Mütter und Väter (VAMV, 2004) eine *Mustervereinbarung zur Ausübung der gemeinsamen Sorge* erarbeitet, die als Grundlage eines einvernehmlichen Konzepts dienen kann. Die möglichst schriftlich zu fixierenden Absprachen beziehen sich auf die folgenden Themen:

---

21 Vor einem Wettstreit von Jugendämtern um die meisten Regelungen mit gemeinsamer Sorge warnen Kunkel 2001; Fieseler/Herborth 2004, 240.

1. Aufenthalt des Kindes, Lebensmittelpunkt
2. Umgang: Besuchsregeln, Ferien, Umgangskontakte mit weiteren Personen
3. Alltag: Angelegenheiten des täglichen Lebens (z. B. TV- und PC-Konsum); grundlegende Entscheidungen und Erziehungsziele
4. Kindesunterhalt: Höhe und Zahlungsmodus
5. Zusatzkosten (Kinderbetreuung, Klassenfahrten, Feste, Hobbys usw.)
6. Konflikte: Vorgehensweisen zur Lösung wie Gespräche, Beratungen, Mediation
7. Anpassung der Sorgevereinbarung an veränderte Gegebenheiten (Überprüfungszeitpunkt)

6.2.3 Alleinsorge bei Zustimmung des anderen Elternteils (§ 1671 Abs. 2 Nr. 1 BGB)

Bei fortdauernden Verständigungsschwierigkeiten, äußeren Erschwernissen (z. B. langdauernder Abwesenheit eines Elternteils) oder Desinteresse/Unfähigkeit (z. B. infolge psychischer Krankheit) eines Elternteils kann die alleinige Sorge die kindgerechtere Lösung darstellen. Bei den im Jahre 2003 ausgesprochenen Scheidungen mit minderjährigen Kindern erhielten 12,8 % der Eltern die alleinige Sorge: 11,8 % Mütter, 1 % Väter, wobei nicht zwischen einvernehmlichen und streitigen Regelungen unterschieden wurde (Statistisches Bundesamt 2005). Die Fachkraft sollte mit den Eltern besprechen, dass diese Entscheidung weiterhin beide Elternteile verpflichtet, sich für ihr Kind verantwortlich zu zeigen, dem sorgeberechtigten Elternteil in besonderem Maße die Pflicht auferlegt, seinem Kind den Kontakt zum anderen Elternteil und die Freude daran zu erhalten, dem nicht sorgeberechtigten Elternteil weiterhin abverlangt, die Verbindung zu seinem Kind aufrecht zu erhalten (Umgangsrecht des Kindes nach § 1684 Abs. 1 BGB) und für das Kind angenehm zu gestalten; sie gibt Vater und Mutter auf, alles zu unterlassen, was den anderen Elternteil bei dem Kind in schlechtes Licht rücken könnte (§ 1684 Abs. 2 BGB). Es wird im Wesentlichen miteinander zu überlegen sein, auf welchen Wegen die Erfüllung dieser Elternpflichten gelingen kann. Jeder Elternteil kann angeregt werden, in das Konzept einzubringen, welche Lösungsbeiträge er liefern kann und will. Der *rechtliche Teil* der Beratung beinhaltet die Informationen über § 1687 a BGB (alleinige Entscheidung in Angelegenheiten der tatsächlichen Betreuung), die Aufgabe des Familiengerichts und die Aufgabe des Jugendamtes (Stellungnahme).

Steht die elterliche Sorge nach § 1626 a Abs. 2 BGB der Mutter zu, so kann der *Vater mit deren Zustimmung die Übertragung der elterlichen Sorge auf sich beantragen* (§ 1672 Abs. 1 BGB). Anders als bei einem Antrag nach § 1671 Abs. 2 Nr. 1 BGB prüft das Gericht, ob der Antrag des Vaters dem

Kindeswohl dient. Dazu benötigt es eine ausführlichere Stellungnahme des Jugendamtes. Da hier Einigkeit der Eltern Voraussetzung ist, wird sich die Beratung auf die Gründe der Mutter für die Aufgabe ihres Sorgerechts beziehen, auf deren Folgen sowie auf die Möglichkeiten der Ausgestaltung der Sorge und des Umgangs.

6.2.4 Streitige Sorgerechtsregelung (§ 1671 Abs. 2 Nr. 2 BGB)

Eltern, die vor Gericht um das Sorgerecht streiten (ca. 5 %, Alberstötter 2004), stellen den Berater vor die größte Herausforderung, vorausgesetzt, sie sind überhaupt gewillt, sich beraten zu lassen. (Insbesondere ihre Anwälte sollten auf die Bereitschaft dazu hinwirken.) Die Eltern sind über die *Gefahren eines vor Gericht ausgetragenen Streits um das Sorgerecht* aufzuklären. Sie sollen sich bewusst machen, dass sie ihr Kind damit einer schweren Zerreißprobe mit extrem negativen kurz- und langfristigen Folgen (z. B. Verlustangst, Loyalitätskonflikte, Abneigung gegen einen Elternteil) aussetzen, die auch für sie selbst negative Konsequenzen haben kann (z. B. Verlust der Liebe des Kindes, Kontaktabbruch). Ziel ist die Gewinnung von Einsicht in die Notwendigkeit des beiderseitigen Bemühens um einen Kompromiss. Die Fachkraft wird sie außerdem darüber informieren, dass das Familiengericht eine „doppelte" Kindeswohlprüfung vornehmen muss, für die es eine auf genauer Sachverhaltsermittlung beruhende detaillierte Stellungnahme des Jugendamt braucht, ferner über die einschlägigen Datenschutzbestimmungen und über die Möglichkeit der Bestellung eines Sachverständigen. Im Unterschied zu anderen Situationen der Trennungs- und Scheidungsberatung ist hier ein mehr direktives, *auf Einigung drängendes Vorgehen legitim*, auch wenn dies den Beratungsprozess verlängert. Andererseits darf die *Gefahr der zu langen Dauer* dieses Prozesses nicht übersehen werden (siehe 6.3).

Abschließend lässt sich sagen, dass nach den bisher vorliegenden amerikanischen und deutschen Untersuchungen die gemeinsame elterliche Sorge weder ein Allheilmittel ist, das eine „Schmusescheidung" ermöglicht, noch eine Zerstörerin des Kindeswohls. Sie ist nichts weiter als eines unter mehreren möglichen Arrangements, das für die eine Familie die bessere, für die andere die schlechtere Lösung darstellen kann. Auch hier wird also wieder deutlich, dass eine soziale Fachkraft, die der ratsuchenden Familie eine Entscheidungshilfe geben möchte, genau hinschauen muss. Sie muss die komplexe Ist-Situation möglichst exakt erkennen, um daraus möglichst richtige Schlüsse auf eine zukünftige Entwicklung ziehen zu können. Sie braucht daher auch für diese Fragestellung diagnostische Kenntnisse, Wissen über denkbare Scheidungsverläufe, über Auswirkungen der für die Scheidungssituation spezifischen Veränderungen auf alle Beteiligten und natürlich das Wissen darüber, wie diese Erkenntnisse in der Beratung für Familien umzusetzen sind.

6.3 Die Stellungnahme des Jugendamtes

6.3.1 Rechtliche und fachliche Begründung der Notwendigkeit der Stellungnahme

Die Mitwirkung des Jugendamtes im familiengerichtlichen Verfahren dient den Interessen des Kindes, wenn die Fachkraft sich als „Gehilfe des Kindes" versteht. Deshalb ist dem Amt diese Aufgabe vom KJHG zugewiesen worden. Mit seiner Stellungnahme unterstützt es Eltern in ihrem einvernehmlichen Vorschlag oder gibt bei Streit der Eltern dem Gericht fachlichen Rat bei der Suche nach der für das Kind angemesseneren Lösung. Die Datenschutzbestimmungen des KJHG verdienen hier besondere Aufmerksamkeit.

> Sebastians Eltern stritten sich um das Sorgerecht. Jeder unterstellte dem anderen Unfähigkeit und bösen Willen: Frau A. machte geltend, dass Herr A. zur Zeit ihrer Ehe niemals die Betreuung und Erziehung des Kindes übernommen habe und dies gar nicht könne; ihm gehe es vor allem darum, Unterhaltszahlungen zu sparen. Herr A. nahm an, seine Frau sei nun, da sie ohne ihn lebe, der Erziehung nicht mehr gewachsen und wolle ihm den Jungen demnächst ganz entziehen, weil sie womöglich mit ihrem neuen Partner, einem Amerikaner, in die USA ausreisen werde. Die Anwälte versuchten nicht, den Streit zu schlichten, sondern gossen mit ihren Schriftsätzen Öl ins Feuer. So begründete der Bevollmächtigte von Herrn A. den Antrag auf Übertragung des Sorgerechts damit, dass Sebastian behaupte, von der Mutter geschlagen zu werden, was insofern für den Vater glaubhaft sei, als sie ihren Sohn bereits als ein- bzw. zweijähriges Kind zum Teil sehr heftig geschlagen habe. Das Verhältnis des Kindes zur Mutter sei erheblich gestört. Die Mutter versuche, das Kind dem Vater und der übrigen Familie zu entfremden. Das Kind sei gesundheitlich nicht in einem guten Zustand, insbesondere werde es ständig von Infektionen der Atemwege geplagt. Die Mutter habe Sebastian kurz nach ihrem Auszug aus der ehelichen Wohnung bei einer amerikanischen Familie abgegeben, was sie erst nach dem Einspruch des Vaters eingestellt habe. Herr A. wolle für den Fall der Übertragung des Sorgerechts nur noch halbtags berufstätig sein. In der Haushaltsführung und der Betreuung und Erziehung des Kindes könne er von seiner Mutter, die mit in seinem Haus lebe, seiner Schwester und seiner Schwägerin unterstützt werden. Vormittags könne Sebastian den Kindergarten in L. besuchen. Die äußeren Voraussetzungen seien für das Kind sehr günstig, und das Verhalten des Kindes lasse den Schluss zu, dass eine besondere Bindung an den Vater vorhanden sei.
>
> Frau A. ließ durch ihren Bevollmächtigten beim Familiengericht beantragen, den Antrag abzuweisen. Es wird ihr Standpunkt dargelegt, wonach bei der Trennung des Ehepaares völlig klar gewesen sei, dass Sebastian bei der Mutter bleiben werde. Der Vater sei aufgrund seiner beruflichen Tätigkeit und weil er sich in der Vergangenheit nicht um die

Pflege des Kindes habe kümmern können, nicht in der Lage, die Erziehung zu übernehmen. Alle Anschuldigungen des Vaters werden zurückgewiesen, ebenso seine Aussage, dass er mit Unterstützung seiner Verwandten gut für Sebastian sorgen könne. Erläutert wird, dass die Mutter sowohl von ihrer Erziehungskompetenz als auch von ihren Betreuungsmöglichkeiten her besser als der Vater das Wohl des Kindes sicherstellen könne und es keinen Grund für einen Wechsel gebe.

Die Mutter brachte außerdem eine Bescheinigung des Kindergartens bei, aus der hervorging, dass Sebastian sich nach etwa einem halben Jahr als Tageskind recht gut eingelebt habe. Er sei aufgeschlossen, fröhlich und sehr liebebedürftig. Nach den Wochenenden bei seinem Vater verhalte er sich aber verändert. Er sei danach äußerst aggressiv anderen Kindern gegenüber, störe deren Spiel, habe ein ausgeprägtes Zärtlichkeitsbedürfnis und beanspruche eine Erzieherin für sich allein. Zwischen Sebastian und seiner Mutter bestehe ein gutes Vertrauensverhältnis, er freue sich auf seine Mutter und erzähle viel von den gemeinsamen Aktivitäten mit ihr, während er seinen Vater kaum erwähne. Es bestehe eine gute Vertrauensbasis zwischen Mutter und Kindergärtnerinnen, und Frau A. erfülle ihre Aufgabe als Mutter zur vollsten Zufriedenheit.

Das Jugendamt traf das sich trennende Ehepaar in einer Phase an, in der Enttäuschung, Wut und gegenseitiges Misstrauen ihren Höhepunkt erreicht hatten. Es war zu erwarten, dass diese extrem negativen Gefühle allmählich abklingen würden. Die Eltern wollten sich aber nicht darauf einlassen, länger miteinander zu verhandeln, sondern wünschten eine sofortige Regelung, schon damit nicht durch den Ablauf der Zeit Tatsachen geschaffen würden. Das Beratungs- und Vermittlungsangebot des Jugendamtes lehnten sie ebenso ab wie die Beibehaltung der gemeinsamen Sorge. Das Jugendamt musste nun also eine Empfehlung für die Regelung der elterlichen Sorge abgeben.

Anzustreben ist, wie oben dargelegt, in Scheidungsfällen immer, dass die Eltern sich über das Sorgerecht einigen. Damit das Jugendamt seine Beratungsaufgaben erfüllen kann, teilen die Gerichte ihm nach § 17 Abs. 3 KJHG die Rechtshängigkeit von Scheidungssachen dann mit, wenn gemeinschaftliche minderjährige Kinder vorhanden sind. Nach § 52 FGG soll auch der Richter so früh wie möglich und in jeder Lage des Verfahrens auf ein Einvernehmen der Beteiligten hinwirken.[22] Er kann außerdem das Verfahren jederzeit aussetzen, wenn die Eltern Beratung in Anspruch nehmen wollen. Damit diese Unterbrechung nicht zu einer für das Kindeswohl nachteiligen Verzögerung führt, müssen Jugendamt und Familiengericht

---

22 97 % der Familienrichter wirken im Rahmen der mündlichen Verhandlung auf ein Einvernehmen hin, 65 % schalten Beratungspersonen ein, 29 % Mediatoren. Einen frühen Anhörungstermin beraumen 65 % der Richter an, 29 % tun dies nicht (Proksch 2002).

eng miteinander kooperieren. Ein „einvernehmliches Konzept" ist nicht gleichzusetzen mit „gemeinsamer elterlicher Sorge", sondern bedeutet, dass die Eltern eine Übereinkunft erzielen sollen, unabhängig davon, ob diese das Sorgerecht bei einem von ihnen oder bei beiden gemeinsam vorsieht.

Stellen die Eltern keinen Antrag auf Regelung der elterlichen Sorge, so braucht auch das Jugendamt *keine Stellungnahme* abzugeben. Es beschränkt sich dann lediglich auf sein Beratungsangebot.

Sobald ein *Regelungsantrag nach § 1671 oder nach § 1672 BGB* eingereicht wurde, hat das Jugendamt im familiengerichtlichen Verfahren *mitzuwirken*. Diese Mitwirkung gehört zu den „anderen Aufgaben" der Jugendhilfe nach § 2 Abs. 3 Satz 6 KJHG. Das Jugendamt ist nicht „Gehilfe des Gerichts". Es hat nach § 50 KJHG in Verbindung mit § 49 a FGG eine eigene Funktion, die mit seiner Stellung als Fachbehörde zu begründen ist. Ihm kommt die Aufgabe zu, das Familiengericht bei allen Maßnahmen, die die Sorge für die Person von Kindern und Jugendlichen betreffen, zu unterstützen. Nach § 50 Abs. 2 KJHG unterrichtet es insbesondere über angebotene und erbrachte Leistungen, bringt erzieherische und soziale Gesichtspunkte zur Entwicklung des Kindes und Jugendlichen ein und weist auf weitere Möglichkeiten der Hilfe hin. Welche Informationen es dem Gericht übermittelt, entscheidet es selbst auf der Grundlage seines eigenständigen gesetzlichen Auftrags. Die Datenschutzregelungen des KJHG (insbesondere §§ 64 und 65) sichern die Selbständigkeit des Jugendamtes gegenüber dem Gericht ab. Die eigenständige Rolle des Jugendamtes darf aber nicht so ausgedeutet werden, als wäre die Wahrnehmung dieser Aufgabe in sein Belieben gestellt. Das Jugendamt hat die *Pflicht* zur Mitwirkung, ebenso wie das *Recht*, vom Familiengericht angehört zu werden.[23]

Mitwirkung im Gericht und *Beratungsauftrag* des Jugendamtes nach § 17 KJHG stehen zwar in enger Beziehung zueinander, müssen aber rechtssystematisch als eigenständige Aufgaben gesehen werden. Dies ist insofern von erheblicher Bedeutung, als Jugendamtsmitarbeitern klar sein muss, dass sie im Gerichtsverfahren auch dann mitzuwirken haben, wenn die Eltern keine Beratung wünschen.

Selbst wenn die Mitarbeiter des Jugendamtes über ihre Mitwirkung frei entscheiden könnten, was nicht der Fall ist, müssten sie sich klar machen, dass sie „*Diener des Kindes*" sind. Wer sonst kann so gut beurteilen, wie die Lebenssituation des Kindes ist, vom psychologischen Gutachter einmal abgesehen? Dem Richter stehen nicht die Kontakt- und Untersuchungsmöglichkeiten und auch nicht die einschlägige Ausbildung zu Gebote, über die die Fachkraft Sozialer Arbeit verfügt. Das Jugendamt ist die Fachbehörde, die am besten dem Richter die Informationen geben kann, die er für seine Entscheidung braucht, und es sollte diese Chance nicht vertun. Nichts zu tun, hieße

---

23 Vgl. auch die ausführliche Kommentierung zu § 50 KJHG von Harnach (2001).

dem Kind oder Jugendlichen den Beistand zu verweigern, und dies in einer Lebenskrise, in der es Hilfe und Unterstützung einer kompetenten und um seine Interessen besorgten Person braucht, weil seine Bedürfnisse im Streit der Erwachsenen oft übersehen werden. Die Einführung des Verfahrenspflegers („Anwalt des Kindes", § 50 FGG) ist als Antwort des Gesetzgebers auf die in der Vergangenheit nicht immer zufriedenstellende Ausführung dieser Aufgabe durch die Jugendämter zu interpretieren.[24]

Im Falle eines *übereinstimmenden Elternvorschlags* hat das Jugendamt gemäß § 1671 Abs. 3 BGB nur zu überprüfen, ob dieser Vorschlag eine Gefährdung des Wohls des Kindes mit sich zu bringen droht. Dies könnte eintreten, wenn der Elternteil, auf den die Sorge übertragen werden soll, das Kind ausbeuten, misshandeln, vernachlässigen oder missbrauchen würde oder eine erhebliche psychische Störung aufwiese. Unter diesen Umständen müsste das Jugendamt den Familienrichter auf die zu erwartende Gefährdung des Kindeswohls hinweisen. Sind keine Anhaltspunkte für eine Gefährdung zu erkennen, genügt es, wenn das Jugendamt den gemeinsamen Elternvorschlag dem Familiengericht mitteilt (eventuell unter Hinweis darauf, dass Gefahren für das Wohl des Kindes nicht zu erkennen sind). Würde allerdings ein Kind, das 14 Jahre oder älter ist, einen anderen Vorschlag machen als die Eltern, so müsste das Jugendamt sich dazu äußern.[25]

Kommen die Eltern nicht zu einer Einigung, *sondern streiten sich über das Sorgerecht*, dann hat das Jugendamt zu der Frage Stellung zu nehmen, welche Regelung der elterlichen Sorge dem Wohl des Kindes jetzt und in Zukunft am besten dienen könnte. Das Jugendamt muss in diesem Falle den Ist-Stand genau erheben und beurteilen sowie eine Prognose abgeben. Es trifft hier auf eine sehr verantwortungsvolle und oft nur unter großen Schwierigkeiten zu lösende Aufgabe: In einer gut funktionierenden Familie sind die Beziehungen vielschichtig, Eltern ergänzen sich in ihren Beiträgen zur Erziehung. Sie stärken sich gegenseitig in ihren Erziehungskompetenzen und nehmen teilweise komplementäre Rollen ein, die in ihrer Verbindung miteinander der Entwicklung eines Kindes förderlich sind. Zerbricht die Ehe, ist es oft sehr schwierig zu beurteilen, welcher elterliche Anteil an der Erziehung nun von größerer Bedeutung ist: die tägliche Betreuung und Pflege oder die feiertäglichen Glanzlichter? Die Gewährung emotionaler Geborgenheit oder die Herausforderung der geistigen Kompetenzen? Im Laufe der Zeit wird jeder der beiden Elternteile zumindest ein Stück weit auch den bisher vom anderen vertretenen Part übernehmen können. Aber das ist manchmal zu dem Zeitpunkt, an dem die Entscheidung notwendig wird, noch nicht sicher genug abzuschätzen. Dennoch muss der Richter eine Entscheidung treffen. Dem gelegentlich geäußerten Vorschlag, mit den El-

---

24 BT-Drucks. 13/4899/1996; Salgo (1999). Eine Neuregelung der Verfahrenspflegschaft, die zu größerer Rechtssicherheit führen soll, sieht § 166 FamFG-E vor.
25 Vgl. auch Harnach-Beck (1998 c).

tern solange zu arbeiten, bis sie eine Einigung erzielen, kann nicht ohne weiteres zugestimmt werden, denn dies kann bedeuten, dass der beharrlichere und dominante Teil sich schließlich durchsetzt, während der andere erschöpft aufgibt. Oder es bedeutet, dass einfach die Zeit das Urteil spricht. Das Kind bleibt bei dem Elternteil, bei dem es bisher war, weil sein gegenüber dem Erwachsenen „gestrecktes" Zeiterleben berücksichtigt werden muss, das es die früheren Bedingungen als weit zurückliegend empfinden lässt, oder weil es hier zum Beispiel eingeschult worden ist, Freunde gefunden hat, sich an die Umgebung gewöhnt hat, kurz: weil das Kontinuitätsprinzip zum Tragen kommt. Jeder Aufschub lässt das Pendel in die Richtung desjenigen Elternteils ausschlagen, der das Kind gegenwärtig betreut.

Es hieße zudem die Möglichkeiten eines Sozialarbeiters oder eines Psychologen überschätzen, wollte man annehmen, dass es nur von dessen Beratungsfähigkeiten abhinge, ob die Eltern zu einem Einvernehmen gelangten. Lempp (1984, 742) sieht dies deutlich, wenn er sagt, die aus der Erkenntnis der Bedeutung beider Elternteile für das Kind abgeleitete Forderung nach weiterer Gemeinsamkeit könne „aber nicht gegenüber der Realität standhalten, mit der alle Beteiligten … konfrontiert sind, nämlich dem Faktum, dass ein Teil der sich scheidenden Eltern zu einem irgendwie gearteten Konsens nicht mehr in der Lage ist". Eine „Soft-Scheidung", ein Auseinandergehen in Frieden und Harmonie, ist ein Wunschbild, dem nicht alle Betroffenen folgen können. Dies erklärt sich zum Teil aus der Dynamik des Scheidungsprozesses. Die emotionale Trennung verläuft häufig so, dass heftige negative Gefühle gegenüber dem ehemals geliebten Menschen auftreten. Soll man dem Menschen, den man nun so negativ sieht, die Verantwortung für die Kinder überlassen? (Sebastians Vater traute seiner ehemaligen Frau die Kindererziehung jetzt nicht mehr zu, obwohl er zugeben musste, dass sie während der Ehe immer eine gute Mutter gewesen war.) Stärker noch als die Abneigung gegen den ehemaligen Partner zählt aber häufig die Angst, niemanden zu haben, der einen liebt, wenn man die Kinder „hergibt". Es muss nämlich ein zweiter, womöglich noch schmerzvollerer Trennungsprozess bewältigt werden, wenn die Kinder aus dem alltäglichen Leben verschwinden. Selbst bei weiterbestehender gemeinsamer elterlicher Sorge muss ja der Elternteil, bei dem das Kind nicht lebt, seine Beziehung zum Kind erheblich verändern und damit einen großen Teil dessen, was ihm bisher wertvoll war, aufgeben. Es ist eben etwas qualitativ anderes, ob man sein Alltagsleben mit dem Kind teilt, oder lediglich von ihm Besuch erhält. Trifft dieses Los zusätzlich noch den Elternteil, der – vielleicht wegen eines anderen Menschen – vom Partner verlassen wurde, oder der bisher weitgehend auf die Erziehung der Kinder zentriert war, so lässt es ihn in verstärkter Trauer zurück.

Wenn die Fachkraft des Jugendamtes sich nicht in der Lage sieht, eine begründete Empfehlung abzugeben, wird der Richter unter Umständen einen *psychologischen Sachverständigen* beauftragen (was er nach fachlichen

Schätzungen in 3–10 % aller Familiensachen tut) – das kostet die Familie, falls sie nicht Prozesskostenhilfe erhält, viel Geld, außerdem Zeit und Mühe durch erneute Befragungen, Hausbesuche und dergleichen. Zudem bringt es eine weitere Verzögerung des Verfahrens mit sich. Damit soll nichts dagegen eingewandt werden, dass das Jugendamt die Hinzuziehung eines Sachverständigen anregt, wenn es sich mit der Beantwortung der Fragestellung überfordert sieht. Die Einschaltung eines psychologischen Gutachters ist manchmal für das Kind durchaus eine Hilfe. Dessen feinere diagnostische Methoden sind vor allem dann erforderlich, wenn die emotionalen Beziehungen des Kindes zu beiden Elternteilen nicht erkennbar sind, wenn herausgefunden werden muss, ob eine vom Kind geäußerte Ablehnung eines Elternteils durch den anderen provoziert wurde („induzierte Gegeneinstellung" nach Arntzen 1980), oder wenn das Kind nicht wagt, seine Wünsche offen zu äußern, weil es in einem Loyalitätskonflikt steht. Festzuhalten ist jedoch, dass es nicht im Ermessen des einzelnen Sozialarbeiters steht, sich bei streitigen Sorgerechtsregelungen zu äußern oder nicht.[26]

Anders als das Jugendamt haben die *Eltern keine Mitwirkungspflicht*. Als Inhaber des Sorgerechts können sie auch die Begutachtung ihres Kindes untersagen. Sind sie nicht bereit, dem Jugendamt die erforderlichen Informationen zu geben, so hat dieses keine Möglichkeit, sich die Daten anderweitig (z. B. bei Lehrern oder Nachbarn) zu beschaffen, denn dieses verbietet § 62 Abs. 2 Satz 1 KJHG („Sozialdaten sind beim Betroffenen zu erheben"). Eine Ausnahme würde vorliegen, wenn es Hinweise für eine Gefährdung des Kindeswohls gäbe, denn dann wäre das Jugendamt in seiner Wächterfunktion angesprochen und verpflichtet, den Sachverhalt aufzuklären. Wenn die sich trennenden Eltern also die Zusammenarbeit mit dem Jugendamt verweigern, bleibt der Fachkraft nur der Weg, an der Anhörung durch das Familiengericht teilzunehmen und auf der Grundlage der dort gewonnenen Einsichten eine Empfehlung abzugeben.

Hat ein Ehepaar die *Trennungs- und Scheidungsberatung* nach § 17 oder nach § 28 KJHG in Anspruch genommen, so sind die dort anvertrauten Informationen geschützt. Sie dürfen ohne Einwilligung der Betroffenen nicht dem Familiengericht übermittelt werden (§§ 64 Abs. 2 und 65 KJHG). Das bedeutet, dass das Jugendamt für die Stellungnahme im Sorgerechtsverfahren nicht die personenbezogenen Daten verwenden darf, die ihm von den Eltern unter ganz anderen Aspekten – der Suche nach Rat und Hilfe – eröffnet wurden, es sei denn mit ausdrücklichem Einverständnis der Betroffenen. Dem Gericht gegenüber besteht auf Seiten des Jugendamtes weder eine Auskunftspflicht, noch eine Zeugnispflicht oder eine Pflicht zur Vorlegung von Datenträgern (§ 35 Abs. 3 SGB I). Außerdem hat die einzelne Fachkraft ein Zeugnisverweigerungsrecht in Bezug auf die Informationen,

---

26 Das OLG Oldenburg (NJW-RR 1996, 650) sieht eine Pflichtverletzung des Jugendamtes, wenn es sich auf die bloße Mitteilung seines Beratungsangebotes beschränkt.

die sie im Zusammenhang mit ihrer Beratungstätigkeit erhalten hat (§ 383 Abs. 1 Ziff. 6 ZPO in Verbindung mit § 15 FGG). Hat der Betroffene sie von der Verschwiegenheitspflicht entbunden und der Dienstherr die Aussagegenehmigung erteilt, muss sie allerdings vor dem Familiengericht aussagen.[27]

Da Trennungs- und Scheidungsberatung einerseits und Mitwirkung nach § 50 KJHG andererseits getrennte Aufgaben des Jugendamtes sind, gibt es zwei mögliche Vorgehensweisen, um das Recht der Klienten auf informationelle Selbstbestimmung zu wahren: Daten aus dem Beratungsprozess werden nur mit Zustimmung der Eltern in der Stellungnahme des Jugendamtes offenbart, was zur Vorbedingung macht, dass die Eltern die Stellungnahme kennen und genehmigen, bevor diese dem Familiengericht übermittelt wird. Oder Beratungsfunktion und Mitwirkungsfunktion werden deutlich getrennt, das heißt durch unterschiedliche Personen wahrgenommen, so dass personenbezogene Daten ausdrücklich nur für den Zweck der Stellungnahme erhoben werden. Ob eine organisatorische Differenzierung zwischen gerichtsbezogener Tätigkeit auf der einen und Beratung auf der anderen Seite einer gemeinsamen Erledigung beider Aufgaben durch eine Stelle oder Person vorzuziehen ist, wird kontrovers diskutiert.[28]

Die letztgenannte Regelung gibt den Eltern die größtmögliche Klarheit und erlaubt ihnen, ihre rechtmäßigen Interessen zu wahren, also z. B., sich möglichst positiv darzustellen. Dagegen kann die Situationsbeurteilung, die der Sozialarbeiter im Rahmen seines Berichts an das Familiengericht erstellt, im allgemeinen besser abgesichert werden, wenn die Eltern der Verwendung der Informationen aus dem Beratungsprozess zustimmen. Der Beratungskontakt erstreckt sich meistens über einen längeren Zeitraum als der reine Untersuchungskontakt, und es besteht hier eher die Möglichkeit, Gespräche und Beobachtungen mehrfach durchzuführen. So kann an die Stelle einer reinen Statusdiagnostik eine verlaufs- und veränderungsorientierte Diagnostik treten. Die wiederholte Datensammlung zu unterschiedlichen Zeitpunkten und unter unterschiedlichen Bedingungen kann validere und zuverlässigere Aussagen ermöglichen als die einmalige Erhebung. Die Gelegenheit, die Aufnahme und Umsetzung von Ratschlägen durch die Eltern zu beobachten und eventuell einen Trend im Scheidungsverlauf zu erkennen (z. B. zunehmende Wiederannäherung der Eltern, Nachlassen von Aggressionen gegeneinander, Wiedergewinnung der Erziehungskompetenz), kann die Prognose verbessern (Salzgeber/Höfling 1993).

---

27 Ausführlich dazu Maas (1999)
28 Für eine organisatorische Trennung von Beratung und Mitwirkung plädieren z. B. Willutzki (1994, 202–204), Coester (1992, 617–625) und Menne/Weber (1998, 85–128); dagegen: Deutscher Verein für öffentliche und private Fürsorge (1992, 148–152); Münder u. a. (1998); für eine Trennung nur in strittigen Fällen: Bayerisches Staatsministerium für Arbeit und Sozialordnung (1995, 141–154).

6.3.2 Vorgehen bei der Informationsgewinnung

In den folgenden Abschnitten (6.3.2–6.3.4) wird ausführlich dargestellt, wie Daten kriteriengeleitet erhoben und in der Stellungnahme dokumentiert werden können.

Wie in allen anderen Bereichen Sozialer Arbeit gilt hier, dass Sozialdaten unter Beachtung des Grundsatzes der Erforderlichkeit erhoben werden müssen. „Erforderlich" sind alle Informationen, die eine möglichst zutreffende Prognose über die weitere Entwicklung des Kindes unter den verschiedenen miteinander konkurrierenden Regelungsmöglichkeiten erlauben. Da in diese Prognose fast alle Lebensbereiche mit einbezogen werden müssen (Coester 1983), kann sich ein relativ breites Datenspektrum als erforderlich erweisen: In die Begutachtung müssen das Kind und sein engeres soziales Umfeld, also Eltern und Geschwister und gegebenenfalls weitere Bezugspersonen einbezogen werden. Indirekt, d. h. über die Aussagen des Kindes und der Eltern, müssen auch Merkmale des weiteren sozialen Umfelds, wie Schule und Freundeskreis, erschlossen werden, sofern sie für die anstehende Entscheidung relevant sind.

Sozialarbeiterinnen und Sozialarbeiter haben die Möglichkeit, über *Befragungen* und *Verhaltensbeobachtungen* die erforderlichen Informationen zu gewinnen. Für die *Beobachtung von Kindern* ist das *Spiel* von besonderer Bedeutung. Mit dem ersten *Explorationsgespräch*, dem die Aktenanalyse voran zu gehen hat, wird zunächst ein allgemeiner Überblick gewonnen. In weiteren Gesprächen kann anschließend der Sachverhalt durch gezielte („wissensbasierte") Fragen weiter aufgeklärt werden. Jedes Explorationsgespräch *ist individuell zu planen* und sorgfältig zu *strukturieren* (nicht: zu schematisieren!), um eine Vergleichbarkeit der Aussagen der Eltern herzustellen, die Erhebung nicht erforderlicher Daten zu vermeiden und ein zeit- und kostenökonomisches Vorgehen zu gewährleisten. Die Eltern sollten in der Befragung darauf hingeführt werden, möglichst weitgehend den Blickwinkel des Kindes einzunehmen und dessen Beziehungen zu beiden Teilen zu erkennen. Es empfiehlt sich, Fragen vor allem auf positive Aspekte zu richten, wie Ressourcen, die jeder dem Kind bieten kann, Möglichkeiten der Verbesserung der zukünftigen Kommunikation und Kooperation, Wünsche an den anderen, so dass eine Verlagerung von der Streit- hin zur Lösungsorientierung in die Wege geleitet werden kann.

Bezüglich der *Explorationstechnik* und des *Untersuchungsverhaltens* ist zu beachten:
– Bevorzugung offener Fragen (sog. „W-Fragen", z. B. „Wer?", „Wann?", „Wie oft?", „Warum?") vor geschlossenen Fragen, die nur mit „ja" oder „nein" beantwortet werden können
– Vermeidung von Suggestivfragen
– Vermeidung indirekter Fragen, die das Frageziel nicht erkennen lassen
– Erklärung schwer verständlicher oder vom Befragten nicht verstandener Fragen.

Bei Kindern ist speziell darauf zu achten, dass die Befragung nicht zu lange dauert. Das Kind darf nicht gezwungen werden, sich für einen Elternteil zu entscheiden, wenn es nicht von sich aus einen von beiden bevorzugt. Verweigert ein Kind in unterschiedlichen Situationen die Exploration, so ist dies zu respektieren. Möglicherweise üben einer oder beide Elternteile Druck aus, oder das Kind ist durch das Trennungsgeschehen traumatisiert.

In der *Verhaltensbeobachtung* kann das Verhalten unsystematisch oder systematisch erfasst werden. Die implizite Registrierung ergibt sich mit der Beobachtung von Mimik, Gestik, Körperhaltung, Sprachduktus und Verhaltensreaktionen während des Gesprächs. Eine explizite Erfassung erfolgt unter vorher festgelegten Rahmenbedingungen wie der Lösung einer gestellten Aufgabe. Die Beobachtung darf nur mit Wissen des Beobachteten stattfinden (Ausnahme: kleine Kinder).

Als *Protokollierungstechnik* führt die (vom Befragten oder Beobachteten genehmigte) Video- oder Tonbandaufzeichnung zu den zuverlässigsten Ergebnissen. Da sie, insbesondere wegen der notwendigen Transkription, in der Praxis häufig aus Zeitgründen nicht zu realisieren ist, empfiehlt sich die stichwortartige Mitschrift mit sofort anschließendem Diktat. Eine spätere Vornahme von Aufzeichnungen ist mit einem deutlichen Informationsverlust verbunden (vgl. Westhoff/Kluck 1994; Wegener 1998; Salzgeber/Zemann, 1996; Kluck 1996).

Gelingt es einem Sozialarbeiter, die zerstrittenen ehemaligen Partner an einen Tisch zu bringen (was vielleicht seit langer Zeit nicht mehr der Fall war) und ihre Bereitschaft zu wecken, aufeinander zu hören, so kann dies der Beginn einer neuen Form des Dialogs sein. Rückmeldungen über die Ergebnisse der diagnostischen Arbeit können den Beteiligten „die Augen öffnen" und sie, wenn sie entsprechend beraten werden, zu Verhaltensänderungen motivieren. Diagnostik kann also auch hier einen therapeutischen Effekt haben. Andererseits kann sozialarbeiterische Diagnostik auch konfliktverschärfend wirken, insbesondere dann, wenn der Sozialarbeiter von den Klienten nicht als allparteilich bzw. für das Kind parteilich wahrgenommen wird, sondern bei einem Elternteil der Eindruck entsteht, die Fachkraft habe sich mit dem anderen Elternteil verbündet. Umfangreiche diagnostische Bemühungen stellen allerdings in den Jugendämtern wohl eher die Ausnahme als die Regel dar, weil die Sozialarbeiter mit zu vielen Aufgaben belastet sind. Nach Knappert (1991) findet häufig nur ein einziges Gespräch mit jedem Elternteil und mit dem Kind statt.

Die Anwendung psychologischer Verfahren sollte der Kompetenz von Psychologen überlassen bleiben.[29] Eltern müssen darüber aufgeklärt werden,

---

29 Einen Überblick über von psychologischen Gutachtern häufig verwendete Testverfahren geben Mayer-Baumgärtel (1996) Salzgeber/Zemann (1996). Kritik an einigen

was die Tests messen, damit sie ihr „informiertes Einverständnis" dazu geben können. Tests, die Aufschlüsse ermöglichen, die weit über die Fragestellung hinausgehen und damit durch den Untersuchungszweck nicht vollständig gedeckt werden, sind nicht zulässig.

Allenfalls das Sceno-Material könnte auch vom Sozialarbeiter verwendet werden, nicht um das Gebaute, wie es die Autorin v. Staabs (1964) darstellt, tiefenpsychologisch zu deuten, sondern um zu beobachten, wie das Kind Eltern- und Kinderfiguren miteinander interagieren lässt, oder wie es sie in Beziehung zueinander platziert. Den gleichen Zweck können aber auch andere kleine Püppchen, Tiere und Bauklötze erfüllen. Man sollte dann darauf achten, dass man dem Kind mindestes eine männliche und eine weiblich Erwachsenenfigur und mehrere Kinderfiguren (männliche und weibliche) zum Spielen gibt.

Methoden und mögliche Fragestellungen der Datengewinnung zur Sorgerechtsregelung

Aktenstudium
Vorgeschichte, Hergang des Scheidungsgeschehens bis zum Diagnosezeitpunkt, Argumente der beiden Parteien und ihrer Rechtsanwälte.

Einzelgespräche mit dem jeweiligen Elternteil
Wie sieht er die gegenwärtigen Situation sowie die Beziehung des Kindes zu ihm und zum anderen Elternteil? Welche Lösungsvorschläge macht er für die anstehenden Probleme? Wie geht er mit dem Konflikt um? Wie sehen seine Kooperationsbereitschaft und -fähigkeit mit dem anderen Elternteil, seine Erziehungseinstellungen und Zukunftspläne für sich und das Kind aus?

Einzelgespräch(e) mit dem Kind/den Kindern
Wie erlebt das Kind die gegenwärtige Situation? Wie sieht es die beiden Eltern? Welche Bedeutung hat die Mutter, der Vater? Welche Probleme erlebt es in der Gegenwart bzw. hat es in der Vergangenheit mit den Eltern erlebt? Wie stellt es sich seine Zukunft vor? Bei wem möchte es leben?[30]
Ältere Kinder (ab ca. 10 Jahren) kann man zudem gemeinsam zu ihrer jetzigen Lebenslage und zu ihren Zukunftswünschen fragen.

Gemeinsames Gespräch mit beiden Eltern
Welche Vorstellung haben sie über die weitere Sorge für das Kind? Wie weit können sie die Partner- von der Elternebene trennen? Wie sehen sie den anderen in seiner Elternrolle? Wo sehen sie Kooperationsmöglichkeiten? Welche Stärken bzw. Ressourcen kann jeder von ihnen dem Kind zur Verfügung stellen? Wie sehen sie die Bedürfnisse und Interessen des Kindes? Wie reagieren sie darauf? Falls es eine klare Willensäußerung des Kindes gibt: Wie nehmen sie diese auf und wie wollen sie damit umgehen?

---

gebräuchlichen Verfahren wegen mangelnden Nachweises der Erfüllung der erforderlichen Testgütekriterien übt Leitner (2000)
30 Bei dieser Frage ist besondere Vorsicht angebracht. Man darf ein Kind nicht zur Entscheidung zwischen Mutter und Vater nötigen, wenn es keinen Elternteil bevorzugt; vgl. BayOLG, FamRZ 1987, 87.

Gespräche mit weiteren Bezugspersonen
Spielen weitere Erwachsene eine wichtige Rolle für das Kind (z. B. neue(r) Partner(in), Großeltern, Tanten, die einen Teil der Betreuung übernommen haben bzw. übernehmen wollen), so empfiehlt sich auch ein Gespräch mit ihnen, sofern die Eltern damit einverstanden sind. Wie stellen sie sich das zukünftige Zusammenleben mit dem Kind und dem ihnen nahestehenden Elternteil vor? Welche Unterstützung können sie geben?

Gespräche mit Lehrern und Erziehern
(nur auf ausdrücklichen Wunsch der Eltern)
Wie haben sie die bisherige Betreuung des Kindes wahrgenommen? Welche Veränderung des Kindes haben sie bemerkt? Welches Unterstützungsangebot können sie machen?

Nachbarn, Arbeitgeber, Kollegen
Sie sollten *nicht* befragt werden, selbst wenn die Eltern einwilligen. Sie können (vielleicht mit Ausnahme von deutlichen Gefährdungsfällen wie Kindesmisshandlung) wenig zur Klärung der Situation beitragen und für die weitere nachbarschaftliche oder berufliche Beziehung kann eine solche Befragung eher zu einer unangenehmen Hypothek werden

Verhaltensbeobachtung
Spielsituation im Jugendamt oder beim Hausbesuch (Kind allein und mit dem jeweiligen Elternteil):
Beobachtung zur Einschätzung der Entwicklungsstufe des Spiels, Konzentrationsfähigkeit und Ausdauer, Umgang mit beteiligten Personen während des Spiels, Eingehen des Elternteils auf die kindlichen Spielwünsche

Aufgabensituation (beim Hausbesuch)
Beobachtung bei einer dem Kind durch einen Elternteil gestellten Aufgabe schulischer Art oder einer Tätigkeit im Haus, wie Aufräumen des Kinderzimmers oder Tischdecken, zur Eruierung der Art der Eltern – Kind – Interaktion.

Gemeinsame Aufgabe Elternteil – Kind
Zum Beispiel gemeinsames Basteln oder Malen zur Beobachtung der Abstimmung zwischen Eltern(teil) und Kind; Einschätzung des Erziehungsverhaltens und der Fähigkeit, das Kind angemessen zu unterstützen.[31]

Da aus Gründen der Arbeitskapazität notgedrungen nicht alle hier genannten Möglichkeiten der Datengewinnung realisiert werden können, sollte bei der Auswahl zumindest darauf geachtet werden, dass Mutter und Vater die gleiche Chance erhalten, ihre Interaktion mit dem Kind zu zeigen und vom Kind in seinen Willensäußerungen auch bedacht zu werden. Das heißt, sie sollten beide in ihrer jeweiligen Wohnung mit dem Kind zusammen gesehen werden, denn zumindest kleinere Kinder sind bei der Äußerung ihrer Wünsche stark von ihrer Umgebung abhängig und würden z. B. in der Wohnung des Vaters mit geringerer Wahrscheinlichkeit dafür votieren, bei der Mutter zu leben, und umgekehrt.

---

31 Ausführlich zu Exploration und Testung von Kindern auch Salzgeber/Zemann (1996, 168–175).

Für die Beantwortung der Frage, ob die Stellungnahme des Jugendamtes schriftlich oder mündlich abgegeben werden soll, gelten ähnliche Überlegungen wie für den Hilfeplan (vgl. Kap. 3.3.2.9). Für eine schriftliche Fassung spricht erstens, dass man im allgemeinen schriftlich Niedergelegtes besser durchdenkt und genauer formuliert, und zweitens, dass Klienten, Anwälte und Richter sich in Ruhe vor dem Termin mit der Argumentation des Jugendamtes auseinandersetzen können. So wird auch dem Anspruch der Betroffenen auf rechtliches Gehör besser Genüge getan. Wird die schriftliche Stellungnahme ergänzt durch die Teilnahme und mündliche Äußerung des Sozialarbeiters in der Verhandlung beim Familiengericht, so kann am ehesten die Entwicklung, die in der Zeit zwischen Begutachtung und Gerichtsverfahren stattgefunden hat, beurteilt werden. Status- und Prozessdiagnose werden so auf sinnvolle Weise miteinander verbunden.

In der Stellungnahme sind zuerst die Tatsachen darzulegen. Danach erfolgt ihre Würdigung im Hinblick auf die gestellte Frage.[32] Es wird interpretiert, welche Bedeutung die erhaltenen Informationen in Bezug auf die relevanten Kriterien haben (s. dazu Kap. 6.3.3).

Wenn eine soziale Fachkraft die genannten Kriterien beachtet, sie gegeneinander abwägt, so ist es klar, dass sie nicht „den besseren Elternteil" an sich sucht, sondern dass sie bemüht ist, alle für das Wohlergehen des Kindes bedeutsamen Aspekte seiner Lebenssituation in der Zusammenschau zu gewichten. Sie sollte in der entsprechenden Weise auch versuchen, den Eltern zu erklären, dass sie kein Werturteil über ihre grundsätzliche Elterneignung abgeben will, sondern mit ihnen zusammen herausfinden möchte, was jetzt und in Zukunft wahrscheinlich die für das Kind bessere Lösung des Konfliktes ist.

Nach der Interpretation der Daten anhand der Kriterien wird eine Schlussfolgerung gezogen. Die Fachkraft legt dar, wie sich aus ihrer fachlichen Sicht die Einzelaspekte zu einem Gesamtbefund zusammenfügen und welche Schlüsse sich daraus für die Beantwortung der Fragestellung ziehen lassen.

Wenn die Fachkraft genügend Erkenntnisse gewonnen hat, um bei Streit über die Sorgerechtsregelung Empfehlungen zu den beiden Fragen geben zu können, ob das gemeinsame Sorgerecht überhaupt aufgehoben werden soll und welchem Elternteil die Alleinsorge zu übertragen ist, so kann sie dies auch tun. Der Richter wird dann den Vorschlag daraufhin überprüfen,

---

32 Schon im Jahre 1954 entschied der BGH, dass das Jugendamt sich nicht auf die bloße Mitteilung von Tatsachen beschränken dürfte, sondern vielmehr die Tatsachen zu werten habe, den Sachverhalt würdigen, zu ihm Stellung nehmen und einen bestimmten Vorschlag unterbreiten müsse. Zugrunde lag bereits damals die Einschätzung, dass das Jugendamt eine Fachbehörde ist, die genügend Kompetenz besitzt, um eine sachgemäße Entscheidung vorzuschlagen (ZfJ 1954, 236; vgl. Oberloskamp 1992).

ob er schlüssig aus dem insgesamt vorhandenen (also eventuell auch noch aus dem ihm zusätzlich zugänglichen) Datenmaterial herzuleiten ist. Vom Ergebnis dieser Prüfung wird es im wesentlichen abhängen, ob er der Empfehlung folgt oder nicht.

Wenn die Fachkraft des Jugendamtes die beiden Alternativen – Sorgerecht für die Mutter oder für den Vater – für gleich geeignet hält, so muss sie dies darlegen. Auch muss sie auf Lücken in ihren Erkenntnissen über relevante Aspekte der familiären Situation hinweisen, so dass der Richter sich auf anderem Wege, z. B. über die Beauftragung eines psychologischen Sachverständigen, die notwendigen Informationen beschaffen kann. Wenn sie keine Möglichkeit sieht, aus ihren Daten die erforderlichen Schlüsse zu ziehen, weil dazu neben dem sozialpädagogischen auch noch juristisches oder psychologisches Wissen nötig wäre, so sollte sie unter Angabe dieses Grundes auf Schlussfolgerungen verzichten (Oberloskamp 1992). Im Fazit heißt das: Die Fachkraft des Jugendamtes darf und sollte in den Schlussfolgerungen, die sie aus den ihr zugänglichen Informationen zieht, so weit gehen, wie sie dies fachlich, d. h. aus ihrem Kenntnisstand, verantworten kann.

6.3.3 Kriterien für die Stellungnahme des Jugendamtes

6.3.3.1 Die Kriterien in der Übersicht

In Rechtsprechung und sozialwissenschaftlicher Forschung sind eine Reihe von Gesichtspunkten herausgearbeitet worden, die bei der Entscheidung in strittigen Sorgerechtsfällen zu berücksichtigen sind. Im wesentlichen sind dies die Kriterien

- emotionale Beziehung zwischen Kind und Eltern bzw. Stärke der Bindungen
- Geschwisterbindung
- Neigungen und Wünsche des Kindes
- Erziehungsfähigkeit der Betreuungspersonen
- Betreuungssituation und
- Kontinuitätsprinzip.

Je nach Einzelfall können weitere Aspekte wie Lebensperspektive der Eltern für sich und ihre Kinder, ihre innere Bereitschaft, die Elternverantwortung zu übernehmen, oder ihre Motivation, die Beziehung des Kindes zum anderen Elternteil zu fördern, hinzukommen. Entscheidungsrelevant sind allein die Belange des Kindes.

Begriffe wie „Bindung", „Kindeswille",, „Erziehungsfähigkeit " und „Kontinuität" sind erneut ausfüllungsbedürftig. Deshalb muss die soziale Fachkraft möglichst klar darlegen, wie sie die Begriffe interpretiert (Transparenzprinzip).

6.3.3.2 Die emotionalen Beziehungen des Kindes zu seinen Eltern (Bindungskriterium)

Nach der früheren Fassung von § 1671 Abs. 2 BGB waren vom Gericht „die Bindungen des Kindes, insbesondere an seine Eltern und Geschwister, zu berücksichtigen." Im Gesetz wurde also der Achtung vor bestehenden Bindungen des Kindes eine besondere Bedeutung beigemessen. Der Hinweis darauf, dass der Richter die gefühlsmäßigen Beziehungen eines Kindes zu bestimmten Personen seiner Familie besonders beachten soll, war erst mit der Neuregelung des Scheidungsverfahrens 1976 (1977 in Kraft getreten) in das BGB aufgenommen worden,[33] vor allem auf nachdrückliches Betreiben von Psychologen und Psychiatern wie Reinhart Lempp. Diese Neuerung wurde zunächst sehr begrüßt, denn damit rückte das Interesse des Kindes ins Blickfeld anstelle früher verwandter sachferner Gesichtspunkte wie „Schuld" eines Elternteils an der Scheidung oder seine materielle Lage. Alsbald traten jedoch einige Bedenken auf, ob das Kriterium „Bindung" als Entscheidungskriterium bei Sorgerechtsstreitigkeiten so brauchbar ist, wie es ursprünglich aussah, vor allem wegen der Schwierigkeit der Erfassung feiner Bindungsunterschiede, aber auch aus konzeptionellen Gründen (Coester 1983 mit zahlreichen Hinweisen auf amerikanische Literatur, Fthenakis 1985 und, als Verteidiger des Bindungskriteriums, Lempp 1984). Die neue Fassung von §1671 BGB verzichtet auf die Erwähnung der kindlichen Bindungen. Damit hat jedoch das Kriterium nicht seine Gültigkeit verloren. Im Gegenteil gehört die Erhaltung der engen Beziehung des Kindes zu beiden Elternteilen und zu weiteren ihm wichtigen Personen zu den erklärten Zielen der Neuregelung von 1998.[34]

Mit dem Begriff „Bindung" bezeichnen wir die besondere Zugehörigkeit eines Menschen zu einem anderen. Das Bild des Bandes, das zwei Menschen zusammenhält, lässt sich damit assoziieren. Dieses Band zwischen Eltern und Kindern wird in unserer Gesellschaft als unauflöslich, „ewig" gedacht. Bowlby (1976), der der Bindungsforschung starke Impulse gegeben hat, definiert Bindung als „warme, innige und dauerhafte Beziehung des Kindes zu seiner Mutter, in der beide Erfüllung finden." Rutter (1978) spricht in diesem Zusammenhang von „Liebe", „warmer, beständiger Gefühlsbeziehung" und „positiver Gefühlsbindung." Die emotionale Komponente einer Beziehung zwischen zwei Personen steht also im Vordergrund; eine Beziehung, die im wesentlichen durch einen intellektuellen Austausch bestimmt wäre, würde im Verständnis der von diesen Autoren vertretenen psychologischen Bindungstheorie nicht als „Bindung" bezeichnet.

Nach Bowlby entsteht die erste und intensivste Bindung zwischen Kind und Mutter. Zu einigen wenigen anderen Menschen kann sich danach ebenfalls noch eine Bindung entwickeln, die aber nicht die Qualität und Stärke der

---
33 Erstes Gesetz zur Reform des Ehe- und Familienrechts vom 14.06.1976
34 BT-Drucks. 13/4899, 1996, S. 68

Mutterbindung erreicht. Nach heutiger Auffassung gibt es keinen Vorrang der Mutter. Der Vater oder eine andere Person kann eine gleichwertige oder sogar „die" Bindungsfigur werden, wenn er oder sie im ersten Lebensjahr derjenige Mensch ist, der sich dem Kind am meisten widmet.

Bowlby analysiert Bindungen unter einem evolutionstheoretischen Blickwinkel und sieht als wichtigste Funktion, zumindest bei Tieren, den Schutz des Jungen gegen Feinde, also eine Überlebensvorsorge der Natur. Die Möglichkeit, durch den Erwachsenen die lebensnotwendigen Fertigkeiten zu erlernen, ist ebenfalls relevant. Beim Menschen wird die Bedeutung des physischen Schutzes relativ früh ergänzt bzw. abgelöst durch die Wichtigkeit des psychischen Rückhaltes. In der psychologischen Forschung erwies sich die Bindung an mindestens eine (idealiter einige wenige) Person(en) als wesentliches Element der Persönlichkeitsformung des Kindes. Das Kind, insbesondere das jüngere, braucht zu seiner emotionalen Sicherheit einen Menschen, der ihm beständig zugetan ist, so dass es sich ihm zugehörig fühlen kann. Es lernt, leistet Verzichte, erbringt Anpassungsleistungen und übernimmt Wertvorstellungen diesem Erwachsenen „zuliebe". Fehlt diese Person, so entstehen Defizite im Sozialverhalten, in der Gewissensbildung, in der kognitiven und emotionalen Entwicklung. Der völlige Abbruch einer bestehenden emotionalen Bindung führt zu schweren seelischen Schäden (Spitz 1972; Goldstein/ Freud/Solnit 1979; 1982). Daraus ergibt sich die Konsequenz, dass bestehende Eltern-Kind-Bindungen auch im Fall einer Scheidung möglichst erhalten bleiben sollten. Dieser grundlegenden Einsicht steht allerdings die Tatsache gegenüber, dass Bindungen in der Regel nicht durch richterlichen Entscheid, wohl aber durch elterliches Verhalten zerstört werden. Nicht die Zuweisung des Sorgerechts an einen Elternteil zerschneidet eine Bindung, wie gelegentlich suggeriert wird, sondern der Entschluss des nicht betreuenden Elternteils, den Kontakt zum Kind abzubrechen. *Zeichen einer guten emotionalen Beziehung* können z. B. sein:

– Vertrauensvolle Zuwendung des Kindes,
– offener Umgang miteinander,
– freundliches, offenes Anschauen, gegenseitiges Anlächeln,
– spielerischer, zärtlicher, ermutigender oder tröstender Körperkontakt,
– feinfühliges, achtsames Reagieren des Elternteils auf Befindlichkeit, Bedürfnisse und Wünsche des Kindes,
– Fähigkeit des Elternteils, das Kind zu motivieren, zu ermuntern oder zu trösten,
– freudige Begrüßung nach Trennung,
– guter Gesprächsfluss zwischen Kind und Elternteil,
– interessiertes und aufmerksames Zuhören bei Erzählungen des Kindes,

aber auch: Rücksichtnahme auf Geheimnisse des Kindes und vom Kind tabuisierte Gesprächsthemen (z. B. über dessen Beziehung zum anderen Elternteil).

Ainsworth (1964; Ainsworth/Wittig 1969) unterscheidet bestimmte Qualitäten von Bindungen: „Sichere", „unsicher-vermeidende" und „ambivalent-unsichere". Die Qualität der Bindung lässt sich aus einem bestimmten Arrangement – das Kind wird kurzzeitig von der Mutter oder dem Vater getrennt und dann wieder mit ihr/ihm zusammengeführt – aus dem Verhalten des Kindes und des Elternteils erschließen („Fremde-Situation-Test" nach Ainsworth). Es wird in dieser Situation der Verunsicherung des Kindes beobachtet, welche Interaktionsmuster zwischen Kind und Mutter oder Kind und Vater auftreten.[35] Diese Untersuchungsmethode wurde allerdings nur für Kleinkinder entwickelt. Für Kinder ab dem Kindergartenalter ist sie nur noch begrenzt brauchbar. Wenn ein Untersucher eine derartige Situation herstellt, muss er in jedem Fall darauf achten, das Kind nicht zu sehr zu verängstigen.

Dem unkundigen Beobachter erscheint manchmal die Bindung eines Kindes an einen Elternteil als „eng" oder „sicher", weil er erlebt, dass das Kind sich an einen Elternteil anklammert und sich gegen eine Trennung wehrt. Dieses Anklammerungsverhalten ist aber oft ein Zeichen dafür, dass das Kind sich seiner Bindungsperson nicht sicher ist. Wir finden es nicht selten bei abgelehnten oder misshandelten Kindern oder bei Kindern, die in chaotischen Familienverhältnissen aufwachsen. Aufgrund ihrer negativen Erfahrungen erleben sie die Welt als feindlich und bedrohlich, und ihre Angst, ohne den Elternteil völlig schutzlos zu sein, ist groß. Das Vorliegen einer solchen *Angstbindung* sollte also Anlass geben, die Entwicklungsbedingungen des Kindes genauer zu betrachten. Am Beispiel der Angstbindung wird auch deutlich, dass eine Bindung nicht notwendig wechselseitig zu sein braucht. Ein Kind klammert sich an seine Mutter, obwohl oder gerade weil sie es ablehnt und keine liebevolle Bindung an es hat, denn es kann sich nicht auf sie verlassen. Ein Kind, das darauf bauen kann, dass der jeweilige Elternteil dann zur Stelle ist, wenn er gebraucht wird, muss ihn nicht so intensiv festhalten.

Eine sichere Bindung kann andererseits ihren positiven Wert auch nur dann behalten, wenn sie den mit der Entwicklung des Kindes sich wandelnden Bedürfnissen des Kindes angepasst wird. Eltern müssen in der Lage sein, das Band nach und nach zu lockern, wenn die Autonomiebedürfnisse des Kindes wachsen, denn sonst wird aus der stützenden eine erdrosselnde und entwicklungshemmende Bindung. Gerade in einer Scheidungssituation ist allerdings dieser Forderung nicht leicht nachzukommen. Ein Elternteil wird möglicherweise in dieser Lage die Nähe zu seinem Kind besonders brauchen und schwerer loslassen können als unter günstigeren Umständen. In einem solchen Fall muss also abgeschätzt werden, ob das nicht altersgemäße Festhalten eines Kindes durch den Elternteil situationsbedingt ist, oder eher einem überdauernden Verhaltensmerkmal des Elternteils entspricht.

---

35 Grossmann/Grossmann (1995)

Wenn Bindungen als „gewachsen" bezeichnet werden, so kommt darin zum Ausdruck, dass diese Art der Beziehung nicht statisch ist, sondern dynamisch. Sie entwickelt und verändert sich.

Damit eine Bindung entstehen kann, ist es zunächst erforderlich, dass eine Person sich über längere Zeit hinweg und in ausreichendem Maße mit einem Kind beschäftigt (*zeitliche Quantität* und *Stabilität* der Zuwendung). Noch bedeutender ist jedoch die *Intensität* der Zuwendung und deren *positive Qualität* (Schaffer 1971; Bowlby 1976). Von großer Relevanz ist auch die *Sensibilität* des Erwachsenen für die vom Kind ausgesandten Signale. Gefühlsbindungen entwickeln sich am leichtesten gegenüber den Personen, die sich am besten auf die Bedürfnisse des Kindes einstellen und prompt angemessen darauf reagieren können (Schaffer/Emerson 1964; Schaffer 1971; Ainsworth/Bell 1969; Rutter 1978). Schließlich müssen Zuwendung und schutzgebendes Verhalten *verlässlich* sein, so dass das Kind Vertrauen in die Person entwickeln kann. Gleichgültigkeit und fehlendes Eingehen auf die Bedürfnisse des Kindes erschweren das Entstehen einer Bindung. Nicht nur zu Erwachsenen, sondern auch zu Kindern, namentlich den Geschwistern, und sogar zu Tieren entwickelt ein Kind Bindungen.

Muss in einer streitigen Scheidung über das Sorgerecht entschieden werden, tritt das Problem der Feststellung des *Unterschiedes* zwischen der Kind-Mutter- und der Kind-Vater-Bindung auf. In relativ wenigen der streitigen Fälle ist es so, dass ein Kind eindeutig und für andere leicht erkennbar eine stärkere Bindung oder eine bessere Beziehung zu einem Elternteil hat. Nach einer Untersuchung von Arntzen (1980), die auf der Grundlage von 1055 familienpsychologischen Begutachtungen, also in hoch streitigen Fällen, durchgeführt wurde, empfinden über 80 % der Kinder weiterhin eine echte Zuneigung zu beiden Elternteilen. Eine anhaltende Abneigung gegen einen Elternteil ist selten. Wenn sie besteht, ist sie in der Regel durch ausgeprägt negative Erfahrungen mit diesem Elternteil bedingt. Eine kleine Gruppe von Kindern hat ein gleichgültiges Verhältnis zu einem Elternteil, meistens verursacht durch früh einsetzende und langanhaltende Trennung.

Besteht ein *erheblicher Bindungsunterschied*, so muss er auf jeden Fall berücksichtigt werden. Bindung wird dann zum wesentlichen Entscheidungskriterium. Ist der Unterschied aber nur sehr gering, so ist er mit den heute verfügbaren Mitteln schwer zu diagnostizieren. Bei kleinen Unterschieden stellt sich auch die Frage der Relevanz der Differenz, denn in einem solchen Fall ist es wahrscheinlich, dass das Bindungserleben des Kindes *Schwankungen* unterliegt.[36] Gerade im Getümmel des Scheidungsvorgangs

---

36 Einen klassischen Fall eines schwankenden Bindungsgefühls – in diesem Beispiel eines Vaters gegenüber seinen drei Söhnen – schildert Lessing in der berühmten Ringparabel des Theaterstücks „Nathan der Weise" (3. Aufzug, 7. Auftritt): „So kam nun dieser Ring ... auf einen Vater endlich von drei Söhnen; die alle drei ihm gleich gehorsam waren, die alle drei er folglich gleich zu lieben sich nicht entbrechen

werden derartige Gefühlsschwankungen leicht auftreten, denn die Eltern verhalten sich in der ersten Ablösungsphase, wie bekannt, häufig auch den Kindern gegenüber nicht angemessen, so dass bei diesen vorübergehend Entfremdungsgefühle auftreten können. Erschwerend kommt hinzu, dass an die Bindungsdiagnostik eine *prognostische Aufgabe* gekoppelt ist. Es muss ja versucht werden, vorauszusagen, wie sich die Beziehung zu Mutter und Vater unter veränderten Lebensbedingungen entwickeln wird.

Die Arbeiten der psychoanalytischen Bindungsforscher haben wichtige Aufschlüsse über Wesen und Entstehung von Bindungen geliefert. Dennoch ist ihr enges Bindungskonzept, vor allem wegen seiner Annahme einer einzigartigen Qualität der Beziehung des Kindes zur Mutter, wohl nicht das, was in der Formulierung des § 1671 a. F. BGB gemeint war. Deshalb ist es weniger missverständlich, wenn wir statt von „Bindungen" von „emotionalen Beziehungen" zwischen Kind und Mutter oder Vater sprechen. Es ist dann sinnvoll, zu analysieren, in welchem Beziehungsnetz das Kind lebt. Man muss herausfinden, welche dauerhaften Beziehungen bestehen, und welche unterschiedlichen Rollen die einzelnen mit dem Kind in engem Kontakt stehenden Personen im Leben des Kindes spielen. Wie das Kind Geschwister, Großeltern, Lehrer, Freunde usw. einordnet, müsste also in die Untersuchung mit einbezogen werden.

Betrachtet man das gesamte Beziehungsgefüge, in das das Kind eingebettet ist, so wird meistens auch klarer, dass Mutter und Vater für das Kind zwar unterschiedliche Funktionen haben, dass diese aber nicht von vornherein unterschiedlich wertig sind. In der Regel lässt sich beobachten, dass ein Elternteil eher die tröstende, emotional unterstützende Funktion übernommen hat (bei traditioneller Familiengestaltung spielt im allgemeinen die Mutter diese „expressive" Rolle, aber auch ein „neuer Vater" kann sie durchaus übernehmen), während der andere Teil eher herausfordernder, auch kontrollierender agiert und damit die schon entwickelten Bewältigungsfähigkeiten des Kindes oder Jugendlichen, insbesondere die kognitiven Fähigkeiten, anspricht. Beide Funktionen ergänzen sich, und es fehlt in der Erziehung eine entwicklungsfördernde Komponente, wenn eine von beiden nicht genügend repräsentiert ist. Alleinerziehende drücken diese Erkenntnis mit dem Satz aus: „Ich muss dem Kind Mutter und Vater zugleich sein."

Muss in der Scheidungssituation gewertet werden, welche Komponente der Eltern-Kind-Beziehung höher einzuschätzen ist, so spielt das *Alter des Kindes* eine wichtige Rolle. Das kleinere Kind und das jüngere Schulkind sind noch stärker auf den emotionalen Schutz angewiesen. Ältere Schulkinder und Jugendliche können eventuell aus einer ihre Kompetenzen fordernden

---

konnte. Nur von Zeit zu Zeit schien ihm bald der, bald dieser, bald der dritte, – sowie jeder sich mit ihm allein befand, und sein ergießend Herz die andern zwei nicht teilten – würdiger des Ringes; den er denn auch einem jeden die fromme Schwachheit hatte, zu versprechen."

und fördernden Haltung eines Elternteils mehr Gewinn ziehen. Repräsentiert ein Elternteil im Erleben eines Kindes stärker als der andere beide Seiten des Elternverhaltens, also Schutz und Förderung, so ist diese Beziehung als die bedeutsamere anzusehen.

Ungeklärt ist die Frage, ob man Beziehungen gewissermaßen bilanzieren kann. Wenn gefordert wird, dem Kind möglichst viele seiner Beziehungen zu erhalten (Fthenakis 1985), so mag sich hinter dieser Forderung der Gedankengang verbergen, Menge sei vor Qualität zu setzen. Sind viele relativ oberflächliche Beziehungen (z. B. zur weiteren Verwandtschaft und zu Freunden) ebenso hoch oder gar höher zu gewichten als eine tragende, aber nicht durch weitere Personen ergänzte Beziehung zu einem Elternteil (denkbar z. B. in einem Fall, in dem ein betreuender Vater aus beruflichen Gründen das bisherige Umfeld verlassen muss)? Eher wird es doch so sein, dass unter der Voraussetzung, dass dem Kind wenigstens eine *„Ankerbindung"*, also *eine* starke gefühlsmäßige Beziehung zu einer Bezugsperson erhalten bleibt, periphere Bindungen gelöst und mit neuen Menschen wieder aufgebaut werden können, ohne dass das Kind Schaden nimmt. Kinder besitzen in dieser Hinsicht eine hohe Anpassungsfähigkeit und können ihr Beziehungsfeld neu organisieren, solange sie sich in ihren zentralen Beziehungen sicher fühlen. Von daher verspricht das Abzählen, ob Vater oder Mutter dem Kind mehr gewohnte Personen erhalten können, keine große Hilfe für die Entscheidungsfindung.

Verfahren zur Erfassung von emotionalen Beziehungen

In der Familienpsychologie, in Psychotherapien, insbesondere Familientherapien, und in der Arbeit der psychologischen Sachverständigen beim Familiengericht sind einige Methoden entwickelt worden, die sich, nicht unbesehen, aber doch in abgewandelter Form, auch von Fachkräften der Sozialen Arbeit anwenden lassen. Sie sind allerdings noch mit Mängeln behaftet. Ein Instrumentarium, das für die im Scheidungsverfahren an das Jugendamt gestellten Aufgaben wirklich brauchbar ist, muss erst noch geschaffen werden.

Es wurde schon gesagt, dass die psychologischen Tests zur Beziehungsdiagnostik nur von Psychologen richtig ausgewertet und interpretiert werden können. Ein Sozialarbeiter kann aber das Kind (und in analoger Weise auch Mutter und Vater) direkt befragen, z. B. mit Fragen wie:

„Zu wem gehst du (Mutter oder Vater?),
- wenn du möchtest, dass dir jemand etwas erklärt?
- wenn du vor etwas Angst hast?
- wenn du etwas Interessantes zu erzählen hast?
- wenn du ein tolles Spiel machen möchtest?
- wenn du hungrig bist?
- wenn dein Freund/deine Freundin dich enttäuscht hat?

- wenn du Hilfe bei den Hausaufgaben brauchst?
- wenn du etwas besonders Schönes erleben möchtest?
- wenn dir etwas weh tut?
- wenn du in den Arm genommen werden möchtest?"

Mit Fragen wie diesen lässt sich ein längeres Gespräch über die unterschiedlichen Dienste, die Mutter und Vater diesem Kind erweisen, initiieren. Zu achten ist bei der Auswahl der Fragen darauf, dass der expressiven und der instrumentellen Rolle gleich viele Fragen gewidmet werden. Auch zirkuläre Fragen sind möglich. *Nicht* fragen sollte man das Kind: „Wen hast du lieber?", denn dann kann man es in einen Loyalitätskonflikt drängen. Verlangt man von einem Kind, sich für einen Elternteil auszusprechen, so bedeutet dies in einem Streit um das Sorgerecht auch zugleich, dass es damit etwas *gegen* einen anderen sagen muss, und das ist für die meisten Kinder und auch noch die Jugendlichen schmerzhaft und bereitet ihnen Schuldgefühle. Manche Kinder müssen auch Liebesentzug durch den gekränkten Elternteil befürchten.

Gute Anknüpfungspunkte für ein Gespräch bietet die gemeinsam mit dem Kind vorgenommene Betrachtung eines Fotoalbums aus der Zeit, als die Familie noch vollständig zusammenlebte. Ein Loyalitätskonflikt lässt sich mildern durch eine indirekte Befragung. Dem Kind wird eine Geschichte erzählt, in der eine Puppe oder ein Tier eine Entscheidung zu treffen hat (z. B. wem ein Geheimnis erzählt wird, oder wer auf eine Reise mitgenommen wird). Ein weiteres „semiprojektives" Verfahren zur Diagnostik von Bindungsstilen ist der „Trennungsangst-Test". „Projektive" und „semiprojektive" Verfahren dieser Art basieren auf der Annahme, dass das Kind sich mit der Hauptfigur der Erzählung identifiziert und seine eigenen Gedanken und Empfindungen in die fiktive Situation „projiziert". Sie sind jedoch stark fehleranfällig und setzen deshalb eine ausreichende berufliche Erfahrung voraus (Hansburg 1972; Arntzen 1980; Ell 1990; Balloff 1992; Schwark, Schmidt, Strauß, 2000)

Weniger bedenklich erscheint die Vorgabe unvollständiger Sätze, die vom Kind komplettiert werden sollen, und über die danach mit dem Kind gesprochen wird (Arntzen 1980; Ell 1990). Beispielsweise können sie so beginnen:

Zuhause …
Meine Mutter …
Mein Vater …
Die größte Befürchtung meiner Großmutter …
Einmal dachte ich …
Könnte ich doch …

Befragt man die *Eltern*, so findet man eventuell Hinweise auf ihre Beziehung zum Kind, wenn man sie bittet, ihr Kind ausführlich zu beschreiben.

Wird in der Schilderung Freude und „Wohlgefallen" am Kind deutlich, oder dominiert eine negative Sicht? Suchen sie am Kind nach Persönlichkeitsmerkmalen, die sie am Ehepartner ablehnen? Was verbindet sie ihrer Ansicht nach besonders mit dem Kind und das Kind mit ihnen? Antworten darauf können allerdings in besonderem Maße der Antworttendenz der „sozialen Erwünschtheit" unterliegen und deshalb unwahr oder verzerrt sein. Gerade intelligentere Eltern durchschauen Fragen dieser Art sehr genau und werden – da sie ja um ihr Kind kämpfen – versuchen, sie so zu beantworten, wie es ihrem Anliegen nützt. (Dieses ist ihr gutes Recht und darf nicht gegen sie ausgelegt werden.) Auch die Beobachtung der *Mutter- bzw. Vater-Kind-Interaktion* schützt nicht ganz vor solchen Verfälschungstendenzen, denn man kann sich natürlich besonders „gut benehmen", wenn man beobachtet wird.

Bei einem *Kleinkind*, das man noch nicht befragen kann, wird im allgemeinen davon ausgegangen, dass der Elternteil die Hauptbezugsperson ist, der das Kind im wesentlichen bisher tagsüber versorgt und betreut hat, sofern die Betreuung angemessen war. Dieser Annahme liegt die Erkenntnis zugrunde, dass kindliche Bindungen aus der Erfahrung der Befriedigung grundlegender Bedürfnisse durch diesen Elternteil entstehen.

Neben der Beziehung zu den Eltern ist für ein Kind im allgemeinen auch die Beziehung zu seinen Geschwistern wichtig. Sie sollte also in die Diagnose einbezogen werden. Insbesondere in der Scheidungssituation, in der die Eltern nicht selten an Zuverlässigkeit verlieren, können Geschwister sich gegenseitig Halt geben. Geschwister sollten deshalb nach Möglichkeit nicht getrennt werden.

6.3.3.3 Die Neigungen und Wünsche des Kindes

Wenn seine Eltern sich scheiden lassen, macht das Kind die Erfahrung, dass seine Wünsche dabei zunächst gar nicht berücksichtigt werden, denn sonst würden die meisten Ehen nicht geschieden. Wie Arntzen (1980) bei der Auswertung einer großen Zahl von Gutachten feststellte, wünschen sich 75 % der Kinder, deren Eltern sich um das Sorgerecht streiten, dass ihre Eltern wieder zusammenziehen. Weitere 7 % möchten selbst dann ihre Eltern wieder beieinander sehen, wenn diese sich nicht versöhnen.

So entspricht es einem Mindestmaß an Achtung der Persönlichkeit des Kindes und seiner Subjektstellung, dass wenigstens bei der Regelung seines weiteren Lebens sein Votum erfragt und in die Entscheidung einbezogen wird – falls es ein solches gibt. Dies ist auch gesetzlich verankert worden (§ 1626 Abs. 2 BGB, § 1671 Abs. 2 BGB, §§ 8 und 9 KJHG). Eltern und Richter sollen das Kind, seinem Entwicklungsstand entsprechend, in die Entscheidung über die Zuordnung der elterlichen Sorge einbeziehen. Eltern tun dies, wie Müller/Lempp (1989) zeigen, allerdings häufig nicht, sind aber überzeugt, im Interesse ihrer Kinder zu entscheiden. Nach § 50 b

Abs. 1 FGG hört der Richter das Kind persönlich an, wenn die Neigungen, Bindungen oder der Wille des Kindes für die Entscheidung von Bedeutung sind, oder wenn es zur Feststellung des Sachverhalts angezeigt erscheint, dass sich das Gericht von dem Kind einen unmittelbaren Eindruck verschafft. Hat ein Kind das vierzehnte Lebensjahr vollendet und ist es nicht geschäftsunfähig, so hört das Gericht in einem Verfahren, das die Personensorge betrifft, das Kind stets persönlich an (§ 50 b, Abs. 2 FGG). Wird die Präferenz des Kindes beachtet, so erweist sich die getroffene Regelung als zeitlich stabiler (Kaltenborn 1996).

Dem Schutz des Kindes dient es andererseits, dass es nicht die formelle Entscheidungskompetenz hat. Zuständig für die Entscheidung ist der Richter, der verschiedene Komponenten gegeneinander abwägen muss – dies zu wissen, kann insbesondere für einen Jugendlichen gewissensentlastend wirken.

Es stellt sich nun allerdings die Frage, *ab welchem Alter* einem Kind eine solche Mitentscheidung zuzutrauen und zuzumuten ist. Hierzu gibt es sehr unterschiedliche Standpunkte (vgl. Coester 1893): Keine Altersgrenze, „Beachtung der Haltung eines zweijährigen Kindes bei der Begrüßung der Eltern" (OLG München 1978[37]) Beachtung ab fünf Jahren (Palandt/Diederichsen 2000), Beachtung ab 10 Jahren oder Wahrung der im Gesetz (§ 1671 BGB) festgelegten Altersgrenze von 14 Jahren.

In der Tat erweist es sich auch für die Psychologie als schwierig anzugeben, wann ein Kind in seiner Urteilskompetenz so weit entwickelt ist, dass es überblicken kann, was seine Wahl einer bestimmten Lösung impliziert. In eine solche Wahl können sehr unterschiedliche Motive eingehen – eigene Interessen, Schutz und Fürsorge für einen Elternteil, also Übernahme von Verantwortung für dessen Wohlergehen, Irrtum über die Absichten oder die Motive von Mutter oder Vater, Selbsttäuschung, vorübergehende Beachtung irrelevanter Details wie „Sonntagserlebnisse", größere Geschenke und dergleichen.

Um begründet eine Wahl treffen zu können, muss das Kind in seiner kognitiven Entwicklung so weit gediehen sein, dass es die Beziehung zwischen sich und seinen Eltern einigermaßen realistisch erfassen kann. Selman (1984) hat auf der Basis der grundlegenden Arbeiten von Mead (1975; zuerst 1934), Piaget (1986; zuerst 1932) und Kohlberg (1974) ein Modell der soziokognitiven Entwicklung des Kindes erstellt. Es ist, ebenso wie Piagets und Kohlbergs Modell, ein strukturalistisches Stufenmodell.[38] Selmans Mo-

---

37 FamRZ 1979, 70, 71
38 Die Stufen der Entwicklung unterscheiden sich qualitativ, d. h. die Art der Weltsicht ändert sich von Stufe zu Stufe. Die Abfolge der Stufen kann nicht umgekehrt werden (Invarianz). Die Stufen bilden eine strukturierte Ganzheit, d. h. es gibt pro Stufe einen allgemeinen Faktor, der in allen Entscheidungssituationen durchgängig zum Tragen kommt. Es besteht eine hierarchische Organisation, d. h. ein Mensch versteht die Denkweisen aller Stufen unterhalb der von ihm erreichten, aber nicht mehr als

dellvorstellungen können die Einschätzung der kindlichen Willensäußerung im Sorgerechtsverfahren genutzt werden.

Selman[39] geht von den folgenden fünf Niveaus oder Stufen der soziokognitiven Entwicklung (von ihm als „soziale Perspektivenübernahme"[40] bezeichnet) aus:

Stufe 0: Egozentrische oder undifferenzierte Perspektive
(ungefähr 4–6 Jahre)[41]

Das Kind erlebt sich noch als den Nabel der Welt und erkennt nicht, dass ein anderer Mensch eine Situation anders wahrnehmen und interpretieren kann als es selbst; es glaubt, jeder müsse in einer Situation genauso empfinden, wie es dies tut. Es kann Gefühle nicht von Handlungen unterscheiden und beurteilt Menschen danach, wie nützlich deren Handlungen für es selbst sind. („Die Oma ist lieb, weil sie mir ein großes Auto geschenkt hat"; „Wer mir weh tut, ist böse" – also z. B. auch der Arzt, der ihm eine Spritze geben muss, oder der Stuhl, an dem es sich stößt). Der Elternteil, der das Kind umhegt und betreut, auf den es für die Erfüllung seiner Grundbedürfnisse existenziell angewiesen ist, ist der „gute" Elternteil. Das bedeutet auch, dass das Kind denjenigen bevorzugen wird, bei dem es gerade lebt (deshalb dürfen Sorgerechtsentscheidungen bei Kindern dieses Alters nicht zu lange hinausgezögert werden, denn sonst akzeptiert ein Kind einen eventuell notwendigen Wechsel nicht mehr). Wenn die Eltern sich trennen, macht es sich große Sorgen um seine Betreuung („Wer kocht dann mein Essen? Wer bringt mich zum Kindergarten?").

Nach Piaget (1986; zuerst 1932) befindet sich das Kind im Vorschulalter auf der Stufe der „heteronomen Moral". Es ist noch überzeugt davon, dass das, was eine Autoritätsperson sagt, immer richtig ist und befolgt werden muss, auch um Strafe zu vermeiden und Belohnung zu erhalten. So lässt es sich erklären, dass ein Kind in Gegenwart des Vaters äußert, es wolle bei ihm bleiben, in Gegenwart der Mutter aber für sie votiert, und dies u.U. an demselben Tag. Für ein Kind in diesem Alter ist ein entsprechendes Bekenntnis zu einem Elternteil auch ein Akt des Gehorsams und der Strafvermeidung. Will man es nach seinem Willen fragen – was angesichts der dargestellten Einschränkungen von äußerst fraglichem Wert ist – so muss man dieses auf jeden Fall zweimal tun, je einmal während oder unmittelbar nach einem Aufenthalt bei der Mutter *und* beim Vater (wenn auch nicht in deren Gegenwart).

---

die einer Stufe oberhalb der eigenen. Zugleich lehnt er die Argumente der von ihm bereits überwundenen Stufen ab. Es gibt keinen Rückfall auf eine frühere Stufe (vgl. auch Schreiner 1983).

39 Vgl. Garz (1989), 144–153
40 „Soziale Perspektivenübernahme" kann definiert werden als „eine Form sozialer Kognition, die zwischen logischem und moralischem Denken steht" (Selman 1984).
41 Die Altersangaben sind Durchschnittswerte, denn die Lebensbedingungen eines Kindes können die Entwicklung beschleunigen oder verlangsamen.

Stufe 1: Subjektive oder differenzierte Perspektive
 (ungefähr 6–8 Jahre)

Die Urteilsfähigkeit des Kindes entwickelt sich weiter, und das Kind beginnt nun zu erkennen, dass ein anderer Mensch dieselbe Begebenheit anders erleben kann als es selbst. Ihm wird bewusst, dass jeder Mensch seine eigenen Gefühle und Denkweisen hat. Es macht sich also nun auch Gedanken darüber, wie jeder Elternteil die Situation erlebt. Es ist aber über Gefühle anderer noch leicht zu täuschen: Wer freundlich zu ihm ist, meint es auf jeden Fall gut mit ihm. Auf dieser Stufe glaubt das Kind, dass man auf der Basis von Gegenseitigkeit („eine Hand wäscht die andere") am besten durchs Leben kommt. Es ist sich bewusst, dass es auf die Eltern immer noch entscheidend angewiesen ist; es braucht ihren Schutz ebenso wie die materielle Versorgung. Zugleich weiß es, dass zum Nehmen auch das Geben gehört, und es möchte seinen Eltern auch etwas Gutes tun, indem es ihnen Freude bereitet, ihnen hilft und sie nicht allein lässt, wenn es gebraucht wird. Die Entscheidung zwischen Mutter und Vater fällt dem Kind auf dieser Stufe besonders dann schwer, wenn es den einen als stark und schützend und den anderen als eher schutzbedürftig erlebt. Einerseits möchte es seinem eigenen Bedürfnis nach Beschütztwerden durch einen „starken" Elternteil nachgeben; andererseits sieht es, dass der „verlassene" oder „einsamere" Elternteil sich erhofft, das Kind möge bei ihm bleiben und ihn vor Einsamkeit bewahren. Wählen zu müssen, bedeutet also für das Kind eine fast nicht zu lösende Aufgabe, so dass auch hier sehr genau zu prüfen ist, ob man nicht besser daran tut, dem Kind dieses Dilemma zu ersparen.

Stufe 2: Reziproke oder selbstreflexive Stufe
 (ungefähr 8–10 Jahre)

Das Kind kann sich jetzt „in die Schuhe eines anderen stellen" und erkennen, welche Gefühle und Gedanken ein anderer ihm gegenüber hat. Nicht mehr die Gegenseitigkeit von Handlungen zählt am meisten („Er tut etwas für mich, also tue ich auch etwas für ihn."), sondern die Gegenseitigkeit von Gefühlen („Ich weiß, dass er mich mag; er weiß, dass ich ihn mag"). Gewinnt das Kind den Eindruck, ein Elternteil mache sich nicht genügend Gedanken um seine psychische Situation, so kann es von ihm abrücken („Dem Vater ist es egal, ob es mir etwas ausmacht, wenn er mich vor Gericht zerrt, deshalb kann er mir auch gestohlen bleiben" oder „Seine neuen Kinder interessieren ihn mehr als ich, deshalb will ich ihn auch nicht mehr").

Stufe 3: Wechselseitige Perspektive oder Perspektive der dritten Person
 (ungefähr 10–12 Jahre)

In Gedanken kann das Kind nun die Perspektiven beider Eltern übernehmen und mit einander koordinieren. Da es jetzt weiß, welche Rollenerwartungen „ein gutes Kind", „eine liebe Tochter", „ein fürsorglicher Sohn" zu erfüllen hat, und weil ihm daran gelegen ist, vor den fremden, aber auch vor den eigenen moralischen Ansprüchen bestehen zu können, kann es sich mit dem Elternteil solidarisieren, der in seinen Augen das kürzere Los gezogen hat, weil er eher seine Hilfe braucht („Alle hacken auf ihm herum, nur ich halte zu ihm.") oder der den Beistand mehr verdient hat, weil er dem Kind mehr Liebe gezeigt hat, z. B. dadurch, dass er mehr für das Kind geopfert hat („Meine Mutter ist meinetwegen allein geblieben").

Das Kind kann in starke Loyalitätskonflikte geraten, wenn es sieht, dass jeder Elternteil auf seine Weise an ihm hängt und es nicht hergeben möchte. Wird andererseits dem Kind die Möglichkeit gelassen oder eröffnet, zu beiden Eltern eine positive Gefühlsbeziehung aufrecht zu erhalten, so kann es mit seiner nun entwickelten Fähigkeit, sich in ihre psychische Situation hineinzudenken, für beide eine emotionale Stütze sein.

Stufe 4: Gesellschaftliche oder Tiefenperspektive
(12–15 Jahre und älter)

Das Kind kann jetzt den Standpunkt des sozialen Systems, in dem es lebt, einnehmen, also auch die Situation seiner Familie „von höherer Warte aus" betrachten. Allgemeine Einstellungen, z. B. die Wertschätzung von Toleranz, moralische Grundsätze (Gerechtigkeit, Fürsorge für andere) erlangen nunmehr eine große Bedeutung. Es kann jetzt die verschiedenen Facetten der Mutter- und der Vaterrolle realistisch einschätzen, Auswirkungen einer Entscheidung auf das gesamte System erkennen und so recht kompetent an der Entscheidung mitwirken.

Aber selbst diese älteren Kinder und Jugendlichen, die sehr klar sehen, was welche Entscheidung für jeden einzelnen in der Familie bedeutet, können unter dem Zwang, überhaupt wählen zu müssen, starke Schuldgefühle entwickeln. Dieses Leiden muss Eltern so bewusst sein, dass es ihnen zum Anliegen wird, keine der gewachsenen Bindungen des Kindes zu zerstören.

In einer Situation, in der das Kind keinen Elternteil eindeutig bevorzugt, sollte man es nicht zu einer Entscheidung drängen oder gar zwingen. Eltern können ihm erhebliche Qualen ersparen, wenn sie ihm eine einvernehmliche Lösung vorschlagen. Dieses muss auch den streitenden Eltern vermittelt werden.[42] Gelingt dies nicht, so kann man, wie erwähnt, den Druck etwas von dem Kind nehmen, indem man ihm sagt, dass nicht es selbst, sondern der Richter die zukünftige Regelung zu verantworten hat.

Bedenken gegen die Befolgung des kindlichen Willens bestehen, wenn eindeutig zu erkennen ist, *dass das Kind in seiner Willensäußerung stark be-*

---

[42] Man könnte geneigt sein, wie König Salomon oder der Richter im „Kaukasischen Kreidekreis" (Brecht) angesichts zweier um ein Kind streitender Mütter (bzw. hier Elternteile) diejenige (denjenigen) auszuwählen, die/der eher bereit ist, dem Kind übermäßiges Leiden zu ersparen. Aber auch dies könnte wiederum dazu führen, dass man über diesem einen Aspekt wichtige andere übersieht.

einflusst worden ist. Ein Elternteil kann versuchen, es für sich zu vereinnahmen, indem er ihm besonders schöne Geschenke macht, ihm viele Freiheiten gewährt (z. B. nächtliches Fernsehen) oder Großartiges verspricht (einen tollen Urlaub, ein eigenes Pferd). Hier muss bei der Entscheidung darauf geachtet werden, dass das Kind möglichst vor Enttäuschungen zu bewahren ist, und dass es sich nicht gegen seine wahren Interessen entscheidet. Gewinnt z. B. ein Elternteil das Kind für sich mit dem Versprechen, es brauche bei ihm nicht aufs Gymnasium zu gehen, so kann dies, falls die erforderliche Begabung vorhanden ist, gegen seine langfristigen Interessen verstoßen (Palandt 2000). Andererseits ist es als legitim zu betrachten, dass ein Elternteil in begrenztem Ausmaß um die Liebe von Sohn oder Tochter wirbt. Schließlich darf nicht verkannt werden, dass Erziehung nicht ohne Beeinflussungsabsicht geschehen kann (Ell 1980; Lempp 1982).

Eine andere, schlimmere Form der Beeinflussung besteht in der *Erzeugung von Ressentiments oder Abneigung gegen den anderen Elternteil.* Diese Beeinflussung kann ein Elternteil (meistens derjenige, bei dem das Kind lebt, denn dieser hat größere Einflussmöglichkeiten) auf vielfältige Weise betreiben: Durch abwertende Bemerkungen oder Erzeugung von Furcht vor dem anderen Elternteil („Der schlägt dich, wenn du hingehst." „Der entführt dich.") Solche Bemerkungen können allerdings auch Ausdruck von Befürchtungen mit einem realen Hintergrund sein; dann wären sie nicht als Beeinflussung, sondern als Schutz des Kindes gedacht. Der Kontakt mit dem anderen Elternteil kann dem Kind als lästige Pflicht dargestellt werden („Ich finde es zwar schlimm, aber dein Vater hat das Recht, dich zu sehen"). Von großer Wirkung kann es auch sein, wenn dem Kind verdeutlicht wird, dass man eine positive Äußerung über den abwesenden Elternteil oder eine Kontaktaufnahme sehr übel nehmen würde. Das Kind wird dann befürchten, den Elternteil, bei dem es lebt und auf den es existentiell angewiesen ist, auch noch zu verlieren.[43] Auch wenn die Beeinflussung nicht offen verbal geschieht, sondern der Wunsch lediglich in Gestik und Mimik geäußert wird, kann das Kind sehr beeindruckt sein.

Das Ergebnis eines solchen Beeinflussungsprozesses wird als *„induzierte Gegeneinstellung"* bezeichnet (Arntzen 1980). Neuerdings wird dafür vielfach der Begriff *„Parental Alienation Syndrome" („PAS")* verwendet (Jopt/ Berendt 2000). In der Folge zeigt das Kind eine feindliche, abwertende Einstellung gegenüber dem anderen Elternteil, die nicht auf realen negativen Erfahrungen beruht. Es ist unfähig, positive Aspekte am anderen Elternteil wahrzunehmen, weist auch dessen weitere Angehörige zurück und ergreift

---

43 Ein Vater erzählte z. B. seiner Tochter, die bei ihm lebte, immer wieder, dass die Mutter früher im Bett geraucht habe und einmal dabei eingeschlafen sei. Der Gutachterin gegenüber äußerte das Mädchen, es wolle u. a. deshalb nicht zur Mutter, weil es bei dieser zu gefährlich sei. Die Mutter würde vielleicht eines Tages mit ihrem Rauchen das Haus anzünden.

bedingungslos Partei für den betreuenden Elternteil. Die Eigenständigkeit der Willensbekundung wird übermäßig betont.

§ 1684 Abs. 2 BGB gebietet Eltern allerdings, alles zu unterlassen, was das Verhältnis des Kindes zum jeweils anderen Elternteil beeinträchtigt oder die Erziehung erschwert. Das Familiengericht kann die Beteiligten durch Anordnung zur Erfüllung dieser Pflicht anhalten (§ 1684 Abs. 3 BGB). Der Gesetzgeber hat also erkannt, welcher Schaden einem Kind durch negative Äußerungen über einen Elternteil zugefügt werden kann. Die neuere Rechtsprechung sieht einen „Mangel an Umgangstoleranz" als Defizit in der Erziehungseignung, der bei nachhaltiger Weigerung, dieses Verhalten abzustellen, zur Übertragung des Sorgerechts auf den anderen Elternteil führen kann.[44]

Die Übernahme der ablehnenden Haltung des einen Elternteils gegenüber dem anderen durch das Kind kann „oberflächlich" oder „integriert" sein. Eine oberflächliche Induktion ist daran zu erkennen, dass das Kind mit einer ablehnenden Äußerung gegen Mutter oder Vater sozusagen seinen Auftrag als erfüllt ansieht. In der Gegenwart des scheinbar abgelehnten Elternteils tritt aber schnell die eigentliche Vertrautheit und Zuneigung zutage. Um dies festzustellen, ist es demnach erforderlich, das Kind in der längeren Interaktion mit diesem Elternteil zu beobachten. „Integrierte" Übernahme bedeutet, dass die induzierte Ablehnung allmählich zu einem eigenständigen Gefühl geworden ist. Das Kind, insbesondere das jüngere, ist emotional noch nicht so stabil, dass es einer beständig ausgeübten Beeinflussung auf Dauer widerstehen könnte. Durch diese Integration ist es also zu einer „echten" Ablehnung des betreffenden Elternteils gekommen. Da die Abkehr nicht nur für den abgelehnten Elternteil, sondern auch für das Kind eine nachhaltige, höchst schmerzliche Erfahrung bildet, muss durch das Angebot von Familienberatung und -therapie versucht werden, Fehlwahrnehmungen zu korrigieren.

Die Erfolgsaussichten richten sich nach dem Grad der Verfestigung beim Kind. Bei oberflächlicher Induktion kann das Kind vermutlich seine Haltung noch ändern. Bei integrierter Übernahme können derartige Versuche scheitern. Dann muss von einer Tatsache ausgegangen werden, deren Zustandekommen zwar verwerflich ist, deren Aufhebung jedoch nicht ohne erneute seelische Verletzung des Kindes zu bewerkstelligen ist. Wollte man den so gewordenen Willen des Kindes nicht respektieren, würde man dem jungen Menschen gleichwohl Gewalt antun. Das heißt, dass man in einem solchen Fall dem Wunsch des Kindes folgen sollte, selbst wenn man sieht, dass er ursprünglich auf nicht akzeptable Weise herbeigeführt worden ist, vorausgesetzt, er ist nicht zum Schaden des Kindes.

---

44 Vgl. OLG Hamm, ZfJ 1999, 226–228

6.3.3.4 Die Erziehungsfähigkeit der Eltern („Förderprinzip")

In allen streitigen Fragen gilt es zu prüfen, welcher Elternteil dem Kind bessere Voraussetzungen für seine Entwicklung bietet. Hier ist also zu diagnostizieren, was jeder der beiden Elternteile dem Kind an Fördermöglichkeiten bieten kann, wie er sich in der erzieherischen Interaktion mit dem Kind verhält, und welche Wirkung seine Persönlichkeit auf die Persönlichkeitsentwicklung des Kindes hat.

Zu fragen ist, welche Lebenswelt er dem Kind eröffnet, und vor welcher er es zu bewahren sucht. Es geht also darum, welche Sozialisationsbedingungen das Kind bei jedem der beiden Elternteile erwarten. In Kap. 2.1.4. wurde bereits dargestellt, welche Sozialisationsbedingungen entwicklungsfördernd wirken, und welche die Entwicklung eher hemmen. Auf die dort genannten Faktoren hin müssen die verschiedenen Regelungsmöglichkeiten also untersucht werden.

Inversini (1991) schlägt vor, zur Ermittlung der Erziehungsfähigkeit elterliches Verhalten unter folgenden Aspekten zu analysieren:

– Wie bewältigt der jeweilige Elternteil sein Leben, insbesondere in emotionaler und sozialer Hinsicht? (Vorsicht: Scheidungsbedingte „Turbulenzen" sind möglich und müssen von habituellen Störungen unterschieden werden!)
– Erkennt er Probleme überhaupt und ist er bereit und in der Lage, sie kooperativ und kompromissbereit zu lösen?
– Ist er lernfähig, oder hält er rigide an einmal erworbenen Überzeugungen fest?
– Ist eine Tendenz zu rücksichtsloser Selbstdurchsetzung, eventuell sogar unter Gewaltanwendung, zu erkennen?
– Wie werden die eigenen Bedürfnisse mit denen der Kinder abgestimmt?
– Gibt es Flucht- und Ausweichneigungen?
– Ist der Elternteil fähig, sich auch in Krisensituationen so weit unter Kontrolle zu bringen, dass er für die Kinder Beruhigung und Klarheit schaffen kann?
– Kann er dem Kind Unterstützung geben, ohne es übermäßig in Abhängigkeit zu halten?
– Kann der jeweilige Elternteil dem Kind seinem Alter entsprechend Eigenverantwortung zugestehen, ohne es damit zu überfordern?
– Ist er relativ unabhängig von der dauernden Bestätigung durch das Kind?
– Ist ein Eingehen auf die Wünsche des Kindes nach Zärtlichkeit und Körperkontakt möglich, ohne das Kind für eigene Bedürfnisse zu missbrauchen?

- Erhält das Kind genügend Möglichkeiten, neue Erfahrungen zu machen durch anregende Interaktion und angemessene Erklärungen?
- Ist der Erzieher fähig, den schulischen Werdegang des Kindes zu fördern?
- Vermittelt der Elternteil – auch durch sein eigenes Verhalten – moralische Wertsetzungen und regt das Kind zur Weiterentwicklung seiner moralischen Urteilsfähigkeit an?
- Kann das Kind mit Unterstützung des Elternteils soziale Handlungskompetenzen erlernen?
- Erwirbt es die nötigen Bedürfniskontrollen und Motivationen (z. B. Leistungsmotivation; Bereitschaft, anderen zu helfen)?
- Kann der Elternteil die Fähigkeiten des Kindes richtig einschätzen und sich entsprechend verhalten (also Über- oder Unterforderung vermeiden)?
- Ist die Persönlichkeit eines Elternteils eher gekennzeichnet durch Zuversicht, Selbstvertrauen und Heiterkeit als durch Verzagtheit, Missmut, Niedergeschlagenheit und Zynismus? (Vorsicht: Dies könnte auch durch die Scheidungssituation bedingt sein!)
- Kann der Erzieher in Notsituationen auch Hilfe von außen suchen und annehmen?
- Sieht er das Kind positiv und akzeptiert es so, wie es ist?
- Gibt er liebevolle Fürsorge und klaren Halt?

Dies ist eine sehr anspruchsvolle Liste von Anforderungen, die auch die meisten Eltern in „intakten" Familien nur zum Teil erfüllen. Man kann sie als „Maximalkatalog" betrachten und. versuchen abzuwägen, welcher Elternteil ihm näher kommt. Ein Problem dabei ist, dass ein intelligenterer oder besser ausgebildeter Elternteil hier günstiger abschneiden wird. In der Rechtsprechung und in der psychologischen Literatur wurde teilweise die Erziehungsfähigkeit in ihrer Bedeutung der Bindung nachgeordnet (vgl. Salzgeber 1992). Das würde allerdings heißen, dass die emotionale Komponente der kognitiv-fördernden vorzuziehen ist. Es wurde bereits darauf hingewiesen, dass sich diese Alternative in Abhängigkeit vom Entwicklungsstadium des Kindes umkehren kann. Besonders schwierig wird die Lage, wenn mehrere Kinder da sind, die teils eher emotionale, teils eher kognitive Förderung brauchen, gleichwohl aber nicht getrennt werden sollen. In diesem Fall ist zusätzlich zu beurteilen, welchem Kind ein entsprechendes Defizit am wenigsten schadet.

Nicht vergessen werden darf, dass auch hier der Grundsatz der Erforderlichkeit gilt. Eine derart eingehende Überprüfung des Elternverhaltens, wie sie der Katalog von Inversini nahe legt, ist nur erlaubt, wenn sich *ohne* sie die Entscheidung nicht ausreichend begründet treffen ließe. Eine nicht kindbezogene, allgemeine Persönlichkeitsdiagnostik der Eltern ohne diese Einschränkung würde gegen deren Persönlichkeitsrechte verstoßen. Die Elternpersönlichkeit darf nur insoweit in die Beurteilung einbezogen werden, als sie konkrete Auswirkungen auf die Entwicklung und das Wohl des Kindes hat.

Die Erziehungsfähigkeit muss in Frage gestellt werden, wenn ein Elternteil ein Kind vor allem zur Befriedigung eigener Wünsche braucht, oder wenn er aus überwiegend egoistischen Motiven Kontakte des Kindes zum anderen Elternteil verhindert. Bedenken gegen die Erziehungseignung bestehen auch bei einer gravierenden psychischen Störung eines Elternteils, z. B. bei Alkoholabhängigkeit, Drogenmissbrauch oder akuter Schizophrenie (dies gilt nicht für eine überwundene schizophrene Episode!). Sind endogene Depressionen aufgetreten, muss in Zusammenarbeit mit dem behandelnden Arzt geklärt werden, ob eine Gefährdung für das Kind besteht (Vernachlässigung, übermäßige psychische Belastung, in sehr seltenen Ausnahmefällen die Gefahr eines erweiterten Suizides). Eine HIV-Infektion ist kein Grund, das Sorgerecht zu versagen (OLG Stuttgart 1988[45]). Misshandlung eines Kindes weist auf mangelnde Erziehungskompetenz bzw. missbräuchliche Ausübung der elterlichen Sorge hin. Hat ein Elternteil ein Kind sexuell missbraucht, ist er für die weitere Erziehung absolut ungeeignet. Der Missbrauch muss aber nachgewiesen sein; ein vager Verdacht genügt nicht für den Ausschluss eines Elternteils aus der Erziehungsverantwortung. Geht ein Elternteil der Prostitution nach, so ist dies an sich kein Grund, an seiner Erziehungsfähigkeit zu zweifeln, es sei denn, die Tätigkeit beeinflusse das Kind (über Einbeziehung des Kindes in derartiges Verhalten oder über ungünstige Vorbildwirkung; Coester 1983).

Wie schon mehrfach erwähnt, muss auch abgeschätzt werden, ob eine zu beobachtende Erziehungsschwäche eine unmittelbare Folge der Trennung bzw. der vorausgegangenen Konflikte und damit vorübergehender Natur ist, oder von Dauer. Ein *Beispiel*: Eine Mutter erzog ihre Tochter so, dass sie sich zu einem fröhlichen, aufgeweckten Kind mit guten Schulleistungen entwickelte. Als das Mädchen etwa sieben Jahre alt war, begann der Ehemann sich anderen Frauen zuzuwenden, was der Ehefrau nicht verborgen blieb. Sie ertrug dies nicht und begann, häufig Alkohol im Übermaß zu trinken. Nach der Trennung vom Ehemann nahm sie eine Therapie in Anspruch, trank keinen Alkohol mehr und stabilisierte sich. Hier musste gesehen werden, dass die Frau zwar durch die akuten Belastungen der letzten beiden Jahre aus der Bahn geworfen worden war, dass sie aber nicht grundsätzlich erziehungsunfähig war, denn sonst hätte sich das Kind unter ihrer Obhut zuvor nicht so gut entwickelt.

6.3.3.5 Betreuungssituation

Je jünger ein Kind ist, desto mehr ist es auf körperliche Pflege und Versorgung durch einen Elternteil angewiesen. Es braucht Beaufsichtigung und – zumindest für mehrere Stunden täglich – die Anwesenheit und Zuwendung

---

45 *FamRZ* 1990, 89

einer ihm nahestehenden Person. Die soziale Fachkraft muss also fragen, wie die Betreuung des Kindes gesichert werden soll, auch für Ausnahmesituationen wie Krankheit des Kindes, Kindergarten- oder Schulferien. Kann ein Kind vom Elternteil selbst betreut werden, so ist dies einer Versorgung durch eine andere Person vorzuziehen, es sei denn, das Kind wäre auch schon während des Bestehens der Ehe vorwiegend von dieser Person (z. B. von der Großmutter) betreut worden. Will ein Vater seine Kinder durch seine neue Partnerin betreuen lassen, so muss versucht werden, eine Prognose über die zukünftige Stabilität der Beziehung abzugeben, was häufig kaum zu leisten ist. Besteht zwischen einem Kind und einem Elternteil eine enge emotionale Beziehung und ist dieser Elternteil zur alltäglichen Versorgung nur begrenzt in der Lage, so muss vom Jugendamt geprüft werden, ob es eine Unterstützung anbieten kann, z. B. durch sozialpädagogische Familienhilfe. Auch hier gilt der Vorrang der emotionalen Beziehung, denn eine perfekte körperliche Pflege *allein* gewährleistet nicht eine gute Entwicklung des Kindes. Die *Wohnsituation* sollte nur dann eine Rolle für die Entscheidung spielen, wenn sie extrem ungünstig ist. Auch hier muss vom Jugendamt zunächst versucht werden, eine Verbesserung zu schaffen. Das Gericht kann durch Zuweisung der Ehewohnung an den Elternteil, bei dem die Kinder leben, eingreifen.

6.3.3.6 Kontinuität und Stabilität

Die Erziehung eines Kindes verfolgt das Ziel, psychische Dispositionen aufzubauen, d. h. relativ überdauernde Fähigkeiten, Einstellungen und Werthaltungen. Diese entwickeln sich im allgemeinen dann am besten, wenn das Erziehungsverhalten konstant und in sich konsistent ist. Gerade angesichts der bei der elterlichen Trennung vom Kind geforderten Bewältigungsleistungen kann deshalb eine möglichst weitgehende Beibehaltung bisheriger Einflüsse die Anpassung erleichtern, vorausgesetzt, diese Bedingungen sind bisher entwicklungsfördernd gewesen.[46]

Der Begriff „Kontinuität" kann sich auf die Fortdauer der bestehenden Bindungen und Erziehungsbedingungen beziehen, im Unterschied zur „Stabilität", die die zukünftigen Erziehungsverhältnisse meint (Coester 1983). Breitere Definitionen schließen neben der Erhaltung der persönlichen Beziehungen unter dem Begriff „lokale Kontinuität" (Ell 1986) oder „Erlebniskontinuität" (Lempp 1983) auch die Bewahrung der räumlichen Umgebung und der gesamten „Lebenswelt" mit ein und halten sie für schützenswert. Kontinuität ist allerdings kein Wert an sich, insbesondere dann nicht, wenn damit das Kind in ungünstigen Lebensumständen festgehalten würde.

Welchem Aspekt Vorrang einzuräumen ist, muss in Abhängigkeit von den weiteren familiären Gegebenheiten und vom Alter des Kindes entschieden

---

46 Vgl. OLG Köln, FamRZ 1976, S. 32; OLG Hamm, NJW-RR 1998, S. 80; U. Diederichsen in O. Palandt, BGB, § 1671, Rn. 25; BT-Drucks. 8 / 2788/1979, S. 61

werden. Insbesondere bei jüngeren Kindern ist deren von dem des Erwachsenen abweichendes Zeitempfinden zu berücksichtigen. Dem kleinen Kind (bis zu etwa fünf Jahren) ist deshalb nach Möglichkeit die bisherige Betreuungsperson zu erhalten, sofern keine gewichtigen Gründe für den anderen Elternteil sprechen. Der ältere Schüler und erst recht der Jugendliche wird u. U. die Kontinuität unter dem Gesichtspunkt fortbestehender Kontaktmöglichkeiten zu Außenstehenden wie Freunden oder Mitschülern oder der Fortsetzung einer begonnenen Schul- oder Vereinslaufbahn bewerten. Für ihn wird „Erlebniskontinuität" bedeutsamer sein als „personale Kontinuität". Bei ansonsten gleich guten Bedingungen bei beiden Elternteilen und Fehlen einer Willensäußerung des Kindes zugunsten eines Teils kommt in der Regel dieses an sich nachgeordnete Prinzip zum Tragen (Heilmann 1998; Schwab 1995).

6.3.3.7 Zur Regelung des persönlichen Umgangs

In den meisten Scheidungsfamilien ist es im Interesse des Kindes, die Beziehung zum nicht betreuenden Elternteil durch regelmäßigen Kontakt aufrecht zu erhalten. Es ist wichtig, bei beiden Elternteilen das Verständnis dafür zu wecken, dass sie mit der Störung, Unterbindung oder dem Abbruch des Kontaktes nicht zum Wohle ihres Kindes handeln, von Ausnahmen abgesehen. Das Kind wird die Sehnsucht nach dem verlorenen Elternteil mit sich tragen und ein falsches – überhöhtes oder abgewertetes – Vater- oder Mutterbild entwickeln. Die Frage, ob dem Kind eine Identifikationsfigur des gleichen Geschlechts zur Herausbildung seiner männlichen oder weiblichen Identität fehlt, wird unterschiedlich zu beantworten sein, ist aber im allgemeinen weniger bedeutsam, weil das Kind sich seine Vorbilder auch außerhalb der Kernfamilie suchen wird. Jedenfalls zeigen entsprechende Studien keine Unterschiede in der Geschlechtsrollenübernahme (Heiliger 1992). Unabhängig davon sollte aber dem Kind der Weg zu dem Elternteil, bei dem es nicht lebt, offen gehalten werden, so dass es, wenn es älter ist, seine Beziehung zu diesem selbstbestimmt gestalten kann. Mit der Einführung von § 1684 Abs. 1 BGB ist dem Kind ein Recht auf Umgang mit jedem Elternteil zuerkannt worden. Jeder Elternteil ist zum Umgang mit dem Kind berechtigt und verpflichtet. Das Fernhalten des Kindes von einem Elternteil ist also als Eingriff in die Persönlichkeitsrechte des Kindes zu bewerten, ebenso wie in die Rechte des anderen Elternteils. Bricht der Elternteil, bei dem das Kind nicht lebt, den Kontakt zu diesem ab, so verletzt er ebenfalls die Rechte des Kindes. Eine gerichtliche Regelung des Umgangs wurde im Jahr 2004 in 36.653 Fällen beantragt, wobei die Zahl seit 1999 kontinuierlich gewachsen ist[47] (Statistisches Bundesamt 2005).

Bedeutsam ist vor allem, in welchem *Klima* die Kontakte stattfinden. Werden bei den Begegnungen die elterlichen Konflikte jedes Mal neu belebt, so

---

47 1999 waren es 27.754 Fälle.

profitiert das Kind wenig von den Besuchen. Unterstützungsbemühungen von Seiten des Jugendamtes müssten sich also besonders auf die Senkung des Konfliktpotentials richten und auf die Anleitung zur Bewältigung von Meinungsverschiedenheiten.

Nach § 18 Abs. 3 KJHG haben Mütter und Väter, andere Umgangsberechtigte (z. B. Großeltern) sowie Kinder und Jugendliche *Anspruch auf Beratung und Unterstützung durch das Jugendamt bei der Ausübung des Umgangsrechts.* Insbesondere Väter scheinen eine Beratung für die Gestaltung des Umgangs zu benötigen (Hinweise dazu gibt Arntzen 1980, 45 ff.). Furstenberg/Cherlin (1993) fanden nämlich ein regelmäßig wiederkehrendes Verhaltensmuster bei Vätern, die nicht mit ihren Kindern zusammenlebten: Wurden zu Beginn der Trennungszeit noch die vereinbarten Besuchsregeln eingehalten, so ließ das Interesse der Väter, ihre Kinder zu sehen, mit der Zeit drastisch nach. Vielen Vätern scheint nicht bewusst zu sein, welche bitteren Enttäuschungen sie damit ihren Kindern bereiten. Bei den seltenen Besuchen verhielten sich die Väter eher wie nahe Verwandte denn wie Eltern, absolvierten geplante Programme, waren aber ungeübt in „normalen" Eltern-Kind-Aktivitäten (z. B. Hausaufgabenmachen). Die Autoren ziehen eine Verbindung zur „intakten" Familie. Auch dort sehen die Vater-Kind-Interaktionen kaum anders aus. Das Defizit wird aber von der Mutter sozusagen abgefangen. Diese Feststellung veranlasst die Forscher zu der sicher nicht unberechtigten Frage:

> „Versuchen wir etwa, eine Rolle für den geschiedenen Vater zu konstruieren, die der Vater in der intakten Familie kaum jemals innehat? Wenn das zutrifft, dann sollten wir uns nicht wundern, dass diese Bemühungen bisher so wenig erfolgreich waren. Veränderungsbemühungen dürfen nicht nur auf die *abwesenden* Väter zielen, sondern müssen sich an Väter insgesamt richten." (182)

Die Häufigkeit der Kontakte sollte, wenn möglich, von den Eltern einvernehmlich abgesprochen werden, wobei sie weitgehend die Wünsche des Kindes berücksichtigen sollten. Können die Eltern sich nicht einigen, wird der Familienrichter eine Regelung festsetzen (§ 1684 Abs. 3 Satz 1 BGB). Monatliche Besuche mit zusätzlichem zweimaligem längerem Ferienbesuch sind üblich. Auch vierzehntägliche Besuche können angebracht sein, wenn das Kind auch bisher an häufigen Kontakt gewöhnt ist, dieser harmonisch abläuft und der „Obhüter" den Besuchen positiv gegenübersteht. Übernachtungen im anderen Haushalt sind für die meisten Kinder interessant und bringen größere Ruhe in den Aufenthalt und die Möglichkeit zu früher auch schon miteinander zelebrierten Ritualen (Baden, Gutenachtsagen) mit sich, die eine große Bedeutung für die Aufrechterhaltung der Bindung haben. Bei größerer Entfernung der Wohnorte sollte als Ausgleich für die fehlende regelmäßige Umgangsmöglichkeit reger Telefon- und Briefkontakt aufrechterhalten werden (der vom betreuenden Elternteil nicht hintertrieben werden darf).

Ausgeschlossen oder nur unter besonderen Sicherheitsvorkehrungen durchgeführt werden muss das Umgangsrecht dann, wenn eine akute Gefahr für das Wohl des Kindes besteht.[48] Wenn sexueller Missbrauch des Kindes durch den nicht betreuenden Elternteil festgestellt wurde, so darf ein Besuchsrecht nicht in Frage kommen, denn hierbei handelt es sich sehr häufig um eine Wiederholungstat. Der Schutz des Kindes muss hier über den Interessen und Rechten jenes Elternteils stehen. Argumente, ein Kind könne auch in einer Missbrauchsbeziehung positive Momente erleben, wie sie gelegentlich in Gutachten zu finden sind (vgl. Heiliger 1993), gehen völlig an der Tatsache vorbei, dass kein noch so nettes Erlebnis mit einem Missbraucher die verheerenden lebenslangen Folgen sexueller Übergriffe aufwiegen kann. Auch körperliche oder psychische Misshandlung eines Kindes sollte Anlass sein, das Umgangsrecht auszuschließen oder wenigstens Maßnahmen zu treffen, die dem Schutz des Kindes dienen. Die neue gesetzliche Vorschrift in § 1684 Abs. 4 BGB sieht für diese Fälle die Regelung vor, dass auf Anordnung des Familiengerichts der Umgang nur stattfinden darf, wenn ein mitwirkungsbereiter Dritter anwesend ist.

Ein zeitweiliges Aussetzen des Umgangsrechts muss in Betracht gezogen werden bei akuter psychotischer Erkrankung (insbesondere Schizophrenie, Depression oder Manie), weil die dabei gezeigten Verhaltensweisen für das Kind in hohem Maße beunruhigend sein können, in seltenen Ausnahmen auch gefährlich. Sobald der Elternteil aber die akute Phase überwunden hat, sollten in der Regel die Besuche wieder möglich sein. Ein Urteil darüber kann sich nur der Arzt (Psychiater) bilden; er muss also befragt werden.

Bei Alkohol- oder Drogenabhängigkeit muss überprüft werden, ob der betreffende Elternteil seine Sucht so bewältigt hat, dass das Kind nicht gefährdet ist. Lebt er nicht abstinent, so ist dies möglicherweise nicht gewährleistet, wohl aber, wenn der Betreffende „trocken" bzw. „clean" ist. Im ersten Fall sollte der beschützte Umgang gewählt werden. Diese Überlegungen gelten insbesondere für kleinere Kinder. Ältere Kinder bzw. Jugendliche können vielleicht schon mit prekären Situationen umgehen. Der Einzelfall muss auch hier genau betrachtet werden.

6.3.4 Aufbau der Stellungnahme

Um seinen Zweck, die Unterstützung der Entscheidungsfindung des Gerichts, möglichst gut erfüllen zu können, sollte der Bericht des Jugendamtes die folgenden Gütekriterien erfüllen:

– Folgerichtiger Aufbau:
  Beschreibung des Sachverhalts auf Tatsachenebene
  Kriteriengeleitete fachliche Interpretation

---

48 In diesen Fällen muss ein Verfahrenspfleger bestellt werden: § 166 FamFG-E.

Schlussfolgerungen für die Sorgerechts- und Umgangsregelung (Empfehlung bzw. „Äußerung")
- Sprachliche Klarheit
- Überprüfbarkeit und Nachvollziehbarkeit der Ausführungen
- Beachtung der Datenschutzbestimmungen

Wie ein Bericht gegliedert werden kann, wird im Folgenden gezeigt.

6.3.4.1 Einvernehmliche Sorgerechtsregelung	
0.	Formale Angaben
0.1	Personalien
0.2	Datenquellen
1.	Sachverhalt
1.1	Die vom Jugendamt angebotenen oder erbrachten Leistungen
1.2	Der einvernehmliche Vorschlag der Eltern
2.	Schlussfolgerungen zur Regelung der elterlichen Sorge
6.3.4.2 Streitige Sorgerechtsregelung	
0.	Formale Angaben
0.1	Personalien
0.2	Datenquellen
1.	Sachverhalt
1.1	Die bisherige Entwicklung und die vom Jugendamt angebotenen oder erbrachten Leistungen
1.2	Die gegenwärtige Situation des Kindes
1.2.1	Äußerer Lebensrahmen
1.2.1.1	Die Betreuungsverhältnisse bei der Mutter
1.2.1.2	Die Betreuungsverhältnisse beim Vater
1.2.2	Entwicklungsstand und Persönlichkeit des Kindes
1.2.3	Die emotionalen Beziehungen zwischen dem Kind und seinen Bezugspersonen
1.2.4	Die Erziehungsfähigkeit der Eltern
1.2.5	Die Vorstellungen der Eltern zur Umgangsregelung
2.	Fachliche Beurteilung (Diskussion der Ergebnisse)
2.1	Die emotionalen Beziehungen des Kindes zu seiner Mutter und zu seinem Vater (Bindungskriterium)
2.2	Die Neigungen und Wünsche des Kindes (Kindeswille)
2.3	Die Erziehungsfähigkeit der Betreuungspersonen (Förderprinzip)
2.4	Die Betreuungssituation
2.5	Kontinuitätsprinzip
2.6	Geeignetheit der von den Eltern vorgeschlagenen Umgangsregelung
3.	Äußerung zur Regelung der elterlichen Sorge und zur Umgangsgestaltung
3.1	Äußerung zur Frage, ob die Aufhebung der gemeinsamen Sorge dem Wohl des Kindes entspricht
3.2	Gegebenenfalls Äußerung zu der Frage, welchem der Antragsteller die Sorge übertragen werden sollte
3.3	Äußerung zur Regelung des persönlichen Umgangs

6.3.5 Fallbeispiel zur Stellungnahme des Jugendamtes

> Am Beispiel der Familie, deren Scheidungsverfahren wir betrachtet haben, wird die Stellungnahme des Jugendamtes (a) bei einvernehmlicher und (b) bei streitiger Sorgerechtsregelung formuliert.

6.3.5.1 Einvernehmliche Sorgerechtsregelung

Nehmen wir an, es wäre Herrn und Frau A., vielleicht dank der Beratung durch das Jugendamt, gelungen, ihren Streit so weit beizulegen, dass sie sich auf eine Sorgerechtsregelung hätten verständigen können, und zwar die Übertragung des Sorgerechts auf die Mutter. Dann hätte der Bericht des Jugendamtes wie folgt aussehen können:

Elterliche Sorge für Sebastian A.
(0. Formale Angaben)[49]

(0.1) Personalien

Name:	A.
Vorname:	Sebastian
Geburtsdatum:	… (Alter 4 Jahre)
Geburtsort:	W.
Anschrift:	…
Staatsangehörigkeit:	deutsch
Eltern Mutter:	Birgit A., geb. am …, wohnhaft in …
Vater:	Frank A., geb. am …, wohnhaft in …
Staatsangehörigkeit(en):	deutsch/deutsch

(0.2.) Datenquellen

Die Stellungnahme stützt sich auf die Akten des Familiengerichts L., Az.: …, elterliche Sorge sowie auf jeweils ein Einzelgespräch mit Herrn und Frau A. und ein gemeinsames Gespräch mit beiden. Es wurden dabei ihre Vorstellungen bezüglich der Ausgestaltung der elterlichen Sorge besprochen.

1. Sachverhalt

1.1 Die vom Jugendamt angebotenen oder erbrachten Leistungen

In den genannten Gesprächen wurden Herr und Frau A. von uns gemäß §§ 17 KJHG zur Ausgestaltung der elterlichen Sorge und des Umgangs beraten und ihnen weitere Beratungen angeboten für den Fall, dass einer von ihnen oder beide dies wünschen.

1.2 Der einvernehmliche Vorschlag der Eltern

---

[49] Angaben, die in Klammern gesetzt sind, werden üblicherweise im Text nicht ausgeschrieben. Sie dienen hier der Kategorisierung und inhaltlichen Orientierung.

Herr und Frau A. machen den einvernehmlichen Vorschlag, das Sorgerecht für Sebastian auf die Mutter zu übertragen.

Bezüglich des persönlichen Umgangs sind sie zu der folgenden Übereinkunft gelangt: Sebastian soll die Möglichkeit erhalten, seinen Vater an jedem zweiten Wochenende von Samstagmorgen bis Sonntagabend zu besuchen. Außerdem soll er drei Wochen während der großen Ferien, jeweils eine Woche während der Oster- und der Herbstferien und den jeweils zweiten Weihnachts-, Oster- und Pfingstfeiertag mit seinem Vater verbringen. Langfristig, d. h. nach einer gewissen Eingewöhnungszeit und mit wachsendem Verständnis des Kindes, wollen die Eltern flexiblere Umgangsregelungen anstreben, die die jeweiligen Bedürfnisse des Kindes stärker berücksichtigen.

2. Schlussfolgerungen zur Regelung der elterlichen Sorge

Gegen die von den Eltern gewünschte Regelung bestehen von unserer Seite keine Bedenken. Anhaltspunkte für eine Gefährdung des Kindeswohls ergeben sich aus der Sicht des Jugendamtes nicht.

Es empfiehlt sich, diese Stellungnahme des Jugendamtes von den Eltern als gesehen abzeichnen zu lassen.

6.3.5.2 Streitige Sorgerechtsregelung

Wenn die Vermittlungsbemühungen scheitern und die Eltern sich, wie wir im Folgenden annehmen wollen, gegen die Beibehaltung der gemeinsamen Sorge wehren, so muss das zuständige Jugendamt in seiner Stellungnahme die Situation genauer analysieren. Das folgende Beispiel ist wohl detaillierter und ausführlicher, als es unter den Arbeitsbedingungen der Praxis normalerweise abgefasst werden kann; es zeigt jedoch, welche Angaben erforderlich sein können.

Elterliche Sorge für Sebastian A.
(0. Formale Angaben)
(0.1.) Personalien:
s. o. Abschnitt 6.3.5.1.

(0.2.) Datenquellen
Die Stellungnahme stützt sich auf:
1. Die Akten des Familiengerichts L., Az.: …, elterliche Sorge
2. Zwei Gespräche mit dem Vater des Kindes, Herrn A., im Amt und beim Hausbesuch (Termine)
3. Zwei Gespräche mit der Mutter des Kindes, Frau A., im Amt und beim Hausbesuch (Termine)
4. Ein gemeinsames Gespräch mit Herrn und Frau A. im Jugendamt (Termin)

5. Die Befragung und Verhaltensbeobachtung des Kindes Sebastian jeweils einmal in der Wohnung der Mutter und des Vaters (Termine)
6. Anlässlich des Hausbesuchs bei Herrn A. wurde auch mit seiner Mutter, Frau A., und mit seiner Schwägerin, Frau S., gesprochen.
7. Mit der Erzieherin in Sebastians Kindergarten, Frau G., wurde mit Genehmigung der Eltern telefonisch Kontakt aufgenommen.

1. Sachverhalt

1.1 Die bisherige Entwicklung und die vom Jugendamt angebotenen Leistungen

Wie den Akten des Familiengerichts zu entnehmen ist, leben die Eheleute A. seit anderthalb Jahren getrennt. Das einzige Kind, Sebastian, lebt seither bei der Mutter. Herr A. wünscht die Übertragung des Sorgerechts auf seine Person. Er begründet seinen Antrag mit Zweifeln an der Erziehungsfähigkeit seiner ehemaligen Frau, einer gestörten Mutter-Kind-Beziehung und dem Wunsch Sebastians, bei ihm zu leben. Uns gegenüber äußerte er außerdem die Befürchtung, Frau A. könne mit ihrem neuen Partner in die USA auswandern und ihm auf diese Weise das Kind entziehen. Die in den Schriftsätzen des Anwalts vorgetragenen Argumente bekräftigte er im Gespräch mit uns.

Frau A. beantragt das Sorgerecht für sich. Sie macht geltend, dass sie das Kind von Geburt an überwiegend allein betreut habe, dass Sebastian sich – mit Ausnahme vorübergehender trennungsbedingter Verhaltensschwierigkeiten – unter ihrer Obhut gut entwickelt habe und sich inzwischen in die veränderte Situation hineingefunden habe. Sie schildert uns, dass er eine sehr enge Bindung an sie habe, allerdings auch seinen Vater gern möge. Sie bezweifelt aber, dass Herr A. die Möglichkeit besitze, das Kind angemessen zu betreuen. Zur Frage einer Übersiedlung in die USA könne sie jetzt noch keine Angaben machen.

Die Bemühungen des Jugendamtes um eine einvernehmliche Lösung waren nicht erfolgreich. Sowohl Herr als auch Frau A. sind weiterhin davon überzeugt, Sebastian die besseren Lebensbedingungen bieten zu können und im Interesse des Kindes die Übertragung des Sorgerechts auf ihre Person anstreben zu müssen. Mit der Beibehaltung der gemeinsamen Sorge sind sie nicht einverstanden, weil sie, wie sie sagen, nicht mit einander reden können.

1.2 Die gegenwärtige Situation des Kindes
1.2.1 Äußerer Lebensrahmen
1.2.1.1 Die Betreuungsverhältnisse bei der Mutter

Wie bereits bekannt, leben Frau A. und Sebastian in einer Zweizimmerwohnung in einer gepflegten Wohngegend. Sebastian hat ein geräumiges Kinderzimmer, spielt aber auch gern allein in der Küche und im Zimmer der Mutter. Er zeigte uns mit sichtlichem Stolz sein Zimmer, seine zahlreichen und schönen Spielsachen und seine kleine Tanzmaus. Die Wohnung hat eine heitere und freundliche Ausstrahlung. In der Umgebung der Wohnung sind gute Spazier- und Spielmöglichkeiten, die Sebastian allerdings vorerst nur in Begleitung eines Erwachsenen erreichen kann.

Frau A. hat eine Halbtagsstellung als Gruppenleiterin bzw. Koordinatorin in einer Reinigungsfirma. Sie arbeitet effektiv im Schnitt etwa fünf Stunden täglich, kann sich ihre Arbeitszeit aber einteilen und Sebastian auch mitnehmen, wenn sie abends arbeitet. Andererseits hat sie häufiger auch tagsüber frei, so dass sie ihn schon mittags aus dem Kindergarten holen und sich ihm widmen kann.

Wie die Mutter berichtet, geht Sebastian gern in den Kindergarten und hat seinen Platz in der Gruppe gefunden. Dies wurde uns auch von der Erzieherin bestätigt.

1.2.1.2 Die Betreuungsverhältnisse beim Vater

Auch bei Herrn A. besitzt Sebastian ein gut eingerichtetes Kinderzimmer und zahlreiche Spielsachen, die ihm offensichtlich auch sehr gut gefallen, und die er bei seinen Besuchen mit Freude in Besitz nimmt. Hier besteht der Vorteil, dass zwei Kinder, mit denen Sebastian gern spielt, mit im Haus leben, und dass der Hof und die ländliche Umgebung gute Entdeckungs- und Spielmöglichkeiten bieten.

Herr A. ist ganztags berufstätig. Er sagt zwar, dass er, wenn Sebastian bei ihm leben könnte, vermutlich eine verkürzte Arbeitszeit mit seinem Betrieb aushandeln könne. Ob es eine Halbtagsstelle sein könnte, ist noch nicht definitiv geklärt. Er habe aber keine Befürchtungen, dass er nicht in diesem oder einem anderen Betrieb eine Halbtagsbeschäftigung finden könne.

Die Schwägerin, Frau S., gab uns gegenüber an, dass sie bereit sei, sich um Sebastian während der Abwesenheit des Vaters zu kümmern. Die Mutter und die Schwester von Herrn A. kommen nach dessen Aussagen aus gesundheitlichen Gründen dafür nicht mehr in Frage. Die Möglichkeit eines Kindergartenplatzes muss noch geklärt werden.

1.2.2 Entwicklungsstand und Persönlichkeit des Kindes

Sebastian begegnet anderen Menschen, auch Fremden, in sehr offener, freundlicher und zugewandter Weise. Es gelingt ihm sehr leicht, Kontakt aufzunehmen, er ist vertrauensvoll und kooperativ. Er wirkt lebhaft, fröhlich und ausgeglichen. Er spielt sehr einfallsreich und mit großer Ausdauer. Er drückt sich sprachlich gewandt und differenziert aus und er scheint in seiner Intelligenz und seinem Sozialverhalten insgesamt sehr gut entwickelt. Von den Eltern und Erzieherinnen wird er als sensibel und liebebedürftig beschrieben, als ein Kind, das gern schmust und liebevoll und zärtlich sowohl seiner Mutter als auch seinem Vater begegnet.

Wie es für Kinder seines Alters normal ist, mischt er in seinen Erzählungen noch häufiger Phantasie und Realität, bzw. seine Gefühle, Gedanken und Wünsche verschwimmen noch mit der objektiven Welt, beeinflussen seine Wahrnehmung und färben seine Aussagen darüber. Es kommen dabei zum Teil sehr abenteuerliche Erzählungen über seine Heldentaten oder über Handlungen anderer, auch seiner Eltern, heraus. In diesem Alter sind kindliche „Lügen" teilweise noch der Versuch, die Realität so zu verändern, dass sie angenehmer wird (Reste des magischen Denkens); andererseits kann ein Kind dieses Alters auch schon Erzählungen von Handlungen erfinden, um sich ein besonderes Verdienst zuzuschreiben, einen Vorteil zu erringen oder andere in Misskredit zu bringen. Man wird diese altersgemäße Tendenz zur Realitätsverfälschung bei den Aussagen eines vierjährigen Kindes immer mit berücksichtigen und die Aussagen entsprechend vorsichtig verwenden müssen.

1.2.3 Die emotionalen Beziehungen zwischen Sebastian und seinen Bezugspersonen

Beide Elternteile gehen nach unseren Beobachtungen liebevoll und freundlich mit dem Kind um, und Sebastian zeigte sich uns in beider Gegenwart gelockert und zufrieden. Beide schildern auch ihren Stolz über das Kind und ihre große Freude an ihm und lieben es offensichtlich sehr. Dieses wird aus vielen kleineren Bemerkungen über den Jungen deutlich. Sebastian selbst ist auch davon überzeugt, dass beide ihn lieb haben, und liebt seinerseits auch beide Eltern in gleicher Weise. Er sagt dies sowohl in der direkten Befragung („Mein Papa hat mich lieb und meine Mama auch, und ich habe beide gleich lieb") als auch auf indirekte Weise (DÜSS-Fabeln, Geschichte 1: „Zu wem fliegt der kleine Vogel, zur Mama oder zum Papa?" „Das ist doch egal"). Besonders deutlich wird es in seinem ausgedehnten Spiel mit Püppchen, in dem er immer wieder Mutter- und Vaterfiguren zusammenstellt, gemeinsam oder abwechselnd für den anderen sorgen lässt, sich gegenseitig küssen lässt oder gemeinsam mit einem Kind etwas tun lässt. Sicherlich hängt er, wie die meisten Kinder in einer vergleichbaren Lebenssituation, noch sehr der Phantasie nach, dass er mit beiden Eltern wieder gemeinsam leben könnte.

Direkt gefragt, wo er lieber leben möchte, nennt er die Wohnung seines Vaters (die Frage erfolgte in der Wohnung seines Vaters), gibt dafür aber eine rein materielle Erklärung an: Zu Hause habe er keine Eisenbahn und keine Tafel und seine Mama kaufe ihm keine. In den Wahlsituationen (Wen würdest du in einem Boot usw. mitnehmen?) nennt er nur seinen Vater und seine Cousine Lisa, in immer gleicher Wiederholung: „Meine Mama nicht, weil die mir keine Eisenbahn kauft." (Hier wird deutlich, dass er, wie für Kinder dieses Alters typisch, an einer einmal gegebenen Erklärung haften bleibt.)

Er identifiziert sich offensichtlich stark mit seinem Vater, der für ihn ein bewundertes Vorbild ist, seine Tendenz, sich zum Erwachsenen zu entwickeln, verkörpert. („Ich will so groß werden wie mein Papa." „Ich mag so arbeiten wie mein Papa.") Andererseits befriedigt seine Mutter seine ebenso noch vorhandenen Bedürfnisse nach kleinkindlicher Abhängigkeit und Geborgenheit, wie sein Spiel mit Puppen zeigt.

Etwas problematisch scheint für ihn das Verhältnis zum Partner der Mutter zu sein, obwohl er nach den Aussagen seiner Mutter und seines Vaters gut mit ihm zusammen spielt. Er berichtet zwar nicht direkt von negativen Verhaltensweisen „Bobs", aber er möchte diesen offensichtlich auf keinen Fall an die Stelle seines Vaters treten lassen. Auf die Frage, ob er ihn möge, antwortet er: „Weiß ich nicht. Ich lieb' nur meinen Papa."

Auch nicht unproblematisch ist auf der anderen Seite die Beziehung zur Großmutter väterlicherseits. So sagt er über sie: „Die Oma, die liebt mich nicht. Wenn ich komme, dann sag' ich guten Tag." Die Mutter von Herrn A. wird sowohl von Frau A. als auch von ihm als herbe Frau geschildert, deren Leben so von harter Arbeit ausgefüllt war, dass für Freude und Gefühle wenig Platz blieb. Sie äußerte sich uns gegenüber abwertend und mit Abneigung über Sebastians Mutter. Diese Abneigung und die ganz entgegengesetzte Lebenseinstellung dürften dem sehr sensiblen Kind nicht verborgen bleiben, auch wenn sie in seiner Gegenwart nicht so direkt geäußert werden.

Die beiden im Hause des Vaters lebenden Kinder sind Sebastian offensichtlich sehr lieb gewordene Spielkameraden, insbesondere die jüngere Lisa. Die Beziehung zu der Schwägerin von Herrn A. scheint neutral zu sein. Im Gespräch mit der Schwägerin entstand der Eindruck, dass sie vor allem deshalb für Sebastian sorgen würde, weil sie ihren Schwager unterstützen möchte, während eine ausgesprochene Freude an dem Kind bei ihr nicht deutlich wurde. Sie scheint sich auch von ihrer Persönlichkeit her sehr von Sebastians Mutter zu unterscheiden. Sie wirkte sehr zurückhaltend und ernst.

1.2.4 Die Erziehungsfähigkeit der Eltern

Frau A. ist eine sehr temperamentvolle, offene, extravertierte Frau, die ihre Gefühle unterschiedlichster Art deutlich nach außen zeigt. Frau A. sieht Sebastian als sich selbst sehr ähnlich, sie ist von ihrem Kind sehr begeistert und schildert es als sehr lieb und inzwischen leicht erziehbar. So wie sie es uns darstellte, und wie wir es auch beobachten konnten, hat sie zu einem kindzentrierten Erziehungsstil gefunden. Sie zeigt Verständnis für die Bedürfnisse des Kindes und bemüht sich, darauf einzugehen. Haben sich in der Vergangenheit Probleme ergeben, so hat sie Gesprächspartner, wie die Kindergärtnerinnen oder eine Kinderpsychologin, gesucht und dadurch die Situation leichter bewältigt. Auch Sebastian stellt das Erziehungsverhalten seiner Mutter positiv dar (wenn auch in seinen Phantasiegeschichten gelegentlich sowohl Mutter als auch Vater sich recht rüde verhalten). Er sagt, er werde von niemandem geschlagen.

Herr A. ist, verglichen mit seiner Frau, sehr ruhig, versteht es aber andererseits sehr gut, sich mit Sebastian in für ihn sehr interessanter Weise zu beschäftigen (Werken, wilde „männliche" Spiele außerhalb des Hauses, Vorlesen). Er hat sicher ebenfalls ein sehr gutes Gespür für das Kind und kindzentrierte Erziehungsvorstellungen. In neuerer Zeit hat er sich mit Erziehungsliteratur beschäftigt und würde auch eine Gruppe Alleinerziehender besuchen wollen. Ihm fehlt aber die alltägliche Praxiserfahrung, die Sebastians Mutter in den vergangenen vier Jahren erwerben konnte.

2. Fachliche Bewertung (Diskussion der Ergebnisse)

Auf der Grundlage der uns bekannt gewordenen und hier dargelegten Aspekte können wir zu den für eine Entscheidung relevanten Kriterien die folgenden zusammenfassenden Aussagen machen:

2.1 Die emotionalen Beziehungen des Kindes zu seiner Mutter
    und zu seinem Vater (Bindungskriterium)

Sebastian hat sowohl zu seiner Mutter als auch zu seinem Vater eine starke positiv besetzte Bindung, wenn auch beide unterschiedliche Seiten der Eltern-Kind-Beziehung repräsentieren. Der Vater ist Ideal- und Identifikationsfigur für ihn, wie sie ein Junge in diesem Alter auch braucht. Die Mutter, als diejenige Person, die sein tägliches Leben begleitet, ist sowohl Objekt seiner zärtlichen als auch seiner aggressiven Tendenzen und verkörpert stärker das Realitätsprinzip. Beide Aspekte, sowohl der vom Vater als auch der von der Mutter repräsentierte, sind für die psychische Entwicklung des Kindes wichtig.

2.2 Die Neigungen und Wünsche des Kindes (Kindeswille)

Die Wünsche eines vierjährigen Kindes sind noch sehr stark vom jeweiligen Augenblick bestimmt und daher sehr großen Schwankungen unterworfen. Das Kind ist noch nicht in der Lage, die möglichen Folgen seiner Willensäußerungen abzuschätzen.

Wir haben den Eindruck gewonnen, dass Sebastian in seiner jetzigen Lebenssituation zufrieden ist. Der gelegentlich von ihm vorgebrachte Wunsch, zum Vater zu wollen, drückt eher seine Sehnsucht nach ihm aus bzw., wenn er in der Nähe des Vaters geäußert wird, seine Wiedersehensfreude. Ihn als Richtschnur für die Entscheidung zu benutzen, hieße die Selbstbestimmungsfähigkeit eines so kleinen Kindes weit zu überschätzen. Das Kind sollte nicht weiter danach gefragt werden, welchen Elternteil es vorzieht. Es würde damit einerseits überfordert und in Nöte gebracht, andererseits würde es in eine Illusion von Macht über die Erwachsenen versetzt, die seiner weiteren Persönlichkeitsentwicklung nicht dienlich wäre.

2.3 Die Erziehungsfähigkeit der Betreuungspersonen (Förderprinzip)

Frau A. hat in der Vergangenheit bewiesen, dass sie zur Erziehung des Kindes fähig ist. Sebastian hat sich – von der Situation unmittelbar nach der Trennung abgesehen – bei ihr positiv entwickelt. Herr A. hat bisher nur in Besuchs- und Feriensituationen die Möglichkeit dazu gehabt, müsste also erst noch lernen, mit alltäglichen Situationen umzugehen.

2.4 Die Betreuungssituation

Frau A. hat sich sehr dafür eingesetzt, Arbeits-, Wohn- und Kindergartenbedingungen so zu gestalten, dass sie den Bedürfnissen des Kindes gerecht werden, und hat dies auch geschafft. Ihre Arbeitssituation ist so flexibel, dass sie sich um Sebastian wird kümmern können, wenn er in 2 ½ Jahren die Schule mit ihren anfänglich kurzen und unregelmäßigen Zeiten besucht. Die Betreuungssituation bei der Mutter hat sich somit offensichtlich gut eingespielt.

Herr A. versichert glaubhaft, dass er die Möglichkeit für eine Halbtagstätigkeit sieht, aber dieses ist noch nicht Realität, und er wird auch im günstigsten Fall stärker auf die Unterstützung seiner Verwandten, insbesondere seiner Schwägerin, angewiesen sein. Die größeren Schwierigkeiten würden sich ergeben, wenn Sebastian in die Schule kommt.

2.5 Kontinuitätsprinzip

Es ist eindeutig, dass das Kontinuitätsprinzip bei der Mutter gewahrt wäre. Die Mutter war bisher fast alleinige Erzieherin des Kindes; sie lebt mit ihm seit über 1 ½ Jahren in ihrer jetzigen Wohnung zusammen. Es besucht seit dieser Zeit den Kindergarten und hat sich in der Gruppe gut eingelebt.

2.6 Die Vorstellungen der Eltern zur Umgangsregelung

Beide Eltern konnten sich so weit einigen, dass sie sich gegenseitig die folgende Regelung zugestehen würden: Sebastian soll die Möglichkeit erhalten, den anderen Elternteil an jedem zweiten Wochenende von Samstagmorgen bis Sonntagabend zu besuchen. Außerdem soll er drei Wochen während der großen Ferien, jeweils eine Woche während der Oster- und der Herbstferien und den jeweils zweiten Weihnachts-, Oster- und Pfingstfeiertag mit dem anderen Elternteil verbringen. Langfristig, d. h. nach einer gewissen Eingewöhnungszeit und mit wachsendem Verständnis des Kindes, wollen die Eltern flexiblere Umgangsregelungen anstreben, die die jeweiligen Bedürfnisse des Kindes stärker berücksichtigen.

3. Äußerung zur Regelung der elterlichen Sorge und zur Umgangsgestaltung

Beide Eltern sprechen sich entschieden gegen die Beibehaltung der gemeinsamen elterlichen Sorge aus. Sie führen an, dass sie sich nach wie vor so schlecht verständigen könnten, dass sowohl Sebastian als auch sie selbst durch eine derartige Regelung zu stark belastet würden. Da unserer Ansicht nach die gemeinsame Sorge Eltern nicht gegen ihren erklärten Willen aufgezwungen werden kann und das Kind von einem derartigen Zwang nicht profitieren würde, sprechen wir uns für die Aufhebung der bisherigen Sorgeform aus.

Wie aufgezeigt wurde, hat Sebastian zu beiden Elternteilen eine enge Beziehung. Er äußert zwar den Wunsch, beim Vater zu leben, fühlt sich aber allen Anzeichen nach bei der Mutter auch sehr wohl. Die Mutter hat die bisher ihr weitgehend allein überlassene Aufgabe, das Kind zu betreuen und zu erziehen, gut gelöst. Sebastian entwickelt sich bei ihr sehr günstig. Es lässt sich nicht erkennen, dass der Vater besser als die Mutter geeignet wäre, für das Wohl des Kindes zu sorgen. Es gibt keinen Grund, den bisherigen kontinuierlichen Entwicklungsprozess des Kindes zu unterbrechen. Wir schlagen vor, das Recht der elterlichen Sorge der Mutter zu übertragen.

Die von den Eltern für die Zukunft akzeptierte und bisher auch schon praktizierte Umgangsregelung entspricht den für Kinder dieses Alters üblichen Regelungen und hat sich als für Sebastian angemessen erwiesen. Insofern können wir den Vorschlag der Eltern unterstützen.

7. Adoption

> Aufgabe einer Adoptionsvermittlungsstelle ist es, für ein elternlos gewordenes Kind Adoptiveltern zu finden, die ihm ein Aufwachsen unter günstigen Bedingungen ermöglichen. Beratungs- und diagnostische Erfordernisse sind eng verschränkt. Wir befassen uns mit Diagnostik als Voraussetzung für die Einleitung einer positiven Eltern-Kind-Konstellation und mit der Dokumentation ihrer Befunde im Adoptionsbericht.

7.1 Die „Annahme als Kind" als Maßnahme der Förderung des Kindeswohls

Ein Kind braucht, wie bereits dargestellt, für seine gesunde Entwicklung die zuverlässige Beziehung zu mindestens einem Erwachsenen, besser zu einem Elternpaar.[1] Die Bindung an einen Menschen ist die Grundlage für alle weiteren Lernprozesse. Fehlt sie auf Dauer, so wird die geistige, emotionale und soziale Entwicklung des Kindes erheblich beeinträchtigt. Ebenso nimmt das Kind Schaden, wenn ihm Anregungsbedingungen vorenthalten werden, also in einer vernachlässigenden, reizarmen Umgebung (vgl. Kap. 5.2.4).

Als frühkindliche „Deprivation" wird eine Situation der Entbehrung, der „Beraubung" des Kindes im Säuglings- oder Kleinkindalter bezeichnet. Es handelt sich um einen weiten Begriff, der sowohl die Trennung von der Mutter als auch das Aufwachsen unter anregungsarmen Bedingungen oder unter Bedingungen eines dauernden Wechsels der Bezugspersonen beinhaltet. Diese Faktoren – Trennung, Bezugspersonenwechsel, Anregungsarmut – kennzeichneten noch vor wenigen Jahrzehnten das Leben von Kindern in Säuglings- und Kleinkindheimen. Deshalb stammen die bahnbrechenden Erkenntnisse zur Frühdeprivation insbesondere aus Untersuchungen an Heimkindern (Goldfarb 1943; Spitz 1945; 1972; Bowlby 1951[2]). Deren Ergebnisse führten in der Zwischenzeit zu einer weitgehenden Neustrukturierung der Erziehung von Kindern in Säuglings- und Kleinkindheimen und Krippen (Verbesserung des Personalschlüssels, Schaffung familienähnlicher kleinerer Gruppen mit gemischter Alterszusammensetzung, Erhöhung des Anregungsgehaltes der Umgebung, vermehrte Beschäftigung mit den Kindern usw.; Klicpera et al. 1985). Aus diesem Grunde findet sich das

---

1 Das Vorhandensein von Geschwistern kann positiv sein, ist aber nicht eine notwendige Entwicklungsbedingung.
2 Diese Untersuchungen wurden allerdings wegen methodischer Schwächen häufig kritisiert; vgl. Ernst/Von Luckner (1987).

klassische, von Spitz und den anderen genannten Autoren beschriebene Deprivationssyndrom in unseren Heimen so gut wie gar nicht mehr. Auch eine lange Verweildauer von Kleinkindern im Heim wird möglichst vermieden. Dennoch sind Deprivationsfolgen nicht gänzlich verschwunden. Nach wie vor gibt es Kinder, denen in ihren Familien nicht ein Mindestmaß an Zuwendung und Anregung gegeben werden kann, die von ihren Müttern oder Vätern nicht angenommen werden und die eine Odyssee zwischen zahlreichen Betreuungspersonen hinter sich haben.

Um ein Kind nicht in einem „Beziehungs-Vakuum" zu belassen, sollen ihm dann, wenn seine leiblichen Eltern nicht für seine Pflege und Erziehung sorgen können oder wollen, Ersatzeltern geschaffen werden.[3] Das Kind soll „psychologische Eltern" (Goldstein et al. 1979) erhalten, die eine dauerhafte Bindung zu ihm eingehen, und zu denen es sich so zugehörig fühlen kann wie zu leiblichen Eltern. Ihre Aufgabe ist es dann, dem Kind möglichst positive Entwicklungsbedingungen zu bieten. Welche Bedingungen als entwicklungsfördernd anzusehen sind, ist in Kapitel 2.4 ausführlich beschrieben worden. Im Wesentlichen geht es darum, dass das Kind geliebt und geachtet wird, seine je nach Alter und Persönlichkeit unterschiedlichen emotionalen, geistigen und sozialen Bedürfnisse richtig wahrgenommen und angemessen befriedigt werden, und dass es in einer stabilen, möglichst harmonischen Gemeinschaft aufwächst, die Konflikte in konstruktiver Form zu lösen versteht.

Wenn sich für ein durch Deprivation beeinträchtigtes Kind Adoptiveltern finden lassen, so ist durchaus damit zu rechnen, dass die neue Eltern-Kind-Beziehung zunächst durch die Vorerfahrungen des Kindes belastet wird (Dericum 1980; Kahl 1980). Dies bedeutet, dass die annehmenden Eltern durch die soziale Fachkraft genau über mögliche Deprivationsschädigungen des Kindes informiert werden müssen, und dass sie für eine längere Zeit intensive Unterstützung durch die Jugendhilfe erhalten müssen.

Als häufig auftretende Folgen frühkindlicher Deprivation sind – vorwiegend bei Heimkindern – beobachtet worden (vgl. Klicpera et al. 1985; Ernst/von Luckner 1987):

1. Im *Säuglingsalter*: Ab dem 4. Lebensmonat Abfall der Aktivität des Kindes, Retardierung der motorischen Entwicklung, Nachlassen des Interesses an der Umgebung, gelegentliches Vorkommen stereotyper Bewegungen oder bizarrer Haltungen, Verzögerung der Wahrnehmungsentwicklung, geringere Differenzierung des affektiven Ausdrucks, verspätete Unterscheidung zwischen vertrauten und fremden Personen, selteneres Auftreten von Imitationsverhalten. Erhält das Kind im Säuglingsalter

---

3 Auf Adoptionen mit Auslandsberührung soll im Rahmen des vorliegenden Textes nicht eingegangen werden. Die damit zusammenhängenden diagnostischen und weitergehenden sozialarbeiterischen Probleme bedürfen einer gesonderten Darstellung.

vermehrte individuelle Zuwendung oder wenigstens zusätzliche sensorische Stimulation, so verbessert sich die Entwicklung deutlich.
2. Im *Kleinkindalter* (2. bis 4. Lebensjahr): Zurückbleiben der Sprach- und der Spielentwicklung, Unsicherheit des Bindungsverhaltens, Verzögerung der Reinlichkeitsentwicklung.
3. Im *Vorschulalter* (4. bis 7. Lebensjahr): Retardierung der intellektuellen, insbesondere der sprachlichen Leistungen, Auffälligkeiten im Sozialverhalten (Distanzlosigkeit, erhöhtes Aufmerksamkeitsbedürfnis), Verhaltensauffälligkeiten (Hemmungen, Aggressivität, exzessive Ersatzhandlungen wie Essen oder sexuelle Selbststimulation).
4. Im *Schulalter*: Leistungsschwankungen, erhöhte Störbarkeit, Minderung der Leistungsmotivation, Außenseiterposition in der Schulklasse.
5. Im *Jugendalter*: Schwierigkeiten, anhaltende Bindungen einzugehen, erhöhte Neigung zu dissozialem Verhalten, starkes Bedürfnis nach Zuwendung, gesteigerte Anfälligkeit für Depressionen und Suizidalität.

Nicht übersehen werden darf, dass bei den durch Deprivationserfahrungen beeinträchtigten Kindern häufig weitere belastende Faktoren wirksam werden, die einen Teil ihrer Verhaltensschwierigkeiten mitbedingen: Schädigungen während der Schwangerschaft und Geburt (z. B. bei Alkohol- oder Drogenmissbrauch der Mutter), genetische Komponenten (z. B. bei psychotischen Müttern), Unter- oder Fehlernährung, Leben unter den Bedingungen der Armut, familiäre Konflikte, die der eigentlichen Deprivation vorausgingen. Ein Kind kann unter diesen Umständen eine erhöhte Vulnerabilität mitbringen, so dass es auf eintretende Trennungen oder Zuwendungsmängel besonders empfindlich reagiert.

Hielt man ursprünglich die Folgen früher Entbehrungen für irreversibel, so weiß man heute, dass sie sich in guten Pflege- und Adoptivfamilien weitgehend beheben lassen. Auch ein älteres Kind ist noch in der Lage, Bindungen an andere Personen aufzubauen. Die Schaffung fördernder Bedingungen hilft dem Kind, Entwicklungsrückstände zu überwinden. Die Fachkraft Sozialer Arbeit kann also auch Menschen, die bereit sind, ein älteres Kind anzunehmen, durchaus ermutigen, sollte aber, wie schon gesagt, darauf achten, dass der Familie die erforderlichen Hilfsangebote zur Verfügung gestellt werden. Nach § 9 AdVermG steht den annehmenden Eltern Adoptionshilfe zu. Zu denken ist vor allem an Elternberatung, Kindertherapie und soziale Gruppenarbeit.

Nach Napp-Peters (1978, 279 f.) scheuen potentielle Adoptiveltern insbesondere dann vor einer Adoption zurück, wenn ein Kind eines der folgenden Merkmale aufweist:

– fortgeschrittenes Alter
– multiple Platzierungserfahrungen in Heimen und Pflegestellen

- psycho-physische Störungen (z. B. körperliche oder geistige Behinderungen, Krankheiten, die für erblich gehalten werden)
- sichtbare Auffälligkeiten (z. B. dunkle Hautfarbe).

Treten mehrere der genannten Faktoren kombiniert auf, so sinkt die Chance eines Kindes auf Adoption weiter.

7.2 Analyse und Erfassung der Persönlichkeit des Kindes und des prospektiven Lebensraumes

Neben den sehr ausgiebigen Beratungs- und Unterstützungsaufgaben stellen sich der Fachkraft in der Adoptionsvermittlungsstelle auch diagnostische Aufgaben. Diese diagnostischen Anforderungen treten in zwei Phasen der Zusammenarbeit mit dem Kind und mit den Adoptionsbewerbern auf: Die *erste Phase* erstreckt sich auf die Zeit der *Beratung und Auswahl* und endet mit der Entscheidung über die Gabe des Kindes in Adoptionspflege. Hier gilt es, ein Kind, für das eine Adoption in Frage kommt, genauer kennen zu lernen und unter den Bewerbern diejenigen herauszufinden, die diesem betreffenden Kind möglichst gute Entwicklungsbedingungen bieten können (§§ 7 und 8 AdVermG). Persönlichkeit und besondere Bedürfnisse des Kindes müssen diagnostiziert werden, ebenso wie die generelle Eignung der Bewerber (oder im Ausnahmefall der alleinstehenden Bewerberin) für die Erziehung dieses speziellen Kindes.

Vom *Beginn der Eingewöhnungszeit* in der potentiellen Adoptivfamilie bis zur *Entscheidung des Vormundschaftsrichters* über die Adoption erstreckt sich die *zweite Phase*. Diagnostische Aufgabe ist hier insbesondere festzustellen, ob zwischen Kind und Pflegeeltern eine positive Beziehung zu entstehen beginnt, und wie das Kind sich in der neuen Situation entwickelt. Auf der Grundlage der Informationen, die in den beiden Phasen eingeholt werden, ist eine Prognose für die zukünftige Entwicklung des Kindes in der betreffenden Familie abzugeben, die allerdings naturgemäß mit Unsicherheit behaftet ist.

In *Phase 1* wird also eher Statusdiagnostik erforderlich sein: Persönlichkeit des Kindes und der potentiellen Eltern, psychische und materielle Situation der Bewerberfamilie sollen erfasst werden. Bis zum Ende der *Phase 2*, also bis zur Abfassung des Berichtes für das Vormundschaftsgericht (§ 49 Abs. 1 Nr. 1 FGG) kann die Statusdiagnostik um Prozessdiagnostik erweitert werden, denn es kann der Verlauf der Beziehungsaufnahme zwischen Kind und Familie und der Verlauf der Entwicklung während der Pflegezeit dargelegt werden.

Wie die *Persönlichkeit eines Kindes* diagnostiziert und beschrieben werden kann, ist in Kap. 3.3 ausführlich dargestellt worden. Unter den dort aufgeführten Möglichkeiten können die für den jeweiligen Einzelfall erforderlichen

Fragen ausgewählt werden. Dabei sollte ein besonderes Augenmerk auf die speziellen Erziehungserfordernisse, die sich bei diesem Kind stellen, gerichtet werden. Zum Beispiel wird ein bisher vernachlässigtes Kind eine besonders intensive und unerschütterliche Zuwendung und eine ausgiebige Förderung seiner geistigen Entwicklung brauchen. Ein Kind dagegen, das seine seelische Not in Verhaltensstörungen zum Ausdruck bringt, wird auf besonderes Verständnis der neuen Eltern für diese Ausdrucksform angewiesen sein u. Ä. Es sind im einzelnen Informationen einzuholen (1) zum Entwicklungsstand des Kindes, (2) zu seiner emotionalen Befindlichkeit, (3) zu seinem Verhalten, insbesondere eventuellen Verhaltensauffälligkeiten, (4) besonderen Begabungen, (5) Interessen und (6) Bedürfnissen. Auch Faktoren seiner Lebensgeschichte, die helfen können, das gegenwärtig zu Beobachtende einzuordnen, sind erforderlich. Insbesondere ist zu achten auf (7) Beziehungsabbrüche und die Reaktion des Kindes darauf, (8) Vorhandensein einer Bindungsfigur und (9) Hinweise auf mangelnde Förderung in früheren Zeiten (vgl. Kap. 3.3). Eventuell muss ergänzend (10) eine psychologische Untersuchung durchgeführt werden, um die Erkenntnismöglichkeiten, die dem Sozialarbeiter/Sozialpädagogen zur Verfügung stehen, durch die der Psychologie zu ergänzen (insbesondere Testuntersuchungen).

Zur Einholung der Informationen über das Kind wird es selbst, falls schon möglich, befragt und sein Verhalten beobachtet. Außerdem werden die Personen, mit denen es bisher gelebt hat und die es gut kennen (abgebende Eltern, Heimerzieher usw.) um Auskunft gebeten.

Körperlicher Entwicklungsstand und die *körperliche Gesundheit* (11) müssen von einem Kinder- oder gegebenenfalls Facharzt begutachtet werden. Liegen Krankheiten vor, so muss eine Prognose über den zu erwartenden Verlauf eingeholt werden. Besteht ein Entwicklungsrisiko oder eine Behinderung, so müssen diese exakt beschrieben werden und die weiteren Entwicklungsmöglichkeiten eingeschätzt werden (BAGLJÄ 1994).

Bei der *Beurteilung der potentiellen Adoptivfamilie* geht es vor allem darum herauszufinden, ob sie dem Kind möglichst gute Entwicklungsbedingungen zu geben vermag. Am Verhalten der möglichen Eltern ist bedeutsam, wie einfühlsam sie die besonderen Bedürfnisse dieses Kindes erkennen können, und wie weit sie bereit und in der Lage sind, darauf in möglichst positiver Weise einzugehen. Neben ihrer allgemeinen Fähigkeit, mit einem Kind umzugehen, ist also ihre besondere Kompetenz, diesem speziellen Kind in der richtigen Weise zu begegnen, von großer Bedeutung. Welche elterlichen Erziehungsziele und Erziehungsstile der Entwicklung förderlich sind, wurde in Kapitel 2.4 beschrieben.

Die potentiellen Eltern sollen ein zunächst fremdes Kind als das eigene annehmen. Deshalb ist die Frage nach ihrer Fähigkeit, sich einem möglicherweise schwierigen Kind emotional zu öffnen und eine Beziehung zu ihm zu entwickeln, relevant. Da sie nicht unbedingt erwarten können, dass das

Kind es ihnen immer leicht machen wird (insbesondere dann nicht, wenn es schon starken Belastungen ausgesetzt war), kommt es darauf an, dass sie ausreichend belastbar sind. Daher erhalten auch Informationen zu ihrem psychischen und körperlichen Gesundheitszustand Bedeutung. Ihre Motivation zur Adoption muss geklärt werden und lässt sich gegebenenfalls im Beratungsprozess verändern. Werden besondere psychische Probleme der Bewerber deutlich, so muss weiter untersucht werden, ob und in welcher Weise sie sich auf die Beziehung zum Adoptivkind auswirken können (z. B. kann die Trauer um ein vor kurzer Zeit verstorbenes leibliches Kind und der Wunsch, dieses Kind schnell durch ein möglichst ähnliches zu ersetzen, das Adoptivkind unter einen unerträglichen Erwartungsdruck setzen und die Ausbildung einer positiven Bindung verhindern).

Fragen nach Familienstruktur, Art der innerfamiliären Beziehungen (auch zu eventuell vorhandenen anderen Kindern), Stabilität der Familie, Formen der Konfliktlösung sind relevant, weil es ja darum geht, das Kind in eine möglichst dauerhafte Gemeinschaft zu bringen, die ihm gute Entwicklungsmöglichkeiten bieten kann. (Die darauf gerichteten Einzelfragen sind ebenfalls in Kapitel 3.3 zu finden.) Wäre z. B. das Scheitern einer Ehe unmittelbar absehbar, oder wird bekannt, dass in einer Familie ein hohes Konfliktpotential besteht, das womöglich zu körperlichen Auseinandersetzungen führt, so wäre das Risiko einer Gefährdung des Kindeswohls zu groß und folglich die Familie nicht geeignet.

Schließlich ist auch der *äußere Lebensrahmen* von Einfluss auf die Entwicklung eines Kindes. Deshalb gehören zu den erforderlichen Daten Angaben zur Lebensform der Bewerber, zur wirtschaftlichen Lage, zu Wohnbedingungen, beabsichtigten Betreuungsformen für das Kind (z. B. die Art, wie Berufstätigkeit und Kinderbetreuung so in Einklang gebracht werden können, dass das Kind nicht zu kurz kommt) und zur Geschwisterkonstellation.

Ist das Kind bereits in Adoptionspflege, so sollte von ihm erfragt und in seiner Interaktion mit den anderen Familienmitgliedern beobachtet werden, wie sein Verhältnis zu allen Personen der Familie ist, welchen Stand es in der Familie hat (ob es z. B. gegenüber leiblichen Kindern zurückgesetzt wird), und wie gern es in der Familie bleiben möchte. Es geht also um die Diagnostik der *Entwicklung der Eltern-Kind-Beziehung* und *des Kindeswillens*.

Bevor Persönlichkeit und Lebenssituation der Beteiligten eingehend untersucht werden, ist festzustellen, ob die formalen Voraussetzungen einer Adoption gegeben sind, oder ob Adoptionshindernisse vorliegen. Formale Voraussetzungen sind:

– Einwilligung der leiblichen Eltern und des über 14-jährigen Kindes[4]

---

4 Für ein Kind, das geschäftsunfähig oder noch nicht vierzehn Jahre alt ist, kann nur sein gesetzlicher Vertreter die Einwilligung erteilen (§ 1746 Abs. 1 BGB).

(§§ 1746 und 1747 BGB). Willigen die Eltern nicht ein, kann die Einwilligung gemäß § 1748 BGB durch das Vormundschaftsgericht ersetzt werden, wenn die entsprechenden Bedingungen erfüllt sind.

- Erreichung des Mindestalters bei dem/den Annehmenden (*ein* Teil mindestens 25 Jahre alt, der andere mindestens 21 Jahre nach § 1743 BGB)
- Unbeschränkte Geschäftsfähigkeit des/der Adoptierenden
- Nichtvorliegen einer Interessenkollision mit Kindern des/der Adoptivbewerber(s) (ausführliche Darstellung dazu bei Oberloskamp 1993).

Auf die vorbereitende und nachgehende Beratungsarbeit mit dem abgebenden leiblichen Elternteil soll hier nicht eingegangen werden (vgl. dazu BAGLJÄ 1994). Es muss in dem hier beschriebenen Zusammenhang aber darauf geachtet werden, dass ihre Wünsche in Bezug auf die annehmenden Eltern zu berücksichtigen sind, also ermittelt werden müssen.

Im Adoptionsbericht für das Vormundschaftsgericht sollte zu den genannten Angaben zur Lebenssituation und Persönlichkeit des Kindes und zu den Adoptionsbewerbern die Darstellung des neu entstandenen Eltern-Kind-Verhältnisses hinzukommen. Beobachtungen der Eltern-Kind-Interaktionen und des Verhaltens des Kindes während der Adoptionspflege und Befragung von Eltern und Kind sollten stets durchgeführt werden, um Aufschluss darüber zu erhalten, ob eine gegenseitige Bindung entstanden oder im Entstehen begriffen ist, und ob das, was die Eltern dem Kind geben können, seine Bedürfnisse trifft (zur Bindungsdiagnostik vgl. Kap. 6). Nach der Beschreibung auf Tatsachenebene ist eine sozialpädagogische Beurteilung (Diagnose) erforderlich. Auch ist eine Prognose zu erstellen. Sie soll auf der Grundlage der in der Probezeit gemachten Erfahrungen Aussagen darüber enthalten, ob eine dauerhafte positive Eltern-Kind-Beziehung mit ausreichender Wahrscheinlichkeit zu erwarten ist, und ob die Entwicklung des Kindes zu einer eigenverantwortlichen und gemeinschaftsfähigen Persönlichkeit in der Familie des/der Annehmenden zukünftig gewährleistet sein wird (vgl. auch Maas 1996 a; BAGLJÄ 1994).

7.3 Der Aufbau des Adoptionsberichts an das Vormundschaftsgericht

0. Formale Angaben
0.1 Personalien des Kindes, der abgebenden und der annahmewilligen Eltern
0.2 Datenquellen
0.3 Angaben zum Vorliegen der gesetzlichen Voraussetzungen einer Annahme

1. Sachverhalt
1.1 Wünsche der leiblichen Eltern

1.2 Die bisherige Entwicklung des Kindes
1.3 Die gegenwärtige Lebenssituation des Kindes
1.4 Entwicklungsstand, Persönlichkeit und Bedürfnisse des Kindes unter besonderer Berücksichtigung der Entwicklung während der Zeit der Adoptionspflege
1.5 Persönlichkeit und Lebenssituation der Adoptionsbewerber
1.6 Entwicklung der Eltern-Kind-Beziehung
1.7 Wille des Kindes

2. Sozialpädagogische Diagnose
Eignung des/der Adoptivbewerber(s) für die Annahme des betreffenden Kindes

3. Prognose
Erwartungen zur weiteren Entwicklung der Eltern-Kind-Beziehung und zu den Entwicklungsmöglichkeiten des Kindes in der prospektiven familiären Konstellation

4. Leistungen der Jugendhilfe
Angaben zu den erbrachten und zu den künftigen Unterstützungsangeboten an die Familie.

8. Mitwirkung im jugendgerichtlichen Verfahren

> Jugendgerichtshilfe als Teil der Jugendhilfe hat einen straffällig gewordenen Jugendlichen während des gesamten Verfahrens zu betreuen. Die Diagnostik der relevanten Persönlichkeitsanteile und der Lebenssituation des jungen Menschen durch den Jugendgerichtshelfer ist zum einen Vorbedingung für die Auswahl individueller Jugendhilfe-Angebote und zum anderen wichtiger Beitrag zur richterlichen und staatsanwaltlichen Entscheidungsfindung. Ihre Besonderheiten herauszuarbeiten, ist das Hauptanliegen dieses Kapitels (8.3). Wesentliche Grundlagen dafür finden wir in den gesetzlichen Bestimmungen (8.1) und in den Forschungsergebnissen zur Jugenddelinquenz (8.2). Hinweise zur Gestaltung des JGH-Berichts sind Abschnitt 8.4 zu entnehmen.

8.1 Die Aufgabenstellung der Jugendgerichtshilfe (JGH)

> Die Rechtsgrundlagen der Tätigkeit des Jugendgerichtshelfers werden in ihren wesentlichen Zügen skizziert.

Um die Anforderungen des Erwachsenenalters erfüllen zu können, ist die Kenntnis und Beachtung des komplexen Gefüges von Normen und Regeln, die eine Gesellschaft sich gegeben hat, erforderlich. Befolgt ein Mitglied einer Gesellschaft deren Normen nicht, so riskiert es, als psychisch gestört, dissozial, delinquent oder als kriminell bewertet zu werden. Welche Regeln dieses im einzelnen sind, unterliegt weitgehend zeit- und kulturgebundenen Übereinkünften.[1] Ein erheblicher Teil der Entwicklungsaufgaben in Kindheit und Jugend besteht im Erlernen der sozialen Normen und dem Trainieren ihrer Befolgung. Wie alle Lernprozesse, so braucht auch dieser Vorgang Zeit und kann durch Hemmnisse beeinträchtigt oder durch Störfaktoren in falsche Bahnen gelenkt, unterbrochen oder sogar rückwärts gerichtet werden. Entwicklungsprozesse können asynchron verlaufen, d. h., in einigen Bereichen schneller, in anderen langsamer vonstatten gehen, so dass neben altersgemäß ausgeformten Bereichen retardierte ebenso wie akzelerierte Persönlichkeitssegmente erkennbar sind.

Der Tatsache, dass die Verinnerlichung sozialer Normen und das entsprechende Handeln einem Entwicklungsprozess unterliegt, der mit Erreichen des Jugendalters noch nicht abgeschlossen ist, trägt im Bereich des kodifizierten Strafrechts die Jugendgesetzgebung Rechnung, indem sie zwar nicht

---

1 Selbst scheinbar so unumstößliche, „naturgegebene" Regeln wie das Tötungs- oder das Inzestverbot werden oder wurden zeitweilig aufgehoben.

die Normen aufhebt, wohl aber die Sanktionen für Normverletzungen ändert. Zugleich nimmt sie Rücksicht auf die Tatsache, dass ein Jugendlicher noch des besonderen Schutzes der Erwachsenen bedarf, und das erst recht, wenn er sich in einer schwierigen und belastenden Situation wie der Konfrontation mit den Strafverfolgungsbehörden befindet. Und schließlich beachtet sie die Erkenntnis, dass ein Jugendlicher immer noch relativ hohe Entfaltungs- und Wandlungspotentiale in sich trägt und deshalb die Bemühungen mehr auf Befähigung zu richtigem Handeln als auf Bestrafung falschen Handelns angelegt werden müssen. Stärker als bei Erwachsenen darf man hier noch die Möglichkeit von „Weichenstellungen" annehmen, was bedeutet, dass alle offiziellen und inoffiziellen Reaktionen noch sorgfältiger durchdacht und achtsamer umgesetzt werden müssen als bei „ausgereiften" Menschen.

Da das Strafsystem mit seinen eigenen originären Möglichkeiten diese Aspekte nur unvollkommen berücksichtigt, öffnet es sich zum Jugendhilfesystem und lässt es zu, dass Erkenntnis- und Interventionsmöglichkeiten dieses Systems dem jungen Menschen unter Hintanstellung des Strafinteresses zugute kommen.

Das Jugendgerichtsgesetz gibt der Jugendgerichtshilfe als Teil des Jugendamtes die Möglichkeit und erteilt ihr die Aufgabe, die aus der Sicht der Jugendhilfe relevanten Aspekte sowohl zur Beurteilung des Täters als auch zu den Hilfsmöglichkeiten und zu den in Frage kommenden Sanktionen in das Verfahren nach dem Jugendgerichtsgesetz (JGG) einzubringen (§ 38 JGG). In entsprechender Weise macht das KJHG dem Jugendamt zur Pflicht, sich um einen straffällig gewordenen Jugendlichen oder jungen Volljährigen zu kümmern. Nach § 52 Abs. 1 KJHG ist das Jugendamt verpflichtet, nach Maßgabe der §§ 38 und 50 Abs. 3 Satz 2 JGG im jugendgerichtlichen Verfahren mitzuwirken. Der Mitarbeiter des Jugendamtes[2] soll gemäß § 52 Abs. 3 KJHG den Jugendlichen bzw. den jungen Volljährigen während des gesamten Verfahrens nach dem JGG betreuen.[3]

Wie Maas (1994 a) herausgearbeitet hat, ist Jugendgerichtshilfe als *„Betreuungspflicht gegenüber dem jungen Menschen"* zu definieren. Diese Pflicht gehört nach § 2 Abs. 3 Satz 8 KJHG zu den „anderen Aufgaben" der Jugendhilfe und ist folglich von den „Leistungen" unterschieden. Im Unterschied zum Empfang einer Leistung wird nicht vorausgesetzt, dass der Hilfeempfänger die Hilfe wünscht, wenn auch eine Hilfestellung gegen den Willen des Betroffenen nur begrenzt möglich ist. Sie bedeutet aber auch keinen Eingriff in die Rechte des Betroffenen: „Sie ist also weder das eine noch das andere, sondern etwas drittes, nämlich eine von Gesetzes wegen erforderliche, von irgendwelchen persönlichen Willensentschließungen völ-

---

[2] Oder der Mitarbeiter des anerkannten Trägers der freien Jugendhilfe, an den diese Aufgabe delegiert worden ist.
[3] Zu den Rechten und Pflichten des Jugendamtes ausführlich Ensslen 1999.

lig unabhängige, somit eine *institutionelle Aufgabe des Jugendamtes*. Alle weiterführenden Vorschriften zur Jugendgerichtshilfe sind nach Maßgabe dieser Zweckbestimmung zu interpretieren." (Maas 1994 a, 69)

Gerät ein Jugendlicher oder ein junger Volljähriger mit dem Gesetz in Konflikt, so hat das Jugendamt nach § 52 Abs. 2 KJHG so früh wie möglich zu prüfen, ob für ihn Leistungen der Jugendhilfe möglich sind. Kann es diese Frage bejahen, oder ist eine entsprechende Leistung bereits eingeleitet oder gewährt worden, so hat das Jugendamt den Staatsanwalt oder den Richter umgehend davon zu unterrichten. Auf der Grundlage dieser Information durch das Hilfesystem entscheidet der Vertreter des Strafsystems über die Folgen des Gesetzesverstoßes, nämlich der Staatsanwalt gemäß § 45 JGG darüber, ob von Verfolgung abgesehen werden, bzw. der Richter nach § 47 JGG, ob er das Verfahren einstellen kann (Diversion).

Da die Entscheidung über die Nutzung der Möglichkeit einer Diversion nicht dem Jugendamt, sondern der Justiz zusteht, hat es auch nicht das Recht, darüber zu befinden, ob es eine Mitteilung an das Jugendgericht sendet oder nicht. Es muss seiner *gesetzlich begründeten Unterrichtungspflicht* nachkommen (Maas 1994 a).

Die Pflicht, frühzeitig zu überprüfen, ob und wenn ja, welche Hilfen für den jungen Menschen in Frage kommen, die ihm eine Bestrafung ersparen können, macht es dem Jugendgerichtshelfer zur Aufgabe, den Jugendlichen oder jungen Volljährigen und seine Lebenssituation baldmöglichst soweit kennen zu lernen, dass Hilfsangebote auf der Grundlage fachlicher Erkenntnisse erstellt werden können. Es genügt keinesfalls, dass der Staatsanwalt oder der Richter über die allgemeine Leistungspalette der Jugendhilfe informiert werden (die sie ohnehin schon kennen), sondern es muss eine möglichst „maßgeschneiderte" Hilfe gefunden werden, die mit einer hohen Wahrscheinlichkeit ein besseres Ergebnis erwarten lässt als die andernfalls in Frage kommende Strafverfolgung.

Es ist klar, dass eine solche individuell angepasste Hilfe nicht ohne Kenntnis der Persönlichkeit, der besonderen Bedürfnisse und der Lebensbedingungen des jungen Menschen ausgewählt werden kann. Die *diagnostische* Anforderung setzt also bereits sehr früh ein und besteht auch dann, wenn es nicht zu einer Gerichtsverhandlung kommt. Die Ergebnisse der diagnostischen Tätigkeit dienen zunächst dazu, die Entscheidung des Jugendamtes über die anzubietende Leistung vorzubereiten. Damit ist aber ihre Funktion nicht erschöpft. Sie dienen auch der Erfüllung einer Aufgabe, die dem Strafsystem zugeordnet ist: der täterangemessenen Sanktion.

Die Akteure des Strafsystems sind zwar nicht der Jugendhilfe, wohl aber dem Erziehungsgedanken des JGG verpflichtet. Weniger das Schutz- und Strafinteresse der Gesellschaft als vielmehr das Bemühen, den jungen Menschen „auf den richtigen Weg" (zurück) zu bringen, muss ihr Handeln leiten. Dies ist aber nur möglich, wenn sie den jungen Täter in seinem Entwicklungsstand und seiner Persönlichkeit richtig einzuschätzen vermögen, und wenn sie Möglichkeiten kennen, die problematischen Verhaltensweisen dieses betreffenden jungen Menschen zu verändern.

Um dem jungen Menschen möglichst gerecht zu werden, brauchen sie die Unterstützung der Jugendhilfe, die in Bezug auf Persönlichkeit und Umfeld die besseren Erkenntnismöglichkeiten und -kompetenzen hat. In § 38 Abs. 2 JGG ist festgelegt, dass die Vertreter der Jugendgerichtshilfe die erzieherischen, sozialen und fürsorgerischen Gesichtspunkte im Verfahren vor den Jugendgerichten zur Geltung bringen. Die Erforschung der Persönlichkeit, der Entwicklung und der Umwelt des Beschuldigten dienen diesem Zweck. In Kenntnis dieser Faktoren ist es eher möglich, so auf den jungen Menschen einzuwirken und ihm soweit soziale Hilfestellungen zu geben, dass seine Entwicklung eine positivere Richtung nimmt.

Wenn auch die Jugendgerichtshilfe auf diese Weise das Gericht unterstützt, so wird sie damit doch nicht zur Amtshilfe für das Gericht. Sie bleibt *Jugendhilfe* und damit dem jungen Menschen verpflichtet (Maas 1996a). In *seinem* Interesse muss sie handeln. Sie hat zwar keine Verteidigerfunktion, aber sie darf auch dem Jugendlichen nicht schaden, d. h. mit ihren Aussagen die Bestrafung des jungen Menschen erst herbeiführen, die der Verteidiger verhindern könnte. Die Folgerung daraus ist, dass der Vertreter der JGH während des Prozesses sehr aufmerksam die Verteidigungsstrategie beobachten und sich bei seinem Vortrag auf sie einstellen muss. Wird z. B. die Beteiligung an einer Tat verneint, und ist die Beweislage so schwach, dass eine Verurteilung sehr unwahrscheinlich ist, könnte es für den Jugendlichen u.U. schädlich sein, wenn der Vertreter der JGH eine ausführliche Darstellung der ungünstigen Entwicklung des Jugendlichen abgäbe, die dann dem Richter suggerieren könnte, dass eine Tatbeteiligung durchaus für möglich gehalten wird. Damit soll gesagt werden, dass die JGH sich nicht schematisch verhalten kann, sondern in der Verhandlung sehr wachsam und fein abgestimmt auf den Verlauf reagieren muss. Das kann u.U. bedeuten, dass der schriftlich erstellte JGH-Bericht nicht vollständig für den Vortrag verwendet werden kann, sondern teilweise andere Aussagen gemacht werden müssen. Damit befindet sich der Jugendgerichtshelfer diesbezüglich in einer ähnlichen Position wie z. B. der psychologische Sachverständige, der auch sein Gutachten in Übereinstimmung mit den im Prozess bekannt werdenden Tatsachen erstatten muss.

Diese Situation bringt prinzipiell eine berufsethische Herausforderung. Es ist nämlich gar nicht zu vermeiden, dass man sich als Vertreter der JGH über die Frage, ob der angeklagte Jugendliche schuldig ist oder nicht, seine eigenen Gedanken macht und – vor dem Hintergrund der eingeholten Informationen – auch zu einer persönlichen Wahrscheinlichkeitsbeurteilung gelangt. Es ist Ausdruck der erreichten professionellen Gesamtkompetenz, solche Überlegungen auch nicht indirekt in die Stellungnahme einfließen zu lassen. Noch schwieriger wird die Lage, wenn man in seiner Eigenschaft als JGH-Vertreter ein einschlägiges *Wissen* über die Täterschaft des Jugendlichen erlangt, der sie seinerseits jedoch womöglich leugnet. Sieht man von der juristischen Beurteilung dieses Sachverhalts ab, so erwächst der moralische Konflikt daraus, dass man einerseits als Helfer des Jugendlichen dessen Vertrauen benötigt (und daher in dessen Augen rechtfertigen muss), um eine Arbeitsgrundlage für die Hilfeleistung, zu der man ja beauftragt ist, zu gewährleisten; andererseits begibt man sich durch das Verschweigen u. U. ein Stück weit in eine „Kumpanei" mit dem Jugendlichen (nicht nur in den eigenen, sondern gerade in dessen Augen), so dass die für die Hilfeleistung notwendige Distanz verloren geht. Berufsmoralisch ist diese dilemmahafte Situation zwar auch im Hinblick darauf, wie weit eine Parteinahme für den Klienten gehen darf. Sie gewinnt diesen Charakter aber viel grundsätzlicher unter der Frage, ob das Wahrhaftigkeitsprinzip im Zweifel hinter das Hilfeprinzip zurücktreten muss. Wäre ein Jugendgerichtshelfer in unserem Falle nach Abwägung aller Umstände zu der Auffassung gelangt, eine bevorstehende gerichtliche Anordnung, Hilfe zur Erziehung in Anspruch zu nehmen, sei für die Entwicklung des Jugendlichen ein nützlicher Stimulus, so löste sich der Konflikt auf. Droht jedoch ein Strafurteil mit Freiheitsentzug (der unter praktisch keinen Umständen entwicklungsfördernd sein wird), so ist der Konflikt kaum lösbar: Verschweigen oder Informieren, beides verstößt gegen anzuerkennende Prinzipien, und beides ist nicht etwa nur mit Blick auf den betroffenen Jugendlichen (insbesondere dessen Langfristperspektive), sondern *auch* mit Blick auf die Person des Helfers identitätskritisch. Hier gibt es selbstredend keine Patentlösungen. Es gehört zum psychosozialen Helferberuf, dass ihm das Ringen um das „richtige" Verhalten inhärent ist und von niemandem abgenommen werden kann.

Die Erforschung der Persönlichkeit und des Umfeldes des jungen Menschen, also die diagnostische Tätigkeit, ist im vorliegenden Zusammenhang, wie in den anderen bereits dargestellten Arbeitsfeldern der Jugendhilfe, kein Selbstzweck, sondern sie dient der fachlichen Fundierung von Entscheidungen: Entscheidungen der sozialen Fachkraft über die notwendige und geeignete sozialpädagogische Hilfe, die sie dem jungen Menschen anbieten will, und Entscheidungen des Staatsanwaltes oder Richters über das weitere Vorgehen in dem betreffenden Fall und gegebenenfalls über die Art der zu verhängenden Sanktionen.

Das bedeutet, dass auch hier der Grundsatz der Erforderlichkeit beachtet werden muss. Nur die Informationen zur Persönlichkeit, zur Entwicklungsgeschichte und zum Umfeld des jungen Menschen dürfen systematisch erhoben werden, die der hier zur Rede stehenden Entscheidungsfindung dienen. Um einschätzen zu können, als wie stark normabweichend die auffällig gewordenen Verhaltensweisen des jungen Menschen tatsächlich einzuordnen sind, braucht der Jugendgerichtshelfer *Kenntnisse über übliches, häufig auftretendes Verhalten im Jugendalter* und über das *Kriminalitätsrisiko im Jugendalter*. Verhaltensweisen, die zwar gegen gesellschaftliche Normen verstoßen, die in einer bestimmten Altersstufe aber eher die Regel als die Ausnahme sind, sprechen u. U. eher für eine alterstypische Anpassung an eine Gruppennorm als für eine Fehlentwicklung des jungen Menschen. Wenn dies in dem betreffenden Fall so wäre, sollte man nicht von der Hypothese einer gestörten Entwicklung ausgehen und folglich würde es wenig Sinn machen, sehr intensiv nach beeinträchtigenden Lebensbedingungen zu forschen.

Die *Vorgeschichte* des inkriminierten Verhaltens kann dann relevant sein, wenn sie Hinweise auf den Verlauf der normabweichenden Handlungen gibt. Eine erste Auffälligkeit ist prognostisch anders zu bewerten als eine wiederholte.

Da das Jugendstrafrecht eher als „Täterstrafrecht" (Schaffstein/Beulke 1998) denn als „Tatstrafrecht" konzipiert ist, stehen Merkmale der *Persönlichkeit des jungen Menschen* im Mittelpunkt der Untersuchungen, allerdings nur insoweit, als sich daraus Hinweise auf die Verantwortungsreife (§§ 3 bzw. 105 JGG), die Einordnung der Tat, die Prognose und auf erzieherische oder therapeutische Ansatzpunkte ergeben.

Die *Art der Umfeldbeziehungen* ist wichtig zur Einschätzung der Ressourcen, die möglicherweise stärker als bisher genutzt werden können, aber auch der Risiken, denen der junge Mensch ausgesetzt ist.

Schließlich muss sich der Jugendgerichtshelfer fragen, welchen Erklärungswert für die in Frage stehenden normabweichenden Handlungen des jungen Menschen bestimmte *Kindheitserlebnisse* haben könnten. Ihnen muss er bevorzugt nachgehen. Kindheitserfahrungen, für die kein Zusammenhang mit dem fraglichen Verhalten hergestellt werden kann, gehören nicht zu den erforderlichen Tatsachen. Dazu braucht er Wissen über *Sozialisationsbedingungen*, und zwar insbesondere diejenigen, die das Erlernen und Befolgen sozialer Normen begünstigen bzw. beeinträchtigen. Ebenso muss er *jugendspezifische Risiken* kennen und im Zusammenhang mit den Handlungen des betroffenen jungen Menschen sehen können.

8.2 Delinquentes Verhalten Jugendlicher aus sozialwissenschaftlicher Sicht

Jugendliche Delinquenz wird unter den folgenden Gesichtspunkten beleuchtet:
Begriffsbestimmungen
Vorkommen
Ursachen
gesellschaftliche Reaktionen.

8.2.1 Definitionen

Als „auffällig", „deviant", „dissozial", „verwahrlost", „delinquent" oder „kriminell" werden Verhaltensweisen benannt, die innerhalb eines bestimmten sozialen Systems zu einem bestimmten Zeitpunkt als so unerwünscht gelten, dass Gegenmaßnahmen für notwendig erachtet werden, insbesondere dann, wenn diese Verhaltensweisen wiederholt auftreten. In den neueren psychiatrischen Klassifikationen (DSM-IV, ICD-10) werden sie unter dem Oberbegriff „Störungen des Sozialverhaltens" zusammengefasst.

Die oben genannten Begriffe sind unterschiedlich definiert worden. Specht (1985, 277) grenzt sie folgendermaßen gegeneinander ab: Als *auffällig* werden solche Verhaltensweisen bezeichnet, die den Erwartungen maßgeblicher Bezugspartner oder -gruppen entgegenstehen, so dass aufgrund subjektiver Einschätzungen Reaktionen darauf erfolgen. Die Benennung als *abweichend* (nonkonform, deviant) gilt denjenigen Verhaltensweisen, die in der Meinung der Mehrheit einer Bevölkerung als unerwünscht missbilligt werden. Der Begriff *verwahrlost* hat seine ursprüngliche Bedeutung – das ungenügende Bewahren eines Kindes – eingebüßt und hat heute eine so stark abwertende Qualität erhalten, dass er nicht mehr verwendet werden sollte. Nach Hartmann (1977) bezieht er sich auf überdauernde und generalisierte Abweichungen von der sozialen Norm. *Dissozial* werden die Verhaltensweisen genannt, die als schädlich für die soziale Gemeinschaft beurteilt werden, und für die ein Eingreifen für notwendig erachtet wird. *Delinquent* sind Verhaltensweisen, die von den offiziellen Kontrollinstanzen verfolgt werden, unabhängig davon, ob Gesetze dafür eine Bestrafung vorsehen oder nicht. Als *kriminell* gelten diejenigen Handlungen, die nach den Gesetzen mit Strafe bedroht sind.

Trennt man in dieser Weise zwischen „delinquent" und „kriminell", so können dissoziale Handlungen nicht strafmündiger Kinder und Jugendlicher, auf die die Strafvorschriften nicht angewandt werden, allenfalls als „delinquent" und nicht als „kriminell" bezeichnet werden. Als „delinquent" sollte man aber nur einzelne Verhaltensweisen charakterisieren, nicht jedoch generalisierend ein Kind oder einen Jugendlichen als solche. Nicht seine Person als Ganze ist abweichend, sondern einzelne Handlungen sind es. Auch sollte man nicht aus dem Gedächtnis verlieren, dass die Definition einer Handlung als „abweichend" von sozialen Bewertungsprozessen abhängt, die zeit- und kulturgebunden sind. Die gesellschaftlichen Verhältnisse spielen eine Rolle bei der Entscheidung darüber, welcher Wertekonsens zugrunde gelegt wird. So stehen Jugendliche mit ihren Wertvorstellungen den Wertvorstellungen Erwachsener gegenüber, Mädchen den Erwartungen einer männlich dominierten Gesellschaft, Ausländer deutschen Verhaltenserwartungen usw.

8.2.2 Häufigkeiten von Delikten

Im Jugendalter treten typische Bedürfnisse, Lebensstile und -prozesse auf, z. B. Protest gegen das, was die Elterngeneration für erstrebenswert hält, Ablösung von der Familie, Lust auf Erproben der eigenen Möglichkeiten und – vor allem – Grenzen oder Suche nach Spannung und Abenteuer. Auch finden sich in diesem Alter besonders häufig Problemquellen wie Einengung und Unterdrückung, Mangel an materiellen Ressourcen, Schul- und Arbeitsprobleme, Schwierigkeiten der Identitätsfindung und Selbstakzeptierung. Diese besonderen Bedürfnislagen und spezifischen Belastungen bewirken häufig eine psychische Instabilität und erhöhen das Risiko für – meistens vorübergehende – sozial unerwünschte Lösungsversuche. So nimmt es nicht wunder, dass Dunkelfeldstudien zur nichtregistrierten Delinquenz von Minderjährigen (Quensel 1971; Remschmidt et al. 1975; Brusten/Hurrelmann 1976) enthüllen, dass fast alle Jungen und – mit etwas geringerem Anteil – beinahe alle Mädchen bis zum Alter von 14 Jahren bereits mehrfach Handlungen begangen haben, die gegen Vorschriften des Strafrechts verstoßen. Meistens sind es Bagatelldelikte, aber auch schwere Straftaten bleiben in erheblichem Maße den Augen der Justiz verborgen. Diese unentdeckten Gesetzesverstöße kommen bei Kindern und Jugendlichen aller Bevölkerungsgruppen vor, wenn es auch Jungen aus „unteren" sozialen Schichten sind, die anteilig die meisten der den Kontrollinstanzen entgangenen Delikte in solchen Befragungen eingestehen.

Welche Gesetzesverstöße schließlich aufgedeckt werden, hängt von verschiedenen Faktoren ab wie z. B.: Besondere Umstände der Tatbegehung bzw. Geschick im Verbergen, Anzeigeverhalten der Geschädigten, Aufklärungsverhalten der Strafverfolgungsinstitutionen, das mitunter je nach Schicht- und Geschlechtszugehörigkeit des Delinquenten selektiv aufmerksam und reagierend ist.

Von den in der amtlichen Polizeistatistik registrierten Tatverdächtigen ist mehr als ein Viertel (27,5 %) jünger als 21 Jahre. Kinder stellen 4,5 % aller Tatverdächtigen, Jugendliche 12,3 %, Heranwachsende 10,7 %. Bei den Kindern zeigte sich seit 1993 ein starker Anstieg, der aber ab 1999 gebremst wurde. Wohl auch mitbedingt durch den demographischen Wandel sinkt ihr Anteil an den Tatverdächtigen kontinuierlich. Auch bei den Jugendlichen und Heranwachsenden ging die Zahl der Verdächtigen leicht zurück (BKA 2006).

Bei den Straftaten Jugendlicher stellen Diebstähle („einfache" und Ladendiebstähle) die häufigsten Delikte dar. Es folgt bei den männlichen Jugendlichen ein breites Spektrum weiterer Delikte: Betrug, Körperverletzung[4], Sachbeschädigung sowie Rauschgiftdelikte. Die weibliche Jugendkriminali-

---

4 Bei den nichtdeutschen Jugendlichen rangieren Körperverletzungen vor den beiden Arten von Diebstahl.

tät beschränkt sich weitgehend auf Diebstahl und Betrug (BKA 2006). Weibliche Kinder, Jugendliche und Heranwachsende werden insgesamt erheblich seltener straffällig als männliche. Das Verhältnis männlich zu weiblich betrug bei den tatverdächtigen Kindern 71 % : 29 %, bei den Jugendlichen 73,3 % : 26,7 %, bei den Heranwachsenden 79,6 % : 20,4 % (und bei den Erwachsenen 76,6 % : 23,4 %; BKA 2006).[5]

Rauschmitteldelikte sind bei Jugendlichen insgesamt rückläufig (Rückgang 2005 gegenüber dem Vorjahr um 16,3 %). Allerdings zeigt sich bei den registrierten Fällen des Missbrauchs von Amphetaminen und deren Derivaten (Ecstacy) eine weiterhin steigende Entwicklung. Auch der Cannabiskonsum ist unter jungen Menschen nach wie vor stark verbreitet, was angesichts der Gefahren der Teilnahme am Straßenverkehr unter Drogeneinfluss und im Hinblick auf die in Studien nachgewiesenen Gefahren dauerhafter Hirnschädigungen problematisch ist (vgl. BKA 2006). Ein großes gesellschaftliches Problem stellt außerdem der gesteigerte Alkoholkonsum junger Menschen dar, der bei Gesetzesverstößen, insbesondere Verkehrsdelikten, eine erhebliche Rolle spielt.

Der größte Teil der wegen eines Delikts polizeilich registrierten Jugendlichen (etwa 2/3) tritt nur einmal als tatverdächtig in Erscheinung, ein kleiner Teil mit zwei und mehr Straftaten. Etwa 10 % gelten als Mehrfach- oder Intensivtäter, die über einen längeren Zeitraum mit zahlreichen Delikten auch der schweren Kriminalität auffallen (http://www.dvji.de). Jugenddelinquenz ist also vor allem dadurch gekennzeichnet, dass sie in den meisten Fällen eine vorübergehende „Entwicklungserscheinung" ist. In der jugendgerichtlichen Praxis wird dieser Erkenntnis Rechnung getragen. In etwa der Hälfte aller erwiesenen Taten Jugendlicher und junger Volljähriger wird Diversion praktiziert, d. h. auf eine jugendgerichtliche Verurteilung verzichtet (Heinz/Hügel 1987).

Ein weiteres Merkmal jugendlicher Gesetzesübertretungen ist die *Ausübung in Gruppen*. Etwa 40 % aller registrierten Jugendstraftaten werden gemeinschaftlich begangen (Kaiser 1989). Die Gruppe spielt eine besondere Rolle bei vandalistischem Verhalten (Klockhaus/Habermann-Morbey 1986; Klockhaus/Trapp-Michel 1988), bei Aggressionen im Rahmen von Fußballspielen und Rockkonzerten und in den selteneren Fällen des Landfriedensbruchs oder der gruppenweisen Vergewaltigung.

8.2.3 Erklärungsansätze und Forschungsbefunde zur Entstehung delinquenten Verhaltens im Jugendalter

Auf die Frage, welche Bedingungen das Auftreten delinquenten Verhaltens bei Kindern und Jugendlichen begünstigen, gibt es keine einfache Antwort. Situative Faktoren, Persönlichkeitsmerkmale, Entwicklungsverläufe und öf-

---

5 Ebenfalls als jugendspezifisch gelten Brandstiftung und Hehlerei.

fentliche Reaktionen auf entdeckte Delikte interagieren miteinander. Da Gesetzesverstöße bei fast allen Jugendlichen vorkommen, ist außerdem davon auszugehen, dass nur hinter einem Teil delinquenten Verhaltens Störungen des Entwicklungsverlaufes stehen. Viele jugendliche Rechtsbrecher sind einfach „ganz normal"!

Erkenntnisse zur Verursachung dissozialen und delinquenten Verhaltens wurden teils in der Untersuchung von Menschen gewonnen, die sich wegen fortgesetzter oder schwerer Normverstöße in öffentlicher Erziehung, in Therapien oder im Strafvollzug befanden, teils in empirischen Studien an nicht ausgelesenen Stichproben.

Die *persönlichkeitsbezogenen Erklärungsansätze* haben starke Impulse aus der *psychoanalytischen Theorie* erhalten. In psychoanalytisch orientierten Modellvorstellungen (Aichhorn 1925; Redl/Wineman 1951; ausführlich Rauchfleisch 1980) betrachtet man Störungen der Ich-Funktionen und der Gewissensbildung, die aufgrund frühkindlicher Deprivationserfahrungen entstanden sind, als ursächlich. Besonders hervorstechende Charakteristika dissozialer Persönlichkeiten sind danach Schwierigkeiten in der Impulskontrolle, geringe Frustrationstoleranz, verzerrte Realitätswahrnehmung, Probleme, die Folgen eigenen Handelns rechtzeitig zu bedenken bzw. vorauszusehen, Kontakt- und Bindungsstörungen, Selbstwertprobleme und Depressivität. Delinquente Handlungen werden gedeutet als Versuche, innere Konflikte „auf der äußeren Bühne" auszutragen.

Als Ursachen dieser Persönlichkeitsstörung werden insbesondere negative frühkindliche Erfahrungen vermutet: gravierende Zuwendungsmängel, Beziehungsabbrüche, Ausstoßungen, massive Entwertung mit daraus resultierender Zerstörung des Selbstwertgefühls durch die Eltern sowie erhebliche narzisstische Persönlichkeitsstörungen der Mutter. Störungen in der Familienstruktur (broken home-Situation) und in der Familiendynamik sind vielfältig beschrieben worden als Konkurrenz- und Autonomiekämpfe, Ausnutzung des Kindes für Bedürfnisse der Eltern, Delegationen (der Jugendliche wird mit dem Ausleben verbotener Impulse der Eltern beauftragt), Koalitionen und Aufspaltungen, Verstrickung in paradoxe Beziehungssituationen, denen der Jugendliche durch Agieren zu entkommen versucht (vgl. Christ/ Klüwer 1985).

Sozialisationstheoretische Ansätze sehen die Ursachen dissozialen Verhaltens in schichtenspezifischen Sozialisationsprozessen (z. B. Gottschalch 1971; Caesar 1972). Die für die Unterschicht charakteristischen Sozialisationspraktiken sollen demnach Kontrollfähigkeiten und die Art der Konfliktaustragung in einer Weise beeinflussen, dass delinquente Verhaltensweisen mit größerer Wahrscheinlichkeit auftreten.

Die *sozialstrukturellen Kriminalitätstheorien* basieren auf den Anomiekonzepten Durkheims (1973) und Mertons (1974). Merton definiert Anomie als einen Zustand der Norm- und Regellosigkeit, in dem die Verhaltensregulierung versagt. Eine solche Situation setze einige Menschen unter starken Druck, sich nonkonform zu verhalten. Ein in Anomie lebender Mensch stehe vor dem Problem, kulturell vorgegebene Ziele nicht mit legitimen Mitteln erreichen zu können, weil diese ihm nicht zur Verfügung stünden.

Lerntheoretische Ansätze sehen delinquentes Verhalten als im Laufe der Entwicklung gelernt, sei es durch Imitation eines Modells, sei es durch Bekräftigung abweichenden Verhaltens oder durch das Fehlen von Lernvoraussetzungen, die die Fähigkeit, gemäß den sozialen Normen zu handeln, stärken.

Die *Theorie der Gruppenkultur* (Cohen 1961, vgl. auch die Beschreibungen bei Krausslach et al. 1976) bezieht sich auf die mit der Bandenbildung männlicher Jugendlicher der sozialen Unterschicht einhergehenden antisozialen Handlungen. Sie sucht eine Erklärung für die Handlungen in abweichenden subkulturellen Normen, die als Reaktion auf die zugewiesene untere soziale Position aufgestellt wurden.

Kaiser (1989) erklärt die Überrepräsentation von Jugendlichen aus sozialen Randgruppen an den verurteilten Tätern mit beeinträchtigten Start- und Sozialisationschancen, die sich aus gestörten Familienverhältnissen, wiederholtem Wechsel der Pflegestelle oder der Beziehungssituation im Kindes- und Jugendalter, Zurückbleiben in der Schule, beruflichem Scheitern, mangelnder familiärer und institutioneller Unterstützung, intergenerationellem Abstieg und niederem sozialen Status ergeben. Kommen solche Merkmale gebündelt vor, so sind Unreife, Sozialisationsmängel und Fehlanpassungen, wie sie insbesondere bei den mit mehrfachen Delikten in Erscheinung getretenen Intensivtätern gefunden worden sind, eine mit erhöhter Wahrscheinlichkeit auftretende Folge. Für sie besteht auch ein höheres Risiko, von den (fremden) Opfern angezeigt und von den Strafverfolgungsinstitutionen als Täter erkannt zu werden.

Bedeutsam für das Verständnis von Delinquenz ebenso wie von psychischer Krankheit ist auch der *Definitionsansatz*, der sogenannte „Labelingapproach„ geworden (Sack 1974). Danach werden Reaktionen der sozialen Kontrollinstanzen unbeabsichtigt zu Mitursachen delinquenter „Karrieren". Etikettierungen, Restriktionen und Ausgrenzungen, die mit offiziellen und inoffiziellen Reaktionen einhergehen, setzen einen Zuschreibungs- und Verfestigungsprozess in Gang. Je mehr sich diskriminierende Vorurteile gegen den Jugendlichen häufen, je stärkerer Kontrolle und ernsteren Sanktionen er ausgesetzt ist, je weniger er vermeiden kann, die negativen Zuschreibungen in sein Selbstbild aufzunehmen, und je mehr seine Handlungsspielräume eingeschränkt werden, um so geringer wird seine Fähigkeit, sozial gebilligte Problemlösungen zu finden (Quensel 1971).

Schließlich betrachtet man Veränderungen im sozialen Wertesystem, in den familiären und außerfamiliären Beziehungen, in der Einbindung des Jugendlichen in die Gesellschaft, das Nachlassen der sozialen Verhaltenskontrolle durch Familie und Nachbarschaft und Auswirkungen der Medien, insbesondere ihrer Gewaltdarstellungen, als Risikofaktoren, denen alle Jugendlichen begegnen müssen. Kaiser (1989) weist darauf hin, dass angesichts dieser Entwicklungen eigentlich die Frage zu untersuchen wäre, wie es die überwiegende Zahl der jungen Menschen schafft, im großen und ganzen normenkonform zu leben.

Welche *Prognose* beim Auftreten dissozialen und delinquenten Verhaltens gestellt werden kann, hängt von einer großen Zahl von Faktoren ab. Entsprechend unsicher sind die Vorhersagen. Als prognostisch günstig gelten: Erreichen des Hauptschulabschlusses oder einer weiterführenden Schulbildung, Abschluss einer Berufsausbildung, Wiedererlangung sozialer Kontakte, Eingebundensein in eine (nicht delinquente) Gruppe. Als prognostisch ungünstig werden eingeschätzt: Sonderschulbesuch, häufiger Wechsel von Arbeitsstellen, Alkoholmissbrauch, Aggressionen gegen Personen und Sachen und früh begangene Straftaten. Kann eine konstante erzieherische Begleitung, falls erforderlich in Gestalt von Heimerziehung, gewährleistet werden, so gelingt es etwa der Hälfte der zuvor dissozialen Jugendlichen, ein sozial akzeptiertes Leben zu führen (Remschmidt 1992).

Die Gefahr der Verwendung von allgemeinen Erfahrungswerten (z. B. der Benutzung von sogenannten Prognosetafeln) bei der Erstellung einer Prognose liegt vor allem darin, dass diese Prophezeiungen sich selbst erfüllen können. Wird einem Jugendlichen auf der Grundlage der oben genannten Faktoren eine pessimistische Prognose gestellt, so wird er es viel schwerer haben, sich entgegen diesem Orakel positiv zu entwickeln.

8.2.4 Maßnahmen bei delinquentem Verhalten Jugendlicher und junger Volljähriger

Da delinquente Handlungen Jugendlicher durch viele Faktoren bedingt sein können, müssen auch die Reaktionen darauf sehr differenziert sein. Ist erkennbar, dass es sich bei der Tat um einen einmaligen oder seltenen „Ausrutscher" gehandelt hat, so ist vor allem das Augenmerk darauf zu richten, dass nicht Sanktionen zu einer Stigmatisierung des jungen Menschen und damit möglicherweise zu einer Perpetuierung unerwünschten Verhaltens führen. Die Auswahl von Interventionsformen ist sehr genau zu überdenken, und es sollte, solange dies irgend möglich erscheint, auf öffentliche Sanktionen verzichtet werden im Vertrauen darauf, dass – wie in den meisten Fällen – die Störung „sich auswächst" oder „normalisiert" wird.

Dies kann aber auf der anderen Seite nicht heißen, dass ein Jugendlicher, der aus eigener Kraft seine Probleme nicht bewältigen kann, und der auch keine Hilfe von Seiten seines Umfeldes zu erwarten hat, allein gelassen wird. Ist ein gewisses Maß an Fehlentwicklung eingetreten, so müssen dem Jugendlichen die Unterstützungsmöglichkeiten der Jugendhilfe angeboten werden, dies schon deshalb, um eine Diversion zu ermöglichen, ihm also eine Strafe zu ersparen.

Die erzieherischen Hilfen sollen vor allem ein Nachholen versäumter Lernprozesse ermöglichen, wobei an das Erlernen verbesserter Bewältigungs- und Kontrollkompetenzen ebenso zu denken ist wie an eine Verbesserung der Kontakt- und Bindungsfähigkeit und der grundlegenden Kulturtechniken wie Lesen, Schreiben und Rechnen. Funktionaler Analphabetismus und Fehlen elementarer schulischer Kenntnisse trotz langjährigen Schulbesuchs sind nicht selten eine bedeutende Mitursache der fehlgelaufenen Entwicklung, die dringend aufgearbeitet werden muss. Soziale Arbeit sollte insbesondere versuchen, Stützungsmöglichkeiten des Umfelds in verbesserter Form zu aktivieren, sofern der junge Mensch damit einverstanden ist.

Von erheblicher Bedeutung ist die berufliche Stabilisierung, für die ein Schulabschluss und eine Berufsausbildung die Voraussetzung sind. Dies zu erreichen, macht bei dissozialen Jugendlichen, die sich meistens gegen entsprechende Anforderungen wehren, in der Regel einen besonders aufwendigen persönlichen Einsatz sozialpädagogischer Fachkräfte erforderlich.

Nicht zuletzt braucht der junge Mensch eine reale positive Perspektive (Makarenko 1988) für sein weiteres Leben, damit er überhaupt die Motivation für ein neues Lernen entwickeln kann. Perspektive bedeutet, Arbeit, Orientierung, Sinngebung und Bindung (erstmalig oder aufs Neue) zu finden (Hartmann 1977).

Psychotherapeutische Angebote, die der Aufarbeitung von Konflikten und der emotionalen, kognitiven und sozialen Weiterentwicklung dienen, können eine wirkungsvolle Hilfe darstellen. Allerdings ergibt sich hier in besonderem Maße das Motivierungsproblem.

Das Jugendgerichtsgesetz sieht die folgenden Reaktionen auf Verfehlungen Jugendlicher oder junger Volljähriger vor: *Erziehungsmaßregeln, Zuchtmittel und Jugendstrafe* (§ 5 JGG), außerdem in Sonderfällen *Maßregeln der Besserung und Sicherung* (§ 7 JGG).

Erziehungsmaßregeln sind nach § 9 JGG erstens die Erteilung von Weisungen und zweitens die Anordnung, Hilfe zur Erziehung in Anspruch zu nehmen, und zwar in Form von Erziehungsbeistandschaft (§ 30 KJHG) oder Heimerziehung bzw. Leben in einer sonstigen betreuten Wohnform (§ 34 KJHG). *Weisungen* sind nach § 10 JGG Gebote und Verbote, die die Regelung der Lebensführung des Jugendlichen und seiner Erziehung fördern und sichern sollen. Richterliche Weisungen können sich auf Wohn- und Aufenthaltsort des jungen Menschen beziehen, auf Arbeit und Ausbildung, Unterstellung unter einen Betreuungshelfer, Teilnahme an einem sozialen Trainingskurs, Bemühung um Täter-Opfer-Ausgleich, Unterlassung bestimmter Kontakte, Teilnahme am Verkehrsunterricht sowie Aufnahme einer heilerzieherischen Behandlung oder einer Entziehungskur. Sie dürfen für den Jugendlichen jedoch nicht unzumutbar sein.

Zuchtmittel sind eine schärfere Form der Ahndung, mit Hilfe derer dem jungen Menschen eindringlich zum Bewusstsein gebracht werden soll, dass er für das von ihm begangene Unrecht einstehen muss. Formen der Zuchtmittel sind die Verwarnung, die Erteilung von Auflagen (wie Schadenswiedergutmachung, persönliche Entschuldigung, Arbeitsleistung oder Geldzahlung) und der Jugendarrest. Sie haben nicht die Rechtswirkung einer Strafe (§ 13 JGG).

Hält der Richter die genannten milderen Sanktionen nicht für ausreichend, weil er bei dem jungen Menschen überdauernde dissoziale Persönlichkeitsmerkmale („schädliche Neigungen") zu erkennen glaubt, oder weil er wegen der Schwere der Schuld Strafe für erforderlich hält, so kann er eine *Jugendstrafe* verhängen. Sie besteht in Freiheitsentzug in einer Jugendstrafanstalt (§ 17 JGG). Die Vollstreckung der Strafe kann zur Bewährung ausgesetzt werden, wenn eine günstige Prognose gestellt werden kann (§ 21 JGG).

Als *Maßregeln der Besserung und Sicherung* (§ 7 JGG) im Sinne des allgemeinen Strafrechts können die Unterbringung in einem psychiatrischen Krankenhaus oder in einer Entziehungsanstalt, die Führungsaufsicht oder die Entziehung der Fahrerlaubnis angeordnet werden.[6] Die Unterbringung in einer psychiatrischen Klinik als einer für den Betroffenen besonders belastende Form der gesellschaftlichen Reaktion setzt eine Prognose über vom Täter ausgehende Gefahren für die Allgemeinheit und Schuldunfähigkeit bzw. verminderte Schuldfähigkeit voraus. Die Unterbringung in einer Entziehungsklinik, die nicht ohne Sachverständigengutachten erfolgen darf, wird in Betracht gezogen, wenn eine rechtswidrige Tat im Zusammenhang mit Alkoholabhängigkeit begangen wurde, weitere Rauschtaten prognostiziert wurden und eine Entziehungskur für „nicht aussichtslos" gehalten wird. Die Entziehung der Fahrerlaubnis sollte nach Nix (1993) mit der Weisung verbunden werden, an Verkehrsschulungen teilzunehmen; er rät zum Aufbau solcher speziellen Kurse in Zusammenarbeit von Jugendhilfe und Fahrschulen.

---

6 Vgl. § 61 Nr. 1, 2, 4, 5 StGB

8.3 Diagnostische Tätigkeiten der Jugendgerichtshilfe

> Unter welchen Zielsetzungen der Jugendgerichtshelfer seine Informationsgewinnung planen kann, und welche Ausgestaltungsmöglichkeiten für die hier benötigte psychosoziale Diagnostik bestehen, wird im folgenden untersucht.

Wie dargestellt, hat der Jugendgerichtshelfer im jugendgerichtlichen Verfahren die folgenden Aufgaben zu bewältigen: Persönlichkeits- und Umfelderkundung, Feststellung des Entwicklungsstandes, Erforschen der sozialen und pädagogischen Faktoren, die die Entwicklung beeinflusst haben, und Prognose.

Ziel seiner diagnostischen Tätigkeit ist es, die Beweggründe des jungen Menschen für abweichendes Handeln zu verstehen, um die Tat(en) fachlich (nicht zu verwechseln mit: juristisch) einordnen zu können und ein entsprechendes individuelles Hilfsangebot erarbeiten zu können. Dieses Angebot soll es dem jungen Menschen erleichtern, mit Bedürfnissen oder Problemen zukünftig in sozial akzeptierter Form umzugehen. Es soll auch den Staatsanwalt oder den Richter in die Lage setzen, über die Möglichkeit einer Diversion zu entscheiden.

Mögliche Fragestellungen, die der Erfüllung dieser Aufgaben dienen können, werden im folgenden zusammengetragen. Auch hier gilt, wie bei den anderen, in den vorangegangenen Teilen dieses Buches dargelegten Aufgabenstellungen des Jugendamtes, dass eine schematische Verwendung der Fragen unprofessionell wäre. Ebenso muss der folgende Katalog als eine Form der Gedächtnisstütze aufgefasst werden. Er erspart der Fachkraft nicht, für jeden einzelnen jungen Klienten und jede einzelne individuelle Problemstellung zu überlegen und neu zu entscheiden, welche Fragen relevant sind und welche nicht (vgl. hierzu auch die Ausführungen in Kap. 3). Wenn ein Mitarbeiter der Jugendgerichtshilfe sich zur Beantwortung bedeutsamer Fragen nicht allein in der Lage sieht (z. B. zur Persönlichkeit des jungen Menschen), so sollte er sich nicht scheuen, die Hinzuziehung eines psychologischen oder psychiatrischen Sachverständigen anzuregen. Wie an anderer Stelle bereits gesagt, spricht es für die fachliche Qualifikation und Sorgfalt, Lücken der eigenen Erkenntnismöglichkeit offen zu legen, damit sie möglichst kompetent ausgefüllt werden können. Wenn das Vorliegen einer krankhaften psychischen Störung vermutet wird, muss in jedem Fall ein Psychiater oder ein Psychologe in die Beurteilung einbezogen werden.

Gemäß § 3 JGG hat der Richter zu prüfen, ob ein Jugendlicher bereits als im Sinne des Strafrechts verantwortlich gesehen werden kann. Ein Jugendlicher gilt dann als strafrechtlich verantwortlich, wenn er die Fähigkeit erlangt hat, das Unrecht der Tat einzusehen und sich entsprechend dieser Einsicht normenkonform zu verhalten. Diese Verantwortlichkeit muss positiv vom Gericht festgestellt werden.

Da die Jugendgerichtshilfe zur Persönlichkeitserforschung aufgerufen ist, muss sie sich auch zu dieser Frage äußern. In § 3 JGG sind moralische Kompetenz und Performanz angesprochen. Der Jugendliche muss begriffen haben, dass die Beachtung von Normen für das Zusammenleben in einer Gesellschaft notwendig ist, und er muss diese Normen im einzelnen kennen. Das allein genügt aber nicht. Er muss auch danach handeln können. Nach Remschmidt (1992) wird man für die am häufigsten begangenen Delikte Jugendlicher wie Eigentumsdelikte und gewalttätige Handlungen in der Regel finden, dass der Jugendliche (sofern er nicht geistig behindert ist) die Einsicht in das Unrechtmäßige der Tat bereits erworben hat. Ausnahmen können Deliktformen darstellen, die jüngere Jugendliche schwerer durchschauen, z. B. Hehlerei. Entsprechend ihrer Einsicht zu handeln, ist für alle Menschen[7], insbesondere aber für junge, oft schwierig, und mitunter stellt diese Erwartung eine Überforderung dar. Es muss herausgefunden werden, ob zum Zeitpunkt der Tat Einflüsse wirksam waren, die es dem Jugendlichen unmöglich machten, seinem Wissen entsprechend zu handeln. Hier ist insbesondere an Konfliktsituationen zu denken, zu deren Bewältigung der Jugendliche nicht in der Lage war. Dies könnte z. B. ein starker Einfluss der Bezugsgruppe sein, zu der er eine enge emotionale Bindung hatte, oder in der er geringe Macht besaß, oder die Beeinflussung durch eine Autoritätsperson (z. B. Einbruch zusammen mit dem älteren Bruder). Allerdings muss gesehen werden, dass es objektive, allgemein verbindliche diagnostische Kriterien zur Erfassung der Reife nicht gibt (Remschmidt 1992). Auch wird die Beurteilung dadurch erschwert, dass die Reife rückblickend – für den Zeitpunkt des delinquenten Verhaltens – eingeschätzt werden muss. Schließlich muss der Beurteilende, wie Remschmidt ausführt, im Auge behalten, dass die Bewertung der Reife auch erzieherische Auswirkungen auf den Jugendlichen hat. Eine Verneinung kann von ihm als Freibrief für weitere delinquente Handlungen gesehen werden. Genauso groß ist jedoch das Risiko, dass sie sein Selbstwertgefühl verletzt und deshalb ungünstig ist.

Ein Heranwachsender kann gemäß § 105 JGG nach Jugendstrafrecht behandelt werden, wenn er in seiner Persönlichkeitsentwicklung noch auf der Stufe eines Jugendlichen stand, oder wenn die Tat jugendspezifische Merkmale trug. Auch hier besteht das Problem, dass objektive Kriterien für die Unterscheidung der Entwicklungsstufen „Jugendlicher" und „Heranwachsender" fehlen. Die „Marburger Richtlinien" (DVJP 1955) halten die entwicklungsbezogenen Voraussetzungen von § 105 JGG dann für gegeben, wenn der junge Mensch noch nicht die folgenden Persönlichkeitsmerkmale entwickelt hat, die ein Erwachsener aufweisen sollte: „Eine gewisse Lebensplanung, Fähigkeit zu selbständigem Urteilen und Entschei-

---

7 Althof et al. (1988) kamen nach der Auswertung ihrer empirischen Erhebungen zu dieser Thematik zu dem Ergebnis, dass ein großer Teil der Erwachsenen „Heilige im Urteilen" aber „Halunken im Handeln" seien.

den, Fähigkeit zu zeitlich überschauendem Denken; Fähigkeit, Gefühlsurteile rational zu unterbauen; ernsthafte Einstellung zur Arbeit, eine gewisse Eigenständigkeit in der Beziehung zu anderen Menschen".

Als „jugendtümliche" Züge sind danach anzusehen:

„Ungenügende Ausformung der Persönlichkeit, Hilflosigkeit (die sich nicht selten hinter Trotz und Arroganz versteckt), naiv-vertrauensseliges Verhalten, dem Augenblick leben, starke Anlehnungsbedürftigkeit, spielerische Einstellung zur Arbeit, Neigung zum Tagträumen, Hang zu abenteuerlichem Handeln, Hineinleben in selbstwerterhöhende Rollen, mangelnder Anschluss an Altersgenossen." (Remschmidt 1992, 632)

Auch hier sollte die Prognose mitbedacht werden. Wenn zu vermuten ist, dass noch Chancen zu einer Weiterentwicklung der emotionalen Stabilität, der Kontrollfähigkeit, des Sozialverhaltens und der Einsichtsmöglichkeiten bestehen, die Persönlichkeitsentwicklung also noch nicht zu einem gewissen Abschluss gekommen ist, können die Voraussetzungen bejaht werden.

Welches „typische" Jugendverfehlungen sind, beurteilt der Richter. Wenn es aber um entwicklungsbedingte Motive dafür geht, kann das Wissen der Jugendgerichtshilfe gefragt sein. Zu denken wäre z. B. an entwicklungstypische Anerkennungs- und Gesellungsbedürfnisse oder verspätete und falsch verlaufene Abnabelungsversuche.

Die erforderlichen Informationen dürfen nur bei dem jungen Menschen selbst und, für den Fall, dass er minderjährig ist, bei seinen Eltern eingeholt werden. Die durch das 1. Änderungsgesetz zum KJHG im Jahre 1993 in § 61 Abs. 3 KJHG eingefügte Verweisung auf die datenschutzrechtlichen Vorschriften des Jugendgerichtsgesetzes wurde mit dem KICK von 2005 gestrichen. Dies war dringend erforderlich, weil das JGG keine Datenschutzregelungen enthält, die Vorschrift also gegenstandslos war (ausführlich hierzu Maas 1999, Erl. § 61 KJHG, Rn. 10–15). Lediglich dann, wenn das genannte Grundrecht mit anderen Grundrechten in Konflikt gerät, muss abgewogen werden, welches das höherstehende Recht ist. Staatlich anerkannte Sozialarbeiter/Sozialpädagogen müssen außerdem § 203 Abs. 1 StGB beachten (Schweigepflicht).

Schutz des Jugendlichen und seiner Familie gegen Nachforschungen im weiteren Umfeld ist auch unter erzieherischen und sozialen Gesichtspunkten sinnvoll und notwendig. Durch Nachfragen bei Lehrern, Ausbildern, Nachbarn und Freunden könnten diese erst auf Vorgänge aufmerksam gemacht werden, die ihnen im Interesse des jungen Menschen verborgen bleiben sollten. Die befürchteten delinquenzverfestigenden Stigmatisierungsprozesse würden so erst recht in Gang gesetzt und der Jugendliche u. U. ernsthaften Schaden nehmen. Aus guten Gründen ist in der Verhandlung vor dem Jugendgericht die Öffentlichkeit ausgeschlossen. Sie sollte nicht durch die Jugendgerichtshilfe im Vorfeld wieder eingelassen werden. Das weitere Umfeld darf nur befragt werden, wenn der Jugendliche und seine Eltern damit einverstanden sind, *und* wenn nach bestem fachlichem Wissen und Gewissen daraus kein zusätzlicher Schaden entstehen kann.

Die Begutachtung zur Frage einer verminderten Schuldfähigkeit nach § 20 StGB bleibt dem psychiatrischen oder psychologischen Sachverständigen vorbehalten.

---

1. Fragen zum Sachverhalt (zur Tat)

Mit welchen Verhaltensweisen ist der junge Mensch auffällig geworden bzw. welcher Tat(en) wird er bezichtigt?

Unter welchen Bedingungen geschah die delinquente Handlung? (Umstände der Tat)

Welche situativen Einflüsse (Alkohol, Gelegenheit, Gruppenverhalten) waren dabei wirksam?

Auf welche Weise ist das Verhalten aufgefallen?

Wer war an der Aufdeckung beteiligt? Welche Gründe veranlassten den Aufdeckenden, die Handlung öffentlich zu machen?

Wie steht der junge Mensch zu der Beschuldigung?

Wie erlebt er das in Gang gesetzte jugendgerichtliche Verfahren?

Falls er sich zu der Tat bekennt: Wie erklärt er ihr Zustandekommen? Worin sieht er die Ursachen? Worin liegt ihr tatsächlicher oder vermeintlicher Erfolg für ihn? Welche auf andere Weise nicht zu erhaltenden Gratifikationen werden mit dem Verhalten erwirkt?

2. Fragen zur Vorgeschichte

Ist der junge Mensch bereits vorher mit auffälligen Verhaltensweisen in Erscheinung getreten?

Falls ja:
– Mit welchen?
– Seit wann?
– Wie steht er heute dazu?
– Welche Beziehungen sieht er zur jetzigen Anschuldigung?
– Welche Anstrengungen wurden von ihm oder seinem Umfeld unternommen, um problematisches Verhalten zu überwinden? Welche offiziellen Reaktionen erfolgten?
– Mit welchen Auswirkungen?

3. Fragen zur Persönlichkeit des jungen Menschen

Wie ist der geistige Entwicklungsstand des jungen Menschen?

Wie war der Stand der kognitiven Entwicklung allgemein und der moralischen Urteilsfähigkeit speziell (Einsichtsfähigkeit) zum Zeitpunkt der Tat?

War oder ist die Orientierung an konformen Normen erschwert, und wenn ja, welche Gründe sind dafür zu vermuten?

Wie war die Fähigkeit des Jugendlichen, entsprechend seiner Einsicht zu handeln, entwickelt, oder wodurch war sie eingeschränkt?

Liegt oder lag zum Zeitpunkt der Tat eine krankhafte psychische Störung vor?

Wie weit waren zur Zeit der Tat die Fähigkeit zu selbständigem Urteilen und Entscheiden, zu zeitlich überschauendem Denken und Planen, zur rationalen Begründung von Gefühlsurteilen, die Arbeitshaltung und die Eigenständigkeit in der Beziehung zu anderen Menschen entwickelt?

Wie ist der Stand der emotionalen Entwicklung?
– Gefühlsansprechbarkeit
– Fähigkeit, Gefühle und Affekte zu kontrollieren (Handlungssteuerung und Impulskontrolle)

Sind unbefriedigte Bedürfnisse oder intrapsychische Konflikte zu erkennen?

Wie ist das Selbstbild und Selbstwertgefühl des jungen Menschen?

Falls bereits früher Auffälligkeiten bestanden und auf sie reagiert wurde: Haben diese Reaktionen Auswirkungen auf das Selbstbild des jungen Menschen gehabt?

Welche Interessen hat der junge Mensch?

Gab oder gibt es Alkohol-, Drogen- oder Medikamentenmissbrauch bei dem jungen Menschen selbst oder in seiner Familie?

4. Fragen zur Entwicklungsgeschichte

Neben den in Kapitel 3.3.2. vorgeschlagenen Fragen können Akzente auf Merkmale gelegt werden, die darauf hinweisen, dass Entwicklungsprozesse schon früh beeinträchtigt wurden. Wenn Grund zu der Annahme besteht, dass ein Täter als Kind selber Opfer gewesen ist, dem etwas angetan wurde, so sollte man dieser Frage nachgehen.

Wie war sein „Start ins Leben"?

War er seiner Mutter/seinem Vater willkommen, oder wurde seine Geburt als Last oder Unglück empfunden?

Wurde er als Kind vernachlässigt, misshandelt oder missbraucht?

War er häufig Zeuge von Streitigkeiten, eventuell Tätlichkeiten zwischen den Eltern?

Gab es frühe und/oder häufige Trennungen?

Lebte er als Kind in wechselnden Pflegestellen/Heimen?

Gab es einen Menschen, an dem er besonders hing? Was wurde aus dieser Beziehung?

Ließen sich die Eltern scheiden? Gab/gibt es einen Stiefelternteil, und, falls ja, wie gestalteten sich die Kontaktaufnahme und das spätere Zusammenleben?

Gab es längere Krankenhausaufenthalte?

War er ein robustes Kind oder eher kränklich?

Wie war seine Position in der Familie, insbesondere im Verhältnis zu seinen Geschwistern?

Wie war seine Stellung unter Gleichaltrigen?

Wurde er akzeptiert oder eher ausgeschlossen oder als Verlierer behandelt?

Wie war seine Stellung in der Schulklasse?

Wie verhielten sich die Lehrer ihm gegenüber?

Wie waren seine schulischen Leistungen? War er über- oder unterfordert?

> War er in einer altersgerechten Klasse, oder gab es einen großen Altersunterschied zu den Mitschülerinnen und Mitschülern?
> Was tat er in der Freizeit?
> Welche Kontakte gab es dort?
> Wie gelang die Kontaktaufnahme mit dem anderen Geschlecht?
> Begann er eine Ausbildung, oder fand er einen Arbeitsplatz?
> Wie kam er dort zurecht?
> Gab es bereits früher Verhaltensauffälligkeiten?
> Welche? Wann?
> Wie wurde darauf reagiert?
> Wie war sein Verhalten gegenüber jüngeren Kindern? Wie war sein Verhalten gegenüber Tieren? Auf welche Weise versuchte er, Anerkennung zu erhalten?
> Je nach Delikt wären des Weiteren spezifische Fragen zu überlegen.

8.4 Der Bericht der Jugendgerichtshilfe: Inhalt und Aufbau

> Die Aufbereitung der Ergebnisse der diagnostischen Arbeit für den Bericht an das Jugendgericht wird in den folgenden beiden Abschnitten dargestellt.

8.4.1 Grundsätzliche Überlegungen zum Inhalt des Jugendgerichtshilfeberichts

Im JGH-Bericht werden die für das jugendrechtliche Verfahren erforderlichen Angaben zusammengestellt. Es werden aus den der Jugendgerichtshilfe zur Verfügung stehenden Informationen diejenigen Tatsachen ausgewählt, die Richter und Staatsanwalt zur Erfüllung ihrer Aufgaben benötigen. Dies kann nur ein Teil der Informationen sein, die dem Jugendgerichtshelfer bekannt sind, denn er hat ja auch Daten, die nur zur Erfüllung seiner sonstigen Aufgaben notwendig sind, erhoben (z. B. Angaben, die für die nähere Ausgestaltung der Hilfe von Bedeutung sind), von den unbeabsichtigt erhaltenen nicht erforderlichen Informationen einmal ganz abgesehen. Es muss also erneut durchdacht werden, welche Angaben für die Justiz erforderlich sind; man muss sozusagen einen zweiten Filter einschieben.

Bei der Gliederung des Berichtes empfiehlt sich, wie schon mehrfach dargelegt, die Trennung von Tatsachen und Interpretationen. Auf die fachliche Bewertung kann aber auch hier nicht verzichtet werden. Der Jugendgerichtshelfer muss aus seinen Informationen die notwendigen fachlichen Schlussfolgerungen ziehen, die Staatsanwalt und Richter dann wiederum in juristische Schlussfolgerungen und Entscheidungen umsetzen können.

Das bedeutet, dass er eine Beurteilung darüber abgibt, wie der Entwicklungsstand des jungen Menschen hinsichtlich kognitiver, emotionaler und sozialer Kompetenzen zu beurteilen ist. Er bewertet nach seinem Fachwissen, welche Anteile der Persönlichkeit altersgemäß entwickelt, welche gegebenenfalls retardiert, welche akzeleriert sind, und beurteilt Auffälligkeiten im Erleben und Verhalten als solche. Hat er bei dem jungen Menschen Entwicklungsstörungen festgestellt, so versucht er, ihre Entstehung zu erklären, also die Verbindung zwischen Verhalten des jungen Menschen einerseits und Entwicklungsbedingungen und jetziger Lebenssituation andererseits sichtbar zu machen.

Die Diagnose der relevanten Persönlichkeitsmerkmale, der Lebensbedingungen, der psychischen Verfassung des jungen Menschen und situativer Umstände (z. B. Alkoholkonsum, Beziehung zum Opfer) zur Zeit der Tat erfolgt mit dem Ziel, die Einordnung der delinquenten Handlung zu ermöglichen.

Auch fachliche Bewertungen, die Staatsanwalt oder Richter eine Entscheidung nach den §§ 3 bzw. 105 JGG ermöglichen, gehören hierher. Der Jugendgerichtshelfer sollte also aus seiner fachlichen Sicht etwas zur Frage der Verantwortungsreife des Jugendlichen sagen bzw. sich zu der Frage äußern, ob ein Heranwachsender in seiner Persönlichkeitsentwicklung zur Zeit der Tat noch einem Jugendlichen gleichstand, oder ob die Tat typische Merkmale einer Jugendverfehlung enthielt.

Sodann sollte der Bericht differenzierte Angaben über bereits auf den Weg gebrachte oder für diesen jungen Menschen in Frage kommende Leistungen der Jugendhilfe enthalten. Die Auswahl dieser spezifischen Leistungen ist zu begründen. Das heißt, es muss dargelegt werden, auf welche diagnostizierten Mängel oder Fehler einzuwirken beabsichtigt ist, und welche Zielsetzungen mit diesen Angeboten verfolgt werden.

Zum Schluss soll eine Prognose erfolgen, deren Unsicherheit allerdings nicht verschwiegen werden darf. Die Prognose lässt sich unterteilen in zu erwartenden Verlauf ohne Hilfe und Erfolgserwartung bei Akzeptanz und optimaler Durchführbarkeit der vorgeschlagenen Hilfsangebote. Jugendhilfe soll dem jungen Menschen neue Perspektiven eröffnen. Diese sollten ihm und dem Gericht aufgezeigt werden.

Umstritten ist, ob die Jugendgerichtshilfe einen Sanktionsvorschlag machen soll. § 38 Abs. 2 Satz 2, letzter Halbsatz („und äußern sich zu den Maßnahmen, die zu ergreifen sind") wird unterschiedlich interpretiert. Verschiedene Kommentatoren raten zu einer Sanktionsempfehlung durch die Jugendgerichtshilfe in ihrem ans Gericht gesandten Bericht, also schon vor der Hauptverhandlung. Wegen des Grundsatzes der Unschuldsvermutung (die Feststellung von Rechtswidrigkeit und Schuld erfolgt erst im Prozess) solle dies allerdings „unter Vorbehalt" (Eisenberg 1991) bzw. „hypothetisch" (Ostendorf 1997) erfolgen. Lühring (1992) glaubt sogar, der Jugendgerichtshelfer könne nirgendwo besser als im Maßnahmenvorschlag seine soziale Sichtweise darstellen. Diemer et al. (1999, § 38 JGG) weisen darauf hin, dass ein Sanktionsvorschlag erst in der Hauptverhandlung zu machen, und dass er aus der sozialarbeiterischen/sozialpädagogischen Perspektive heraus zu entwickeln sei. Weyel (1990) bezweifelt die Legitimation der Jugendgerichtshilfe zum Sanktionsvorschlag mit der Begründung, dass der Sozialarbeiter nicht dem Strafgedanken verpflichtet sei.

Am klarsten wendet sich Maas (1996 a; 1994 a) gegen die Auffassung, Vorschläge zu Strafmaßnahmen seien in den Jugendgerichtshilfebericht aufzunehmen. Ausgehend von der Analyse der unterschiedlichen Aufgaben des Jugendhilfe- und des Strafsystems kommt er zu dem Schluss, dass die Auswahl einer Strafe nicht Sache des Jugendhilfesystems sein kann, sondern ausschließlich die des Justizsystems. Da die Jugendgerichtshilfe Teil des Jugendhilfesystems ist, hat sie demnach keinerlei Legitimation, über Strafen zu befinden. Wenn ihr nach § 38 JGG zur Aufgabe gemacht wird, sich zu den Maßnahmen zu äußern, die zu ergreifen sind, so heißt das, dass sie im Prozess zu den erzieherischen und sozialen Auswirkungen einer vom Staatsanwalt beantragten Maßnahme Stellung zu nehmen hat, und dass sie Jugendhilfe„maßnahmen", also Leistungen vorschlagen kann. Dieser Interpretation wird hier gefolgt.

Ebenso wie die juristischen Auslegungen unterscheiden sich auch die Vorgehensweisen in der Praxis. Nach Momberg (1982) machen 75 % der Jugendämter Maßnahmenvorschläge in ihren Berichten, nach Seidel (1988) ca. 67 %, während die übrigen darauf verzichten.

8.4.2 Aufbau des Jugendgerichtshilfeberichts

0. Formale Angaben
0.1 Personalien
0.2 Datenquellen
0.3 Anlass des Berichts
1. Sachverhalt
1.1 Die in Frage stehenden Handlungen des jungen Menschen
1.2 Aussagen und Interpretationen des jungen Menschen zu den in Frage stehenden Handlungen
1.3 Vorgeschichte (falls relevant)
1.4 Die Persönlichkeit des jungen Menschen
1.5 Die Entwicklungsgeschichte des jungen Menschen
1.6 Das soziale Umfeld des jungen Menschen
1.7 Fachliche Gesamtbeurteilung
2. Zuordnung der fachlichen Beurteilung zu rechtlichen Kategorien; Aussagen zu den §§ 3 bzw. 105 JGG
3. Leistungen der Jugendhilfe
3.1 Bereits eingeleitete oder gewährte Leistungen
3.2 Zukünftig in Betracht kommende Leistungen

Nachwort

Mit den in diesem Buch beschriebenen Arbeitsverfahren und Qualitätskriterien sind hohe Anforderungen, gewissermaßen Optimalstandards, für die Tätigkeit des Jugendamtes formuliert worden. Mitbedacht habe ich dabei gleichwohl stets, dass derartige Anforderungen unter den Arbeitsbedingungen des Alltags nicht immer zu realisieren sind. Die Arbeitsbelastung der Fachkraft ist zermürbend hoch, ihre Zeit knapp, die selbst gesetzten Erwartungen oft nicht zu erfüllen. Unter diesen Bedingungen sieht sich der Sozialarbeiter genötigt, immer wieder neu zu bestimmen, wie er seine begrenzten Ressourcen am besten verteilen kann. Weder darf sein diagnostisches Recherchieren so viel Raum einnehmen, dass darüber der diesem folgende weitere Einsatz für die Klienten – Beratung, Unterstützung, Förderung, Kooperation mit anderen Beteiligten, Erschließen weiterer Hilfsquellen und dergleichen – zu kurz kommt; noch dürfen über dem Engagement für *einen* Klienten und seine Familie andere Menschen, die ebenfalls der Hilfe bedürfen, vernachlässigt werden. Auf die gerechte Verteilung von Ressourcen der Jugendhilfe haben deren Nutzer gleichermaßen einen Anspruch. Und schließlich sollte der Sozialarbeiter daran denken, seine Kraft so weit zu bewahren, dass er auch in Zukunft noch mit Freude und mit Sympathie für die Klienten arbeiten kann. Mit einem „Ausbrennen" des Helfers ist niemandem gedient.

Ich glaube allerdings, dass es sich trotz dieser Restriktionen empfiehlt, eine gewisse Sorgfalt auf die Abklärung der Voraussetzungen des täglichen Handelns zu verwenden. Vor dem Tätigwerden detailliert zu wissen, wie das Problem gelagert ist, genau zu überlegen, auf welches Ziel man zuzusteuern gedenkt, klare Vorstellungen zu haben, mit welchen Mitteln ein Erfolg zu erreichen ist, das spart Energie und Zeit, die andernfalls auf Irrwegen vertändelt würden. Es dient auch dem Selbstwertgefühl desjenigen, der die Arbeit tut, und der Anerkennung der Profession, insbesondere durch ihre ständigen Kommunikationspartner, etwa Richter, Psychiater oder Psychologen. Sich die Zeit zum Nachdenken, zum Planen, zum Ordnen und Strukturieren zu nehmen, also Pausen zum Denken einzulegen, auch wenn sie dem verständnislosen Betrachter als Phasen der Untätigkeit erscheinen mögen, davon profitiert eine professionell ausgeübte Berufstätigkeit besonders.

Im übrigen wäre zu überlegen, wie Erleichterungsmöglichkeiten sinnvoll eingesetzt werden könnten. Lässt sich auf der einen Seite Aufwand für Routinearbeiten verringern, so kann auf der anderen Raum für persönliche Zuwendung zum Klienten gewonnen werden. Der Gesichtspunkt, informationsverarbeitende Systeme vermehrt für die Erledigung formalisierter Abläufe einzusetzen, verdient meines Erachtens heute wachsende Aufmerksamkeit. Es lohnt durchaus, sich mit den hier schon entwickelten Möglichkeiten vertraut zu machen. Eine nicht mehr in weiter Ferne liegende Perspektive eröffnet sich in diesem Zusammenhang auf die sogenannten Expertensysteme. Ihr wesentliches Leistungspotential besteht darin, das gesammelte aktuelle Wissen und die Problemlösungskompetenz von Fachleuten – über Computerprogramme – dem Praktiker leichter und schneller zugänglich zu machen. Er erhält damit eine nützliche Entscheidungshilfe. Überflüssig machen sie ihn jedoch keineswegs: Was in der Sozialen Arbeit auch in aller Zukunft gebraucht wird, sind Menschen, deren Anliegen es ist, verantwortungsvoll, kompetent und persönlich anteilnehmend für andere einzutreten und zur Verwirklichung ihrer sozialen Rechte beizutragen.

Literatur

Adler, Helmut (1998). Fallanalysen beim Hilfeplan nach § 36 KJHG. Frankfurt am Main: Lang

Aichhorn, A. (1951). Verwahrloste Jugend. Die Psychoanalyse in der Fürsorgeerziehung. Bern: Huber (Original 1925)

Ainsworth, M.D. (1964). Patterns of attachment behaviour shown by the infant in interaction with his mother. Merrill-Palmer Quaterly, 10, 51-58

Ainsworth, M.D./Wittig, B.A. (1969). Attachment and exploratory behavior of one year olds in a strange situation. In Foss, B.M. (ed.). Determinants of infant behavior. Vol. 4. London: Methuen

Alberstötter, U. (2004). Hocheskalierte Elternkonflikte – professionelles Handeln zwischen Hilfe und Kontrolle. Kindschaftsrechtliche Praxis, 90-94

Allison, P.D./Furstenberg, F.F., Jr. (1989). How marital dissolution affects children: Variations by age and sex. Developmental Psychology, 25, 540-549

Althof, W./Garz, D./Zutavern, M. (1988). Heilige im Urteilen, Halunken im Handeln? Lebensbereiche, Biographie und Alltagsmoral. Zeitschrift für Sozialisationsforschung und Erziehungssoziologie, 8, 162-181

Amato, P.R. (1993). Children's adjustment to divorce: Theories, hypotheses, and empirical support. Journal of Marriage and the Family, 55, 23-38

Amato, P.R./Keith, B. (1991a). Parental divorce and adult well-being. A meta-analysis. Journal of Marriage and the Family, 53, 43-58

Amato, P.R./Keith, B. (1991b). Parental divorce and the well-being of children. A meta-analysis. Psychological Bulletin, 110, 26-46

Amelang, M./Krüger, C. (1995). Misshandlung von Kindern. Gewalt in einem sensiblen Bereich. Darmstadt: Wissenschaftliche Buchgesellschaft.

American Humane Association (1988). Highlights of official child abuse and neglect reporting: 1986. Denver

Andrews, M.P./Bubholz, M.M./Paolucci, B. (1980). An ecological approach to the study of the family. Marriage and Family Review, 3, 29-49

Antonovsky, A. (1997). Salutogenese. Zur Entmystifizierung der Gesundheit. Tübingen: Dgvt

Arndt, J./Oberloskamp, H./Balloff, R. (1993). Gutachtliche Stellungnahmen in der Sozialen Arbeit. Eine Anleitung mit Beispielen für die Vormundschafts- und Familiengerichtshilfe. Neuwied: Luchterhand

Arntzen, F. (1980). Elterliche Sorge und persönlicher Umgang mit Kindern aus gerichtspsychologischer Sicht. München: Beck (2. Aufl. 1994)

Arntzen, F. (1983). Psychologie der Zeugenaussage. Systematik der Glaubwürdigkeitsmerkmale. München: Beck

Aster, von, M. (1996). Psychopathologische Risiken bei Kindern mit umschriebenen schulischen Störungen. Kindheit und Entwicklung 5, 53-59

Backe, L./Leick, N./Merrick, J./Michelsen, N. (1986). Sexueller Missbrauch von Kindern in Familien. Köln: Deutscher Ärzte-Verlag

Badelt, Ch. (1994). Kosten-Effektivitäts-Analyse zur Wirtschaftlichkeits- und Qualitätskontrolle sozialer Dienste. In E. Knappe & S. Burger (Hrsg.), Wirtschaftlichkeit und Qualitätssicherung in sozialen Diensten (85-107). Frankfurt: Campus.

Bagley, C./Ramsay, R. (1985). Disrupted childhood and vulnerability to sexual assault. Longterm sequels with implications for counseling. Pap. pres. at the Conference on counselling the sexual abuse survivor. Winnipeg

BAGLJÄ (Bundesarbeitsgemeinschaft der Landesjugendämter) (1994). Empfehlungen zur Adoptionsvermittlung. Köln

Balint, M. (1970). Therapeutische Aspekte der Regression. Stuttgart: Klett

Balloff, R. (1991). Familiengerichtshilfe als Aufgabe der Jugendämter. Zentralblatt für Jugendrecht, 78, 379-388

Balloff, R. (1992). Kinder vor Gericht. Opfer, Täter, Zeugen. München: Beck

Balloff, R. (1996). Trennung, Scheidung, Regelung der elterlichen Sorge aus psychologischer Sicht. Zentralblatt für Jugendrecht, 83, 266-269

Balloff, R. (1996). Zusammenfassende Thesen zur gemeinsamen elterlichen Sorge. Zentralblatt für Jugendrecht 83, 269-270

Balloff, R./Walter, E. (1991). Reaktionen der Kinder auf Scheidung der Eltern bei alleiniger oder gemeinsamer elterlicher Sorge. Psychologie in Erziehung und Unterricht, 38, 81-95

Baltz, J. (1997). Kindschaftsrechtsreform und Jugendhilfe. Ein Überblick über die vorgesehenen Änderungen im Kindschaftsrecht und ihre Bedeutung und Auswirkungen auf die Praxis der Kinder- und Jugendhilfe. Teil 1: Nachrichtendienst des Deutschen Vereins für öffentliche und private Fürsorge (NDV) 77, (10), 306-312; Teil 2: NDV (11), 341-349

Bastine, R. (2003). Was leistet die Familienmediation in der Praxis? In: Evangelische Akademie Bad Boll (Hrsg.), Familienmediation, 116-127

Baumgardt, U. (1985). Kinderzeichnungen – Spiegel der Seele. Kinder zeichnen Konflikte ihrer Familien. Zürich: Kreuz

Baumgärtel, F. (1975). Erziehung und (Erziehungs-) Wissenschaft. Psychologie heute, 2, 16-18 und 49-52

Baumrind, D. (1989). Rearing competent children. In Damon, W. (ed.). Child development today and tomorrow. San Francisco: Jossey-Bass, 349-378

Baurmann, M. (1978). Kriminalpolizeiliche Beratung. Wiesbaden: BKA-Schriftenreihe

Baurmann, M. (1991). Junge Menschen und sexuelle Delinquenz. In Rotthaus, W. (Hrsg.). Sexuell deviantes Verhalten Jugendlicher. Dortmund: Verlag modernes Lernen

Bayer, Ch./Cegala, D.J. (1992). Trait verbal aggressiveness: Relations with parenting style. Special Issue: Communication in personal relationships. Western Journal of Communication, 56, 301-310

Bayerischer Landkreistag (1996). Vollzug des § 35a SGB VIII; Arbeitshilfe für Legasthenie (Dyslexie) und Dyskalkulie (Lese-, Rechtschreib- und Rechenschwäche)

Bayerisches Landesjugendamt (1992). Vorschlag zum Hilfeplan. München

Bayerisches Staatsministerium für Arbeit und Sozialordnung (1995) in Zentralblatt für Jugendrecht 82, 141-154

Beck, A. (1979). Wahrnehmung der Wirklichkeit und Neurose. München: Pfeiffer

Becker, N.E./Becker, F.W. (1986). Early identification of high social risk. Health and Social Work, 11, 26-35

Beck-Gernsheim, E. (1986). Bis dass der Tod euch scheidet? Wandlungen von Liebe und Ehe in der modernen Gesellschaft. Archiv für Wissenschaft und Praxis der Sozialen Arbeit, 2-4, 144-173

Behnken, I. et al. (1991). Schülerstudie '90. Jugendliche im Prozess der Vereinigung. Weinheim: Juventa

Bellak, L./Bellak, S.S.: Der Kinder-Apperzeptions-Test (CAT). Deutsche Bearbeitung von W. Moog. Göttingen: Testzentrale des BDP

Belsky, J. (1990). Parental and nonparental child care and children's socioemotional development. A decade in review. Journal of Marriage and the Family, 52, 885-903

Belsky, J. (1991). Ehe, Elternschaft und kindliche Entwicklung. In Engfer, A./Minsel, B./Walper, S. (Hrsg.). Zeit für Kinder. Kinder in Familie und Gesellschaft. Weinheim: Beltz, 134-159

Belsky, J./Lerner, R.M./Spanier, G.B. (1984). The child in the family. Reading: Addison Weseley

Bender, D./Lösel, F. (2005). Misshandlung von Kindern: Risikofaktoren und Schutzfaktoren. In: Deegener, G./Körner, W., Kindesmisshandlung und -vernachlässigung. Göttingen: Hogrefe, 317-346

Bene, E./Anthony, J.: The Family Relations Test (FRT-C). Göttingen: Testzentrale des BDP

Benesch, H. (1981). Wörterbuch zur Klinischen Psychologie. Band 1: Abnormalität – Komplexe Psychologie. München: Kösel

Bernecker, A./Merten, W./Wolff, R. (Hrsg.) (1982). Ohnmächtige Gewalt. Kindesmisshandlung. Folgen der Gewalt – Erfahrungen und Hilfen. Reinbek: Rowohlt

Bertalanffy v., L. (1968). General systems theory. New York: Braziller

Bertram, H. (1993). Familie in der Krise. In Bertram, H., Fthenakis, W.E., Hurrelmann, K. (Hrsg.). Familien: Lebensformen für Kinder. Weinheim: Beltz

Bettelheim, B. (1971). Liebe allein genügt nicht. Die Erziehung emotional gestörter Kinder. 2. Aufl. Stuttgart: Klett

Bieback-Diel, L. (1993). Familie, Milieu und sozialpädagogische Intervention. Möglichkeiten, Handlungsansätze und Probleme sozialpädagogischer Familienhilfe. Münster: Votum

Bien, W. (Hrsg.). (1996). Familie an der Schwelle zum neuen Jahrtausend. Wandel und Entwicklung familialer Lebensformen. Deutsches Jugendinstitut: Familiensurvey 6. Opladen: Leske und Budrich

Black, Ch.A./DeBlassie, R.R. (1993). Sexual abuse in male children and adolescents. Indicators, effects, and treatment. Adolescence, 28, No. 109, 123-133

Blankertz, L./Cnaan, R./Freedman, E. (1993). High risk factors in dually diagnosed homeless adults. Social Work, 38, 587-596

Bleidick, U. (Hrsg.) (1985). Theorie der Behindertenpädagogik. Berlin: Marhold

Block, J.H./Block, J./Gjerde, P.F. (1986). The personality of children prior to divorce. A prospective study. Child Development, 57, 827-840

Blume-Banniza, Ch./Gros, H.-J. (1981). Der Bericht des Jugendamtes. Zur Frage des Kindeswohls aus pädagogisch/psychologischer Sicht. Frankfurt/M.: Diesterweg

Blum-Maurice, R. (1997). Kindesvernachlässigung als Herausforderung für die moderne Jugendhilfe. Hinweise zur fachlichen Orientierung aus der Sicht der Kinderschutzpraxis. In Mörsberger, T./Restemeier, J. (Hrsg.) (1997). Helfen mit Risiko. Zur Pflichtenstellung des Jugendamtes bei Kindesvernachlässigung. Neuwied: Luchterhand, 191-209

Blum-Maurice, R. (2005). Die Kinderschutz-Zentren – Konzept und Praxis hilfeorientierten Kinderschutzes. In: Deegener, G./Körner, W., Kindesmisshandlung und -vernachlässigung. Göttingen: Hogrefe, 658-679

BMFS (Bundesministerium für Familie und Senioren) (1994). Familien und Familienpolitik im geeinten Deutschland – Zukunft des Humanvermögens. Fünfter Familienbericht. Bonn
BMJ (Bundesminister der Justiz) (Hrsg.) (1991). Jugendgerichtshilfe – Quo vadis? Status und Perspektive der öffentlichen Jugendhilfe gegenüber dem Jugendgericht. Symposium vom 2.-5. Juli 1990 in Frankfurt
BMJFFG (Bundesminister für Jugend, Familie, Frauen und Gesundheit) (Hrsg.) (1986). Jugendhilfe und Familie – die Entwicklung familienunterstützender Leistungen der Jugendhilfe und ihre Perspektiven. Siebter Jugendbericht. Bonn
BMJFFG (Bundesminister für Jugend, Familie, Frauen und Gesundheit) (Hrsg.) (1989). Entwurf eines Gesetzes zur Neuordnung des Kinder- und Jugendhilferechts. (Kinder- und Jugendhilfegesetz KJHG). Bonn
BMJFFG (Bundesminister für Jugend, Familie, Frauen und Gesundheit) (Hrsg.) (1990). Bericht über Bestrebungen und Leistungen der Jugendhilfe. Achter Jugendbericht. Bonn
BMJFG (Bundesminister für Jugend, Familie und Gesundheit) (Hrsg.) (1980). Bericht über Bestrebungen und Leistungen der Jugendhilfe. Fünfter Jugendbericht. Bonn
Bowlby, J. (1951). Maternal care and mental health. Genf: WHO
Bowlby, J. (1976). Trennung. München: Kindler
Brack, R. (1996). Akten als Fundgrube für die Evaluation. Ein differenziertes Aktensystem ermöglicht ein fachlich begründetes Qualitätsmanagement. Blätter der Wohlfahrtspflege, 143, 10-18.
Brack, U. (1996). Entwicklungsstörungen. Kindheit und Entwicklung, 5, 3-11
Brassard, M.R./Germain, R./Hart, S.N. (1987). Psychological maltreatment of children and youth. New York: Pergamon
Bremer-Hübler, M. (1990). Stress und Stressverarbeitung im täglichen Zusammenleben mit geistig behinderten Kindern. Frankfurt/M.
Breuer, H./Weuffen, M. (1993). Lernschwierigkeiten am Schulanfang. Weinheim: Beltz
Brezinka, W. (1981). Grundbegriffe der Erziehungswissenschaft. Analyse, Kritik, Vorschläge. 4. Aufl. München: Reinhardt
Briere, J. (1984). The effects of childhood sexual abuse on later psychological functioning. Defining a „post-sexual-abuse syndrome". Washington, DC. Pap. pres. at the Third National Conference on Sexual Victimization of Children
Bringewat, P. (2000). Hilfeplanverfahren gem. § 36 SGB VIII und strafrechtliche Fahrlässigkeitshaftung in der Jugendhilfe. Zentralblatt für Jugendrecht 87, 401-408
Bringewat, P. (2000). Sozialpädagogische Familienhilfe und strafrechtliche Risiken Stuttgart: Kohlhammer
Bringewat, P. (2001). Tod eines Kindes, Soziale Arbeit und strafrechtliche Risiken, 2.Aufl. Baden-Baden 2001: Nomos
Bronfenbrenner, U. (1980). Die Ökologie der menschlichen Entwicklung. Stuttgart: Klett
Bross, D./Krugman, R.D. et al. (1988). The new child protection team handbook. New York: Garland
Brown, R./Herrnstein, R.J. (1984). Grundriß der Psychologie. Heidelberg: Springer
Brusten, M.K./Hurrelmann, K. (1976). Abweichendes Verhalten in der Schule. München: Juventa

BSH (Berufsverband der Sozialarbeiter, Sozialpädagogen, Heilpädagogen – Vereinigte Vertretung sozialpädagogischer Berufe e.V.) (1985). Berufsbild der Sozialarbeiter, Sozialpädagogen, Heilpädagogen. Essen
Bucher, Th. (1965). Das Erziehungsziel. Schweizer Schule, 52, 233-241
Buchholz-Graf, W./Vergho, C. (Hrsg.) (2000). Beratung bei Scheidungsfamilien – Das neue Kindschaftsrecht und professionelles Handeln der Verfahrensbeteiligten. Weinheim: Juventa
Buchholz-Graf, W./Sgolik, V. (2004). Familien in Trennung und Scheidung nach der Kindschaftsrechtsreform. Zentralblatt für Jugendrecht 91, 81-86
Büte, D. (2006). Elterliche Sorge und Umgangsrecht. Familie und Recht, 117-124
Bundeskonferenz für Erziehungsberatung e.V. Fürth (1994). Hinweise zur Aktenführung in Erziehungsberatungsstellen. Zentralblatt für Jugendrecht, 81, 30-33
Bundeskonferenz für Erziehungsberatung e.V. Fürth (2005). Zur Beratung hoch strittiger Eltern. Zentralblatt für Jugendrecht, 92, 477-482
Bundeskriminalamt. Polizeiliche Kriminalstatistik. *www.bka.de*
Burger, S./Johne, G. (1994). Die Qualität sozialer Dienste im Spannungsfeld zwischen sozialpolitischem Anspruch und ökonomischer Rationalität. In E. Knappe & S. Burger (Hrsg.), Wirtschaftlichkeit und Qualitätssicherung in sozialen Diensten (109-139). Frankfurt: Campus.
Bussmann, K.-D. (2002). Schlussbericht. Studie zu den Auswirkungen des Gesetzes zur Ächtung der Gewalt in der Erziehung und der begleitenden Kampagne „Mehr Respekt vor Kindern". Eltern-Studie. Martin-Luther-Universität Halle-Wittenberg, Juristische Fakultät
Bussmann, K.-D. (2005). Verbot elterlicher Gewalt gegen Kinder – Auswirkungen des Rechts auf gewaltfreie Erziehung. In: Deegener, G./Körner, W., Kindesmisshandlung und -vernachlässigung. Göttingen: Hogrefe
Caesar, B. (1972). Autorität in der Familie. Ein Beitrag zum Problem schichtenspezifischer Sozialisation. Reinbek: Rowohlt
Cannon, W.B. (1932). The wisdom of the body. New York: Norton
Cavaiola, A.A./Schiff, M. (1988). Behavioral sequelae of physical and/or sexual abuse in adolescents. Child Abuse and Neglect, 12, 181-188
Ceci, S.J./Bruck, M. (1993). Suggestibility of the child witness. A historical review and synthesis. Psychological Bulletin, 113, 403-439
Ceci, St. J./Bruck, M. (1995). Jeopardy in the courtroom. A scientific analysis of children's testimony. Washington DC: American Psychological Association
Chase-Landsdale, P.L./Hetherington, E.M. (1990). The impact of divorce on lifespan development. Short and long term effects. In Featherman, D.L./Lerner, R.M. (eds.). Life span development and behavior. Vol. 10. New York: Hillsdale, 105-151
Child, J.L. (1954). Socialization. In Lindzey, G. (ed.). Handbook of Social Psychology. Cambridge, Mass.: Addison, 655-692
Chodorow, N. (1985). Das Erbe der Mütter. München: Frauenoffensive
Christ, H./Klüwer, C. (1985). Neurotische Dissozialität und Delinquenz. In Remschmidt, H./Schmidt, M. (Hrsg.). Kinder- und Jugendpsychiatrie in Klinik und Praxis. Band III: Alterstypische, reaktive und neurotische Störungen. Stuttgart: Thieme, 158-163
Christianson, S.-A. (1992). Emotional stress and eyewitness memory. A critical review. Psychological Bulletin, 112, 284-309

Christmann, Ch./Müller, C.W. (1986). Sozialpädagogische Familienhilfe. Bestandsaufnahme, Entwicklung, Perspektiven, Modelle. Berlin: Sozialpädagogisches Institut

Chromow, I./Enders, U. (1995). Interventionsschritte der Bezirkssozialarbeit bei innerfamilialem sexuellem Missbrauch. In Enders, U. (Hrsg.). Zart war ich, bitter war's. Köln: Kölner Volksblatt Verlag, 140-150

Cierpka, M. (1988). Das Familienerstgespräch. In Cierpka, M. (Hrsg.). Familiendiagnostik. Berlin: Springer, 17-31

Cierpka, M. (Hrsg.) (1996). Handbuch der Familiendiagnostik. Berlin: Springer

Clarke-Steward, A. (1977). Child care and the family. A review of research and some positions for policy. New York: Academic Press

Coester, M. (1992). Sorgerecht bei Elternscheidung und KJHG, FamRZ, 617-625

Coester, M. (1983). Das Kindeswohl als Rechtsbegriff. Die richterliche Entscheidung über die elterliche Sorge beim Zerfall der Familiengemeinschaft. Frankfurt/M.: Metzner

Cohen, A.K. (1961). Kriminelle Jugend. Zur Soziologie des Bandenwesens. Reinbek: Rowohlt (Original 1951)

Colditz, Ch./Frick, H./Mitscherlich, M. (1991). Psychoanalytische Familientherapie in der Erziehungsberatung. In Moehring, P./Neraal, T. (Hrsg.). Psychoanalytisch orientierte Familien- und Sozialtherapie. Das Giessener Konzept in der Praxis. Opladen: Westdeutscher Verlag

Cooper, D. (1989). Der Tod der Familie. Ein Plädoyer für eine radikale Veränderung. Reinbek: Rowohlt

Cording, C. (1995). Qualitätssicherung in der Psychiatrie. In C. Cording, H. Fleischmann, H.E. Klein (Hrsg.), Qualitätssicherung in der Suchttherapie. Die Entzugsbehandlung im psychiatrischen Krankenhaus. Freiburg: Lambertus.

Cranach, M. v., Frenz H.-G. (1969). Systematische Beobachtung, In: C.F. Graumann (Hrsg.) Sozialpsychologie. Handbuch der Psychologie, Band 7, 1. Halbband, 269-331

Creighton, S.J. (1984). Trends in child abuse, 1977-1982. The forth report on the children placed on the NSPCC special unit's registers. In National Society for the Prevention of Cruelty to Children. London

Cronbach, L.J./Gleser, G.C. (1965). Psychological tests and personal decisions. 2. Aufl. Urbana: University of Illinois Press (Original 1957)

DBS (Deutscher Berufsverband der Sozialarbeiter und Sozialpädagogen e.V.) (1988). Berufsordnung Sozialarbeiter, Sozialpädagoge. Essen

de Mause, L. (1977). Hört ihr die Kinder weinen? Frankfurt: Suhrkamp

Deci, E.L./Ryan, R.M. (1993). Die Selbstbestimmungstheorie der Motivation und ihre Bedeutung für die Pädagogik. Zeitschrift für Pädagogik, 39, 223-238

Deegener, G. (2005). Formen und Häufigkeiten der Kindesmisshandlung. In: Deegener, G./Körner, W., Kindesmisshandlung und –vernachlässigung. Göttingen: Hogrefe, 37-58

Dericum, Ch. (1980). Fritz und Flori. Tagebuch einer Adoption. München: DTV

Deutsche Gesellschaft für Kinder- und Jugendpsychiatrie u.a. (Hrsg.) (2000). Leitlinien zur Diagnostik und Therapie von psychischen Störungen im Säuglings-, Kindes- und Jugendalter, Köln

Deutsche Hauptstelle gegen die Suchtgefahren (Hrsg.) (1992). Jahrbuch Sucht. Gesthard: Neuland

Deutsche Hauptstelle gegen die Suchtgefahren (Hrsg.) (1996). Alkohol – Konsum und Missbrauch, Alkoholismus – Therapie und Hilfe. Freiburg i. Br.: Lambertus
Deutsche Nationalkommission für das Internationale Jahr der Familie 1994 (1994). Familienreport 1994. Bonn
Deutscher Kinderschutzbund (1996). Gewalt gegen Kinder, Gewalt von Kindern in Deutschland. Zusammenstellung von Statistiken. Hannover
Deutscher Städtetag (2004). Strafrechtliche Relevanz sozialarbeiterischen Handelns. Zentralblatt für Jugendrecht 91, 187-193
Deutscher Verein für öffentliche und private Fürsorge (1989). Empfehlungen des Deutschen Vereins zur Berücksichtigung der besonderen Belange alleinerziehender Mütter und Väter. Nachrichtendienst des Deutschen Vereins (NDV), 69, 367-368
Deutscher Verein für öffentliche und private Fürsorge (1992). Empfehlungen des Deutschen Vereins zur Beratung in Fragen der Trennung und Scheidung und zur Mitwirkung der Jugendhilfe im familiengerichtlichen Verfahren. Nachrichtendienst des Deutschen Vereins (NDV), 72, 148-152
Deutscher Verein für öffentliche und private Fürsorge (1994). Empfehlungen des Deutschen Vereins zur Hilfeplangestaltung nach § 36 KJHG. Vorbereitung und Erstellung des Hilfeplans. Nachrichtendienst des Deutschen Vereins (NDV), 74, 317-326
DeYoung, M. (1982). The sexual victimization of children. Jefferson, NC: McFarland
DGKJP (Deutsche Gesellschaft für Kinder- und Jugendpsychiatrie) (Hrsg.) (1984). Denkschrift zur Lage der Kinder- und Jugendpsychiatrie. Marburg
Diederichsen, U. (2005). Elterliche Sorge, §§ 1666, 1666a, in: O. Palandt, Bürgerliches Gesetzbuch, Kommentar, Bearb. von P. Bassenge, G. Brudermüller, U. Diederichsen, W. Edenhofer et al., 64. Aufl. München, 1975-1984
Diemer, H./Schoreit, A./Sonnen, R. (1999). JGG. Kommentar zum Jugendgerichtsgesetz. Heidelberg: C. F. Müller
Diepold, B. (1995). Borderline-Entwicklungsstörungen bei Kindern – Zur Theorie und Behandlung. Praxis d. Kinderpsychologie u. Kinderpsychiatrie, 270-279
DIJuF – Deutsches Institut für Jugendhilfe und Familienrecht e.V. (Hrsg.) (2004). Verantwortlich handeln, Schutz und Hilfe bei Kindeswohlgefährdung, Saarbrücker Memorandum Köln. Bundesanzeiger-Verlag
Dimmig, G./Späth, K. (1986). Hilfen durch das Heim/den Heimverbund. In Deutscher Verein für öffentliche und private Fürsorge (Hrsg.). Arbeitshilfen. Heft 30. Frankfurt/M.: Deutscher Verein für öffentliche und private Fürsorge, 161-173
Donabedian, A. (1980). The definition of quality and approaches to its assessment: Explorations in quality assessment and monitoring. Vol I. Ann Arbor: Health Administration Press.
Doormann, L. (Hrsg.) (1979). Kinder in der Bundesrepublik. Materialien, Initiativen, Alternativen. Köln: Pahl Rugenstein
Döpfner, M. (1999). Zwangsstörungen. In: H.-C. Steinhausen, M. von Aster (Hrsg.), Handbuch Verhaltenstherapie und Verhaltensmedizin bei Kindern und Jugendlichen. Weinheim, 276-328
Döpfner, M. (2002). PEP – Ein Präventionsprogramm für 3- bis 6jährige Kinder mit expansivem Problemverhalten. Kindheit und Entwicklung, 98-106
Döpfner, M., Lehmkuhl, G., Heubrock, D., Petermann, F. (2000). Diagnostik psychischer Störungen im Kindes- und Jugendalter. Göttingen: Hogrefe

Dornbusch, S. et al. (1985). Single parents, extended households, and the control of adolescents. Child Development, 56, 326-341

Dörner, D. (1983). Empirische Psychologie und Alltagsrelevanz. In Jüttemann, G. (Hrsg.). Psychologie in der Veränderung. Perspektiven für eine gegenstandsangemessene Forschungspraxis. Weinheim: Beltz, 13-29

Dörner, D. (1997). Die Logik des Misslingens. Reinbek: Rowohlt

Dörner, K./Plog, U. (1996). Irren ist menschlich. 9. Aufl. Rehburg-Loccum: Psychiatrie-Verlag

Dörner, K. (1975). Diagnosen der Psychiatrie. Frankfurt/M.: Campus

Downey, D.B./Powell, B. (1993). Do children in single-parent households fare better living with same-sex parents? Journal of Marriage and the Family, 55, 55-71

DSM-IV-TR (Diagnostisches und Statistisches Manual Psychischer Störungen) (2003). Deutsche Bearbeitung und Einführung von H. Saß u. a. Weinheim: Beltz

Dubs, R. (1993). Bildungspolitik, Schule und Unterricht. Eine persönliche Standortbestimmung. St. Gallen: Institut für Wirtschaftspädagogik der Hochschule St. Gallen

Durkheim, E. (1973). Der Selbstmord. Neuwied: Luchterhand (Original 1960)

DVJP (Deutsche Vereinigung für Jugendpsychiatrie) (Hrsg.) (1955). Marburger Richtlinien. Marburg

Egeland, B./Sroufe, A. (1981). Attachment and early maltreatment. Child Development, 52, 44-52

Eggert, D. (1997). Von den Stärken ausgehen ... Individuelle Entwicklungspläne (IEP) in der Lernförderungsdiagnostik – Ein Plädoyer für andere Denkgewohnheiten und eine veränderte Praxis. Dortmund: Modernes Lernen

Eisenberg, U. (1991). JGG. Jugendgerichtsgesetz mit Erläuterungen. 4. Aufl. München: Beck

Eisenlohr, K., Reich, W. (2004). Der Stuttgarter Kinderschutzbogen – ein Diagnoseinstrument. In: Heiner, M. (Hrsg.). Diagnostik und Diagnosen in der Sozialen Arbeit – ein Handbuch. Berlin: Deutscher Verein, 285-298

Elger, W. (1990). Sozialpädagogische Familienhilfe. Neuwied: Luchterhand

Ell, E. (1986). Psychologische Kriterien bei der Sorgerechtsregelung. Zentralblatt für Jugendrecht und Jugendwohlfahrt, 73, 289-295

Ell, E. (1990). Psychologische Kriterien bei der Sorgerechtsregelung und die Diagnostik der emotionalen Beziehungen. Weinheim: Deutscher Studien Verlag

Elliger, T.J./Schötensack, K. (1991). Sexueller Missbrauch von Kindern. Eine kritische Bestandsaufnahme. In Nissen, G. (Hrsg.). Psychogene Psychosyndrome und ihre Therapie im Kindes- und Jugendalter. Bern: Huber, 143-154

Emery, R. (1982). Interparental conflict and the children of discord and divorce. Psychological Bulletin, 92, 310-330

EMNID-Institut (Hrsg.) (1986). Informationen 38 (2/3). Bielefeld

Enders, U. (1995). Von aufgeschlossenen Polizisten, starken Mädchen, hilfreichen Puppen, lieben Teddys und schlauen Füchsen. Diagnostik mit anatomisch richtigen Puppen. In Enders, U. (Hrsg.). Zart war ich, bitter war's. Sexueller Missbrauch an Mädchen und Jungen. Erkennen – Schützen – Beraten. Köln: Kölner Volksblatt Verlag, 157-161

Enders, U. (1995). Zart war ich, bitter war's. Sexueller Missbrauch an Mädchen und Jungen. Erkennen – Schützen – Beraten. Köln: Kölner Volksblatt Verlag

Engel, U./Hurrelmann, K. (1989). Psychosoziale Belastungen im Jugendalter. Berlin: De Gruyter

Engfer, A. (1980). Sozioökologische Determinanten des elterlichen Erziehungsverhaltens. In Schneewind, K./Herrmann, Th. (Hrsg.). Erziehungsstilforschung. Bern: Huber, 123-159

Engfer, A. (1986). Kindesmisshandlung. Ursachen, Auswirkungen, Hilfen. Stuttgart: Enke

Engfer, A. (1991). Prospective identification of violent mother-child-relationships. Child outcome at 6.3 years. In Kaiser, G./Kury, H./Albrecht, H.J. (eds.). Victims and criminal justice. Freiburg i.Br.: Max-Planck-Institut f. ausländ. u. internat. Recht, 415-458

Engfer, A. (1992). Kindesmisshandlung und sexueller Missbrauch. Zeitschrift für Pädagogische Psychologie, 6, 165-174

Ensslen, C. (1997). Datenschutz im familien- und vormundschaftsgerichtlichen Verfahren, Frankfurt am Main 1997

Ensslen, C. (1998). Die Mitwirkung des Jugendamtes im familiengerichtlichen Verfahren. Beiträge zum Recht der sozialen Dienste und Einrichtungen, 39, 38-69

Ensslen, C. (1999). Mitwirkung des Jugendamtes im jugendgerichtlichen Verfahren. Zu Problemen der Kollision zwischen Jugendhilferecht und Strafprozessrecht. Beiträge zum Recht der sozialen Dienste und Einrichtungen, 42, 23-52

Erikson, E.H. (1953). Wachstum und Krisen der gesunden Persönlichkeit. Stuttgart. Psyche (Beiheft)

Erikson, E.H. (1957). Kindheit und Gesellschaft. Zürich: Pan

Erikson, E.H. (1970). Identität und Lebenszyklus. Frankfurt/M.: Suhrkamp

Erben, R./Schade, B. (1994). Position und Einfluss des Jugendamtes in familiengerichtlichen Verfahren. Eine empirische Untersuchung, Zentralblatt für Jugendrecht 82, 209-214

Ernst, C. (1997). Zu den Problemen der epidemiologischen Erforschung des sexuellen Missbrauchs. In Amann, G./Wipplinger, R. (Hrsg.). Sexueller Missbrauch). Tübingen: DGVT-Verlag, 55-71

Ernst, C./v.Luckner, N. (1987). Stellt die Frühkindheit die Weichen? Eine Kritik an der Lehre von der schicksalhaften Bedeutung erster Erlebnisse. Stuttgart: Enke

Essau, C.A./Petermann, U. (2000). Depression. in: F. Petermann (Hrsg.) Lehrbuch der Klinischen Kinderpsychologie und -psychotherapie. Göttingen: Hogrefe, 291-322

Esser, G./Schmidt, M.H. (Hrsg.) (1986). Prognose und Verlauf kinderpsychiatrischer Störungen im Längsschnitt von acht bis dreizehn Jahren. In Schmidt, H., Drömann, S.: Langzeitverlauf kinder- und jugendpsychiatrischer Störungen. Stuttgart: Enke, 79-90

Esser, G./Schmidt, M.H./Laucht, M./Ihle, W. (1994). Teilleistungsstörungen und Verhaltensauffälligkeiten – parallele Manifestation oder ursächlicher Zusammenhang? In Martinius, J./Amorosa, H. (Hrsg.). Teilleistungsstörungen. Berlin: Quintessenz, 31-42

Fahrenberg, J./Pawlik, K. (1990). Feldpsychodiagnostik. Methodische Fortschritte und Anwendungen. Göttingen. Bericht über den 37. Kongreß d. Deutschen Gesellschaft f. Psychologie, Bd 1, 328-333

Fahrenberg, J./Selg, H./Hampel, R. (1984). Freiburger Persönlichkeitsinventar (FPI und FPI-R). Handbuch. 4. Aufl. Göttingen: Hogrefe

Faller, K.C. (1991). Possible explanations for child sexual abuse allegations in divorce. American Journal of Orthopsychiatry, 61, 86-91

Fegert, J. (1993). Sexuell missbrauchte Kinder und das Recht. Band 2. Ein Handbuch zu Fragen der kinder- und jugendpsychiatrischen und psychologischen Untersuchung und Begutachtung. Bonn: Volksblatt Verlag

Fegert, J.M. (1994). Was ist seelische Behinderung? Anspruchsgrundlage und kooperative Umsetzung von Hilfen nach § 35a KJHG. Münster: Votum

Fegert, J. (1995). Ärztliche Diagnosemöglichkeiten in Klinik und Praxis. In Enders, U. (Hrsg.). Zart war ich, bitter war's. Sexueller Missbrauch an Mädchen und Jungen. Erkennen – Schützen – Beraten. Köln: Kölner Volksblatt Verlag, 162-181

Fegert, J.M. (1995). Seelische Behinderungen bei Kindern und Jugendlichen – Definition und Abgrenzung. In Die Eingliederung seelisch behinderter Kinder und Jugendlicher – eine neue Aufgabe der Jugendämter. Berlin: Verein für Kommunalwissenschaften e.V., 40-69

Feil, J. (Hrsg.) (1972). Wohngruppe, Kommune, Großfamilie. Reinbek: Rowohlt

Feingold, B.F. (1975). Why Your Child is Hyperactive. New York: Random House

Fend, H. (1996). Der Umgang mit Schule in der Adoleszenz. Aufbau und Verlust von Motivation und Selbstachtung. Entwicklungspsychologie der Adoleszenz in der Moderne, Bd. 4. Bern: Huber

Fend, H. (1996). Sozialer Wandel der Jugend- und Schülergenerationen – Rahmenbedingungen für veränderte pädagogische Aufgaben von Bildungssystemen. Schulentwicklung, Bd. 27, Wien: ÖBV Pädagogischer Verlag

Ferchhoff, W./Sander, U./Vollbrecht, R. (Hrsg.) (1995). Jugendkulturen – Faszination und Ambivalenz. Einblicke in jugendliche Lebenswelten. Festschrift für Dieter Baacke zum 60. Geburtstag. Weinheim: Juventa

Ferrari, M./Mathews, W./Barabos, G. (1983). The family and the child with epilepsy. Family Process, 22, 53-59

Fieseler, G. (2004). Garantenpflicht – Konsequenzen für sozialpädagogisches Handeln unter Berücksichtigung berufsrechtlicher und berufsethischer Gesichtspunkte. Zentralblatt für Jugendrecht, 172-180

Fieseler, G. (2006): Kommentierung des § 8a SGB VIII. In: Fieseler, G./Schleicher, H./Busch, M. (Hrsg.) A.a.O.

Fieseler, G./Herborth, R. (2005). Recht der Familie und der Jugendhilfe. Arbeitsplatz Jugendamt/Sozialer Dienst. 6. Aufl.. München

Fieseler, G., Schleicher, H., Busch, M. (Hrsg.) (2006). Kinder- und Jugendhilferecht. Gemeinschaftskommentar zum SGB VIII (GK-SGB VIII). Neuwied: Luchterhand

Fischer, M./Barkley, R.A./Fletcher, K.E./Smallish, L. (1993). The adolescent outcome of hyperactive children. III. Predictors of psychiatric, academic, social and emotional adjustment. Journal of the American Academy of Child and Adolescent Psychiatry, 32, 324-332

Fisseni, H.-J. (1997). Lehrbuch der psychologischen Diagnostik. Göttingen: Hogrefe

Flosdorf, P. (Hrsg.) (1988). Theorie und Praxis stationärer Erziehungshilfen. Band I: Konzepte in Heimen der Jugendhilfe, Band II: Die Gestaltung des Lebensfeldes Heim. Freiburg i. Br.: Lambertus

Flösser, G./Otto, H.-U. (Hrsg.) (1992). Sozialmanagement oder Management des Sozialen. Bielefeld: Böllert

Flügge, I. (1991). Erziehungsberatung. Ein Beitrag aus der Praxis. Göttingen: Hogrefe

Freud, S. (1973-1987). Gesammelte Werke. 19 Bände. Frankfurt/M.: Fischer

Freudenberger, H.-J. (1974). Staff-Burn-Out. Journal of Social Issues, 30, 159-165

Frey, J. (1984). A family systems approach to illness – maintaining behaviors in chronically ill adolescents. Family Process, 23, 251-260

Fricke, A. (1993). Der Sorgerechtsentzug und die Folgen: Zur Mitwirkung des Amtsvormunds/Amtspflegers bei der Hilfe zur Erziehung nach dem KJHG. Zentralblatt für Jugendrecht, 81, 284-291

Fricke, A. (1999). Sozialarbeiter als Verfahrenspfleger. Zentralblatt für Jugendrecht, 86, 51-58

Friedrich, W./Tyler, J./Clark, J. (1985). Personality and psychophysiological variables in abusive, neglectful, and low-income control mothers. Journal of Nervous and Mental Diseases, 173, 449-460

Frings, P./Ludemann, H.G. (1993). Sozialpädagogische Familienhilfe in freier Trägerschaft. Rechtliche Grundlagen und Rahmenbedingungen. Freiburg i. Br.: Lambertus

Fthenakis, W.E. (1984). Gemeinsame elterliche Sorge nach der Scheidung. In Remschmidt, H. (Hrsg.). Kinderpsychiatrie und Familienrecht, 36-54

Fthenakis, W.E. (1985). Zum Stellenwert der Bindungen des Kindes als sorgerechtsrelevantes Kriterium gemäß § 1671 BGB. Eine Replik auf einen Beitrag von Lempp in FamRZ 1984, 741-744. Zeitschrift für das gesamte Familienrecht (FamRZ), 32, 662-672

Fthenakis, W.E./Niesel, R./Kunze, P. (1982). Ehescheidung. Konsequenzen für Eltern und Kinder. München: Urban und Schwarzenberg

Füchsle-Voigt, T. (2004). Verordnete Kooperation im Familienkonflikt als Prozess der Einstellungsänderung: Theoretische Überlegungen und praktische Umsetzung. Familie, Partnerschaft, Recht, 600-602

Furstenberg, F.F. (1976). Unplanned parenthood. New York: Free Press

Furstenberg, F.F./Cherlin, A.J. (1993). Geteilte Familien. Stuttgart: Klett-Cotta

Furstenberg, F.F./Morga, S.P./Allison, P.D. (1987). Paternal participation and children's well-being after marital dissolution. American Sociological Review, 52, 695-701

Gable, S./Belsky, J./Crnic, K. (1992). Marriage, parenting, and child development. Journal of Family Psychology, 5, 276-294

Garbarino, J./Plantz, M.C. (1986). Child abuse and juvenile delinquency. What are the links? In Garbarino, J./Schellenbach, C.J./Sebes, J.M. (eds.). Troubled youth, troubled families. New York: Aldine de Gruyter, 27-39

Gärtner-Harnach, V. (1976). Angst und Leistung. (3. Aufl.) Weinheim: Beltz

Gärtner-Harnach, V. (1985). Was die Sozialarbeit nicht leisten kann, gibt sie als Chance für die Betroffenen aus. Konflikte im Frauenhaus. In Maas, U. (Hrsg.). Sozialarbeit und Sozialverwaltung. Handeln im Konfliktfeld Sozialbürokratie. Ein Arbeitsbuch. Weinheim: Beltz, 139-146

Gärtner-Harnach, V./Maas, U. (1987). Psychosoziale Diagnose und Datenschutz in der Jugendhilfe. Untersuchung von gutachtlichen Stellungnahmen und Entwicklungsberichten aus dem Bereich der Heimerziehung im Rahmen der Freiwilligen Erziehungshilfe. Karlsruhe: Landeswohlfahrtsverband Baden

Garz, D. (1989). Sozialpsychologische Entwicklungstheorien. Opladen, Westdeutscher Verlag

Geisel, B./Leschmann, G. (1985). Die klassische Fürsorge und ihre Lehren. Berufliche Identität durch Konfrontation mit der Berufsgeschichte. Frankfurt/M.: Deutscher Verein für öffentliche und private Fürsorge.

Geiser, K. (1996). Aktenführung und Dokumentation sind Grundlagen professioneller Sozialarbeit. Fachkräfte und Sozialdienste müssen verständlich nachweisen können, was sie warum auf welche Weise, mit welchem Aufwand, mit welchen Mitteln, mit welcher Wirkung tun. Blätter der Wohlfahrtspflege, 143, 5-9

Geisler, E. (1959). Das sexuell missbrauchte Kind. Praxis der Kinderpsychologie und Kinderpsychiatrie. Beiheft Nr. 3. Göttingen: Vandenhoeck & Ruprecht

Gensicke, T. (1994). Wertewandel und Erziehungsleitbilder. Hinweise aus Sicht der empirischen Soziologie. Pädagogik, 46 (7-8), 23-26

Gerlsma, C./Emmelkamp, P.M./Arrindell, W.A. (1991). Anxiety, depression, and perception of early parenting. A meta-analysis. Clinical Psychological Review, 11, 667

Gillham et al. (1998). Unemployment rates, single parent density, and indices of child poverty: their relationship to different categories of child abuse and neglect. Child Abuse & Neglect, 22, 79-90

Gilligan, C. (1984). Die andere Stimme. Lebenskonflikte und Moral der Frau. München: Piper

Giovannoni, J./Billingsley, A. (1970). Child neglect among the poor. A study of parental adequacy in families of different ethnic groups. Child Welfare, 49, 196-204

Gloer, H./Schmiedeskamp-Böhler, I. (1990). Verlorene Kindheit. Jungen als Opfer sexueller Gewalt. München: Weismann

Goffman, E. (1973). Asyle. Über die soziale Situation psychiatrischer Patienten und anderer Insassen. Frankfurt/M.: Suhrkamp

Goldfarb, W. (1943). The effects of early institutional care on adolescent personality. Journal of experimental education, 12, 106

Goldstein, J./Freud, A./Solnit, A.J. (1979). Jenseits des Kindeswohls. Frankfurt/M.: Suhrkamp

Goldstein, J./Freud, A./Solnit, A.J. (1982). Diesseits des Kindeswohls. Frankfurt/M.: Suhrkamp

Goodwin, J. (1982). The use of drawings in incest cases. In Goodwin, J. (ed.). Incest victims and their families. Littleton: John Wright

Gottschalch, W. (1971). Sozialisationsforschung. Frankfurt/M.: Suhrkamp

Gottwald, W. (2004). Alternative Streitbeilegung, 'Alternative Dispute Resolution, ADR' in Deutschland – Wege, Umwege, Wegzeichen. Familie, Partnerschaft, Recht, 163-168

Gräser, H./Reinert, G. (1980). Entwicklungsstörungen. In Wittling, W. (Hrsg.). Handbuch der Klinischen Psychologie. Band 4: Ätiologie gestörten Verhaltens. Hamburg: Hoffmann & Campe, 15-75

Groß, H. (1905). Kriminalpsychologie. 2. Aufl. (Original 1898)

Gross, P. (1983). Die Verheißungen der Dienstleistungsgesellschaft. Opladen: Leske + Budrich.

Grossmann, K.E./Grossmann, K. (1995). Bindung und Entwicklung individueller Psychodynamik über den Lebenslauf. Familiendynamik, 171-192

Gründel, M. (1995). Gemeinsames Sorgerecht. Erfahrungen geschiedener Eltern. Freiburg: Lambertus

Grüneisen, V./Hoff, E.-H. (1977). Familienerziehung und Lebenssituation. Der Einfluss von Lebensbedingungen und Arbeitserfahrungen auf Erziehungseinstellungen und Erziehungsverhalten von Eltern. Weinheim: Beltz

Haben, P. (2004). Zur Aufgabenstellung der Polizei bei Vernachlässigung, Misshandlung und sexuellem Missbrauch von Kindern und Jugendlichen. In: DIJuF

(Hrsg.), Verantwortlich handeln, Schutz und Hilfe bei Kindeswohlgefährdung, Saarbrücker Memorandum. Köln: Bundesanzeiger-Verlag, 229-249

Hafer, H. (1986). Nahrungsphosphat – die heimliche Droge. Heidelberg: Kriminalistik-Verlag

Häfner, H. (1978). Einführung in die psychiatrische Epidemiologie. Geschichte, Sachfeld, Problemlage. In Häfner, H. (Hrsg.). Psychiatrische Epidemiologie. Heidelberg: Springer, 1-56

Happe, G. (1994). Anordnung von Hilfe zur Erziehung durch das Vormundschaftsgericht? Jugendwohl, 92-97

Happe, G., Saurbier, H. (2006). Erläuterung zu § 1 KJHG. In: Jans, K.-W./Happe, G./Saurbier, H./ Maas, U. (Hrsg.). Kinder- und Jugendhilferecht. Kommentar. 3. Aufl. Stuttgart: Kohlhammer

Harkness, S./Super, C.M. (1985). Child – environment interactions in the socialization of affect. In Lewis, M./Saarni, C. (eds.). The socialization of emotions. New York: Plenum, 21-36

Harnach, V. (2001). Mitwirkung in Verfahren vor den Vormundschafts- und den Familiengerichten. Kommentierung von § 50 KJHG. In: Jans, K.-W./Happe, G./Saurbier, H./ Maas, U. (Hrsg.). Kinder- und Jugendhilferecht. Kommentar. 3. Aufl. Stuttgart: Kohlhammer

Harnach, V. (2005a). Beratung in Fragen der Partnerschaft, Trennung und Scheidung – Kommentierung von § 17 KJHG. In. Jans, K.-W./Happe, G./Saurbier, H./ Maas, U. (Hrsg.). Kinder- und Jugendhilferecht. Kommentar. 3. Aufl. Stuttgart: Kohlhammer

Harnach, V. (2005b). Eingliederungshilfe für seelisch behinderte Kinder und Jugendliche. In: Jans, K.-W./Happe, G./Saurbier, H./ Maas, U. (Hrsg). Kinder- und Jugendhilferecht. Kommentar. 3. Aufl. Stuttgart: Kohlhammer

Harnach, V. (2006a). Schutzauftrag bei Kindeswohlgefährdung. Kommentierung von § 8a KJHG. In: Jans, K.-W./Happe, G./Saurbier, H./ Maas, U. (Hrsg.). Kinder- und Jugendhilferecht. Kommentar. 3. Aufl. Stuttgart: Kohlhammer

Harnach, V. (2006b). Leistungen zur Rehabilitation und Teilhabe behinderter Menschen. Kommentierung von § 29 SGB I. Jans, K.-W./Happe, G./Saurbier, H./ Maas, U. (Hrsg.). Kinder- und Jugendhilferecht. Kommentar. 3. Aufl. Stuttgart: Kohlhammer

Harnach-Beck, V. (1995a). Psychosoziale Diagnostik bei „Hilfe zur Erziehung" – Zur Informationsgewinnung des Jugendamtes als Grundlage für die Gestaltung des Hilfeplans. Zentralblatt für Jugendrecht, 82, 484-491.

Harnach-Beck, V. (1995b). Zur Diagnostik der Gefährdung – Aufgaben Sozialer Arbeit bei Anrufung des Vormundschaftsgerichts. Nachrichtendienst des Deutschen Vereins für öffentliche und private Fürsorge, 75, 373-378.

Harnach-Beck, V. (1996a). Auf Gedeih und Verderb – Der Auftrag des Jugendamtes bei Vernachlässigung und anderen Gefährdungen des Kindeswohls. Sozialmagazin, 21 (7-8), 22-32.

Harnach-Beck, V. (1996b). Eingliederungshilfe für seelisch behinderte Kinder und Jugendliche – wofür ist das Jugendamt zuständig? Sozialmagazin 21, (12), 20-33

Harnach-Beck, V. (1997b). Informationsgewinnung durch Fachkräfte des Jugendamtes – Professionelle Datenermittlung als Aspekt des Qualitätsmanagements. Kindheit und Entwicklung 6, 1997, 31-39

Harnach-Beck, V. (1998a). Eingliederungshilfe gemäß § 35a SGB VIII bei Lese-Rechtschreibstörungen? Nachrichtendienst des Deutschen Vereins (NDV) 78, (8), 230-236

Harnach-Beck, V. (1998b). Diagnostische Erfordernisse bei der Entscheidungsvorbereitung für Hilfe zur Erziehung nach §§ 27 ff. SGB VIII. Beiträge zum Recht der sozialen Dienste und Einrichtungen, 39, 17-37

Harnach-Beck, V. (1998c). Zur Mitwirkung des Jugendamtes im familiengerichtlichen Verfahren – Diagnostische Aufgaben der Fachkräfte Sozialer Arbeit. Familie, Partnerschaft, Recht, 4, 230-237

Harnach-Beck, V. (1999a). Zur Interdependenz von schulischer und elterlicher Verantwortung. Jugendwohl, 80, 213-226

Harnach-Beck, V. (1999b). Ohne Prozessqualität keine Ergebnisqualität – Sorgfältige Diagnostik als Voraussetzung für erfolgreiche Hilfe zur Erziehung. In Peters, F. (Hrsg.): Diagnosen – Gutachten – hermeneutisches Fallverstehen. Rekonstruktive Verfahren zur Qualifizierung individueller Hilfeplanung. Frankfurt am Main: Internationale Gesellschaft für erzieherische Hilfen, 27-48

Harnach-Beck, V. (2002). Ergebnisse der wissenschaftlichen Begleituntersuchung. In: Fraueninformationszentrum Mannheim (Hrsg.), Geschlechtsspezifische Arbeit mit Mädchen und Jungen, die Gewalt gegen ihre Mutter miterleben mussten. Landeswohlfahrtsverband Baden, Karlsruhe, 19-34

Harnach-Beck, V. (2004). Diagnostische Aufgaben des Jugendamtes bei der Planung von Eingliederungshilfen für seelisch behinderte Kinder und Jugendliche, In: M. Heiner (Hrsg.), Diagnostik und Diagnosen in der Sozialen Arbeit – Ein Handbuch. Berlin: Deutscher Verein, 109-124

Hartmann, K. (1977). Theoretische und empirische Beiträge zur Verwahrlosungsforschung. 2. Aufl. Berlin: Springer

Hathaway, S.R./McKinley, J.C. (1963). Minnesota Multiphasic Personality Inventory (MMPI). MMPI Saarbrücken (Deutsche Bearbeitung: O. Spreen). Bern: Huber

Hauck, K. (1999) SGB VIII. Kinder- und Jugendhilfe. Kommentar. Berlin: Erich Schmidt

Havighurst, R.J. (1972). Developmental tasks and education. 3. Aufl. New York: McCay

Healy, J.M./Malley, J.E./Stewart, A.J. (1990). Children and their fathers after parental separation. American Journal of Orthopsychiatry, 60, 531-543

Heckhausen, H. (1966). Einflüsse der Erziehung auf die Motivationsgenese. In Herrmann, Th. (Hrsg.). Psychologie der Erziehungsstile. Göttingen: Hogrefe, 131-169

Hege, M./Schwarz, G. (1992). Gewalt gegen Kinder. Zur Vernetzung sozialer Unterstützungssysteme im Stadtteil. München: Fachhochschulschriften

Heiliger, A. (1992). Zur Problematik einer Konzeption gemeinsamer elterlicher Sorge als Regelfall im Kontext einer geplanten Reform des Kindschaftsrechts. Zeitschrift für das gesamte Familienrecht (FamRZ), 39, 1006-1011

Heiliger, A. (1993). Erzwungenes gemeinsames Sorgerecht nach Scheidung. Rückschritt zu patriarchaler Bestimmungsmacht über Frauen und Kinder. kofra 65, Zeitschrift für Feminismus und Arbeit, 11, 3-11

Heilmann, S. (1998). Die Dauer kindschaftsrechtlicher Verfahren, Zentralblatt für Jugendrecht 85, 317-324

Heiner, M. (1988). Praxisforschung in der Sozialarbeit. Freiburg i.Br.: Lambertus

Heiner, M. (1994). Erfahrungen aus der Evaluationsberatung. Konsequenzen für ein Fortbildungs- und Qualifizierungskonzept. In M. Heiner (Hrsg.), Selbstevaluation als Qualifizierung in der Sozialen Arbeit. Fallstudien aus der Praxis (56-77). Freiburg: Lambertus.

Heinz, W./Hügel, C. (1986). Erzieherische Maßnahmen im deutschen Jugendstrafrecht. Informelle und formelle Erledigungsmöglichkeiten in empirischer Sicht. Bonn: Bundesminister der Justiz

Heitmeyer, W./Collmann, B./Conrads, J./Matuschek, I./Kraul, D./Kühnel, W./ Möller, R./Ulbrich-Hermann, M. (1995). Gewalt. Schattenseiten der Individualisierung bei Jugendlichen aus unterschiedlichen Milieus. Weinheim: Juventa

Hensel, H. (1993). Die Neuen Kinder und Erosion der Alten Schule. Bönen: Kettler

Herbart, J.F. (1913, 1914, 1919). Pädagogische Schriften. Bände 1-3. Willmann, O./Fritzsch, Th. (Hrsg.). Osterwieck: Zickfeld

Herman, J.L. (1981). Father-daughter incest. Cambridge MA: Harvard University Press

Hetherington, E.M./Cox, M./Cox, R. (1982). Effects of divorce on parents and children. In Lamb, M. (ed.). Nontraditional families. Parenting and Child Development. Hillsdale NY: Lawrence Erlbaum, 233-288

Hetherington, E.M./Cox, M./Cox, R. (1985). Longterm effects of divorce and remarriage on the adjustment of children. Journal of the American Academy of Child Psychiatry, 24, 518-530

Hibbard, R.A./Roghman, K./Hoekelman, R.A. (1987). Genitalia in children's drawings. An association with sexual abuse. Pediatrics, 79, 129-137

Hibbs, E.D./Zahn, Th./Hamburger, S. et al. (1992). Parental expressed emotion and psychophysiological reactivity in disturbed and normal children. British Journal of Psychiatry, 160, 504-510

Hingst, A.G. (1981). Children and divorce. The child's view. Journal of Clinical Psychology, 10, 161-165

Hingst, W. (1998). Begutachtung und Therapie bei seelischer Behinderung aufgrund von Legasthenie, Zentralblatt für Jugendrecht 85, 62-63

Hoefert, H.-W. (1990). Sozialmanagement – Orientierung an industriellen Vorbildern? Soziale Arbeit, 39, 2-7.

Hofer, M./Klein-Allermann, E./Noack, P. (1992). Familienbeziehungen. Eltern und Kinder in der Entwicklung. Ein Lehrbuch. Göttingen: Hogrefe

Hofstätter, P.R. (1957). Psychologie. Fischer Lexikon. Frankfurt/M.: Fischer

Hogan, D.P./Kitagawa, E.M. (1985). The impact of social status, family structure, and the neighborhood on the fertility of black adolescents. American Journal of Sociology, 90, 825-855

Holmes, T.H./Rahe, R.H. (1967). The social readjustment scale. Journal of Psychosomatic Research, 11, 213-218

Hornke, L.F. (1982). Testdiagnostische Untersuchungsstrategien. In Groffmann, K.-J./Michel, L. (Hrsg.). Psychologische Diagnostik, Band 1, Grundlagen psychologischer Diagnostik. Enzyklopädie der Psychologie, Themenbereich B: Methodologie und Methoden, Serie II. Göttingen: Hogrefe, 130-172

Hornstein, W. (1976). Funkkolleg Beratung in der Erziehung. Tübingen: Deutsches Institut für Fernstudien

Howells, J.G./Lickorish, J.R. (1982). Familien-Beziehungs-Test (F.B.T.). München: Ernst Reinhardt

Hunter, R.S./Kilstrom, N. (1979). Braking the cycle in abusive families. American Journal of Psychiatry, 16, 1320-1322
Hurrelmann, K. (1994). Sozialisation und Gesundheit. Somatische, psychische und soziale Risikofaktoren im Lebenslauf. Weinheim: Juventa
Hurrelmann, K. (1996). Gegen Gewalt in der Schule. Ein Handbuch für Elternhaus und Schule. Weinheim: Beltz
Hurrelmann, K. (1998). Einführung in die Sozialisationstheorie. Über den Zusammenhang von Sozialstruktur und Persönlichkeit. Weinheim: Beltz
Hurrelmann, K. (Hrsg.) (1976). Sozialisation und Lebenslauf. Reinbek: Rowohlt
Hurrelmann, K./Ulich, D. (Hrsg.) (1991). Neues Handbuch der Sozialisationsforschung. Weinheim: Beltz
Hutz, P. (1996). Hilfeperspektiven unter den Bedingungen von Familienarmut und Mittelverknappung. In Die Kinderschutz-Zentren (Hrsg.). Armut und Benachteiligung von Kindern. Köln, 91-107
ICD-10, Kapitel V (F) (2004). Internationale Klassifikation psychischer Störungen. Klinisch-diagnostische Leitlinien. Dilling, H./Mombour, W./Schmidt, M.H. (Hrsg.). Göttingen: Huber
ICF: Internationale Klassifikation der Funktionsfähigkeit, Behinderung und Gesundheit der Weltgesundheitsorganisation (WHO), Entwurf der deutschsprachigen Fassung, März 2001, Konsensentwurf (http://www.who.int/icidh)
Inglehart, R. (1980). Zusammenhang zwischen sozioökonomischen Bedingungen und individuellen Wertprioritäten. Kölner Zeitschrift für Soziologie und Sozialpsychologie, 32 (1), 144-153
Institut für Demoskopie Allensbach (1985). Ehe und Familie. Einstellungen zu Ehe und Familie im Wandel der Zeiten. Eine Repräsentativuntersuchung im Auftrag des Ministeriums für Arbeit, Gesundheit, Familie und Sozialordnung. Stuttgart
Inversini, M. (1991). Erziehungsfähigkeit. Bestimmungsstücke eines Begriffs. Archiv für Wissenschaft und Praxis der Sozialen Arbeit, 22, 50-62
Jans, K.-W./Happe, G. (1980). Gesetz zur Neuregelung des Rechts der elterlichen Sorge. Kommentar mit Gesetzesmaterialien. Köln: Kohlhammer
Jans, K.-W./Happe, G./Saurbier, H./ Maas, U. (2006). Kinder- und Jugendhilferecht. Kommentar. 3. Aufl. Stuttgart: Kohlhammer
Johansen, E. (1979). Betrogene Kinder. Eine Sozialgeschichte der Kindheit. Frankfurt am Main: Fischer
Johnston, J.R./Campbell, L.E.G. (1988). Impasses of divorce. The Dynamics and Resolution of Family Conflict. New York: The Free Press
Jones, D./McGraw, J.M. (1987). Reliable and fictions accounts of sexual abuse in children. Journal of Interpersonal Violence, 2, 27-45
Jonson-Reid, M. et al. (2003). Cross-type recidivism among child maltreatment victims and perpetrators. Child Abuse & Neglect, 27, 899-917
Jopt, U., Berend, K. (2000). Das Parental Alienation Syndrome (PAS) – Ein Zwei-Phasen-Modell. Zentralblatt für Jugendrecht 87, 223-231 und 258-271
Joraschky, P. (1991). Zum Stellenwert der Psychodynamik in der Psychiatrischen Diagnostik. In Baer, R. u.a. (Hrsg.). Wege psychiatrischer Forschung. Festschrift zum 60. Geburtstag von Prof. Dr. Eberhard Lungershausen. Erlangen: Perimed, 72-81
Joraschky, P. (1993). Missbrauch und seine Reinszenierung am eigenen Körper. Fundamenta Psychiatrica, 7, 81-87

Joraschky, P./Cierpka, M. (1988). Zur Diagnostik der Grenzenstörungen. In Cierpka, M. (Hrsg.). Familiendiagnostik. Berlin: Springer, 112-130

Jugendwerk der Deutschen Shell (1992). Jugend '92. Lebenslagen, Orientierungen und Entwicklungsperspektiven im vereinten Deutschland. Band 2: Im Spiegel der Wissenschaften. Opladen: Leske+Budrich

Jugendwerk der Deutschen Shell (Hrsg.) (1997). Jugend '97. Zukunftsperspektiven, gesellschaftliches Engagement, politische Orientierungen. Opladen: Leske und Budrich

Jungjohann, E.E. (1990). Symptom als Botschaft. Psychosomatische Reaktionen als Signale bei sexueller Ausbeutung des Kindes. Acta Paedopsychiatrica, 53, 54-61

Jüttemann, G. (Hrsg.) (1984). Neue Aspekte klinisch/psychologischer Diagnostik. Göttingen: Hogrefe

Kagan, J./Kearsley, R.B./Zelazo, P.R. (1978). Infancy, its place in human development. Cambridge, Mass.: Harvard University Press

Kahl, G. (1980). Die verletzlichen Kinder. Nach der Adoption. Sozialmagazin, 5 (4), 23-31

Kaiser, G. (1989). Jugendkriminalität. In Markefka, M./Nave-Herz, R. (Hrsg.). Handbuch der Familien- und Jugendforschung. Band 2: Jugendforschung. Neuwied: Luchterhand, 717-738

Kaltenborn, F. (1983). Die gemeinsame elterliche Sorge nach der Scheidung im Spiegel ausländischer Erfahrungen. Zeitschrift für das gesamte Familienrecht (FamRZ), 30, 964-971

Kaltenborn, F. (1996). Die lebensgeschichtliche Bedeutung der richterlichen Sorgerechtsregelung. Eine Langzeitstudie nach fachwissenschaftlicher Begutachtung zur Regelung der elterlichen Sorge nach Trennung und Scheidung. Zentralblatt für Jugendrecht, 83, 255-266

Kaminski, G. (1982). Rahmentheoretische Überlegungen zur Taxonomie psychodiagnostischer Prozesse. In Pawlik, K. (Hrsg.). Diagnose der Diagnostik. 2. Aufl. Stuttgart: Klett-Cotta, 45-70

Kanfer, F.H./Reinecker, H./Schmelzer, D. (1990). Selbstmanagement-Therapie. Ein Lehrbuch für die klinische Praxis. Berlin: Springer

Kanfer, F.H./Saslow, G. (1974). Verhaltenstheoretische Diagnostik. In Schulte, D. (Hrsg.). Diagnostik in der Verhaltenstherapie. München: Urban & Schwarzenberg, 24-59

Kanner, L. (1957). Child Psychiatry. 3. Aufl: Chas. C. Thomas

Kapfhammer, H.P. (1992). Hebephrenie – Diagnostisches Konzept und klinische Realität. In Freisleder, F. J./ Linder, M. (Hrsg.), Aktuelle Entwicklungen in der Kinder- und Jugendpsychiatrie. München: MMV Medizin Verlag, 153-194

Karls, J.M./Wandrei, K.E. (1994). Person-In-Environment System. The PIE Classification System for Social Functioning Problems. Washington, DC: Nasw Press

Kasten, H. (1986). Geburtsrangplatz und Geschwisterposition. Zeitschrift für Sozialisationsforschung und Erziehungssoziologie, 6, 321-328

Kaufman, J./Zigler, E. (1987). Do abused children become abusive parents? American Journal of Orthopsychiatry, 46, 11-19

Kaufmann, F.-X. (1990). Zukunft der Familie. Stabilität, Stabilitätskrisen und Wandel der familialen Lebensformen sowie ihre gesellschaftlichen und politischen Bedingungen. In Schriftenreihe des Bundeskanzleramtes 10. München: Beck

Kay, W. (2005). Polizeiliche Eingriffsmöglichkeiten bei häuslicher Gewalt. Familie, Partnerschaft, Recht, 28-32
Kempe, R.S./Kempe, Ch. (1978). Child abuse. Cambridge MA: Harvard University Press
Kendall-Tackett, K.A./Meyer Williams, L./Finkelhor, D. (1993). Impact of sexual abuse on children. A review and synthesis of recent empirical studies. Psychological Bulletin, 113, 164-180
Keupp, H. (1972). Psychische Störungen als abweichendes Verhalten. Zur Soziogenese psychischer Störungen. München: Urban & Schwarzenberg
KGSt: Kommunale Gemeinschaftsstelle (1993). Bericht 5/1993: Das Neue Steuerungsmodell. Begründung, Konturen, Umsetzung. Köln.
KGSt: Kommunale Gemeinschaftsstelle (1994). Bericht 9/1994: Outputorientierte Steuerung der Jugendhilfe. Köln.
KGSt: Kommunale Gemeinschaftsstelle (1995). Bericht 6/1995: Qualitätsmanagement. Köln.
Kiesler, D.J. (1966). Some myths of psychotherapy research and the search for a paradigm. Psychological Bulletin, 65, 110-136
Kinderschutz-Zentrum Berlin (2000). Kindesmisshandlung. Erkennen und Helfen: Eine praktische Anleitung. Bundesministerium für Jugend, Familie, Frauen und Gesundheit (Hrsg.). 9. Aufl. Berlin
Kindler, H. (2000). Verfahren zur Einschätzung von Misshandlungs- und Vernachlässigungsrisiken. Kindheit und Entwicklung, 222
Kindler, H. (2005a). Auswirkungen häuslicher Gewalt auf die psychosoziale Entwicklung von Kindern. Familie, Partnerschaft, Recht 2005, 16-20
Kindler, H. (2005b). Verfahren zur Einschätzung der Gefahr zukünftiger Misshandlung bzw. Vernachlässigung: Ein Forschungsüberblick. In: Deegener, G./Körner, W. , Kindesmisshandlung und -vernachlässigung. Göttingen: Hogrefe, 385-404
Kindler, H., Lillig, S., Küfner, M. (2006). Rückführung von Pflegekindern nach Misshandlung bzw. Vernachlässigung in der Vorgeschichte: Forschungsübersicht zu Entscheidungskriterien. Das Jugendamt, 9-17
Kinsey, A.C./Pomeroy, W.B./Martin, C.E./Gebhard, P.H. (1966). Das sexuelle Verhalten der Frau. Berlin: Fischer (Original 1953)
Kirk, S.A./Siporin, M./Kutchins, H. (1989). The prognosis for social work diagnosis. Social Casework, 70, 295-304
Klafki, W. (1970). Erziehungswissenschaft. Funkkolleg Band 2. Frankfurt/M.: Fischer
Klages, H. (1987). Indikatoren des Wertewandels. In von Rosenstiel, L., Einsiedler, H.E., Streich, R.K.: Wertewandel als Herausforderung für die Unternehmenspolitik. Stuttgart: Schaeffler, 1-16
Klauer, K.J. (1973). Revision des Erziehungsbegriffs. Grundlagen einer empirisch-rationalen Pädagogik. Düsseldorf: Schwann
Klauer, K.J. (1987). Kriteriumsorientierte Tests. Göttingen: Hogrefe
Klauer, K.J. (Hrsg.) (1978). Handbuch der pädagogischen Diagnostik. Bd. 1-4. Düsseldorf: Schwann
Klicpera, Ch./Schwarzbach, H./Warnke, A. (1985). Deprivation und ihre Folgen. In Remschmidt, H./Schmidt, M.: Kinder- und Jugendpsychiatrie in Klinik und Praxis. Band III. Stuttgart: Thieme
Kline, M./Tschann, J.M./Johnston, J.R./Wallerstein J.S. (1989). Children's adjustment in joint and sole physical custody families. Developmental Psychology, 25, 430-438

Klockhaus, R./Habermann-Morbey, B. (1986). Psychologie des Schulvandalismus. Göttingen: Hogrefe

Klockhaus, R./Trapp-Michel, A. (1988). Vandalistisches Verhalten Jugendlicher. Göttingen: Hogrefe

Kluck, M. L. (1996). Das Psychologische Gutachten im familienrechtlichen Verfahren zur Regelung der elterlichen Sorge. Familie, Partnerschaft, Recht, 155-160

Klußmann, R.W. (1981). Das Kind im Rechtsstreit der Erwachsenen. München: Reinhardt

Knafl, K.A./Deatrick, J.A. (1987). Conceptualizing family reponse to a child's chronic illness or disability. Family Relations, 36, 300-304

Knappert, Ch. (1991). Die öffentliche Jugendhilfe als professionelle Scheidungsbegleiterin. Ein veränderter Handlungsansatz in der Familiengerichtshilfe des Jugendamtes. Zentralblatt für Jugendrecht, 78, 398-403

Knittel, B., Reform des Kindschaftsrechts vor dem Ziel. Zentralblatt für Jugendrecht 84, 1997, 355-361;

Koers, A.J. (1982). Wege der Hilfe bei Kindesmisshandlung. In Bernecker, A./Merten, W./Wolff, R. (Hrsg.). Ohnmächtige Gewalt. Kindesmisshandlung: Folgen der Gewalterfahrungen und Hilfen. Reinbek: Rowohlt, 123-151

Kohlbeck, E. & Kiefl, W. (1989). Die Familie in der Implosionsspirale. Überlegungen zum Rückgang der Elternschaftsmotivation. Wiesbaden: Bundesinstitut für Bevölkerungswissenschaft

Kohlberg, L. (1974). Zur kognitiven Entwicklung des Kindes. Drei Aufsätze. Frankfurt/M.: Suhrkamp (Original 1969)

Köttgen, Ch. (1995). Seelische Behinderung von Kindern und Jugendlichen – die Bedeutung für den Hilfeauftrag der Jugendhilfe. In Die Eingliederung seelisch behinderter Kinder und Jugendlicher – eine neue Aufgabe der Jugendämter. Berlin: Verein für Kommunalwissenschaften e.V., 70-90

Kraußlach, J./Düwer, F.W./Fellberg, G. (1976). Aggressive Jugendliche. Jugendarbeit zwischen Kneipe und Knast. München: Juventa

Krieger, W. (1994). Der Allgemeine Sozialdienst. Rechtliche und fachliche Grundlagen für die Praxis des ASD. Reihe: Soziale Dienste und Verwaltung. Weinheim: Juventa

Krug, H./Grüner, H./Dalichau, G. (1999). Kinder- und Jugendhilfe, Sozialgesetzbuch (SGB) Achtes Buch (VIII). Kommentar. Starnberg: Schulz

Krumm, V. (1991). Wem gehört die Schule? Anmerkungen zu einem Missstand, mit dem fast alle zufrieden sind. In Gauthaler, H. & Zecha, G. (Hrsg.). Wissenschaft und Werte im Wandel. Wien, 22-44

Krumm, V. (1996). Schule und Familie – eine gestörte Beziehung? In Dokumentation zur Enquete „Schule und Familie: Eine gestörte Beziehung?" Graz: Amt der Steiermärkischen Landesregierung, 4-15

Krumm, V. (1997). Die Familie wandelt sich. Und die Schule? Über die Bereitschaft der Schule, sich den „neuen Eltern" und den „neuen" Kindern anzupassen. In Hochstrasser, F. u. a. (Hrsg.). Schule und Soziale Arbeit. Bern: Haupt (im Druck)

Kunkel, P.-C. (1993): Die Familiengerichtshilfe des Jugendamtes – Mitwirkung ohne Wirkung? Zeitschrift für das gesamte Familienrecht, 505

Kunkel, P.-C. (1997a). Jugendhilfe bei Legasthenie? Anmerkungen zum Urteil des VGH Baden-Württemberg, Zentralblatt für Jugendrecht 84, 315-317

Kunkel, P.-C. (1997b). Wider einen „Perspektivenwechsel" in der Jugendhilfe. Zeitschrift für das gesamte Familienrecht, 193-201

Kunkel, P.-C. (1998): Rechtsfragen der Hilfe zur Erziehung und der Hilfeplanung. Zentralblatt für Jugendrecht, 85, 205, 250

Kunkel, P.-C. (1999). Grundlagen des Jugendhilferechts – Systematische Darstellung für Studium und Praxis, 3. Aufl., Baden-Baden: Nomos

Kunkel, P.-C. (2001). Kinder- und Jugendhilfe. Lehr- und Praxiskommentar SGB VIII. Baden-Baden: Nomos

Künzel-Schön, M. (1996). Zur Kundenorientierung in der Sozialen Arbeit. Soziale Arbeit, 45, 74-80.

Kuschel, A. et al. (2000). Prävention von oppositionellen und aggressiven Verhaltensstörungen bei Kindern: Triple P – ein Programm zu einer positiven Erziehung. Kindheit und Entwicklung 9, 20-29

Kutchins, H./Kirk, S. (1988). The business of diagnosis. DSM-III and clinical social work. Social Work, 33, 215-220

Landesbeauftragte für den Datenschutz in Baden-Württemberg (1989). Datenschutz für unsere Bürger? 10.Tätigkeitsbericht. Stuttgart

Landeswohlfahrtsverband Baden, Landesjugendamt (1993). Arbeitshilfe für eine planvolle Hilfegestaltung nach dem KJHG. Hilfeplan nach § 36 KJHG. Karlsruhe

Landeswohlfahrtsverband Württemberg-Hohenzollern, Landesjugendamt (1992). Arbeitshilfe zum Hilfeplan nach § 36 KJHG. Stuttgart

Landkreistag und Städtetag Baden-Württemberg (1997). Vorläufige Empfehlungen für die Jugendhilfe zum Umgang mit Lese-/Rechtschreib-/Rechenschwäche

Lane, T.W./Davis, G.E. (1987). Child maltreatment and juvenile delinquency. Does a relation exist? In Burchard, J.D./Burchard, S.N. (eds.). Prevention of delinquent behavior. Newbury Park CA: Sage, 122-138

Langenfeld, Ch., Wiesner, R. (2004). Verfassungsrechtlicher Rahmen für die öffentliche Kinder- und Jugendhilfe bei Kindeswohlgefährdungen und seine einfachgesetzliche Ausführung In: DIJuF (Hrsg.), Verantwortlich handeln, Schutz und Hilfe bei Kindeswohlgefährdung, Saarbrücker Memorandum. Köln: Bundesanzeiger-Verlag, 45-81

Larson, N.R. (1986). Familientherapie mit Inzestfamilien. In Backe, L. u. a. (Hrsg.). Sexueller Missbrauch von Kindern in Familien. Köln: Deutscher Ärzte-Verlag, 104-117

Lehmkuhl, U. (1995). Angst und Depression als Muster häufig übersehener Störungen. In Schmidt, M.H/Holländer, A./ Hölzl, H. (Hrsg.) (1995). Psychisch gestörte Jungen und Mädchen in der Jugendhilfe. Zur Umsetzung von § 35 KJHG. Freiburg: Lambertus, 167-181

Leitner, W.G. (2000). Zur Mängelerkennung in familienpsychologischen Gutachten. Familie und Recht, 57-63

Lempert, W. (1988). Moralisches Denken. Essen: Neue Deutsche Schule

Lempert, W. (1993). Moralische Sozialisation im Beruf. Zeitschrift für Sozialisationsforschung und Erziehungssoziologie, 13, 2-35

Lempp, R. (1982). Die Ehescheidung und das Kind. 3. Aufl. München: Kösel

Lempp, R. (1983). Gerichtliche Kinder- und Jugendpsychiatrie. Bern: Huber

Lempp, R. (1984). Die Bindungen des Kindes und ihre Bedeutung für das Wohl des Kindes gemäß § 1671 BGB. Zeitschrift für das gesamte Familienrecht (FamRZ), 741-744

Lempp, R. (2006). Seelische Behinderung als Aufgabe der Jugendhilfe. § 35 a SGB VIII.5. Aufl. Stuttgart: Boorberg

Lerner, R.M./Busch-Rossnagel, N.A. (Eds.) (1981). Individuals as producers of their development. A life-span perspective. New York: Academic Press

Levine, R.A. (1977). Child rearing as cultural adaptation. In Leiderman, H.P./Tulkin, S.R./Rosenfeld, A. (eds.). Culture and infancy. New York: Academic Press

Levy, D.M. (1943). Maternal overprotection. New York: Columbia University Press

Lewin, K. (1936). Principles of Topological Psychology. New York: McGraw-Hill

Lewis, D.O./Mallouh, C./Webb, V. (1989). Child abuse, delinquency, and violent criminality. In Cichetti, D./Carlson, V. (eds.). Child maltreatment. Theory and research on the causes and consequences of child abuse and neglect. Cambridge, England: Cambridge University Press, 707-721

Lidz, Th./Cornelison, A./Fleck, S./Terry, D. (1972). Spaltung und Strukturverschiebung in der Ehe. In Bateson, G./Jackson, D.D./Haley, J. et al. (Hrsg.). Schizophrenie und Familie. Frankfurt/M.: Suhrkamp, 108-127

Limbach, J. (1989). Die gemeinsame elterliche Sorge geschiedener Eltern in der Rechtspraxis. Eine Rechtstatsachenstudie. In Bundesministerium der Justiz (Hrsg.). Bonn: Bundesanzeiger

Lindemann, K.-H. (1998). Objektivität als Mythos. Die soziale Konstruktion gutachterlicher Wirklichkeit. Eine Analyse der sprachpragmatischen Strukturen in Gutachten und Berichten der Sozialarbeit/Sozialpädagogik. Münster: LIT

Lösel, F./Breuer-Kreuzer, D. (1990). Metaanalyse in der Evaluationsforschung. Allgemeine Probleme und eine Studie über den Zusammenhang zwischen Familienmerkmalen und psychischen Auffälligkeiten bei Kindern und Jugendlichen. Zeitschrift für Pädagogische Psychologie, 4, 253-268

Lösel, F., Holzberger, D., Bender, D. (1999). Risk Assessment of Dangerous Carers: A Pilot Study on BridgeALERT in Germany. Unveröff. Bericht

Lühring, F. (1992). Die Berichtspflicht des Jugendgerichtshelfers und ihre Grenzen. Frankfurt/M.: Lang

Lüscher, K. (1976). Perspektiven einer Soziologie der Sozialisation. In Hurrelmann, K. (Hrsg.). Sozialisation und Lebenslauf. Reinbek: Rowohlt, 129-150

Lüscher, K./Stein, A. (1985). Die Lebenssituation junger Familien. Die Sichtweise der Eltern. Konstanz: Universitätsverlag

Lux, E. (1993). Jugendgerichtshilfestatistik. Methodik – Analysen – Perspektiven. Neuwied: Luchterhand

Maas, U. (1981). Sozialgeheimnis und Vertrauensverhältnis. Sozialmagazin, 10, 12-15 u. 66

Maas, U. (1993). Leistungen der Jugendhilfe als Sozialleistungen. Nachrichtendienst des Deutschen Vereins (NDV), 12, 465-472

Maas, U. (1994). Auswirkungen des Ersten Gesetzes zur Änderung des Achten Buches Sozialgesetzbuch (KJHG) auf die Arbeit der Jugendgerichtshilfe. Zentralblatt für Jugendrecht, 81, 68-71

Maas, U. (1996a). Soziale Arbeit als Verwaltungshandeln. Systematische Grundlegung für Studium und Praxis. 2., überarbeitete Aufl., Reihe: Soziale Dienste und Verwaltung. Weinheim/München: Juventa

Maas, U. (1996b). Der Hilfeplan nach § 36 und das jugendhilferechtliche Verwaltungsverfahren. Zentralblatt für Jugendrecht, 83, 113-156.

Maas, U. (1997). Das missverstandene KJHG. Zentralblatt für Jugendrecht 84, 70-76

Maas, U. (1999). Schutz von Sozialdaten – Kommentierung §§ 61-68 KJHG. In: Jans, K.-W./Happe, G./Saurbier, H./Maas, U. (Hrsg.). Kinder- und Jugendhilferecht. Kommentar. 3. Aufl. Stuttgart: Kohlhammer

Maas, U. (1998a). Hilfe zur Erziehung zwischen unbestimmtem Rechtsbegriff und Ermessen. Beiträge zum Recht der sozialen Dienste und Einrichtungen, 39, 1-16

Maas, U. (1998b). Beratung nach § 14 SGB I im Bereich der Jugendhilfe. Recht der Jugend und des Bildungswesens, 406-418

Maccoby, E./Mnookin, R. (1995). Die Schwierigkeiten der Sorgerechtsregelung. Zeitschrift für das gesamte Familienrecht (FamRZ), 42, 1-16

Maccoby, E.E./Depner, CH.E./Mnookin, R.H. (1990). Coparenting in the second year after divorce. Journal of Marriage and the Family, 52, 141-155

Mähler H.-G., Mähler, G. (1996). Licht und Schatten – Zum Umgang mit dem Gesetzesrecht in der Mediation. Familie. Partnerschaft, Recht, 16-20

Makarenko, A.S. (1988). Pädagogische Werke in acht Bänden. Berlin: Volk und Wissen

Malinowsky-Rummel, R./Hansen, D.J. (1993). Long-term consequences of childhood physical abuse. Psychological Bulletin, 114, 68-79

Mansel, J. (1995). Quantitative Entwicklung von Gewalthandlungen Jugendlicher und ihrer offiziellen Registrierung. Ansätze schulischer Prävention zwischen Anspruch und Wirklichkeit. Zeitschrift für Sozialisationsforschung und Erziehungssoziologie, 15, (2), 101-121

Marbach, J. H., Sozialberichterstattung über Kinder. In Akademie der Diözese Rottenburg-Stuttgart (Hrsg.). Kindsein ist kein Kinderspiel. Bedingungen des Aufwachsens in Deutschland. Stuttgart, 1998, 51-86.

Margalit, M./Ankonina, D.B. (1991). Positive and negative affect in parenting disabled children. Counseling Psychology, 4, 289-299

Marquardt, C. (1995). Rechtliche Maßnahmen zum Schutz des Kindes. In Enders, U. (Hrsg.). Zart war ich, bitter war's. Sexueller Missbrauch an Mädchen und Jungen. Erkennen – Schützen – Beraten. Köln: Kölner Volksblatt Verlag, 183-195

Marquit, C. (1986). Die Täter. Persönlichkeitsstruktur und Behandlung. In Backe, L. u. a. (Hrsg.). Sexueller Missbrauch von Kindern in Familien. Köln: Deutscher Ärzte-Verlag, 118-136

Martin, G./Cierpka, M. (1988). Die Strukturdiagnose. In Cierpka, M. (Hrsg.). Familiendiagnostik. Berlin: Springer, 48-67

Martinius, J. Amorosa, H. (Hrsg.) (1994). Teilleistungsstörungen. Berlin: Quintessenz

Martinius, J., Frank, R. (1990). Vernachlässigung, Missbrauch und Misshandlung von Kindern, Erkennen, Bewusstmachen und Helfen. Bern: Huber

Marx, A. (1999). Mediation und Sozialarbeit – Konflikte kooperativ lösen. Frankfurt: Deutscher Verein

Maslow, A.H. (1977). Motivation und Persönlichkeit. Olten: Walter

Mattaini, M./Kirk, S. (1991). Assessing assessment in social work. Social Work, 36, 260-266

Mayer-Baumgärtel, B. (1996). Eine Auswahl von Testverfahren und Fragebogen zur Diagnostik in familienrechtlichen Fragestellungen. Familie, Partnerschaft, Recht, 176–177

McCubbin, H.J./Patterson, J. (1983). Family transitions. Adaptation to stress. In McCubbin, H.J./Figley, C.R. (eds.). Coping with normative transitions. New York: Brunner/Mazel, 5-25

McCord, J. (1983). A forty year perspective on the effects of child abuse and neglect. Child Abuse and Neglect, 7, 265-270
McCubbin, H.J./Joy, C.B./Cauble, A.E. et al. (1980). Family stress and coping. A decade review. Journal of Marriage and the Family, 42, 125-141
McGee, R./Wolfe, D.A. (1991). Psychological maltreatment. Toward an operational definition. Development and Psychopathology, 3, 3-18
Mead, G.H. (1975). Geist, Identität und Gesellschaft. 2. Aufl. Frankfurt/M.: Suhrkamp (Original 1934)
Meiselman, K. (1978). Incest. San Francisco: Jossey Bass
Menne, K./Weber (1998). Beratung in Fragen der Partnerschaft, Trennung und Scheidung [§17 KJHG], Zentralblatt für Jugendrecht 85, 85-128
Merchel, J. (1994). Von der psychosozialen Diagnose zur Hilfeplanung. Aspekte eines Perspektivenwechsels in der Erziehungshilfe. In Institut für Soziale Arbeit (Hrsg.), Hilfeplanung und Betroffenenbeteiligung (44-63). Münster: Votum.
Merchel, J. (1996). Hilfeplanung als treibendes Element bei der Modernisierung der Jugendhilfe: Anmerkungen zur jugendhilfepolitischen Bedeutung des § 36 KJHG. In Faltermeier, J., Fuchs, P. u. a.: Hilfeplanung konkret. Praktische und fachpolitische Handlungsstrategien zur Qualitätssicherung in der Jugendhilfe. Frankfurt/M.: Deutscher Verein für öffentliche und private Fürsorge, 97-122
Merchel, J. (1998). Hilfeplanung bei den Hilfen zur Erziehung: § 36 SGB VIII. Stuttgart: Boorberg
Merchel, J./Schrapper, C. (1994). Abschlussbericht zum Projekt „Fachliche und organisatorische Gestaltung der Hilfeplanung nach § 36 KJHG" im Jugendamt Herne. Münster: Institut für Soziale Arbeit.
Merchel, J. (2003). Der Umgang mit der „Garantenstellung" des Jugendamtes und die „Regeln der fachlichen Kunst". Zentralblatt für Jugendrecht, 249-257
Merton, R.K. (1974). Sozialstruktur und Anomie. In Sack, F./König, R. (Hrsg.). Kriminalsoziologie. 2. Aufl. Frankfurt/M.: Akademische Verlagsgesellschaft, 283-313
Miller, A. (1979). Das Drama des begabten Kindes. Frankfurt/M.: Suhrkamp
Miller, A. (1980). Am Anfang war Erziehung. Frankfurt/M.: Suhrkamp
Millhoffer, P. (1973). Familie und Klasse. Ein Beitrag zu den Konsequenzen familialer Sozialisation. Frankfurt/M.
Ministerium für Kultus, Jugend und Sport Baden-Württemberg in Zusammenarbeit mit dem Landesverband Legasthenie Baden-Württemberg e. V. (1997). Lese- und Rechtschreibprobleme in der Grundschule. Prävention, Diagnose, Förderung, Leistungsmessung. Stuttgart
Minsel, B. (1993). Modellversuch Familie leben lernen. Abschlussbericht. München: Staatsinstitut f. Frühpädagogik u. Familienforschung. Heft 10
Minuchin, S. (1977). Familie und Familientherapie. Theorie und Praxis struktureller Familientherapie. Freiburg: Lambertus
Minuchin, S./Fishman, H.Ch. (1985). Praxis der strukturellen Familientherapie. Freiburg: Lambertus
Mitnick, M. (1986). Inzestuös missbrauchte Kinder. Symptome und Behandlungsmethoden. In Backe, L. u. a. (Hrsg.). Sexueller Missbrauch von Kindern in Familien. Köln: Deutscher Ärzte-Verlag, 83-103
Möbius, P.J. (1908). Über den physiologischen Schwachsinn des Weibes. 9. Aufl. Halle

Mollenhauer, K./ Uhlendorff, U. (1992). Sozialpädagogische Diagnosen. Über Jugendliche in schwierigen Lebenslagen. Weinheim: Juventa

Mollenhauer, K. (1992). Jugendhilfe. Modernitätsanforderungen und Traditionsbestände für die sozialpädagogische Zukunft. In Rauschenbach, T./Gängler, V. (Hrsg). Soziale Arbeit in der Risikogesellschaft. Neuwied: Luchterhand 101-117

Möller, K. (1993). Rechtsextremismus bei (jüngeren) Jugendlichen. Ursachenkontexte und Herausforderungen für die pädagogische Forschung und Praxis: Vortrag auf dem 1. Forschungstag der Fachhochschulen in Baden-Württemberg. Pforzheim, 30.03.1993

Momber, R. (1982). Die Ermittlungstätigkeit der Jugendgerichtshilfe und ihr Einfluss auf die Entscheidung des Jugendgerichts. Jur. Dissertation. Göttingen

Montada, L. (1985). Entwicklungsberatung als angewandte Entwicklungspsychologie. In Brandstätter, J./Gräser, H. (Hrsg.). Entwicklungsberatung unter dem Aspekt der Lebensspanne. Göttingen: Hogrefe, 30-43

Montada, L., Kals, E. (2001). Mediation – Lehrbuch für Psychologen und Juristen. Weinheim: Beltz, PVU

Moritz, H. (1989). Die (zivil-)rechtliche Stellung der Minderjährigen und Heranwachsenden innerhalb und außerhalb der Familie. Berlin: Duncker und Humblodt

Mörsberger, T./Restemeier, J. (Hrsg.) (1997). Helfen mit Risiko. Zur Pflichtenstellung des Jugendamtes bei Kindesvernachlässigung. Neuwied: Luchterhand

Müller, C.W. (1999). Wie Helfen zum Beruf wurde. Weinheim: Juventa

Müller, H./Lempp, R. (1989). Einvernehmliche Vorschläge der Eltern in Sorgerechtsverfahren. Welche Faktoren beeinflussen die Entscheidung der Eltern? Zentralblatt für Jugendrecht, 76, 269-271

Müller-Luckmann, E. (1959). Über die Glaubwürdigkeit kindlicher und jugendlicher Zeugen bei Sexualdelikten. Stuttgart

Müller-Luckmann, E. (1967). Aussagepsychologie. In Ponsold, A. (Hrsg.). Lehrbuch der gerichtlichen Medizin. 3. Aufl. Stuttgart, 109-115

Münder, J. (1990). Das Verhältnis Minderjähriger – Eltern – Jugendhilfe. Zentralblatt für Jugendrecht, 77, 488-493

Münder, J. (1996). Von der Fürsorge zur Dienstleistung. Jugendhilfe im gesellschaftlichen Wandel. In J. Faltermeier, P. Fuchs u. a.: Hilfeplanung konkret. Praktische und fachpolitische Handlungsstrategien zur Qualitätssicherung in der Jugendhilfe. Frankfurt/M.: Deutscher Verein für öffentliche und private Fürsorge

Münder, J. u. a. (1993). Frankfurter Lehr- und Praxiskommentar zum Kinder- und Jugendhilfegesetz. 2. Aufl. Münster: Votum

Münder, J. u. a. (1998). Frankfurter Lehr- und Praxiskommentar zum Kinder- und Jugendhilfegesetz. 3. überarbeitete Aufl. Münster: Votum (5. Aufl. 2006, Weinheim: Juventa)

Münder, J./Mutke, B./Schone, R. (1997). Kindeswohl zwischen Jugendhilfe und Justiz. Münster: Votum

Murray, H.A. (1938). Explorations in personality. A clinical and experimental study of fifty men of college age. New York: University Press

Napp-Peters, A. (1978). Adoption. Das alleinstehende Kind und seine Familie. Geschichte, Rechtsprobleme und Vermittlungspraxis. Neuwied: Luchterhand

Napp-Peters, A. (1988). Kinder aus Scheidungsfamilien. Familienbeziehungen und psychosoziale Entwicklung. Jugendwohl – Zeitschrift für Kinder- und Jugendhilfe, 69, 495-503

Nauck, B. (1989). Individualistische Erklärungsansätze in der Familienforschung. Die rational-choice-Basis von Familienökonomie, Ressourcen- und Austauschtheorien. In Nave-Herz, R./Markefka, M. (Hrsg.). Handbuch der Familien- und Jugendforschung. Band 1: Familienforschung. Neuwied: Luchterhand, 45-61

Naumann, K. (1996). Verlaufsuntersuchungen und kovariierende Störungsbilder. Kindheit und Entwicklung 5, 93-99.

Nave-Herz, R. u. a. (1990). Scheidungsursachen im Wandel. Eine zeitgeschichtliche Analyse des Anstiegs der Ehescheidungen in der Bundesrepublik Deutschland. Bielefeld: Kleine

Nelson, K.E./Saunders, E.J./LanDSMan, M.J. (1993). Chronic child neglect in perspective. Social Work, 38, 662-671

Nielsen, H./Nielsen, K./Müller, C.W. (1986). Sozialpädagogische Familienhilfe. Probleme, Prozesse und Langzeitwirkungen. Weinheim: Beltz

Nix, Ch. (Hrsg.) (1993). Kurzkommentar zum Jugendgerichtsgesetz. Weinheim: Beltz

Nock, S.L. (1988). The family and hierarchy. Journal of Marriage and the Family, 50, 957-966

Norwood, R. (1987). Wenn Frauen zu sehr lieben. Die unheimliche Sucht, gebraucht zu werden. Reinbek: Rowohlt

Nunner-Winkler, G. (Hrsg.) (1991). Weibliche Moral. Die Kontroverse um eine geschlechtsspezifische Ethik. Frankfurt/M.: Campus

Nye, F.I. (1979). Choice, exchange, and the family. In Burr, W.R./Hill, R./Nye, F.I. et al. (eds.). Contemporary theories about the family. Vol 2. New York: Free Press, 1-41

Oberloskamp, H. (1992). Die Zusammenarbeit von Vormundschafts-/Familiengericht und Jugendamt. Zeitschrift für das gesamte Familienrecht (FamRZ), 1241-1249

Oberloskamp, H. (1993). Wie adoptiere ich ein Kind? Wie bekomme ich ein Pflegekind? Rechtliche Erfordernisse und Folgen, Kindesvermittlung, behördliche und gerichtliche Verfahren. 3. Aufl. München: Beck

Oberloskamp, H./Balloff, R./Fabian, T. (2001). Gutachtliche Stellungnahmen in der Sozialen Arbeit. 6. Aufl., Neuwied: Luchterhand

Oelkers, H (1999). Das neue Sorge- und Umgangsrecht – Grundzüge und erste Erfahrungen, Zentralblatt für Jugendrecht 86, 263-266

Oelkers, H. (1997). Die Rechtsprechung zum Sorge- und Umgangsrecht – Zweites Halbjahr 1995 bis Anfang 1997. Zeitschrift für das gesamte Familienrecht (FamRZ), 44, 779-791

Oelkers, H./Kasten, H./Oelkers, A. (1994). Das gemeinsame Sorgerecht nach Scheidung in der Praxis des Amtsgerichts Hamburg – Familiengericht. Zeitschrift für das gesamte Familienrecht (FamRZ), 41, 1080-1083

Oerter, R. (1995). Kultur, Ökologie und Entwicklung. In Oerter, R./Montada, L. (Hrsg.). Entwicklungspsychologie. Ein Lehrbuch. 3. Aufl. München/Weinheim: Psychologie Verlags Union, 87-128

Oerter, R./Montada , L. (Hrsg.) (1995). Entwicklungspsychologie. Ein Lehrbuch. 3. Aufl. München/Weinheim: Psychologie Verlags Union

Olbrich, H. M., Fritze, J., Lanczik, M. H., Vauth, R. (1999). Schizophrenie und andere psychotische Störungen. In M. Berger (Hrsg.). Psychiatrie und Psychotherapie. München, Wien, Baltimore: Urban & Schwarzenberg

Oliver, J.E. (1993). Intergenerational transmission of child abuse. Rates, research, and clinical implications. American Journal of Psychiatry, 150, 1315-1324

Ollmann, R. (1997). Einflussfaktoren in familien- und vormundschaftsgerichtlichen Verfahren, Zeitschrift für das gesamte Familienrecht, 321-326

Olson, D.H./McCubbin, H.J./Barnes, H.L. (1989). Families. What makes them work. Newbury Park: Sage

Onnis, L./Tortolani, D./Cancrini, L. (1986). Systematic research on chronicity factors in infantile asthma. Family Process, 25, 107-122

Ortmann, F. (1996). Neue Steuerungsformen in der Verwaltung und Soziale Arbeit. Nachrichtendienst des Deutschen Vereins für öffentliche und private Fürsorge, 76, 62-67.

Ory, M./Earp, J. (1980). Child maltreatment. An analysis of familial and institutional predictors. Journal of Family Issues, 1, 339-356

Oser, F./Althof, W. (1997). Moralische Selbstbestimmung. Modelle der Entwicklung und Erziehung im Wertebereich. Stuttgart: Klett-Cotta

Osofsky, J.K./Connors, K. (1979). Mother-infant-interaction. An integrative view of a complex system. In Osofsky, J.D. (ed.). Handbook of infant development. New York: Wiley, 519-549

Ostendorf, H. (1997). Jugendgerichtsgesetz. Kommentar. 2. Aufl. Köln: Heymann

Palandt, O. (2006). Bürgerliches Gesetzbuch. Kommentar. Bearb. von Bassenge, P./Brudermüller, G./Diederichsen, U./Edenhofer, W. et al.. 59. Aufl. München: Beck'sche Verlagsbuchhandlung

Patterson, G.R. (1982). Coercive family process. Eugene,OR.: Castalia

Paul, Ch./Sommer, B. (1993). Ehescheidungen 1990/91. Wirtschaft und Statistik, 1, 43-47

Pawlik, K. (1982). Modell- und Praxisdimensionen psychologischer Diagnostik. In Pawlik, K. (Hrsg.). Diagnose der Diagnostik. 2. Aufl. Stuttgart: Klett-Cotta, 13-43

Pawlik, K. (1986). Felddaten für psychologische Diagnostik. Göttingen: Hogrefe. Bericht über den 35. Kongreß für Psychologie in Heidelberg, Band 1, 273

Pearlin, L. (1987). The stress process and strategies of intervention. In Hurrelmann, K./Kaufmann, F.-X./Lösel, F. (eds.). Social intervention. Potential and constraints. Berlin: De Gruyter, 53-72

Permien, H. (1988). Zwischen Existenznöten und Emanzipation. Alleinerziehende Eltern. In Deutsches Jugendinstitut (Hrsg.). Wie geht's der Familie? München, 89-97

Peter, J.W. (1996). Schreiben ist eine Schlüsselqualifikation Sozialer Arbeit. Blätter der Wohlfahrtspflege, 143, 34-35

Petermann, F. (1987). Diagnostik in Familien mit verhaltensgestörten Kindern. Handeln nach dem Konzept der kontrollierten Praxis. In Schiepek, G. (Hrsg.). Systeme erkennen Systeme. München/Weinheim: Psychologie Verlags Union, 194-209

Petermann, F. (Hrsg.) (2000). Lehrbuch der Klinischen Kinderpsychologie und -psychotherapie. Modelle psychischer Störungen im Kindes- und Jugendalter. Göttingen: Hogrefe

Petermann, F./Petermann, U. (2000). Training mit aggressiven Kindern. 4. Aufl. München: Urban und Schwarzenberg

Petermann, F./Schmidt, M. (Hrsg.) (1995). Der Hilfeplan nach § 36 KJHG. Eine empirische Studie über Vorgehen und Kriterien seiner Erstellung. Erstellt im

Auftrag des Deutschen Caritasverbandes und des Verbandes katholischer Einrichtungen der Heim- und Heilpädagogik. Freiburg: Lambertus.

Petermann, U./Petermann, F. (1996). Voraussetzungen, Anforderungen und Effekte von Verhaltenstrainings mit Kindern. Kindheit und Entwicklung, 5, 129-132.

Peters, F. (Hg.) (1999). Diagnosen – Gutachten – hermeneutisches Fallverstehen. Rekonstruktive Verfahren zur Qualifizierung individueller Hilfeplanung. Frankfurt/M.: Internationale Gesellschaft für erzieherische Hilfen

Peterson, J.L./Zill, N. (1986). Marital disruption, parent-child relationships, and behavior problems in children. Journal of Marriage and the Family, 49, 295-307

Pfeiffer, C., Wetzels, P., Enzmann, D. (1999). Innerfamiliäre Gewalt gegen Kinder und Jungendliche und ihre Auswirkungen. Hannover: Kriminologisches Forschungsinstitut Niedersachsen e.V.

Piaget, J. (1975). Gesammelte Werke. Bände 1-10. Stuttgart: Klett-Cotta

Piaget, J. (1986). Das moralische Urteil beim Kinde. Stuttgart: dtv/Klett-Cotta (Original 1932)

Pianta, R./Egeland, B./Erickson, M.F. (1989). The antecedents of maltreatment. Results of the mother-child interaction research project. In Cicchetti, D./Carlson, V. (eds.). Child maltreatment. Theory and research on the consequences of child abuse and neglect. Cambridge: Cambridge University Press, 203-253

Polansky, N./Ammon, P./Gaudin, J. (1985). Loneliness and isolation in child neglect. Social Casework, 66, 38-47

Polansky, N./Chalmers, M./William, D. (1981). Damaged parents. An anatomy of neglect. Chicago: University of Chicago Press

Pollock, V.E./Briere, J./Schneider, L. et al. (1990). Childhood antecedents of antisocial behavior. Parental alcoholism and physical abusiveness. American Journal of Psychiatry, 147, 1290-1293

Postman, N. (1990). Das Verschwinden der Kindheit. 81.-90. Tsd. Frankfurt/M.: Fischer

Postman, N. (1992). Das Technopol. Die Macht der Technologien und die Entmündigung der Gesellschaft. Frankfurt: Fischer

Poustka, F. (1988). Kinderpsychiatrische Untersuchungen. In Remschmidt, H./ Schmidt, M.H. (Hrsg.). Kinder- und Jugendpsychiatrie in Klinik und Praxis. Band I: Grundprobleme, Pathogenese, Diagnostik, Therapie. Stuttgart: Thieme, 478-511

Pressel, I. (1981). Modellprojekt Familienhilfe in Kassel. Bericht der wissenschaftlichen Begleitung. Frankfurt/M.: Deutscher Verein f. öff. u. priv. Fürsorge

Presting, G. (1991). Erziehungs- und Familienberatung. Untersuchung zur Entwicklung, Inanspruchnahme und Perspektiven. Weinheim: Juventa

Preuss-Lausitz, U. (1990). Kinder zwischen Selbständigkeit und Zwang. Widersprüche in der Schule. In Preuss-Lausitz, U., Rülcker, T., Zeiher, H. (Hrsg.). Selbständigkeit für Kinder – die große Freiheit? Kinder zwischen pädagogischen Zugeständnissen und gesellschaftlichen Zumutungen. Weinheim: Beltz, 54-68

Pritchard, C. (1993). Kindestötungen: Die extremste Form der Kindesmisshandlung. Ein internationaler Vergleich zwischen Baby-, Kleinkind- und Kindestötung als ein Indikator für den Schutz dieser Gruppen. Nachrichtendienst des Deutschen Vereins (NDV), 73, 65-72

Proksch, R. (1996). Praxiseinführung eines Modellkonzeptes kooperativer Vermittlung Mediation. Familie, Partnerschaft, Recht, 8-13

Proksch, R. (2002). Rechtstatsächliche Untersuchung zur Reform des Kindschaftsrechts. Köln: Bundesanzeiger Verlag
Quensel, St. (1971). Delinquenzbelastung und soziale Schicht bei nichtbestraften männlichen Jugendlichen. Monatsschrift für Kriminologie, 54, 64ff.
Raack, G. (1990). Das sind die Beine, die sind zum Weglaufen. Diagnostik anhand von Kinderzeichnungen. In Enders, U. (Hrsg.). Zart war ich, bitter war's. Sexueller Missbrauch an Mädchen und Jungen. Erkennen – Schützen – Beraten. Köln: Kölner Volksblatt Verlag, 144-150
Rauchfleisch, U. (1981). Dissozial. Entwickung, Struktur und Psychodynamik dissozialer Persönlichkeiten. Göttingen: Vandenhoeck & Ruprecht
Rauh, H. (1995). Frühe Kindheit. In Oerter, R./Montada, L. (Hrsg.). Entwicklungspsychologie. Ein Lehrbuch. 3. Aufl. München/Weinheim: Psychologie Verlags Union, 167-248
Rebmann, K. (Hrsg.) (2006). Münchener Kommentar zum BGB. München: Beck
Redl, F./Wineman, D. (1979). Kinder, die hassen. Auflösung und Zusammenbruch der Selbstkontrolle. München: Piper
Reg.E.Begr.: Begründung zum Regierungsentwurf des KJHG (1989). In BMJFFG (Hrsg.) a.a.O.
Rehermann, P. (1994). Fallpauschalen und Qualitätssicherung. In E. Knappe & S. Burger (Hrsg.), Wirtschaftlichkeit und Qualitätssicherung in sozialen Diensten (57-84). Frankfurt: Campus.
Remschmidt, H. (1985). Klassifikation kinder- und jugendpsychiatrischer Erkrankungen und Störungen. In Remschmidt, H./Schmidt, M.H. (Hrsg.). Kinder- und Jugendpsychiatrie in Klinik und Praxis. Band II, Entwicklungsstörungen, organisch bedingte Störungen, Psychosen, Begutachtung. Stuttgart: Thieme, 21-27
Remschmidt, H. (1986). Was wird aus kinderpsychiatrischen Patienten? Methodische Überlegungen und Ergebnisse. In Schmidt, H., Drömann, S.: Langzeitverlauf kinder- und jugendpsychiatrischer Störungen. Stuttgart: Enke, 1-14
Remschmidt, H. (1992). Psychiatrie der Adoleszenz. Stuttgart: Thieme
Remschmidt, H. (1995). Grundlagen psychiatrischer Klassifikation und Psychodiagnostik. In, F. (Hrsg.), Lehrbuch der Klinischen Kinderpsychologie. Modelle psychischer Störungen im Kindes- und Jugendalter. Göttingen: Hogrefe, 3-52
Remschmidt, H./Merschmann, W./Walter, R. (1975). Zum Dunkelfeld kindlicher Delinquenz. Eine Erhebung an 493 Probanden. Monatsschrift für Kriminologie, 58, 133ff
Remschmidt, H./Schmidt, M.H. (2000). Kinder- und Jugendpsychiatrie in Klinik und Praxis. Band III: Alterstypische, reaktive und neurotische Störungen. Stuttgart: Thieme
Remschmidt, H./Schmidt, M.H. (2001). Multiaxiales Klassifikationsschema für psychische Störungen des Kindes- und Jugendalters nach ICD-10 der WHO. 3. Aufl. Bern: Huber
Richmond, M. (1917). Social Diagnosis. New York: Russel Sage Foundation
Richter, H.E. (1963). Eltern, Kind, Neurose. Die Rolle des Kindes in der Familie. Stuttgart: Klett
Riemann, F. (1985). Grundformen der Angst. Eine tiefenpsychologische Studie. München: Reinhard
Römer-Wolf, B./Theilmann-Braun, C. (2003). Mediation von Partnerschaftskonflikten. In: M. Weber, H.-W. Eggemann-Dann, H. Schilling (Hrsg.), Beratung bei Konflikten. Weinheim: Juventa

Rohde-Dachser, C. (1986). Borderlinestörungen. In Kisker, H. u.a., Hrsg., Psychiatrie der Gegenwart 1, 125-150
Rolff, H.G./Zimmermann, P. (1990). Kindheit im Wandel. Weinheim: Beltz
Rolfus, H. & Pfister, A. (1867). Real-Enzyclopädie des Erziehungs- und Unterrichtswesens nach katholischen Prinzipien. Bd. 1-4. Mainz
Rollins, B.C./Thomas, D.L. (1979). Parental support, power, and control techniques in the socialisation of children. New York: Free Press, 317-364
Rothman, J./Smith, W./Nakashima, J., Paterson, M.A., Mustin, J.(1996). Client self-determination and professional intervention: Striking a balance. Social Work 41, 396-405
Rotter, J.B. (1966). Generalized expectancies for internal versus external control of reinforcement. Psychological Monographs, 80, No 6, 1-28
Rotter, J.B./Chance, J.E./Phares, E.J. (1972). Application of a social learning theory of personality. New York: Holt, Rinehart & Winston
Rülcker, T. (1990). Moralische Alltagstheorien von Kindern. In Preuss-Lausitz, U./ Rülcker, T./Zeiher, H. (Hrsg.). Selbständigkeit für Kinder – die große Freiheit? Kinder zwischen pädagogischen Zugeständnissen und gesellschaftlichen Zumutungen. Weinheim: Beltz, 192-205
Rush, F. (1982). Das bestgehütete Geheimnis. Sexueller Kindesmissbrauch. Berlin: sub rosa Frauenverlag
Russel, D.E.H. (1985). The secret trauma. Incest in the lives of girls and women. New York: Basic Books
Rutschky, K. (1992). Erregte Aufklärung. Kindesmissbrauch: Fakten und Fiktionen. Hamburg: Klein
Rutter, M. (1978). Bindung und Trennung in der frühen Kindheit. Forschungsergebnisse zur Mutterdeprivation. München: Juventa
Rutter, M. (1981). Hilfen für milieugeschädigte Kinder. München: Reinhardt
Rutter, M./Tizard, J./Whitmore, K. (eds.) (1970). Education, health and behavior: Longmans
Sack, F. (1974). Neue Perspektiven der Kriminalsoziologie. In Sack, F./König, R. (Hrsg.). Kriminalsoziologie. Frankfurt/M.: Akad. Verl.ges., 431-475
Salgo, L. (1993). Der Anwalt des Kindes. Die Vertretung von Kindern in zivilrechtlichen Kindesschutzverfahren – eine vergleichende Studie. Bonn: Bundesanzeiger
Salgo, L. (1999). Gesetzliche Grundlagen der Verfahrenspflegschaft im Kindschaftsrechtsreformgesetz, Evangelische Akademie Bad Boll, Protokolldienst 1, 16-28
Salomon, A. (1926). Soziale Diagnose. Berlin: Teubner
Salter, A.C. (1988). Treating children of sex offenders and victims. Newbury Park, CA: Sage
Salzgeber, J. (1992). Der psychologische Sachverständige im Familiengerichtsverfahren. 2. Aufl. München: Beck
Salzgeber, J./Höfling, S. (1993). Familienpsychologische Begutachtung. Rahmenbedingungen und Möglichkeiten psychologischer Intervention. Zentralblatt für Jugendrecht, 80, 238-245
Salzgeber,J./Zemann, A. (1996). Psychologische Verfahren bei der Begutachtung im Sorge- und Umgangsrechtsverfahren. Familie, Partnerschaft, Recht, 2, 168-175.

Sander, A. (1978). Neue Ansätze für die Klassifikation Behinderter. Zeitschrift für Heilpädagogik, 29, 766-768

Schaffer, H.R. (1971). The growth of sociability. London: Penguin

Schaffer, H.R./Emerson, P. (1964). The development of social attachment in infancy. Monographs of the Society for Research in Child Development, 164, 29, No. 3

Schaffstein, F./Beulke, W. (1998). Jugendstrafrecht. Eine systematische Darstellung. 10. Aufl. Stuttgart: Kohlhammer

Scheff, Th. (1980). Das Etikett „Geisteskrankheit". Soziale Interaktion und psychische Störung. Frankfurt/M.: Fischer Taschenbuch Verlag

Schellhorn, W./Jirasek, H./ Seipp, P. (1999). Kommentar zum Bundessozialhilfegesetz. Für Ausbildung, Praxis und Wissenschaft. 14. Aufl. Neuwied: Luchterhand

Schiffler, H. & Winkeler, R. (1991). Bilderwelten der Erziehung. Die Schule im Bild des 19. Jahrhunderts. Weinheim: Juventa

Schleicher, H. (2003). Familie und Recht. 2. Aufl., Troisdorf: Fortis

Schmidbauer, W. (1986). Die hilflosen Helfer. Reinbek: Rowohlt

Schmidt, M.H / Holländer, A./ Hölzl, H. (Hrsg.) (1995). Psychisch gestörte Jungen und Mädchen in der Jugendhilfe. Zur Umsetzung von § 35 KJHG. Freiburg: Lambertus

Schmidt, M.H. (1985). Psychische Entwicklung und ihre Varianten in der Kindheit. In Remschmidt, H./Schmidt, M.H. (Hrsg.). Kinder- und Jugendpsychiatrie in Klinik und Praxis. Band II, Entwicklungsstörungen, organisch bedingte Störungen, Psychosen, Begutachtung. Stuttgart: Thieme, 2-12

Schmidt, M.H. (1990). Die Untersuchung abgelehnter und/oder vernachlässigter Säuglinge aus der Kohorte von 362 Kindern der Mannheim-Studie. In Martinius, J./Frank, R.: Vernachlässigung, Missbrauch und Misshandlung von Kindern. Erkennen, Bewusstmachen und Helfen. Bern: Huber, 15-21

Schmidt, M.H./Esser, G./Moll, G.H. (1991). Der Verlauf hyperkinetischer Syndrome in klinischen und Feldstichproben. Zeitschrift für Kinder- und Jugendpsychiatrie 19, 240-253

Schmidtke, A. (1980). Klassifikation psychischer Störungen. In Wittling, W. (Hrsg.). Handbuch der Klinischen Psychologie. Band 3: Verhaltensstörungen: Konzepte und Determinanten. Hamburg: Hoffmann & Campe, 62-149

Schneewind, K.A. (1979). Sozialisation unter entwicklungspsychologischer Perspektive. In Montada, L. (Hrsg.). Brennpunkte der Entwicklungspsychologie. Stuttgart: Kohlhammer, 288-299

Schneewind, K.A. (1988). Das familiendiagnostische Testsystem (FDTS). Ein Fragebogeninventar zur Erfassung familiärer Beziehungsaspekte auf unterschiedlichen Beziehungsebenen. In Cierpka, M. (Hrsg.). Familiendiagnostik. Heidelberg: Springer, 320-342

Schneewind, K.A. (1995). Familienpsychologie. Stuttgart: Kohlhammer

Schneewind, K.A./Beckmann, M./Engfer, A. (1983). Eltern und Kinder. Stuttgart: Kohlhammer

Schneewind, K. A. (1995). Familienentwicklung. In Oerter, R./Montada, L. (Hrsg.). Entwicklungspsychologie. Ein Lehrbuch. 3. Aufl. München/Weinheim: Psychologie Verlags Union, 128-166

Schone, R. u. a. (2003), Kinder in Not. Weinheim: Juventa

Schreiner, G. (1983). Moralische Entwicklung und Erziehung. Braunschweig: Westermann

Schröder, H. (1995). Jugend und Modernisierung. Strukturwandel der Jugendphase und Statuspassagen auf dem Weg zum Erwachsensein. Weinheim: Juventa

Schwab, D. (1995). Handbuch des Scheidungsrechts. München

Schwab, D./Wagenitz, T. (1997). Einführung in das neue Kindschaftsrecht. Zeitschrift für das gesamte Famlienrecht, 44, 1377-1383

Schwark, B., Schmidt, S., Strauß, B. (2000). Eine Pilotstudie zum Zusammenhang von Bindungsmustern und Problemwahrnehmung bei neun- bis elfjährigen Kindern mit Verhaltensauffälligkeiten, Praxis der Kinderpsychologie und Kinderpsychiatiatrie 49, 340-350

Schwarz, M./Orth, H. (1997). Förderung durch „LRS-Schulen" in Mannheim. In Ministerium für Kultus, Jugend und Sport Baden-Württemberg (Hrsg.). Lese- und Rechtschreibprobleme in der Grundschule. Prävention, Diagnose, Förderung, Leistungsmessung. Stuttgart, 54-73

Sedney, M.A./Brooks, B. (1984). Factors associated with a history of childhood sexual experience in a nonclinical female population. Journal of the American Academy of Child Psychiatry, 23, 215-218

Seidel, G. (1988). Die Jugendgerichtshilfe in ihrer Ermittlungsfunktion und ihr Einfluss auf richterliche Entscheidungen im Jugendstrafverfahren gegen weibliche Jugendliche. Frankfurt/M.: Jur. Diss. Univ.

Seligman, M.E.P. (1999). Erlernte Hilflosigkeit. 3. Aufl. München/Weinheim: Psychologie Verlags Union

Selman, R.L. (1984). Die Entwicklung des sozialen Verstehens. Entwicklungspsychologische und klinische Untersuchungen. Frankfurt/M.: Suhrkamp

Shapiro, J.P. (1991). Interviewing children about psychological issues associated with sexual abuse. Psychotherapy, 28, 1, 55-66

Shepherd, M./Oppenheimer, B./Mitchell, S. (1971). Childhood behavior and mental health. London: University of London Press

Sicoly, F. (1989). Computer-aided decisions in human services. Expert systems and multivariate models. Computers in Human Behavior, 5, 47-60

Sidebotham, P. et al. (2002). Child maltreatment in the „children of the nineties": deprivation, class, and social networks in a UK sample. Child Abuse & Neglect, 26, 1243-1259

Specht, F. (1985). Dissozialität, Delinquenz, Verwahrlosung. In Remschmidt, H./ Schmidt, M.H. (Hrsg.). Kinder- und Jugendpsychiatrie in Klinik und Praxis. Band III: Alterstypische, reaktive und neurotische Störungen. Stuttgart: Thieme, 275-297

Specht, F. (1995). Beeinträchtigungen der Eingliederungsmöglichkeiten durch psychische Störungen. Begrifflichkeiten und Klärungserfordernisse bei der Umsetzung von § 35a des Kinder- und Jugendhilfegesetzes. Praxis der Kinderpsychologie und Kinderpsychiatrie, 44, 343-349

Spiegel, H. von (1994). Selbstevaluation als Mittel beruflicher Qualifizierung. In M. Heiner (Hrsg.), Selbstevaluation als Qualifizierung in der Sozialen Arbeit. Fallstudien aus der Praxis (11-55). Freiburg: Lambertus.

Spitz, R. (1945). Hospitalism. An inquiry into the genesis of psychiatric conditions in early childhood. Psychoanalytic Study of the Child, 1, 53ff.

Spitz, R. (1967). Vom Säugling zum Kleinkind. Stuttgart: Klett

Spitznagel, A. (1982). Die diagnostische Situation. In Groffmann, K.-J./Michel, L. (Hrsg.). Enzyklopädie der Psychologie. Themenbereich B: Methodologie und Methoden, Serie II, Psychologische Diagnostik. Band 1, Grundlagen psychologischer Diagnostik. Göttingen: Hogrefe, 248-294

Spranger, E. (1955). Psychologie des Jugendalters. 24. Aufl. Heidelberg: Quelle und Meyer (Original 1924)
Staabs von, G. (1964). Der Sceno-Test. Handbuch. 3. Aufl. Bern: Huber
Stadt Dormagen (Hrsg.) (2001). Dormagener Qualitätskatalog der Jugendhilfe. Opladen
Stadtjugendamt Mannheim (o.J.). Neues Steuerungsmodell der KGST, Produktbörse Bawü und Verwaltungsumbau in Mannheim – Innovationsschub oder Kahlschlag für die Jugendhilfe? Erstes Positionspapier zum Einstieg in die Diskussion innerhalb des Jugendhilfebereichs. Mannheim: unveröffentlicht.
Staub-Bernasconi, S. (1994). Soziale Probleme – soziale Berufe – soziale Praxis. In M. Heiner, M. Meinhold, H. von Spiegel, S. Staub-Bernasconi: Methodisches Handeln in der Sozialen Arbeit. Freiburg i. B.: Lambertus
Steele, B.F./Pollock, C.B. (1986). A psychiatric study of parents who abuse infants and small children. In Helfer, R.E./Kempe, C.H. (eds.). The battered child. Chicago/Ill.: University of Chicago Press, 103-147
Steinberg, L. (1987). Single parents, stepparents, and adolescents' academic self-concepts. An effort to solve the puzzle of separation effects. Journal of Marriage and the Family, 52, 107-118
Steinhage, R. (1989). Sexueller Missbrauch an Mädchen. Reinbek: Rowohlt
Steinkamp, G./Stief, W.H. (1978). Lebensbedingungen und Sozialisation. Die Abhängigkeit von Sozialisationsprozessen in der Familie von ihrer Stellung im Verteilungssystem ökonomischer, sozialer und kultureller Ressourcen und Partizipationschancen. Opladen: Westdeutscher Verlag
Steinman, S. (1981). The experience of children in a joint-custody arrangement. A report of a study. American Journal of Orthopsychiatry, 51, 403-414
Steinman, S./Zemmelman, S.E./Knoblauch, Th. M. (1985). A study of parents who sought joint custody following divorce. Who reaches agreements and sustains joint custody and who returns to court. Journal of the American Academy of Child Psychiatry, 545-554
Steller, M./Köhnken, G. (1989). Statement analysis. Credibility assessment of children's testimonies in sexual abuse cases. In Raskind, D.C. (ed.). Psychological methods in criminal investigation and evidence. New York: Springer, 217-245
Stierlin, H. (1978). Delegation und Familie. Frankfurt/M.: Suhrkamp
StJB (Statistisches Jahrbuch für die Bundesrepublik Deutschland) (1999). Statistisches Bundesamt (Hrsg.). Wiesbaden: Metzler/Poeschel
Straetling-Toelle, H. (1990). Erziehungsberatung. In Textor, M. (Hrsg.). Hilfen für Familien. Ein Handbuch für psychosoziale Berufe. Frankfurt/M.: Fischer Taschenbuch Verlag, 388-406
Suess, G./Schwabe-Höllein, M./Scheuerer, H. (1987). Das Kindeswohl bei Sorgerechtsentscheidungen. Kriterien aus entwicklungspsychologischer Sicht. Praxis der Kinderpsychologie und Kinderpsychiatrie, 36, 22-27
Summit, R.C. (1983). The child sexual abuse accomodation syndrome. Child Abuse and Neglect, 7, 177-193
Tack, W. (Hrsg.) (1986). Veränderungsmessung (Themenheft). Diagnostica , 32 (1)
Tack, W.H. (1982). Diagnostik als Entscheidungshilfe. In Pawlik, K. (Hrsg.). Diagnose der Diagnostik. Stuttgart: Klett-Cotta, 103-130
Textor, M.R. (1991). Familien: Soziologie, Psychologie. Eine Einführung für soziale Berufe. Freiburg: Lambertus
Thewald, B. (1997). Zur Prävention von Lese-Rechtschreib-Schwäche. In Ministe-

rium für Kultus, Jugend und Sport Baden-Württemberg (Hrsg.). Lese- und Rechtschreibprobleme in der Grundschule. Prävention, Diagnose, Förderung, Leistungsmessung. Stuttgart, 11-15

Tornow, H. (1978). Verhaltensauffällige Schüler aus der Sicht des Lehrers. Empirische Untersuchung zum Labeling-Ansatz. Weinheim: Beltz

Tower, K. (1994). Consumer-centered social work practice. Restoring client self-determination. Social Work, 39, 191-196

Trauernicht, G. (1992). Fachpolitische Aktivitäten zur Weiterentwicklung der Hilfen zur Erziehung in den 90er Jahren. Zentralblatt für Jugendrecht, 79, 225-230

Trube-Becker, E. (1992). Missbrauchte Kinder. Sexuelle Gewalt und wirtschaftliche Ausbeutung. Heidelberg: Kriminalistik-Verlag

Ullmann, Ch. (1990). Die Bedeutung der Entscheidung des UN-Menschenrechtsausschusses zur Communication Nr. 201/1985 für das Familienrecht der Bundesrepublik Deutschland. Zentralblatt für Jugendrecht, 77, 509-512

Undeutsch, U. (1967). Beurteilung der Glaubhaftigkeit von Zeugenaussagen. In Undeutsch, U. (Hrsg.). Forensische Psychologie. Handbuch der Psychologie in 12 Bänden, Band 11. Göttingen: Hogrefe, 26-181

United Nations Organization UNO (1990). UN-Kinderkonvention. Bonn. BR-Drucksache 769/90

Verband allein erziehender Mütter und Väter (VAMV) (2004). Sorgevereinbarung. Kindschaftsrechtliche Praxis, 224-228

Verband alleinerziehender Mütter und Väter Nordrhein-Westfalen e.V. (1992). Gemeinsames Sorgerecht zwischen Ideologie und Realität. Essen

Verein für Kommunalwissenschaften e.V. (Hrsg.) (1995). Die Eingliederung seelisch behinderter Kinder und Jugendlicher – eine neue Aufgabe der Jugendämter. Berlin: Eigenverlag

Vester, F. (1976). Ballungsgebiete in der Krise. Stuttgart: Deutsche Verlagsanstalt

Wabnitz, R. (2000). Mitwirkung der Jugendhilfe im familiengerichtlichen Verfahren. Rechtsgrundlagen, Aufgaben und Selbstverständnis „Zentralblatt für Jugendrecht, 336-343

Wahl, K./Tüllmann, G./Honig, M.-S./ Gravenhorst, L. (1980). Familien sind anders! Wie sie sich selbst sehen. Anstöße für eine neue Familienpolitik. Reinbek: Rowohlt

Waller, H. (1997). Sozialmedizin. 4. Aufl. Stuttgart: Kohlhammer

Wallerstein, J./Blakeslee, S. (1989). Gewinner und Verlierer. Frauen, Männer, Kinder nach der Scheidung. Eine Langzeitstudie. München: Droemersche Verlagsanstalt Th. Knaur Nachf.

Warnke, A. (1992). Neuere Entwicklungen zur Diagnose der Teilleistungsschwächen. In Freisleder, F.J./Linder, M. (Hrsg.), Aktuelle Entwicklungen in der Kinder- und Jugendpsychiatrie. München: MMV Medizin Verlag, 38-60

Warnke, A., Martinius, J. (1996). Empfehlungen zu den Kriterien für das ärztliche Gutachten im Rahmen der Eingliederungshilfe nach § 35 a SBG VIII bei „Umschriebenen Entwicklungsstörungen der schulischen Fertigkeiten" („Teilleistungsschwächen"). Der Amtsvormund, 249-252

Warnke, A., Roth, E. (2000). Umschriebene Lese-Rechtschreibstörung. In Petermann, F. (Hrsg.), Lehrbuch der Klinischen Kinderpsychologie und -psychotherapie. Modelle psychischer Störungen im Kindes- und Jugendalter. Göttingen: Hogrefe, 287-323

Weber, M./Rohleder, Ch. (1995). Sexueller Missbrauch: Jugendhilfe zwischen Aufbruch und Rückschritt. Münster: Votum
Wegener, H. (1998). Einführung in die Forensische Psychologie, Darmstadt: Wissenschaftliche Buchgesellschaft
Weinberger, O. (1970). Rechtslogik. Wien: Springer
Weiner, I.B. (1982). Child and adolescent psychopathology. New York: Wiley
Weininger, O. (1926). Geschlecht und Charakter. Wien
Wentzel, K.R./Feldman, S./Weinberger, D. (1991). Parental child rearing and academic achievement in boys. The mediational role of social-emotional adjustment. Journal of Early Adolescence, 11, 321-339
Westhoff, K./Kluck, M.L. (1994). Psychologische Gutachten schreiben und beurteilen. Berlin: Springer
Wetzels, P. (1997). Gewalterfahrungen in der Kindheit. Sexueller Missbrauch, körperliche Misshandlung und deren langfristige Konsequenzen. Baden-Baden: Nomos
Weyel, F. (1990). Was ist los mit der Jugendgerichtshilfe? In DVJJ (Deutsche Vereinigung für Jugendgerichte und Jugendgerichtshilfen e.V.) (Hrsg.). Mehrfach Auffällige – mehrfach Betroffene. Erlebnisweisen und Reaktionsformen. Dokumentation des 21. Jugendgerichtstages, Band 18, 143 ff.
WHO (World Health Organization) (1946). Constitution. Genf: WHO
WHO (World Health Organization) (1980). International Classification of Impairments, Disabilities, and Handicaps. A Manual of Classification Relating to the Consequences of Diseases. Genf: WHO
Widom, C.S. (1989). Does violence beget violence? A critical examination of the literature. Psychological Bulletin, 106, 3-28
Wiesner, R. (1991). Rechtliche Grundlagen. In Wiesner, R./Zarbock, W.H. (Hrsg.). Das neue Kinder- und Jugendhilfegesetz (KJHG) und seine Umsetzung in die Praxis. Köln: Heymanns, 1-31
Wiesner, R. (1995). Eingliederungshilfe für seelisch behinderte Kinder und Jugendliche – Gründe, Anforderungen und Konsequenzen. In Die Eingliederung seelisch behinderter Kinder und Jugendlicher – eine neue Aufgabe der Jugendämter. Berlin: Verein für Kommunalwissenschaften e.V., 19-39
Wiesner, R. (1997). Konsequenzen der Reform des Kindschaftsrechts für die Jugendhilfe. Zentralblatt für Jugendrecht, 84, 29-64
Wiesner, R. (2004). Das Wächteramt des Staates und die Garantenstellung des Sozialarbeiters. Zentralblatt für Jugendrecht 91, 161-168
Wiesner, R./Fegert, J./Mörsberger, T./Oberloskamp, H./Struck, J. (2006). SGB VIII – Kinder- und Jugendhilfe. München: Beck
Wiesner, R./Kaufmann, F./Mörsberger, T./Oberloskamp, H./Struck, J. (2000). SGB VIII – Kinder- und Jugendhilfe. München: Beck
Wiesse, J. (1992): Aggression und Borderline-Störungen in der Adoleszenz. In: Freisleder, F.J./Linder, M. (Hrsg.), Aktuelle Entwicklungen in der Kinder- und Jugendpsychiatrie. München: MMV Medizin Verlag, 110-115
Wildwasser-Beratungsstelle für sexuell missbrauchte Mädchen (1990). Kurzfassung des Abschlussberichtes der Wissenschaftlichen Begleitung des Modellprojektes „Wildwasser". Bundesministerium für Frauen und Jugend (Hrsg.). Bonn
Williams, J./Karls, J./Wandrei, K. (1989). The person-in-environment (PIE) system for describing problems of social functioning. Hospital and Community Psychiatry, 40, 1125-1127

Willutzki, S. (1994). Familiengericht und Jugendamt – neue Formen der Zusammenarbeit, Zentralblatt für Jugendrecht 81, 202-204),
Wimmer-Puchinger, B. (1995). Erziehungsgewalt – Die Schlüsselrolle der Familie. In Hurrelmann, K./Palentien, Ch./Wilken W. (Hrsg.). Anti-Gewalt-Report. Handeln gegen Aggressionen in Familie, Schule und Freizeit. Weinheim: Beltz, 79-93
Wolff, R. (1982). Kindesmisshandlung als ethnopsychische Störung. In Bernecker, A./Merten, W./Wolff, R. (Hrsg.). Ohnmächtige Gewalt, Kindesmisshandlung. Folgen der Gewalt – Erfahrungen und Hilfen. Reinbek: Rowohlt, 69-80
Wolfner, G./Gelles, R.J. (1993). A profile of violence toward children. A national study. Child Abuse and Neglect, 17, 197-212
Wolock, J./Horowitz, B. (1984). Child maltreatment as a social problem. The neglect of the neglect. American Journal of Orthopsychiatry, 58, 91-103
Wynne, L.C./Ryckoff, I./Day, J. et al. (1972). Pseudogemeinschaft in den Familienbeziehungen von Schizophrenen. In Bateson, G./Jackson, D.D./Haley, J. et al. (Hrsg.). Schizophrenie und Familie. Frankfurt/M.: Suhrkamp, 44-80
Zenz, W.M. (1996). Armut und Hilfe – Möglichkeiten und Grenzen der Arbeit mit Multiproblemfamilien. In Die Kinderschutz-Zentren (Hrsg.). Armut und Benachteiligung von Kindern. Köln, 109-119
Zielke, M. (1991). Sexueller Missbrauch. Das stille Leiden als besondere Herausforderung an Selbsthilfegruppen, Psychotherapeuten und Ärzte. Praxis der Klinischen Verhaltensmedizin und Rehabilitation, 14, 76-82
Zigler, E./Lamb, M.E./Child, J.L. (1982). Socialization and personality development. New York: Oxford University Press
Zinnecker, J./Fischer, A./Fuchs, W. (1985). Jugendliche und Erwachsene '85. Generationen im Vergleich. Jugendwerk der Deutschen Shell (Hrsg.). Bände 1-4. Leverkusen: Leske+Budrich
Zollneritsch, J. (1996). Die Eltern-Schule-Beziehung aus der Sicht des Schulpsychologen. In Dokumentation zur Enquete „Schule und Familie: Eine gestörte Beziehung?" Graz: Amt der Steiermärkischen Landesregierung, 2-3
Zubin, J. et al. (1961). A biometric approach to prognosis in schizophrenia. In Hoch, P.H./Zubin, J. (eds.). Comparative epidemiology in the mental disorders. New York
Zuravin, S. (1988). Child abuse, child neglect, and maternal depression. Is there a connection? In Clearinghouse on Child Abuse and Neglect Information (eds.). Child neglect monograph. Proceedings from a symposium. Washington DC, 20-43
Zuravin, S./Greif, J.L. (1989). Normative and childmaltreating AFDC mothers. Social Casework, 70, 76-84

Abkürzungsverzeichnis

AdVermG	Adoptionsvermittlungsgesetz	DVJJ	Deutsche Vereinigung für Jugendgerichte und Jugendgerichtshilfen e.V.
a.F.	alte Fassung		
ASD	Allgemeiner Sozialdienst	DVJP	Deutsche Vereinigung für Jugendpsychiatrie
BAGLJÄ	Bundesarbeitsgemeinschaft der Landesjugendämter		
		Eingliederungshilfe-VO	Eingliederungshilfe-Verordnung
BGB	Bürgerliches Gesetzbuch		
BGBl	Bundesgesetzblatt	FamFG-E	Gesetz über das Verfahren in Familiensachen und den Angelegenheiten der freiwilligen Gerichtsbarkeit (Referentenentwurf)
BKA	Bundeskriminalamt		
BMJ	Bundesminister der Justiz		
BMJFG	Bundesminister für Jugend, Familie und Gesundheit		
BMJFFG	Bundesminister für Jugend, Familie, Frauen und Gesundheit	FamRZ	Zeitschrift für das gesamte Familienrecht
		FGG	Gesetz über die Angelegenheiten der freiwilligen Gerichtsbarkeit
BMFS	Bundesministerium für Familie und Senioren		
BVerfG	Bundesverfassungsgericht	FuR	Familie und Recht
BVerfGE	Entscheidungen des Bundesverfassungsgerichts. Amtliche Sammlung	GewSchG	Gewaltschutzgesetz
		GG	Grundgesetz
		Halbs.	Halbsatz
BSH	Berufsverband der Sozialarbeiter, Sozialpädagogen, Heilpädagogen – Vereinigte Vertretung sozialpädagogischer Berufe e.V.	ICD-10	Internationale Klassifikation psychischer Störungen, 10. Revision
		ICF	Internationale Klassifikation der Funktionsfähigkeit, Behinderung und Gesundheit der WHO
BT-Drucks.	Bundestags-Drucksache		
BVerwG	Bundesverwaltungsgericht		
DAVorm	Der Amtsvormund	ID Allensbach	Institut für Demoskopie Allensbach
DBS	Deutscher Berufsverband der Sozialarbeiter und Sozialpädagogen e.V.		
		i.V.m.	in Verbindung mit
		JGG	Jugendgerichtsgesetz
Deutscher Verein	Deutscher Verein für öffentliche und private Fürsorge	JGH	Jugendgerichtshilfe
		JWG	Jugendwohlfahrtsgesetz
		KGSt	Kommunale Gemeinschaftsstelle für Verwaltungsvereinfachung
DGKJP	Deutsche Gesellschaft für Kinder- und Jugendpsychiatrie		
DJI	Deutsches Jugendinstitut	KICK	Gesetz zur Weiterentwicklung der Kinder- und Jugendhilfe: Kinder- und Jugendhilfeweiterentwicklungsgesetz
DSM-IV	Diagnostisches und Statistisches Manual Psychischer Störungen, 4. Revision		

KindRG	Gesetz zur Reform des Kindschaftsrechts: Kindschaftsrechtsreformgesetz	SGB I	SGB – allgemeiner Teil des SGB
KindRVerbG	Kinderrechteverbesserungsgesetz	SGB V	Gesetzliche Krankenversicherung
		SGB VIII	KJHG
		SGB IX	Rehabilitation und Teilhabe behinderter Menschen
KJHG	Kinder- und Jugendhilfegesetz	SGB XII	Sozialhilfe
LWV	Landeswohlfahrtsverband	StGB	Strafgesetzbuch
Mü/Ko	Münchener Kommentar zum BGB (Hrsg. Kurt Rebmann)	StJB	Statistisches Jahrbuch für die Bundesrepublik Deutschland
n.V.	neue Fassung	VGH	Verwaltungsgerichtshof
NJW	Neue Juristische Wochenschrift	WHO	Weltgesundheitsorganisation
Reg.E.Begr.	Begründung zum Regierungsentwurf eines Gesetzes	WiSta	Wirtschaft und Statistik
		ZfJ	Zentralblatt für Jugendrecht
Rn.	Randnummer	ZPO	Zivilprozessordnung
SGB	Sozialgesetzbuch (I = I. Buch, V = V. Buch usw.)		

Sachverzeichnis

Adoption 326 ff.
Aggression
  innerfamiliäre 197 ff.
  von Kindern und Jugendlichen 202, 342
Akte 24, 146
Alkoholabhängigkeit 84, 166, 202, 230 f., 311, 315, 328, 347, 352
Alleinerziehende 270
Angststörung 167
Anorexie 173
Anspruchssicherung 14
Antrag 108, 130, 277, 284
Antragsberechtigter 125, 128, 150
Antragsmodell 277
Antworttendenz 29, 302
Anwalt des Kindes 285
Armut 31, 86, 205, 212, 214, 270
Aushandlung 41, 43
Aussage des Kindes 238, 239
Autismus 163, 177
Bedarf, erzieherischer 40, 42, 98 ff., 109, 124 ff., 135, 148, 150, 153
Bedingungsanalyse 118, 119
Bedürfnisse von Kindern und Jugendlichen 52, 66, 74, 78, 102 f., 119, 121, 122, 125, 213, 229, 291, 298, 302, 305, 309, 327, 336, 341, 352
Bedürfnistheorien 53
Beeinträchtigung
  der Aktivität 158
  der Teilhabe 158
Befund 16, 27, 234, 255, 326
Behinderung 78, 79, 87, 95, 126, 155, 163, 183, 201, 330
  seelische 95, 155, 156, 157, 163
Beratung 14, 40, 71, 83, 106, 112, 129, 182, 220, 246, 272, 283 f., 287, 314, 326
Besuchsregelung 286, 314, 315
Beteiligung der Betroffenen 77, 132, 145, 153
Betreuungshelfer 129, 346
Betreuungssituation 294, 311, 316
Beurteilung, fachliche 15, 99, 124, 132, 135, 149 ff., 183, 245, 253, 255, 316, 330 ff., 348, 349, 353 f.
Beurteilungsspielraum (der Verwaltung) 100, 125
Beurteilungsverfahren 217
Bewertung, rechtliche 125
Bewilligungsbescheid 109
Bindung 61, 74, 190, 211, 220, 294 ff., 310, 314, 326, 334
Bindungsdiagnostik 299, 332
Bindungskriterium 295, 316
Borderline-Störung 171
Bulimie 173
Bundesverfassungsgericht 36, 128, 277
Chance 269
Datenerhebung 28, 40, 117, 133, 153, 288
Datenquellen 28, 316, 332, 355
Datenschutz 14, 20, 23, 36, 147, 153, 282, 284, 316
Datenübermittlung 147
Definitionsansatz 344
Delinquenz 80, 226, 339, 340, 341, 343, 344, 345
Depression 164, 166, 202, 209, 213, 224, 269, 311, 328
Deprivation 166, 326 ff.
Diagnoseleitfäden 32
Diagnostik, kriteriumsorientierte 27
Diversion 336, 342 ff.
Drogenabhängigkeit 315
Eingliederungshilfe für Behinderte 17, 95, 97, 108, 132, 161, 166, 179, 180
Eingliederungshilfe für seelisch Behinderte 155
Einwilligung der Betroffenen 145, 235, 287, 292, 331
Einzelbetreuung, Intensive sozialpädagogische 131
Einzelfallorientierung 18, 74, 90, 105, 117, 121, 160, 294, 329
Elternrecht 200, 277
Elternverantwortung 278, 294
Empfehlung zur Sorgerechtsregelung 286, 287, 294, 316

Entwicklungsanalyse 115, 120
Entwicklungsaufgaben 48, 334
Entwicklungsbericht 145, 147
Entwicklungsdiagnostik 105
Entwicklungsprozess 13, 44, 334
Entwicklungsstand 105, 121 f., 271, 302, 316, 330, 337, 351, 353
Entwicklungsstörung 94, 163, 173 ff., 177, 221, 354
Entwicklungsstufen 92, 292, 349
Erforderlichkeit, Grundsatz der 18, 36, 117 f., 133 f., 289, 310, 338
Ermessen 287
Erziehungsbedingungen 60, 124, 149, 150
Erziehungsbeistand 129
Erziehungsberatung 129
Erziehungsfähigkeit 61 ff., 98, 192, 266, 294, 309 ff.
Erziehungsmaßregeln 346
Erziehungsprozess 45, 68, 101
Erziehungsrecht 106
Erziehungsstil 56, 74, 99, 134
Erziehungsverantwortung 47, 311
Erziehungsziele 45
Essstörung 173
Etikettierung 19, 31, 102
Evaluation 15, 105, 109, 142
Expertensysteme 357
Faktoren, protektive 72
Familiengericht 17, 20, 97, 236, 250 ff., 277 ff., 293, 300, 308, 315
Familienpflege 130
Familiensystem 83, 121, 127
Familientherapie 232
Fehlerquelle 29
Förderprinzip 309, 316
Früherkennung 218
Garantenstellung 193
Gefährdung des Kindeswohls 17, 20, 97, 103, 186 ff., 232, 255, 277, 285, 287, 331
Gefährdungsschwelle 103, 191
Gefährdungstatbestand 151, 186
Geschwister 85, 134, 218, 237, 255, 289, 295, 299, 302
Gespräch 105, 234, 290, 291, 292, 301
Gesundheit 49 ff., 78, 79, 83, 119, 165, 208, 211, 219, 226, 230, 263, 330

Gewährung von Hilfen 15, 25, 43, 100, 107 f., 115, 285
Gewalt 67, 81, 83, 186, 197, 308
Glaubwürdigkeit 239
Glinder Manual 217
Grundrechte 14, 46, 106, 153
Gutachten 163, 239, 302, 337
Heimerziehung 130, 208, 345, 346
Hilfe für junge Volljährige 17, 108, 152
Hilfe zur Erziehung 15, 17, 20, 25, 27, 97, 98, 179, 180, 181, 183, 218, 220, 245, 346
Hilfearten 41, 106, 127
Hilfebedarf 14, 18, 99, 106, 125
Hilfeerbringung 15, 105, 109, 117, 141, 146, 147
Hilfegewährung 105, 108 f., 115
Hilfen, individuelle 131
Hilfeplan 17, 18, 35, 41, 99, 104, 109, 132, 148, 154, 182, 183, 293
Hilfeplanung 17, 22, 41, 105, 154
Hilfeprozess 14 f., 104
Inobhutnahme 188
Interventionsplanung 115
Intransparenz 22, 57
Inzest 224, 230
JGH-Bericht 334, 337, 353
Jugendalter 77, 95, 164, 227, 334, 339, 341
Jugendarrest 347
Jugendgerichtsgesetz 16, 335, 346
Jugendgerichtshilfe 17, 20, 334 ff.
Jugendrichter 129, 346
Jugendstrafe 346
Jugendstrafrecht 130, 339, 349
Jugendverfehlung 350, 354
Kindesinteresse 192, 282, 291, 295, 313
Kindesunterhalt 269
Kindeswille 294, 302 ff., 316, 331, 333
Kindeswohl 60, 98, 100, 186 ff., 220, 278, 281, 285, 311, 316, 326
Klassifikationssysteme 95
Konfliktlösung 201, 291, 338, 350
Kontinuitätsprinzip 286, 294, 316
Krankheit, körperliche 85, 165
Krisenbewältigung 22, 83, 85, 132, 201, 214, 246, 276
Labeling-approach 344

Leistungen der Jugendhilfe 108, 135, 184, 255, 284, 316, 333, 336, 354 ff.
Leistungserbringende Stelle 109
Makrosystem 57, 58
Maßregeln der Besserung und Sicherung 346, 347
Medien 31, 45, 56, 68, 146, 245, 345
Mesosystem 57, 58
Mikrosystem 57, 58
Missbrauch, sexueller 197, 220 ff., 231
Misshandlung 186, 197 ff., 221, 315
Mitteilung an das Gericht 250, 315, 336, 353
Mitwirkung
  der Betroffenen 106
  des Jugendamtes 16, 261, 282, 334
Mitwirkungsbereitschaft 113, 192
Mitwirkungspflicht 287
Modifikationsstrategie 25 ff.
Moralische Urteilsfähigkeit 77, 304, 310, 351
Nachbetreuung 152
Normabweichung 91
Notwendigkeit einer Hilfe zur Erziehung 52
Nutzung von Sozialdaten 153
Partnerschaftskonzept 14
Persönlichkeitsentwicklung 44, 61, 74, 85, 135, 183, 208, 255, 309, 349, 350, 354
Persönlichkeitsmerkmale
  von Eltern 204
  von Kindern 73, 121, 342, 347, 349, 354
Persönlichkeitsrechte 310, 313
Persönlichkeitsstörung 162, 170, 343
Pflege 209
Pflegefamilie 249, 328 f., 352
Phasen des Hilfeprozesses 104, 112
Planung sozialarbeiterischer Interventionen 15, 19, 23, 148, 155, 220
Prävention 152
Problemanalyse 115, 182
Problemlösungskompetenz von Klienten 357
Problemsichtung 107, 112, 182
Problemverhalten 118, 121
Prognose 22, 28, 32, 105, 109, 112, 123, 127, 160, 182, 217, 285, 289, 312, 329 ff., 339, 345, 347 f., 350, 354
Prozessdiagnostik 27, 34, 329
Prüfzeiträume 144
Psychose 79, 161 ff.
Qualitätskriterien 40, 196
Qualitätssicherung 195
Qualitätssicherung/Qualitätsmanagement 36
Rechtliche Bewertung 118, 135, 255
Rechtsanspruch auf Hilfe 14, 155
Rechtsbegriff, unbestimmter 98, 100 f., 155
Rechtsfolge bei Hilfe zur Erziehung 108
Rechtskonkretisierung 100
Rechtstatbestand bei Hilfe zur Erziehung 108, 125
Residenzmodell 278
Ressourcen von Klienten 40, 70, 72, 82 f., 86 f., 106, 116, 119, 134, 149, 159, 206, 219 f., 272, 291, 339, 341
Risikofaktoren 72, 175, 202, 230, 345
Sachverhalt 99, 134, 255, 316, 332, 351, 355
Sachverhaltsermittlung 42, 105
Sachverständiger, psychologischer 238, 243, 286, 294, 300, 348, 351
Sanktionsvorschlag der JGH 354
Schädigung 158
Scheidung 17, 20, 63, 80 f., 83, 108, 261 ff.
  streitige 25, 287, 309, 316, 318
Schizophrenie 162, 164, 315
Schule 17, 63, 77, 87 f., 155, 182
Selbstbestimmung, informationelle 14, 36, 40, 106, 153, 288
Selbstverletzung 226, 227
Selektionsstrategie 25, 26, 27
Sorge
  elterliche (siehe auch Sorgerecht) 17, 20, 25, 186, 236, 261, 276
  gemeinsame 276
Sorgerecht 186, 236, 242, 276
Soziale Gruppenarbeit 129
Sozialisationsbedingungen 72, 98, 101, 103, 125, 130, 155, 179, 309, 339
Sozialisationsinstanzen 17, 44, 55, 58, 71 f.

Sozialpädagogische Familienhilfe 130, 131, 214
Staatliche Daseinsvorsorge 14, 20, 143
Standards, ethische 18, 143
Statusdiagnostik 27, 288, 329
Stellungnahme (des Jugendamtes) 16, 18, 23, 97, 252, 261, 282, 289, 293, 315, 317, 318, 338, 353
Steuerung, outputorientierte 36
Stigmatisierung 102, 161, 179, 345
Störung 226
   depressive 166
   emotionale 163, 171
   hyperkinetische 172
   körperliche 163, 253
   neurotische 161, 162, 166, 226, 227
   psychische 54, 80, 85, 94, 95, 155, 227, 285, 348, 351
   somatoforme 162
Strategie, diagnostische 19, 23
Streit (siehe auch Konflikt) 59, 72, 80, 269, 293, 301
Stressbewältigung 87, 119, 129, 272
Stressoren 70, 80, 83
Stufenmodell der Entwicklung 53, 303 f.
Subsumtion 99
Subsystem 72, 74, 80 ff.
Suchhaltung 113
Sucht 79, 166
Suggestibilität 241, 243 f.
Symptom 85, 93, 207, 226, 228, 234
System 22, 56 ff., 86 ff., 119
Systemischer Ansatz 19
Systemtheorie 57
Tagesgruppe 129 f.
Tatbestand 101 ff., 115
Täter 223 ff., 240, 337
Tatsachen 42, 75, 99, 148, 239, 293, 353
Teilhabe 158
Träger von Jugendhilfe 14
Transparenz 41, 133
Transparenzgebot 100
Trennung 17, 20, 78, 80 f., 97, 108, 128, 130, 170, 214, 219 f., 261 ff., 352
Trennungs- und Scheidungsberatung 272 ff., 287

Überprüfbarkeit von Verwaltungsentscheidungen 41
Umgang 315
Umgang, persönlicher 313, 315
Umgangsrecht 236, 313
Umwelt 56, 88, 118, 159, 337
Unterstützungssysteme 71, 83, 115, 159, 272
Verantwortlichkeit, strafrechtliche 193
Verfahrensrecht 109
Verfügungsberechtigter 14
Verhalten, dissoziales 170, 334, 340
Verhaltensauffälligkeit 86, 89 ff., 103, 118, 125, 157, 160, 162 f., 226, 234, 238, 264, 353
Verhaltenstherapie 114
Verletzung 161, 162, 165, 200, 207
Vernachlässigung 66, 79, 186, 197, 200, 211 ff., 311
Vernetzung 21 f., 30, 215
Verrechtlichung 14
Vertrauen 113, 146, 208, 338
Verwaltung 15, 38, 100, 153
Verwaltungsentscheidung 14, 128
Verwaltungsverfahren 107, 108
Vollzeitpflege 130
Vormundschaftsgericht 329, 332
Vulnerabilität 179
Wechselmodell 278 f.
Weisungen 129, 346, 347
Wertmaßstäbe 39, 77, 125
Wertorientierung 48
Wohnsituation 312
Zeitdruck 22, 23, 107
Zielanalyse 115
Zielformulierung 25
Zuchtmittel 346 f.
Zuständigkeit des Jugendamtes 23, 106, 112
Zwangsstörung 168

Personenverzeichnis

Adler 96
Aichhorn 172, 343
Ainsworth 297 f.
Alberstötter 272
Allison 267
Althof 52, 77, 349
Amato 263, 265 ff., 271
American Humane Association 211
Amorosa 174
Andrews 84
Ankonina 85
Aristoteles 47
Arndt 101
Arntzen 239, 287, 298, 301 f., 307, 314
Badelt 39
Bagley 229
BAGLJÄ 330, 332
Balloff 30, 301
Barkley 172
Bastine 276
Baumrind 77
Bayer 77
Bayerisches Landesjugendamt 106, 144, 147
Beck 76, 90
Becker 85
Beck-Gernsheim 63 f.
Behnken 57
Belitz 228
Bender 204, 218, 247
Benesch 94
Berendt 307
Bernecker 205
Bertalanffy 57
Bertram 63
Bettelheim 73
Beulke 339
Bieback-Diel 141
Bien 64, 69
Billingsley 212
Black Ch. 221, 223, 227, 231, 233
Blakeslee 264
Blankertz 209
Block 269
Blume-Banniza 101

Blum-Maurice 245
BMJFFG 77
Bowlby 59, 166, 203, 295 f., 298, 326
Brack R. 16
Brassard 209
Bremer-Hübler 184
Breuer 175
Breuer-Kreuzer 72, 86
Brezinka 45, 47, 51
Briere 229
Bringewat 193
Bronfenbrenner 56 f.
Brooks 229
Brown 53, 54, 229
Bruck 225, 242 f., 245
Brusten 341
Bucher 51
Buchholz 274
Buchholz-Graf 264, 279
Burger 39
Busch-Rossnagel 56
Bussmann 200, 205, 210
Büte 278
Caesar 343
Caffaro-Rouget 228
Campbell 268
Cannon 53
Cavaiola 209, 231
Ceci 225, 242 f., 245
Cegala 77
Chance 76
Chase-Landsdale 267
Cherlin 80, 263, 266, 268, 270, 314
Child 45
Chodorow 73
Christ 343
Christianson 243
Christmann 141
Chromow 235
Cierpka 82
Coester 101, 288, 295, 303, 311 f.
Cohen 344
Colditz 141
Connors 75
Cooper 60

401

Cording 38
Cranach 30
Creighton 202, 205
Cronbach 19, 25
Dalichau 101
Davis 208
De Mause 61
Deatrick 85
Deci 54
Deegener 200, 222, 224
Dericum 327
Diederichsen 192, 303, 312
Diemer 354
Diepold 171
Dimmig 30
DJI 59
Donabedian 37 f., 40
Döpfner 67, 169, 248
Dornbusch 265
Dörner, D. 17, 21 f., 57, 119, 123 f., 133
Dörner, K. 31 f., 113
Dubs 71
Earp 212
Egeland 203
Eisenberg 354
Eisenlohr 218
Elger 141
Ell 301, 307, 312
Elliger 222
Emerson 298
Enders 235, 243
Engel 64, 86 f.
Engfer 86, 200 ff., 208 f.
Ensslen 277, 335
Erben 254
Erikson 51, 75, 92
Ernst 192, 326 f.
Essau, G. 167 f.
Esser 170, 175
Fabian 30
Fagot 223
Fahrenberg 35
Faller 233
Fegert 162, 184, 224, 233 ff., 239
Feil 60
Feingold 88
Fend 62, 67 f.
Ferchhoff 66

Ferrari 85
Fieseler 129, 193, 250, 279
Finkelhor 229
Fischer 172
Fishman 80, 82
Fisseni 27
Flosdorf 141
Flösser 39
Flügge 141
Frenz 30
Freud 51, 53, 59, 92, 296
Freudenberger 69
Frey 85
Fricke 254
Friedrich 213
Frings 141
Fthenakis 271, 295, 300
Füchsle-Voigt 274
Furstenberg 80, 263 ff., 266 ff., 270, 314
Gable 80
Garbarino 208 ff.
Gärtner-Harnach 23, 34, 76, 123, 133 f., 145, 147, 203
Garz 304
Geisel 19
Geiser 16
Geisler 221, 232
Gelles 205 f.
Gensicke 69
Gillaham 205
Gilligan 73
Giovannoni 212
Gleser 19, 25
Gloer 223 f.
Goffman 89
Goldfarb 326
Goldstein 59, 296, 327
Goodwin 234
Gottschalch 343
Gottwald 276
Gräser 94
Greif 211 ff.
Gros 101
Gross 39, 233
Grossmann 297
Grüneisen 50
Grüner 101
Habe 247

Habermann-Morbey 342
Hafer 88
Häfner 32
Hansburg 301
Hansen 208 f., 231
Happe 13, 43, 98, 102, 191, 252
Harnach-Beck 36, 43, 176, 180, 182, 185, 188, 203, 210, 248, 278, 284 f.
Hartmann 340, 346
Havighurst 48
Healy 266
Heckhausen 75
Hege 194
Heiliger 313, 315
Heilmann 313
Heiner 38, 109
Heitmeyer 66
Helfer 131, 338
Hensel 67
Herbart 47
Herborth 129, 279
Herrnstein 53 f.
Hetherington 267
Hibbard 234
Hingst 268
Hirsch 232
Hoefert 39
Hofer 50, 60
Hoff 50
Höfling 288
Hofstätter 53
Hogan 265
Holmes 267
Holzberger 218
Hornke 23
Hornstein 91, 92
Horowitz 211, 213
Hunter 203
Hurrelmann 44 ff., 49, 64, 67, 86 f., 341
Hutz 246
Inglehart 69
Inversini 77, 309, 310
Jans 13, 98
Johansen 61
Johne 39
Johnston 268
Jones 232
Jonson-Reid 206

Jopt 307
Joraschky 82, 95, 230
Jungjohann 225
Kagan 50
Kahl 327
Kaiser 342, 344 f.
Kals 276
Kaltenborn 303
Kaminski 19, 28
Kanfer 35, 113 ff., 127, 142 f., 152
Kanner 89
Karls 96
Kasten 85
Kaufmann 64, 203
Kay 247
Keith 267
Kempe 200
Kendall-Tackett 226 f., 229
Keupp 89
Key 52
KGSt 37 f.
Kiesler 143
Kilstrom 203
Kindler 210, 218, 220, 224
Kinsey 221
Kirk 19, 23, 31, 33, 96
Kitagawa 265
Klafki 45
Klages 69
Klauer 28, 45
Klicpera 326 f.
Klockhaus 342
Kluck 290
Klüwer 343
Knafl 85
Knappert 290
Knittel 277
Koers 202, 246
Kohlberg 303
Köhnken 239
Köttgen 162
Krieger 105, 253
Krug 101
Krumm 67, 68
Küfner 220
Kunkel 279
Künzel-Schön 39
Kuschel 247
Kutchins 96

403

Lamb 44
Lane 208
Langenfeld 196
Larson 224
Lehmkuhl, G. 67, 167 f.
Leitner 291
Lempert 52, 76, 77
Lempp 171, 264 f., 286, 295, 302, 307, 312
Lerner 56
Leschmann 19
Lessing 298
Levine 50
Levy 77
Lewis 207
Lidz 82
Lillig 220
Lindemann 143
Lösel 72, 86, 204, 218, 247
Luckner 326 f.
Lühring 354
Lüscher 46
Maas 14 f., 23, 34, 36, 38, 40, 42, 98 ff., 107, 109, 113, 117, 123, 125, 128 ff., 133 f., 145 ff., 288, 332, 336, 337, 355
Maccoby 264, 272
Mähler 276
Makarenko 346
Malinowsky-Rummel 208 f., 231
Mansel 62, 67
Marbach 64, 262
Margalit 85
Marquardt 236, 238
Marquit 223, 225, 232
Martinius 174
Maslow 53 f., 75
Mattaini 23, 31, 33, 96
Mayer-Baumgärtel 290
McGee 210
Mead 303
Menne 277, 288
Merchel 17, 30, 41 f., 216
Merton 343
Miller 85
Millhoffer 60
Minuchin 80, 82, 85
Mitnick 231
Mnookin 264, 272

Möbius 233
Montada 44, 105, 276
Moritz 101
Mörsberger 192, 212
Müller, C.W. 19, 141
Müller, H. 302
Müller-Luckmann 232
Münder 42, 98, 130, 196, 288
Murray 53
Mutke 196
Napp-Peters 328
Nauck 51, 64
Nelson 211 ff.
Nielsen 141
Nix 347
Nock 265
Norwood 80
Nunner-Winkler 52
Nye 50, 80
Oberloskamp 30, 293 f., 332
Oelkers 252, 278
Oerter 44, 48
Olbrich 164
Oliver 203
Ollmann 30, 254
Olson 81, 84
Onnis 85
Ortmann 39
Ory 212
Oser 52, 77
Osofsky 75
Ostendorf 354
Otto 39
Palandt 192, 303, 307
Patterson 83, 201
Pawlik 25, 27, 35
Pearlin 80
Permien 270
Peter 16, 145
Petermann F. 38, 146, 183, 208
Petermann U. 168, 208
Peters 17
Peterson 269
Pfeiffer 200, 205
Pfister 61
Phares 76
Piaget 92, 269, 303 f.
Pianta 204
Plantz 208

Platon 47
Plog 32, 113
Polansky 212 ff.
Pollock 203, 208
Postman 56, 65
Poustka 120
Pressel 141
Presting 141
Preuss-Lausitz 62, 64, 67
Pritchard 201
Proksch 264, 270, 276, 279
Quensel 341, 344
Raack 234
Rahe 267
Ramsay 229
Rauchfleisch 343
Rauh 74
Redl 343
Rehermann 38
Reich 216, 218
Reinert 94
Remschmidt 95, 160, 162, 164 f., 172, 341, 345, 349, 350
Restemeier 192, 212
Richmond 19, 20
Richter 78, 82, 190, 269, 347
Riemann 77
Rohde-Dachser 171
Rolff 64
Rolfus 61
Rollins 265
Römer-Wolf 273
Rosenbaum 231
Rothman 43
Rotter 76
Rülcker 66
Rutschky 222, 235
Rutter 32, 72, 76, 80, 89 ff., 97, 102, 295, 298
Ryan 54
Sack 344
Salgo 283, 285
Salomon 19, 20
Salter 234
Salzgeber 288, 290, 292, 310
Saslow 115
Saurbier 13, 98, 191
Schacht 228
Schade 254

Schaffer 298
Schaffstein 339
Scheff 89
Schiff 209, 231
Schiffler 61
Schmidbauer 85
Schmidt 38, 92, 95, 162, 170, 172, 183, 211, 301
Schmidtke 95
Schmiedeskamp-Böhler 223 f.
Schneewind 46, 50 f., 60 f., 63, 77, 84
Schone 196, 217
Schötensack 222
Schreiner 304
Schröder 64, 68
Schwab 278, 313
Schwark 301
Schwarz 194
Sedney 229
Seidel 355
Seligman 206
Selman 303 f.
Sgolik 264, 279
Shapiro 235
Shepherd 89
Sicoly 23
Solnit 59, 296
Späth 30
Specht 159, 340
Spiegel von 38
Spitz 59, 78, 166, 296, 326
Spitznagel 36
Spranger 45
Sroufe 203
Staabs von 291
Steele 203
Steinberg 265
Steinhage 231
Steinkamp 50
Steller 239
Stief 50
Stierlin 78, 82, 190
Straetling-Toelle 141
Strauß 301
Summit 224 f.
Tack 23, 27, 34
Textor 60
Theilmann-Braun 273
Thomas 61, 265

Tornow 31
Tower 15
Trapp-Michel 342
Trauernicht 59
Trube-Becker 221, 227
Ulich 45, 46
Undeutsch 232 f., 239, 242 f., 245
Vergho 274
Vester 119
Wabnitz 254
Wagenitz 278
Wahl 50, 86
Waller 88
Wallerstein 264
Wandrei 96
Warnke 160 f., 175
Weber 277, 288
Wegener 290
Wegscheider 85
Weinberg 224
Weinberger 47
Weiner 164
Weininger 233
Wentzel 75
Westhoff 290
Wetzels 200, 203, 205 f.

Weuffen 175
Weyel 355
WHO 162
Widom 205 f., 208
Wiesner 43, 98, 100, 156, 193, 196, 251
Wiesse 171
Williams 96
Willutzki 288
Wimmer-Puchinger 200
Wineman 343
Winkeler 61
Wittig 297
Wolfe 209, 210
Wolfner 205 f.
Wolock 211, 213
Wynne 82
Zemann 290, 292
Zenz 204, 246
Zigler 44, 203
Zill 269
Zimmermann 64
Zinnecker 57
Zollneritsch 67
Zubin 95
Zuravin 211 ff.